Das
UNESCO
WELTERBE

Mit über 900 Kultur- und Naturmonumenten

Weltbild

DAS UNESCO WELTERBE

Die Pyramiden in Ägypten, die Akropolis in Athen, der Taj Mahal in Indien, die Serengeti in Tansania, der Grand Canyon in USA, die Inkastadt Machu Picchu in Peru – sie alle haben eines gemeinsam: Es sind einzigartige Kultur- und Naturgüter, die unter dem Schutz der UNESCO stehen. Diese hatte 1972 zur Erhaltung von Objekten, die von außergewöhnlichem universellen Wert sind und deren Bewahrung in der Verantwortung der ganzen Menschheit liegt, das »Übereinkommen zum Schutz des Kultur- und Naturerbes der Welt« verabschiedet. Angesichts der Bedrohung vieler Ökosysteme und Zeugnisse vergangener Kulturen ist dies notwendiger denn je. Ausführlich werden hier alle 936 bisher zum Welterbe erklärten Kultur- und Naturmonumente in Wort und Bild beschrieben – nach

Kontinenten und Ländern und innerhalb dieser von Nord nach Süd geordnet. Essays zu kulturhistorischen und naturgeografischen Themen und eine vollständige Welterbeliste ergänzen die Darstellung. Karten mit Lageangabe der Erbestätten ermöglichen eine rasche geografische Lokalisierung. Folgen Sie uns auf einer Reise zu den faszinierendsten Stätten der Natur und der menschlichen Kultur.

VORWORT

Diese Seite: Der Inselberg Uluru – einst Ayers Rock genannt – im australischen Outback.

Seite 1: Detail des Monumentalreliefs am Aufgang der Säulenhalle von Persepolis mit Abgesandtem eines der 28 Völker des Achämenidenreichs.

Seite 2/3: Imponierendes Zeugnis der altägyptischen Hochkultur – die Kolossalskulpturen des Großen Tempels Ramses' II. von Abu Simbel.

Seite 4/5: Einst Zentrum des antiken Rom – das Forum Romanum mit den Ruinen von Vespasiantempel, Triumphbogen des Septimius Severus und Saturntempel.

Nächste Seite: Kreidefelsen im Nationalpark Jasmund auf der Insel Rügen.

Aufmacher 2010/2011: Trou de Fer (»Höllenschlucht«) am Piton des Neiges auf der Insel Réunion.

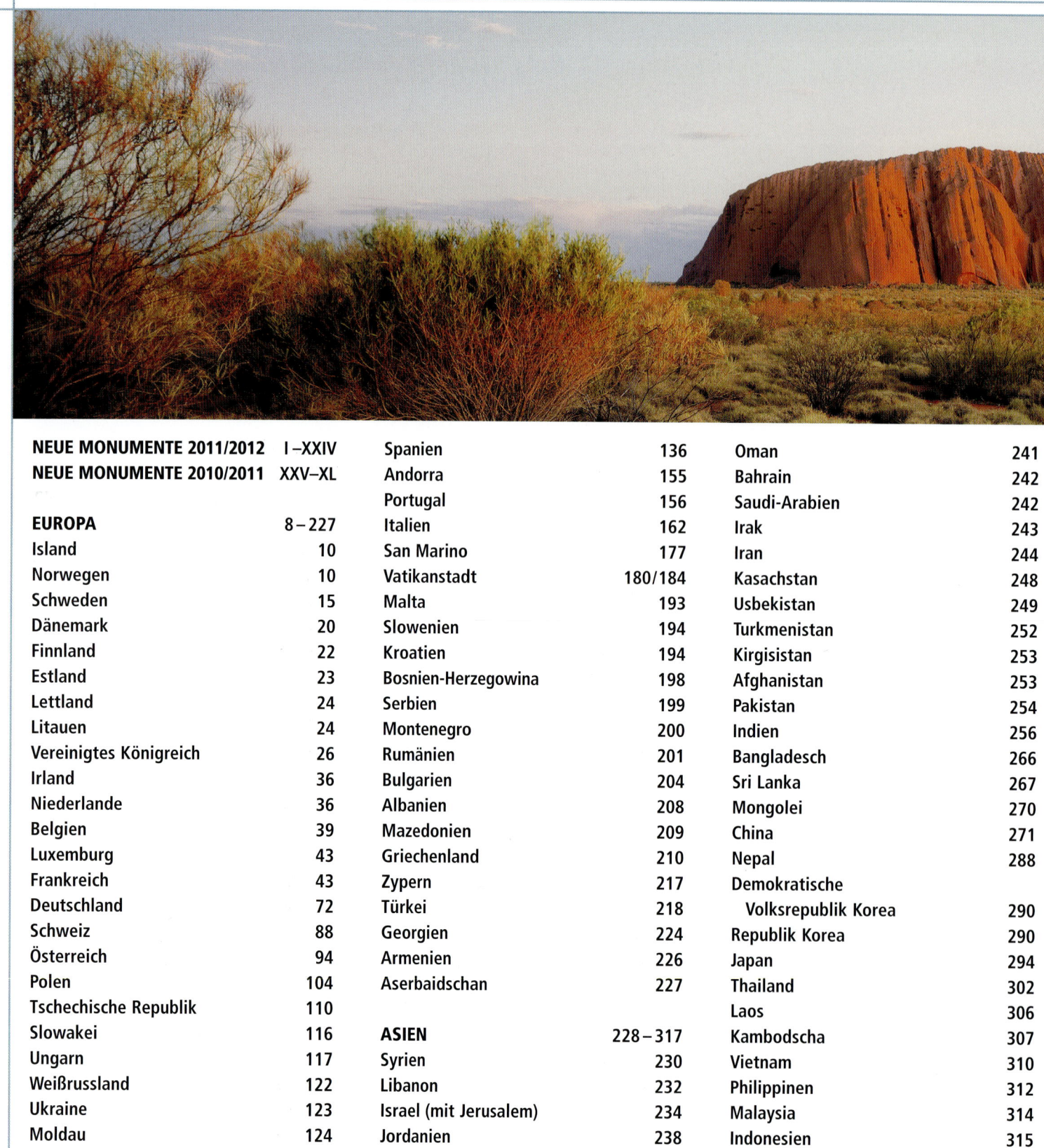

INHALT

Grenzüberschreitende Welterbestätten werden in einem Texteintrag abgehandelt, sofern die jeweiligen Länder im Buch aufeinanderfolgen; ansonsten werden sie mehrfach in den Kapiteln der jeweils daran beteiligten Länder vorgestellt. Im Fall der Welterbestätte »Struve-Bogen« wird auf einen Texteintrag verwiesen.

Das Welterbekomitee der UNESCO hat auf seiner 35. Tagung vom 19. bis 29. Juni 2011 in Paris 25 Stätten neu in die Liste des Welterbes aufgenommen. Diese stellen wir Ihnen auf den folgenden Seiten ebenso vor wie die fünf deutschen Buchenwaldgebiete, um die das Welterbe Buchenurwälder der Karpaten erweitert wurde, und den Nationalpark Hamburgisches Wattenmeer – eine Nachmeldung zum Welterbe Wattenmeer. Mit Barbados und den Vereinigten Arabischen Emiraten wurden zwei neue Länder in die Liste des UNESCO-Welterbes aufgenommen. Neu auf der Liste des gefährdeten Welterbes stehen die Tropischen Regenwälder von Sumatra in Indonesien und das Biosphärenreservat Rio Plátano in Honduras. Von dieser Liste gestrichen werden konnte das Wildschutzgebiet Manas in Indien.

NEUE MONUMENTE
2011 / 2012

CAUSSES UND CEVENNEN

Die nur dünn besiedelten Causses und Cevennen sind eine jahrhundertealte Kulturlandschaft von herb-wild anmutendem Reiz.

Die Mittelgebirgskette der Cevennen besteht aus Schieferbergen und Granitmassiven. Die Causses sind dagegen eine Karstlandschaft: herbe Hochplateaus aus Kalkgestein, mit hügeligem Relief, Naturschächten, Grotten und bizarren Felsformationen. Diese beiden so gegensätzlichen Regionen liegen an den südlichen Ausläufern des französischen Zentralmassivs. Gemeinsam bilden sie eine zusammenhängende Kulturlandschaft, deren Gesicht in Jahrhunderten durch die Landwirtschaft und Viehzucht geformt wurde. Die UNESCO hat rund 3000 Quadratkilometer dieser »kulturell evolutionären und lebendigen« Landschaft zum Weltkulturerbe erklärt. Ihr außerge-

wöhnlicher Wert liegt sowohl in ihrer Schönheit als auch in der prägenden Rolle ihrer Agrarwirtschaft, die ab dem 12. Jahrhundert vom Orden der Templer und später vom Johanniterorden im großen Stil betrieben wurde. Bedeutend ist hier vor allem seit dem späten Mittelalter die nicht-intensive Zucht von Schafen, aus deren Rohmilch der Blauschimmelkäse Roquefort produziert wird. In der Neuzeit trug die Seidenraupenzucht in den terrassierten Tälern zur Gestaltung dieser Kulturlandschaft bei.

Die Weidewirtschaft formte das Landschaftsbild der Causses und Cevennen mit Weiden, Sommeralmen und Viehwegen.

NATIONALPARK
HAMBURGISCHES WATTENMEER

Bereits im Juni 2009 waren das Wattenmeer der Niederlande und die beiden Nationalparks Wattenmeer in Niedersachsen und Schleswig-Holstein von der UNESCO als Weltnaturerbe anerkannt worden. Hamburg zog damals seinen Wattenmeerteil kurz vor der Antragstellung zurück, da man befürchtete, eine Ausweisung als Welterbe könne die geplante Elbvertiefung verzögern.

Nach einer erneuten Diskussion reichte der Hamburger Senat 2011 seinen Antrag nach – mit Erfolg: Der rund 137 Quadratkilometer große Nationalpark Hamburgisches Wattenmeer ist der kleinste der drei Wattenmeer-Nationalparks. Zum geschützten Gebiet an der Elbmündung vor Cuxhaven gehören auch die Inseln Neuwerk, Nigehörn und Scharnhörn. Trotz seiner großen Entfernung – vom Rathaus bis Neuwerk sind es rund 105 Kilometer Luftlinie – zählt das hamburgische Wat-

tenmeer zu den ältesten Stadtteilen Hamburgs. Heute steht dort der Schutz des rund um die Inseln gelegenen Watts als Teil eines der weltweit größten und wichtigsten gezeitenabhängigen Feuchtbiotope im Vordergrund.

Nigehörn (links im Bild) ist eine künstliche Insel, für die 1989 rund 1,2 Mio. Kubikmeter Sand aufgeschüttet wurden, um den Landverlust der Nachbarinsel Scharhörn und die damit verloren gegangene Brutfläche für Seevögel auszugleichen.

FAGUS-WERK IN ALFELD

Als Schlüsselwerk der Architektur der Moderne gilt das Fagus-Werk im niedersächsischen Alfeld an der Leine.

Angenehm und hell, sicher und produktivitätssteigernd sollten die Arbeitsplätze in der Fabrik sein, mit deren Bau der Unternehmer Carl Benscheidt im Jahr 1911 den Berliner Architekten Walter Gropius und dessen Partner Adolf Meyer beauftragte. Die sozialreformerischen Vorgaben des Bauherren für eine »ideale Fabrik« und die revolutionären Ideen des späteren Stararchitekten des Bauhauses führten mitten in Niedersachsen zum Ursprungsbau der Moderne. Zwischen den Jahren 1911 und 1925 errichteten Gropius und Meyer in drei Bauabschnitten für den mittelständischen Betrieb eine dreistöckige Fabrik, deren Erscheinungsbild in ihrer repräsentati-

ven Sachlichkeit von den traditionellen Bauformen jener Zeit völlig abwich. Das Schlüsselwerk der neueren Architekturgeschichte ist eine elegante Konstruktion aus gelbem Klinker und großen, scheinbar schwerelosen Glasflächen. Seine stützenlosen, vollständig verglasten Ecken wurden zum Markenzeichen des Neuen Bauens. Gropius gestaltete den Bau bis in das letzte Detail selbst, sogar das Design der Türklinken und Nieten stammt aus seiner Hand. Auch das Firmenlogo ist aus der Bauzeit original erhalten.

Das 1911 gegründete Fagus-Werk ist in Form und Funktion bis heute als Schuhleistenfabrik erhalten geblieben.

BUCHENURWÄLDER DER KARPATEN UND ALTE BUCHENWÄLDER DEUTSCHLANDS

Die bereits 2007 in die Liste der UNESCO aufgenommene grenzüberschreitende Weltnaturerbestätte »Buchenurwälder der Karpaten« wurde um fünf alte Buchenwälder in Deutschland erweitert und dementsprechend umbenannt.

Im Einzelnen umfasst die Erweiterung den Grumsiner Forst in Brandenburg, den Nationalpark Kellerwald-Edersee in Hessen, den Nationalpark Jasmund und den Serrahner Buchenwald im Müritz-Nationalpark, beide in Mecklenburg-Vorpommern, sowie den Nationalpark Hainich in Thüringen. Jedes der genannten Gebiete ist auf seine Weise einzigartig und somit unersetzlich zugleich. Gemeinsam repräsentieren die zum Weltnaturerbe erklärten Gebiete die wertvollsten Relikte großflächiger naturbelassener Buchenwälder in Deutschland. Mit den ausgewählten Waldflächen lässt sich die nacheiszeitliche Ausbreitung der Buche, von derem einstigen Areal in Deutschland nur noch etwa sieben Prozent erhalten sind – von Nord nach Süd und West nach Ost sowie vom Tiefland bis in die Höhenlagen dokumentieren.

Vor 6500 Jahren bedeckten Buchenwälder rund 40 Prozent des europäischen Gebietes (links: im Nationalpark Jasmund).

PRÄHISTORISCHE PFAHLBAUTEN RUND UM DIE ALPEN

Einzigartige Einblicke in das Leben in Europa vor 7000 Jahren vermitteln die über Deutschland, Österreich, die Schweiz, Frankreich, Italien und Slowenien verstreuten Fundstellen prähistorischer Pfahlbauten.

Die außergewöhnlich gut erhaltenen prähistorischen Pfahlbausiedlungen entstanden im Zeitraum zwischen 5000 und 500 v. Chr. an Seen, Flüssen und in Mooren. Mithilfe der Dendrochronologie lassen sich die Funde an den Grabungsorten sehr genau datieren. Sie geben Aufschluss über das Alltagsleben ihrer Bewohner und liefern viele wertvolle Hinweise zum wirtschaftlichen Austausch und zur technischen Innovationsfähigkeit. So kann etwa der Übergang von der Kupfer- zur Eisenverarbeitung exakt nachvollzogen werden. Neben Einbäumen wurden auch die ältesten Wagenräder (um 3000 v. Chr.) und die ältesten Textilien in Europa ausgegraben. Gut konservierte organische Überreste liefern Informationen zur Landwirtschaft und Viehzucht. Von den 111 Fundstellen, die das Weltkulturerbe umfasst, liegen 18 in Deutschland – am Bodensee, in Oberschwaben, südlich von Augsburg und am Starnberger See.

Nirgendwo sonst lässt sich die Entwicklung von der Jungsteinzeit zur Metallzeit so gut verfolgen wie bei diesen Pfahlbausiedlungen (links: in Unteruhldingen).

CZERNOWITZ: RESIDENZ DER ORTHODOXEN METROPOLITEN DER BUKOWINA UND DALMATIENS

Ein Symbol der einstigen religiösen und kulturellen Vielfalt im Czernowitz des 19. Jahrhunderts ist die dortige Residenz der Metropoliten.

Die in den Jahren 1864 bis 1882 nach Entwürfen des tschechischen Architekten Josef Hlávka errichtete Residenz liegt auf dem Hügel in der Stadtmitte. Ein malerischer Park umgibt den Komplex aus Seminarkirche, Priesterseminar und Kloster. Die eklektischen Bauten werden durch byzantinische und romanische Motive dominiert. Auffallend sind die hohen geschnittenen Zinnen des zentralen Backsteingebäudes und seine mit farbigen Ziegeln geschmückten Dächer. Darin befinden sich ein prächtiger Marmorsaal und reich verzierte Kassettendecken aus Holz. Die alte Seminarkirche, das linke Nebengebäude, wartet mit einer gegen Ende des 19. Jahrhunderts kunstvoll gefertigten Ikonenwand auf. Die Weltkulturerbestätte ist fast vollständig im ursprünglichen Zustand erhalten. Seit dem Jahr 1950 residiert darin die staatliche Universität.

Schon das Eingangstor zur Residenz der Metropoliten – ein herausragendes Beispiel für den frühen Historismus –, spiegelt die im Baustil zitierten Epochen wieder.

Deutschland

DEUTSCHE BUCHENWÄLDER

Nationalpark Jasmund (Mecklenburg-Vorpommern): Buchenwälder, Kreidefelsen und Meer bilden eine stimmungsvolle Kulisse. Vorherrschender Waldtyp: baltischer Waldgersten-Buchenwald.

Nationalpark Hainich (Thüringen): Mehr als 30 Laubbaumarten konkurrieren mit der dominierenden Buche um einen Platz an der Sonne. Vorherrschender Waldtyp: Waldgersten-Buchenwald.

Grumsin im Biosphärenreservat Schorfheide-Chorin (Brandenburg): Moore, Kleingewässer und ein seit 20 Jahren nicht mehr genutzter Buchwald. Vorherrschender Waldtyp: Flattergras-Buchenwald.

Müritz-Nationalpark (Mecklenburg-Vorpommern): Anfang Mai kann man sich am frischen Grün der Buchenwälder um den kleinen Serrahn kaum sattsehen. Vorherrschender Waldtyp: Perlgras-Buchenwald.

Nationalpark Kellerwald-Edersee (Hessen): Mehr als 40 Prozent der hier geschützten Buchen sind über 120, einige sogar bis zu 260 Jahre alt. Vorherrschender Waldtyp: Hainsimsen-Buchenwald.

Spanien

KULTUR- LANDSCHAFT SERRA DE TRAMUNTANA

Die »Königin im Mittelmeer«, wie Mallorca auch genannt wird, bietet mehr als nur schöne Strände. So zieht die Kulturlandschaft der Serra de Tramuntana schon seit mehr als 150 Jahren auch viele Künstler magisch an.

»Diese Landschaft macht stumm. Alles was der Maler oder Dichter erträumen kann, hat die Natur an diesem Ort erschaffen«, schrieb einst George Sand anlässlich ihres Aufenthalts mit Frédéric Chopin im Kloster von Valldemosa. Und doch ist es nicht allein die Natur, die an Mallorca fasziniert, selbst wenn die Insel so vielfältig erscheint wie ein ganzer Kontinent: mit Mandelplantagen und Getreidefeldern im Inneren, Stränden im Süden und Osten, Wildnis und Bergen im Norden. Am romantischsten ist Mallorca an der Nordwestküste, am imposantesten in der parallel zu ihr ver-

Blick auf Valldemossa mit der Pfarrkirche San Bartomeu zur Zeit der Mandelblüte.

laufenden Serra de Tramuntana (spanisch: Sierra del Norte) – ein etwa 90 Kilometer langes, zum Meer hin steil in malerische Buchten abfallendes Waldgebirge mit dem 1443 Meter hohen Puig Major als höchster Erhebung, bizarren Felsengärten, idyllischen Dörfern und wilden Schluchten. Zeugnisse einer jahrtausendealten Besiedlung und Urbarmachung sowie ein ausgeklügeltes, auch den jeweiligen historischen Kenntnisstand verschiedener Epochen dokumentierendes System zur optimalen Nutzung und Verteilung der sich hier konzentrierenden Wasserressourcen der Insel machen die Serra de Tramuntana zu einer aufregend vielfältigen Kulturlandschaft.

Rechts: Eines »der schönsten Fleckchen auf dieser Erde« sei Mallorca, meinte George Sand, »eine grüne Schweiz unter kalabrischem Himmel mit dem feierlichen Ernst des Orients« – was diese Aufnahme der Serra de Tramuntana mit Blick auf den Puig Major zu bestätigen scheint.

Bei Deia: Seinen mallorquinischen Namen verdankt der Gebirgszug dem Fakt, dass dieser als natürliche Barriere das Insel-innere vor der Tramuntana schützt: einem kühlen, oftmals stürmischen Nordwind.

Das Kloster Lluc geht der Legende nach auf den Hirtenjungen Lukas (mallorqui-nisch: Lluc) zurück, der hier eine dunkel-häutige Madonnenfigur fand. Das umlie-gende Gebiet wurde schon früh auch für kultische Zwecke genutzt.

Olivenbaum bei Valldemossa: »Das Beson-dere der Balearen, und vor allem Mallor-cas, ist die Vielfalt von Facetten, der berauschende Reichtum auf kleinstem Raum: voller Überraschungen, Gegensätze und Widersprüche.« (Miguel S. Oliver)

Blick auf die Cala Tuent: »Das Licht von Mallorca ist getränkt von reinster Poesie. Es erinnert mich an das Licht des Orients, wo man Dinge wie durch einen Schleier betrachtet.« (Joan Miro)

MACHTZENTREN DER LANGOBARDEN

Während der Völkerwanderung drang mit den Langobarden ein nordgermanischer Stamm in Italien ein, nach dem bis heute die Lombardei benannt ist und der für die Region eine schicksalhafte Bedeutung hatte. Das Welterbe umfasst insgesamt sieben »Orte der Macht«, an denen die Langobarden bedeutende Bauten – Festungen, Kirchen und Klöster – hinterließen: Cividale del Friuli, Brescia, Castelseprio, Spoleto, Campello sul Clitunno, Benevento und Monte Sant'Angelo.

Der Legende nach wurden die Langobarden nach jenen »Langbärten« benannt, die sich ihre Frauen umbanden, um in einer Schlacht wie Männer auszusehen. Wahrscheinlicher klingt jedoch die Version, dass sich ihr Name von einer langstieligen Axt, ähnlich der Hellebarde, ableitet. Zunächst siedelte ihr Stamm um Christi Geburt an der Niederelbe, ehe er bald darauf im Dunkel

Cividale del Friuli, 16 Kilometer östlich von Udine am Fuß der Julischen Alpen gelegen, war in den Jahren 569 bis 774 die Hauptstadt der Langobarden.

der Geschichte verschwand und sich erst im 5. Jahrhundert im nördlichen Donauraum erneut bildete. Im 6. Jahrhundert dehnten die Langobarden ihren Siedlungsraum bis nach Pannonien aus, dem heutigen Niederösterreich und Ungarn, wo sie zunächst von den oströmischen Truppen in Schach gehalten werden konnten, bis sie dann unter König Alboin im Jahr 568 in das damals byzantinische Italien einbrachen. Dort drangen sie bis nach Mittelitalien vor und erreichten unter der Herrschaft von Liutprand (712–744) und Aistulf (749–757) den Zenit ihrer Macht (751 Eroberung von Ravenna). König Desiderius aber wurde 774 von Karl dem Großen besiegt; damit kam sein Reich unter fränkische Herrschaft.

Rechts: Der Klosterkomplex San Salvatore e Santa in Brescia geht im Ursprung auf eine Gründung des Langobardenkönigs Desiderius im 8. Jahrhundert zurück.

Campello sul Clitunno: Aus den antiken Spolien des Tempietto del Clitunno (Tempel des Clitumnus) machten die Langobarden eine christliche Kapelle.

Spoleto: Auch die ursprünglich bereits im 4./5. Jahrhundert errichtete Basilica di San Salvatore wurde im 8. Jahrhundert von den Langobarden umgebaut.

Benevento: Die um 760 auf sternförmigem Grundriss errichtete, die Säulen antiker Tempel als Spolien verwendende Klosterkirche von Santa Sofia vereint römisch-hellenische mit byzantinischen Traditionen.

Castelseprio (oben: Fresken in der Kirche Santa Maria Foris Portas) war in römischer Zeit eine militärische Festung, die später unter anderem in den Besitz der Byzantiner und der Langobarden überging.

SELIMIYE-MOSCHEE IN EDIRNE

Die im Jahr 1575 fertiggestellte Selimiye-Moschee in Edirne schuf der als »Michelangelo der Osmanen« gerühmte »ehrwürdige Baumeister« (»Koca Mimar«) Sinan, der sie auch selbst als sein Meisterwerk betrachtete.

Mit dem Bau der im Jahr 537 vollendeten Hagia Sophia in Konstantinopel gelang deren Architekten Anthemios von Tralleis und Isidor von Milet eine beeindruckende Verwandlung von Geometrie in Architektur: Mit Quadrat und Kreis, Kubus und Kugel schufen sie einen die Formgedanken des römischen Pantheons und der frühchristlichen Basilika in sich vereinenden Zentralbau, der später zum Vorbild zahlreicher Moscheen im Osmanischen Reich wurde. Auch Sinan (um 1489–1588), der bedeutendste Hofbaumeister des Osmanischen Reichs, orientierte sich an ihr, als ihm mit seiner im Auftrag Selims II. errichteten, auch nach diesem Sultan benannten Selimiye-Moschee in Edirne die Vollendung dieser architektonischen Kunstform gelang. Besonders stolz war Sinan auf die mehr als 40 Meter hohe, auf acht gewaltigen Stützsäulen ruhende Kuppel seiner Moschee, die – so schrieb er in seinen Memoiren – »dank Allahs Hilfe und der Gunst des Sultans … sechs Ellen breiter und vier Ellen höher« wurde »als jene der Hagia Sophia.«

Die auf einem künstlichen Hügel hoch über Edirne errichtete Moschee mit ihren vier schlanken, 71 Meter hohen Minaretten ist das Wahrzeichen der Stadt, die einst Hadrianopolis hieß und bis zur Eroberung Konstantinopels (1453) die Hauptstadt des Osmanischen Reiches war.

SCHUTZGEBIET WADI RUM

Bis zu 12 000 Jahre alte Spuren menschlicher Besiedelung – darunter Zehntausende von Petroglyphen und Inschriften – machen dieses mit etwa 740 Quadratkilometern Fläche größte, auch für seine kühnen Sandsteinformationen berühmte Trockental der Arabischen Halbinsel zum Weltnatur- und -kulturerbe zugleich.

Das im Süden Jordaniens an der Grenze zu Saudi Arabien auf einem Sandsteinplateau gelegene Wadi Rum entstand vor etwa 30 Millionen Jahren als Folge einer erdgeschichtlichen Verwerfung, bei der ein großer geologischer Bruch riesige Schluchten aufriss und einzelne Berge isolierte. Mithilfe der Erosion entstand im Lauf von Jahrmillionen eine spektakuläre Wüstenlandschaft mit engen Schluchten, bizarren Felsformationen und vielen Höhlen. Aufgebaut sind die Berge rund um das Wadi Rum aus Granit- und Sandstein. Der dunklere Granit bildet den Sockel, der rötliche Sandstein die Gipfel der Erhebungen.

So erklären sich auch die vielen Quellen gerade an den engeren Stellen des Wüstentals: Das Regenwasser winterlicher Niederschläge dringt durch den porösen Sandstein, stößt auf undurchdringlichen Granit und fließt zum Hang hinab, wo die Quellen oftmals Dutzende von Metern über dem Talgrund entspringen. Diese Quellen wiederum erklären die frühe Besiedelung dieses Tals wohl schon in der Jungsteinzeit (ab 10 000–6000 v. Chr.).

Wunder der Natur: Ein faszinierendes Werk der Erosion ist auch dieser pilzförmige Felsen im Schutzgebiet Wadi Rum.

ANTIKE DÖRFER IN NORDSYRIEN

Der Anbau von Oliven brachte den antiken Dörfern des nordsyrischen Kalkstein-massivs einigen Wohlstand. Das Welterbe umfasst rund 40 dieser in acht archäo-logische Parks eingeteilten Dörfer sowie weitere Stätten wie das Simeonskloster.

»Belos« oder »Belus« nannte man in der Antike das nordsyrische Kalkstein-massiv, dessen Fels selbst den einfachs-ten – in bester Quadertechnik ohne Mörtel gefertigten – Bauten eine solche Widerstandsfähigkeit verlieh, dass Ar-chäologen heute in dieser Region eine einzigartige Situation vorfinden: Auf einem Gebiet von rund 150 mal 40 Kilo-metern blieben Hunderte antiker Ruinenstätten erhalten, was die Rekon-struktion einer ganzen antiken Land-schaft möglich macht. Deren Dörfer und Kleinstädte waren einst dicht besie-delt von einer griechisch sprechenden Oberschicht, die seit dem Ende des 1./Anfang des 2. Jahrhunderts das Land kultivierten. Aufschwung brachte der Anbau von Oliven; eine gut ausgebaute Infrastruktur sicherte den reibungslo-sen Export des Olivenöls. Der neue Wohlstand bewirkte eine rege Bau-tätigkeit – auch wenn dabei meist nur kleinere Dörfer mit einigen wenigen Dutzend Häusern, einer Kirche und ei-ner Ölmühle entstanden. Erst mit den Eroberungen der Perser und dem Vor-dringen des Islam zu Beginn des 7. Jahrhunderts wurden die Dörfer nach und nach zu Ruinenstätten.

Die spätantike Siedlung Ruweiha war einst ein bedeutender Marktplatz im Osten des Jebel Zawiya.

ABU DHABI: KULTURSTÄTTEN VON AL AIN

Gräber, Brunnen, aus Lehmziegeln errichtete Wohnhäuser, Türme und Paläste zeu-gen in der – an der Grenze zu Oman gelegenen – Wüstenstadt Al Ain mit ihren Kulturstätten (Hafit, Hili, Bidaa Bint Saud und Oasengebiete) von der frühen Be-siedelung der Region und vom Übergang der nomadischen zur sesshaften Kultur.

Mit mehr als vier Fünfteln der Gesamt-fläche (rund 83 600 Quadratkilometer inklusive der vorgelagerten Inseln) ist Abu Dhabi das größte (und dank sei-ner Erdölressourcen reichste) Emirat der Vereinigten Arabischen Emirate. »Abu Dhabi« – so auch der Name der Hauptstadt – bedeutet »Vater der Ga-zelle« und bezieht sich auf das Jahr 1761, als Beduinen auf einer Sandinsel vor der Küste des Arabischen Golfs Ga-zellen an einem Wasserloch entdeck-ten. Deren (Süßwasser-)Spur folgend, errichteten sie dort eine kleine Sied-lung, aus der sich die heutige Stadt Abu Dhabi entwickelte. Erstmals be-siedelt wurde diese Wüstenregion aber schon wesentlich früher: So rei-chen etwa die Wurzeln des 160 Kilo-meter östlich von Abu Dhabi Stadt ge-legenen Wüstenorts Al Ain mehr als 5000 Jahre zurück.

Bei der Restaurierung der Festung von Al Ain wurde auch der bis 1996 von Sheikh Zayed bin Sultan bewohnte, seit 2003 als Museum zugängliche Sultanspalast am Westrand der Oase wiederhergestellt.

PERSISCHE GÄRTEN

»Paradiese des Orients«: Neun verschiedene Gärten an neun verschiedenen Orten – Pasargadae, Schiras, Isfahan, Kaschan, Behschahr, Kerman, Yazd, Mehriz und Birdschand – veranschaulichen die hoch entwickelte persische Gartenkultur.

Bei den persischen Gärten handelt es sich (neben den Gärten der Assyrer und Babylonier) um eine der ältesten For-men der Gartenkunst im Vorderen Ori-ent. Als deren Archetypus stellen wir uns nicht zufällig den Garten Eden vor, ging doch das altiranische Wort für eine »Einzäunung«, pairi-daeza, als »Para-dies« in viele europäische Sprachen und in das Hebräische ein. Die Vorstel-lung vom Paradies findet sich auch in den Gestaltungsprinzipien der persi-schen Gartenbaukunst wieder, nach der ein solcher Garten die kosmische Ord-nung der Welt mit Himmel und Erde, Wasser und Pflanzen symbolisieren soll. (Sonnen-)Licht und Schatten spie-len dabei eine ebenso große Rolle wie das idealerweise stets am Fließen ge-haltene Wasser, das in den Gärten un-terirdisch für Bewässerung sorgt und oft zugleich auch oberirdisch in vier Kanälen verläuft – dabei neben dem lebensspendenden Nass selbst noch Milch, Honig und Wein verkörpernd. Die ältesten erhaltenen Ruinen einer solchen Gartenanlage findet man nörd-lich von Schiras in der altpersischen Residenzstadt Pasargadae von König (559–530 v. Chr.) Kyros II.

Zum Weltkulturerbe gehört auch der im 19. Jahrhundert angelegte Bagh-e Shahza-deh (Prinzengarten) bei Mahan.

FELSMALEREIEN IM MONGOLISCHEN ALTAI

Mehr als 12 000 Jahre Kultur- und Menschheitsgeschichte illustrieren die Felsmalereien im mongolischen Teil des zentralasiatischen Gebirgssystems.

Der Altai ist ein über 2100 Kilometer langes, sich von dem Quellgebiet der Flüsse Irtysch und Ob in Südsibirien bis in die Trockenregionen Sinkiangs und zum ostmongolischen Hochplateau er-streckendes, an seiner höchsten Erhe-bung (dem doppelgipfligen Belucha) 4506 Meter hohes, stark vergletscher-tes Hochgebirge im Grenzgebiet von Kasachstan, Russland (Sibirien), der Mongolei und China. Er gliedert sich in drei Teile: den (bereits 1998 zum Welt-naturerbe erklärten) Russischen Altai, den am vergletscherten Gebirgsstock des 4374 Meter hohen Tawan Bogd Uul rund 1000 Kilometer weit nach Westen abzweigenden Mongolischen Altai so-wie den Gobi-Altai. Die ältesten, vor-wiegend Jagdmotive zeigenden Dar-stellungen der im Jahr 2011 zum Weltkulturerbe erklärten Komplexe mit Petroglyphen (und Grabmonu-menten) im Mongolischen Altai stam-men aus einer Zeit (zwischen den Jah-ren 11 000 und 6000 v. Chr.), als das Gebiet noch bewaldet war.

An den Felsbildern lässt sich die Entwick-lung der Region wie der Zivilisation able-sen: vom ursprünglich bewaldeten Gebiet in eine Steppenlandschaft, von Sammlern und Jägern zu berittenen Nomaden.

Jordanien

Berühmt wurde das Wadi Rum vor allem durch die Schilderungen von T. (Thomas) E. (Edward) Lawrence – besser bekannt als »Lawrence of Arabia« –, der in seinem Buch »Die sieben Säulen der Weisheit« schreibt: »Die Berge zur Rechten wuchsen höher und schroffer, ein würdiges Gegenstück zur Umgrenzung links, die sich zu einem massiven Wall roten Gesteins aufstellte. Beide Seiten rückten bis auf nur zwei Meilen Zwischenraum zusammen; und dann, allmählich sich auftürmend bis zu tausend Fuß über uns, liefen diese beiden parallelen Felsmauern in meilenlanger Avenue dahin … Unsere kleine Karawane wurde nachdenklich, und keiner sprach mehr ein Wort; man fühlte sich beängstigt und beschämt, sich mit seiner Geringfügigkeit breit zu machen inmitten dieser riesenhaften Berge«.

KULTURLANDSCHAFT WESTSEE BEI HANGZHOU

Mit seinen Pavillons und Pagoden, künstlichen Dämmen, Inselchen und Gärten gilt der nur rund eineinhalb Meter tiefe Westsee als Inbegriff einer schon seit dem 9. Jahrhundert auch viele Künstler inspirierenden chinesischen Ideallandschaft.

Marco Polo pries Hangzhou, wo der bis Peking führende Kaiserkanal seinen Anfang nimmt, als schönste und eleganteste Stadt der Welt. Schon damals zählte der westlich vom Stadtzentrum gelegene Westsee (Xi Hu) zu den faszinierendsten Kulturlandschaften Chinas. Bei diesem See handelt es sich um ein Altwasser des Qiantang-Flusses, das ausgehoben wurde – wenn man nicht an den Mythos glaubt, nach dem ein Jadedrache und ein goldener Phoenix über die sanften Hügel von Hangzhou flogen, wo sie einen wunderschönen weißen Stein fanden und

mit ihm spielten, bis er sich zu einer noch viel schöneren Perle abschliff. Diese weckte die Begierde der Himmelskönigin, welche die Perle stahl. Beim Versuch, ihr das Kleinod wieder abzunehmen, fiel es zu Boden und verwandelte sich sogleich in ein ganz anderes Schmuckstück: in den Westsee nämlich.

»Im Himmel liegt das Paradies, auf Erden Suzhou und Hangzhou«, weiß ein chinesisches Sprichwort: Mit dem Ostufer grenzt der an den übrigen drei Seiten von grünen Anhöhen mit Tempeln, Pagoden und Pavillons umgebene Westsee an Hangzhou.

OGASAWARA-INSELN

Die rund 1000 Kilometer südöstlich der japanischen Hauptinsel Honshu im Westpazifik gelegenen Inseln sind aufgrund ihrer Isolation ein bis heute weitgehend archaisch anmutendes Refugium der Natur – ein »Schaufenster der Evolution« mit einer vielfach endemischen Tier- und Pflanzenwelt.

Nur zwei der mehr als 30, sich von Nord nach Süd auf einer Länge von 400 Kilometern erstreckenden, insgesamt eine Fläche von 79,4 Quadratkilometern bedeckenden Inseln, Chichi-jima und Haha-jima, sind bewohnt; hinzu kommen rund 400 auf Iwojima stationierte US-Soldaten. Entstanden ist der Archipel vor rund 48 Millionen Jahren durch tektonische Verschiebungen und Vulkanismus. Subtropisches Klima und häufiger Nebel auf einigen der Inseln begünstigen das Wachstum seltener Epiphyten: »Aufsitzer« genannte Gewächse, die auf anderen Pflanzen wachsen, ohne diesen Nährstoffe zu entziehen oder

mit dem Erdboden Kontakt zu haben (stattdessen speichern sie das Wasser in eigens dafür entwickelten Organen). Mehr als 400 endemische Pflanzenarten wurden dokumentiert; hinzu kommen fast 200 gefährdete Vogelarten, 1400 Insekten- und viele seltene Echsenarten. Ein Viertel der auf den Inseln vorkommenden Schlangen ist endemisch, ebenso der einzige hier lebende Landsäuger, der Bonin-Flughund.

Seit 1876 gehören diese Inseln zu Japan. Von 1951 bis 1968 standen sie unter US-amerikanischer Verwaltung, seit 1972 werden sie als Nationalpark geschützt.

HIRAIZUMI – TEMPEL, GÄRTEN UND ARCHÄOLOGISCHE STÄTTEN DES REINEN-LAND-BUDDHISMUS

Das Welterbe erinnert an die Zeit, als Hiraizumi zum »Kyoto des Nordens« aufstieg und zugleich in ein von der eschatologischen Lehre des Reinen Landes (jingtu) inspiriertes buddhistisches Paradies verwandelt werden sollte.

Bis zu 100 000 Einwohner hatte Hiraizumi – heute ein verträumtes Dorf am Mittellauf des den nordöstlichen Teil der japanischen Hauptinsel durchströmenden Kitakami-Flusses – in seiner Blütezeit im 11. und 12. Jahrhundert. Vier Generationen (1090–1189) lang bestimmte damals der Fujiwara-Klan über die Geschicke des von ihm zur Residenzhauptstadt erwählten Orts. In Konkurrenz zu Kyoto sollte Hiraizumi nicht nur kulturell aufblühen und wirtschaftlich prosperieren, sondern auch

zu einem geistig-spirituellen Zentrum werden. Vom Ehrgeiz des Clans, Hiraizumi mithilfe der besten Künstler und Handwerker dieser Zeit in ein buddhistisches Paradies auf Erden zu verwandeln, zeugen heute vor allem die Tempel Chuson-ji und Motsu-ji sowie Reste eines ausgedehnten Paradiesgartens und weitere archäologische Stätten am heiligen Berg Kinkeisan.

Buddhistische Darstellungen findet man auch bei der Höhle Takkoku-no-Iwaya.

ZITADELLE DER HÒ-DYNASTIE

Die Zitadelle der Hò-Dynastie sollte als Bollwerk nicht nur gegen menschliche Feinde dienen, sondern auch gegen spirituelle Bedrohungen. Deshalb orientierte man sich bei ihrer Anlage an den Vorbildern chinesischer und französischer Festungsarchitektur sowie an den Prinzipien des Feng Shui.

Begründet wurde die Hò-Dynastie von Hò Quy Lý (um 1350 bis ca. 1410), der sich schon vor dem offiziellen Beginn der nach ihm benannten Dynastie (1400 bis 1407) seine Machtposition sicherte, indem er eine Prinzessin der vorangegangenen Tràn-Dynastie (1225–1400) heiratete, die sich trotz drei (1258, 1284 und 1287) erfolgreich abgewehrter Invasionsversuche mongolischer Heere nun in ihrem Niedergang befand. Die in nur drei Monaten – von Januar bis März 1397 (also tatsächlich schon vor dem offiziellen Beginn dieses Herrschergeschlechts) – errichtete Zitadelle der Hò-Dynastie liegt in Vinh

Loc in der Provinz Thanh Hóa. Unter dem Namen Tay Do (»westliche Hauptstadt« – im Unterschied zu ihrem östlichen Vorläufer, dem heutigen Hanoi) markierte sie in den Jahren 1398 bis 1407 das politische, wirtschaftliche und kulturelle Zentrum des Landes. Ihr Ende fand diese kürzeste aller vietnamesischen Dynastien mit dem Einmarsch einer 500 000 Mann starken Armee der chinesischen Ming, auf den eine erneute Besatzungszeit folgte.

Erhalten blieben von der Zitadelle im Wesentlichen die Begrenzungsmauern und die vier Eingangstore.

NINGALOO-KÜSTE

Ein faszinierender Küstenstrich mit einem atemberaubenden Reichtum an Tierarten ist dieser Meerespark im Nordwesten Australiens.

An der einsamen Nordspitze der Westküste Australiens liegt der rund 6000 Quadratkilometer große Ningaloo-Meerespark. Er schützt einen 300 Kilometer langen Küstenabschnitt mit einem Korallenriff, das an vielen Stellen nur 100 Meter vom Ufer entfernt ist und zu den größten küstennahen Riffen der Welt zählt. Der angrenzende Küstenstreifen wartet mit eindrucksvollen Kalksteinformationen auf, die von unterirdischen Wasserläufen durchzogen sind. Viele Höhlen bieten Vögeln Nistplätze und seltenen Reptilien Schutz. Bunte Clownfische, giftige Feuerfische und räuberische Muränen zählen zu den rund 500 Fischarten, die sich zwischen den über 300 Korallenarten des Riffs tummeln. Die aufregendsten Riffbewohner sind Suppenschildkröten, die hier an der Küste auch ihre Eier ablegen,

Die Ningaloo-Küste liegt im Nordwesten Australiens, in der äußerst spärlich besiedelten, trockenen Region Gascoyne.

scheue Riffhaie und bis zu sechs Meter lange Tiger- und Hammerhaie, Stachel- und Mantarochen, Delfine sowie Dugongs, die in den großen Seegraswiesen weiden. Etwa eine Woche nach dem Vollmond Ende März oder Anfang April laichen alle Korallen im Riff gleichzeitig und setzen Millionen hellrosa Eier und Spermienpakete frei, die an der Wasseroberfläche einen schwimmenden Laichteppich bilden. Das drei Tage dauernde Schauspiel verkündet die Ankunft der Walhaie. Das Ningaloo-Riff ist einer der wenigen bekannten Orte, an dem sich diese größten Fische der Welt regelmäßig zu einer bestimmten Zeit in großer Zahl versammeln. Ende Juni, Anfang Juli verabschieden sie sich wieder für ein Jahr und werden von den Buckelwalen abgelöst, die bis November auf der Meerseite am Riff entlang wandern.

Links: Die Artenvielfalt am Ningaloo-Reef reicht vom größten Fisch der Welt, dem Walhai, bis zur kleinen bunten Wasserschnecke.

ARCHÄOLOGISCHE STÄTTEN DER INSEL VON MEROE

Das Welterbe umfasst die archäologischen Stätten von Meroe, Naqa (auch: Naga) und Musawwarat es-Sufra.

Von Südosten her ergießt sich der Atbara-Fluss etwa 280 Kilometer nordöstlich der sudanesischen Hauptstadt Khartoum im spitzen Winkel in den Nil. Die südlich der Mündung gelegene Halbwüste zwischen diesen beiden Flüssen wurde schon von antiken Schriftstellern als »Insel von Meroe« bezeichnet. Hier lag einst das Kernland des mächtigen Königreichs von Kusch (8. Jahrhundert v. Chr. bis 4. Jahrhundert n. Chr.) mit der Hauptstadt Meroe und den beiden Tempelstädten Naqa und Musawwarat es-Sufra. Auf seinem Höhepunkt erstreckte sich das Reich vom Herzen Afrikas bis zum Mittelmeer und ermöglichte einen regen

Löwenkopfrelief in Musawwarat es Sufra: Heute weiß man, dass die eigenständige nubische Kultur des »Königreichs von Kusch« großen Einfluss auf die pharaonische Hochkultur des alten Ägyptens hatte.

Austausch zwischen diesen Welten. In den drei Nekropolen von Meroe stehen über 100 Pyramiden, die – steiler als die ägyptischen – bis zu 30 Meter in die Höhe ragen. Hier sind fast alle Herrscher und Herrscherinnen aus der Epoche, in der Meroe Hauptstadt war, sowie ihre hohen Beamten begraben. Das Zentrum von Musawwarat es-Sufra ist die »Große Anlage«, die in ihrer Architektur für das Niltal einzigartig ist. Auf einer Fläche von über 42 000 Quadratmetern stehen hier drei durch Gänge und Rampen verbundene Tempel, an deren Mauern sich Tausende Graffiti antiker Besucher befinden. Die südlichste Stadt ist Naqa mit den Löwentempeln für Amun und Apedemak sowie dem römischen Kiosk, der vermutlich Hathor geweiht war.

Rechts: die spitzen Pyramiden der Nekropolen von Meroe mit den typischen Vortempeln und die zum Eingang des Amuntempels in Naqa führende Widderallee.

SALOUM-DELTA

Die Wasserwelten des Saloum-Deltas an der Nordgrenze zu Gambia bilden eine einzigartige Natur- und Kulturlandschaft

Im Saloum-Delta schlängeln sich die beiden Flüsse Sine und Saloum in den Atlantik und bilden mit ihren vielen Flussarmen ein weites Überschwemmungsgebiet, in dem sich Süßwasser und Salzwasser mischen. Die größten Mangrovenwälder Westafrikas, dichte Trockenwälder, Sanddünen und zahlreiche Inseln machen das Delta zu einem reich gegliederten Lebensraum mit enormer Artenvielfalt, in dem riesige Zugvögelschwärme aus Europa überwintern.

Das 150 Kilometer südlich von Dakar gelegene Naturparadies ist mit seinen vielen kleinen Dörfern aber auch eine außergewöhnliche Kulturlandschaft, die bereits seit mehr als 2000 Jahren

von Menschen geformt wird. Die Bauern und Fischer leben vor allem vom Reichtum an Fischen, Austern und Muscheln. Aus Unmengen von Muschelschalen schütteten sie 218 nun zum Weltkulturerbe erklärte Inseln auf, um darauf Hütten und Getreidespeicher zu errichten. Auf 28 dieser Inseln finden sich auch jahrhundertealte Grabhügel. Bemerkenswerte archäologische Funde dokumentieren die Kulturen der verschiedenen Besiedlungsperioden im Delta und ihre lange Geschichte an der Westküste Afrikas.

Aus Unmengen ins Meer geworfener Muschelschalen entstanden mit dem Lauf der Zeit hier im Saloum-Delta Inseln.

KULTURLANDSCHAFT DER KONSO

Durch jahrhundertelange intensive Landwirtschaft formten die Konso im Süden Äthiopiens eine außergewöhnliche Kulturlandschaft.

Die Konso, ein Bauernvolk mit ostkuschitischer Sprache, leben im Bergland im Süden der äthiopischen Seenregion rund 90 Kilometer südlich von Arba Minch und vom Chamosee. Seit rund 500 Jahren – 21 Generationen – siedeln sie in diesem Gebiet, das sie durch ihre intensive Landwirtschaft entscheidend geformt haben. Auf – in organisierter Gemeinschaftsarbeit kunstfertig angelegten – Terrassen bauen die auch für ihr Webhandwerk bekannten Konso im steilen gebirgigen Gelände Hirse, Mais und Gemüse, aber auch Kaffee und Baumwolle sowie andere Feldfrüchte an. Ein ausgeklügeltes Bewässerungssystem sowie der Einsatz von Naturdünger steigert die Produktion.

Die Siedlungen der Konso sind geschlossene, mit massiven Steinwällen befestigte Dörfer, die durch ihre Größe und kompakte Anlage städtischen Charakter haben. Zum Weltkulturerbe gehören 55 Quadratkilometer dieser einzigartigen Kulturlandschaft mit 21 Siedlungen sowie drei heiligen Wäldern mit Ritual- und Heilpflanzen. Es umfasst zudem zahlreiche Heiligtümer und Schreine sowie waka-Figuren aus Holz, die als Totendenkmäler dienen, und wenig behauene Steinstelen, die an verdienstvolle Ahnen erinnern.

In Konso-Siedlungen sind die Familiengehöfte umzäunt, das Gassenlabyrinth liegt im Schatten von Nutzbäumen.

FORT JESUS IN MOMBASA

Fort Jesus in Mombasa ist das Musterbeispiel einer portugiesischen Militärfestung aus dem 16. Jahrhundert.

Fort Jesus wurde nach Plänen des italienischen Militärarchitekten Giovanni Battista Cairati zwischen 1593 und 1596 auf der Insel Mombasa am Indischen Ozean erbaut. Die Festung schützte den Hafen und die Lagune von Mombasa, das als Stützpunkt im transkontinentalen Dreieckshandel zwischen der Arabischen Halbinsel, Ostafrika und Indien große strategische Bedeutung besaß. Das Fort selbst war Teil eines Systems von Befestigungsanlagen entlang der ostafrikanischen Küste. Ursprünglich von Portugiesen unter Philipp II. errichtet, wurde es unter anderem von Osmanen und Briten besetzt und war Ziel schwerer Kämpfe und heftigen Beschusses. Trotz-

dem gehört es heute zu den am besten erhaltenen portugiesischen Militärbauten des 16. Jahrhunderts. In ihrer Anlage und Form spiegelt die Festung das Renaissance-Ideal einer geometrischen Harmonie sowie perfekter Proportionen nach menschlichem Maß wider. Die Grundstruktur umfasst vier Bastionen, die um einen zentralen Innenhof angeordnet sind. Zu diesem 2,36 Hektar großen Weltkulturerbe gehören neben der Anlage selbst auch noch der Festungsgraben und die unmittelbare Umgebung des Forts.

Fort Jesus zählt zu den größten und am besten erhaltenen Befestigungsanlagen an der ostafrikanischen Küste.

Kenia

SEEN DES GREAT RIFT VALLEY

Auch seltene Säugetiere haben im Gebiet der Seenkette ihren Lebensraum, am Lake Nakuru zum Beispiel Rothschildgiraffen (ganz oben; darunter ebenfalls am Lake Nakuru fotografierte Breitmaulnashörner, Marabus und Wasserböcke). Des Weiteren leben in dem Gebiet auch Löwen, Geparden und Wildhunde.

Der hohe Salzgehalt eines Soda- (oder Natron-)Sees führt zu Verkrustungen, die bei dieser Luftaufnahme mit den Flamingos besonders schön zu erkennen sind.

Nicaragua

KATHEDRALE VON LEON

Den Übergang vom Barock zum Neoklassizismus verkörpert diese in ihrem Äußeren wuchtig und massiv wirkende, im Inneren eher schlicht gestaltete, von ungewönlich viel Tageslicht durchflutete spanische Kolonialkirche.

Mehr als 300 Jahre lang war Léon die – traditionell mit dem konservativen Grenada konkurrierende – liberale Hauptstadt der spanischen Kolonie. Dank ihrer im Jahr 1804 gegründeten Universität entwickelte sie sich zum geistigen Zentrum des Landes. Als das Vizekönigreich Guatemala, zu dem Nicaragua damals gehörte, am 15. September 1821 seine Unabhängigkeit von der spanischen Krone ausrief, wurde Léon zum Sitz der bedeutendsten geistlichen und weltlichen Würdenträger

Im ersten Morgenlicht bilden die Silhouetten der Berge am Horizont einen stimmungsvollen Kontrast zur Kathedrale und den Dächern der Stadt (oben). Besonders mächtig wirkt die nach Westen zeigende Fassade der Kathedrale (unten).

des Landes. Dennoch soll die Größe und Pracht der in den Jahren 1747 bis 1860 errichteten Kathedrale, in der sich auch das Grab des bedeutenden nicaraguanischen Lyrikers Rubén Darío (1867 bis 1916) befindet, weniger dem Ruhm dieser Stadt zu verdanken sein als einem Irrtum: Die Pläne des Architekten Diego José de Porres Esquivel sollen nämlich angeblich ursprünglich für den Bau der Kathedrale in Lima (Peru) bestimmt gewesen sein.

Rechts: Zur Innenausstattung der Kathedrale von Léon gehört auch ein flämisches Altargemälde.

BRIDGETOWN UND SEINE GARNISON

Das historische Zentrum von Bridgetown mit seinen gut erhaltenen Bauten aus dem 17., 18. und 19. Jahrhundert ist ein hervorragendes Beispiel für die britische Kolonialarchitektur. Zum Welterbe gehört auch eine nahe gelegene Garnison.

Im Jahr 1536 betrat der portugiesische Kapitän Pedro Campos als erster Europäer diese östlichste Insel der Kleinen Antillen und gab ihr (nach den bartartigen Luftwurzeln der Feigenbäume) den Namen »Isla de los Barbados«. An Bedeutung gewann das Eiland aber erst, als 1625 der Engländer John Powell hier den Union Jack hisste. Seitdem prägten mehr als 300 Jahre britische Kolonialgeschichte das Bild der Karibikinsel, die nach der Verfassung vom 30. November 1966 eine parlamentarische Monarchie im Commonwealth mit der englischen Königin als offiziellem Staatsoberhaupt ist. Heute findet man die besten Beispiele britischer Kolonialarchitektur im historischen Zentrum der 1648 unter dem Earl of Carlisle am Constitution River gegründeten Hauptstadt Bridgetown sowie im südwestlich des Zentrums gelegenen Garnisonskomplex der britischen Truppen.

An die koloniale Vergangenheit erinnern in Barbados der heute unter anderem für Chricketspiele genutzte ehemalige Exerzierplatz der Garnison (links oben) und das im einstigen Militärgefängnis untergebrachte Barbados Museum (links unten).

KULTURLANDSCHAFT KAFFEEZONE

Die im Herzen des Andenhochlandes auf 1000 bis 2000 Höhenmetern gelegene Zona Cafetera ist ein hervorragendes Beispiel für eine traditionell gewachsene, nachhaltige und bis heute produktive Kulturlandschaft.

Das Weltkulturerbe umfasst sechs repräsentative Anbaugebiete in den Ausläufern der Cordillera de los Andes: Kolumbiens Kaffeezone gliedert sich in drei Departamentos – Caldas, Quindío und Risaralda mit den Städten Manizales, Armenia und Pereira –, weshalb man auch vom Triángulo del Café spricht, vom Kaffeedreieck. Im milden Klima und auf den fruchtbaren Böden der vulkanischen Zentralkordillere wachsen exzellente Arabica-Kaffeesorten: Rund zehn Prozent des weltweit produzierten Hochlandkaffees und fast die Hälfte der gesamten kolumbianischen Kaffeeernte werden hier angebaut. Ihren Anfang nahm die inzwischen über hundertjährige Tradition des Kaffeeanbaus in dieser Region mit jenen Siedlern, die im 19. Jahrhundert aus der nördlichen Region Antioquia vor den spanischen Eroberern flüchteten. So erkennt man in der Architektur der hiesigen »Kaffeestädte« bis heute indigene wie spanische Einflüsse.

Salento (oben) gehört zu den typischen Dörfern der Kaffeezone in Zentralkolumbien. Links: Kaffeepflücker auf der Hacienda de Guayabal bei Chinchina.

Das Welterbekomitee der UNESCO hatte auf seiner 34. Tagung vom 25. Juli bis 3. August 2010 in Brasília insgesamt 21 Stätten, die auf den folgenden Seiten dargestellt werden, in die Liste des Welterbes aufgenommen. Für sieben bestehende Welterbestätten beschloss man im Jahr 2010 Erweiterungen, die an der entsprechenden Stelle weiter hinten im Buch erwähnt werden. Eine Naturerbestätte – Ngorongoro in Tansania – wurde zusätzlich zur Kulturerbestätte erklärt. Das Komitee entschied dabei auch über die gefährdeten Denkmäler des Welterbes. So strich es die Galapagosinseln von der Roten Liste; zu dem Zeitpunkt kamen die Bagrati-Kathedrale und das Gelati-Kloster in Georgien, der Everglades-Nationalpark in Florida sowie die Regenwälder von Atsinanana in Madagaskar hinzu.

NEUE MONUMENTE
2010 / 2011

STADTVIERTEL UND KANAL-SYSTEM INNERHALB DER SINGELGRACHT IN AMSTERDAM

Die ringförmig angelegten Wasserkanäle von Amsterdam sind ein städtebauliches Gesamtkunstwerk und stehen symbolisch für die wirtschaftliche, politische und kulturelle Blüte der Stadt in ihrem »Goldenen Zeitalter« (17. Jahrhundert).

Dem Amstelfluss und dem um das Jahr 1270 an seiner Mündung errichteten Damm (heute: Damrak) verdankt die niederländische Metropole ihren Namen: 1275 wurde die sich aus wenigen Fischerhäusern entwickelnde Siedlung erstmals als »Amsteldamme« urkundlich erwähnt. Zum »Venedig des Nordens« entfaltete sich die Stadt, als man am Fluss mit dem Ausbau von Kanälen – Grachten – begann, die heute mit einer Gesamtlänge von fast 100 Kilometern Amsterdam seinen einzigartigen Charakter verleihen. Das zum Welterbe erklärte Stadtviertel mit seinem Kanalsystem innerhalb der Singelgracht entstand im frühen 17. Jahrhundert als Teil eines Erweiterungsplans, um in der florierenden Stadt Platz zu schaffen für die rasch steigende Bevölkerung.

Unterschiedlich gestaltete Giebel und Fassaden verleihen den Häusern, die die Grachten Amsterdams säumen, eine individuelle Note.

BISCHOFSSTADT ALBI

Albi ist seit der frühen Neuzeit nahezu unverändert geblieben. In der Architektur der Stadt mit ihren gotischen Bauwerken und dem einheitlich verwendeten Backstein spiegelt sich einzigartig ihre kirchengeschichtliche Bedeutung wider.

Die Kleinstadt Albi liegt im Süden Frankreichs, rund 80 Kilometer nordöstlich von Toulouse. Aus dem Ensemble der niedrigen, am Fluss Tarn gelegenen Häuser der Altstadt ragen besonders zwei Bauten hervor: die Kathedrale Sainte-Cécile und der Bischofspalast Palais de la Berbie. Mit dem Bau der gotischen Kirche wurde 1282 begonnen, ihre Fertigstellung zog sich bis 1492 hin. Mit ihrem über 70 Meter hohen Glockenturm zählt diese Kathedrale zu den größten Backsteinkirchen der Erde. Aus Backsteinen wurde auch der ganze historische Bezirk der Bischofsstadt Albi errichtet. Der wuchtige Palais de la Berbie war ursprünglich als Festung angelegt und demonstriert die Machtfülle, über welche die Bischöfe von Albi ab dem 13. Jahrhundert verfügten. Heute beherbergen seine Mauern ein Toulouse-Lautrec-Museum. Der im 17. Jahrhundert geschaffene Barockgarten ist kunstvoll gestaltet. Zum Welterbe gehören außerdem die alte Brücke über den Tarn, die Kirche Saint-Salvi, deren Wurzeln bis in das 10. Jahrhundert zurückreichen, sowie das sie umgebende Viertel.

Die mächtige Kathedrale Sainte-Cécile, Herzstück des Bischofsviertels von Albi, überragt eindrucksvoll die Altstadt mit dem Fluss Tarn und der Alten Brücke.

VULKANLANDSCHAFT AUF LA RÉUNION

Die Vulkanlandschaft der rund 800 Kilometer östlich von Madagaskar im Indischen Ozean gelegenen, politisch zum französischen Überseegebiet gehörenden Île de la Réunion (»Insel der Zusammenkunft«) ist das Refugium einer reichen, vielfach endemischen Tier- und Pflanzenwelt.

La Réunion, das gemeinsam mit den benachbarten Inseln Mauritius und Rodrigues den Archipel der Maskarenen bildet, entstand vor rund zwei Millionen Jahren im Zusammenspiel von Feuer und Wasser, als sich der Vulkan Piton des Neiges aus dem Indischen Ozean erhob. Heute ist dieser Vulkan der höchste Gipfel einer quer über die Insel verlaufenden Vulkankette. Zu der zum Welterbe erklärten Vulkanlandschaft gehören auch die »Cirques« Cilaos, Salazie und Mafate – drei im Zentrum der Insel gelegene Talkessel, die nach ihrem kreisrunden Äußeren benannt wurden. Das neue Schutzgebiet entspricht im Kern weitgehend dem bereits im März 2007 rund um den Piton des Neiges gegründeten Parc National de la Réunion.

Von steilen, bewachsenen Hängen der Plaine des Palmistes umgeben ist der Bergsee Grand Etang im Osten von Reunion. Er verdankt seine Entstehung der Aufstauung der Flussarme des Bras d'Annette durch einen erkalteten Lavastrom des Piton des Neiges.

PUTORANA-PLATEAU

Das in einer isolierten Berglandschaft im Norden Zentralsibiriens liegende Schutzgebiet zeigt eine Kombination aus arktischen und subarktischen Ökosystemen mit Taiga- und Tundrenvegetation sowie einmaligen Tierpopulationen.

Das Putorana-Plateau erstreckt sich auf über 18 770 Quadratkilometern und ist eine weitgehend unberührte Naturlandschaft von herber Schönheit. Bereits im Jahr 1988 wurde die kaum von Menschen bewohnte Region nördlich des Polarkreises zum Naturreservat erklärt. Als höchster Gipfel erhebt sich der 1700 Meter hohe Kamen über die aus Basalt aufgebaute Ebene. Auffallend sind die bis zu 400 Meter tiefen und über 100 Kilometer langen Seen. Die beiden hauptsächlichen Vegetationsformen dieser Naturlandschaft sind eine mit Lärchen bestandene Taiga sowie die Bergtundra. Insgesamt wachsen dort rund 400 Arten höherer Pflanzen. Unter den 34 Säugetierarten hat das Rentier eine besondere Bedeutung – rund 500 000 Tiere passieren das Plateau auf Suche nach Futter. In der Abgeschiedenheit der Region hat sich vor rund 15 000 Jahren eine Unterart der Schneeschafe, das Putorana-Schneeschaf, entwickeln können. Daneben leben etwa 140 Vogelarten im Schutzgebiet, darunter der seltene Seeadler.

Taiga und Basaltblöcke, durchsetzt mit Flüssen und Seen, prägen das Putorana-Plateau. Angeblich soll der Name auf die Sprache der Jukagiren zurückgehen und »Berge ohne Gipfel« bedeuten.

HISTORISCHER BEREICH VON AT-TURAIF IN AD-DIR'IYAH

At-Turaif ist Teil der im 15. Jahrhundert am Wadi Hanifa gegründeten Oasensiedlung Ad-Dir'iyah. Im 18. und 19. Jahrhundert wurde die Siedlung – heute ein Vorort nordwestlich der Hauptstadt Riad – mit ihrer Zitadelle Machtzentrum der saudischen Herrscher und Keimzelle des wahhabitischen Islam.

Die historischen Lehmbauten der Siedlung sind ein außergewöhnliches Beispiel für die dem Wüstenklima der Arabischen Halbinsel angepasste Architektur im Nadschd, einer Landschaft im Herzen von Saudi-Arabien. Saud I. ibn Abd al-Aziz, 1803 bis 1814 Imam und Führer des Reiches der Wahhabiten, ließ den vier Stockwerke hohen Salwa-Palast vollenden. Er zählt zu den bedeutendsten Bauwerken der ersten Saud-Dynastie. Einst war die ganze Oase Ad-Dir'iyah von Mauern mit Wachtürmen umgeben. Im Krieg gegen die Os-

manen wurde sie 1818 von Ibrahim Pascha erobert und zerstört. At-Turaif blieb lange Zeit verfallen. Einige herausragende Monumente wurden inzwischen restauriert, etwa der Saad-bin-Saud-Palast mit dem Hof, der einst als Stallung diente, das Gästehaus mit seinen um einen Innenhof gruppierten Zimmern, das Badehaus sowie die Mauer von At-Turaif samt Türmen.

Die ursprünglichen, niedrigen Lehmbauten liegen auf einem keilförmigen Geländesporn am Westhang des Wadi Hanifa.

KHĀNEGĀH UND GRABMAL DES SCHEICH SAFI AL-DIN IN ARDABIL

Scheich Safi al-Din (um 1252–1334), Namensgeber der Safawidendynastie, war ein Poet und Mystiker, der 1301 in seinem Geburtsort Ardabil einen Sufiorden gründete. Sein Mausoleum ist ein zentrales Pilgerziel iranischer Schiiten.

Die im 5. Jahrhundert von dem Sassanidenkönig Peroz I. im Nordwesten des heutigen Iran gegründete Stadt Ardabil (auch: Ardebil) ist nicht nur ein bedeutendes Handeszentrum (»Ardabil-Teppiche«), sondern beherbergt mit dem rund um das Mausoleum von Scheich Safi al-Din (auch: Safi ad-Din) vom 16. bis zum 18. Jahrhundert entstandenen Gebäudekomplex auch eines der wichtigsten Sufiheiligtümer (Khānegāh) iranischer Schiiten. In dessen Zentrum steht das aus mehreren Kup-

pelbauten bestehende safawidische Familienmausoleum von Scheich Safi al-Din. Der Weg, der zum Schrein von Scheich Safi al-Din führt, ist den sieben Stufen der Sufimystik – das animalische Ich, das kommandierende Ich, das zufriedene Ich, das sehnende Ich, das befriedete Ich, das erfüllte Ich, das erfüllende Ich – entsprechend in sieben Abschnitte unterteilt.

Eine goldene Kuppel überwölbt das Mausoleum von Scheich Safi al-Din.

HISTORISCHER BASAR IN TÄBRIS

Täbris (auch: Tabriz), die im Nordwesten des Iran auf einer fruchtbaren Hochebene in etwa 1360 Metern Höhe gelegene Hauptstadt der Provinz Ost-Aserbaidschan, entwickelte sich dank seines Basars bereits im Mittelalter zum wichtigen Knotenpunkt historischer Fernhandelswege wie der Seiden- und der Gewürzstraße.

Nicht nur die exponierte Lage, die das mehrfach von Mongolen, Russen und Türken überfallene Täbris immer wieder zum Zankapfel der Region werden ließ, gefährdete die Stadt, auch die in dieser Gegend häufigen Erdbeben führten vielfach zu Verwüstungen. So findet man in der Stadt heute nur noch wenige Bauten aus früheren Epochen. Auch das heutige Erscheinungsbild des Basars entspricht nicht mehr seinem durch zwei Erdbeben im 18. Jahrhundert zerstörten mittelalterlichen Vorläufer, sondern dem Wiederaufbau in den Jahren 1840

bis 1860. Dabei orientierte man sich aber an den historisch gewachsenen Strukturen und Nutzungen. Dem Idealschema einer islamisch-orientalischen Stadt entsprechend wurde der Basar im Zentrum des einstmals von einer Mauer umgebenen Stadtkerns errichtet.

Mit seinen überwölbten Gassen, Hallen und Höfen ist der Basar von Täbris mit seinen ein- bis zweigeschossigen Bauten aus gebrannten Ziegeln das Handels- und Marktzentrum der Stadt, aber auch sozialer und kultureller Treffpunkt.

ARCHÄOLOGISCHE STÄTTE SARAZM

Die im Flusstal des Serafshan in Tadschikistan nahe der usbekischen Grenze gelegene archäologische Stätte ist ein einzigartiges Zeugnis für die zentralasiatische Kultur- und Siedlungsgeschichte vom 4. bis zum 3. vorchristlichen Jahrtausend.

Sarazm ist eine der ältesten Siedlungen Zentralasiens. Die Ausgrabungen der archäologischen Stätte brachten einen Palast, Tempel, öffentliche Gebäude, Wohnhäuser, Getreidespeicher und Werkstätten ans Tageslicht, die Aufschluss über die kulturellen und sozialen Verhältnisse des frühgeschichtlichen urbanen Lebens in dieser Rgion geben. So beherbergt der Palastkomplex in zwei Hallen jeweils einen zentralen Altar – ein Hinweis auf kultische Zeremonien schon zu dieser Zeit. Um 3000 v. Chr. war das bronzezeitliche Sarazm eines der größten Zentren der Metallgewinnung (und -verarbeitung) in Zentralasien mit weit verzweigten Kulturkontakten. Dies bezeugen Fragmente von Schmiedeanlagen und Artefakten aus Kupfer, Bronze und Gold – Gewichte, Messer, Dolche, Angelhaken und Schmuck –, die den Funden an weiter entfernten Orten sehr ähnlich sind. Auch die Ornamente auf den Keramikgefäßen und ein Muschelarmband bestätigen den frühen transeurasischen Austausch.

In archaisch anmutender Landschaft liegt die Ausgrabungsstätte Sarazm.

JANTAR MANTAR IN JAIPUR

»Jantar Mantar« ist der Name von fünf historischen astronomischen Sternwarten, die der »Großkönig« (Sanskrit: Maharadscha) von Jaipur ab dem Jahr 1724 in Delhi, Jaipur, Mathura, Ujjain und Varanasi errichten ließ. Zum Welterbe erklärt wurde die größte und bedeutendste Anlage dieser Art in Jaipur.

Jaipur, die Hauptstadt des indischen Bundesstaates Rajasthan, wurde im Jahr 1727 von Maharadscha Sawai Jai Singh II. (1688–1743) gegründet, der als brillanter Staatsmann, Gelehrter und Förderer der Künste in die Annalen seines Landes einging. »Sawai« (»Einer und ein Viertel«) ist ein Ehrentitel für außergewöhnliche Menschen, der dem 44 Jahre lang, von 1699 bis 1743, regierenden Maharadscha schon in jungen Jahren verliehen wurde. Dass sich seine Interessen nicht auf irdische Dinge beschränkten, sondern den Himmel mit einschlossen, davon zeugen seine »Jantar Mantar« (Sanskrit: »ma-

gisches Gerät«) genannten Observatorien, deren am besten erhaltene (und umfassend restaurierte) Anlage in der nach ihm benannten Stadt Jaipur steht. Jai Singh orientierte sich dabei am bedeutendsten islamischen Observatorium, das Ulugh Begh (1394–1449) in Samarkand errichten ließ. Dem regen Austausch mit europäischen Gelehrten verdankte er weitere, auf abendländischem Wissen basierende Einflüsse.

Der »Wissenschaftspark« des Maharadschas von Jaipur (oben und rechts) diente der Beobachtung von Planetenbewegungen mit bloßem Auge.

ZENTRALES HOCHLAND VON SRI LANKA

Drei Schutzgebiete im zentralen Hochland von Sri Lanka gelten als »Hot Spot« der Artenvielfalt des Landes. Auf kleinstem Raum lassen sich hier Pflanzen und Tiere aufspüren, die es sonst nirgendwo auf der Erde gibt.

Das zentrale Hochland von Sri Lanka umfasst drei Regionen, die für die Biodiversität des Landes außergewöhnlich wichtig sind: die Peak Wilderness, den Horton-Plains-Nationalpark und den Knuckles Conservation Forest. In der bis auf 2500 Meter Meereshöhe hinaufreichenden Landschaft dominieren Grasländer, tropische Regenwälder und Bergwälder. Zahlreiche Pflanzen- und Tierarten kommen nur hier vor. So leben im Horton-Plains-Nationalpark 87 Vogel- und 24 Säugetierarten. Größtes Tier dort ist der Sambar, nach Elch und Wapiti die drittgrößte Hirschart der Erde. Der Knuckles Conservation Forest deckt alle Klimazonen des Landes ab. Obwohl das Waldgebiet nur weniger als ein halbes Prozent der Fläche von Sri Lanka ausmacht, konzentriert sich dort die Biodiversität: 1033 Arten höherer Pflanzen sind dokumentiert, von den 247 Wirbeltierarten der Region sind knapp über ein Viertel endemisch.

»Pferdehirsch« wird der Sambar (links) aufgrund seiner Größe auch genannt. Üppiges Grün wuchert im Horton-Plains-Nationalpark (unten).

HISTORISCHE STÄTTEN VON DENGFENG

Die am heiligen Berg Songshan – »im Zentrum von Himmel und Erde« – gelegenen historischen Stätten in der Provinz Henan reflektieren auf einzigartige Weise die verschiedenen geistigen Strömungen und Errungenschaften der chinesischen Kulturgeschichte.

Nahe dem Ort Dengfeng trifft man in einem Umkreis von rund 40 Quadratkilometern auf mehrere historische Gebäude, von denen einige zu den ältesten religiösen Bauten Chinas gehören. Besonders wichtig ist das Kloster Shaolin als ehemalige Wirkungsstätte des indischen Mönchs Bodhidharma (um 440 bis um 528), der 480 erstmals nach China gereist war und dort nach buddhistischer Überlieferung 520 die Schule des Chan- oder (so die japanische Bezeichnung) Zen-Buddhismus begründete. Der Legende nach ist das Kloster Shaolin auch die Keimzelle einiger chinesischer Kampfkünste. Von herausragender Bedeutung für die Kosmologie des frühen China ist das Observatorium von Dengfeng – die älteste chinesische Sternwarte ihrer Art, mit deren Hilfe der Astronom Guo Shoujing (1231–1316) die Umlaufbahn der Erde um die Sonne berechnete und den präzisesten Kalender seiner Zeit anfertigte.

Der Pagodenwald von Dengfeng ist ein Friedhof buddhistischer Würdenträger und gehört zum Kloster Shaolin.

China

Vor Hunderten Millionen Jahren befand sich an der Stelle des heutigen Danxia-Gebirges ein gewaltiges Binnenbecken. Als sich die Erdkruste rund um dieses Becken massiv anhob, sammelte sich Fragmentgestein an, dessen eisenhaltige Sedimente stark oxidierten. So kam es zur Entstehung einer tiefroten Beckenschicht. Im Verlauf von 30 Millionen Jahren bildeten sich roter Sandstein und Konglomerat heraus. Als Folge späterer Erdkrustenbewegungen hob sich der Beckenboden an. Dabei wurden die roten Gesteinsschichten nach oben gestülpt – und es entstanden die für das Danxia-Gebirge und die nach ihm benannten Landschaftsformen typischen rötlichen Gesteinsformationen (rechts; unten: in der Provinz Fujijan).

DANXIA-LANDSCHAFTEN

In allen Danxia-Landschaften finden sich die gleichen besonderen, durch Wind und Wetter entstandenen Felsformationen. Darüber hinaus bieten die Landschaften Lebensraum für einmalige Pflanzen- und Tierarten.

Das Wort »Danxia« benennt eine spezifische Landschaftsform im subtropischen Bereich des südwestlichen China. Sie zeichnet sich durch roten Sandstein aus, der zu steilen Hängen, Säulen und Figuren geformt wurde. Das kann zum einen durch Hebung und zum anderen durch Verwitterung geschehen sein. Zum teilweise skurrilen Formenschatz der Felsen gehören außerdem enge Täler, steile Schluchten und schmale Wasserfälle. In diesen verwunschen erscheinenden Landschaften gedeiht subtropischer immergrüner Wald, in dem zahlreiche bedrohte Tier- und Pflanzenarten beheimatet sind. Insgesamt wurden sechs dieser Landschaften zum Weltnaturerbe erklärt: die Gebirge oder Regionen Langshan und Wanfoshan in der Provinz Hunan, Taining und Guanzhoushan in der Provinz Fujijan, Longhushan und Guifeng in der Provinz Jiangxi, Chishui in der Provinz Guizhou, Fangyan und Jianglangshan in der Provinz Zhejiang und schließlich Danxiashan in der Provinz Guangdong.

Durch pfeiler-, turm- oder tafelartige Formen, zu denen der rötliche Sandstein erodiert ist, zeichnen sich die nach dem Danxia-Gebirge (Danxiashan) benannten Landschaftstypen in China aus. Im Bild einige spektakuläre Felsformationen im Longhushan in der Provinz Jiangxi.

HISTORISCHE DÖRFER HAHOE UND YANGDONG

Die Dörfer liegen in der südostkoreanischen Provinz Gyeongsangbuk-do. Ihr Reichtum besteht in ihrer Einheit und dem spirituellen Einklang zwischen Architektur und Landschaft. Sie spiegeln den Geist des Konfuzianismus wider.

Die Wurzeln von Hahoe und Yangdong reichen bis in das 14. und 15. Jahrhundert zurück. Sie gelten als die repräsentativsten Clandörfer der frühen Joseon-Dynastie (1392–1910). Ihre Anlage ist idealtypisch für die konfuzianische Kultur: Die umliegenden Wälder bieten einen Schutzwall, geöffnet sind die Dörfer jeweils zu Fluss und Feldern hin. Neben den reicher ausgestatteten Häusern für die führenden Familien des Clans in höheren Lagen finden sich an den tieferen Stellen schlichte Holzhäuser sowie niedrige, reetgedeckte Lehmhäuser für einfache Clanmitglieder. In Yangdong sind mehr als 50 dieser Häuser über 200 Jahre alt. Darüber hinaus gibt es Pavillons und Schulen für konfuzianische Studien. Besonders im 17. und 18. Jahrhundert wurden die Dörfer samt ihrer Umgebung von Dichtern verherrlicht. Die Dörfer beherbergen auch einige gut erhaltene Kunstwerke. Gleichwohl sind sie keine Freilichtmuseen, sondern werden bewohnt.

Die historischen Dörfer von Yangdong (rechts) und Hahoe entstanden im 14. und 15. Jahrhundert.

ZENTRALBEREICH DER KAISERLICHEN ZITADELLE VON THĂNG LONG

Die kaiserliche Zitadelle von Thăng Long in der vietnamesischen Hauptstadt Hanoi hat als jahrhundertelang funktionierendes Machtzentrum eine herausragende Bedeutung für die Geschichte des Landes.

Die kaiserliche Zitadelle von Thăng Long wurde im 11. Jahrhundert von den Herrschern der Lý-Dynastie über den Resten eines chinesischen Forts aus dem 7. Jahrhundert als unübersehbares Zeichen der Unabhängigkeit errichtet. Die meisten Gebäude der am Westufer des Roten Flusses (Sông Hòng) gelegenen Zitadelle wurden im späten 19. Jahrhundert zerstört. Über ihren Resten erhebt sich der 33 Meter hohe Flaggenturm von Hanoi. Nach dem Ende des Indochinakriegs 1954 wurde dort die Flagge Vietnams gehisst. Seitdem ist der in den Jahren 1805 bis 1812 erbaute Turm ein Symbol für das wiedererlangte nationale Selbstbewusstsein. Zu den imposantesten rekonstruierten Relikten der Zitadelle gehören das südliche Tor Doan Mon und das nördliche Tor Bac Mon.

Nationaldenkmal an historischem Ort: Über den Resten der kaiserlichen Zitadelle des »aufsteigenden Drachens« (Thăng Long) erhebt sich der Flaggenturm von Hanoi.

Australien / Kiribati / Marshallinseln

HISTORISCHE STRAFGEFANGE-
NENLAGER IN AUSTRALIEN

Ende des 18. Jahrhunderts begann Großbritannien mit der Verbringung von Strafgefangenen nach Australien. Zum Welterbe erklärt wurden elf – von einst Tausenden – Strafgefangenenlagern der früheren »Sträflingskolonie Australien«.

1786, nach der Niederlage im amerikanischen Unabhängigkeitskrieg, hatte Großbritannien seine bis dato auch zur Auslagerung von Strafgefangenen genutzten Kolonien in Nordamerika verloren. 1788 stachen deshalb elf mit Sträflingen beladene Schiffe in See, die Monate später in der Bucht des heutigen Sydney vor Anker gingen. Weitere Schiffe folgten, und schließlich waren es Zehntausende von Sträflingen, die den Aufbau des Landes vorantrieben, indem sie erste Rodungen vornahmen sowie viele Häuser, Straßen, ja ganze Siedlungen errichteten. Viele Sträflinge

blieben nach ihrer Freilassung als Siedler im Land und wurden so zu Vorfahren der heutigen australischen Bevölkerung europäischen Ursprungs.
Die elf prämierten Lager befinden sich rund um Sydney, in Tasmanien, auf Norfolk Island und in Fremantle. Sie verdeutlichen das Konzept der Rehabilitation von Strafgefangenen durch Arbeit am Aufbau der Kolonien – was auch nachhaltigen Einfluss auf Strafmodelle in Europa und Amerika hatte.

In Port Arthur befand sich einst Australiens größtes Sträflingslager (links: Kirchenruine).

MEERESSCHUTZGEBIET
PHOENIXINSELN

Die nahezu unberührte Natur der Region rund um die Phoenixinseln präsentiert sich als eines der größten intakten Korallenökosysteme weltweit.

Mit einer Fläche von mehr als 400 000 Quadratkilometern erstreckt sich das Meeresschutzgebiet Phoenixinseln über eine Fläche, die größer ist als Deutschland. Weltweit findet sich kein größeres Meeresschutzgebiet als das zwischen Hawaii und den Fidschi-Inseln gelegene, zum pazifischen Inselstaat Kiribati gehörende Naturparadies. Zu den Phoenixinseln gehören acht Atolle, die zusammen nur 28 Quadratkilometer Landfläche aufweisen. Hinzu kommen zwei Riffe, die konstant unter der Wasserlinie liegen. Die durchschnittliche Wassertiefe beträgt 4000 Meter, maximal geht es bis auf 6147 Meter hi-

nab. Über dieses gigantische Ozeanareal verstreut liegen vermutlich mehr als 30 unterseeische Gipfel, von denen 14 bekannt sind. Einzigartig ist die Vielfalt der Lebenswelten: Im Schutzgebiet finden sich allein 200 Korallen- und 500 Fischarten. 18 Spezies von Meeressäugern leben dort, und selbst 44 Vogelarten haben sich in die unendlichen Weiten des Pazifischen Ozeans verirrt – eine wichtige Station auf ihren Wanderungen.

Faszination Unterwasserwelt: Zahllose Fischarten tummeln sich in den Korallenbänken der Phoenixinseln.

ATOMBOMBENTESTGEBIET
BIKINI-ATOLL

Manche Welterbestätte erinnert an die dunklen Seiten der menschlichen Kultur. Eine von ihnen ist das Bikini-Atoll – ein Teil der Marshallinseln in Mikronesein –, das durch Atomwaffentests seine Lebensqualität verloren hat.

Das Bikini-Atoll besteht aus 23 Inseln, die zusammen eine Fläche von nur sechs Quadratkilometern haben. Nach dem Ende des Zweiten Weltkriegs und zu Beginn des Kalten Krieges ist die Inselgruppe zu trauriger Berühmtheit gelangt: Zwischen 1946 und 1958 haben die Vereinigten Staaten von Amerika hier in der Abgeschiedenheit des Pazifiks und jenseits der Hauptschifffahrtsrouten 67 Atombombentests unternommen. Dazu zählte 1952 auch die Zündung der weltweit ersten Wasserstoffbombe, der noch viele weitere folgten. Auf dem Bikini-Atoll sind die

Folgen der Explosionen bis heute zu erkennen. Die Sprengkraft aller Bomben war insgesamt 7000-mal stärker als die der Hiroshima-Bombe von 1945. In der Lagune liegen auch viele Wracks. Die umgesiedelten Ureinwohner haben nie in ihre Heimat zurückkehren können, die radioaktive Strahlung ist nicht vollständig abgebaut und beeinträchtigt noch immer die Natur. Auch Menschen leiden an den Spätfolgen der Strahlung.

Bei den Atombombentests 1946 gesunken: Wrack des U-Boots »USS Apogon«.

HISTORISCHE STRAFGEFANGENEN-LAGER IN AUSTRALIEN

Mehr als 12500 Häftlinge durchliefen in den Jahren 1831 bis 1853 die »Hölle von Tasmanien«: Im »Modellgefängnis« Port Arthur (alle Bilder) auf der Tasman Peninsula erprobte Großbritannien ein neues Bestrafungskonzept: Die Häftlinge wurden nicht nur physischem Drill, sondern auch völliger Isolation unterzogen. 23 Stunden lang mussten sie bei Sprechverbot in winzigen Zellen ausharren. Beim einstündigen »Freigang« in Ketten versperrten Masken die Sicht. Viele der Häftlinge überlebten den Aufenthalt nicht. 1853 wurde die Anlage zur Nervenheilanstalt umgebaut, 1877 dann aus Kostengründen geschlossen. 1897 zerstörte ein riesiges Buschfeuer viele Gebäude. Von den einst über 60 Bauten des Gefangenenlagers sind heute 30 restauriert.

In mehreren Serien testeten die USA nach dem Zweiten Weltkrieg Nuklearwaffen in Mikronesien auf dem Bikini-Atoll und auf dem westlich davon gelegenen Eniwetok-Atoll (rechts). Ganz rechts: Diese Luftaufnahme zeigt das auf der Insel Namu markierte Ziel für den B-52-Abwurf der Atombombe »Cherokee« am 20. Mai 1956 (»Operation Redwing«, Sprengkraft 3,8 Megatonnen). Großes Bild: Die Unterwasserwelt rund um das Bikini-Atoll birgt noch zahlreiche Wracks von US-Kriegsschiffen, die bei den Versuchen Testziele waren und sanken. Dazu gehören auch die Reste des U-Boots »USS Apogon«, das hier von einem Taucher näher inspiziert wird. Deutlich erkennbar ist noch das Flugabwehrgeschütz des Kriegsschiffs.

MEERESSCHUTZGEBIET PAPAHĀNAUMOKUĀKEA

Das Meeresschutzgebiet hat eine herausragende Bedeutung für die Ökologie und für die Spiritualität der Ureinwohner Hawaiis.

Das nordwestlich von Hawaii gelegene Schutzgebiet Papahānaumokuākea erstreckt sich über fast 362 000 Quadratkilometer – ein Areal etwa von der Größe Deutschlands. Zur Schutzzone gehören neben dem offenen Meer eine Reihe von Inseln, die sich nur gering über den Wasserspiegel erheben, Atolle und deren Lagunen sowie Korallenriffe. In Papahānaumokuākea leben rund 7000 Tier- und Pflanzenarten, von denen einige endemisch und zahlreiche gefährdet sind. Einige Inseln haben eine besondere Bedeutung für die Kultur der polynesischen Bevölkerung. So ist Papahānaumokuākea nach den traditionellen religiösen Vorstellungen der lokalen Bevölkerung die Wiege allen Lebens und der Ort, zu dem die Geister nach dem Tod zurückkehren. Außerdem wurden auf den Inseln Nihoa und Makumanamana Siedlungsspuren entdeckt, die noch aus der Zeit vor dem Eintreffen der ersten Europäer stammen.

Im weltweit zweitgrößten, 2006 von den USA zum Northwestern Hawaiian Islands Marine National Monument erklärten Meeresschutzgebiet tummeln sich Meeresschildkröten (unten) und Gelbe Segelflossendoktorfische (rechts).

HISTORISCHER HANDELSWEG CAMINO REAL DE TIERRA ADENTRO

Die alte Silberstraße verbindet Mexiko-Stadt mit Santa Fe und ermöglichte den Transport von Silber aus den Minen Mexikos bis in die USA. Von dem 2600 Kilometer langen Handelsweg wurden 1400 Kilometer zum Weltkulturerbe erklärt.

Nach der Eroberung Mexikos galt das Interesse der spanischen Krone der Erweiterung ihrer überseeischen Kolonien und der maximalen Ausbeutung der Ressourcen. Zu diesem Zweck nutzte man zunächst die indigenen Handelsrouten, die ab 1598 erweitert und befestigt wurden. Die als »Camino Real de Tierra Adentro« bekannte Straße ermöglichte den Handel mit dem in den Minen von Zacatecas, Guanajuato und San Luis Potosí geförderten Silber sowie dem aus den USA importierten Quecksilber. Rund 300 Jahre lang, von der Mitte des 16. bis zum 19. Jahrhundert, wurde sie vornehmlich für den Silbertransport genutzt. Dabei ergaben sich vielfältige Berührungspunkte zwischen der indigenen Bevölkerung im Landesinnern und den Spaniern, was günstige Auswirkungen auf die sozialen, kulturellen und religiösen Beziehungen hatte.

Einst Raststation am Camino Real: die Rancho de las Golondrinas bei Santa Fe.

PRÄHISTORISCHE HÖHLEN VON YAGUL UND MITLA IM TAL VON OAXACA

Die archäologischen Stätten im Tlacolula-Tal von Oaxaca geben einen Einblick in die Entwicklungsgeschichte mesoamerikanischer Kulturen in Mexiko.

Erste Siedlungsspuren konnten bis auf einen Zeitpunkt um 3000 v. Chr. zurückdatiert werden. Ab 500 v. Chr. wurden die zapotekischen Stadtzentren von Yagul und Mitla errichtet, deren Pyramiden, Paläste und Ballspielplätze heute größtenteils freigelegt sind. Noch weiter zurück in die Geschichte Mittelamerikas führen die Funde in den prähistorischen Höhlen Guila Naquitz und Cueva Blanca. Die hier in den 1970er-Jahren begonnenen Grabungen brachten Samen ans Tageslicht, die vor rund 10 000 Jahren von Jäger- und Sammlervölkern gelagert wurden und als deren erste Schritte zur Sesshaftigkeit gedeutet werden. Funde von Steinwerkzeugen legen zudem eine erste Bearbeitung der Böden nahe. Unweit der Höhlen liegt Gheo-Shih, ein Zeremonialplatz, der um das Jahr 5000 v. Chr. angelegt wurde und als einer der ältesten von Menschenhand gestalteten Plätze in Mittelamerika gilt.

Die prähistorischen Felszeichnungen im Tlacolula-Tal von Oaxaca belegen die frühe Besiedlung dieser Region.

SÃO-FRANCISCO-PLATZ IN SÃO CRISTÓVÃO

Anhand der architektonischen Anlage des Platzes São Francisco und seiner umliegenden Bauten können die verschiedenen Phasen der Kolonialepoche in der brasilianischen Stadt São Cristóvão beispielhaft nachvollzogen werden.

Der Grundstein für São Cristóvão wurde im Jahr 1590 gelegt. Damit ist die Stadt an der Ostküste Brasiliens eine der ältesten Siedlungen des Landes. Ein hervorstechendes Beispiel für die koloniale Stadtplanung zur Zeit der iberischen Union unter den Königen Phillip II. (1527–1598) und Phillip III. (1578 bis 1621) ist der als offenes Rechteck angelegte Platz São Francisco, an dessen Seiten wie in dessen unmittelbarer Nachbarschaft ein Ensemble bedeutender Gebäude die verschiedenen architektonischen Phasen der Kolonialepoche belegt. Dazu gehören die Kirche São Francisco mit dem ihr angegliederten Kloster (1693) und die ebenfalls aus dem 17. Jahrhundert stammende Santa Casa de Misericordia (Heiliges Haus der Barmherzigkeit), ein ursprünglich von Nonnen betriebenes Hospital. Unter den im 18. Jahrhundert errichteten Gebäuden ragen die Kapelle Mariä Empfängnis (1751) und die Kirche Maria vom Siege (1766) heraus.

Auf der gut erhaltenen Praça de São Francisco steht vor dem Convento de São Francisco ein Franziskanerkreuz (oben; links ein Blick in die Klosterkirche).

Eine der am besten erhaltenen mittelalterlichen Festungsstädte in Frankreich
ist Carcassonne (unten). Im Vordergrund
sieht man den über die Aude führenden,
im Jahr 1320 errichteten Pont Vieux.
Wahrzeichen von Athen ist die auf einem
Felsen errichtete antike Stadtfestung
Akropolis mit einem ihrer imposantesten
Bauwerke, dem Parthenon (rechts).

NATIONALPARK THINGVELLIR

Das Tal des Thing auf der Reykjanes-Halbinsel im äußersten Südwesten Islands ist nicht nur historisch, sondern auch in geologischer Hinsicht ein bedeutender Ort.

Die Versammlung der freien Männer hieß bei den Germanen Thing. Man traf sich an einem Platz unter freiem Himmel und beriet über Gesetze und andere Angelegenheiten. Seit 930 war das Thingvellir, wörtlich übersetzt »Tal des Thing«, Versammlungsort aller freien Männer Islands. Das jeweils gültige Recht wurde von einem »Gesetzessprecher« vorgelesen. Dann entschied man über Neuerungen und Änderungen, die das ganze Volk betrafen. Eine der wichtigsten war die Annahme des Christentums im Jahr 1000. 1798 fand das letzte Althing statt, trotzdem behielt Thingvellir aber seine fast mythische Bedeutung: 1944 wurde hier die Republik und damit die vollständige Unabhängigkeit des Landes ausgerufen.

Thingvellir, das 1928 zum Nationalpark erklärt wurde, liegt auf der isländischen Dehnungszone, einem geologischen Riftgraben. In der rund fünf Kilometer langen westlich gelegenen Schlucht Almannagjá, der »Allmännerschlucht«, fand das Althing statt, weil die steilen Wände die Sprache verstärkten, ohne ein störendes Echo hervorzurufen. Zum Welterbe zählt auch der See Thingvallavatn mit seiner Population des Arktischen Saiblings.

Das Thingvellir weitet sich an einigen Stellen zu einem von der arktischen Tundrenvegetation geprägten Tal.

VULKANINSEL SURTSEY

Die 32 Kilometer vor der Südküste Islands liegende Insel entstand in den Jahren 1963 bis 1967 durch untermeerische Vulkanausbrüche. Zum Open-Air-Laboratorium erklärt, dient sie heute der Erforschung von Besiedlungsprozessen.

Für normale Besucher ist Surtsey tabu. Von Anfang an blieb die Insel wissenschaftlichen Zwecken vorbehalten, um eine Entwicklung von Flora und Fauna ohne menschlichen Eingriff zu gewährleisten. 1965 wurde die nach dem nordischen Feuerriesen Surtr benannte Insel zum Naturschutzgebiet erklärt. Bereits vorher waren Moose und Flechten nachgewiesen worden. Es folgten höher entwickelte Pflanzen wie Meersenf, Strandhafer und Austernpflanzen, deren Samen über das Meer herangetrieben wurden. Auch Vögel und Insekten erreichten das Eiland bereits in den ersten Jahren seiner Existenz. Heute besiedeln 335 Arten von wirbellosen Tieren und 89 Vogelarten die Insel. Doch an Surtsey nagt der Zahn der Zeit. Wellen, Regen und Wind tragen immer mehr Masse ab. Durch Gesteinsverdichtung in Grundmaterial und Sedimenten unter der Insel schrumpft deren Fläche stetig. In 100 Jahren wird die Insel einen Großteil ihrer Landmasse verlieren. Dass Surtsey im Wasser verschwindet, ist jedoch nicht zu erwarten: Der Kern wird als Fels im Meer überdauern.

Ein riesiges Freiluftlabor ist Surtsey, die südlichste der Vestmannaeyjar-Inseln vor Island. Erst 1963 war sie unter heftigen Eruptionen aus dem Atlantik aufgetaucht.

FELSZEICHNUNGEN VON ALTA

Die Felszeichnungen von Alta galten als wichtiger Beleg für die frühe menschliche Besiedlung Nordeuropas nach dem Ende der letzten Eiszeit. Darüber hinaus geben sie Aufschluss über die Lebensweise der ersten Menschen im Norden.

Die Region Alta liegt nördlich des Polarkreises, geschützt am Ende eines Fjords. Dank des Nordatlantikstroms ist sie nicht vergletschert, sondern durchaus bewohnbar. Im Jahr 1973 entdeckte man durch Zufall mehr als 3000 Felszeichnungen, die sich auf über 40 Fundstätten verteilen. Die Zeichnungen sind aller Wahrscheinlichkeit nach zwischen 4200 und 500 v. Chr. entstanden. Die Bilder sind mehrere Zentimeter tief in den Stein getrieben und zeigen neben den Darstellungen von Elchen, Rentieren und Bären vor allem Szenen aus dem Alltagsleben: Menschen beim Fischfang und beim Navigieren von Booten, Jagdszenen, religiöse Rituale und Zeremonien. Die Darstellungen vermitteln einen Eindruck vom Leben des prähistorischen Menschen im Norden Europas, seiner Beziehung zur Natur und zur Welt der Götter.

In der Umgebung der Fundorte entdeckte man bei neueren Grabungen Siedlungsplätze, die etwa zur gleichen Zeit bewohnt waren, als die Felsbilder entstanden, und die somit Auskunft über die Lebensgewohnheiten der Menschen dieser Zeit geben können.

Mit Speeren und mit Pfeil und Bogen sind die Bewohner des hohen Nordens einst auf die Jagd gegangen.

Struve-Bogen siehe Seite 124

VEGA-ARCHIPEL (VEGAØYAN)

Die Menschen des Vega-Archipels knapp südlich des Polarkreises fanden 1500 Jahre lang ein Auskommen durch Fischfang und das Sammeln von weichen, höchst begehrten Eiderdaunen.

Zum Vega-Archipel zählen einige Dutzend Inseln, die sich rund um die namengebende Insel Vega gruppieren. Diese Region ist das Brutgebiet der Eiderente, die ihr Nest mit den extrem feinen Eiderdaunen polstert. Seit 1500 Jahren leben die Bewohner der Inseln vorwiegend von Fischfang sowie vom Handel mit Eiderdaunen. Durch das Umzäunen der Brutkolonien wurden die Enten zu Haustieren gemacht. Die Siedlungen der Inselbewohner zeugen vom Aufbau einer tragfähigen Wirtschaftsform und der Entwicklung eines besonderen Lebensstils unter den erschwerten Lebensbedingungen am Rande des Polarkreises.

Heute werden die Federn von der Textilindustrie zu sehr wärmender Kleidung, zu Decken und Schlafsäcken verarbeitet. Gesammelt werden die Federn aus zwei Dritteln der Nester, ein Drittel bleibt zum Zwecke des Bestandserhaltes unangetastet. Zum Welterbe zählen Fischerdörfer mit ihren Kais und Lagerhäusern, aber auch landwirtschaftlich genutztes Terrain, Leuchtfeuer und Leuchttürme.

In der dramatisch-kargen Landschaftsszenerie des zur norwegischen Region Sør-Helgeland gehörenden Vega-Archipels fühlen sich Eiderenten wohl; ihr Federkleid hält sie auch im Wasser warm.

BERGBAUSTADT RØROS UND UMGEBUNG

Der am besten erhaltene Bergwerksort in Norwegen verdankt seine Existenz den hier im 17. Jahrhundert entdeckten Kupfervorkommen. 2010 wurde das Welterbe um die umliegende Kulturlandschaft erweitert, um auch die alten Transportwege von und zu den Gruben mit einzubeziehen.

Exakt 333 Jahre lang, von 1644 bis 1977, wurde in Røros und seiner Umgebung Kupfer abgebaut; die Verhüttung hatte bereits 1953 ihr Ende gefunden. Den noch erhaltenen historischen Teil der Stadt, die nach der Zerstörung durch schwedische Truppen im Jahr 1679 wieder aufgebaut wurde, prägen Holzhäuser, deren Fassaden sich um Innenhöfe herum gruppieren. Die Gruben und Schmelzhütten stehen wie die Wohngebäude der Bergmannschaft unter Denkmalschutz. Im Jahr 1990 wurde in einer Schmelzhütte das Bergbaumuseum von Røros errichtet. Die im Jahr 1784 vollendete Barockkirche ist der einzige Steinbau im Zentrum der im Skandengebirge in 628 Metern Meereshöhe liegenden Stadt. Erweitert wurde das Welterbeareal um die bis zum Femundsee reichende Landschaft. Dort sind die Einflüsse des Bergbaus noch bis heute zu erkennen.

Rings um die Kirche im oberen Teil der Stadt Røros stehen bis zu 250 Jahre alte Holzhäuser, die einst als Wohnstätten für die Bergleute errichtet wurden.

STABKIRCHE VON URNES

Die wohl älteste Stabkirche Norwegens gilt als Musterbeispiel für die skandinavische Holzbaukunst am Ende der Wikingerzeit.

Unter den christlichen Sakralbauten sind die Stabkirchen Norwegens einzigartig: Das Gerüst der mittelalterlichen Holzbauten besteht aus Ständern, die an Schiffsmasten erinnern – daher werden diese Gotteshäuser auch Mastenkirchen genannt.
Der Innenraum der Stabkirchen ist meist knapp bemessen; der Hauptraum gilt als baulicher Nachfolger der altnorwegischen Königshalle. Die Architektur der Stabkirchen zeigt neben dem Einfluss der Wikinger auch die Prägung durch romanische und keltische Bautraditionen. Die steilen, ineinandergeschichteten Dächer, die offenen Laubengänge sowie die Vorhalle sind typische Eigenarten dieser Kirchen.

Unter den etwa 30 noch erhaltenen norwegischen Stabkirchen gilt diejenige von Urnes auf einer Landzunge am Lusterfjord als die bei Weitem älteste. Sie wurde im 12. Jahrhundert errichtet. Herausragend sind vor allem die Schnitzornamente im Wikingerstil, die Fabelwesen, Drachenköpfe, dicht verflochtene Tierfiguren und schlangenhafte Formen zeigen. Sie befinden sich auf den Würfelkapitellen im Innenraum sowie an den kraftvoll gestalteten Reliefs der Portale.

Schon die Wikinger fuhren mit dem Boot über den Lusterfjord zur Stabkirche auf der Landzunge Urnes (links oben), um im Kirchen-»Schiff« (links unten) zu beten.

Norwegen

BRYGGEN

Das ehemalige Kaufmannsviertel Bergens zeugt vom einstigen Glanz der Hansestadt als Zentrum des gesamten nordischen Fischhandels.

Vom 14. bis 16. Jahrhundert wurden die Geschäfte in der Handels- und Hafenstadt Bergen größtenteils von deutschen Kaufleuten der Hanse kontrolliert. Die Deutschen verfügten über das Salz, mit dem die Fischanlandungen aus dem Europäischen Nordmeer haltbar gemacht werden konnten. Bis in den Mittelmeerraum wurden die Fische gehandelt.

Durch den Fischhandel stieg Bergen zu einem der wichtigsten Handelsplätze des Hansebundes auf. Die Giebelfronten der Lagerhäuser am Kai, dessen Name »Tyskebryggen« (Deutsche Brücke) auf die Nutzung durch die hanseatischen Kaufleute hindeutet,

Über die Vågen-Bucht fällt der Blick auf die nächtlich erleuchtete Häuserzeile mit dem Jachthafen am Nordufer (oben). Rund 300 traditionelle Speicherhäuser (unten) säumen die Wasserfront.

zeugen noch heute vom einstigen Wohlstand der Hanseniederlassung. 62 der erhaltenen Häuser des Viertels gehören zum Welterbe, sie stammen zwar nicht mehr aus dem Mittelalter, wurden aber nach dem Stadtbrand von 1702 in der charakteristischen Holzbauweise wieder aufgebaut. Bis ins 20. Jahrhundert hinein haben Brände in der Stadt immer wieder für Verwüstungen gesorgt, zuletzt 1955. Noch heute zählt Bergen zu den wichtigsten Hafenstädten Norwegens.

Der Jachthafen und die Altstadt (rechts) sind Hauptanziehungspunkte der am Byfjord gelegenen norwegischen Metropole.

Das Bild des Hafenviertels wird bestimmt durch die hölzernen Kontorhäuser. Diese bestanden in den meisten Fällen aus zwei parallelen Häuserreihen mit offenen und überdachten Passagen. Im unteren Teil der Häuser wurden die Waren eingelagert, vor allem Stockfisch von den Lofoten im Norden des Landes. Manche Fassaden zieren Hauszeichen in Form von Tieren.

Das nach dem Stadtbrand von 1702 erbaute Kontor, das heutige Hanseatische Museum, ist das einzige Haus aus der Hansezeit in Bergen, das noch seine originale Einrichtung besitzt und so einen Einblick in die Alltagswelt der Kaufleute gibt.

FJORDE WEST-NORWEGENS: GEIRANGER-FJORD UND NÆRØYFJORD

Norwegen ist das Land der Fjorde. Zu den längsten, tiefsten und schönsten Fjorden gehören der Geiranger- und der Nærøyfjord, die beide im Südwesten des Landes liegen.

Fjord ist ein Wort aus dem Norwegischen und bezeichnet Täler, die zunächst durch Flüsse gebildet und während der Eiszeit durch riesige Gletscher modelliert wurden. Es sind tief in die Küstengebirge eingeschnittene U-Täler, die mit dem Anstieg des Meeresspiegels am Ende der Eiszeit überflutet wurden und weit ins Landesinnere hineinreichen.

Typisch für Fjorde sind ihre steilen, oft senkrechten und durch Eismassen polierten Felswände. Am Grund liegt Gletschergeröll.

Geirangerfjord und Nærøyfjord liegen 120 Kilometer voneinander entfernt.

Der Nærøyfjord ist an manchen Stellen nur 250 Meter breit.

Die Eismassen, die sie gebildet haben, fraßen sich bis zu 1900 Meter tief in das Gebirge. Bis zu 500 Meter davon liegen heute unter dem Meeresspiegel. Die Meeresarme sind einen bis zwei Kilometer breit. Hinter der steilen Felsenküste erheben sich eindrucksvolle Gebirge. Der Torvløysaberg, der zum Gebiet des Geirangerfjords gehört, ist 1850 Meter hoch, der Stiganosiberg am Nærøyfjord 1761 Meter. Das Geirangerfjord-Gebirge ist alpiner als das Nærøyfjord-Gebirge mit seinen eher flacheren Bergkuppen. Flüsse, die in Hängetälern vom nahe gelegenen Gebirge in den Fjord fließen, stürzen oft als Wasserfälle die Felswand hinunter. Am Geirangerfjord und Nærøyfjord werden diese Sturzbäche bisher nicht zur Gewinnung von Wasserkraft verwendet. Beide Fjorde verlaufen parallel zur Küstenlinie und münden in einen weiteren Fjord.

Am Ende des Geirangerfjords liegt das 250-Seelen-Dorf Geiranger (rechts oben). Eine Kreuzfahrt im Fjord führt zum Wasserfall »Die sieben Schwestern« mit einer Fallhöhe von 300 Metern (rechts unten).

ARKTISCHE KULTURLAND-SCHAFT LAPPLAND

Die Kulturlandschaft der weiten Hochflächen im Norden Schwedens ist die Heimat der Lappen bzw. Sámi. Durch seine nomadische Lebensweise kann dieses Volk die kargen natürlichen Ressourcen optimal nutzen.

Seit mehr als 2000 Jahren bewohnen die Sámi oder Samek (»Sumpfleute«), wie sich die Lappen selbst nennen, die nördlichen Regionen Skandinaviens. Sie ziehen mit ihren riesigen Rentierherden über das dünn besiedelte Land und legen dabei pro Jahr Hunderte von Kilometern zurück. Viele Samen praktizieren diese traditionelle Lebensweise bis heute, auch wenn sie ihr tägliches Brot nicht mehr allein durch Fischfang und Rentierzucht verdienen. Tourismus und Landschaftspflege sind wichtige zusätzliche Arbeitsfelder geworden. In hoher Blüte steht seit jeher das Kunsthandwerk mit Webarbeiten, Holz- und Knochenschnitzereien sowie die Bearbeitung tierischer Felle. Die traditionelle, von bunten Farben geprägte Kleidung der Samen ist noch immer verbreitet.

In den von Tundravegetation beherrschten Regionen Lapplands, die sich von den tiefer gelegenen Waldrandgebieten bis zur Nordmeerküste hinziehen, finden sich neben Elchen auch noch Wölfe und Braunbären.

Berge, Fjorde und Geröllfelder bestimmen das Landschaftsbild Lapplands.

KIRCHENDORF GAMMELSTAD IN LULEÅ

Gammelstad ist das am besten erhaltene Kirchendorf in Schweden. Noch heute dient es mit seinen Häusern den Gläubigen, die aus der ferneren Umgebung zu Gottesdiensten oder Feiern kommen, als zeitweilige Unterkunft.

Rund zehn Kilometer nördlich des Stadtzentrums von Luleå am Bottnischen Meerbusen befindet sich Gammelstad mit seinen 424 Holzhütten. Wer die An- und Abreise zur Messe oder zu einem Fest wie der Konfirmation aufgrund der weiten Entfernungen nicht an einem Tag schafft, kann in einer der Holzhütten die Nacht verbringen. Es ist bis heute eine sinnvolle und viel genutzte Einrichtung, denn die Entfernungen im hohen Norden Schwedens sind groß, und die kalten Winter ziehen sich hier nicht selten über 200 Tage hin.

Die ersten Häuschen wurden wohl Mitte des 16. Jahrhunderts gebaut. Die Kirche wurde zu Beginn des 15. Jahrhunderts aus rotem und weißem Granit errichtet. Den Chorbereich im Innenraum schmücken der Antwerpener Altar von 1520 sowie prächtige Wandmalereien aus der Zeit um 1480. Um die Kirche gruppieren sich rund 30 Wohnhäuser aus dem Mittelalter.

Die Kirche ist das Zentrum von Gammelstad. Vom Kirchturm aus kann man auf die umliegenden Holzhütten blicken – einfache Unterkünfte für die Gläubigen.

EISENHÜTTE ENGELBERG

Im Erzgebiet von Norberg liegt einer der ehemals bedeutendsten schwedischen Bergwerksorte, in dem schon zur Wikingerzeit Eisen verarbeitet wurde.

In der Nähe der Stadt Fagersta im Bergwerksgebiet Högbyn liegt Engelberg, einst der wichtigste Abbauort für Eisenerz in Schweden. Bereits seit dem 6. Jahrhundert wurde hier Eisenerz gefördert, verhüttet und weiterverarbeitet. Ende des 17. Jahrhunderts entstand ein großes Hüttenwerk, das innerhalb weniger Jahrzehnte zu den besten Schmieden Schwedens zählte. Die großen Vorkommen und die hohe Qualität des schwedischen Eisens schufen die Basis für Schwedens Aufstieg zur Großmacht. Die Blütezeit der Hochöfen und Schmiedehämmer dauerte bis Ende des 19. Jahrhunderts; dann wurde der Konkurrenzdruck zu groß, der Niedergang setzte ein. Um 1920 wurde der Betrieb eingestellt. Bis heute aber gilt Schweden als einer der besten Metallhersteller und -veredler der Welt.

Ein Großteil der alten Gebäude in Engelberg wurde originalgetreu restauriert, darunter auch ein funktionstüchtiger Hochofen von 1778, mit dem die alten Schmelzverfahren demonstriert werden. Das alte Grubennetz wurde teils wieder zugänglich gemacht und kann von den Besuchern auf geführten Rundgängen besichtigt werden.

Die Eisenhütte Engelberg war bis zum Jahr 1920 in Betrieb. Heute ist darin ein für Besucher weitgehend zugängliches Freilichtmuseum untergebracht.

Schweden

BERGBAUGEBIET GROSSER KUPFERBERG IN FALUN

Die Kupfergrube von Falun ist die älteste Industrieanlage Schwedens. Im 17. Jahrhundert wurden hier zwei Drittel der Kupferweltproduktion gefördert.

Schon vor rund 1000 Jahren wurde am Kopparberg eine Kupfermine entdeckt, der die Provinzhauptstadt Falun ihre Entstehung verdankt. 1284 wurde hier die Grubengesellschaft Stora Kopparberg gegründet: die älteste Aktiengesellschaft der Welt. 1650 förderte das Unternehmen den größten Teil der Kupferweltproduktion und beeinflusste die Technik des Bergbaus in Europa über rund zwei Jahrhunderte lang maßgeblich.

Der Große Kupferberg wurde im Untertagebau relativ unsystematisch ausgehöhlt. 1687 kam es deshalb zu einer Katastrophe: Mehrere Schächte und Stollen stürzten ein und hinterließen ein gigantisches Loch, das bis heute am Rande des historischen Stadtkerns von Falun klafft: Die Stora Stöten (»Große Grube«) ist 100 Meter tief. Daneben befindet sich das Kopparberg-Museum mit Exponaten zur Geschichte des Kupferbergbaus.

Die Provinzhauptstadt ist nach Plänen von 1646 rechtwinklig angelegt. Für die Arbeiter wurden hier Schwedens erste Eigenheimsiedlungen gebaut.

Unmittelbar am Rand des Stadtkerns von Falun klafft die »Große Grube«, das Zeugnis der Katastrophe von 1687.

Struve-Bogen siehe Seite 124

FELSZEICHNUNGEN VON TANUM

Tanum in der Provinz Bohuslän am Skagerrak gehört mit seinen Felszeichnungen zu den wichtigsten vorgeschichtlichen Fundorten Skandinaviens. In der Gemeinde wurde außerdem ein bronzezeitliches Dorf rekonstruiert.

Die jahrtausendealten Felszeichnungen bei Tanum, die als die reichhaltigsten Funde in ganz Skandinavien gelten, gestatten dem Betrachter auf eindrucksvolle Weise Einblicke in die Welt der nordeuropäischen Bronzezeit. Sie entstanden wahrscheinlich ab dem Ende des 2. Jahrtausends v. Chr. Die in hoher künstlerischer Qualität dargestellten Gegenstände und Szenen beschreiben das soziale Leben der bronzezeitlichen Skandinavier, ihre Riten, Kulthandlungen und religiösen Vorstellungen. Die in mühevoller Kleinarbeit in den Granit eingeritzten Felsmalereien von Tanum zeigen Jagd- und Kampfszenen, Menschen beim Tanz, Pferde und Bären, Waffen und Werkzeuge, kultische Figuren und Schmuck. Auffallend ist die große Anzahl an Schiffsdarstellungen. Die Zeichnungen waren sehr wahrscheinlich in verschiedenen Farben koloriert – darauf deuten die gefundenen Überreste der Kunstwerke hin. Zum Welterbe gehören die Funde in Fossum, Torsbo, Litsleby, Aspeberget und Vitlycke. Bei Grabungen im Umkreis entdeckte man neben Runensteinen auch Felsengräber aus dem Neolithikum.

Kampfszenen, Rituale, aber auch Schiffe machen einen beträchtlichen Anteil der fast 10 000 Felsritzungen von Tanum aus.

KÖNIGLICHES SOMMERSCHLOSS DROTTNINGHOLM

Schloss Drottningholm wurde in den Jahren 1662 bis 1670 als Lustschloss der schwedischen Könige errichtet und später mehrfach umfangreich erweitert.

Auf der Insel Lovö im Mälarsee steht an der Stelle eines Vorgängerbaus aus dem 16. Jahrhundert das erst gegen 1700 vollendete Schloss Drottningholm (»Königininsel«), die gewaltigste barocke Schlossanlage Schwedens. Der Bau wurde im Jahr 1662 von der Königinwitwe Hedwig Eleonora, der Frau des verstorbenen Karl X. Gustav, in Auftrag gegeben und gilt als das Hauptwerk des Architekten Nicodemus Tessin. Ab 1750 wurde der Bau nochmals erweitert, zahlreiche Innenräume wurden im üppigen Stil des Rokoko eingerichtet. Als das Schloss nach dem Jahr 1777 auch für staatliche Repräsentationszwecke genutzt wurde, hatte dies eine Umgestaltung einiger Räume im eleganten klassizistischen Stil zur Folge. Der schwedische König Gustav III. (reg. 1771–1792) ließ einen englischen Garten anlegen. Heute faszinieren die Besucher insbesondere der Chinesische Pavillon und das Drottningholmtheater, eines der wenigen bespielbaren Barockheater Europas.

In der stimmungsvollen Wasserlandschaft des Mälarsees gelegen, vereint das bis heute von der schwedischen Königsfamilie als Sommerresidenz genutzte Schloss Drottningholm Natur und Kultur ideal.

RADIOSTATION VARBERG

Der Sender Grimeton bei Varberg ist ein außergewöhnliches technisches Denkmal. Die Station wurde 1924 in Betrieb genommen und besorgte bis zum Jahrtausendwechsel den Funkverkehr mit Nordamerika.

Im Jahr 1895 erfand der italienische Physiker Guglielmo Marconi auf der Grundlage von Radiowellen die drahtlose Telegrafie. Bald darauf entstanden überall auf der Welt Funkstationen, mit denen diese Erfindung genutzt werden konnte.

Im Verlauf des Ersten Weltkriegs beschloss der schwedische Reichstag einen Langwellensender für die Telegrafie und eine Empfangsstation zu bauen. Wesentlich für dessen Lage war, dass die Radiowellen über die offene See nach New York gelangen konnten. Die Großfunkstation bei Varberg wurde zwischen 1922 und 1924 gebaut. Der wichtigste Teil des Senders ist der von Ernst Alexanderson gebaute Wechselstromgenerator. Die sechs Sendetürme aus Stahlfachwerk sind jeweils 127 Meter hoch und haben oben 46 Meter lange Querarme, die die acht Kupferleitungen tragen. Die Hauptgebäude im neoklassizistischen Stil stammen von Carl Åkerblad. Von 20 ähnlichen Stationen auf der Welt ist Grimeton als einzige unverändert und bis heute funktionstüchtig erhalten geblieben.

127 Meter hoch ragt dieser Sendeturm der schwedischen Großfunkstation in Grimeton bei Varberg auf. Das Stahlgerüst erinnert an heutige Hochspannungsmasten.

WIKINGERSIEDLUNGEN BIRKA UND HOVGÅRDEN

In der Siedlung Birka, die auf einer Insel im Mälarsee liegt, weihte Bischof Ansgar Mitte des 9. Jahrhunderts die erste Kirche Skandinaviens. Dort befand sich zu jener Zeit das Zentrum des Handels zwischen Ost- und Westeuropa.

Die Berichte, die der Bischof Ansgar von Bremen von seinen Missionsreisen, die er 830 und 853 nach Birka unternahm, gegeben hatte, wurden seit 1871 durch archäologische Funde bestätigt. Rund 3000 Gräber sowie die Überreste der gewaltigen Befestigungsanlagen auf der Insel Björkö zeugen von der einstigen politischen Bedeutung Birkas und des benachbarten Hovgården auf der Insel Adelsö. Handelsgüter aus dem westlichen Europa, aus Russland, Byzanz und Arabien wurden hier umgeschlagen. Träger des Fernhandels waren die Wikinger, die Waren auf dem Seeweg zwischen Osten und Westen hin und her transportierten. Doch bereits im Jahr 975 verlagerten sich die Handelsrouten, und Birka verschwand von der Landkarte. Ein Grund hierfür ist vermutlich die Tatsache, dass der See und damit auch Birka von der für den Fernhandel so wichtigen Verbindung zum Meer abgeschnitten wurden.

Birka ist bis heute Schauplatz von archäologischen Grabungen. Die Funde können in der Ausstellung des gleichnamigen Museums besichtigt werden.

MARINEHAFEN VON KARLSKRONA

Monumentale Exerzierplätze und historische Straßenzüge prägen das Erscheinungsbild von Karlskrona, dem größten schwedischen Marinehafen. Weitläufige Hafen- und Parkanlagen vermitteln das Flair einer Metropole.

Das schwedische Karlskrona, die Hauptstadt des Bezirks Blekinge, zählt etwa 33 000 Einwohner und liegt auf einer dem Festland vorgelagerten Insel an der Ostküste Südschwedens. 1680 befahl Karl XI. die Errichtung des Marinehafens für die Ostseeflotte. Nach Plänen der Baumeister Nicodemus Tessin und Erik Dahlberg wurden großzügig angelegte Straßen und Plätze gebaut. Die zu jener Zeit aus zehn Fregatten und 38 Linienschiffen bestehende Flotte beherrschte bis zum Zerfall der Herrschaft Karls XIII. die Ostsee. Dieser Stützpunkt der hoch technisierten schwedischen Flotte wurde bis in die Gegenwart hinein beständig ausgebaut. Die Industriesiedlungen und der Fischereihafen machen Karlskrona zu einem lebendigen und blühenden Hafen mit der Atmosphäre einer Weltstadt. Im Marinemuseum erinnern Waffen, Schiffsmodelle, Navigationsgeräte und alte Karten an Schwedens ruhmreiche Seefahrervergangenheit.

Der Marinestützpunkt ist allgegenwärtig – überall spazieren Matrosen und Offiziere durch die alten Straßenzüge Karlskronas.

Schweden

HANSESTADT VISBY

Von Visby auf Gotland, einer der bedeutendsten skandinavischen Hansestädte, sind noch große Teile der historischen Altstadt erhalten. Auch die Befestigungsanlagen mit Stadtmauer und Wehrtürmen haben weitgehend die Jahrhunderte überstanden.

Für den Ort an der Nordwestküste der Insel Gotland lässt sich bereits eine steinzeitliche Besiedlung nachweisen. Deutschen Kaufleuten diente Visby im 12. Jahrhundert zunächst als Zwischenstation für den äußerst lukrativen Handel mit Nowgorod und schon bald darauf als Ausgangspunkt für die Erweiterung des hanseatischen Städtebunds nach Osten: Von hier aus wurden die baltischen Städte Riga, Reval, Danzig und Dorpat eingenommen. Im 13. Jahrhundert galt Visby neben Lübeck als die wohl wichtigste Handelsstadt im Norden des europäischen Kontinents: Eigene Münzen wurden geprägt, und man einigte sich hier auf

Das alte Visby war eine Stadt der Kirchen. Erhalten ist die Domkirche St. Maria aus dem 13. Jahrhundert, während von anderen Kirchen oft nur noch Ruinen stehen.

ein internationales Seerecht, das für den gesamten Ostseeraum bindende Wirkung hatte.

Mit der Eroberung Gotlands durch den dänischen König Waldemar IV. kam bereits 1361 das Ende dieser kurzen Blütezeit. Heute zeugen noch die gewaltigen Wallanlagen mit einer Höhe von bis zu neun Metern und einer Länge von 3,4 Kilometern vom einstigen Reichtum der Stadt; insgesamt 38 historische Wach- bzw. Wehrtürme sind erhalten geblieben. Die zahlreichen Kaufmannshäuser aus dem 12. und 13. Jahrhundert in den engen mittelalterlichen Gassen begründen den Ruf Visbys als einer der besterhaltenen Hansestädte in Europa.

Der Hafen von Visby ist heute verlandet (Bild oben). Die Stadtmauer von Visby (Bild Mitte und unten) ist besonders beeindruckend. Sie erreicht eine Länge von 3,4 Kilometern und wird von 38 gut erhaltenen Wachtürmen gekrönt.

AGRARLANDSCHAFT VON SÜD-ÖLAND

Der südliche Teil der Ostseeinsel Öland bezeugt mit seiner einzigartigen Agrarlandschaft die Anpassung des Menschen an extreme Bedingungen.

Im Süden der nach Gotland zweitgrößten Insel Schwedens kann nur im Ostteil, wo Moränenboden anzutreffen ist, Ackerbau betrieben werden. Ansonsten beherrschen Sandstein, Schiefer und Kalkstein das Plateau Süd-Öland. Trotz der schwierigen topografischen und klimatischen Bedingungen haben sich seit mindestens 5000 Jahren Menschen auf Süd-Öland behauptet. Zahlreiche Gräberfelder aus der Eisenzeit und mehrere Fluchtburgen aus der Zeit der Völkerwanderungen lassen auf eine dauerhafte Besiedlung schließen. Die Burg Eketorp ist heute ein Freilichtmuseum und bot in der Zeit von 400 bis 1300 ihren Bewohnern immer wieder Schutz. Der älteste Runenstein stammt aus dem 10. Jahrhundert und steht auf einem Grabhügel südlich der Kalmarsundbrücke. Bemerkenswert ist die fünf Kilometer lange Mauer, die König Karl X. Gustav 1653 quer durch die Insel ziehen ließ. Die Agrarlandschaft von Süd-Öland zeugt von der Nutzung der natürlichen Ressourcen durch den Menschen von der Bronzezeit bis heute.

Auf eine prähistorische, endeiszeitliche Besiedlung verweisen die großen Steine, die wahrscheinlich Gräber markierten.

FRIEDHOF SKOGSKYRKOGÅRDEN

Die Friedhofsanlage im Süden von Stockholm ist eine gelungene Synthese von Architektur, Skulptur und Landschaftsgestaltung.

Die Stockholmer Stadtverwaltung beschloss 1912 die Errichtung eines Waldfriedhofes im Stadtteil Enskede. Den 1914 ausgeschriebenen Wettbewerb zur Gestaltung gewannen die Architekten Erik Gunnar Asplund und Sigurd Lewerentz. Zwischen 1917 und 1920 – dem Jahr der Einweihung – wurde das über 100 Hektar große Friedhofsgrundstück erschlossen. Der weitere Ausbau dauerte bis 1940.
In die gestaltete Landschaft setzten Asplund und Lewerentz zahlreiche Gebäude: Asplund errichtete 1920 eine quadratische Holzkapelle mit einer offenen Vorhalle. Eine weitere Kapelle, die Lewerentz entworfen hatte, wurde 1925 eingeweiht. Von Asplund stammen außerdem das Krematorium mit seinen drei Kapellen (1937–1940) und das große frei stehende Kreuz.
Mit dem Friedhof von Skogskyrkogården gelang den Architekten die harmonische Verbindung von Natur und architektonischer Gestaltung. Natürliche Landschaftsformationen wurden in die Anlage integriert, hohe Bäume säumen die Wege und Wiesen. Ihr Werk übte einen nachhaltigen Einfluss auf die Friedhofsarchitektur in vielen Ländern der Welt aus. Als Asplund im Jahr 1940 starb, fand er in Skogskyrkogården seine letzte Ruhestätte.

Das Krematorium von Skogskyrkogården ist ein modern anmutendes Bauwerk.

HOHE KÜSTE UND KVARKENARCHIPEL

Die Hohe Küste am Bottnischen Meerbusen ist eine Schärenlandschaft, die von Gletschern geprägt wurde. Seit der Erweiterung 2006 um den finnischen Teil des Kvarkenarchipels gehört sie zu den grenzüberschreitenden Naturerbestätten.

Von der letzten Eiszeit, die vor ungefähr 80 000 Jahren begann und in Skandinavien vor etwa 9600 Jahren endete, wurde diese Rundhöckerlandschaft am Bottnischen Meerbusen geformt. Durch das Schmelzwasser der gigantischen Eisschilde stieg der Meeresspiegel um etwa 115 Meter an. Weite Teile des Landes lagen somit deutlich unter dem Meeresspiegel. Befreit vom Druck der Eislast hob sich das Land allmählich, und die Schären tauchten aus dem Meer auf. Bis heute stieg die Region um 285 Meter; der Vorgang hält noch an: Um 93 Zentimeter wird der Untergrund pro Jahrhundert angehoben.
Im Hinterland erhebt sich eine weitgehend wilde Hügellandschaft. Nicht nur fruchtbare Böden, sondern auch zahlreiche Seen hat die Eiszeit hinterlassen, die zusammen mit dem Brackwassergebiet der flachen Meeresarme und der offenen Ostsee drei geologisch und biologisch aufschlussreiche Wassersysteme ergeben.

Relikte der Eiszeit: Zahlreiche Seen und bewaldete Hügel prägen den ufernahen Bereich der Hohen Küste.

Dänemark

EISFJORD ILULISSAT

Das Eis des Gletschers Sermeq Kujalleq wandert vom grönländischen Inlandeis bis zum Meer und mündet dann in den Ilulissat-Eisfjord. Dort kalbt der Gletscher und entlässt dabei zahlreiche Eisberge in den Nordatlantik.

Der Gletscher Sermeq Kujalleq entsteht aus der gewaltigen, bis zu 3000 Meter dicken Eiskappe Grönlands und fließt zum Nordatlantischen Ozean. Mit einer Fließgeschwindigkeit von 19 bis 22 Metern pro Tag ist der Sermeq Kujalleq einer der schnellsten und aktivsten Gletscher der Welt. Wenn das Eis das Meer erreicht, brechen riesige Eisblöcke mit großem Getöse ab und stürzen ins Wasser. Sie treiben dann langsam südwärts und werden im Nordatlantik zu den gefürchteten Eisbergen, die die Schifffahrt bedrohen. Der Sermeq Kujalleq kalbt jedes Jahr 35 Quadratkilometer Eis und produziert damit zehn Prozent der gesamten grönländischen Eisberge –

Wie steile Gebirgswände ragen die riesigen Eisberge, die von dem Gletscher Sermeq Kujalleq abgebrochen sind, über dem Nordatlantik auf.

weitaus mehr als jeder andere Gletscher außerhalb der Antarktis.
Der Ilulissat und sein Gletscher werden seit über 250 Jahren untersucht und haben der Wissenschaft viele Daten über Geomorphologie, Glaziologie und allgemeine Klimaveränderung geliefert. Der kalbende Gletscher und die hohen Eisberge im Fjord sind ein faszinierender Anblick. Die Reise zum Gletscher ist allerdings wegen der Eisberge nicht ungefährlich. Vor der Küste Grönlands türmen sich die Eisberge bis zu 100 Meter über dem Wasser auf. Manche der Eisgiganten schmelzen erst nördlich von New York.

Das kalte Meer ist außerordentlich fischreich und Ziel vieler dänischer Fischkutter. Nicht erst seit den Zeiten des Klimawandels wird das grönländische Eis ständig beobachtet und erforscht.

KATHEDRALE VON ROSKILDE

Die älteste romanisch-gotische Backsteinkirche Skandinaviens birgt die Grablege der dänischen Könige, die seit dem 15. Jahrhundert hier bestattet wurden. Als einstige Hauptstadt hat Roskilde für die Dänen bis heute symbolische Bedeutung.

Bis zur Reformation im 16. Jahrhundert befand sich das kirchliche Zentrum Dänemarks in Roskilde, einer Stadt auf der Insel Sjælland, etwa 30 Kilometer westlich der Hauptstadt Kopenhagen. Bis zum Jahr 1443 war Roskilde als Königsresidenz auch Hauptstadt von Dänemark.

Der Bauherr der ersten romanisch-gotischen Backsteinkirche Skandinaviens war der Gründer von Kopenhagen, Bischof Absalon. Er ließ sie über den Grundmauern von zwei älteren, kleineren Kirchen ab dem Jahr 1170 errichten, um der königlichen Residenz ein würdiges und repräsentatives Gotteshaus zu geben.

Mit der Errichtung der großen Türme im 14. Jahrhundert hat die Kathedrale im Wesentlichen ihr heutiges Gesicht erhalten. Im Dom selbst, der bis ins 19. Jahrhundert hinein durch Vorgebäude und Seitenkapellen erweitert wurde und als bedeutendes Zeugnis dänischer Kirchenarchitektur gilt, befinden sich die reich ausgestatteten Grabmäler von insgesamt 37 dänischen Königinnen und Königen, die hier ab dem 15. Jahrhundert in kunstvoll gestalteten Sarkophagen bestattet wurden.

Die Kathedrale überragt die Altstadt von Roskilde. Sie wurde im romanischen Stil begonnen und im gotischen vollendet.

GRABHÜGEL, RUNENSTEINE UND KIRCHE VON JELLING

Ein imposantes Königsgrab mit Runensteinen, großen Grabhügeln und reichen Beigaben sowie eine alte Kirche legen in Jelling nahe Vejle im Osten von Jütland Zeugnis von der Christianisierung Dänemarks ab.

Vor der Kirche von Jelling befindet sich das beeindruckendste Königsgrab Dänemarks. Die hier gefundenen Beigaben dokumentieren die Machtfülle der Wikinger, die im Frühmittelalter die Herrschaft über die nördlichen Seewege errungen hatten.

Darüber hinaus ist die Anlage – zwei riesige Grabhügel von 60 bzw. 77 Meter Durchmesser (samt schiffsförmiger Steinsetzung), dazwischen eine Kirche und zwei Runensteine – auch ein historisches Dokument der Christianisierung Dänemarks, mit der das Land in die Staatengeschichte Europas eintritt:

Im nördlichen der beiden Grabhügel wurden ursprünglich der noch heidnische König Gorm (vermutlich 860 bis 940) und seine Gattin Tyra beigesetzt. Die Gebeine der beiden ließ ihr Sohn, der erste christliche Dänenkönig Harald Blåtand (reg. 940–986, 960 getauft), später in die neu erbaute Kirche umbetten. Der größere Runenstein aus der Zeit um 980 zeigt die älteste Christus-Darstellung Skandinaviens.

Diese Inschrift auf einem der großen Runensteine von Jelling ist eine Huldigung des Königs Gorm an seine Gattin.

SCHLOSS KRONBORG BEI HELSINGØR

Das Renaissanceschloss am Öresund wurde im 16. Jahrhundert errichtet und nach einem Brand im 17. Jahrhundert neu aufgebaut. Die berühmte Tragödie »Hamlet« von William Shakespeare machte das Schloss weltberühmt.

Die Lage des dänischen Königsschlosses direkt am Öresund, dem schmalsten Teil der Meerenge zwischen Dänemark und Schweden, war strategisch von größter Bedeutung. Bereits im späten Mittelalter kontrollierte an dieser Stelle die Feste Krogen die Sundeinfahrt und sicherte den Zoll. Neben der Schönheit des Schlosses ist es vor allem auch diese strategische Bedeutung, die für die Dänen den Symbolgehalt von Kronborg ausmacht, denn es steht damit für die einstige Macht und den Glanz des Königreiches. Unter König Friedrich II., der von 1559

bis 1588 regierte, entstand an der Stelle der alten Burg die Vierflügelanlage des Schlosses im Stil der niederländischen Renaissance; dabei wurden die Bastionen nach den Anforderungen der Militärarchitektur verstärkt. Nach dem Brand von 1629 erfolgte der Wiederaufbau des »Hamlet-Schlosses«. Um das Jahr 1700 wurden die weitläufigen Kasematten angelegt.

Schloss Kronborg ist nicht nur der fiktive Schauplatz von Shakespeares »Hamlet«. Der mächtige Renaissancebau kontrollierte einst die schmalste Stelle des Öresunds.

ALTE KIRCHE VON PETÄJÄVESI

Die markante rote Holzkirche von Petäjävesi westlich von Jyväskylä in Mittel-finnland gilt als eines der schönsten Gotteshäuser des Landes und als typisches Beispiel skandinavischer Sakralarchitektur.

Auf einer kleinen Halbinsel zwischen den Seen Jämsänvesi und Petäjävesi wurde die alte Dorfkirche im Jahr 1765 von Baumeister Jaakko Klementinpoika Leppänen fertiggestellt, nachdem die Dorfbewohner bereits zwei Jahre auf die Baugenehmigung gewartet hatten. Im Bau der Holzkirche verbinden sich Elemente der Renaissance mit gotischen Einflüssen und dem besonderen Charakter der traditionellen ostskandinavischen Holzkirchenarchitektur. Nach dem Vorbild der Zentralbauten der Renaissance bildet der Grundriss die Form eines griechischen Kreuzes nach. Hohe Brettergewölbe aus Kiefernholz decken die Kreuzarme, und über der Kreuzungsmitte erhebt sich eine achteckige Zwischendachkuppel. Das Altarbild und die Darstellungen von Martin Luther und Moses an der Altarwand wurden im Jahr 1843 angefertigt. Das Äußere der Kirche prägt ein schindelgedecktes Walmdach, das gotische Elemente aufweist. Die Kirche ist ein Denkmal der Gläubigkeit der Dorfbewohner und der handwerklichen und künstlerischen Fähigkeiten ihrer Erbauer.

Der Altar ist – wie das gesamte Innere der Kirche – schlicht gehalten. Außer Gemälden schmücken Holzschnitzereien und Statuen den Innenraum.

Struve-Bogen siehe Seite 124

ALTSTADT VON RAUMA

Rauma, bis 1550 einer der bedeutendsten Orte Finnlands, besitzt eine reizvolle historische Altstadt auf mittelalterlichem Grundriss mit charakteristischen, niedrigen Holzhäusern. Bemerkenswert ist auch die alte Heilig-Kreuz-Kirche.

An einem vermutlich schon länger bestehenden Handelsplatz im Südwesten des heutigen Finnland ließen sich um 1400 Franziskanermönche nieder. Von ihrem bis zum Jahr 1538 bestehenden Kloster ist nur die im Jahr 1449 erbaute Heilig-Kreuz-Kirche erhalten, die reiche Deckenmalereien birgt.
Das Kloster bildete wahrscheinlich das Zentrum der ältesten Siedlung, aus der die Stadt Rauma entstand, eine der wenigen mittelalterlichen Gründungen Finnlands. Obgleich sie 1682 vollständig niederbrannte und ihre Bebauung daher nicht älter sein kann, ist sie noch heute durch eine mittelalterliche Anlage gekennzeichnet, die sich im Straßengrundriss manifestiert. Die Häuser in der Altstadt haben zum Teil reich ornamentierte Paneelfassaden aus dem 18. und 19. Jahrhundert, als Rauma die größte Handelsflotte Finnlands besaß, und bilden eines der größten Holzbauensembles Skandinaviens. Das zweistöckige Alte Rathaus wurde 1777 vollendet und beherbergt heute ein Museum, das die von den Franziskanermönchen eingeführte Klöppeltechnik dokumentiert.

Den Kern der Altstadt von Rauma bildet ein einheitliches Bauensemble mit ein- bis zweistöckigen Holzhäusern, das durch Gärten aufgelockert wird.

BRONZEZEITLICHER FRIEDHOF VON SAMMALLAHDENMÄKI

Die über 30 steinernen Begräbnisstätten in Südwestfinnland sind großteils mehr als 3000 Jahre alt. Hinsichtlich Anzahl, Erhaltungszustand und Größe bezeugen sie die hoch entwickelte Bestattungspraxis der Bronzezeit in Nordeuropa.

Der für die Küstenregionen Finnlands typische Sonnenkult wurde fernab jeder Besiedlung auf einsamen, hoch gelegenen Küstenklippen praktiziert, die die mystische Anziehungskraft von Sonne und Meer besonders betonten. Die genaue Bedeutung der Steinhaufen konnte allerdings bislang noch nicht geklärt werden.
28 der Gräber von Sammallahdenmäki in der Landschaft Satakunta östlich von Rauma können mit Sicherheit in die Bronzezeit datiert werden. Die Steinhaufen liegen in verschiedenen Gruppen am Hang eines 700 Meter langen Bergkammes. Mehrere Typen bronzezeitlicher Steingräber sind hier zu finden: kleine, niedrige, runde Haufen, große Grabhügel und rund ummauerte Gräber. Im Inneren befinden sich mit steinernen Platten ausgelegte Grabkammern. Archäologische Ausgrabungen brachten keine Beigaben zutage, sondern lediglich einige verbrannte Knochen und Holzkohle.

Die Luftbildaufnahme vermittelt einen Eindruck vom Ausmaß des Bestattungsareals. Die Grabhügel bestehen aus aufgeschichteten Steinen und Felsstücken.

FESTUNG SUOMENLINNA

Die imposante Festungsanlage, die sich über sechs Inseln erstreckt, sollte den Hafen Helsinkis vor Angriffen sichern. Bis heute macht sie mit ihren gewaltigen Mauern einen wehrhaften Eindruck.

Die Schweden, die Finnland seit dem 13. Jahrhundert beherrschten, errichteten Mitte des 18. Jahrhunderts die Festung Sveaborg vor der Hafeneinfahrt der Stadt Helsinki. Als 1808 die Wehranlage kampflos von den Russen eingenommen worden war, begann der Rückzug der Schweden aus Finnland. Zar Alexander I. (reg. 1801 bis 1825) machte Helsingfors zur Hauptstadt des neu begründeten Großfürstentums Finnland.
Eine orthodoxe Kirche, Holzhäuser und eine Kommandantur blieben aus der Zeit der russischen Herrschaft erhalten. Suomenlinna, wie die Festung jetzt heißt, wurde 1855 während des Krimkrieges durch ein Bombardement einer von Großbritannien geführten Flotte teilweise schwer beschädigt. 1918, als Finnland unabhängig wurde, diente die Festung als Gefängnis für kommunistische Truppen und Aufrührer, von denen viele in den Kerkern von Suomenlinna ums Leben kamen. Heute kann ein Museum zur Festungsgeschichte besichtigt werden. Suomenlinna gilt als bedeutendes Beispiel europäischer Militärarchitektur.

Die Festung ist ein beliebtes Touristenziel. Das Ausmaß der Anlage ist enorm und erstreckt sich mit Wehrmauern und zahlreichen Gebäuden über mehrere Inseln.

HISTORISCHE KARTONFABRIK VON VERLA

Der Mühlenkomplex in Südfinnland, 150 Kilometer nordöstlich von Helsinki gelegen, gehört zu den bedeutendsten Denkmälern der finnischen Forstindustrie. Papier und Zellulose sind bis heute wichtige Produkte des Landes.

Die reichen Waldbestände Skandinaviens und Nordrusslands bildeten die Basis für die in der zweiten Hälfte des 19. Jahrhunderts begründete, prosperierende Papierindustrie. In Nordamerika waren es die Wälder Kanadas und der nordöstlichen Bundesstaaten der Vereinigten Staaten von Amerika, die ähnliche Entwicklungen hervorbrachten. Nur sehr wenige dieser damals weit verbreiteten Industriekomplexe sind allerdings noch erhalten.
Die 1882 errichtete Papiermühle in Verla mitsamt einer angeschlossenen Kartonfabrik steht zusammen mit den Wohnhäusern der Arbeiter inmitten eines Parks am Flussufer. Das gesamte Ensemble beeindruckt durch seine Backsteinarchitektur. Die Erhaltung der Fabrik verdankt sich der Tatsache, dass sie erst 1964 ihren Betrieb endgültig einstellte. Heute ist hier ein Museum zur Geschichte der finnischen Forstindustrie untergebracht.

Die riesigen, noch immer funktionstüchtigen Papiermaschinen der 1964 geschlossenen Papiermühle Verla erwecken den Eindruck, als würden sie die Kartonproduktion augenblicklich wiederaufnehmen.

HISTORISCHES ZENTRUM VON TALLINN

Im Mittelalter stieg die von Dänen gegründete Stadt an der Ostsee zu einem Zentrum der Hanse auf. Von der einstigen Blütezeit Tallinns zeugen noch viele Kaufmannshäuser und Kirchen.

Nach starken Beschädigungen im Zweiten Weltkrieg wurde das Zentrum der estnischen Hauptstadt im Stil des 18. Jahrhunderts wiederaufgebaut. Auf dem Domhügel liegt die Keimzelle der alten Stadt Reval, die seit 1920 als Tallinn Hauptstadt der Republik Estland ist. Noch heute ragen dort die mächtigen Türme und Mauern der einstigen Befestigung in die Höhe.
Der Dom zu Marien, ab etwa 1230 errichtet, birgt Kunstschätze aller Epochen. Die Kirche der Heiliggeistbruderschaft aus dem 12./13. Jahrhundert ist eine für den Ostseeraum typische Armenhauskapelle. Später wurde sie mit reichen Holzschnitzereien ausgestaltet und beherbergt – ebenso wie auch die im 13./14. Jahrhundert entstandene Kirche des hl. Nikolaus – beachtliche Altäre. Das Zentrum der Altstadt von Tallinn bildet der Rathausplatz mit zahlreichen historischen Gebäuden und dem im 14. Jahrhundert entstandenen gotischen Rathaus.

Vom Domberg aus bietet sich ein schöner Blick über die Stadt mit ihren zahlreichen Kirchen wie der Olaikirche sowie den Wehrtürmen der alten Stadtbefestigung.

Struve-Bogen siehe Seite 124

HISTORISCHES ZENTRUM VON RIGA

Im historischen Stadtkern der lettischen Hauptstadt findet sich neben mittelalterlichen Kirchen und Kaufmannshäusern eine der schönsten Ansammlungen von Jugendstilgebäuden in Europa.

Riga liegt an der Mündung der Düna (Daugava) in die Ostsee. Unter den vielen bedeutenden Gotteshäusern der Stadt ragen der Dom, der im Jahr 1211 begonnen und 1775 in seiner heutigen Form vollendet wurde, sowie der achteckige Holzturm der lutherischen Jesuskirche (1819–1822) heraus. Von den einst mächtigen Befestigungsanlagen der Stadt sind der Pulverturm (14. Jahrhundert) und der Ramerturm (13. Jahrhundert) erhalten geblieben; die Zitadelle wurde ab 1760 unter schwedischer Herrschaft errichtet, und auch das Schwedische Tor stammt aus dieser Zeit. Der Gildensaal ist das einzige erhaltene mittelalterliche Verwaltungsgebäude. Die Kleine Gilde, Mitte des 14. Jahrhunderts erbaut, zählt zu den repräsentativsten Bauten der Stadt. Die Lettische Börse entstand von 1852 bis 1855 im Stil eines venezianischen Palais. Unter den Häusern der Stadt finden sich prächtige Gebäude wie das im Jahr 1683 begonnene Reuternhaus.

Über die Daugava fällt der Blick auf die vieltürmige Silhouette der Altstadt (oben). Das Schwarzhäupterhaus auf dem Rathausplatz wurde 1334 erbaut und ist das größte seiner Art überhaupt (rechts).

Struve-Bogen siehe Seite 124

ARCHÄOLOGISCHE STÄTTE KERNAVE

In Kernavé nordwestlich von Vilnius gibt eine archäologische Fundstätte Auskunft über das Leben im Baltikum von der Altsteinzeit bis heute. Besonders bedeutend sind hier die Hügelfestungen aus vorchristlicher Zeit.

In der archäologischen Fundstätte Kernavé stieß man auf rund 10 000 Jahre alte Zeugnisse menschlicher Besiedlung. Die ältesten Fundstücke stammen aus der Steinzeit, die jüngsten aus dem Mittelalter. Insgesamt umfasst die Welterbestätte 194 Hektar und damit ein komplexes Ensemble, bestehend aus der Stadt selbst, aus Befestigungen, unbefestigten Siedlungen und Gräbern. Hier kann man die Begegnung zwischen heidnischer und christlicher Begräbnistradition besonders gut nachvollziehen. Auch die Spuren einer früheren Landnutzung im Tal des Flusses Neris sind erhalten geblieben, ebenso die Reste von fünf Hügelfestungen, die zu einem bemerkenswert ausgedehnten Verteidigungssystem gehörten. Im Mittelalter war Kernavé eine bedeutende Stadt mit fünf mächtigen Wehrburgen. Erstmals 1279 erwähnt, gilt sie als erste Hauptstadt Litauens. Im späten 14. Jahrhundert zerstörten Deutschordensritter den Fürstensitz.

Die Anlage von Kernavé im Tal der Neris hat für die Litauer bis heute große Symbolkraft (rechts eine Familie beim Mittsommernachtspicknick).

HISTORISCHES ZENTRUM VON VILNIUS

Zu Füßen der Burg Wilna erstreckt sich im Tal der Neris die Altstadt der einstigen Kaufmannssiedlung Vilnius, die im 15. und 16. Jahrhundert ihre Hochblüte als Mittlerin zwischen den Städten Russlands und den Hansestädten erlebte.

Vom 13. bis zum Ende des 18. Jahrhunderts politisches Zentrum des Großfürstentums Litauen, und damit Ort der kulturellen Begegnung ost- und westeuropäischer Traditionen, wirkte Vilnius prägend auf die Entwicklung der Architektur in Osteuropa. In der Stadt finden sich gotische und barocke Bautraditionen neben Gebäuden im Stil der Renaissance.

Unter den älteren Bauten stechen besonders mehrere spätgotische Kirchen wie St. Anna, St. Nikolai, die Bernhardinerkirche sowie einige barocke Adelspalais hervor. Barock zeigt sich auch die Peter-und-Paul-Kirche aus dem 17. Jahrhundert.

Das Zentrum der Altstadt ist jedoch die Kathedrale St. Stanislaw, die ihr heutiges Gesicht in den Jahren 1783 bis 1801 erhielt. Sie gleicht in der klassizistischen Bauweise einem griechischen Tempel.

Die Kathedrale von Vilnius (links mit dem separat stehenden Glockenturm, unten rechts ein Blick auf den Altar) wurde im Jahr 1801 geweiht. Das (Stadt-)Tor der Morgenröte (unten links) hat einen im Renaissancestil gefertigten Toraufsatz.

Struve-Bogen siehe Seite 124

KURISCHE NEHRUNG

Zwischen Ostsee und Kurischem Haff erhebt sich seit der Jungsteinzeit ein schmaler Dünenstreifen, die sogenannte Kurische Nehrung, die sowohl Litauen als auch Russland durchzieht.

Als die Ostsee gegen die 80 Meter dicke, von den Gletschern der Eiszeit hinterlassene Grundmoräne brandete, ragten nur noch zwei Inseln um die heutigen Orte Rybatschi (Rossitten) und Selenogradsk (Cranz) aus dem Meer. Wind und Wellen trieben Sand von der samländischen Küste gegen diese Inseln, die jedes Jahr um bis zu sechs Meter nach Nordosten wuchsen. Man glaubt sich in der Sahara, so wirken die mächtigen, weißen Wanderdünen, darunter Europas größte Düne, die Hohe Düne von Nida (Nidden), mit einem 60 Meter hohen Plateau. Nur auf einem geringen Teil der Nehrung wandert der Sand noch, bei allen anderen Dünen wurde dieser Prozess durch ein im 19. Jahrhundert initiiertes Bepflanzungsprogramm gestoppt. Archäologische Funde bestätigen eine Besiedlung der Dünenlandschaft seit dem 4. Jahrhundert v. Chr. Seit dieser Zeit entwickelte sich die Kurische Nehrung im Zusammenspiel von Naturgewalten und dem Eingriff des Menschen. Die malerischen umliegenden Fischerdörfer gehören ebenfalls zum Weltkulturerbe.

Auf der Kurischen Nehrung, einer fast 100 Kilometer langen und bisweilen nur wenige Hundert Meter breiten Halbinsel, gibt es bis zu 60 Meter hohe Sanddünen.

Vereinigtes Königreich

ST. KILDA

Großbritanniens einsamster und auch abgelegenster Archipel, etwa 175 Kilometer vor der Westküste Schottlands gelegen, ist ein paradiesischer Nistplatz mit der größten Tölpelpopulation der Erde.

Der Archipel vulkanischen Ursprungs blieb während der letzten Eiszeit von Vergletscherung verschont und bewahrte so eine eigentümliche Landschaft. Die Inselgruppe »am Ende der Welt« umfasst Dùn, Soay, Boreray und die Insel Hirta, deren Bewohner 1930 umgesiedelt wurden. Die Inseln sind seitdem nicht mehr bewohnt, und die Natur ist sich selbst überlassen.
Beeindruckende Steilfelsen bieten Nistplätze für seltene Vogelarten wie den Papageitaucher. Riesige Tölpelbestände fanden hier ein Refugium, und für den Basstölpel sind die Inseln einer der weltweit wichtigsten Brutplätze. Die Inseln waren trotz ihrer rauen klimatischen Bedingungen schon vor 2000 Jahren besiedelt. Die auffallendsten Bauten der Inseln sind die sogenannten Cleits: Auf Hirta wurden 1260 gezählt, auf den weiteren Inseln mehr als 170. Es handelt sich um kleine Bauten aus Steinmauern, die mit einer rasenbedeckten Platte überdacht waren. Sie dienten vorwiegend als Lagerräume für Eier, Federn und Torf. In der Neuzeit lebten die Menschen vor allem auf der Hauptinsel Hirta in Natursteinhäusern, die nach der Umsiedlung jedoch größtenteils verfallen sind.

Vor allem auf der Hauptinsel Hirta finden sich aus Naturstein gebaute Häuser.

JUNGSTEINZEITLICHE MONUMENTE AUF ORKNEY

Monumente auf Mainland, der Hauptinsel der insgesamt 67 britischen Orkneyinseln vor der Nordküste Schottlands, dokumentieren die kulturellen Leistungen der nordeuropäischen Völker im Zeitraum von 3000 bis 2000 v. Chr.

Die Orkneyinseln vor der Nordostspitze Schottlands sind zum größten Teil unbewohnt. Fast drei Viertel der Gesamtbevölkerung leben auf der Hauptinsel Mainland. Hier befinden sich mehrere steinzeitliche Stätten.
Das große Kammergrab Maes Howe aus der Zeit um 2500 v. Chr. mit einem Durchmesser von über 30 Metern liegt ca. 15 Kilometer von der Hauptstadt Kirkwall entfernt. Die Überreste des Steinkreises von Stenness stammen ebenfalls aus vorgeschichtlicher Zeit. Nicht weit von diesem Monument entfernt liegt der Ring of Brodgar. Hier stehen in einem Kreis von ungefähr 100 Meter Durchmesser Steine mit einer Höhe von bis zu viereinhalb Metern. Besonders eindrucksvoll ist die Steinzeitsiedlung Skara Brae, die erst vor etwa 150 Jahren durch einen Sturm freigelegt wurde. Sie gilt als die am besten erhaltene Siedlung der Jungsteinzeit in Europa.

27 von den ursprünglich 60 Steinen, aus denen der »Ring of Brodgar« bestand, sind bis heute erhalten geblieben. Der Steinkreis aus der Jungsteinzeit wurde vermutlich als Sonnentempel genutzt.

NEW LANARK

Mit der Siedlung um die einst größte Baumwollspinnerei Großbritanniens verwirklichte der Unternehmer Robert Owen seine Utopie von einer humanen Arbeitswelt, wenngleich er dafür als »Sozialrevolutionär« verachtet wurde.

In einem Tal, rund 40 Kilometer von Glasgow entfernt, errichteten Richard Arkwright und der walisische Unternehmer David Dale nach 1783 eine Baumwollfabrik. Es herrschten die üblichen Arbeitsbedingungen der industriellen Revolution, Kinderarbeit und sonstige Missstände galten als normal. Das sollte sich ändern, als Robert Owen 1799 Dales Schwiegersohn wurde und ab 1800 in die Geschäftsführung des Unternehmens einstieg. Seine für die damalige Zeit revolutionären Ideen veröffentlichte er im Lauf seines Lebens in zahlreichen Schriften, die in Europa große Popularität erlangten. In New Lanark setzte Owen seine Ideen in die Praxis um. Er reduzierte die Arbeitszeit, sanierte die Wohnstätten der 2500 Arbeiter, richtete einen kostenlosen Gesundheitsdienst ein, schuf Kinderkrippen, Freizeiteinrichtungen sowie die erste Schule für Arbeiterkinder in Großbritannien. Die in den 1980er-Jahren restaurierte Industrie-Mustersiedlung gilt wegen ihrer Architektur und ihrer Sozialeinrichtungen als Meilenstein in der Sozial- und Industriegeschichte.

Besucher können heute in New Lanark die Siedlungen mit Produktionsstätten sowie die Wohnräume des Unternehmers Robert Owen besichtigen.

GRENZEN DES RÖMISCHEN REICHS

Der Hadrians- und der Antoninuswall sind Teil des länderübergreifenden Welterbes »Grenzen des Römischen Reichs«, zu dem auch der Limes zählt.

Um das Römische Reich besser gegen die Völker im Norden verteidigen zu können, wurden im 2. Jahrhundert befestigte Grenzanlagen errichtet, die sich über 5000 Kilometer quer durch Europa erstreckten. Als besonders schützenswerter Teil davon wurde der Hadrianswall 1987 zum Welterbe erklärt, das 2005 um den Obergermanisch-Rätischen Limes in Deutschland und 2008 um den Antoninuswall in Schottland erweitert wurde. Von Newcastle über Carlisle nahe der englisch-schottischen Grenze bis zum 120 Kilometer entfernten Bowness-on-Solway an der Irischen See verläuft der Had-rianswall. Er ist teils als Steinmauer, teils als Erdwall realisiert. Nach dem Abzug der Römer, um das Jahr 410 herum, verfiel die Befestigungsanlage dann zusehends.

Rund 150 Kilometer weiter nördlich erstreckt sich vom Firth of Forth zum Firth of Clyde der rund 60 Kilometer lange Antoninuswall. Die um das Jahr 140 unter Kaiser Antoninus Pius erbaute Grenzbefestigung mit 19 Kastellen wurde bereits nach wenigen Jahrzehnten wieder aufgegeben.

Der großteils als Steinmauer errichtete Hadrianswall liegt im Norden Englands.

ALT- UND NEUSTADT VON EDINBURGH

Der Charakter der schottischen Hauptstadt wird bestimmt durch den einmaligen architektonischen Kontrast von mittelalterlich geprägter Altstadt und umsichtig geplanter Neustadt im georgianischen Stil.

Die gigantische Festung Edinburgh Castle geht in ihren ältesten Teilen auf das 11. Jahrhundert zurück. Ebenfalls auf dem Schlossberg erhebt sich die 1090 geweihte St. Margaret's Chapel. Unterhalb des Castle Rock beginnt mit der Royal Mile die mit Durchgängen und Hinterhöfen durchsetzte Altstadt. Hier reihen sich Adelssitze wie Gladstone's Land an Gotteshäuser wie die spätgotische Kathedrale St. Giles'. Am Ostende der Royal Mile steht der Palace of Holyroodhouse, im Jahr 1128 als Augustinerabtei errichtet, später Residenz der schottischen Könige.

Ihm gegenüber befindet sich das moderne Bauwerk des neuen schottischen Parlaments. Trotz sinkender politischer Bedeutung nach der Union mit England im Jahr 1707 blieb Edinburgh ein wichtiges kulturelles Zentrum. Gegen Ende des 18. Jahrhunderts wurde die georgianische Neustadt mit den rechtwinklig angelegten Straßen in Richtung Norden errichtet.

Edinburgh ist für seine großartigen Bauten weltberühmt. Oben links und rechts: Burg und St. Giles' Kathedral. Links: Parlamentsgebäude aus dem 17. Jahrhundert.

BURG UND KATHEDRALE VON DURHAM

Durham in der gleichnamigen Grafschaft liegt im Nordosten Englands. Die normannische Burg und die dreigeschossige anglonormannische Kathedrale der Stadt sind ein Zeugnis normannischer Baukunst und der Macht der Bischöfe.

Über dem Fluss Wear thronen die festungsgleichen Anlagen der Bischöfe von Durham: Ab 1072 wurde hier eine normannische Burganlage erbaut, die als Bollwerk gegen die Schotten gedacht war und schließlich zum Zentrum einer Klostersiedlung der Benediktiner und zur Residenz der Bischöfe wurde, die bis 1536 auch die weltliche Herrschaft in der Region ausübten.

Mit dem Bau der Kathedrale begann man 1093, sie sollte die Reliquien des Beda Venerabilis und des hl. Cuthbert aufnehmen. Die Kirche gilt als eines der schönsten Bauwerke am Übergang von der Romanik zur Gotik, das die normannischen Eroberer errichteten. Das eher niedrige und lang gestreckte Kirchenschiff ist eine spezifische Eigenart der englischen Gotik. Die Kreuzrippengewölbe über den Chorschiffen sind die ältesten erhaltenen ihrer Art und sichern der Kathedrale einen wichtigen Platz in der europäischen Architekturgeschichte.

Die Kathedrale von Durham ist eines der bedeutendsten Gotteshäuser Englands. Im Jahr 1093 wurde sie im normannisch-romanischen bzw. frühgotischen Stil erbaut.

INDUSTRIEDORF SALTAIRE

Das Dorf Saltaire ist die größte vollständig erhaltene Mustersiedlung des frühen Industriezeitalters. Es spiegelt den »philanthropischen Paternalismus« des Viktorianischen Zeitalters wider, in dem Fabrikherren für ihre Arbeiter Sorge trugen.

Am 20. September 1853 eröffnete der Industrielle Sir Titus Salt am Fluss Aire in der Grafschaft West Yorkshire seine Fabrik, in der Wolle jeglicher Art gekämmt, gesponnen und verwoben wurde. An rund 1200 Webstühlen produzierten die Arbeiter täglich rund 17 Meilen Stoff. Das Fabrikgebäude war so lang wie die St.-Paul's-Kathedrale in London.

Noch außergewöhnlicher erschien die Siedlung, die Salt um die Fabrik herum errichtete: Das Industriedorf hatte gut ausgestattete Häuser, eine Kirche, eine Schule, ein Krankenhaus, einen Park, ein tempelartiges Badehaus und ein Institut mit Bücherei, Versammlungsräumen und Turnhalle. All dies stand den Arbeitern zur Verfügung. Nur die Pubs fehlten in Saltaire, denn Salt war der Meinung, dass Diskussionen nicht an der Theke, sondern in den hierfür gebauten öffentlichen Räumen stattfinden sollten.

Saltaire, ein historisches Beispiel für eine humane Industrialisierung, ist heute ein Denkmal. Seine Architektur beeinflusste die Entwicklung und Konzeption der Gartenstädte maßgeblich.

Die Häuser der Arbeitersiedlung Saltaire in West Yorkshire entwarfen Architekten aus Bradford nach den damals modernsten sozialen und sanitären Standards.

HISTORISCHE HAFENSTADT LIVERPOOL

Sechs städtische Bereiche im historischen Zentrum und im Hafengebiet wurden zum Weltkulturerbe erklärt. Mit seinen beeindruckenden Bauten und Dockanlagen bezeugt Liverpool den Aufstieg Großbritanniens zur Weltmacht.

Liverpool erhielt bereits 1207 Stadtrechte, blieb aber 500 Jahre lang ein kleiner Fischerort. Erst der boomende Sklavenhandel führte dazu, dass 1715 das erste Dock gebaut wurde. Liverpool nahm fortan im Dreieck des Sklavenhandels eine wichtige Stellung ein: Hier wurden Waffen, Alkohol, Salz und Textilien eingeladen und in Westafrika gegen Sklaven eingetauscht, die man in die Karibik und nach Amerika schaffte. Dort belud man die Schiffe mit Tabak, Baumwolle und Zucker und brachte diese Güter nach Liverpool. Auch nach der Abschaffung der Sklaverei 1807 kamen immer mehr Docks hinzu – u. a. für den Transport von Auswanderern nach Amerika. Die Docks wurden bis Mitte des 20. Jahrhunderts genutzt, danach folgte der wirtschaftliche Abstieg Liverpools. Mithilfe der EU konnten das historische Zentrum und die Dockanlagen restauriert werden; sie beherbergen heute Geschäfte, Bars, Restaurants und Museen.

In Liverpools Hafenviertel thronen das prachtvolle Royal-Liver-Gebäude, das Port of Liverpool Building sowie das Haus der Cunard-Reederei über dem Pier Head.

INDUSTRIELANDSCHAFT BLAENAVON

Die Industrielandschaft in Südwales ist mit ihren Kohleminen und ihren Hochöfen der weltweit am besten erhaltene Eisenhüttenkomplex aus der Zeit der frühen industriellen Revolution gegen Ende des 18. Jahrhunderts.

Drei Unternehmer aus England ließen 1789 in der Berglandschaft von Südwales nahe dem Dorf Blaenavon drei Hochöfen errichten. Sie produzierten Roheisen auf der Grundlage der zu dieser Zeit neuesten Technologie der Eisenherstellung mithilfe von Dampfkraft. Die dafür notwendigen Rohstoffe konnten vor Ort abgebaut werden. Die Hochöfen baute man direkt in einen Hang, um sie von oben mit Rohmaterial zu versorgen.

1788 wurde dort auch eine Wohnsiedlung für die Arbeiter errichtet, die in ihrer einfachen Steinbauweise an die damals üblichen »Cottages« erinnert. Am Rand des alten Industrierreviers liegt einer der größten Grubenbezirke, »Big Pit« genannt, in dem die für den Betrieb der Hochöfen notwendige Kohle gefördert wurde. Gegen Ende des 20. Jahrhunderts setzte mit dem Ende der Eisenerzeugung der Zerfall der Anlage ein, der erst 1975 durch ein Restaurationsprogramm gestoppt wurde.

Die Kohlengrube »Big Pit« wurde 1983 zum Besucherbergwerk umfunktioniert. Eine Tour führt durch die Schmiedewerkstatt und zu den Zechenanlagen.

INDUSTRIEDENKMÄLER VON IRONBRIDGE GORGE

Die Ironbridge Gorge mit dem Ort Coalbrookdale, in Telford in der Nähe von Birmingham gelegen, ist eine der Pionierstätten des Industriezeitalters.

Ironbridge Gorge verdankt seinen Namen der Brücke, die der Eisenwerksbesitzer Abraham Darby im Jahr 1779 an dieser Stelle erbauen ließ. Hier befindet sich das sogenannte Stonehenge der industriellen Revolution: Über das Tal des Severn bei Coalbrookdale führt die erste Eisenbrücke der Geschichte, die auch heute noch von Fußgängern benutzt werden kann.

Nahe dem Ort sind die Minen und die Kokerei ebenso zu besichtigen wie die später hinzugekommenen Eisenbahnanlagen, die den landesweiten Transport ermöglichten. Die gut erhaltenen Anlagen bilden heute eine weitläufige Museumslandschaft, die den Beginn des industriellen Zeitalters in England anschaulich dokumentiert.

Zu diesem Komplex gehören u. a. ein Brennofen für Eisenschmelze, der ebenfalls bereits im 18. Jahrhundert errichtet wurde, das Blists-Hill-Open-Air-Museum mit Ausstellungen aus dem Viktorianischen Zeitalter sowie eine Werkstatt für Ziegelherstellung.

Diese im Jahr 1796 von John Rose in Coalport gegründete Porzellanmanufaktur ist heute ein Museum und bildet den östlichen Abschluss einer Reihe von Industriedenkmälern im Tal von Ironbridge.

STUDLEY ROYAL PARK UND FOUNTAINS ABBEY

In den Königlichen Gärten von Studley in North Yorkshire befindet sich mit den imposanten Ruinen der einst wohlhabenden Zisterzienserabtei Fountains Abbey eine der größten und besterhaltenen Klosteranlagen Englands.

Mönche aus York gründeten einst die Zisterzienserabtei Fountains Abbey. Bis zur Auflösung 1539, die eine Folge der Trennung der englischen Kirche von Rom war, erlebte die Abtei einen gewaltigen Aufschwung. Durch Schafzucht und Wollhandel war sie zu einer der größten und reichsten Klosteranlagen des Landes geworden. Weitgehend erhalten, wenn auch ohne Dach, sind heute die 123 Meter lange Kirche, der 55 Meter hohe Turm über dem nördlichen Querschiff und die sich direkt anschließenden Klostergebäude mit einem durch norman-nisch-romanische Bögen beeindruckenden Kreuzgang. Nach der Auflösung sämtlicher Klöster in England durch Heinrich VIII. in der ersten Hälfte des 16. Jahrhunderts verfiel die Anlage, bevor sie im 18. Jahrhundert Bestandteil der Königlichen Gärten von Studley wurde. Der 1727 angelegte georgianische Park mit Achteckturm, Tempel der Frömmigkeit und Mondteich ist einer der prächtigsten Gartenanlagen des Landes.

Die Ruinen von Fountains Abbey sind Relikte einer alten Zisterzienserabtei.

SCHLOSS BLENHEIM

Schloss Blenheim bei Woodstock in der Grafschaft Oxfordshire ist eines der schönsten und kraftvollsten Beispiele barocker Baukunst in England. Es steht inmitten einer nach den Idealen der Romantik angelegten Parkanlage.

Im Jahr 1704 schenkte die englische Nation John Churchill als dem ersten Duke of Marlborough diese prächtige Residenz in Oxfordshire, zum Dank für seinen erfolgreichen Feldzug gegen französische und bayerische Truppen bei Blindheim an der Donau. In den Jahren 1705 bis 1722 wurde Schloss Blenheim unter der Aufsicht eines der renommiertesten Architekten Englands erbaut: Sir John Vanbrugh.

Die drei Flügel des barocken zweistöckigen Palastes mit Türmen und Säulenhallen legte man um einen großen Hof herum an. Die weitläufigen Gartenanlagen sollten im Lauf der Zeit mehrfach umgestaltet werden: Der von Henry Wise nach dem Vorbild von Versailles angelegte Park wurde ab 1764 durch den Gartengestalter Lancelot Brown renaturiert und durch den Einsatz von Wasserfällen und eines Sees in eine romantische Landschaft umgebaut, die den Ansprüchen der Zeit entsprach. Das Ensemble aus Schloss und Park reflektiert die Anliegen der Romantik: die Rückkehr zur Natur und zu den nationalen Wurzeln.

Bei der Errichtung von Schloss Blenheim versuchte die Duchess of Marlborough den Architekten Sir John Vanbrugh vergeblich zu einer wohnlicheren Gestaltung zu bewegen.

INDUSTRIELANDSCHAFT DERWENT VALLEY

An dem ländlichen Flusstal des Derwent entstanden im 18. Jahrhundert die ersten Baumwollfabriken und Großspinnereien. Die Industrielandschaft Derwent Valley gilt als Keimzelle der industriellen Revolution in der Textilfabrikation.

Im Jahr 1769 erfand Richard Arkwright die Waterframe-Spinnmaschine. Die Neuerung sollte nicht nur die Produktion, sondern auch die Arbeitsorganisation und das Leben der Menschen grundlegend verändern. In den Fabriken von Cromford wurde sie erstmals eingesetzt und damit die industrielle Revolution eingeläutet.

Das Industriegebiet Derwent Valley zieht sich etwa 15 Meilen am Fluss Derwent entlang. Es erstreckt sich von Masson Mill über Matlock Bath bis zur Lombe's Silk Mill in Derby. Die Seidenfabrik wurde zum Industriemuseum umfunktioniert. Zum Kulturdenkmal gehört außerdem das Industriedorf Darley Abbey mit verschiedenen Fabrikhallen, den Wohnstätten für die Arbeiter, einer Kirche und einem Park. Maschinen und Gebäude stammen aus dem 18. und 19. Jahrhundert und sind sowohl technisch als auch historisch interessant. Das Ensemble war Vorbild für moderne Industriestädte an den verschiedensten Orten der Welt.

Zum Weltkulturerbe gehören auch die historische Arbeitersiedlung Darley Abbey sowie diverse Produktionsstätten.

Vereinigtes Königreich

BATH

Die Stadt mit den elegantesten Bauten Südenglands zeugt von der Kreativität ihrer Architekten. Auf den Besucher wirkt sie wie ein riesiges Freilichttheater.

Bath liegt in der Grafschaft Somerset, unweit von Bristol entfernt. Bereits die Römer errichteten in der Nähe der heißen Thermalquellen Kuranlagen und Bäder. Überreste eines Tempels und des Bäderkomplexes zeugen heute noch von der Tradition der Stadt Bath, vormals Aquae Sulis, als Ort der Erholung. Im 17. Jahrhundert wurde die Stadt, die seit dem 10. Jahrhundert Bischofssitz und Zentrum des mittelalterlichen Tuchhandels war, der beliebteste Badeort Englands und das bedeutendste gesellschaftliche Zentrum außerhalb Londons. Im ausgehenden 18. Jahrhundert waren es vor allem der Architekt John Wood, Ralph Allen und Richard Beau Nash, deren monumentalen Bauvorhaben der Ort sein geschlossenes georgianisches Stadtbild verdankt: Die Straßenzüge führen zu klassizistischen Meisterwerken wie dem Kurhaus, dem Royal Crescent oder der 1770 entworfenen Pulteney Bridge.

Bath gilt als Beispiel für die Abkehr von der streng geometrisch geplanten Stadt der Renaissance und zeigt die Verbindung von Architektur mit der sie umgebenden Landschaft, die für das 19. Jahrhundert bestimmend wurde.

Die Abteikirche Bath, einst Teil eines Klosters, wurde 1156 vollendet. Im 13. Jahrhundert stark beschädigt, wurde sie im 16. Jahrhundert wiedererrichtet.

MINEN VON CORNWALL UND WEST-DEVON

Zwei Drittel des weltweit abgebauten Kupfers stammten im 19. Jahrhundert aus Südengland. Von 1700 bis 1914 wurde die Wirtschaft wie die Landschaft und die Sozialstruktur Cornwalls entscheidend durch den Bergbau beeinflusst.

Der Verkauf des Kupfers wie des in derselben Region geförderten Zinns und Arsens setzte eine gute Infrastruktur voraus: Straßenbahnen, Kanäle, Eisenbahnen und Häfen zeugen von der frühen Industrialisierung Devons und Cornwalls. Neben Maschinen, Gerätschaften und den baulichen Überresten der Minen sind Herrenhäuser sowie Arbeiterstädte mit schönen Ziergärten erhalten.

Da mehrere Unternehmen an der Gewinnung des Kupfers beteiligt waren und sich die Beschaffenheit der Kupfervorkommen je nach Ort unterschied, wurden verschiedene technische Verfahren entwickelt und eingesetzt. Dieses Know-how verbreitete sich von Großbritannien aus in andere Bergbauzentren der Welt. Mit der Einrichtung von Minen durch Grundbesitzer und Privatunternehmer entstanden Kleinstädte mit Verhüttungswerken und den typischen Reihenhäusern für die Arbeiterfamilien. Zehn Bergbaureviere zählen heute zum Welterbe.

Auch dieses verlassene Bergwerk in Cornwall gilt als beispielhaft für eine frühindustriell geprägte Kulturlandschaft.

KÜSTE VON DORSET UND OST-DEVON

Die Felsformationen an Englands »Jurassic Coast« dokumentieren rund 185 Millionen Jahre Erdgeschichte. Bereits seit 300 Jahren erforschen hier Wissenschaftler bedeutende paläontologische Funde aus Trias, Jura und Kreidezeit.

Zwischen den Old Harry Rocks bei Swanage und dem Orcombe Point in Devon erstreckt sich ein 150 Kilometer langer Küstenstreifen, den die Engländer als »Jurassic Coast« bezeichnen. Hier präsentiert sich das Mesozoikum mit seinen Ablagerungen aus dem Trias, dem Jura und der Kreidezeit.

Weltweit wurden die Geomorphologen auf diese Küste aufmerksam, als im Jahr 1810 ein kleines Mädchen in den Felsen einen »Drachen« entdeckt hatte: Es handelte sich um den ersten vollständigen fossilen Abdruck eines Ichthyosaurus. Seit dieser Zeit treten an der Küste von Dorset und Ost-Devon ständig neue Funde zutage, ohne dass man graben müsste. Denn die felsige Landschaft verändert sich durch stetige Erosion in einem atemberaubenden Tempo. Ein Spaziergang am Strand oder im Hinterland wird so unweigerlich zu einer Entdeckungsreise durch die verschiedenen Stadien der Evolution und der Erdgeschichte.

Nur über eine schmale Felsbrücke mit dem Festland verbunden ist die Isle of Portland (rechts oben; darunter die grandiose Felsbrücke Durdle Door).

STONEHENGE, AVEBURY UND ZUGEHÖRIGE ORTE

Die Bedeutung der jungsteinzeitlichen Monumente von Stonehenge und dem benachbarten Avebury ist bis heute ungeklärt. Man vermutet, dass sie neben ihrer religiösen Funktion auch zur Beobachtung der Gestirne dienten.

Ein 114 Meter weiter Ringgraben umschließt den heiligen Bezirk der weltberühmten Steinkreise von Stonehenge, deren Ursprünge eventuell bis 3000 v. Chr. zurückreichen. Die bis zu sieben Meter hohen Monolithen, die über Hunderte von Kilometer hierhergebracht wurden, scheinen auf bestimmte Gestirne hin ausgerichtet zu sein. Vermutlich diente die Anlage kultischen und astronomischen Zwecken. Auf einem rund 15 Hektar großen Areal in und um das Dorf Avebury in der Grafschaft Wiltshire bei Bath befinden sich die Reste dreier Steinkreise. Der 40 Meter hohe Silbury Hill in der Nähe wurde etwa 2800 v. Chr. mit unvorstellbarem Aufwand errichtet. Er ist mit einem Durchmesser von rund 180 Metern der größte Tumulus der europäischen Vorgeschichte. In der Nähe befindet sich der 113 Meter lange West Kenneth Long Barrow. Ausgrabungen ergaben, dass dieser Komplex als Grablege und Heiligtum diente.

In Form von Pfeilersteinen, die durch Decksteine überbrückt werden, sind die Megalithen von Stonehenge aufgestellt (oben). Links: der Steinkreis von Avebury.

CANTERBURY

In einer der ältesten Städte Englands in der Grafschaft Kent befindet sich die Hauptkirche der anglikanischen Glaubensgemeinschaft. Berühmtheit erlangte sie durch den Mord an Erzbischof Thomas Becket, der sich hier ereignete.

Canterbury stand von Anfang an im Zentrum der englischen Kirchengeschichte. Zwei der zum Welterbe erklärten Sakralstätten sind steinerne Zeugen dieser frühen Epoche: zum einen die auf das 4. Jahrhundert (eventuell sogar auf römische Besatzungszeit) zurückgehende Kirche St. Martin außerhalb des Stadtzentrums, die älteste in Benutzung befindliche Kirche Englands; zum anderen die Ruine der 597 vom hl. Augustinus, der die Briten zum Christentum bekehrte, gegründeten Benediktinerabtei, die zum Zentrum des neu geschaffenen Bistums Canterbury avancierte und später unter Heinrich VIII. zerstört wurde.

In der Kathedrale, 1070 als normannischer Bau begonnen, wurde 1170 Erzbischof Thomas Becket von königstreuen Rittern ermordet. Seine Grabstätte in der Kirche war in der Folge ein beliebtes Pilgerziel. Nach einem Feuer 1174 wurde das Gotteshaus unter Wilhelm von Sens neu errichtet, womit die Gotik in England Einzug hielt. Die Kirche ist die Grabstätte von König Heinrich IV. von England sowie von Edward of Woodstock.

Von fast überirdischer Schönheit erscheinen der zwischen 1396 und 1420 erbaute Kreuzgang sowie die Kuppel unter dem Glockenturm.

BURGEN EDWARDS I. IN GWYNEDD

Die verschiedenen Burgen, die Edward I. in Wales errichten ließ, sind bedeutende Zeugnisse mittelalterlicher Militärarchitektur und Monumente der Kolonisierung des kleinen Landes durch die englische Krone.

Gwynedd, eine raue Region im Norden von Wales, wurde jahrhundertelang von kleinen Adelsgeschlechtern regiert bis Edward I. (1239–1307) das Land unter seine Herrschaft brachte. Der englische König sicherte seine Position in dem 1284 endgültig von ihm unterworfenen Wales durch den Bau von drei Zwingburgen in der Nähe zur englischen Grenze. Conwy wurde ab 1283 in nur viereinhalb Jahren errichtet und gilt als Meisterwerk der Militärarchitektur des Mittelalters. Der Baumeister James of St. George, ein führender Architekt von Festungsanlagen, über-

wachte auch die Arbeiten der im selben Jahr begonnenen Burgen von Caernarfon und Harlech, die zusammen mit den Bauten von Aberystwyth, Beaumaris und Flint eine Verteidigungskette entlang der nordwalisischen Küste bilden. Conwy Castle wurde auf diese Weise zu einem monumentalen Denkmal der englischen Herrschaft in Wales.

Neun Burgen ließ König Edward bei seinem Eroberungsfeldzug im 13. Jahrhundert in Wales errichten. Conwy Castle war die erste von ihnen. Die zur Burg führende Hängebrücke stammt von 1826.

PONTCYSYLLTE-AQUÄDUKT UND KANAL

Der Pontcysyllte-Aquädukt – ein als schiffbare Trogbrücke ausgeführter, das Tal des Flusses Dee überquerender Aquädukt im Nordosten von Wales – gilt als Meisterwerk der Ingenieurskunst. Zum Welterbe zählen auch 18 Kilometer des dazugehörigen Kanals, der gänzlich ohne Schleusen befahren werden kann.

Deutlich früher als in anderen Ländern erkannte man in Großbritannien das Potenzial von Wasserstraßen und Kanälen. Ein hervorragendes Beispiel dafür ist der rund 65 Kilometer südlich von Liverpool gelegene Pontcysyllte-Aquädukt – mit 307 Meter Länge und rund 38 Meter Höhe das größte Bauwerk seiner Art in Großbritannien. Schon bald nach der Einweihung des in den Jahren 1795 bis 1805 von Thomas Telford und William Jessop errichteten Aquädukts wurde seine Konstruktion, bei der gusseiserne und steinerne Ele-

mente eine elegante Kombination ergeben, zum Vorbild für ähnliche Bauten auf der ganzen Welt. Als »Wasserstraße in den Wolken« gefeiert, ist es noch heute ein Erlebnis, den Aquädukt in luftiger Höhe zu überqueren. Dazu befährt man mit einem Boot die als gusseiserner Trog angelegte Fahrrinne, neben der ein Treidelpfad verläuft, auf dem früher Pferde die Boote zogen.

Herausragendes Beispiel für die Errungenschaften der industriellen Revolution in Europa: der Pontcysyllte-Aquädukt.

GIANT'S CAUSEWAY UND CAUSEWAY COAST

Die Basaltsäulen des Giant's Causeway reihen sich über eine Länge von fünf Kilometern an der Küste Nordirlands entlang. Viele Legenden ranken sich um dieses Naturwunder, das die Wissenschaft nach wie vor beschäftigt.

Nahe dem Fischerort Ballycastle ragen rund 40 000 meist sechseckige Basaltsäulen aus dem Meer. Die Säulen werden auf ein Alter von etwa 60 Millionen Jahren geschätzt. Sie bilden zusammen eine fünf Kilometer lange, vorspringende Landzunge entlang den Klippen und entstanden durch Kristallisierungprozesse im Zuge der Erkaltung von ins Meer ausströmender Lava. Die größten Säulen erreichen eine Höhe von bis zu sechs Metern. »Straße des Riesen« heißt das Naturwunder nach einer der vielen Legenden, die sich um diesen Ort ranken. Sie er-

zählt davon, dass der irische Riese Finn, als er von seinem Gegenspieler herausgefordert wurde, einen Steinweg über die See nach Schottland errichtet habe. Die Studien um Giant's Causeway, die hier in den letzten 300 Jahren getätigt wurden, leisteten einen wichtigen Beitrag zur Entwicklung der geologischen Wissenschaften.

Wie eine von Menschenhand erbaute riesige Treppe wirkt der Giant's Causeway. Unter den meistens sechseckigen Basaltsäulen finden sich auch Sterne mit vier, fünf, sieben und acht Ecken.

GOUGH UND INACCESSIBLE ISLAND

Die weitgehend unberührte vulkanische Insel Gough im südlichsten Teil des Atlantischen Ozeans ist der Lebensraum einer der weltweit größten Seevogelkolonien. Das Welterbe umfasst auch die benachbarte Insel Inaccessible Island.

Im 16. Jahrhundert von portugiesischen Seefahrern entdeckt, gehört die Insel zum Tristan-da-Cunha-Archipel, einer auf halber Strecke zwischen den südlichsten Spitzen Afrikas und Südamerikas gelegenen Inselgruppe. Bis auf eine Wetterstation ist das vulkanische Eiland unbewohnt. Die besondere Bedeutung der Gough-Insel liegt in der unberührten Flora und Fauna: Die steilen Klippen sind Lebensraum für verschiedene Robbenarten und bieten Nistplätze für Goughs große Seevogelkolonien. Zwei endemische Vogelspezies, darunter eine spezifische Art des Teichhuhns, sowie zwölf endemische Pflanzenarten sind hier heimisch. 2004 wurde die Welterbestätte um die südwestlich von Tristan da Cunha gelegene 14 Quadratkilometer große Vulkaninsel Inaccessible Island erweitert. Üppige Vegetation, Wasserfälle und zahlreiche seltene Tier- und Planzenarten machen auch diese Insel zu einem der letzten Naturparadiese.

Die steilen Felsen der Vulkaninsel Gough im Südatlantik bieten Schutz und Lebensraum für zahlreiche seltene Vogel- und Pflanzenarten.

ST. GEORGE UND FESTUNGSANLAGEN

Die historische Bausubstanz der Stadt auf den Bermudainseln und die sie umgebenden Festungsanlagen dokumentieren auf eindrucksvolle Weise den Beginn der britischen Kolonialmacht in den neu entdeckten Gebieten.

Die ersten Siedler der Bermudainseln waren englische Kolonisten auf dem Weg nach Virginia, die nach einem Schiffbruch 1609 auf der Insel strandeten. St. George war bereits im Jahr 1612 Sitz der Regierung der Inseln im Atlantik und damit die erste englische Stadtgründung in der Neuen Welt. Das Zentrum des Ortes ist der King's Square mit dem Rathaus. 1713 wurde die St. Peter's Church in der für die Inselgruppe typischen Bauweise über einer älteren Holzkirche errichtet. Als Baumaterialien verwendete man Kalksandstein und Zedernholz. Viele weitere Gebäude spiegeln in ihrer Architektur ein Stück Kolonialgeschichte wider. Bemerkenswert sind die zahlreichen Festungsanlagen in der Umgebung von St. George. Die größte unter ihnen ist das im 17. Jahrhundert angelegte Fort Catherine, das über die Jahre verschiedentlich erweitert wurde und heute ein Museum beherbergt.

Viele der pastellfarben gestrichenen und mit leuchtend weißen Dächern versehenen Häuser aus der Kolonialzeit sind gut erhalten und verleihen der Stadt ihr charakteristisches Flair.

SÜDSEEINSEL HENDERSON ISLAND

Henderson Island ist mit 37 Quadratkilometern die größte Insel des zu Großbritannien gehörenden Pitcairnarchipels in der Südsee. Sie ist eine der wenigen Atolle der Welt, in denen sich die Natur ganz ungestört entfalten konnte.

Bis ins 18. Jahrhundert blieb die abgelegene und durch ihre dichte Vegetation unwegsame Insel von menschlicher Einflussnahme fast gänzlich verschont. Auf diese Weise haben sich Flora und Fauna auf dem hoch gelegenen Korallenatoll mit seinen steil abfallenden Küsten weitgehend ungestört erhalten: In dem dichten Buschwald entdeckte man zehn Pflanzenarten, die nur auf Henderson Island vorkommen, darunter eine besondere Art des Sandelholzes. Von den über 24 dort vertretenen Vogelarten sind vier Landvogelarten endemisch ebenso wie rund ein Drittel der zahlreichen Insekten- und Schneckenarten, von denen längst noch nicht alle bekannt und erforscht sind. Aufgrund seiner isolierten Lage bietet Henderson Island ideale Bedingungen für die wissenschaftliche Erforschung biologischer Prozesse wie der natürlichen Auslese und der Artenentwicklung auf Inseln.

Henderson Island ist ein Paradies für viele, zum Teil endemische Pflanzen und zudem die Heimat seltener Vögel wie der Feenseeschwalbe mit ihrem weißen Gefieder und dem schwarzen Augenring.

BEND OF THE BOYNE

Eine der größten und bedeutendsten prähistorischen Fundstätten Europas ist noch nicht vollständig erschlossen und wird der Archäologie wohl auch noch in der Zukunft einige Rätsel aufgeben.

Rund 50 Kilometer nördlich von Dublin, in der Nähe der Ortschaften Knowth, Dowth und Newgrange, erstrecken sich auf einer 780 Hektar großen Fläche unter grünen Hügeln verborgene Mausoleen und Grabanlagen.

Der Grabhügel in Knowth birgt ein Fürstengrab aus dem 4. Jahrtausend v. Chr. In seiner Nähe vermutet man noch etwa 15 kleinere Tumuli, die weitere Ganggräber enthüllen könnten.

Das berühmteste der Boyne-Gräber ist das bereits im Jahr 1699 erstmals geöffnete Königsgrab von Newgrange. Es besteht aus einem mächtigen Stein- und Erdhügel, um den herum zwölf große Felsblöcke angeordnet sind. Um die runde Halle im Innern schließen sich kleeblattförmig angeordnete Nebenkammern an. Die Anlage wurde von Archäologen der Universität Cork in den 1960er- und 1970er-Jahren teilrekonstruiert.

Im Innern der Grabhügel finden sich verzierte Steine sowie lange Korridore. Archäologen vermuten, dass die eindrucksvollen Monumente als Stätten des religiösen Kultes und der Bestattung dienten, aber auch soziale und wirtschaftliche Bedeutung hatten.

Der größte Grabhügel von Knowth weist 95 Meter Durchmesser auf und ist von über 15 kleineren Grabhügeln umgeben.

SKELLIG MICHAEL

Die mittelalterliche Klostersiedlung auf einer kleinen pyramidenförmigen Felsinsel im Atlantik illustriert mit ihren gut erhaltenen Bauten die ursprüngliche und genügsame Lebensweise der frühen irischen Christen.

Etwa zwölf Kilometer vor der irischen Küste ragt im Atlantik eine Felsklippe aus dem Meer, auf der sich einer der bedeutendsten archäologischen Orte der Britischen Inseln befindet.

Die Klosteranlage wurde der Legende nach bereits im 6. Jahrhundert gegründet. Erste schriftliche Zeugnisse über die Existenz des Klosters stammen jedoch aus dem 8. Jahrhundert. Um das Jahr 1000 bestätigen dann bereits Urkunden, dass die bis Anlage, die bis zum 12. Jahrhundert ununterbrochen bewohnt war, dem Erzengel Michael geweiht wurde. Erst klimatische Veränderungen zwangen die wetterfesten und spartanisch lebenden Mönche schließlich zur Umsiedlung aufs nahe Festland. Die Mauern der Bet- und Mönchszellen sind in der für die irische Früharchitektur ganz typischen Weise ohne Mörtel zu bienenkorbartigen Strukturen gefügt worden. Neben den Überresten einer Kirche aus dem 12. Jahrhundert ist noch eine Treppe mit etwa 500 Stufen erhalten, die Pilgern den Weg zum höchsten Gipfel der Insel erleichtern sollte.

289 Meter über dem Meeresniveau ragt der höchste Punkt von Skellig Michael auf. Über einen kleinen befestigten Pfad ist die Klosteranlage mit ihren bienenkorbartigen Steinhütten zu erreichen.

WATTENMEER

Von den rund 9700 Quadratkilometern des zum Welterbe erklärten Wattenmeers ist der niederländische Teil der westlichste. Zusammen mit dem ebenfalls ernannten deutschen Gebiet gehört er zu einem der letzten noch intakten Ökosysteme der nördlichen Küstenregionen.

Das nördliche Ende des Nordseewatts liegt bei Blåvandshuk in Dänemark. Von dort zieht es sich über 450 Kilometer und streckenweise 40 Kilometer Breite an der Küste entlang, bis es beim niederländischen Den Helder endet. Etwa ein Drittel der nach der letzten Eiszeit entstandenen Landschaft steht unter der Verwaltung der Niederlande. Auffälligste Elemente sind die fünf großen Westfriesischen Inseln Texel, Vlieland, Terschelling, Ameland und Schiermonnikoog. Charakteristisch für die gesamte Landschaft am Grenzsaum zwischen Land und Meer sind u. a. Dünen, Salzmarschen und Muschelbänke.

»Priele« nennt man Wasserläufe, die auch bei Ebbe noch Wasser führen. In diesem reichhaltigen Areal leben bis zu 10 000 Pflanzen- und Tierarten, deren Spektrum vom Wattwurm bis zur Kegelrobbe reicht. Jahr für Jahr rasten außerdem Millionen Zugvögel im Watt. Im dicht besiedelten Europa gehört das von Ebbe und Flut bestimmte Wattenmeer zu den wenigen großen Naturlandschaften, in denen ökologische Prozesse noch weitgehend ungestört ablaufen können.

Nach der Ebbe kommt die Flut: vor der Westfriesischen Insel Schiermonnikoog.

DAMPFPUMPWERK VON WOUDA

Am Ufer des Ijsselmeeres in Holland befindet sich das größte Dampfpumpwerk der Welt. Wouda steht für die großartige Leistung holländischer Architekten, die die Bedeutung von Wasserdampf erkannt und umgesetzt haben.

Nach weit über 80 Jahren ist das größte Dampfpumpwerk, das jemals gebaut wurde, immer noch in Betrieb. Fünf- bis sechsmal im Jahr pumpt es sechs Prozent des friesländischen Wasserüberschusses ins Ijsselmeer und dient damit dem Schutz der Bevölkerung vor Überflutung.

Die Anlage im Nordwesten Hollands wurde von 1917 bis 1918 nach den Plänen des Architekten Dirk Frederik Wouda errichtet. Zwei Jahre später nahm man das Werk erstmals in Betrieb, und seitdem liefert es Energie. Die Anlage von Wouda hat die Standards für Dampfpumpwerke in der ganzen Welt gesetzt. Sie besteht aus einem Kesselhaus und einem Maschinenhaus und besticht besonders durch ihre monumentale Form. Vier gigantische Fluttore, die sich in Richtung Ijsselmeer öffnen, prägen den Backsteinbau. Das Inventar des Maschinenhauses besteht aus vier Doppel-Dampfmaschinen, die jeweils eine Leistung von 500 PS bringen, und zwei Zentrifugalpumpen. Das Maschineninnere ist nicht nur nach praktischen, sondern auch nach ästhetischen Gesichtspunkten gestaltet.

Im Oktober 1920 wurde das Wouda-Dampfpumpwerk von der niederländischen Königin eingeweiht.

POLDERLANDSCHAFT SCHOKLAND

Die Kulturlandschaft am Ijsselmeer ist ein einzigartiges Zeugnis des bereits in prähistorischen Zeiten begonnenen Kampfes der Niederländer gegen die mächtigen und bedrohlichen Naturgewalten des Meeres.

Bereits die seit dem 4. Jahrhundert im tief gelegenen Gebiet der Zuidersee angesiedelten Friesen erbauten Ringdeiche, um das flache Land vor den zerstörerischen Fluten der Nordsee zu schützen. Dennoch drang das Meer immer weiter landeinwärts vor, sodass im 13. Jahrhundert die Meeresbucht der Zuidersee entstand. Die sogenannten Polder, die eingedeichten Marschgebiete, waren zwar vor Hochwasser geschützt, mussten jedoch regelmäßig wieder entwässert werden. Als der Meeresspiegel an Hollands Küste kontinuierlich gestiegen und Schokland im 19. Jahrhundert immer weiter im Wasser versunken war, musste die Inselbevölkerung 1859 evakuiert werden. Der Plan zur Landgewinnung wurde in den Jahren zwischen 1927 und 1932 umgesetzt. So steht das Gebiet Schokland heute symbolisch für die Rückgewinnung des Landes. Ausgrabungen dokumentieren Methoden zur Landgewinnung bereits in prähistorischer Zeit.

Schoklands Kirchen wurden bis auf die Fundamente abgetragen und auf dem Festland wieder neu errichtet.

BEEMSTER-POLDER

Der Polder von Beemster stammt aus dem frühen 17. Jahrhundert. Die ihn umgebende Kulturlandschaft gilt als ein Meisterwerk der Landgewinnung und der Ausgestaltung einer künstlichen Landschaft.

Über ein Viertel der Landesfläche der Niederlande liegt unter dem Meeresspiegel und wird von einem komplexen System aus Deichen, Mühlen und Pumpstationen entwässert sowie gegen die drohenden Fluten verteidigt. Die künstlichen Landschaften, die heute mit kilometerlangen Sperrwerken in modernster Technik geschützt werden können, mussten der Nordsee in vielen Jahrhunderten abgerungen werden. Der Polder von Beemster ist der älteste erhaltene Teil dieser künstlich geschaffenen Landschaften. Unter der Anleitung von Jan Adriaansz Leeghwater wurde der Polder im Jahr 1609 das erste Mal trockengelegt. Die Deiche hielten allerdings einer Sturmflut nicht stand, sodass man die endgültige Trockenlegung dieses Landes mit 47 Mühlen erst 1612 sicherstellen konnte. In der so entstandenen Landschaft wurde nach damals modernsten planerischen Gesichtspunkten in den kommenden Jahrzehnten gebaut und gesiedelt. Seitdem durchzieht ein kompliziertes Geflecht aus Kanälen und Wasserstraßen, Wegen und Deichen die Felder und Weiden, durchbrochen nur von einzelnen Gehöften, Siedlungen und Städtchen.

Kanäle, Deiche und Mühlen entwässerten den Polder von Beemster.

Belgien

DRUCKEREIMUSEUM PLANTIN-MORETUS

2450 Bücher wurden in den Werkstätten Christophe Plantins von 1555 bis 1598 gedruckt. Das sind durchschnittlich 57 Bücher pro Jahr. Plantin war einer der führenden Verleger des 16. Jahrhunderts und trug entscheidend zur Verbreitung des natur- und geisteswissenschaftlichen Wissens der Humanisten bei.

Im 16. Jahrhundert gehörte Antwerpen zu den drei größten Publikationszentren in Europa. Das bedeutendste Druckhaus war die Officina Plantiniana des Humanisten Christophe Plantin (1520–1589). Sie bestand aus mehreren zu einem Patrizierhaus gehörigen Werkstätten. An den Pressen waren etwa 80 Arbeiter beschäftigt, unter ihnen 22 Schriftsetzer, 32 Drucker und drei Korrektoren. 1689 übernahm Plantins Schwiegersohn Jan Moretus die Firma. Sie blieb bis 1867 im Besitz der Familie.

Die Anlage zeigt auch, wie in der städtischen Oberschicht Arbeit, Familienleben und Kommerz verknüpft wurden. Die Welterbestätte umfasst das gesamte Gebäude sowie die aus verschiedenen Epochen stammende Inneneinrichtung, den Wohnbereich, die Werkstätten, die Arbeitsgeräte und die kostbaren Sammlungen. Das Museum präsentiert neben frühen Drucken auch etwa 15 000 Holzdruckstöcke.

Im Druckereimuseum Plantin-Moretus steht die älteste Druckerpresse der Welt.

FLÄMISCHE BEGINENHÖFE

Diese Welterbestätte umfasst 13 Einrichtungen in Flandern, in die sich seit dem 13. Jahrhundert ledige Frauen zurückzogen, um ein der Religion und Mystik gewidmetes Leben zu führen.

Im ausgehenden 12. und dem frühen 13. Jahrhundert formierte sich in vielen Städten Nordeuropas die Bewegung der Beginen: Ledige junge Frauen, die ein religiöses Leben führen wollten, ohne einem der anerkannten und meist überfüllten Konvente beitreten zu müssen, gründeten »Beginagen« – halbklösterliche Gemeinschaften, die aus oft um einen begrünten Innenhof angeordneten Einzel- oder Reihenhäusern bestanden, zu denen auch eine Kirche und Wirtschaftsgebäude gehörten. Eine Mauer bot Schutz vor der Außenwelt und machte die Beginagen zu Kleindörfern innerhalb der Stadt. Das Leben dort unterlag lange Zeit keiner strengen klösterlichen Disziplin: Die Frauen mussten bei ihrem Eintritt in die Gemeinschaft zwar Keuschheit und Gehorsam geloben, konnten aber jederzeit in ein säkulares Leben zurückkehren. Das ging der Kirche zu weit, sodass die Bewegung der Häresie bezichtigt und zeitweise sogar verboten wurde. Durch die Herstellung von Tuch, Spitzen oder anderen Waren wirtschaftlich unabhängig, widmeten sich viele Beginagen sozialen Belangen wie der Altenpflege.

Einer der schönsten flämischen Beginenhöfe ist die bereits im Jahr 1245 gegründete Anlage in Brügge.

JUGENDSTILBAUTEN VON VICTOR HORTA IN BRÜSSEL

Mit seinen Stadtpalästen und Wohnhäusern schuf Victor Horta in Brüssel ein einzigartiges architektonisches Ensemble früher Jugendstilbauten in Europa.

Die Hôtels Tassel (1893–1895), Solvay (1894–1898) und van Eetvelde (1895 bis 1897) sowie das Wohnhaus und Atelier (1898–1901) des belgischen Architekten Victor Horta (1861–1947) sind frühe Beispiele urbaner Wohnhäuser, bei denen er die Gestaltungsprinzipien des Art nouveau in immer neuen Variationen artikulierte. Charakteristisch für diese Bauten ist ein offener Grundriss, bei dem die einzelnen Räume nach ihren spezifischen Funktionen angeordnet und ausgestattet wurden. Ein von oben beleuchtetes, helles Treppenhaus bildet den inneren Kern und sorgt für eine schnelle und sinnvolle Erschließung der einzelnen Stockwerke. Die Verwendung moderner Materialien wie Eisen, Stahl und Glas am Innen- und Außenbau war für die damalige Zeit revolutionär. Bei der Innenausstattung zog Horta alle Gattungen der bildenden Kunst – von der Architektur über die Malerei bis zu Skulptur und Kunsthandwerk – mit ein. Auf diese Weise schuf er mit seinen Bauten moderne »Gesamtkunstwerke«.

Das ehemalige Wohnhaus und Atelier des Architekten Victor Horta beherbergt heute das Horta-Museum.

GRAND-PLACE VON BRÜSSEL

Der Große Markt oder Grand-Place in Brüssel gehört mit seinem einzigartigen Ensemble aus öffentlichen und privaten Gebäuden zu den schönsten Plätzen der Welt. Victor Hugo bezeichnete den Platz als »ein wahres Wunder«.

Der Große Markt der belgischen Hauptstadt misst lediglich 110 Meter in der Länge und 68 Meter in der Breite, doch die dichte Bebauung mit Zunfthäusern rund um das Rathaus macht ihn zu einem der schönsten Architekturkomplexe in ganz Europa. Als die reichen Brüsseler Gilden im 15. Jahrhundert das aristokratische Stadtregiment ablösten, schufen sie sich hier mit diesem Karree und seinen kostbaren Zunfthäusern selbst ein Denkmal.

Zentrum des Platzes ist das siebenstöckige Rathaus. Die Maison des Ducs de Brabant, benannt nach den 19 Herzogsbüsten, welche die Fassade schmücken, besteht aus sechs Zunft-häusern, die durch eine einheitliche, monumentale Pilasterfassade zusammengefügt wurden. Lebendige szenische Darstellungen schmücken auch die Portale und Fassaden der Gebäude der übrigen Zünfte, die auf diesem Platz bewundert werden können.

Den Platz säumt eine Vielzahl prächtiger Häuser, etwa die im Barockstil errichteten schmalen Zunfthäuser mit ihren stark gegliederten Fassaden (oben: Mitte). Hinter der italienisch anmutenden Fassade der 1698 fertiggestellten und im 19. Jahrhundert renovierten Maison des Ducs de Brabant (links) verbergen sich sechs Zunfthäuser mit jeweils eigenen Eingangstüren.

PALAIS STOCLET IN BRÜSSEL

Das Bauwerk gilt als eines der wichtigsten Kunstwerke des Wiener Jugendstils und ist das einzige Gebäude der Wiener Werkstätten, das sich noch heute in seinem Originalzustand befindet.

In den Jahren 1905 bis 1911 ließ der belgische Kunstsammler und Bankier Adolf Stoclet den österreichischen Architekten Josef Hoffmann, Gründungsmitglied und einer der Hauptvertreter der Wiener Werkstätten, sein Wohnhaus erbauen. Geld spielte dabei offenbar keine Rolle, weshalb aus dem Haus ein Palast wurde: Allein die Innenausstattung des Palais Stoclet, an der auch Künstler wie Gustav Klimt und Kolo Moser — ein weiteres Gründungsmitglied der Wiener Werkstätten — beteiligt waren, wird auf einen Wert von 30 Millionen Euro geschätzt. Hoffmann verwirklichte mit diesem Bau seinen Traum von einer harmonischen Vereinigung verschiedener Künste, Architektur und Design. Feinste Materialien wie Bronze, Marmor oder Kupfer waren ihm für die Ausstattung gerade gut genug. Die lichtdurchfluteten Räume des Obergeschosses zeigen aber, dass er auch die neuesten Kenntnisse über gesundes Wohnen berücksichtigte. Stoclet gefiel das rund 60 Meter lange Palais, zu dem auch eine imposante Gartenanlage gehört, wohl sehr, denn es blieb bis heute unverändert erhalten.

Ein Wiener Jugendstiljuwel in der belgischen Hauptstadt: Pompöse Marmorfassaden und ein stalagmitartiger Turm kennzeichnen das Palais Stoclet.

Belgien

KATHEDRALE NOTRE-DAME IN TOURNAI

Fünf Türme überragen die ab dem frühen 12. Jahrhundert errichtete Kathedrale, zu deren besonderen Kennzeichen zudem das ungewöhnlich groß dimensionierte romanische Mittelschiff und der damit kontrastierende gotische Chor zählen.

Die wechselvolle Baugeschichte der Kathedrale von Tournai beginnt mit der im Jahr 1171 geweihten romanischen Pfeilerbasilika, deren Chor und Querhaus bis 1325 umgebaut wurden. Unmittelbar nach dieser ersten Weihe errichtete man bis in das Jahr 1223 ein frühgotisches Querhaus, das mit einer von jeweils zwei Türmen flankierten Konche auf jeder Seite abgeschlossen wurde. Mit dem zentralen Vierungsturm und vier Glockentürmen an den Ecken entstand ein gewaltiger Fünf-Turm-Prospekt, der das Gesamtbild der Stadt bis heute optisch beherrscht.

An diesen monumentalen Baukörper setzte man von 1243 bis 1325 einen mächtigen gotischen Chor an, der in der Längenausdehnung dem romanischen Langhaus annähernd entspricht. Die enormen Dimensionen der Kathedrale (134 Meter lang, 83 Meter hoch und 67 Meter breit) demonstrieren den architektonischen Anspruch, mit dem man in Konkurrenz zu anderen kirchlichen Großbauten der Zeit trat.

Vier Ecktürme und einen zentralen Vierungsturm hat die romanisch-gotische Kathedrale Notre-Dame in Tournai.

JUNGSTEINZEITLICHE FEUER-STEINMINEN BEI SPIENNES

Das Gelände bei Spiennes weist die umfangreichste und früheste Ansammlung von alten Minen in Europa auf, die einen ganz entscheidenden technologischen Entwicklungsfortschritt in der Jungsteinzeit dokumentieren.

Vor mehr als 6000 Jahren begannen die ersten Siedler auf einem Kreideplateau bei Spiennes im Hennegau Feuerstein zu gewinnen, zunächst im Tagebau. Die nach einer bedeutenden Ausgrabungsstätte auf dem Michelsberg in Baden-Württemberg benannten Michelsberger Bauern teuften damals vertikale Schächte von fünf bis 16 Meter Tiefe ab und bauten ein verzweigtes Stollensystem aus.
Bis zum Ende des Bronzezeitalters um 750 v. Chr. gab es in Spiennes Abbauaktivitäten. Ausgrabungen legten die Reste einer Besiedlung frei, die bis in

die Römerzeit angedauert hatte. Sie belegen, dass die Siedler den abgebauten Feuerstein zu Waffen (z. B. Faustkeile) verarbeiteten und mit dem kostbaren Rohstoff auch Handel trieben. Einige Rätsel geben den Wissenschaftlern noch die für die Michelsberg-Kultur typischen Erdwerke auf, deren Funktion wohl primär defensiver Art war.

Beim Bau einer Bahnlinie im 19. Jahrhundert wurden bei Spiennes Feuersteinminen aus der Jungsteinzeit entdeckt. Die Schächte verteilen sich auf ein etwa 100 Hektar großes Gebiet.

SCHIFFSHEBEWERKE DES CANAL DU CENTRE

Zu den Meisterleistungen der europäischen Ingenieurskunst im 19. Jahrhundert gehören die Schiffshebewerke auf dem historischen Teil des Canal du Centre.

Der Canal du Centre wurde ursprünglich konstruiert, um den 1818 eröffneten Kanal von Mons nach Condé mit einem Zweig des alten Kanals von Charleroi nach Brüssel zu verbinden. Schon diese beiden Kanäle, die hauptsächlich dem Kohletransport dienten, wurden um das Jahr 1885 vergrößert, um dem ständig wachsenden Warenverkehr gerecht zu werden.
1888 eröffnete König Leopold II. nach vier Jahren Bauzeit das erste von vier Hebewerken. Eine Überflutung erzwang den Stopp des Ausbaus bis zum Jahr 1908, der dann durch den Ersten Weltkrieg weiter verzögert wurde. Erst im

Jahr 1918 konnte der Canal du Centre mit allen vier hydraulischen Hebewerken in Betrieb genommen werden.
Heute teilen die einzigartigen Industriemonumente den 18,65 Kilometer langen, inzwischen historischen Teil des Kanals in vier verschiedene Stufen mit einer Fallhöhe von jeweils etwa 16 Metern, mit denen ein Höhenunterschied von insgesamt 66,2 Metern überwunden wird.

Vier hydraulische Schiffshebewerke überwanden einst den immensen Höhenunterschied auf dem Canal du Centre zwischen der Region um Mons und der Nordsee.

ALTSTADT UND FESTUNGEN VON LUXEMBURG

Luxemburg, die größte Stadt und zugleich Kapitale des Großherzogtums, ist von einer bemerkenswert vielfältigen Architektur geprägt.

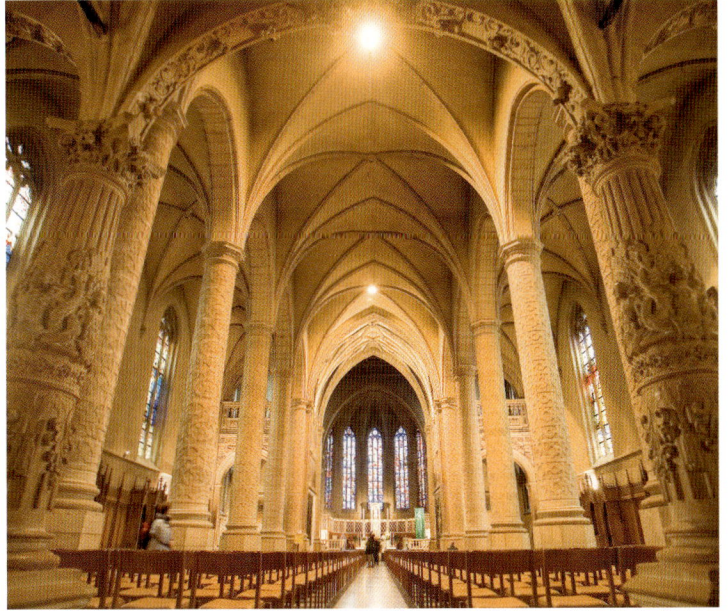

Auf dem steilen, strategisch günstig gelegenen Bockfelsen gründete Siegfried von Luxemburg nach 963 die Festung Lützelburg, zu deren Füßen sich im Mittelalter die Stadt bildete. Bis ins 14. Jahrhundert, als Heinrich VII. von Luxemburg die römisch-deutsche Königswürde erlangte, wurde die Festung beständig erweitert.

Zur Verteidigung dienten drei Festungsgürtel: Der innere Gürtel bestand aus Bastionen, der zweite aus 15 Forts und der dritte aus neun Außenforts. Die Befestigungsanlagen, die sich durch die ganze Stadt ziehen, sind größtenteils unterirdische, in den Felsen gesprengte Galerien und Kasematten. Bemerkenswerte Gebäude sind zudem der großherzogliche Palast, die inmitten des Altstadtviertels gelegene Stadtresidenz der großherzoglichen Familie, die St.-Michaelskirche als das älteste erhaltene sakrale Bauwerk von Luxemburg und die Liebfrauenkathedrale (oder: Kathedrale Notre-Dame).

Die Türme der St.-Michaelskirche aus dem Häusermeer der alten Festungsstadt heraus (oben). Die Kathedrale vereint in Architektur und Ausstattung Stilelemente der Spätgotik und der Renaissance (links).

GLOCKENTÜRME IN BELGIEN UND FRANKREICH

Die Glockentürme in Städten Flanderns, Walloniens und Nordfrankreichs waren einst ein Symbol bürgerlichen Stolzes gegenüber dem Adel.

Ein machtvolles Zeichen gegen Adel und Klerus setzte das erstarkende Bürgerturm mit der Errichtung prächtiger »Belfriede«, wie solche Glockentürme auch genannt werden. Die bekanntesten dieser »klingenden Wolkenkratzer des Mittelalters« befinden sich in Gent und Brügge. Die Städte Kortrijk, Mechelen und Antwerpen besitzen gleich mehrere Glockenspiele. In Tongeren und Mechelen ist der Turm der Hauptkirche zugleich Stadt- und Glockenturm. Der zierliche Stadtturm von Aalst geht auf das Jahr 1225 zurück. Nach schweren Zerstörungen im Ersten Weltkrieg wurden die Tuchhalle und der Glockenturm von Ypern wiederaufgebaut. In Wallonien sticht der Art-déco-Belfried in Charleroi mit seinem Glockenspiel von 1936 hervor. Im imposanten Belfried von Tournai von 1187 schwingen 43 Glocken. Im Jahr 2005 erweiterte man das – nun grenzüberschreitende – Welterbe um 23 Türme in Städten der nordfranzösischen Provinzen Artois und Picardie. Die berühmtesten französischen Belfriede stehen in Amiens, Arras, Boulogne, Calais, Dünkirchen und Lille.

Zwischen den Jahren 1313 und 1380 entstand der Belfried von Gent.

Frankreich

SEINEUFER VON PARIS

Paris als eine der wenigen wirklichen Weltmetropolen bietet eine fast unüberschaubare Fülle an historischer Bausubstanz und kulturellen Höhepunkten. Besonders geschichtsträchtig ist der zum Welterbe erklärte Bereich des Seineufers zwischen Pont de Sully und Pont d'Iéna.

Der geschützte Abschnitt beginnt mit der Île Sainte-Louis, wo die Statue der Pariser Schutzheiligen Ste.-Geneviève aufragt. Weiter westlich, auf der Île de la Cité, liegt das geistliche Paris mit der gotischen Kathedrale Notre-Dame und Sainte-Chapelle, einem filigranen Meisterwerk der Hochgotik. Im weiteren Verlauf trifft man auf die Conciergerie, einst Teil des mittelalterlichen Königspalastes und Staatsgefängnis. Gegenüber befindet sich im Louvre, dem Renaissancepalast der französischen Könige, eine der bedeutendsten Kunstsammlungen Europas. Die Seine

Vom Pont de Sully fällt der Blick auf die beiden Seineinseln Île Saint-Louis und Île de la Cité mit der gotischen Kathedrale Notre-Dame de Paris (oben). Die Seinebrücke Alexandre III (unten) wurde anlässlich der Weltausstellung 1900 errichtet. Ohne Zwischenpfeiler spannt sie sich in einem sechs Meter hohen Stahlbogen über den Fluss.

abwärts folgen das Musée d'Orsay, Grand und Petit Palais sowie die Nationalversammlung. Den Schlusspunkt bildet die seinerzeit revolutionäre Stahlkonstruktion des Eiffelturms.

Die Pariser Kathedrale Notre-Dame wurde ab dem Jahr 1163 auf der Seineinsel Île de la Cité im gotischen Stil errichtet. Neue Bauelemente waren seinerzeit das Querhaus mit den Fensterrosen sowie das offene Strebewerk über den Seitenschiffdächern des der hl. Maria geweihten Gotteshauses.

In der Conciergerie im Westen der Île de la Cité, einst Teil des Königspalastes, dann Gefängnis, waren während der Französischen Revolution bis zu 1200 Gefangene eingekerkert – darunter auch Marie Antoinette, Danton und Robespierre –, die dort auf die Guillotine warten mussten.

Sainte-Chapelle, die frühere Palastkapelle der ehemaligen königlichen Residenz auf der Île de la Cité, galt den Gläubigen des Mittelalters als »Tor zum Himmel«. Sie besteht aus einer Unter- und einer Oberkapelle (oben). Letztere ist dank einer Art Rundumverglasung aus zwölf Meter hohen bunten Bleiglasfenstern ein wahres Lichtkunstwerk.

Als »Wunderwerk der Hochgotik« wurde die vermutlich von Pierre de Montreuil in weniger als 33 Monaten errichtete Sainte-Chapelle (hier die Unterkapelle) gepriesen. Ludwig IX. hatte die im Jahr 1248 vollendete Doppelkapelle bauen lassen, um darin jene Passionsreliquien aufzubewahren, die er dem Kaiser von Konstantinopel abgekauft hatte.

Frankreich

SEINEUFER VON PARIS

Garniers Opernhaus entfaltet erst im Inneren seine ganze Pracht.

Die Avenue des Champs-Élysées ist die berühmteste Prachtstraße von Paris. Sie beginnt bei der Place de la Concorde und endet an der Place Charles de Gaulle mit dem Arc de Triomphe (oben), der in den Jahren 1806 bis 1836 zum Ruhm der napoleonischen Armee errichtet wurde.

Der 1887 bis 1889 anlässlich der Weltausstellung errichtete Eiffelturm ist heute aus dem Stadtbild nicht mehr wegzudenken.

Die beiden Bronzebrunnen (rechts) auf der Place de la Concorde schuf der Kölner Architekt Jakob Ignaz Hittorf (1792–1867).

Frankreich

SCHLOSS UND PARK VON VERSAILLES

Schloss Versailles vor den Toren von Paris ist der Prototyp der absolutistischen Herrscherresidenz und wurde zum Vorbild für viele europäische Residenzschlösser. Umgeben ist der unter dem »Sonnenkönig« Ludwig XIV. errichtete Barockbau von einer großzügig dimensionierten Parkanlage.

König Ludwig XIV. von Frankreich (1638–1715) gilt als herausragender Vertreter des Absolutismus. Seine grandiose Inszenierung der Macht, der Prunk seiner Hofhaltung und der Glanz von Versailles wirkten stilbildend für ein ganzes Zeitalter. Ab 1661 ließ er das ehemalige Jagdschloss seines Vaters Ludwig XIII. zu einer Residenz erweitern, die ihm bald als ständiger Regierungssitz diente. Die Architekten Le Vau und Hardouin-Mansart schufen eine rund 700 Zimmer umfassende Palastanlage, die von einem riesigen

Über den Vorhof von Schloss Versailles fällt der Blick auf die mit einem Portikus versehenen Ministerflügel, die das Reiterstandbild Ludwigs XIV. flankieren.

Schlosspark, einem Gesamtkunstwerk aus Pflanzen, Brunnen und Skulpturen samt Gartenschlössern Petit und Grand Trianon, gekrönt wird. Über 100 Jahre lang war Versailles das politische Zentrum Frankreichs. Zeitweise lebten bis zu 5000 Menschen im Palast – darunter ein beträchtlicher Teil des französischen Adels – sowie bis zu 14 000 Soldaten in den Nebengebäuden und in der Stadt Versailles.

Von den vielen Prunk- und Repräsentationsräumen in Versailles ist der Spiegelsaal der historisch bedeutendste. Der Raum, in dem 1871 der deutsche Kaiser gekrönt und 1919 der Versailler Vertrag unterzeichnet wurde, verdankt seinen Namen den 17 Spiegeln, die das Licht der gegenüberliegenden Fenster reflektieren.

Rechts von oben: ein Blick von der Empore der Schlosskapelle am Nordflügel des Schlosses, der 73 mal 11 Meter große Spiegelsaal, die Oper von Versailles.

SCHLOSS UND PARK FONTAINEBLEAU

Das etwa 60 Kilometer südlich von Paris gelegene Schloss Fontainebleau ist das Stammhaus der französischen Könige. Zahlreiche Baumeister und Künstler bauten es im Auftrag der französischen Herrscher immer wieder um. Besonders sehenswert sind die umliegenden Gärten.

Im Wald von Fontainebleau ließ sich König Ludwig VII. im 12. Jahrhundert ein kleines Jagdschlösschen errichten. 1528 wurde es, da in der Zwischenzeit aufgegeben, auf Geheiß von Franz I. neu erbaut. Lediglich ein einziger Turm des ursprünglichen Gebäudes wurde nicht abgerissen. Für die Gestaltung der Innenräume engagierte man italienische Künstler wie Rosso Fiorentino oder Francesco Primaticcio, die unter der Bezeichnung »Schule von Fontainebleau« für eine Spielart des Manierismus stehen. Auch später wurde das

Der Landschaftsarchitekt André Le Nôtre hat 1645 den Grand Parterre – ein nur niedrig bepflanztes, terrassenartiges Gartengelände zu repräsentativen Zwecken – im Park von Schloss Fontainebleau gestaltet. Charakteristisch dafür sind Formbüsche und geometrisch angelegte Wege.

Schloss immer wieder umgestaltet, vor allem unter Heinrich IV. und Napoleon. Seine Inneneinrichtung umfasst heute herausragende Werke des italienischen und des französischen Barock, des Rokoko und des Klassizismus.
Zu den eindrucksvollsten Räumen des Schlosses Fontainebleau, das sich im Lauf der Zeit über fünf unterschiedlich gestaltete Innenhöfe erstreckte, gehören das hufeisenförmige Treppenhaus und der imposante Ballsaal.
Die weitläufigen Gärten rund um das Schloss wurden im 17. Jahrhundert von André Le Nôtre, dem Schöpfer des Parks von Versailles, angelegt.

Links von oben nach unten: Die 80 Meter lange, seit 1851 die von Napoleon III. angelegte Bibliothek beherbergende Dianagalerie, die Schlosskapelle und der neoklassizistische Thronsaal.

Frankreich

KATHEDRALE VON AMIENS

Die Kathedrale Notre-Dame d'Amiens ist einer der großen Kirchenbauten der französischen Hochgotik. Ihre Dimensionen sind gewaltig: Mit einer überbauten Fläche von insgesamt 7700 Quadratmetern ist die in der Hauptstadt der Picardie errichtete Liebfrauen-Kathedrale das größte Gotteshaus von ganz Frankreich.

Bereits im Jahr 1137 war dort, wo sich heute die mächtige Kathedrale über das Häusermeer von Amiens erhebt, ein erster Kirchenbau errichtet worden. Nachdem dieser im Jahr 1218 einem Großbrand zum Opfer gefallen war, legte Bischof Évrard de Fouilloy zwei Jahre später den Grundstein für diesen 145 Meter langen Kirchenbau, der dann nach Plänen von Robert de Luzarches relativ zügig bis zum Ende des 13. Jahrhunderts weitgehend fertiggestellt wurde. Die Kathedrale besteht aus einem dreischiffigen Langhaus mit einer maximalen Höhe von 42,30 Metern. Die Westfassade, gegliedert durch drei Portale und gekrönt von zwei breiten Türmen, weist eine große Fensterrose auf und ist besonders kunstvoll gestaltet.

Die drei mit Szenen aus dem Alten und dem Neuen Testament verzierten Portale sind ein Höhepunkt mittelalterlicher Bildhauerei.

Das Westwerk der Kathedrale von Amiens beeindruckt mit den beiden Türmen und reich verzierten Portalen. Insgesamt 126 schlanke Stützpfeiler stabilisieren das für seine beeindruckenden Raumverhältnisse wie für seinen reichen Figurenschmuck berühmte Gotteshaus.

REIMS

Die Stadt, von der aus die Christianisierung Galliens begann, war jahrhundertelang ein Bollwerk der katholischen Kirche. Dies symbolisieren auch die drei als Welterbe ausgezeichneten Bauwerke: die Kathedrale Notre-Dame, das erzbischöfliche Palais du Tau und das einstige Kloster Saint-Remi mit der Basilika.

Die im Zentrum der Champagne gelegene Stadt blickt auf eine ruhmreiche Geschichte zurück. Chlodwig wurde hier um das Jahr 500 vom hl. Remigius zum König der Franken gesalbt. Die Gebeine des Erzbischofs ruhen in der im 11. Jahrhundert errichteten Abteikirche Saint-Remi. An das schmale Mittelschiff aus dem 9. Jahrhundert schließt sich ein frühgotischer Chor an, die Fenster stammen aus dem 12. Jahrhundert.

Die gotische Kathedrale Notre-Dame, die Krönungskirche der französischen Könige, wurde ab 1211 über einem abgebrannten Vorgängerbau neu errichtet. Ausdrucksstarke Steinskulpturen schmücken den Bau, die restaurierten Glasfenster (davon einige von Chagall) sind ein lebendiges Kunstwerk aus Licht und Farbe.

Das um das Jahr 1500 herum erbaute erzbischöfliche Palais du Tau diente einst den französischen Königen als Absteige und beeindruckt im Inneren mit prächtigen Wandteppichen.

Die hochgotische Kathedrale Notre-Dame (rechts) imponiert durch ihre mit Reliefs und Figuren reich verzierte Westfassade. Das Langhaus der Basilika von Saint-Remi (unten) betont die Vertikale.

KATHEDRALE VON CHARTRES

Notre-Dame de Chartres ist »die« hochgotische Kathedrale par excellence. Anders als viele andere Kathedralen verfügt sie über eine fast vollständig erhaltene Originalausstattung und verkörpert in ihrer Eleganz und Schlichtheit ungebrochen den Triumph der gotischen Kunst.

Die dreischiffige Basilika mit Querhaus und fünfschiffigem Chor gilt als einer der ersten rein gotischen Bauten und war Vorbild für die Kathedralen von Reims und Amiens. Baubeginn war Anfang des 12. Jahrhunderts, 1260 wurde die Kirche geweiht. Wie durch ein Wunder überstand die 1140 errichtete frühgotische Westfassade den Brand von 1194. Unter dem Chor befindet sich die Krypta des hl. Fulbert (1024), mit 108 Meter Länge die größte romanische Krypta Frankreichs.

Bei der Erbauung der Kathedrale kamen neue Techniken zum Einsatz, etwa die Verwendung von Strebepfeilern, was die Durchbrechung mit großen Fensterflächen zuließ. Die farbigen Glasfenster aus dem 12. und 13. Jahrhundert verleihen denn auch dem Innenraum ein einzigartiges Licht. Von großer Bedeutung ist der reiche Figuren- und Reliefschmuck an den Portalen. Vor allem das Königsportal war lange Vorbild für die Einheit von Bildhauerkunst und Architektur.

Die unterschiedlichen Türme von Notre-Dame de Chartres (links, unten der Chorumgang) stammen aus dem 12. und 15. Jahrhundert. Auch in diesem Bau werden die Vertikalen besonders betont.

KATHEDRALE VON BOURGES

Das herausragende Bauwerk der ehemaligen Hauptstadt der Herzöge von Berry ist ihre fünfschiffige, dem hl. Stephan geweihte Kathedrale. Die Westfassade gilt als ganz besonders beeindruckend. In Form von fünf großen Portalen erhielt hier die Idee von der Kirche als Tor zum Himmel ihren stärksten Ausdruck.

Die Kathedrale Saint-Étienne wurde in zwei Bauabschnitten errichtet: 1195 bis 1215 baute man den Chor und die Apsis, 1225 bis 1260 das Schiff und die Hauptfassade. Über dem Gotteshaus erheben sich zwei asymmetrische Türme. Der Nordturm war 1506 eingestürzt und wurde bis 1542 wieder aufgebaut. Teile des gotisch geprägten Baus wie das südliche Seitenportal stammen noch aus romanischer Zeit. Besonders wertvoll ist der Skulpturenschmuck der Westfassade, die durch fünf den Schiffen entsprechende Portale gegliedert wird. Biblische Themen wie das Jüngste Gericht und Legenden aus dem Leben des hl. Stephan (Étienne) sind hier dargestellt. Den Innenraum erhellt das durch die farbigen Glasfenster aus dem 13. Jahrhundert einfallende Licht. In dem fälschlicherweise (da nicht unterirdisch) als »Krypta« bezeichneten Raum unter dem Chor wurde der Herzog Johann von Berry (1340–1416) begraben, der Bruder von König Karl V. Tatsächlich handelt es sich bei diesem ab dem Jahr 1195 angelegten Raum um eine Unterkirche (mit eigenständigen liturgischen Funktionen).

Dicht umbaut ist die Westfassade der hochgotischen Kathedrale von Bourges.

Frankreich

TAL DER LOIRE ZWISCHEN SULLY-SUR-LOIRE UND CHALONNES

Entlang der weitgehend unregulierten Loire erwuchs über die Jahrhunderte eine der faszinierendsten Kulturlandschaften Europas mit zahlreichen Schlössern und Abteien.

In einem rund 200 Kilometer langen Abschnitt zwischen Sully-sur-Loire im Osten und Chalonnes einige Kilometer flussabwärts von Angers, wo durch die historischen Regionen Orléanais und Blésois, Touraine und Anjou der längste Fluss Frankreichs in Ost-West-Richtung zum Atlantik mäandert, konzentriert sich eine einzigartige Fülle von Kulturmonumenten.

Mit dem hl. Martin, 371 bis 397 Bischof von Tours, beginnt der Aufstieg der Städte im Loiretal. Das Grab des Schutzpatrons der Franken in Tours entwickelte sich bald zum wichtigen Pilgerziel. 848 wurde Karl der Kahle in Orléans gekrönt, unter den Kapetingern war das Flusstal im 10. und 11. Jahrhundert bevorzugte Residenz. Aus der Romanik finden sich hier bedeutende Zeugnisse: die Abteikirchen Saint-Benoît-sur-Loire mit Vorhalle und Krypta aus dem 11. Jahrhundert, Germigny-des-Prés (mit Mosaik aus dem 12. Jahrhundert), Fresken in Liget und Tavant oder die Kirche Notre-Dame in Cunault. Einer der größten Klosterkomplexe Europas ist die Abtei Fontevraud mit der Grabkirche der Plantagenêts. Durch die Krönung Heinrich Plantagenêts 1154 zum König von England entstand ein riesiges Reich, dessen Zentren Angers und Chinon waren. Hier traf Jeanne d'Arc 1429 im Hundertjährigen Krieg den noch ungekrönten Karl VII. und brach zur Befreiung des von Engländern belagerten Orléans auf. Unter Franz I. wurde eine Reihe von Schlössern neu errichtet oder umgebaut: das prächtige Wasserschloss Azay-le-Rideau (1527), Urbild aller Renaissanceschlösser im Loiretal, das Brückenschloss Chenonceaux, Schloss Chambord (einst als eigene Welterbestätte geführt) und die Schlösser von Blois und Amboise. Sehenswert sind auch die Schlösser in Villandry und Saumur. Die Loire mit ihren Inseln, Sandbänken und Auen wird von zahlreichen Weingütern gesäumt.

Chambord ist das größte der Loireschlösser. Franz I. ließ dieses leicht überdimensionierte Ensemble mit den markanten Türmen und Kaminen ab 1619 als Jagdschloss errichten. In über 400 Räumen konnten hier bei Festen und Jagden bis zu 10 000 Menschen beherbergt werden.

Dem Loireschloss von Sully-sur-Loire ist sein Ursprung als Verteidigungsanlage noch heute anzusehen.

Neben den Schlössern lohnen im Loiretal auch Sakralbauten wie die Kathedrale Sainte-Croix in Orléans einen Besuch.

Das Schloss von Blois liegt im Zentrum des gleichnamigen Loirestädtchens, das unter Ludwig XII. ab 1498 einige Jahre sogar die Hauptstadt von Frankreich war.

Schloss Amboise – ab 1490 auf den Fundamenten einer mittelalterlichen Burg errichtet – thront auf einem Felsen über der gleichnamigen Stadt an der Loire.

Frankreich

TAL DER LOIRE ZWISCHEN SULLY-SUR-LOIRE UND CHALONNES

Die Hauptattraktion des 1536 fertigge-stellten Schlosses Villandry 15 Kilometer westlich von Tours ist sein wunderschö-ner Renaissancegarten.

Dargestellt auf einem Kalenderblatt im Stundenbuch des Herzogs von Berry, »Très Riches Heures«, wurde das Schloss Saumur weltberühmt.

Angers liegt am Zusammenfluss von Maine und Loire – im Bild die Maine-Brücke mit der Kathedrale Saint-Maurice. Das Schloss beherbergt den berühmten Wandteppich-zyklus der Apokalypse (1373–1377).

Schloss Chenonceaux (rechts) zeichnet sich durch seine extravagante Lage mit der unter Caterina de' Medici (1519 bis 1589) errichteten doppelgeschossigen Galerie über dem Flüsschen Cher aus.

Frankreich

MONT-SAINT-MICHEL UND BUCHT

Auf einer Felseninsel im Ärmelkanal, etwa einen Kilometer vor der Küste der Normandie, befindet sich in exklusiver Lage die ehemalige Benediktinerabtei Mont-Saint-Michel, die auch als Station auf dem Jakobsweg von Bedeutung ist.

Die Geschichte der Abtei Mont-Saint-Michel beginnt mit einer Vision, die der damals im benachbarten Avranches residierende Bischof Aubert im Jahr 708 auf dieser an der Grenze zur Bretagne gelegenen Gezeiteninsel gehabt haben soll: Dreimal, berichtete der später heiliggesprochene Aubert, sei ihm hier der Erzengel Michael erschienen und habe den Bau einer ihm gewidmeten Gedenkstätte gefordert. Daraufhin ließ der Bischof auf einem Felsen, der zuvor als heidnische und frühchristliche Gebetsstätte gedient hatte, eine kleine Bethalle für Pilger erbauen. Aus diesem Oratorium entwickelte sich dann zwischen dem 11. und 16. Jahrhundert die heutige Benediktinerabtei. Unterhalb dieser Abtei entstand bald eine Ansiedlung: Einige der Häuser aus dem 14. Jahrhundert blieben bis heute erhalten. Zum Welterbe gehört auch die Bucht, deren drohende Verlandung durch ein aufwendiges Renaturierungsvorhaben gestoppt werden soll.

Die Inselfestung Mont-Saint-Michel mit der berühmten auf ihr thronenden Abtei liegt an der Mündung des Flusses Couesnon (oben). Um Verwaltung, Betreuung der Pilger und Seelsorge kümmert sich die klösterliche Bruderschaft Jerusalem. Diese hält auch die Gottesdienste in der gotischen Abteikirche ab (links).

FESTUNGEN VON VAUBAN

Die Verteidigungsanlagen des Festungsbaumeisters Vauban gelten als herausragende Beispiele westeuropäischer Militärarchitektur und fanden Nachahmung in ganz Europa, Amerika sowie im Nahen Osten.

Sébastien le Prestre de Vauban (1633 bis 1707), Architekt und Städteplaner unter Ludwig XIV., war ein Pionier der Festungsbaukunst. Er entwarf nicht weniger als 33 neue Festungen, gestaltete mehr als 160 Befestigungen für Kriegszwecke um und leitete selbst über 50 Belagerungen als Feldherr. Im Jahr 1678 wurde er zum Generalinspekteur des Festungswesens ernannt und im Jahr 1703 dann schließlich zum Marschall von Frankreich befördert.
Die als Welterbe auserkorenen Festungsbauwerke an insgesamt zwölf Orten repräsentieren die besten Beispiele seiner Baukunst am Meer, im Gebirge und am Fluss. Sie sind entlang der westlichen, nördlichen und östlichen Grenze Frankreichs gelegen, ihr Zustand ist noch sehr authentisch.
In Arras, Longwy, Neuf-Brisach, Besançon, Briançon, Mont-Dauphin, Villefranche-de-Conflent, Mont-Louis, Blaye/ Cussac-Fort-Médoc, Saint-Martin-de-Ré, Camaret-sur-Mer und Saint-Vaast-La-Hougue lassen sich die verschiedenen Verteidigungssysteme, Festungstypen und geografischen Besonderheiten von Vaubans Baukunst bewundern.

Herzstück der sich über eine Gesamtfläche von 195 Hektar erstreckenden Festungsanlage von Besançon, Hauptstadt der Region Franche-Comté, ist die Zitadelle.

LE HAVRE

Im September 1944 wurde die zur Atlantikfestung ausgebaute Hafenstadt Le Havre von Bomben weitgehend zerstört. Nach dem Krieg beauftragte man das »Atelier de Reconstruction« unter Leitung von Auguste Perret mit dem Wiederaufbau.

Auguste Perret, einer der Pioniere des Stahlbetonbaus, wollte die an der Seinemündung gelegene Stadt ursprünglich auf einer 3,5 Meter hohen Betonplattform über den Trümmern neu errichten. Dies ließ sich jedoch nicht verwirklichen. Bei der Wiederbebauung des parzellierten Geländes in den Jahren 1946 bis 1964 wurden die wenigen übrig gebliebenen Gebäude in das neue Stadtkonzept eingefügt und die alten Straßenverläufe teilweise beibehalten. Einzigartig ist die Konsequenz, mit der ein Gitternetz von Quadraten mit je 100 Meter Seitenlänge über das zu bebauende Gelände gelegt und dabei vorgefertigte Bauteile mit einheit-

licher Kantenlänge (6,25 Meter) verwendet wurden, ohne Eintönigkeit aufkommen zu lassen. Die einzelnen Betonplatten sind nicht verputzt, die Gebäude als Zusammenfügungen in Skelettbauweise erkennbar. Modern ist auch das soziale Konzept, das dem neuen Le Havre zugrunde liegt. Man senkte die Bevölkerungsdichte von 2000 auf 800 Menschen pro Hektar und vergab die Apartments außerdem als Genossenschaftswohnungen.

Die Kirche St.-Joseph mit ihrem markanten Turm entwarf Auguste Perret. Von André la Donné, Charles Fabre und Jean Le Soudier stammen die Markthallen (im Bild rechts).

PROVINS

Die authentische mittelalterliche Stadtarchitektur des zwischen Paris und Troyes gelegenen Städtchens Provins veranschaulicht die politische, soziale und ökonomische Struktur einer blühenden Kommune im 12. und 13. Jahrhundert.

Provins gehörte früher zum Territorium der Grafen von Champagne und war ein Schnittpunkt der Handelsrouten zwischen Nordsee und Mittelmeer, Flandern und Italien. Nicht weniger als neun Haupt- sowie elf Nebenrouten kreuzten sich hier. So avancierte Provins im 12. und 13. Jahrhundert zu einem internationalen Messeplatz, an dem Handelswaren jeglicher Art in großem Stil umgeschlagen wurden. Bekannt waren vor allem die jährlich stattfindenden Tuch- und Ledermessen. Zudem wurde Provins, nachdem ein Graf von einem Kreuzzug die Damaszenerrose mitgebracht hatte, zu einem Zentrum der Rosenverarbeitung.

Unter der Silhouette des Tour César, eines achteckigen Wohnturms aus dem 12. Jahrhundert, der später auch als Gefängnis genutzt wurde, hat sich ein geschlossenes mittelalterliches Stadtensemble erhalten. Dazu gehören alte Stadtbefestigungen und -tore, unterirdische Galerien, die romanischen Kirchen Saint-Quiriace und Saint-Ayoul sowie die Zehntscheuer Grange aux Dîmes aus dem 13. Jahrhundert, die einst als überdachter Markt diente.

Um das Jahr 1160 wurde mit dem Bau der Kollegiatskirche Saint-Quiriace begonnen, deren Chor bereits Elemente der Gotik vorwegnimmt.

NANCY

Stanislaus I. Leszczyński, der entthronte polnische König, wurde im Jahr 1737 nomineller Herrscher von Lothringen. Ihm sind die einzigartigen Plätze von Nancy zu verdanken. Drei von ihnen wurden als Welterbe ausgezeichnet: die Place Stanislas, die Place de la Carrière und die Place d'Alliance.

Die Place Stanislas sollte eine architektonische Brücke zwischen Altstadt und südlicher Neustadt bilden und als Place Royale das neue Zentrum Nancys werden. Der Platz wurde 1752 bis 1755 unter Leitung des Architekten Emmanuel Héré de Corny angelegt und bebaut. Sein dominierendes Gebäude ist das Hôtel de Ville (Rathaus) an der Südseite. Die Innenräume wurden verschwenderisch ornamentiert, das Treppenhaus wirkt durch seine illusionistischen Malereien an der Rückwand noch größer. In ähnlicher Architektur wurden auch die Pavillons an West- und Ostseite geschaffen.

Gekrönt wird der Platz durch einen Triumphbogen, durch den man die lang gestreckte Place de la Carrière erreicht. Sie wurde im 16. Jahrhundert angelegt und unter Stanislaus vollendet. Der Justizpalast und die Bourse des Marchands gegenüber sind ebenfalls Werke Hérés. Die Arbeiten für die Place d'Alliance begannen ab 1753. Hier beeindrucken vor allem die einheitlich gestalteten Hausfassaden.

Die Nordseite der großzügig angelegten Place Stanislas schmücken schmiedeeiserne Gitter von Jean Lamour und der Neptunbrunnen von Barthélemy Guibal.

Frankreich

ABTEI VON FONTENAY

Die auffallend gut erhaltenen Bauten der im Jahr 1119 von Bernhard von Clairvaux gegründeten Zisterzienserabtei von Fontenay vermitteln auch heute noch ein höchst anschauliches Bild des mittelalterlichen Klosterlebens.

Die von Papst Eugen III. im Jahr 1147 geweihte Abtei von Fontenay liegt rund 50 Kilometer nordwestlich von Dijon. Zwar wurde sie im 18. Jahrhundert zum Teil durch Neubauten ersetzt, der Idealplan eines Zisterzienserklosters ist aber noch klar erkennbar. Die Zisterzienser, deren Orden auf eine Reformbewegung der Benediktinergemeinschaft zurückgeht, lebten nur von den Ernteerträgen, die sie selbst einbringen konnten, und wohnten in bescheidenen Gebäuden. Die einfache und harmonische Anlage wird von einer hohen Mauer umgeben. Kirche und Kloster bilden einen streng geschlossenen, weitgehend schmucklosen Block. Die Stiftskirche war ursprünglich nur für die Andacht der Klostergemeinschaft bestimmt gewesen, vom Dormitorium aus führte eine Treppe direkt dorthin. Um das Doppelgebäude herum wurden verschiedene Wirtschaftsgebäude zwischen Grünanlagen und Bäumen frei gruppiert. Erhalten sind noch eine Schmiede und eine Mühle aus dem 12. Jahrhundert.

Den strengen zisterziensischen Idealen verpflichtet ist die Kirche von Fontenay, deren Innenraum sich ohne Bänke und lediglich mit Lehmfußboden präsentiert. Im Chor (rechts) befinden sich Grabplatten burgundischer Adeliger.

VÉZELAY: ABTEIKIRCHE UND STADTHÜGEL

Über der von Wehrmauern umgebenen Altstadt von Vézelay thront auf einem Hügel die Basilika Ste.-Madeleine. Die räumlich größte Klosterkirche Frankreichs bildet einen der Höhepunkte der französischen Romanik.

Die aus dem 9. Jahrhundert stammende Kirche der rund 100 Kilometer westlich von Dijon gelegenen Abtei, in der angeblich die Reliquien der hl. Magdalena aufbewahrt wurden, konnte dem Pilgerstrom schon bald nicht mehr standhalten; 1096 begann man mit dem Neubau. Zur Zeit der Kreuzzüge entwickelte sich Vézelay zu einem bedeutenden geistlichen Zentrum. Als jedoch im Jahr 1279 die vermeintlich echten Gebeine der Büßerin in der Provence gefunden wurden, bedeutete das den Niedergang der Abtei.

Das 18 Meter hohe und 62 Meter lange Tonnengewölbe der Kirche ist für die Romanik einzigartig. Die schlichte Ausgestaltung des hellen Innenraums wurde durch die Verwendung farbiger Steinquader belebt. Die im 19. Jahrhundert restaurierten Statuen über dem Hauptportal gelten als die anspruchsvollsten des Mittelalters.

Die Abteikirche von Vézelay bildet den krönenden Abschluss des Stadthügels (oben links). Einige Teile der Kirche wurden erst beträchtlich später als das romanische Mittelschiff (rechts) errichtet. Besonders aufwendig gestaltet wurden die Kapitelle und der Tympanon des Narthex (oben rechts).

STRASSBURG: GRANDE ÎLE

*Die mittelalterliche Altstadt von Straß-
burg liegt auf einer Insel des Flusses Ill,
der Grande Île. Auf engstem Raum
konzentrieren sich hier, im Spannungs-
feld von französischer und deutscher
Geschichte, viele historische Bauwerke
und Viertel.*

Wahrzeichen der Stadt ist das Münster, einer der bedeutendsten Sakralbauten des Mittelalters. Ab dem Jahr
1015 errichtet, ist das Münster romanischen Ursprungs. Da sich die Bauzeit
über mehrere Jahrhunderte hinzog,
gibt es auch gotische Stilelemente. Interessant ist besonders die wegen ihrer
Proportionen und figurengeschmückten
Portale gepriesene Westfassade, mit der
sich die Bürgerschaft, die ab 1286 die
Finanzierung dieses Mammutbaus
übernommen hatte, ein Denkmal setzte.

**Die vier trutzigen Türme der Ponts
Couverts sind die letzten Überbleibsel
der einst 80-türmigen Befestigung der
alten Reichsstadt Straßburg (oben). Dort
beginnt La Petite France, das einstige
Gerberviertel der verwinkelten Altstadt
mit seinen Fachwerkhäusern (unten).**

Weitere Höhepunkte des Gotteshauses sind die großartigen Buntglasfenster und die astronomische Uhr.
Der Münsterplatz wird gesäumt von
bis zu fünfstöckigen Fachwerkgebäu-
den wie dem Haus Kammerzell und
dem um 1740 im Louis-quinze-Stil errichteten Palais Rohan. Zum historischen Stadtbild gehören ferner das
pittoreske Gerberviertel La Petite
France aus dem 16. und 17. Jahrhundert, die Ponts Couverts (einst gedeckte
Brücken) und das Vauban-Stauwehr.

**Durch die Rue Mercière blickt man auf
die Westfassade des Münsters mit dem
figurengeschmückten mittleren Portal,
der Fensterrosette und dem Nordturm.**

Frankreich

GROSSE SALINEN VON SALINS-LES-BAINS UND KÖNIGLICHE SALINEN VON ARC-ET-SENANS

Durch die rund 7000 Jahre alte Geschichte der Salzgewinnung in der Franche-Comté untrennbar vereint, bilden die bereits seit 1982 zum Welterbe zählenden Königlichen Salinen in Arc-et-Senans aus dem 18. Jahrhundert mit den im Jahr 2009 als Erweiterung hinzugefügten mittelalterlichen Salinen in Salins-les-Bains nun ein gemeinsames, die Geschichte des »Weißen Goldes« in Frankreichs östlichster Region auf eindrucksvolle Weise veranschaulichendes Monument.

Die auf Anordnung Ludwigs XV. errichteten Königlichen Salinen von Arc-et-Senans waren mit den Salinen in Salins-les-Bains durch einen 21 Kilometer langen Gang verbunden, in dem die Arbeiter täglich bis zu 135 000 Liter Salzlake transportierten. Interessant ist neben der Salinenarchitektur auch die Art der hier praktizierten Salzgewinnung: durch künstliche Erhitzung der Sole bis zu ihrer Verdunstung.

Das Haus des Direktors in den Königlichen Salinen von Arc-et-Senans symbolisiert die soziale Hierarchie: Die Anlage war ganz auf seine Person zugeschnitten.

HISTORISCHE STÄTTEN IN LYON

Die Geschichte der am Zusammenfluss von Saône und Rhône gegründeten einstigen römischen Kolonie spiegelt sich in vielen Bauten unterschiedlicher Epochen.

Lyon entwickelte sich im 16. Jahrhundert dank der Seidenweberei und der Buchdruckerei zu einem der bedeutendsten Messeplätze Europas, 1506 wurde hier die erste Börse Frankreichs gegründet. Verwinkelte Gassen und mittelalterliche Gebäude charakterisieren den ältesten Stadtteil, Fourvière, das römische »Forum vetus«. Hier steht die Kathedrale Saint-Jean (12.–15. Jahrhundert) mit ihren frühgotischen Glasfenstern und einer astronomischen Uhr aus dem 14. Jahrhundert. Auf einem Hügel über der Saône, wo einst die Römer ihre Stadt errichteten, erhebt sich die Wallfahrtskirche Notre-Dame de Fourvière (Ende 19. Jahrhundert). Auf der fünf Kilometer langen Halbinsel zwischen den beiden Flüssen befinden sich das Rathaus aus dem 17. Jahrhundert, das Palais des Arts – ein ehemaliges Benediktinerkloster –, die Börse und mehrere spätmittelalterliche Kirchen. Lyons Zentrum bildet die Place Bellecour. Etwas südlich davon steht die Kirche Saint-Martin-d'Ainay: Das älteste Gotteshaus der Stadt (12. Jahrhundert) geht auf eine Basilika aus dem 6. Jahrhundert zurück.

An der Place des Terreaux mit ihren 69 Brunnen steht das Rathaus von Lyon, dessen Fassade von Jules Hardouin-Mansart gestaltet wurde (oben; rechts die romanisch-gotische Kathedrale Saint-Jean in der Altstadt Fourvière).

HISTORISCHES ZENTRUM VON BORDEAUX (»HAFEN DES MONDES«)

Die Altstadt von Bordeaux schmiegt sich an das linke Ufer der Garonne, die hier einen mondsichelartigen Bogen macht – daher der Beiname »Hafen des Mondes«. Hier gibt es mehr – auf die Zeit der Aufklärung zurückgehende – Baudenkmäler als in jeder anderen französischen Stadt mit Ausnahme von Paris.

Bordeaux ist seit der Römerzeit eine Hafenstadt. Eines ihrer bedeutendsten Handelsprodukte ist der Wein, für den die Stadt mit ihrer Umgebung heute noch weltberühmt ist. Bis in das frühe 18. Jahrhundert hinein hatte Bordeaux noch mittelalterlichen Charakter. Die Aufklärung sorgte dann für die geistigen Grundlagen der Umgestaltung der Stadt in ein klassizistisches Ensemble. Zunächst gestaltete Jacques Gabriel um 1730 die Place de la Bourse. Eine besondere Rolle bei der Umstrukturierung von Bordeaux spielte der Marquis von Tourny, Louis-Urbain Aubert, der in den Jahren 1743 bis 1757 das Gemeinwesen verwaltete. Er ersetzte die mittelalterlichen Tore durch neue klassizistische Gebäude. Der alte Hafen am linken Ufer blieb unverändert erhalten.

Im Zentrum der halbkreisförmig angelegten Place de la Bourse steht der im Jahr 1864 errichtete Brunnen der drei Grazien.

MONT PERDU

Die Region um den 3352 Meter hohen Mont Perdu – in Spanien Monte Perdido genannt – in den zentralen Pyrenäen beiderseits der französisch-spanischen Grenze wurde aufgrund ihrer außergewöhnlichen geologischen Formationen und der einzigartigen lokalen Kultur ihrer Bewohner als Weltnatur- wie als Welterbe ausgezeichnet.

Das grenzüberschreitend geschützte Areal erstreckt sich über rund 300 Quadratkilometer und umfasst Teile des Parque Nacional Ordesa y Monte Perdido (Spanien) und des Parc National des Pyrénées (Frankreich). 1999 wurde es um die Kommune von Gèdre erweitert. Auf spanischer Seite bilden zwei der tiefsten Cañons Europas, Añisclo und Ordesa, die Hauptattraktion. Auf französischer Seite liegen die drei durch Gletscherkräfte u-förmig ausgeschliffenen Täler von Troumouse, Estaubé und Gavarnie, die zu den schönsten ihrer Art in Europa gehören. Besonders faszinierend ist die Ursprünglichkeit der Landschaft: Seit Jahrhunderten hat sich hier das Leben der vor allem Weidewirtschaft betreibenden Menschen kaum verändert. Ihre Dörfer, Höfe und Weiden, die noch über alte Bergstraßen miteinander verbunden sind, stellen ein einzigartiges Zeugnis einer im übrigen Europa weitgehend untergegangenen Hochgebirgskultur dar.

Die Grande Cascade im pyrenäischen Cirque de Gavarnie gehört mit einer Fallhöhe von rund 423 Metern zu den höchsten Wasserfällen Europas.

CANAL DU MIDI

Der Canal du Midi, der Toulouse (und damit den Atlantik) mit dem Mittelmeer verbindet, ist eine der größten Ingenieursleistungen des Absolutismus.

Die im Wesentlichen in der Rekordbauzeit von nur 14 Jahren (1667 bis 1681) errichtete künstliche Wasserstraße erstreckt sich – mit kleineren Nebenkanälen wie dem Canal de la Robine – über eine Länge von rund 350 Kilometern und ist mit etwa 300 Schleusen, Aquädukten, Tunnels, Brücken und anderen Konstruktionen ausgestattet. Der Kanal muss auf der rund 50 Kilometer langen Strecke von Toulouse zum Scheitel bei Naurouze anhand von 26 Schleusen einen Höhenunterschied von 63 Metern überwinden. Dutzende weiterer Schleusen werden benötigt, um den Abstieg zur Mündung ins Mittelmeer bei Agde über ein Gefälle von 190 Metern zu bewältigen. Das riskanteste Unternehmen des Ingenieurs Pierre-Paul Riquet war jedoch der Bau des rund 150 Meter langen Malpastunnels bei Béziers, wobei erstmals Schießpulver verwendet wurde.

Der Kanal bewirkte einen enormen wirtschaftlichen Aufschwung in der Languedoc. Erst mit dem Aufkommen der Eisenbahn ging der Schiffsverkehr zurück. Heute wird der Kanal vornehmlich von Hausbooten genutzt.

Heute kann man auf dem Canal du Midi mit Sport- und Hausbooten entlang der mit Laubbäumen bestandenen Ufer fahren und die gemächlich vorbeiziehende Landschaft der Languedoc genießen.

DOM UND MICHAELISKIRCHE IN HILDESHEIM

Mit zwei bedeutenden Sakralbauten, St. Michael und dem Dom, wartet Hildesheim im Harzvorland auf. Die beiden Kirchen gehen in ihren Ursprüngen auf das 11. Jahrhundert zurück und gelten als herausragende Beispiele romanischer Baukunst. Der im Zweiten Weltkrieg zerstörte Dom wurde in den Jahren 1950 bis 1960 originalgetreu wiederaufgebaut.

Bischof Bernwards Bronzetür, deren Flügel mit jeweils acht Reliefs in einem Stück gegossen wurden, ist wohl das bedeutendste Kunstwerk des Hildesheimer Doms. Die ebenfalls aus Bronze gegossene und nur teilweise erhaltene Bernwardsäule illustriert das Leben Christi.

Die ottonische Kirche St. Michael, unter Bernward 1010 bis 1033 errichtet, barg die kaiserliche Kreuzreliquie, auf die die Gründung des Bistums Hildesheim 815 zurückgeht. Einzigartig ist die Verbindung antiker und mittelalterlicher Motive in der Bauausführung. Ein Hauptwerk mittelalterlicher Monumentalmalerei ist die bemalte hölzerne Mittelschiffsdecke.

Das Prunkstück von St. Michael ist die bemalte Holzdecke über dem Mittelschiff, die den Jesseboom, den Stammbaum Christi, darstellt. Das Werk (um 1230) besteht aus 1300 Einzelstücken und gilt als einzigartiges Beispiel romanischer Monumentalmalerei.

STIFTSKIRCHE, SCHLOSS UND ALTSTADT VON QUEDLINBURG

Das im nördlichen Harzvorland gelegene Quedlinburg ist ein außergewöhnliches Beispiel für eine europäische mittelalterliche Stadt.

Heinrich I. errichtete seine Residenz Quitilingaburg über den Grundmauern einer Pfalz, die noch aus karolingischer Zeit stammte. 1129 wurde die Kirche des 936 auf dem Schlossberg gegründeten Stifts dem hl. Servatius geweiht. Ein gotisches Säulenportal schmückt den Eingang zu der mit romanischen Fresken geschmückten Krypta, in der sich die Grabmäler König Heinrichs I. und seiner Gemahlin befinden. In unmittelbarer Nachbarschaft der Stiftskirche wurde auf den Fundamenten romanischer Vorgängerbauten das Schloss erbaut, das verschiedene Stilelemente hauptsächlich des 16. und 17. Jahrhunderts aufweist. Von besonderem Reiz ist die von einer mächtigen Stadtmauer umfriedete Altstadt Quedlinburgs unterhalb des Hügels. Zahlreiche Fachwerkbauten aus sechs Jahrhunderten und verwinkelte Gässchen versetzen den Besucher ins Mittelalter. Am Marktplatz beeindrucken das zweigeschossige Rathaus im Renaissancestil (1613 bis 1615) mit seinem Frühbarockportal sowie die Rolandstatue (1427).

Überragt wird die Altstadt von Quedlinburg vom Schlossberg mit Stiftskirche St. Servatius und Renaissanceschloss.

BERGWERK RAMMELSBERG, ALTSTADT VON GOSLAR UND OBERHARZER WASSERWIRTSCHAFT

Im Jahr 2010 wurde das bereits bestehende – das historische Bergwerk Rammelsberg wie das Ensemble von Fachwerkbauten in der Altstadt von Goslar umfassende – Welterbe um die Oberharzer Wasserwirtschaft erweitert.

968 wurde der Rammelsberg, in dem man schon zu Zeiten der Römer Erz abbaute, erstmals schriftlich erwähnt. Kaiser Heinrich II. ließ in der Nähe der reichen Silber- und Kupfervorkommen die mächtige Pfalz anlegen. Um 1100 mit Stadtrechten versehen und Sitz einer Reichsvogtei, entwickelte sich Goslar zu einer blühenden Reichsstadt und einem geistigen Zentrum des Landes. Erst 1988, nach über 1000 Jahren Abbau, wurde das Bergwerk Rammelsberg – heute eines der wichtigsten Bergbaumuseen Europas – stillgelegt. Mit dem Bergbau verbunden ist auch die vor gut 800 Jahren von Zisterziensermönchen angelegte Oberharzer Wasserwirtschaft: 107 historische Teiche, 310 Kilometer Gräben und 31 Kilometer Wasserläufe bildeten eines der größten vorindustriellen Energieversorgungssysteme der Welt.

Die prächtig verzierte »Kaiserworth« von 1494 in der Goslarer Altstadt ist das ehemalige Gildehaus der Gewandschneider.

SCHLÖSSER UND PARKS IN POTSDAM UND BERLIN

Ein außergewöhnliches Ensemble von Architektur und Landschaftsgärten bilden die Preußischen Schlösser und Gärten Berlin-Potsdam. Hierzu gehören Schloss und Park Sanssouci, Babelsberg samt Sternwarte, Lindstedt, Sacrow, Glienicke, Neuer Garten mit Schloss Cecilienhof, Pfingstberg mit Belvedere und die Pfaueninsel.

»Sanssouci«, »ohne Sorge«, wollte Friedrich der Große in seiner Sommerresidenz in Potsdam leben. Teils nach eigenen Entwürfen ließ er ab 1745 auf den Weinbergterrassen von Georg Wenzeslaus von Knobelsdorff einen eingeschossigen Bau errichten. Mit seinem plastischen Schmuck und der reichen Ausstattung gilt Schloss Sanssouci als eines der Hauptwerke des deutschen Rokoko. Vom selben Architekten

Im Stil einer italienischen Villa wurde Schloss Glienicke ab 1824 nach Entwürfen von Schinkel antik umgestaltet.

stammt auch der Entwurf für die Parkanlage. Weitere Bauwerke kamen hinzu: die Bildergalerie, die Neuen Kammern und das gewaltige Neue Palais.
Unter der Regentschaft von Friedrich Wilhelm IV. wirkten die bedeutendsten Baumeister und Landschaftsarchitekten seiner Zeit. Nach Plänen Schinkels wurde ein altes Gutshaus zum Schloss Charlottenhof umgebaut, den Park gestaltete Lenné im romantischen Sinn. Bis zum Jahr 1860 folgten Römische Bäder, Orangerie und Friedenskirche. Neben weiteren Schlossbauten umfasst das Welterbegebiet ferner das Dorf Klein-Glienicke und in Potsdam das Krongut Bornstedt und die Russische Kolonie Alexandrowka.

Die Fassade von Schloss Sanssouci wird von Karyatiden und Atlanten in Form von Bacchantinnen und Bacchanten geziert (links oben). Die üppigen Figuren bilden den thematischen Bezug zum Weinberg, den Friedrich der Große hier anlegen ließ. Das Chinesische Haus (links unten) zeugt von der Chinamode, die im 18. Jahrhundert die höfische Kultur prägte.

Deutschland

MUSEUMSINSEL BERLIN

Auf der Museumsinsel zwischen Spree und Kupfergraben erwartet den Besucher auf einem Areal von weniger als einem Quadratkilometer ein weltweit einzigartiges Ensemble von fünf Museen, die zusammen mehr als 5000 Jahre Menschheitsgeschichte repräsentieren.

Als einer der ersten Museumsbauten Deutschlands entstand zwischen 1824 und 1828 das Alte Museum. Errichtet nach Plänen von Schinkel, bildete die monumentale Anlage das städtebauliche Pendant zum damals wichtigsten Gebäude der Stadt, dem Königlichen Residenzschloss. Im Haus, das einige

Prunkstück des generalsanierten Neuen Museums ist die Büste der Nofretete.

der schönsten Raumschöpfungen des Klassizismus aufweist, wurden auf zwei Stockwerken antike Gemälde und Skulpturen präsentiert. Da der zur Verfügung stehende Platz bald nicht mehr ausreichte, ließ Friedrich Wilhelm IV. die gesamte restliche Insel für Kunstexponate reservieren und zwei weitere Bauten in Auftrag geben.
1843 bis 1855 entstand nach Plänen des Schinkel-Schülers Friedrich August Stüler das Neue Museum, das die Entwicklung der Künste vom alten Ägyp-

ten bis zur Renaissance dokumentierte. Seit dem Zweiten Weltkrieg war das Gebäude eine Ruine, erst im Oktober 2009 wurde das Museum neu eröffnet. Die Alte Nationalgalerie, 1866 bis 1876 erbaut, war damals Malerei und Bildhauerei der Gegenwart gewidmet. Viele der Werke aus dem 19. Jahrhundert hängen seit der Wiedereröffnung des Hauses 2001 wieder an ihrem ursprünglichen Platz.
1904 wurde an der Spitze der Insel das Bode-Museum (vormals Kaiser-Friedrich-Museum) mit dem kuppelüberwölbten Treppenhaus eingeweiht. Hier residieren nach umfassender Renovierung wieder die Skulpturensammlung, das Museum für Byzantinische Kunst und das Münzkabinett.
Als Letzter der fünf Museumsbauten kam zwischen 1912 und 1930 das neoklassizistische Pergamonmuseum hinzu, das erste Architekturmuseum der Welt. Es wurde eigens für die Präsentation riesiger archäologischer Fundstücke aus Vorderasien errichtet, die hier als imposante Teilrekonstruktionen wiedererstanden. Daneben beherbergt das meistbesuchte Museum Berlins auch die Antikensammlung und das Museum für Islamische Kunst.

Rechts von oben nach unten: Das von Schinkel errichtete Alte Museum ist eines der bedeutendsten klassizistischen Bauwerke. Das Bode-Museum beherbergt eine der bedeutendsten Skulpturensammlungen vom frühen Mittelalter bis zum 18. Jahrhundert. Die Alte Nationalgalerie wurde von Friedrich August Stüler in Form eines römischen Tempels errichtet.

SIEDLUNGEN DER BERLINER MODERNE

Die sechs Berliner Ensembles, erbaut zwischen den Jahren 1913 und 1934 von Architekten wie Bruno Taut, Hans Scharoun und Walter Gropius, repräsentieren mit ihren klaren, reduzierten Formen den Anspruch der klassischen Moderne.

Die Konzentration auf den stimmigen Zusammenhang zwischen Form und Funktion wurde im Deutschland der Weimarer Republik begleitet von der gesellschaftspolitischen Utopie, eine neue Architektur für eine neue Stadt und eine neue Gesellschaft zu kreieren. Die Siedlungen der Berliner Moderne – zum Welterbe gehören die Gartenstadt Falkenberg, die Siedlung Schillerpark, die Großsiedlung Britz, die Wohnstadt Carl Legien, die Weiße Stadt und die Großsiedlung Siemensstadt – reflektieren diese Zeit architektonischer und gesellschaftlicher Umbrüche. In ihnen

verbindet sich die Architektur der Moderne mit der Idee des sozialen Wohnungsbaus als Antwort auf die steigenden Bevölkerungszahlen. Auch der ärmeren Bevölkerung sollte ein höherer Lebensstandard ermöglicht werden.

Dank ihrer klaren Formensprache, der Qualität ihrer architektonischen Komposition und ihrer städtebaulichen Figuren übten die Siedlungen der Berliner Moderne (rechts die in Hufeisenform angelegte Großsiedlung Britz) einen nachhaltigen Einfluss auf die Entwicklung der Architektur im 20. Jahrhundert aus.

LUTHERGEDENKSTÄTTEN IN EISLEBEN UND WITTENBERG

In diesen beiden Städten finden sich zahlreiche Spuren des großen Reformators Martin Luther (1483–1546). Die zum Welterbe zählenden Luthergedenkstätten umfassen in Eisleben das Geburtshaus und das Sterbehaus, in Wittenberg das Lutherhaus, die Stadtkirche und die Schlosskirche sowie das Melanchthonhaus.

»Aus Liebe zur Wahrheit und in dem Bestreben, diese zu ergründen«: So beginnen Luthers 95 Thesen zur Reformation, die heute in goldenen Lettern an einer Bronzetür der Schlosskirche stehen. Das Grab des Reformators befindet sich im Inneren vor der Kanzel. In der Stadtkirche hat Luther mehr als 30 Jahre lang gepredigt und die neuen Gottesdienstformen eingeführt. Das Lutherhaus im ehemaligen Wittenberger Augustinerkonvent im Hof des Universitätsgebäudes war über 40 Jahre lang seine Wohn- und Arbeitsstätte.

Die Lutherstube im ersten Geschoss, wo die berühmten Tischgespräche stattfanden, ist mit einigen Originalmöbeln ausgestattet. Heute residiert im Lutherhaus ein reformationsgeschichtliches Museum. Auch das Geburtshaus und das Sterbehaus Martin Luthers in Eisleben, beide inzwischen vorbildlich restauriert, beherbergen Gedenkstätten zum Leben und Wirken Luthers.

Die Marienkirche und das Standbild Luthers dominieren den Marktplatz der Lutherstadt Wittenberg.

WARTBURG

Die Wartburg über dem thüringischen Eisenach ist nicht nur hinsichtlich Lage und Architektur der Inbegriff einer Burg, sondern wie kaum ein anderer Wehrbau auch ein herausragender Symbolort deutscher Geschichte.

»Wart', Berg, du sollst mir eine Burg werden!«, soll Ludwig der Springer im Jahr 1067 beim Anblick des Wartberges ausgerufen haben. 1080 wird die Wartburg dann erstmals erwähnt, und in ihrem Schutz entwickelte sich Eisenach, das bald zum Zentrum der Landgrafschaft Thüringen wurde.
Landgraf Hermann I. (gest. 1217) baute die Wehrburg zu einem repräsentativen Sitz aus. Der »Sängerkrieg« – eine Sammlung mittelhochdeutscher Gedichte des 13. Jahrhunderts um einen angeblichen Dichterwettstreit auf der Wartburg – inspirierte viele Dichter und Musiker, so auch den Komponisten Richard Wagner zu seiner Oper

»Tannhäuser«. Martin Luther lebte 1521/22 als vermeintlicher »Junker Jörg« unter dem Schutz des Kurfürsten Friedrich der Weise auf der Burg. Hier begann er mit der Übersetzung des Neuen Testamentes aus dem Griechischen. Zur Zeit des Wartburgfestes 1817, als sich dort die deutschen Burschenschaften versammelten, war die Burg weitgehend verfallen. Erst in der zweiten Hälfte des 19. Jahrhunderts wurde die weiträumige Anlage wiederhergestellt.

Gut zu erkennen ist hier der Stilmix der Wartburg. Ganz links im Bild sieht man den romanischen Palas und den Bergfried.

BAUHAUSSTÄTTEN IN DESSAU UND WEIMAR

Das Bauhaus war eine der bedeutendsten Hochschulen für Gestaltung. Die meisten Bauhausstätten befinden sich in Dessau; in Weimar sind nur noch zwei Gebäude erhalten.

»Architekten, Bildhauer, Maler, wir alle müssen zum Handwerk zurück«, schrieb 1919 Walter Gropius, der neue Direktor des Staatlichen Bauhauses zu Weimar. Die geforderte Einheit von künstlerischer Gestaltung und handwerklichem Können spiegelt sich im Namen wider: »Bauhaus« erinnert an die Tradition der Bauhütten der großen Kathedralen des Mittelalters. Künstler wie Paul Klee und Wassily Kandinsky folgten dem Ruf nach Weimar. Doch die politischen Umstände zwangen 1925 zum Wechsel ins liberalere Dessau, wo Gropius das Bauhausgebäude

errichtete, ein Denkmal des frühen Industriedesigns. Hier entstanden auch die Meisterhäuser. Das Haus am Horn in Weimar wurde 1923 als ein Modell des Wohnhauses der Zukunft vorgestellt. 1933 wurde das Bauhaus von den Nationalsozialisten geschlossen, viele Bauhauskünstler emigrierten in die USA. Hier lebte die Tradition der Moderne im »New Bauhaus« weiter.

Von den ursprünglich sieben Meisterhäusern in Dessau, alle von Walter Gropius entworfen, sind noch fünf erhalten und restauriert wie hier das Haus Muche.

Deutschland

GARTENREICH DESSAU-WÖRLITZ

Als »herausragendes Beispiel für die Umsetzung philosophischer Prinzipien der Aufklärung in einer Landschaftsgestaltung« wurde das Gartenreich Dessau-Wörlitz zum Welterbe erklärt. Auf einem Areal von 150 Quadratkilometern bilden sechs Schlösser und sieben Parks ein grandioses Gesamtkunstwerk.

Fürst Leopold III. Friedrich Franz von Anhalt-Dessau ließ ab 1764 an den Uferpartien eines früheren Elbarmes bei Wörlitz eine weiträumige Parkanlage im englischen Gartenstil errichten. Ausführender Gartenarchitekt war Johann Friedrich Eyserbeck. Friedrich Wilhelm von Erdmannsdorff entwarf die in die Gartenlandschaft eingestreuten kleineren und größeren Gebäude nach dem Vorbild berühmter Bauten der römischen Antike, der italienischen Spätrenaissance und des englischen Klassizismus. Zentraler Bau ist das zwischen 1769 und 1773 errichtete Gartenschloss von Wörlitz, das als Urzelle des deutschen Klassizismus bezeichnet wird. Es steht wie die anderen Parkgebäude – Floratempel, Synagoge oder Gotisches Haus etwa – in einem kalkulierten Wechselspiel zur umgebenden Gartenlandschaft. Zu diesem Gartenreich gehören neben den Wörlitzer Anlagen noch die Schlösser und Parks Großkühnau, Georgium, Luisium, Sieglitzer Berg, Mosigkau und Oranienbaum.

Über die 112 Hektar großen Anlagen von Wörlitz mit exotischen Blumen, Büschen und Bäumen sind viele Kulissenbauten verstreut, etwa das Wörlitzer Schloss (oben; rechts die Bibliothek, in der sich heute keine Bestände mehr befinden).

MUSKAUER PARK

Ein Vorzeigeprojekt für die deutsch-polnische Zusammenarbeit im Kulturbereich und eine länderübergreifende Welterbestätte ist der Muskauer Park/Park Mużakowski. Hermann Fürst von Pückler-Muskau schuf hier in den Jahren 1815 bis 1844 ein rund 830 Hektar großes Gartenreich, in dem er »Landschaftsmalerei« mit echten Pflanzen betrieb.

Hermann Fürst von Pückler-Muskau (1785–1871) war eine der skurrilsten Figuren seiner Zeit: Dandy und Frauenheld, Abenteurer und Schriftsteller, vor allem aber ein Landschaftsgärtner. Die Anregung zu einem Park im englischen Stil erhielt Pückler in England, wo er sich 1815 ein Jahr lang aufhielt. Sein Park liegt heute zu einem Drittel in Deutschland und zu zwei Dritteln in Polen dies- und jenseits des Grenzflusses Neiße. Über eine Brücke kann man zwischen den Parkteilen und Ländern wechseln. Auf deutscher Seite besteht die Anlage aus Schloss-, Bade- und Bergpark, auf polnischer aus Unterpark, Arboretum und Braunsdorfer Feldern. Zum Park zählen ferner mit der Landschaft harmonierende Bauten wie das Alte und das Neue Schloss, eine von Semper erbaute Orangerie, ein Tropenhaus und eine Kirchenruine. Der Muskauer Park ist ein Vorbild für die spätere Landschaftsarchitektur in Europa und Amerika.

Der Muskauer Park ist ein idyllisches Gartenreich aus Gehölzen, Wiesen und Blumenbeeten. Von der »Tränenwiese« fällt hier der Blick auf das Neue Schloss.

KLASSISCHES WEIMAR

In Weimar, einem kleinen thüringischen Städtchen an der Ilm, nahm eine der bedeutendsten europäischen Kulturepochen ihren Ausgang, die »Weimarer Klassik« mit Goethe und Schiller als Hauptrepräsentanten.

Goethes Haus am Frauenplan war schon im Jahr 1709 von einem Strumpffabrikanten erbaut worden. 1782 bezog Goethe es als Mieter, lebte hier bis 1786 und dann – nach seiner Rückkehr aus Italien – erneut von 1789 an. In dieser Zeit ließ der Dichterfürst das Gebäude im italienischen Stil umbauen. Das »berühmteste Gartenhaus der Welt«, in dem der Dichter von 1776 bis 1782 ohne Unterbrechung wohnte, steht im Park an der Ilm.

In dem 1726 im Stil des Barock erbauten und nach ihm benannten Haus residierte Herder mit seiner Familie von 1776 bis 1803. In der spätgotischen Stadtkirche wirkte er als Hofprediger. Im Stadtschloss mit dem charakteristi-

Im Stil des Rokoko präsentiert sich Schloss Belvedere.

schen Turm sind die Weimarer Kunstsammlungen untergebracht. 1774 zog die Herzogin Anna Amalia in das Wittumspalais, das zum Schauplatz berühmter Tafelrunden wurde. Auch aus dem Rittergut Tiefurt machte die Herzogin einen bedeutenden Treffpunkt der Weimarer Gesellschaft. Schloss Ettersburg am Nordrand des Ettersbergs war zu Goethes Zeiten die Sommerresidenz des Herzogs. Der Park wurde nach Vorschlägen von Fürst Pückler-Muskau gestaltet. Das Rokokoschloss Belvedere (Baubeginn 1724) war zunächst als Jagdresidenz der Herzöge geplant. Die Herzogin-Anna-Amalia-Bibliothek im »Grünen Schloss« (1563), eine der wertvollsten Büchersammlungen der deutschen Klassik, wurde 2004 bei einem Brand schwer beschädigt. Das historische Bibliotheksgebäude mit dem prächtigen Rokokosaal ist seit dem Herbst 2007 wieder für die Öffentlichkeit zugänglich.

Einer der weltweit schönsten Bibliotheksräume: der ovale, über drei Geschosse reichende Rokokosaal der Herzogin-Anna-Amalia-Bibliothek.

Deutschland

AACHENER DOM

Der Aachener Dom, ein bedeutendes Denkmal karolingischer Baukunst, ist zugleich ein Symbolort deutscher Geschichte par excellence. In den Jahren 936 bis 1531 ließen sich hier 31 deutsche Könige krönen. Den Grundstein für den Dom legte Kaiser Karl der Große mit dem Bau der Pfalzkapelle.

Die um das Jahr 800 geweihte Pfalzkapelle wurde nach Plänen von Odo von Metz auf oktogonalem Grundriss erbaut. Unter der später mit Mosaiken versehenen Kuppel zieht sich ein zweigeschossiger Umgang um den Innenraum. Die Ausgestaltung des Doms orientierte sich an römischen ebenso wie an byzantinischen Vorbildern und ist Ausdruck des umfassenden Machtanspruchs Kaiser Karls des Großen. In den folgenden Jahrhunderten wurden mehrere An- und Umbauten nötig, um Platz für die Krönungszeremonien wie für die Pilger zu schaffen, die zum Grab Karls des Großen drängten. Beeindruckend sind besonders die Monu-

mentalfenster des im 15. Jahrhundert eingeweihten gotischen Hallenchors. In der Mitte des Chorraums steht der von 1200 bis 1215 entstandene kostbare Karlsschrein. Die Kapelle selbst hat 1200 Jahre lang ihr Gesicht im Wesentlichen bewahren können. Der Aachener Domschatz birgt das wertvollste Reliquiar nördlich der Alpen.

Eindrucksvoll ist die Innenausstattung des Aachener Doms, etwa der byzantinisch beeinflusste achteckige Mittelbau (rechts). Auf dem Kaiserthron auf der westlichen Empore über dem Oktogon wurden seit dem Jahr 936 die deutschen Könige gekrönt (unten).

SCHLÖSSER AUGUSTUSBURG UND FALKENLUST IN BRÜHL

Das kurfürstliche Schloss Augustusburg und das Jagdschloss Falkenlust zählen zu den bedeutendsten Bauwerken des Spätbarock und Rokoko im Rheinland. An der Ausgestaltung der repräsentativen Bauten waren viele namhafte Künstler aus Österreich, Bayern, Italien und Frankreich – darunter zum Beispiel auch Balthasar Neumann – beteiligt.

Schloss Augustusburg, zwischen Bonn und Köln gelegen, wurde ab dem Jahr 1725 als Residenz für Kurfürst Clemens August errichtet. Johann Conrad Schlaun, François de Cuvilliés und Dominique Girard schufen hier ein überzeugendes Gesamtkunstwerk, das den Stilwandel vom Barock zum Rokoko auf eindrucksvolle Weise dokumentiert. Die Ausstattung der prunkvollen Repräsentationsräume ist von erlesenster Qualität. Das Gartenareal, zu dem hin sich alle Räume öffnen, ver-

leiht der Residenz den Charakter eines Lustschlosses.

Das ab 1729 nach Plänen von Cuvilliés und Leveilly erbaute Schloss Falkenlust diente der Falkenjagd des Kurfürsten. Die Räumlichkeiten haben eher privaten Charakter, sind jedoch nicht weniger prächtig ausgeführt.

Erst im harmonischen Zusammenspiel mit dem Barockgarten entfaltet Schloss Augustusburg seine ganze Anmut und Schönheit.

KÖLNER DOM

Der Dom St. Peter und Maria in Köln wurde trotz der rund 600 Jahre währenden Bauzeit weitgehend stilrein in der Formensprache der Hochgotik errichtet. Erst seit dem Jahr 1880 ist die drittgrößte Kathedrale der Welt vollendet.

Der Kölner Dom, 145 Meter lang, 45 Meter breit und im Hauptschiff 43 Meter hoch, gehört zu den größten Kirchen der Christenheit und besitzt eine der reichsten Schatzkammern Deutschlands. Umgänge und Raummaße wurden auf die große Zahl der Pilger ausgerichtet, die die Reliquien der Heiligen Drei Könige aufsuchten. Die Pläne für die monumentale Westfassade stammen von 1310. Bis 1559 entstanden Chor, Querschiff, Langhaus und der Stumpf des Südturms. Seine heutige Gestalt erhielt der Dom 1842 bis 1880. Der Innenraum der fünfschiffigen Basilika mit Umgangschor und Kapellenkranz misst über 6000 Quadratmeter; 56 Pfeiler tragen das Dach. Mit dem Dreikönigsschrein von Nikolaus von Verdun beherbergt der Kölner Dom ein Meisterwerk der rheinischen Goldschmiedekunst. Der Chorumgang birgt das berühmte Dombild von Stephan Lochner (1440) und das romanische Gerokreuz (10. Jahrhundert). Das große Chorgestühl mit 104 Sitzen stammt aus dem 13. Jahrhundert.

Die 157 Meter hohen Doppeltürme des unweit vom linken Rheinufer gelegenen Kölner Doms dominieren die Silhouette der Altstadt (oben; links ein Blick über die Hohenzollernbrücke auf den Dom).

INDUSTRIEKOMPLEX ZECHE ZOLLVEREIN IN ESSEN

Bergbau und Schwerindustrie sind heute im Ruhrgebiet weitgehend Geschichte. Zurück blieben gigantische Fördertürme, Maschinenhallen, Hochöfen. Eines der imposantesten Monumente ist die ehemalige Essener Zeche Zollverein.

Die von Fritz Schupp und Martin Kremmer entworfene, seinerzeit größte und modernste Steinkohleförderanlage der Welt wurde 1986 stillgelegt. Nach dem Niedergang der Stahlindustrie folgte im Jahr 1993 auch die Schließung der angebundenen Kokerei. Der gesamte Industriekomplex steht heute unter Denkmalschutz und wird für Ausstellungen und Konzerte genutzt. Für die Erhaltung des Industriedenkmals wurde im Jahr 1998 die Stiftung Zollverein gegründet. Ein Museumspfad führt durch die Gebäude der ehemaligen Sieberei und der Kohlenwäsche, vorbei an Maschinen und Förderbändern, die den einst beschwerlichen Arbeitsalltag anschaulich machen. Das im Herbst 2009 in der ehemaligen Kohlenwäsche der Zeche eröffnete »Ruhr Museum« versteht sich »als Gedächtnis und Schaufenster der neuen Metropole Ruhr«. Im – vom Stararchitekten Sir Norman Foster umgestalteten – ehemaligen Kesselhaus präsentiert das »red dot design museum« zeitgenössisches Design.

Wahrzeichen der Zeche Zollverein ist der Doppelbock-Förderturm von Schacht XII.

DOM ZU SPEYER

Der unter Kaiser Konrad II. errichtete Dom von Speyer war zur Zeit seiner Erbauung das größte Gotteshaus des christlichen Abendlandes. Als Begräbnisstätte vieler salischer, staufischer und habsburgischer Herrscher kommt der romanischen Basilika auch eine hohe symbolische Bedeutung zu.

Die Geschichte der alten Kaiserstadt geht auf eine römische Gründung des 1. Jahrhunderts zurück. Speyer wurde im 6. oder 7. Jahrhundert Bischofssitz. Anfang des 11. Jahrhunderts ließ Kaiser Konrad II. den Speyerer Dom als Grablege der Salier errichten. Der heute sechstürmige Dom St. Maria und St. Stephan wurde 1061 im Todesjahr von Konrads Enkel Heinrich IV. geweiht. Dieser hatte das Gotteshaus bis dahin erheblich erweitern lassen, um gegenüber dem Papst seinen politischen Machtanspruch zu demonstrieren – ein Konflikt, der dann in den Investiturstreit mündete. Von der 1039 fertiggestellten Krypta hat man Zugang zu 16 Herrschergräbern, darunter die Grabstätten von vier salischen Kaisern. Allerdings kam es während des Pfälzischen Erbfolgekrieges 1689 zu schweren Zerstörungen. Napoleon rettete die Kirche vor dem vollständigen Abriss, 1772 begann der Wiederaufbau, doch erst die Renovierungen nach dem Zweiten Weltkrieg gaben dem Dom seine strenge Würde zurück.

Die Krypta des Doms zu Speyer präsentiert sich als imposante Säulenhalle mit Kreuzgratgewölben aus gelben und roten Sandsteinquadern.

GRENZEN DES RÖMISCHEN REICHS

Der Obergermanisch-Rätische Limes ist wie der zwischen Newcastle und Solway Firth nahe der heutigen Grenze zwischen Schottland und England verlaufende Hadrians- und der quer durch die schottischen Lowlands führende Antoninuswall Teil des länderübergreifenden Welterbes »Grenzen des Römischen Reichs«.

Im 1. Jahrhundert begannen die Römer mit dem Bau einer Grenzbefestigung, die vom Rhein (nahe dem heutigen Neuwied) über Bad Ems, Saalburg, Seligenstadt, Miltenberg, Lorch, Aalen, Weißenburg bis an die Donau (heutiges Neustadt in Bayern) reichte. Für den Obergermanisch-Rätischen Limes wurden Waldschneisen gerodet, Gräben ausgehoben, Palisadenzäune und bis zu drei Meter hohe Mauern, 120 Kastelle und 900 Wachtürme errichtet. Das Welterbe umfasst diese Grenzlinie und die unmittelbar dort befindlichen Militäreinrichtungen inklusive der angeschlossenen zivilen Einrichtungen. Im Schutz des Walls entstanden auch zivile Siedlungen – Vorgänger heutiger Städte. Hier mischte sich römische Kultur mit keltisch-germanischer. Bis zum Jahr 260 hielt die Grenze, dann fiel sie unter dem Ansturm der Alemannen.

Hunderte von Türmen bewachten einst den Obergermanisch-Rätischen Limes. Mauerreste sowie Rekonstruktionen von Türmen und Meilensteinen zeugen noch heute vom Verlauf des Grenzwalls.

KLOSTERINSEL REICHENAU

Mit ihren gut erhaltenen Klosteranlagen ist die im Bodensee gelegene Insel Reichenau ein einzigartiges Zeugnis monastischer Kultur aus dem frühen Mittelalter. Die Schlichtheit der romanischen Bauten wirkt in der bisweilen melancholisch anmutenden Landschaft besonders ergreifend.

Die Gründung der ersten Abtei auf der Insel Reichenau geht auf den Wanderbischof und Abt Pirmin zurück. Er richtete hier um das Jahr 724 ein benediktinisches Kloster ein, das sich zu einem geistigen Zentrum des Abendlandes entwickelte. Die Reste dieser alten Anlage verweisen auf eine einfache Saalkirche mit nördlich angrenzenden Konventsgebäuden. In der karolingischen Zeit beginnt die wechselvolle Baugeschichte des Mittelzeller Marienmünsters, das 816 unter Abt Heito erstmals geweiht und bis zum 11. Jahrhundert fortwährend umgebaut wurde. In seiner heutigen Gestalt handelt es sich um eine strenge Pfeilerbasilika mit doppelten Querhäusern und imposantem Westbau. Die spätkarolingische Abteikirche St. Georg in Oberzell ist eine schlichte Säulenbasilika mit kostbaren ottonischen Wandmalereien aus dem 10. Jahrhundert. Die 1080 bis 1134 errichtete Abteikirche St. Peter und Paul in Niederzell ist eine querschifflose Säulenbasilika mit einer aus drei Apsiden bestehenden Chorlösung.

Die spätkarolingische Basilika St. Georg in Oberzell auf der Insel Reichenau besitzt einzigartige ottonische Wandmalereien mit Szenen aus dem Leben Jesu.

KLOSTERANLAGE MAULBRONN

Maulbronn zählt zu den am vollständigsten erhaltenen mittelalterlichen Klosteranlagen nördlich der Alpen. Der Sage nach soll hier ein Maultier an einer Quelle seinen Durst gelöscht haben. Die Mönche sahen das als Zeichen des Himmels und gründeten an dieser Stelle das Kloster.

Zwölf Mönche aus dem Elsass begannen einst in der Abgeschiedenheit des Salzachtals in der Nähe von Karlsruhe mit dem Bau eines Klosters nach dem Vorbild von Zisterzienserabteien in Burgund. Fast 400 Jahre lang lebten und wirkten dort Mitglieder des Ordens und schufen eine der schönsten Klosteranlagen Deutschlands. Die Besinnung auf die ursprünglichen monastischen Ideale führte zu neuen architektonischen Lösungen, die jeden Prunk vermieden.
In den Gebäuden der Anlage vereinen sich romanische und gotische Baustile. So wurde die 1178 geweihte dreischiffige Pfeilerbasilika im 15. Jahrhundert durch spätgotische Einwölbungen erweitert. Der sich anschließende Kreuzgang, dessen südlicher Teil aus dem 13. Jahrhundert stammt, besitzt eine Brunnenkapelle aus dem 14. Jahrhundert mit einem interessanten Gewölbefresko. Die Klostervorhalle, »Paradies« genannt, wurde im Jahr 1220 vollendet und steht am Übergang von der Romanik zur Gotik.

Das in der ersten Hälfte des 15. Jahrhunderts angefertigte, reich geschnitzte Chorgestühl im Mittelschiff der Klosterkirche bot 92 Mönchen einen Platz.

WÜRZBURGER RESIDENZ UND HOFGARTEN

Die Würzburger Residenz gilt als »Synthese des europäischen Barock«. Von den angesehensten Künstlern der Zeit ausgestattet und mit herrlichen Gärten versehen, zählt sie zu den prächtigsten Fürstenhöfen Europas.

Initiiert wurde der Bau 1720 vom Fürstbischof Johann Philipp Franz von Schönborn. Für Konzeption und Ausführung zeichnete Balthasar Neumann (1687–1753) verantwortlich, an der Ausgestaltung waren eine Reihe weiterer bedeutender Baumeister und Künstler beteiligt. Das Herzstück ist der Kaisersaal. Dessen Fresken und das monumentale Deckengemälde im Treppen-

Ein rundes Wasserbassin mit einem Monolithen aus Tuffstein beherrscht den Südgarten, der zum Hofgarten gehört.

Putten und Stuckmarmor schmücken den von Balthasar Neumann gestalteten prächtigen Innenraum der Hofkirche mit ihrer geschwungenen Empore.

haus wurden von Tiepolo angefertigt. Das insgesamt 18 mal 30 Meter messende Gemälde gehört zu den größten einteiligen Fresken, die je gemalt wurden. Eine besondere Kostbarkeit ist der restaurierte Spiegelsaal. Im Keller lagerten die Fürstbischöfe bis zu 1,4 Millionen Liter Wein. Den schönen Hofgarten der Würzburger Residenz legte im ausgehenden 18. Jahrhundert der Hofgärtner Johann Prokop Mayer an.

Für das von Balthasar Neumann stützenfrei überwölbte Treppenhaus schuf der Venezianer Giovanni Battista Tiepolo das Deckenfresko mit den vier Erdteilen.

Deutschland

ALTSTADT VON BAMBERG

Die alte Bischofs- und Kaiserstadt, einst auf sieben Hügeln erbaut, weist den größten vollkommen erhaltenen Altstadtkern Deutschlands auf. In einer Konzentration wie sonst kaum anderswo finden sich hier zwischen den Flussläufen der Regnitz historische Gebäude aus nahezu allen Stilepochen von Mittelalter und Neuzeit.

Erstmals im Jahr 902 urkundlich erwähnt, wurde Bamberg 1007 unter Kaiser Heinrich II. Bischofssitz. Die zu dieser Zeit über der alten Burg erbaute Bischofskirche ersetzte man dann im 13. Jahrhundert durch einen viertürmigen Dom, der zu den schönsten Bauten des Mittelalters zählt.

Unter den vielen Schätzen im Inneren sticht die von Tilman Riemenschneider gearbeitete Deckplatte am Grabmal Heinrichs II. und seiner Gemahlin hervor. Das Denkmal des weltberühmten Bamberger Reiters entstand um das Jahr 1240 herum. Im Westchor findet

Der Bamberger Reiter im Inneren des Doms wurde von unbekannten Meistern aus Frankreich geschaffen und stellt vermutlich König Stephan I. von Ungarn dar.

sich mit dem Marmorgrab Clemens' II. das einzige Papstgrab Deutschlands. Bischofssitz war die in den Jahren 1571 bis 1576 ebenfalls auf dem Domhügel erbaute Alte Hofhaltung.

Das Abteigebäude des im Jahr 1009 gegründeten Benediktinerklosters auf dem Michaelsberg wurde 1742 von Balthasar Neumann geschaffen.

Die Bürgerstadt im Tal betritt man durch das zuletzt im 18. Jahrhundert umgebaute Alte Rathaus auf der Oberen Brücke über der Regnitz. Unter den mittelalterlichen Gebäuden der Altstadt beeindrucken die Fachwerkbauten der einstigen Fischersiedlung »Klein-Venedig«.

Ein turmreiches Panorama (rechts oben) bietet Bamberg mit dem viertürmigen Dom und der Benediktinerabtei Michaelsberg im Hintergrund. In der Regnitz errichtet wurde das Alte Rathaus (rechts unten).

ALTSTADT VON REGENSBURG MIT STADTAMHOF

Die Altstadt von Regensburg mit dem ehemals selbstständigen, durch die Steinerne Brücke mit der Altstadt verbundenen Bezirk Stadtamhof ist ein herausragendes Beispiel für eine binneneuropäische mittelalterliche Handelsstadt.

Regensburg erstand im Mittelalter aus den Ruinen eines Römerkastells, der Castra Regina. Herzog Arnulf von Bayern ließ zwischen 917 und 920 die gesamte westliche Vorstadt mit dem weitläufigen Areal der Abtei St. Emmeram ummauern. Beim Bau der ersten nachrömischen Stadtbefestigung nördlich der Alpen blieben die Handwerkerviertel zuerst ausgeschlossen, doch auch sie erhielten Ende des 13. Jahrhunderts eine Stadtbefestigung. Die von 1135 bis 1146 errichtete Steinerne Brücke war lange Zeit der einzige gemauerte Donauübergang zwischen Ulm und Wien und sicherte Regensburg seinen Rang als bedeutendes Handelszentrum. Die vielen erhaltenen romanischen und gotischen Patrizierburgen sowie große Bürgerhauskomplexe mit Geschlechtertürmen sind Beispiele für eine in dieser Dichte und in ihrem guten Zustand nördlich der Alpen einzigartige Architektur. Neben dem Bestand an frühen Steinbauten findet man in Regensburg mit dem um 1250 entstandenen Wohnhaus Johannes Keplers auch das älteste vollständig erhaltene Holzhaus Deutschlands. Die großen romanischen und gotischen Kirchenbauten und Klosteranlagen – das auf einem Heiligengrab errichtete Kloster St. Emmeram, die Alte Kapelle, Niedermünster, das von irischen Mönchen im Jahr 1090 gegründete Benediktinerkloster St. Jakob sowie der Dom als einziger von der französischen Kathedralgotik beeinflusster Kirchenbau Bayerns – sind herausragende künstlerische Leistungen ihrer Zeit. Die Bettelordenskirchen der Minoriten und Dominikaner gelten als frühe architektonische Beispiele der sich verändernden Glaubenshaltung im späten Mittelalter. Im Mittelalter ein wichtiges politisches Zentrum des Heiligen Römischen Reichs Deutscher Nation, trat die Freie Reichsstadt 1542 offiziell zum Protestantismus über und kämpfte im Dreißigjährigen Krieg als Garnisonsstadt gegen Bayern. Sie litt unter Plünderungen und wirtschaftlichem Niedergang, blieb von größeren Katastrophen aber weitgehend verschont. Das Ensemble »Altstadt Regensburg mit Stadtamhof« entspricht der Ausdehnung Regensburgs nach der letzten mittelalterlichen Stadterweiterung um das Jahr 1320.

Ein wichtiges Kriterium für die Auszeichnung von Regensburg als Welterbe war, dass die historischen Entwicklungsstufen gut erhalten sind. Zum Ensemble »Altstadt Regensburg mit Stadtamhof« gehören heute 984 Einzeldenkmale.

Die Steinerne Brücke (links), rund 800 Jahre die einzige Donaubrücke der Stadt, und der Dom sind die Wahrzeichen von Regensburg.

WALLFAHRTSKIRCHE »DIE WIES«

Die »Wallfahrtskirche zum Gegeißelten Heiland auf der Wies«, rund 20 Kilometer nordöstlich von Füssen vor der Kulisse der Ammergauer Alpen bei Steingaden gelegen und besser bekannt als »Die Wies« oder »Wieskirche«, ist ein bedeutendes Beispiel bayerischer Rokokoarchitektur.

Im Jahr 1730 stellten die Mönche des Prämonstratenserklosters Steingaden für die Karfreitagsprozession ein Christusbildnis her, das später auf einem Bauernhof beim zum Kloster gehörenden Weiler Wies in den Herrgottswinkel gestellt wurde. Als der Heiland an der Geißelsäule dann plötzlich Tränen vergoss, wurde dieses Wunder Anlass für eine Wallfahrt, und so erteilte der Abt des Klosters den Auftrag zum Bau der vielleicht schönsten Rokokokirche Deutschlands. Man übertrug den Bau dem Architekten Dominikus Zimmermann, der bereits die Wallfahrtskirche in Steinhausen gebaut hatte. Zimmermann standen bekannte Künstler seiner Zeit zur Seite, darunter auch sein Bruder Johann Baptist, der den Innenraum ausmalte. Durch die gelungene Verbindung von Architektur und Dekoration gelang eine gewaltige Licht- und Raumwirkung. Außergewöhnlich schön sind die Deckenfresken, die mit den hervorragenden Stuckarbeiten den zweigeschossigen Hochaltar mit dem Gnadenbild rahmen.

Die Stuckaturen im Chorraum der Wieskirche wurden von dem Wessobrunner Stuckateur und Baumeister Dominikus Zimmermann (1685–1766) geschaffen.

Schweiz

ALPENREGION JUNGFRAU-ALETSCH-BIETSCHHORN

Mit der faszinierenden Region Jung-frau-Aletsch-Bietschhorn wurde erst-mals ein – 2007 auf nun insgesamt 820 Quadratkilometer erweiterter – Abschnitt der Alpen in die Liste des Welterbes aufgenommen.

Das Herz des steil aufragenden Gebirgsmassivs bilden die Berge Jungfrau, Mönch und Eiger. Bis auf rund 3500 Meter Höhe führt eine Zahnradbahn auf das Jungfraujoch. Sein Wahrzeichen ist die gläserne Kuppel des Observatoriums. Die Nordwand des Eiger (3970 Meter Höhe) in den Berner Alpen südwestlich von Grindelwald dagegen muss erklettert werden – seit ihrer Erstbesteigung 1938 ist sie mit 1800 Meter Höhenunterschied die berühmteste Kletterwand der Alpen. Am »Konkordiaplatz« beim Jungfrau-

Almwiesen vor Eisriesen: Die Kleine Scheidegg nahe Grindelwald ist eine 2061 Meter hohe Passhöhe, von der man einen guten Blick auf die Berge Eiger, Mönch und Jungfrau hat.

joch vereinigen sich Aletschfirn, Jungfraufirn und Ewigschneefeldfirn zum Großen Aletschgletscher, der mit (noch) 23 Kilometer Länge Europas größter Gletscher ist, aber im Zug der Klimaerwärmung immer weiter schmilzt. Das Bietschhorn zeichnet sich an der Südseite durch sonnige, trockene Täler aus, die sich fingerartig nach unten erstrecken. In der Walliser Felsensteppe sind seltene Tier- und Pflanzenarten heimisch, der Steppenrasen wird nicht bewirtschaftet.

Rechts: Vom »Top of Europe« (ganz oben), der Bergstation von Europas höchstgelegener Zahnradbahn auf dem Jungfraujoch (3454 Meter), bietet sich ein fantastischer Blick auf den hier entspringenden Großen Aletschgletscher und die Bergwelt des Berner Oberlands, in deren Zentrum das Dreigestirn Eiger, Mönch und Jungfrau steht (Mitte von links nach rechts mit dem Männlichen im Vordergrund). Atemberaubende Panoramen bieten sich im Aletschgebiet (unten) an etlichen Stellen.

WEINTERRASSEN DES LAVAUX

Seit mindestens 1000 Jahren wird in der Terrassenlandschaft des Lavaux am Ufer des Genfer Sees Wein angebaut. Hier sind Dörfer entstanden, die die Entwicklung der Weinproduktion über die Jahrhunderte hinweg widerspiegeln. Die Landschaft gilt als eine der schönsten der ganzen Schweiz.

Das Lavaux erstreckt sich rund 30 Kilometer weit am Nordufer des Genfer Sees von den östlichen Außenbezirken von Lausanne bis zum Château de Chillon. Das Welterbe umfasst die Hänge nahe am See, die meist zwischen den Dörfern und dem Ufer liegen. Drei Sonnen, so meinen die Einheimischen, wärmen hier die Reben: die glühende Sonne des Tages, die Reflexion der Sonnenstrahlen durch die Wasseroberfläche des Sees und die tagsüber gespeicherte Sonnenwärme der Steinmauern, die nachts ihre Energie wieder abgeben.

Die heutige Terrassenlandschaft geht auf Benediktiner- und Zisterziensermönche des 11. und 12. Jahrhunderts zurück. Man schätzt die Länge der Steinterrassen auf 400 bis 450 Kilometer. Von den fast 900 Hektar des Kerngebiets sind gut 570 Hektar Weinberg. Die 14 Gemeinden des Lavaux produzieren Weißwein mit den Appellations contrôlées Villette, Saint-Saphorin, Dézaley, Epesses und Chardonne.

See und Alpen (hier beim Winzerdorf Saint-Saphorin) bilden eine grandiose Kulisse für die Weinterrassen des Lavaux.

BURGEN VON BELLINZONA

In der schönen alten tessinischen Stadt Bellinzona hat sich in Form von drei Kastellen ein einzigartiges Beispiel mittelalterlicher Festungsarchitektur erhalten, die dem Stadtbild ein unvergleichliches Gepräge gibt.

Der Anlass für den Bau der Festungen war, dass hier gleich mehrere Verbindungswege zwischen dem Norden und Italien die Talenge des Sudalpenflusses Ticino passieren mussten. Das größte Kastell, das Castello Grande auf dem innerstädtischen Hügel, entstand im 13. Jahrhundert und wurde von den Mailänder Sforza-Herzögen zwischen 1486 und 1489 ausgebaut, um das Vordringen der Eidgenossen zu verhindern. Das am Talhang gelegene kleinere Castello di Montebello erhielt in der zweiten Hälfte des 15. Jahrhunderts sein heutiges Aussehen. Das 230 Meter hoch über der Stadt auf dem südöstlich vorkragenden Bergrücken

gebaute Castello di Sasso Corbaro wurde 1479 innerhalb von nur sechs Monaten errichtet. Das strategische Abwehrsystem ergänzte man mit der Murata, einer fast fünf Meter breiten Mauer mit übereinander liegenden Doppelgalerien, die sich zum Fluss hinzieht. Alle Befestigungsmaßnahmen konnten jedoch nicht verhindern, dass das mehrmals heftig umkämpfte Bellinzona 1516 letztlich doch an die Eidgenossenschaft fiel.

Das größte der drei Kastelle von Bellinzona, das Castello Grande auf dem innerstädtischen Hügel, entstand im 13. Jahrhundert und wurde später ausgebaut.

MONTE SAN GIORGIO

Der pyramidenförmige Bergrücken des Monte San Giorgio – seit 2010 gehört auch der italienische Teil des Berges zu diesem nun grenzüberschreitenden Welterbe – gilt mit seinen Versteinerungen zahlreicher Meerestiere und Saurier als die reichste Fossilienfundstätte aus der Erdperiode Trias vor etwa 250 bis 200 Millionen Jahren.

Keine Region der Schweiz weist besser konservierte Fossilien auf als der 1096 Meter hohe, an den südlichen Ausläufern des Luganer Sees gelegene Monte San Giorgio. Zu den spektakulärsten Funden zählen vorwiegend meeresbewohnende Reptilien wie der Ticinosuchus und der Ceresiosaurus – »Ceresio« ist die einheimische Bezeichnung für den Luganer See.
Die Funde liegen in fünf aufeinanderfolgenden Schichten, die lückenlos einen ganzen Abschnitt der Erdgeschichte dokumentieren. In dieser geologisch gesehen kurzen Zeitspanne wandelten sich Fauna und Flora so

stark, dass man geradezu von einer Artenexplosion sprechen kann. Da die durch ein Riff von der Hochsee getrennte Lagune, in der diese Tiere lebten, nahe am Festland lag, findet man am Monte San Giorgio auch vollständig erhaltene und hervorragend konservierte Fossilien landbewohnender Tiere und Pflanzen. Einige der schönsten Funde können im Museum im Rathaus von Meride besichtigt werden.

Wie eine Pyramide ragt der 1096 Meter hohe Monte San Giorgio über dem Luganer See auf. Hier wurden unter anderem versteinerte Meeressaurier gefunden.

LA CHAUX-DE-FONDS UND LE LOCLE: STADTLANDSCHAFT DER UHRENINDUSTRIE

La Chaux-de-Fonds und Le Locle, zwei auf 1000 Meter Höhe im schweizerischen Kanton Neuenburg gelegene Nachbarstädte, repräsentieren eine Stadtplanung und Architektur, die sich stark an den Entwicklungsbedürfnissen der innerhalb weniger Jahrzehnte Weltgeltung erlangenden Uhrmacherindustrie orientierte.

Vergleichbare politische, wirtschaftliche und soziale Voraussetzungen sowie die geografische Nähe machten La-Chaux-de-Fonds und das nördlich davon gelegene Le Locle zu Zwillingsstädten, in denen sich bereits im 18. Jahrhundert parallel zur Landwirtschaft im Neuenburger Jura das Handwerk entwickelte, vornehmlich die Uhrmacherei – Le Locle gilt als die Wiege der schweizerischen Uhrenindustrie. Beide Städte mussten nach Bränden im 18. und 19. Jahrhun-dert neu angelegt werden; in ihrer Entwicklung dokumentieren sie ein wichtiges Kapitel der Industriegeschichte.

Nachdem La Chaux-de-Fonds einem Brand zum Opfer gefallen war, entstand dort ein neues, rechtwinklig angelegtes System von Ateliers, Manufakturen und Wohnhäusern für die Handwerker, mit dem auch die zur Uhrenherstellung notwendige Rationalität, Effizienz und Wirtschaftlichkeit garantiert werden konnten.

BENEDIKTINERINNENKLOSTER ST. JOHANN IN MÜSTAIR

Mitten im Hochgebirge findet sich in einem Nonnenkloster ein unerwarteter Schatz: der größte erhaltene Bilderzyklus aus karolingischer Zeit.

Im Münstertal liegt in 1240 Meter Höhe das Kloster St. Johann, das von Karl dem Großen um 785 gegründet wurde und als eines der schönsten Beispiele karolingischer Baukunst gilt. Um zwei Innenhöfe gruppieren sich die meist aus dem Mittelalter stammenden Klostergebäude. Kernstück der Anlage ist die rund 1200 Jahre alte Stiftskirche St. Johann, die Ende des 15. Jahrhunderts in eine spätgotische Hallenkirche umgebaut wurde. Im Inneren birgt sie originale Fresken aus der Gründungszeit des Klosters. Sie ziehen sich in fünf Friesen um den Innenraum und zeigen Szenen aus dem Leben König Davids und Jesu Christi; an der Westwand wird das Jüngste Gericht dargestellt. Die drei Apsiden und die Ostwand der Kirche wurden 1165 und 1180 übermalt, wobei der unbekannte Meister das Programm der karolingischen Fresken übernahm.

Das Fresko (oben rechts) in der Hauptapsis der Klosterkirche von Müstair, das berühmteste Motiv des um das Jahr 800 entstandenen Bilderzyklus dieser Kirche (oben links; rechts der Friedhof bei der Heiligkreuzkapelle), illustriert das Gastmahl des Herodes mit der tanzenden Salome und dem Haupt von Johannes dem Täufer.

RHÄTISCHE BAHN IN DER KULTURLANDSCHAFT ALBULA/BERNINA

Die grenzüberschreitende, zur Schweiz und zu Italien zählende Welterbestätte umfasst die beiden historischen Bahnlinien Albulabahn und Berninabahn als technische Denkmäler sowie die sie umgebenden Landschaften.

Diese mehr als 100 Jahre alten Bahnlinien gelten als ein herausragendes Beispiel für die erfolgreiche Erschließung der Alpenregion. Die 62 Kilometer lange Albulalinie wurde 1904 in Betrieb genommen. Sie führt von Thusis im Kanton Graubünden nach St. Moritz und überwindet rund 1000 Höhenmeter. Die Züge fahren auf einer der architektonisch anspruchsvollsten Schmalspurbahntrassen der Welt und passieren dabei 144 Viadukte und Brücken sowie 42 Galerien und Tunnels, darunter den 5,8 Kilometer langen Albula-

tunnel. Etwas später, im Jahr 1910, wurde die 61 Kilometer lange Berninabahn fertiggestellt, die St. Moritz mit der italienischen Grenzstadt Tirano verbindet. Sie führt über den Berninapass auf 2253 Meter Höhe, durch insgesamt 13 Tunnels und Galerien sowie über 52 Viadukte und Brücken, mit Steigungen von bis zu sieben Prozent.

Über kühne Viadukte (links: Landwasser-Viadukt; unten auf dem Weg zum Albulapass) schlängelt sich das rote Band von Bernina- und Albulabahn.

TEKTONIKARENA SARDONA

Die Gebirgslandschaft um den 3056 Meter hohen Piz Sardona im Grenzgebiet der Kantone St. Gallen, Glarus und Graubünden zeugt von der Entstehung von Gebirgen durch die Kollision von Kontinentalplatten und den dabei wirksam werdenden tektonischen Kräften.

Zentrales Element des 328 Quadratkilometer großen Schutzgebiets ist die weithin sichtbare Glarner Hauptüberschiebung: Hier schob sich vor 20 bis 30 Millionen Jahren ein bis zu 15 Kilometer dickes, aus dem Vorderrheintal stammendes Gesteinspaket über jüngere Gesteinsschichten. Entlang der Überschiebungslinie ruhen 250 bis 300 Millionen Jahre alte grünliche bis rötliche Verrucanogesteine auf 35 bis 50 Millionen Jahre alten bräunlichgrauen Flyschgesteinen. Die Überschiebungsfläche beginnt im Vorderrheintal, erreicht im Gipfelkamm von Hausstock, Sardona und Ringelspitz

auf 3000 Metern ihren Höhepunkt und sinkt dann nach Norden ab.
Zur Tektonikarena Sardona gehören zudem bedeutende Biotope, darunter Hochmoore und Schwemmebenen sowie die älteste Kolonie wiederangesiedelter Steinböcke in der Schweiz. Zu den Geotopen zählen das Martinsloch in den Tschingelhoren, das Kupferbergwerk auf der Mürtschenalp sowie die Segnesböden und die Landschaften im hinteren Murgtal, die von Gletschern der Eiszeit geformt wurden.

Der Piz Sardona ist der höchstgelegene Punkt der gleichnamigen Tektonikarena.

Österreich

Johann Bernhard Fischer von Erlach

Als Sohn eines Bildhauers wurde Fischer von Erlach (1656–1723) die Bildhauerkunst in die Wiege gelegt. Nach einem Italienaufenthalt, wo er in Rom den Bildhauer und Baumeister Gian Lorenzo Bernini kennenlernte, wandte er sich der Architektur zu und wurde einer der herausragenden Architekten des österreichischen Barock.

Er war für den Originalentwurf von Schloss Schönbrunn verantwortlich – auch wenn davon nach diversen Umbauten kaum etwas übrig blieb –, und er beteiligte sich an der Errichtung einiger Kirchen in Salzburg (Dreifaltigkeits-, Ursulinen-, Kollegien-, Johannesspitalkirche) sowie verschiedener Stadtpalais in Wien (Strattmann,

HISTORISCHES ZENTRUM VON WIEN

Historische Bauten vor allem aus der Gründerzeit mussten in vielen anderen Metropolen Europas weitgehend einer großflächigen Überbauung weichen – nicht so in Wien, wo diese Architektur noch bis heute größtenteils unversehrt erhalten geblieben ist.

Wiens historisches Zentrum spiegelt mit seiner Vielzahl herausragender Bauten und Denkmäler drei Epochen der kulturellen und politischen Entwicklung in Europa wider: Mittelalter, Barock und Gründerzeit. Zum Bereich des Welterbes zählen auch die den Stadtkern umschließende Ringstraße mit ihren Pracht- und Repräsentationsbauten aus dem späten 19. Jahrhundert und eine sogenannte »Pufferzone« im Vorstadtbereich.

Als Residenzstadt der Habsburger wie als Hauptstadt der österreichisch-ungarischen Doppelmonarchie war die Donaumetropole über Jahrhunderte hinweg ein politisches, geistiges und kulturelles Zentrum – sei es in Literatur, Theater, bildender Kunst, Musik oder Psychoanalyse. Noch bei Ausbruch des Ersten Weltkriegs hatte Wien mehr Einwohner als heute und war eine der größten Städte der Welt. Die imperiale Anlage der einstigen Vielvölkermetropole spiegelt sich auch in den ungezählten Baudenkmälern und Kunstschätzen wider. Erwähnt seien an dieser Stelle unter vielen anderen der berühmte Stephansdom, die Hofburg, das Kunsthistorische Museum, der Josephsplatz mit der Nationalbibliothek, die Augustinerkirche mit der Kapuzinergruft, die Spanische Reitschule, die Karlskirche, die Secession, die Staatsoper, das Burgtheater und Schloss Belvedere. Nicht zuletzt gehört zu Wien auch das Kaffeehaus, das seit der Belagerung durch die Türken im Jahr 1683 eine aus der Stadt gar nicht mehr wegzudenkende Institution geworden ist.

Der über der Stadt aufragende Stephansdom ist eines der bedeutendsten Bauwerke der Gotik in Österreich. Im Vordergrund sieht man die gewaltige Kuppel der Peterskirche.

Batthyány, Trautson, Schwarzenberg, Winterpalais von Prinz Eugen). Auch der 80 Meter lange und 20 Meter hohe Prunksaal der Nationalbibliothek in der Hofburg, ein Juwel barocker Raumkunst, geht auf ihn zurück.

Als Fischers Hauptwerk gilt die Karlskirche in Wien (1716–1737). Der Kuppelbau offenbart in seinen streng

durchkomponierten Formen und den Anleihen bei Antike, römischem Barock und Barock-Klassizismus eine neue Spielart des Barock, die sich von den beschwingten Formen seines Zeitgenossen Lukas von Hildebrandt deutlich abhebt und in ihren monumentalen Linien zum Symbol der Machtentfaltung der Habsburger wurde.

Der Prunksaal der Nationalbibliothek in der Hofburg ist eine Gemeinschaftsproduktion von Vater und Sohn Fischer von Erlach. Diese größte Barockbibliothek Europas beherbergt über 200 000 Bände sowie eine historische Globensammlung. Linke Seite: Johann Bernhard Fischer von Erlach auf einem 1719 entstandenen Kupferstich von Johann Adam Delsenbach.

Die von Johann Bernhard Fischer von Erlach mit Kuppel, Triumphsäulen und Seitentürmen entworfene Karlskirche gehört zu den bedeutendsten Barockbauten der Stadt Wien.

Die von 1861 bis 1869 im Stil der Neorenaissance an der Ringstraße errichtete Staatsoper ist eines der berühmtesten Opernhäuser der Welt.

Zu den weiteren Repräsentationsbauten am Ring zählen das Parlamentsgebäude mit Pallas-Athene-Brunnen samt Allegorien von Legislative und Exekutive.

Österreich

HISTORISCHES ZENTRUM VON WIEN

Die Wiener Hofburg war einst die Stadtresidenz der Habsburgerkaiser. Sie wurde
über die Jahrhunderte hinweg kontinuierlich um Trakte und Flügel erweitert.

Die heutige Nationalbibliothek (oben der
Prunksaal) ließ Kaiser Karl VI. ab dem
Jahr 1722 als ersten Teil der Hofbiblio-
thek durch Johann Bernhard Fischer
von Erlach und dessen Sohn errichten.

Die Spanische Hofreitschule wurde erst
nach dem Ersten Weltkrieg für das
allgemeine Publikum geöffnet. Sie ist
eine der ältesten Einrichtungen, in denen
die klassische Dressur unterrichtet wird.

Die im abendlichen Glanz erstrahlende
Hofburg zeugt noch heute von der Pracht,
mit der die Kaiser der Habsburgerdynastie
ihre Hauptstadt bis zum Ende der Monarchie im Jahr 1918 umgaben.

Österreich

SCHLOSS SCHÖNBRUNN

Schloss Schönbrunn, die einstige Sommerresidenz der Habsburger, verdeutlicht allein schon durch seine gewaltigen Dimensionen den umfassenden Herrschaftsanspruch dieser bedeutenden Dynastie.

Kaiser Karl VI. übertrug die Planung von Schönbrunn dem Architekten Johann Bernhard Fischer von Erlach, der eine gigantische Anlage bauen wollte, die selbst Versailles noch weit übertroffen hätte. Kaiserin Maria Theresia ließ das unvollendete Bauwerk dann ab dem Jahr 1744 zu ihrer Residenz umbauen und durch Nikolaus Pacassi im klassizistischen Stil fertigstellen. Diese Umbauten ließen von Fischers ursprünglichem Bau nur wenig übrig. Bereits im Jahr 1737 wurde das hinter der reich mit Statuen besetzten Balustrade versteckte Flachdach durch die

Im Schönbrunner Schlosspark werden die Wege von zahlreichen schönen barocken Statuen gesäumt.

heutigen Dächer ersetzt. Nach 1744 entstanden der Dachaufsatz über dem Mittelrisalit, die Balkone und seitlichen Treppen. Fischers zentraler Kuppelbau wurde dabei zerstört; von der Innenausstattung ist nur noch die »Blaue Stiege« erhalten geblieben. Die Gestaltung der Innenräume oblag Johann Hetzendorf, der auch den bereits im Jahr 1695 von Jean Trehet angelegten Park weiter aus- und umbaute. Die Hofkapelle, Repräsentations- und Privaträume, Spiegelgalerien und Kabinette zeigen somit feinste Dekorationskunst des Spätrokoko.

Unübersehbar in imperialen Dimensionen präsentiert sich die Ehrenhoffassade des Schlosses (rechts oben). Die Gloriette, ein frühklassizistischer Kolonnadenbau mit einem triumphbogenartigem Mittelteil, thront auf dem Schönbrunner Berg – einer Anhöhe über dem Schönbrunner Schlosspark (rechts unten).

KULTURLAND-
SCHAFT
WACHAU

*Die Wachau ist ein enges Durch-
bruchstal der Donau zwischen dem
Benediktinerstift Melk und der Stadt
Krems. Hier vereinen sich Fluss und
Hügel, Wein- und Obstgärten, mittelalterliche Dörfer und Städtchen, Burgen und Klöster zu einer fast schon
südlich anmutenden Kulturlandschaft.*

Die steile Engtalstrecke der Wachau
wird im Westen von der grandiosen
barocken Klosterresidenz Melk eröffnet, die mit ihrer mächtigen Doppel-
turm-Kuppelkirche sozusagen das
»Diadem« dieser Landschaft bildet.
Zwischen Obstbauern- und Winzerdör-
fern reihen sich am Fluss viele pittoreske Burgen und Burgruinen, Schlösser und Kirchen aneinander. Hier liegt
auch die kleine Ortschaft Willendorf,
die durch einen der wohl bedeutendsten Funde aus der Altsteinzeit, die sogenannte Venus von Willendorf, bis

**Auf einem Felssporn hoch über der Donau
erhebt sich Kloster Melk mit seiner prächtigen Barockkirche und der berühmten
Klosterbibliothek.**

weit über die Landesgrenzen hinaus
berühmt geworden ist.
Über die bekannten Weinorte Spitz
und Weißenkirchen gelangt man nun
nach Dürnstein, wo man das Steilufer
mit dem Stift unterhalb der Burgruine
erklimmt. Der schlanke Spätbarock-
turm des Stifts wird zu den elegantesten seiner Art gezählt. Nach Dürnstein
öffnet sich die Talenge und gibt den
Blick frei bis nach Krems, der mittelalterlichen Stadt mit den gotischen Bauten der Gozzo-Burg, der Dominikaner-
kirche und der Piaristenkirche. Der von
einer Anhöhe feierlich herabgrüßende
Gebäudekomplex des Stifts Göttweig
bildet den stimmungsvollen Abschluss
der Wachau.

**Ein Wahrzeichen der Wachau ist Dürnstein
mit Burgruine, Renaissanceschloss,
barockem Stift und ehemaligem Klaris-
senkloster (links oben). Nur wenige
Kilometer entfernt liegt der Weinort
Weißenkirchen (links ünten).**

Österreich

HISTORISCHES ZENTRUM VON SALZBURG

Als Barockjuwel präsentiert sich die Altstadt von Salzburg, wo durch Salzabbau reich gewordene Fürstbischöfe im 17. und 18. Jahrhundert prächtige Kirchen und Paläste errichteten.

Von der Herrschaft der geistlichen Fürsten, die einst Salzburg regierten, zeugen heute noch zahlreiche Sakralbauten. Zwei Erzbischöfe waren es, die das Bild der Stadt, die sich an den Mönchsberg und den Kapuzinerberg mit der Festung Hohensalzburg schmiegt, im 17. Jahrhundert vornehmlich prägten: Wolf Dietrich von Raitenau und Johann Ernst von Thun. Auf Raitenau geht die Barockisierung Salzburgs zurück; er ließ Baumeister aus Italien kommen, darunter Vincenzo Scamozzi, einen Schüler Palladios, und Santino Solari, dem Salzburg den Dom St. Rupert verdankt. Die helle Fassade und die mächtige achteckige Kuppel

Schmiedeeiserne Zunftzeichen über den alten Geschäften säumen die berühmte Getreidegasse, in der am 27. Januar 1756 der Komponist Wolfgang Amadeus Mozart geboren wurde.

beherrschen noch heute die Salzburger Stadtsilhouette. Thun berief Fischer von Erlach nach Salzburg, der dort die Kollegien-, die Ursulinen- und die Dreifaltigkeitskirche erbaute.
Auch prächtige weltliche Residenzen entstanden, so Schloss Mirabell mit seiner Orangerie und Schloss Hellbrunn, dessen Säle prachtvoll ausgemalt wurden. Charakteristisch für die Gassen der Altstadt sind die verschachtelten Innenhöfe der sogenannten »Durchhäuser«.

Das »Herz vom Herzen Europas« nannte Hugo von Hofmannsthal einmal die Hauptstadt des Salzburger Landes. Über der vieltürmigen Silhouette der Stadt an der Salzach mit dem Dom wacht die bereits ab dem 11. Jahrhundert errichtete und später mehrfach erweiterte Festung Hohensalzburg – eine der größten und imposantesten Burganlagen Europas.

Der Schloss Mirabell umgebende Mirabellgarten geht auf Fischer von Erlach zurück. Im Jahr 1730 wurde er zu einem Barockgarten umgestaltet, mit Betonung der Längsachse, die die Anlage auf Dom und Feste Hohensalzburg hin ausrichtet (im Hintergrund). Seine charakteristischen Elemente sind ein zentraler Brunnen und Figurengruppen, darunter historische Zwergerlfiguren.

Schloss Hellbrunn: Markus Sittikus Graf von Hohenems, Vetter und seit 1612 Nachfolger des Salzburger Erzbischofs Wolf Dietrich von Raitenau, ließ sich von 1613 bis 1615 im heutigen Stadtteil Morzg eine »villa suburbana«, ein ländliches Lustschloss errichten. Im »Oktagon« genannten Musikzimmer, von Donato Mascagni prachtvoll ausfreskiert, soll eine der Wandmalereien den Erzbischof als Nelkenkavalier zeigen (oben; darunter der schöne Park mit den weitläufigen Wasserspielen mit Brunnen).

Österreich

KULTURLANDSCHAFT NEUSIEDLER SEE

Die Region um den Neusiedler See im österreichisch-ungarischen Grenzgebiet ist ein einzigartiges Biosphärenreservat und zugleich altes Kulturland.

Der Neusiedler See, zu drei Vierteln zu Österreich gehörig, zu einem Viertel zu Ungarn, lag als Teil der Handelsroute zwischen Adria und Ostsee im Schnittpunkt der Kulturen. Davon zeugen archäologische Denkmäler, antike Heiligtümer, Weinberge und Schlösser. Durch Abholzung, Entwässerung, Jagd und Beweidung ist eine Kulturlandschaft geschaffen worden, in der wirtschaftliche Nutzung und Erhaltung natürlicher Lebensräume miteinander in Einklang stehen.

Der leicht salzhaltige Steppensee an den Ausläufern der Kleinen Ungarischen Tiefebene wird rundum von einem stellenweise bis zu drei Kilometer breiten Schilfgürtel und von Salzwiesen umgeben. Das trotz seiner geringen Tiefe fischreiche Gewässer ist Lebensraum von seltenen Vogelarten und dient als Rastplatz für Zugvögel. Seit dem Jahr 2001 bilden die beiden Nationalparks Neusiedler See/Seewinkel auf österreichischer und Fertö-Hanság auf ungarischer Seite, einige österreichische Gemeinden und das ungarische Schloss Fertöd ein grenzüberschreitendes Welterbe.

Im Schutz dichter Schilfgürtel verbergen sich diese Hütten an der Ruster Bucht.

KULTURLANDSCHAFT HALLSTATT-DACHSTEIN UND SALZKAMMERGUT

Einer ganzen Kultur lieh der kleine Ort Hallstatt im Salzkammergut seinen Namen, als bei Grabungen 1846 bis 1899 ein reich bestücktes Gräberfeld vom Beginn der Eisenzeit (800–500 v. Chr.) erschlossen wurde. Das Welterbe umfasst aber auch die grandiose Gebirgslandschaft sowie die bedeutenden kulturhistorischen und architektonischen Zeugnisse der Region.

Als Johann Georg Ramsauer 1846 im Schatten des Dachsteingebirges mit den ersten Grabungen zur Vorgeschichte in Mitteleuropa begann, gelangten Zehntausende Funde von unschätzbarem Wert ans Tageslicht, die den Übergang von der europäischen Bronzezeit zur frühen Eisenzeit dokumentieren. Die Hallstattkultur war von Südosteuropa über das Alpengebiet sowie Süd- und Westdeutschland bis nach Südfrankreich verbreitet. Ihre Grundlagen waren die Steinsalzförderung, der Abbau und die Verhüttung großer Eisenvorkommen. An den in die Hochgebirgslandschaft eingebetteten Orten des prähistorischen Bergbaus blühten reiche Wirtschaftszentren auf.

Hallstatt wurde als Ausgrabungsort früheisenzeitlicher Objekte zum Namensgeber einer frühgeschichtlichen Kultur.

SEMMERING-EISENBAHN

Die Semmeringbahn ist eine Meisterleistung aus der Pionierzeit des Eisenbahnbaus. Sie war weltweit die erste Eisenbahnstrecke, die über einen Gebirgspass führte, und galt früh als eine harmonische Synthese von Technologie und Natur.

Der östlichste und niedrigste der großen Alpenpässe ist der der Semmering zwischen Steiermark und Niederösterreich. Nachdem man im Mai 1842 bereits die erste Eisenbahnlinie zwischen Wien und Gloggnitz eingeweiht hatte, wurde per kaiserlicher Verfügung eine Anschlussstrecke über den Semmering bis Mürzzuschlag angeordnet. Carl Ritter von Ghega plante die mehr als 41 Kilometer lange Bahnstrecke, mit deren Bau man im Jahr 1848 begann. Da der Baumeister Konstruktionen aus Stahl und Eisen vehement ablehnte, wurde die gesamte Gleisführung auf rund 65 Millionen Ziegeln und Steinquadern errichtet. Auf dem Höhepunkt der Bauarbeiten waren täglich bis zu 20 000 Menschen beschäftigt.

Nach ersten Probefahrten wurde der planmäßige Betrieb über den Semmering am 17. Juli 1854 feierlich eröffnet. Von da an dampften Züge mit Hunderten von Touristen mit einer Geschwindigkeit von sechs Stundenkilometern über den Pass. Ausflüge über den Semmering wurden bei den Wienern bald zu einem beliebten Zeitvertreib.

Den höchsten Punkt (898 Meter) erreicht der Streckenverlauf im 1430 Meter langen Haupttunnel. Die 15 Tunnels haben eine Gesamtlänge von 5420 Metern, die 16 Viadukte von 1502 Metern.

ALTSTADT VON GRAZ UND SCHLOSS EGGENBERG

Das historische Zentrum von Graz spiegelt die Bedeutung der steirischen Hauptstadt als »Knotenpunkt« für die Kunst und Architektur des deutschsprachigen Gebietes, des Balkans und des Mittelmeerraumes wider. Untrennbar mit der Geschichte der Steiermark verbunden ist auch das am Stadtrand gelegene Schloss Eggenberg, um das diese Welterbestätte im Jahr 2010 erweitert wurde.

Graz – die zweitgrößte Stadt Österreichs – hat eine der am besten erhaltenen Altstädte Mitteleuropas. Auf dem 473 Meter hohen Schlossberg hatten Slowenen um das Jahr 800 eine Burg errichtet. An eine hier später erbaute Renaissancefestung, die Napoleon zerstören ließ, erinnert heute nur noch der Uhrturm von 1561 (die

Das größte Barockschloss der Steiermark: Schloss Eggenberg in Graz berherbergt in seinem Innern 24 Prunkräume mit jeweils herrlichen Deckengemälden. Der Blick auf den Innenhof wirkt dagegen sachlich.

Uhr stammt von 1712). Am Südostfuß des Schlossbergs erstreckt sich die Grazer Altstadt. Bauten aus verschiedenen Jahrhunderten, von der Gotik bis zur Renaissance, prägen diesen Teil der Stadt, deren Universität im Jahr 1586 gegründet wurde. Von ihr nahm einst die Gegenreformation in Österreich ihren Ausgang. Als architektonisches Spiegelbild des Universums wollte der Bauherr Fürst Hans Ulrich von Eggenberg (1568–1634) das 1625 von dem Palladio-Schüler Pietro de Pomis errichtete Schloss Eggenberg mit seinem Planetensaal verstanden wissen.

Tradition und Moderne gehen in Graz (links oben der Blick von der Franziskanerkirche zum Schlossberg, darunter die Herrengasse) eine geglückte Symbiose ein (links unten die muschelförmige Murinsel, ein von Stahltauen gehaltenes, über Stege begehbares Gesamtkunstwerk des New Yorker Künstlers Vito Acconci).

DEUTSCHORDENSBURG MARIENBURG

Die im polnischen Malbork (Marienburg) gelegene Burg war in den Jahren 1309 bis 1466 der Hauptsitz der Ritter des Deutschen Ordens. Der Backsteinbau an der Nogat gehört zu den eindrucksvollsten mittelalterlichen Burganlagen Europas.

Die Ritter des Deutschen Ordens bauten ab dem Jahr 1276 rund 60 Kilometer südöstlich vom heutigen Gdańsk (Danzig) eine alte preußische Burganlage aus. 1280 wurde die Marienburg Konventssitz. Von diesem Standort aus begannen die Ritter die Eroberung und Bekehrung Pruzzens (Preußens), ausgestattet mit diversen päpstlichen und kaiserlichen Privilegien. Als 1309 der Sitz des Hochmeisters von Venedig auf die Marienburg verlegt wurde, reichte das Territorium der Deutschritter bereits weit ins Baltikum und bis nach Süd- und Mittel-

deutschland hinein. Im Zeitalter der Reformation wurde es in ein erbliches Herzogtum unter polnischer Lehnshoheit umgewandelt. Nach schweren Zerstörungen im Zweiten Weltkrieg gelang der Wiederaufbau in den 1960er- und 1970er-Jahren mithilfe alter Aufzeichnungen. Heute beherbergen die Hallen, Kapellen, Korridore und Höfe weitläufige Museen mit wertvollen mittelalterlichen Schätzen.

In ihrer 700-jährigen Geschichte wurde die Marienburg, die weltweit größte Backsteinburg, oft umgebaut und erweitert.

ALTSTADT VON TORUŃ (THORN)

Die Stadt an der Weichsel verdankt ihre Gründung dem Deutschen Orden, der hier im 13. Jahrhundert eine gewaltige Burganlage errichtete. Gegen Ende dieses Jahrhunderts trat Toruń (Thorn) der Hanse bei.

Die Ritter des Deutschen Ordens errichteten hier einst eine Burg, unterhalb derer sich bald eine Stadt entwickelte, die im 14. Jahrhundert zu einem blühenden Handelsplatz wurde und für den Verkehr mit den Niederlanden eine eigene Handelsflotte unterhielt. 1411 und 1466 wurden hier zwischen dem Deutschen Orden und Polen der Erste und Zweite Thorner Frieden geschlossen. Um 1454 brannten Thorner Bürger die Ordensburg nieder (von der heute nur noch Reste erhalten sind), und die Stadt wurde ein selbstständiger Stadtstaat unter der Oberhoheit des polnischen Königs. Im Lauf der Zeit veränderte sich konti-

nuierlich das Gesicht der Stadt. Zeugen dieses Wandels sind gotische Patrizierhäuser, barocke und klassizistische Bürgerhäuser sowie repräsentative Paläste aus dem 19. Jahrhundert. Mit dem Bau des Alten Rathauses wurde 1259 begonnen. Erhalten blieb auch das Geburtshaus von Nikolaus Kopernikus (1473–1543) aus dem 15. Jahrhundert. Gotteshäuser wie die Domkirche St. Johannes (1260–1480) und die Marienkirche sind weitere Hauptsehenswürdigkeiten der Stadt.

Zu den vielen imposanten Gotteshäusern der Stadt gehört auch die im 14. Jahrhundert errichtete katholische Marienkirche.

PARK MUŻAKOWSKI

Unmittelbar am deutsch-polnischen Grenzfluss Neiße erstreckt sich die länderübergreifende Welterbestätte Park Mużakowski/Muskauer Park. Hier hat Hermann Fürst von Pückler-Muskau im 19. Jahrhundert einen der schönsten Landschaftsparks Europas geschaffen.

Etwa zwei Drittel des insgesamt rund 700 Hektar großen Areals liegen östlich der Neiße auf dem Gebiet der polnischen Gemeinde Łęknica (Lugknitz). Seit 2003 verbindet die originalgetreu rekonstruierte historische Doppelbrücke wieder den polnischen mit dem zu Bad Muskau gehörenden deutschen Teil auf der anderen Seite des Flusses und erschließt, was seit dem 1945 durch den Eisernen Vorhang getrennt war, wieder als ganzheitliches Ensemble, ganz im Sinne seines Schöpfers. Fürst von Pückler-Muskau war ein passionierter Landschaftsgärtner, der hier von 1815 bis 1844 einen einzigar-

tigen Park anlegen ließ. Auf einer Englandreise hatte er sich in den Jahren 1826 bis 1829 ein Bild von der englischen Gartenbaukunst gemacht. Anders jedoch als bei vielen vergleichbaren Parks der Epoche sollte diese Anlage nicht an eine exotische Landschaft erinnern, sondern – etwa durch Anpflanzung lokaler Gewächse – den Charakter der heimischen Landschaft unterstreichen.

Architektur und Natur gehen eine harmonische Verbindung ein – wie hier im polnischen Teil das von alten Eichen umgebene Viadukt über Sarah's Walk.

JAHRHUNDERTHALLE IN WROCŁAW (BRESLAU)

Die Breslauer Jahrhunderthalle von Max Berg zählt zu den bedeutenden Vorbildern der architektonischen Moderne. Sie wurde in den Jahren 1911 bis 1913 aus Stahlbeton errichtet. Zum Zeitpunkt ihrer Fertigstellung war sie mit einer Kuppelspannweite von 65 Metern die weltweit größte Halle dieser Art.

Errichtet wurde die Jahrhunderthalle zur Erinnerung an die Völkerschlacht bei Leipzig 1813. Diese entscheidende Schlacht gegen Napoleon hatte zum fluchtartigen Rückzug der französischen Truppen geführt. Mit ihrer sachlichen Konstruktion markiert sie den Abschied vom Formenreichtum des Historismus. Ganz im Sinne ihres Architekten Max Berg (1870–1947) wirkt die Versammlungs- und Ausstellungshalle kühl und nüchtern. Vier Eingänge führen in den zentralen Raum mit der 42 Meter hohen Kuppel.

Anfangs verspotteten Kritiker die Halle als »Pappschachtel«, während Befürworter sie mit dem Pantheon oder der Hagia Sophia verglichen. Neben ihrer politisch-symbolischen Bedeutung hatte sie einen sozialen Zweck: einer breiten Bevölkerungsschicht Zugang zu sportlichen, kulturellen und gesellschaftlichen Ereignissen zu ermöglichen.

In der Jahrhunderthalle mit ihrer gewaltigen Kuppel haben 6000 Menschen Platz. Die Halle befindet sich auf dem Gelände der Jahrhundertausstellung.

HISTORISCHES ZENTRUM VON WARSCHAU

Die Hauptstadt Polens wurde im Zweiten Weltkrieg weitgehend zerstört. In den Jahren 1949 bis 1963 und auch danach erfolgte ein planmäßiger, originalgetreuer Wiederaufbau des historischen Zentrums, an dem das ganze Land Anteil hatte.

Im Jahr 1945 waren bis zum Tag der Befreiung mehr als drei Viertel der Gebäude der polnischen Hauptstadt von den Nazis dem Erdboden gleichgemacht worden. Mit enormem Aufwand begann das polnische Volk den Wiederaufbau und nahm die Restaurierung der zahllosen historischen Bauwerke aus der Zeit von der Gotik bis zum Klassizismus in den historischen Vierteln Altstadt (Stare Miasto) und Neustadt (Nowe Miasto) in Angriff. Das Zentrum der Altstadt bildet nun der Marktplatz, der wieder eine geschlossene Bebauung aufweist. Die

Zwischen den Jahren 1598 und 1619 erhielt das Warschauer Königsschloss mit dem 60 Meter hohen Uhrenturm sein frühbarockes Gepräge.

Fassaden wurden mit aufwendigen Dekorationen im Stil der Renaissance und des Barock versehen.
Das ab 1971 rekonstruierte frühbarocke Warschauer Königsschloss dominiert den Schlossplatz mit der Sigismundsäule von 1644. Die sich daran anschließende Neustadt mit den wiederhergestellten Häusern aus dem 15. Jahrhundert birgt neben anderen restaurierten historischen Gebäuden den eleganten Barockpalast Krasiński. Der Neustädter Marktplatz wird von der Kirche der Sakramentsschwestern aus dem 17. Jahrhundert beherrscht.

Der Marktplatz in der Warschauer Altstadt (links oben) entstand im 13. Jahrhundert. Die ihn säumenden Patrizierhäuser wurden nach einem Stadtbrand von 1607 errichtet. Die Innenräume des Warschauer Königsschlosses (links unten der Rittersaal) weisen klassizistische Stilelemente auf.

Polen

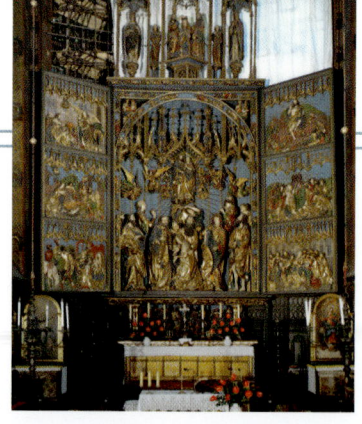

Veit Stoß

Als der aus Horb am Neckar stammende Veit Stoß (um 1448–1533) nach Lehr- und Wanderjahren in Schwaben und am Oberrhein 1477 nach Krakau übersiedelte, bekam er die Gelegenheit, seine ganze Meisterschaft zu zeigen. Der Hochaltar der Krakauer Marienkirche wurde zum ersten Hauptwerk dieses bedeutenden deutschen Bild-

ALTSTADT VON KRAKAU

Im Mittelalter war Krakau (Kraków) als bedeutender Umschlagplatz für polnisches Tuch die reichste Stadt des Landes. Darüber hinaus war sie auch ein wichtiges kulturelles Zentrum.

Krakau war bis 1596 Hauptstadt und vom 11. bis zum 18. Jahrhundert Krönungsort der polnischen Könige. Davon kündet bis heute der Wawelhügel mit Königsschloss und Kathedrale. Vom 12. bis zum 17. Jahrhundert wurde die Altstadt durch Baumeister und Künstler aus ganz Europa gestaltet. Auf dem Marktplatz, einem der größten Stadtplätze des Mittelalters, stehen die im 13. Jahrhundert errichteten Tuchhallen und die gotische, im 14. Jahrhundert umgebaute Marienkirche. An der im 14. Jahrhundert gegründeten

Die Wawel-Kathedrale vereint unterschiedliche Stile und Epochen. Der gotische Baukörper ist von 21 Kapellen umgeben, die auch Stilelemente der Renaissance und des Barock aufweisen.

Universität, die einen kostbaren gotischen Kreuzgang besitzt, lehrten bedeutende Denker des Mittelalters. Sie machten Krakau zu einem geistig-kulturellen Zentrum Europas. Von der reichen Geschichte der Stadt zeugen zahlreiche Bauwerke im Stil von Gotik, Renaissance und Barock, darunter viele Kirchen und Klöster. Hervorzuheben ist das Viertel Kazimierz, wo früher viele Juden lebten und sich noch Synagogen und jüdische Friedhöfe erhalten haben.

Ein eindrucksvolles Gebäudeensemble (von links: Rathausturm, Tuchhallen und Marienkirche) präsentiert sich auf dem Rynek, dem Hauptmarkt von Krakau.

hauers der Spätgotik. Allein durch die grandiosen Dimensionen (elf Meter breit, 13 Meter hoch) setzt der Wandelaltar mit den zwei Innen- und den zwei Außenflügeln Maßstäbe. Für den hohen künstlerischen Rang dieses Schnitzwerks stehen die bewegte Gestik und der intensive Ausdruck der Figuren, die realistischen Details und die erzählerische Kraft der Szenen. Zwölf Jahre arbeitete Veit Stoß an den Reliefs und dem vollplastischen Mittelschrein des Altars.

Auch das früheste monumentale Kruzifix des Meisters ist in der Krakauer Marienkirche zu sehen, entstanden spätestens in St. Sebald zu Nürnberg, wo er nach dem Jahr 1496 lebte – und durch zwielichtige Machenschaften zu Geld kommen wollte. Im Jahr 1503 wurde er deshalb auf beiden Wangen als Betrüger gebrandmarkt. Doch der künstlerische Ruhm überdauerte die Schande. Einzigartige Werke von Veit Stoß entstanden auch in Nürnberg, etwa der anmutige »Englische Gruß« in der Lorenzkirche.

In den Jahren 1477 bis 1489 schuf Veit Stoß den Krakauer Hochaltar (linke Seite), der den Chorraum der Marienkirche beherrscht. Im Mittelschrein ist der Tod Marias dargestellt, die von den zwölf Aposteln umringt wird. Die geöffneten Seitenflügel zieren sechs Szenen der Freuden Marias, die geschlossenen Flügel zwölf Szenen ihrer Leiden.

FRIEDENSKIRCHEN IN JAWOR UND ŚWIDNICA

Die evangelischen Friedenskirchen in Jawor (Jauer) und Świdnica (Schweidnitz) sind die größten Fachwerkkirchen Europas.

Der Westfälische Frieden besiegelte 1648 das Ende des Dreißigjährigen Kriegs. Danach durften die Protestanten im von den Habsburgern regierten Schlesien ihre Kirchen nur unter bestimmten Auflagen bauen: Sie sollten vor den Stadtmauern stehen und durften nur aus Holz, Lehm, Sand und Stroh errichtet werden. Außerdem waren Glockentürme verboten. Die Neugläubigen hielten sich daran, doch im Inneren schmückten sie ihre Gotteshäuser umso prächtiger aus.

So verbergen sich hinter der schlichten Fassade der Friedenskirche von Świdnica wertvolle Deckenmalereien aus dem ausgehenden 17. Jahrhundert. Die Kirche beherbergt eine große Orgel, 1752 kam noch ein barocker Hochaltar hinzu. Der Kirchenraum inklusive der zwei- und dreigeschossigen Emporen sowie Logen für die Adelsfamilien bot bis zu 7500 Menschen Platz. Auch die Friedenskirche von Jawor entfaltete innen eine atemberaubende Pracht.

Die Gemälde an den Emporen der Friedenskirche in Jawor (oben) zeigen Szenen aus dem Alten und Neuen Testament.
Die üppig geschmückte Kanzel von 1729 in der Friedenskirche in Świdnica stammt von Gottfried August Hoffmann (rechts).

AUSCHWITZ-BIRKENAU: DEUTSCHES NS-KONZENTRATIONS- UND VERNICHTUNGSLAGER (1940–1945)

Die Mauern, Rampen, Stacheldrahtzäune, Gaskammern und Krematorien der Gedenkstätte sind ein Mahnmal für die einst von Deutschen begangenen ungeheuerlichen Verbrechen.

Der Bau des Lagers Auschwitz I wurde am 27. April 1940 angeordnet; bereits im Juni trafen polnische Gefangene ein. Auschwitz-Birkenau hieß die ein Jahr später fertiggestellte Erweiterung des Lagers. Hier baute man ab 1941 die Vernichtungsanlagen, die die »Endlösung« herbeiführen sollten. Damit war die völlige Vernichtung der europäischen Juden gemeint. Auschwitz III, 1942 nahe dem Dorf Dwory errichtet, diente als Arbeitslager, aus dem der deutsche Konzern I.G. Farben jene Gefangenen bezog, die bei einer »Selektion« noch gesund und arbeitsfähig erschienen. Als die Soldaten der Roten Armee am 27. Januar 1945 die Lager von Auschwitz erreichten, fanden sie noch etwa 7650 Insassen vor. Etwa eine Million Menschen sind allein in Auschwitz ermordet worden.

Viele der nach Auschwitz deportierten Menschen wurden nach ihrer Ankunft direkt in die »Badeanstalten« genannten Gaskammern geführt.

KALVARIENBERG ZEBRZYDOWSKA

Das bedeutende polnische Marienheiligtum und Pilgerziel Kalwaria Zebrzydowska geht auf den Bau eines Klosters Anfang des 17. Jahrhunderts zurück und ist fast vollständig erhalten geblieben.

Im Jahr 1600 ließ der Krakauer Woiwode (Herzog) Nikolaj Zebrzydowski auf dem Berg Zar in der Nähe von Wadowice, dem Geburtsort des späteren Papstes Johannes Paul II. (1920–2005), eine kleine Heilig-Kreuz-Kirche nach dem Vorbild der Golgatha-Kapelle in Jerusalem errichten und gründete ein Bernhardinerkloster. Kurz darauf entstand hier eine nach Zebrzydowski benannte Siedlung für Pilger. Zebrzydowski plante, hier die heiligen Stätten Jerusalems zu reproduzieren. Nach Plänen Giovanni Bernardonis und Paul Baudarths wurden auf der Strecke zwischen dem Berg Lanckorońska Góra und dem Berg Zar 42 Kirchen und Kapellen errichtet. So entstand die erste Nachbildung von Golgatha, dem Kalvarienberg bei Jerusalem, in Polen. Um den immensen Pilgerstrom zum Kalvarienberg aufnehmen zu können, wurden das Kloster (1655) und die Klosterkirche (1692–1720) erweitert.

Das Franziskanerkloster in Kalwaria Zebrzydowska ist ein Bauwerk des Spätbarock und des Rokoko. Zu den prächtigsten Ausstattungsstücken der Klosterkirche zählt die Orgel.

SALZBERGWERK WIELICZKA

Bereits im Mittelalter wurden die ersten der über 200 Bergwerksstollen im Karpatenvorland vorgetrieben. Seit der Mitte des 13. Jahrhunderts hat man hier mehr als 25 Millionen Kubikmeter des »weißen Goldes« gewonnen.

Einen Großteil ihres Reichtums verdankten die polnischen Könige den reichen Salzvorkommen von Wieliczka in Kleinpolen rund 15 Kilometer südöstlich von Krakau. Die unterirdischen Galerien des ältesten Salzbergwerks Europas, die auf einer Länge von insgesamt fast 300 Kilometern bis in 315 Meter Tiefe in den Berg getrieben wurden, erstrecken sich über neun Stockwerke. In einem Museum, das in einigen Räumen eingerichtet wurde, sind neben Grubenfunden auch die historischen Gerätschaften der Bergleute und technische Einrichtungen zu besichtigen. Das Schmuckstück der Anlage, zu der auch ein Kurzentrum zur Behandlung von Atemwegserkrankungen gehört, ist zweifellos die im 13. Jahrhundert in 101 Meter Tiefe angelegte Kapelle der hl. Kinga, der Gattin Bolesław des Keuschen. Hier wie auch in zwei weiteren Kapellen haben Bergleute Altäre und Skulpturen aus dem Salz gemeißelt. Belüftungsanlagen schützen die wertvollen Skulpturen vor schädlicher Feuchtigkeit.

Auf der zweiten von insgesamt neun unterirdischen Hauptsolen meißelten die Bergleute die Kapelle der hl. Kinga aus dem Salz, in der noch heute Messen gelesen werden. Dabei entstanden auch Reliefs mit biblischen Motiven.

HOLZKIRCHEN IM SÜDEN VON KLEINPOLEN

Die insgesamt neun Kirchen Kleinpolens sind Blockbauten und bestehen aus waagrechten Baumstämmen. Diese Bauweise ist in Osteuropa weit verbreitet, ungewöhnlich ist jedoch ihre Anwendung bei römisch-katholischen Kirchen.

Die Holzkirchen der Dörfer Binarowa, Blizne, Dębno, Haczów, Lachowice, Lipnica Murowana, Orawka, Sękowa und Szalowa im südlichen Kleinpolen wurden einst von adligen Familien in Auftrag gegeben. Mit einer Ausnahme stammen sie alle aus dem späten 15. und aus dem 16. Jahrhundert. An ihrer Errichtung und Ausschmückung waren die besten Handwerker und Künstler der Zeit beteiligt. Sie führten die Tradition des mittelalterlichen Kirchenbaus weiter. Die Kirchen sind komplex gestaltet und sehr gut erhalten, ihr Inneres ist reich geschmückt und bemalt. Anfangs hatten sie keinen Turm – er kam erst später hinzu, als die Kirchen zum Statussymbol für die Stifter geworden waren. Auch in späteren Jahrhunderten wurde an den Kirchen regelmäßig weitergebaut. Vor allem die Innenausstattung passte man dann gerne dem jeweiligen Geschmack der Zeit an.

Die architektonisch ganz unterschiedlich gestalteten, von außen meist sehr bescheiden wirkenden Gotteshäuser sind – wie hier das von Haczów – in ihrem Inneren sehr liebevoll ausgestattet.

ALTSTADT VON ZAMOŚĆ

Im Auftrag des Großkanzlers und königlichen Heerführers Jan Zamoyski vom italienischen Baumeister Bernardo Morando als »Padua des Nordens« entworfen, entstand Zamość ab 1580 als eine der ersten am Reißbrett geplanten Idealstädte Europas und erlebte seine Blütezeit im 17. Jahrhundert.

Bei der Planung von Zamość im heutigen südostpolnischen Regierungsbezirk Lublin wurden alle Aspekte des städtischen Lebens bedacht. So entstand dort ein vielfältiges multinationales Gemeinwesen, dem erst die Deutschen im Zweiten Weltkrieg ein schreckliches Ende setzten, als sie sämtliche Juden und viele Polen ermordeten oder deportierten. Die Bürgerhäuser rund um die Plätze beeindrucken durch Laubengänge und Fassadenornamente. Das in den Jahren 1639 bis 1651 erbaute Rathaus wurde später im 18. Jahrhundert mit einer monumentalen Barocktreppe verschönert. Die von 1587 bis 1598 entstandene Kollegiatskirche St. Thomas gilt als eines der schönsten Gotteshäuser der polnischen Spätrenaissance. Die Innenräume der ehemaligen Synagoge, die in den Jahren 1610 bis 1620 errichtet wurde, zeichnen sich durch meisterhafte Stuckaturen aus.
Nur wenige Schritte vom Stadtmuseum entfernt, in der ul. Staszica 37, kann man das Geburtshaus von Rosa Luxemburg besichtigen.

Das Zentrum von Zamość bildet der Große Markt (Rynek Wielki). Sofort ins Auge fällt das Rathaus mit der geschwungenen Freitreppe und dem achteckigen Uhrenturm.

NATIONALPARK BIAŁOWIEŻA (BELOWESCHSKAJA PUSCHTSCHA)

Die sumpfreiche Urwaldregion entlang der polnisch-weißrussischen Grenze war jahrhundertelang das Jagdrevier der polnischen Könige.

Trotz extremer Temperaturen, die im Winter oft bei 40 Grad unter dem Gefrierpunkt liegen, hat sich auf dem Areal dieser grenzüberschreitenden Welterbestätte eine erstaunliche Artenvielfalt entwickelt. So gibt es allein 3000 Pilzarten und über ein Dutzend Orchideenarten. Im streng geschützten Kernbereich des Parks wachsen mit 55 Meter hohen Fichten und 40 Meter hohen Eschen die höchsten Bäume ganz Europas. In den 1920er-Jahren begann die polnische Regierung, Wisente aus Zoobeständen nachzuzüchten und ab dem Jahr 1952 dann planmäßig auszuwildern. Gegen Ende des 19. Jahrhunderts war das mächtige Urrind durch Abschuss nahezu vollständig ausgerottet worden. Auch die früher in ganz Eurasien heimischen Wildpferde, die in freier Wildbahn nicht mehr vorkommen, haben in diesem bedeutenden Schutzgebiet ein Refugium gefunden. Neben seltenen Säugetieren wie Bären, Elchen, Luchsen und Wölfen leben hier auch mehr als 220 verschiedene Vogelarten.

In dem ausgedehnten Wald- und Heidegebiet leben heute wieder rund 300 ausgewilderte Wisente, die europäischen Vettern des nordamerikanischen Bisons.

Tschechische Republik

TŘEBÍČ

Zum Weltkulturerbe dieser in Südwestmähren gelegenen Stadt zählen das jüdische Ghetto, der jüdische Friedhof und die Basilika St. Prokop am Nordufer des Flusses Iglawa. Die Bauwerke erinnern an die Koexistenz zwischen Juden und Christen vom Mittelalter bis ins 20. Jahrhundert.

Im Jahr 1101 gründeten Benediktiner am Nordufer der Iglawa ein Kloster. Dadurch entstand ein Markt, der viele Händler anzog; unter ihnen befanden sich auch Juden. So begann die Stadtgeschichte von Třebíč.

Die St.-Prokop-Basilika wurde in der Mitte des 13. Jahrhunderts erbaut und später immer wieder erneuert und restauriert. Das jüdische Viertel besteht aus zwei Hauptstraßen an einem Hügel. Zwischen ihnen verlaufen Gassen, die an einigen Stellen von Torhäusern überbrückt werden. Die Gebäude sind einfach gehalten, verfügen in der Regel über ein Gewölbe im Erdgeschoss und ein bis zwei weitere Stockwerke mit Holzdecken. Typisch ist der Stilmix: Ein Haus kann zum Beispiel einen mittelalterlichen Eingang, eine Fassade aus dem 18. Jahrhundert, ein Renaissancegewölbe und Stuck aus den 1930er-Jahren aufweisen. Bis 1875 mussten die Juden in diesem Ghetto leben, erst danach entfielen die Aufenthaltsbeschränkungen. Der jüdische Friedhof liegt außerhalb des Viertels.

Am Ufer der Iglawa in Třebíč liegen die romanisch-gotische, später barockisierte St.-Prokop-Basilika und das jüdische Viertel.

SCHLOSS LITOMYŠL

Das reich geschmückte Renaissanceschloss in Ostböhmen wurde im 16. Jahrhundert nach italienischem Vorbild errichtet. Auch lokale Ausdrucksformen flossen in das imposante Bauwerk ein.

Der Auftrag zur Errichtung des Renaissanceschlosses kam von der Familie Pernštejn, der zu jener Zeit die ganze Stadt gehörte. Der böhmische Kanzler Vratislav von Pernštejn konnte im Jahr 1567 die Stadt und die dazugehörigen Ländereien erwerben. Er starb 1582, im Jahr der Fertigstellung des Schlosses. Giovanni Battista und Ulrico Aostalli sowie auch andere norditalienische Künstler waren an diesem Bauwerk beteiligt. Das quadratische Gebäude beeindruckt durch seine reichhaltigen Verzierungen und schönen Arkaden. Im 18. Jahrhundert sind dem Schloss auch noch Elemente aus dem Hochbarock hinzugefügt worden.

Zum Schlosskomplex gehört auch ein kleines Theater, das zu seiner Bauzeit Ende des 18. Jahrhunderts eines der ersten Theater des Landes war. In der Brauerei aus dem Jahr 1630, die sich ebenfalls auf dem Schlossgelände befindet, kam der tschechische Komponist Bedřich Smetana (1824–1884) zur Welt. Im – auch für seine Musikfestivals bekannten – Schloss befindet sich ein Museum, das Smetana und der tschechischen Musik gewidmet ist.

Die einheitliche Fassade von Schloss Litomyšl wird durch Arkadenbögen, Renaissancegiebel und Sonnenuhren aufgelockert.

DREIFALTIGKEITSSÄULE IN OLOMOUC

Die Dreifaltigkeitssäule in Olomouc (Olmütz) ist das monumentalste Beispiel des in Süddeutschland, Österreich und Tschechien im 18. Jahrhundert häufig vertretenen Typus der Marien- und Dreifaltigkeitssäulen.

An städtebaulich zentraler Stelle auf dem Friedensplatz neben dem Rathaus erhebt sich die mächtige Dreifaltigkeitssäule, die 1754 in Anwesenheit der Kaiserin Maria Theresia geweiht wurde. Ausführende Künstler waren der in Olomouc lebende Steinmetz Wenzel Reder und der aus Mainfranken stammende Bildhauer Andreas Zahner. Der Goldschmied Simon Forstner gestaltete die großartige vergoldete Figurengruppe der Dreifaltigkeit, die das Säulendenkmal bekrönt. Das größte und figurenreichste Beispiel dieses Denkmaltyps nördlich der Alpen gliedert sich in eine durch Postamente und Treppen gestaffelte Sockelzone, einen kompakten pyramidalen Unterbau sowie einen hoch aufstrebenden Pilasterpfeiler. Auf jeder Geschossebene sind die meist überlebensgroßen Figuren allseitig verteilt. Höhepunkt der skulpturalen Ausstattung ist die goldene Statuengruppe der Dreifaltigkeit, die auf ihre Vorbilder des römischen Hochbarock verweist.

Drei Jahrzehnte lang arbeiteten die Künstler an der 35 Meter hohen Dreifaltigkeitssäule auf dem Friedensplatz.

HAUS TUGENDHAT IN BRNO (BRÜNN)

Das im Jahr 1930 von Ludwig Mies van der Rohe errichtete Haus Tugendhat in Brno ist ein herausragendes Beispiel für den Anfang der 1920er-Jahre entstandenen »internationalen Stil« in der Architektur der Moderne.

Diese Villa gilt als das letzte bedeutende europäische Werk des 1886 in Aachen geborenen Architekten Ludwig Mies van der Rohe, bevor er 1930 zum Direktor des Bauhauses in Dessau wurde und 1937 nach Amerika emigrierte. Kennzeichnend für den »internationalen Stil«, den Mies van der Rohe wesentlich mitprägte, waren Asymmetrie in Grund- und Aufriss, kubische Bauformen, Stahlskelettbau sowie Verzicht auf Ornament und Profil. Dazu gehört auch die Verwendung von Glas, Stahl, Stahlbeton und Chrom. Diese neuen kompositorischen Errungenschaften verwirklichte Mies van der Rohe hier erstmals an einem Wohnhaus.

Die Stahlskelettbauweise mit kreuzförmigen, verchromten Trägern erlaubte eine freie Raumaufteilung, da auf tragende Wände verzichtet werden konnte. Riesige, per Knopfdruck versenkbare Glaswände – damals ein Novum – verstärkten den Eindruck eines einzigartigen Raumkontinuums.

»Einfachheit der Konstruktion, Klarheit der tektonischen Mittel, Reinheit des Materials«: Haus Tugendhat in Brno gilt als ein Schlüsselwerk der Moderne.

SCHLOSS UND PARK IN KROMĚŘÍŽ

Das Schloss und der Park in Kroměříž (Kremsier) in Ostmähren gehören zu den besterhaltenen Beispielen einer barocken Fürstenresidenz.

Die Stadt an der Morava geht auf das Jahr 1110 zurück. Im Dreißigjährigen Krieg wurde Kroměříž völlig zerstört, doch der kunstsinnige Bischof Karl Liechtenstein ließ die Stadt wieder aufbauen und ab dem Jahr 1686 auch die Bischöfliche Residenz im prächtigen Barockstil neu errichten.
Nachdem ein großer Brand 1752 wertvolle Teile im Inneren des Schlosses zerstört hatte, kümmerte sich Bischof Leopold von Egk um die Restaurierung. Er holte einige der führenden Künstler des Spätbarock aus Österreich, die die Renovierungen übernahmen. Während der Revolution in den Jahren 1848 und 1849 tagte im Sitzungssaal der österreichische Reichstag. Heute bietet er die Kulisse für klassische Konzerte. Das Interieur der üppigen Wohn- und Repräsentationsräume zählt zu den wertvollsten in Mitteleuropa. Eine Gemäldesammlung mit bedeutenden Werken alter Meister fasziniert Kunstfreunde aus aller Welt. Zur Residenz gehört zudem ein ausgedehnter, sehr sehenswerter Park.

Die schönen Gartenanlagen in Kroměříž werden durch verspielte architektonische Elemente wie Brunnen, Rotunden, Pavillons und Grotten gegliedert.

KULTURLANDSCHAFT VON LEDNICE-VALTICE

Dieser Landstrich in Südmähren mit seinen zwei prächtigen Schlössern ist einer der weitläufigsten Komplexe historischer Landschaftsarchitektur. Die Parks dienen heute als Vogelschutzgebiet.

Um die Entstehung dieser Kulturlandschaft hatten sich in erster Linie die Herzöge von Liechtenstein verdient gemacht, die auf ihren Besitzungen zwei beeindruckende Schlossbauten errichten ließen. In Lednice (Eisgrub) erbaute Johann Bernhard Fischer von Erlach 1688 bis 1690 eine Reitschule in prächtiger Barockarchitektur. Mitte des 19. Jahrhunderts entstand hier ein Schloss, das wertvolle Kunstsammlungen beherbergt. Von hier gelangt man über eine Parkallee in das benachbarte Valtice (Feldsberg), wo es ebenfalls ein mächtiges Schloss gibt (17. Jahrhundert). Die nach dem Vorbild englischer Gärten gestaltete Park- und Teichlandschaft umgibt die beiden Schlossanlagen auf einer Fläche von insgesamt 200 Quadratkilometern.

Zwischen sanften Hügeln und bewaldeten Auen verbirgt sich an der Grenze zwischen Tschechien und Österreich ein Natur und Architektur harmonisch vereinendes Gesamtkunstwerk (links: Schloss Lednice). Geschaffen wurde dieses von den Fürsten von Liechtenstein, deren Vorgänger sich bereits im 14. Jahrhundert in den Orten Lednice und Valtice ansiedelten.

BAUERNDORF VLKOLÍNEC

Vlkolínec ist eine Siedlung aus 45 Holzhäusern, die in der für die mittlere Slowakei typischen Bauweise errichtet wurden. Heute ist das Dorf nahe Ružomberok (Rosenberg) am nordwestlichen Rand der Niederen Tatra ein Freilichtmuseum.

Auf einem Hochplateau vor der Kulisse des Bergkegels Sidorovo liegt das Bauerndorf Vlkolínec, dessen Name sich von »vlk« (slowakisch: »Wolf«) ableiten lässt – tatsächlich gibt es in dieser zwischen Niederer und Hoher Tatra in der östlichen Slowakei gelegenen Region noch Wölfe und Bären. Fernab vom Trubel moderner Städte blieb die aus dem 19. Jahrhundert stammende Holzarchitektur des »Wolfsdorfes« – das größte erhaltene Ensemble dieser für slowakische Bergsiedlungen charakteristischen Blockhäuser – in bemerkenswert gutem Zustand: Ein Anwesen besteht aus einem an die Straße grenzenden Wohnhaus mit dahinter liegenden Ställen und Scheunen; nur das Wohnzimmer der lehmverputzten Häuschen hat einen Holzfußboden. Das Dorf gibt auch Auskunft über das Leben der Menschen in entlegenen Bergregionen Ostmitteleuropas während des Mittelalters. Obwohl der Ort seit Langem ein Freilichtmuseum ist, leben in Vlkolínec noch einige ständige Bewohner, überwiegend ältere Menschen.

Die farbenfroh gestrichenen Wände der Bauernhäuser im Dorf Vlkolínec bestehen aus Holz und Lehm. Sie ruhen auf einem Steinsockel und tragen zum großen Teil Dächer aus Holzschindeln.

BERGBAUSTADT BANSKÁ ŠTIAVNICA

Banská Štiavnica (Schemnitz) war vom 14. bis zum 16. Jahrhundert die bedeutendste Bergbaustadt im Magyarenreich. Schon in frühgeschichtlicher Zeit wurden hier Gold und Silber geschürft.

Wahrzeichen der rund 20 Kilometer von Zvolen entfernten Stadt in den Karpaten ist das alte Schloss, das im Lauf des 16. Jahrhunderts durch die Befestigung einer gotischen Hallenkirche entstand. Die Häuser am Dreifaltigkeitsplatz gehörten einst reichen Bürgern. Sie stammen zum großen Teil noch aus dem 14. und 15. Jahrhundert, wurden aber während der Zeit der Renaissance und des Barock umgestaltet. So zeigt sich etwa der Sitz der Bergwerkskammer heute als repräsentativer Renaissancebau. Im 16. Jahrhundert hatten die Fugger die einträglichen Minen gepachtet und erweitert, im 17. und 18. Jahrhundert wurde in Banská Štiavnica Bergbaugeschichte geschrieben: Im Jahr 1627 trieb man zum ersten Mal im Bergbau Stollen mit Schießpulver voran, 1732 wurden hier erstmals Dampfmaschinen zum Abpumpen des Wassers eingesetzt. Die im Jahr 1735 gegründete Bergbauakademie wurde mit der Stilllegung der Minen 1918 geschlossen.

Eine barocke Dreifaltigkeitssäule schmückt den Dreifaltigkeitsplatz der alten Bergbaustadt Banská Štiavnica.

HOLZKIRCHEN IM SLOWAKISCHEN TEIL DER KARPATEN

Von der lokalen Tradition religiöser Architektur an der Schnittstelle von westeuropäischer und byzantinischer Kultur zeugen acht Holzkirchen in den slowakischen Karpaten.

Diese hölzernen Kirchen in den nordwestlichen Karpaten verweisen auf die friedliche Koexistenz der verschiedenen Konfessionen, Kirchen und Völker über die Jahrhunderte hinweg. Die römisch-katholischen Kirchen Hervartov und Tvrdošín wurden beide um 1500 im gotischen Stil erbaut. Einen anderen Typ repräsentieren die evangelischen »Artikularkirchen« Leštiny (1688), Kežmarok (1687, umgebaut 1717) und Hronsek (1726). Das Erbe der ruthenischen griechisch-katholischen Kirche, einer unierten Kirche, repräsentieren die drei Holzkirchen in Bodružal (1658), Ladomirová (1742) und Ruská Bystrá (1720–1730). Die Interieurs dieser drei Gotteshäuser stammen zum größten Teil aus dem 18. Jahrhundert. Alle Holzkirchen sind mit reichen Wand- und Deckenmalereien ausgestattet.

Gleich drei christliche Kirchen errichteten im slowakischen Teil der Karpaten ihre hölzernen Gotteshäuser: die Protestanten (oben in Kežmarok), die Katholiken und die griechisch-orthodoxe Kirche. Grundrisse, Innen- und Außenansichten variieren je nach Art der religiösen Praxis.

LEVOČA, SPIŠSKÝ HRAD UND ASSOZIIERTE KULTURMONUMENTE

Die Ruinen von Spišský Hrad (Zipser Burg), einer der größten Burganlagen der Slowakei und einst Sitz des königlich-ungarischen Komitats, gehören mit Spišské Podhradie (Kirchdrauf), Spišská Kapitula (Zipser Kapitel) und der Kirche von Žehra zu diesem – im Jahr 2009 um das historische Zentrum von Levoča (Leutschau) und Werke von Meister Paul in Spiš erweiterten – Welterbe.

Die mittelalterliche Zipser Burg entstand über einer frühslawischen Festung in Zips, einer Landschaft und historischen Verwaltungseinheit in und an den Ausläufern der Hohen Tatra. Aus ihr gingen die nur wenige Kilometer entfernten Gründungen Spišské Podhradie und Spišská Kapitula (Letztere Sitz der Propstei) hervor. Sie verfügen über bedeutende Baudenkmäler (Kirchen, Barockkloster, Renaissancerathaus und -herrenhäuser). Zu den mit der Zipser Burg assoziierten Kulturmonumenten gehört auch die frühgotische Heilig-Geist-Kirche von Žehra. Als »funkelndster Stein in der Zipser Krone« wird die im Jahr 1249 erstmals erwähnte Stadt Levoča bezeichnet. Dort findet man in der Pfarrkirche des hl. Jakobus den höchsten (18,60 Meter) gotischen Altar der Welt – ein 1507 bis 1517 in Lindenholz geschnitztes Werk von Meister Paul aus Levoča.

Die Zipser Burg (Spišský Hrad) thront auf einem 634 Meter hohen Kalkfelsen.

HISTORISCHES ZENTRUM VON BARDEJOV

In der Altstadt von Bardejov (Bartfeld) in der Slowakei lässt sich heute noch das Ambiente einer mittelalterlichen Handelsstadt erleben. Sie repräsentiert den Typus der Urbanisierung im östlichen Zentraleuropa vom 14. bis 16. Jahrhundert.

Zu Beginn des 14. Jahrhunderts wurde Bardejov am alten Handelsweg nach Polen als königliche Freistadt gegründet. Ihre kulturelle Glanzzeit erlebte die Stadt im 15. und 16. Jahrhundert, was u. a. zur Gründung der ersten öffentlichen Bibliothek des Landes führte. Der lang gezogene Stadtgrundriss ist nach schachbrettartigem Muster systematisiert. Die Mitte des lang gestreckten Marktplatzes besetzt das spätgotische Rathaus mit seinen steilen Giebeln und dem Erker sowie der Freitreppe aus der Renaissance. Die Hauptkirche St. Ägidius erhielt ihre heutige Gestalt in der zweiten Hälfte des 15. Jahrhunderts. Viele Bürgerhäuser aus der Zeit der Gotik und der Renaissance prägen das Stadtbild. Dazu gesellt sich das kleine Judenviertel, das um die Synagoge aus dem 18. Jahrhundert herum gruppiert ist.

Der gut erhaltene Marktplatz von Bardejov entstand im 14. Jahrhundert. Er wird an drei Seiten von herrlichen Bürgerhäusern aus dem 16. Jahrhundert gesäumt (oben) und von der Basilika des hl. Ägidius überragt. In der Mitte des Platzes befindet sich auch das Rathaus (links).

BUCHENURWÄLDER IN DEN KARPATEN

Die schönsten Buchenwälder Europas befinden sich an der Grenze zwischen der Slowakei und der Ukraine. Zehn Schutzgebiete entlang einer Achse von rund 180 Kilometern vom ukrainischen Rachiwgebirge bis zu den Vihorlatbergen in der Slowakei bilden dieses grenzüberschreitende Welterbe.

Mitteleuropa war einst zum größten Teil von Laub- und Laubmischwald überzogen. Eine besondere Rolle spielte dabei die Buche: Diese passt sich ganz unterschiedlichen ökologischen Bedingungen an und verfügt über eine einzigartige Überlebensstrategie, indem sie sich immer weiter ausbreitet und dabei andere Baumarten verdrängt. Die Welterbestätte setzt sich aus folgenden Gebieten zusammen: in der Slowakei Havešová (größte Exemplare der Welt), Rožok, Stužica, Bukovské Vrch und Vihorlat, in der Ukraine Tschorna Hora, Kusij-Tribuschanij, Marmarosch, Stuschicja-Uschok, Swydowez und Uholka/Schirokij Luh. Daneben gibt es hier fast 1100 Arten von Blütenpflanzen, rund 100 Vogel- und 70 Säugetierarten.

Die Rotbuche (Fagus sylvatica) ist über weite Teile Europas verbreitet. Reine Buchenwälder und andere von der Buche dominierte Waldgesellschaften gibt es jedoch nur noch in den ukrainischen und slowakischen Waldkarpaten. Hier wachsen bis zu 55 Meter hohe Bäume.

AGGTELEK-HÖHLEN UND SLOWAKISCHER KARST

Im Gebiet des Ungarischen Karsts, eines Ausläufers des Slowakischen Erzgebirges, befinden sich auf beiden Seiten der Grenze viele Hundert Höhlen mit Tropfsteinformationen.

Im ungefähr 600 Meter hoch gelegenen Karstgebiet im nordungarischen Mittelgebirge, das sich bis in die Slowakei hinein erstreckt, befindet sich als Teil der grenzüberschreitenden Welterbestätte der ungarische Nationalpark von Aggtelek. Dessen weitverzweigtes Höhlensystem verläuft einige Hundert Meter unter der Erde und kann durch verschiedene Eingänge betreten werden. Höhepunkt geführter Höhlenwanderungen, in denen die Erdgeschichte auf beeindruckende Weise fassbar wird, ist die riesige Baradla-Höhle mit ihrer fast schon unwirklich erscheinenden Welt aus Stalaktiten und Stalagmiten. In manchen Kammern wurden auch Spuren altsteinzeitlicher Bewohner gefunden, in anderen Fossilienvorkommen.

Die zweitgrößte Höhle des Aggteleker Karsts ist die Béke-Höhle. Sie hat seit dem Jahr 1965 das offizielle Prädikat »Heilhöhle« und empfiehlt sich besonders für Asthmatiker. Sie dient außerdem auch als Konzertsaal.

Rund 17 Kilometer lang ist das Tropfsteinhöhlensystem auf der ungarischen Seite im Karstgebiet Aggtelek.

Ungarn

BUDAPEST

1872 schlossen sich die selbstständigen Städte Buda und Pest zur neuen Hauptstadt des damaligen Königreichs Ungarn zusammen. Zum Welterbe zählen in Budapest das Burgviertel Buda, die Uferzone der Donau und die Andrássystraße.

Die königliche Burgstadt Buda hat ihre mittelalterliche Struktur gut bewahren können. Gotische und barocke Bauten säumen die engen Gassen.

Im Zentrum des Burghügels, seit dem 17. Jahrhundert Bürgerstadt, liegt der Dreifaltigkeitsplatz. Er wird von der im Jahr 1250 gegründeten, im 19. Jahrhundert neugotisch umgebauten Liebfrauenkirche beherrscht. Das Südportal des Gotteshauses zeigt das Tympanonrelief, welches aus Originalstücken des hochgotischen Baus zusammengesetzt wurde. Im Süden des Burghügels befindet sich der königliche Burgpalast, dessen im Jahr 1686 zerstörter Vorgängerbau ab 1749 ersetzt wurde. In Óbuda liegen die Ausgrabungsstätten der römischen Siedlung Aquincum

Wo sich einst der alte Fischmarkt von Buda befand, entstand von 1895 bis 1902 die Fischerbastei. Der Architekt Frigyes Schulek empfand mit den konischen Türmen dieses Bauwerks die Zelte des Magyarenvolks nach. Von der Bastei aus eröffnet sich ein herrlicher Ausblick auf die Donau und das Parlamentsgebäude.

mit dem 13 000 Zuschauer fassenden Amphitheater. Hier befindet sich auch die monumentale klassizistische Synagoge aus dem Jahr 1820.

Auf der anderen, östlichen Seite der Donau liegt Pest – im 19. Jahrhundert eine selbstständige Handelsstadt sowie ein Zentrum des Geisteslebens und des Großbürgertums. Von der einstigen Bedeutung zeugen hier auf der Pester Seite noch die Bürgerhäuser und Adelspalais rund um den Großen Ring.

Sie ist die älteste und bekannteste der neun Brücken in Budapest: die in den Jahren 1839 bis 1849 errichtete, von zwei triumphbogenähnlichen Stützpfeilern getragene Kettenbrücke.

Unter der Türkenherrschaft wurde die Matthiaskirche als Moschee genutzt. Die Verzierungen im Inneren erhielt sie im 19. Jahrhundert beim Umbau im neugotischen Stil durch Frigyes Schulek.

1905 wurde die St. Stephans-Basilika nahe der Kettenbrücke eingeweiht, die rund 8500 Menschen Platz bietet.

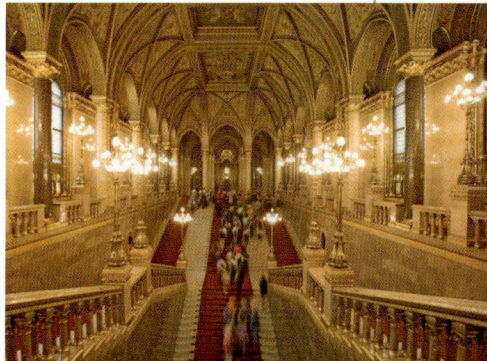

Das Parlamentsgebäude mit seinem prachtvollen Treppenhaus wurde 1885 bis 1904 nach Plänen Imre Steindls erbaut.

Im – 1918 eröffneten – Gellért-Bad kann das Dach des inneren Hauptbeckens bei schönem Wetter geöffnet werden.

Ungarn

KULTURLANDSCHAFT FERTÖ/NEUSIEDLER SEE

Im Jahr 1991 wurde auf der ungarischen Seite des Neusiedler Sees der Nationalpark Fertö-Hanság gegründet – bereits zwei Jahre vor seinem Pendant auf österreichischer Seite.

Der Neusiedler See im Kleinen Ungarischen Tiefland an der Grenze zu Österreich war als Teil der Handelsroute zwischen Adria und Ostsee acht Jahrtausende lang Schnittpunkt vieler Kulturen. Noch heute weist die Region eine außergewöhnliche ethnische Vielfalt auf. Durch Abholzung, Entwässerung, Jagd und Beweidung ist um den pannonischen Steppensee eine Kulturlandschaft geschaffen worden, in der die wirtschaftliche Nutzung und die Erhaltung der natürlichen Lebensräume einigermaßen miteinander im Einklang stehen und deren Bedeutung zunehmend gewürdigt wird. Auf der österreichischen Seite gehören der Nationalpark Neusiedler See/Seewinkel sowie einige Dörfer zu diesem grenzüberschreitenden Welterbe, auf ungarischer Seite sind es u.a. der Fertö-Hanság-Nationalpark sowie das Schloss Fertöd. Bemerkenswert ist die artenreiche Flora des leicht salzhaltigen Steppensees, den ein stellenweise bis zu drei Kilometer breiter Schilfgürtel und Salzwiesen umgeben.

Rund um den See trifft man auf landestypische Ziehbrunnen und Schilfhütten.

BENEDIKTINERABTEI PANNONHALMA

Die alte Benediktinerabtei St. Martin in Pannonhalma (Martinsberg), rund 30 Kilometer südöstlich von Györ (Raab) gelegen, ist eine Keimzelle der Christianisierung von Ungarn. Sie wird noch heute von Mönchen bewohnt.

Die Gründung des Klosters geht auf Fürst Géza (940–997) zurück. Unter König Stephan I., dem Heiligen, wurde es Erzabtei und ist seitdem das Zentrum des Benediktinerordens in Ungarn. Der älteste Teil des Klosters ist die 1225 geweihte Stiftskirche, die über zwei Vorgängerbauten errichtet wurde. Die Krypta unter dem erhöhten Chor wurde wahrscheinlich auf den Grundmauern der Urkirche erbaut. Außer schönen barocken Stuckaturen und klassizistischen Elementen birgt die Stiftskirche auch zahlreiche Kunstwerke aus romanischer und gotischer Zeit.

Die Skulpturen im Gewölbe des spätgotischen Kreuzgangs sollen menschliche Tugenden und Laster symbolisieren. Der 55 Meter hohe Westturm wurde erst im Jahr 1830 während des klassizistischen Umbaus der Anlage errichtet. Ein besonders kostbares Kleinod dieser Epoche ist der Prunksaal der klassizistischen Bibliothek aus den Jahren 1824 bis 1832. Hier werden wertvolle Handschriften und Wiegendrucke (Inkunabeln) aufbewahrt.

Fürst Géza gründete 996 Pannonhalma, die Erzabtei des Benediktinerordens.

HOLLÓKÖ UND UMGEBUNG

Der alte Kern des Dorfes Hollókö (Rabenstein) konnte sein mittelalterliches Gesicht bis heute bewahren. Charakteristisch für die Wohnhäuser sind ihre Laubengänge und die ebenerdigen Keller.

Das in einer malerischen Umgebung gelegene Hollókö verbirgt sich zwischen den Hügeln des Cserhátgebirges, etwa 100 Kilometer von Budapest entfernt. Unter der auf einem Felsen thronenden Ruine der Burg Hollókö, die auf das 13. Jahrhundert zurückgeht und zu Beginn des 18. Jahrhunderts zerstört wurde, liegt der Ortskern mit einer Reihe mittelalterlicher Wohnhäuser. Trotz Kriegen und Feuersbrünsten sind sie nahezu unverändert erhalten geblieben.

Im Zentrum der Siedlung steht die im Jahr 1889 errichtete katholische Dorfkirche mit Holzturm und Schindeln. Die Häuser wurden in der für die Volksgruppe der Paloczen typischen Bauweise errichtet. Der ebenerdige Keller der meist am Hang liegenden Gebäude ist von der Straße aus zugänglich; ein an der Giebelseite von einem schmalen Walmdach bedeckter Laubengang umgibt den Hof. Reiche Schnitzarbeiten an den Holzlauben vervollständigen das mittelalterliche Ensemble in einem der wohl schönsten Dörfer Ungarns. Ein Großteil der Bauernhäuser ist heute noch bewohnt. In einem von ihnen befindet sich ein Dorfmuseum.

Die Kirche des früher von den Paloczen bewohnten Ortes Hollókö wurde im Stil der Bauerngotik errichtet.

KULTURLANDSCHAFT TOKAJER WEINREGION

Die Region am Fuß des Zempliner Gebirges ist geprägt von der Kulturtradition des Weinbaus, die sich hier seit einem Jahrtausend erhalten hat.

Das Weinbaugebiet Tokaj-Hegyalja liegt in den nördlichen Ausläufern der Puszta nahe der Grenze zur Slowakei und zur Ukraine. Es umfasst insgesamt 26 Orte, deren größter und bekanntester das hübsche Städtchen Tokaj am Ufer der Theiß ist. Nach dieser Stadt wurde der Wein benannt, den der »Sonnenkönig« Ludwig XIV. als »Vinum regum, rex vinorum« (Wein der Könige, König der Weine) bezeichnet hat. Tatsächlich gehört der zu den Dessertweinen zählende Tokajer, der vor allem aus der Rebsorte Furmint, in geringerem Umfang auch aus den Sorten Lindenblättriger, Gelber Muskateller und Zéta gekeltert wird, zu den ältesten Weinen des Landes. Hier im Norden Ungarns, rund 200 Kilometer östlich der Hauptstadt Budapest, ist seine Heimat. Der Weinbau hat die Region geprägt, ihre Traditionen und Siedlungsformen. So entwickelte sich eine Kulturlandschaft, in der man vom und mit dem Wein lebt. Die Qualität der Produktion wird streng kontrolliert.

Das Städtchen Tokaj ist nicht nur Namensgeber des berühmten ungarischen Weißweins, sondern hat auch eine sehenswerte historische Altstadt (links im Bild das schmucke Rathaus, Városháza).

NATIONALPARK HORTOBÁGY – DIE »PUSZTA«

Ein karges Landschaftsbild prägt die »Puszta«, die zum großen Teil landwirtschaftlich genutzt wird. Mithilfe des Hortobágy-Nationalparks soll ihr einzigartiger Charakter bewahrt werden.

Die heute als »Puszta«, also als »verödetes, einsames Gebiet« bezeichnete Landschaft war einst bewaldet, bevor Mongolen und später Türken die Dörfer und Wälder niederbrannten. Die Wiedereinführung der Viehzucht führte zu Überweidung und Versalzung, wodurch das heutige Landschaftsbild entstand. Neben der Puszta von Hortobágy zählt auch ein großer Teil von Nagykunság zum Nationalpark.

Im Nationalpark Hortobágy, 1973 gegründet, werden traditionelle Formen der Landnutzung betrieben. Neben den Weidetieren – darunter auch mittlerweile unter Schutz stehende alte Haustierrassen, die vor dem Aussterben bewahrt werden sollen – weist der Nationalpark einen enormen Reichtum an ortstypischer Flora und Fauna auf. Die vielen Gewässer im Nationalpark machten den Bau mehrerer Brücken notwendig. So spannt sich die Neunbogenbrücke beim Dorf Hortobágy über den gleichnamigen Fluss.

In der »Puszta«, der größten zusammenhängenden natürlichen Grassteppe Europas, werden auch alte ungarische Haustierrassen gehalten, etwa Graurinder.

FRÜHCHRISTLICHER FRIEDHOF VON PÉCS

Unter den in der römischen Provinz Pannonia gegründeten Städten entwickelte sich Pécs, das damalige Sopianae, zu einem wichtigen Handels- und Gewerbezentrum.

Das Friedhofsareal aus spätrömischer Zeit liegt im Südwesten der Innenstadt von Pécs (Fünfkirchen). Bei archäologischen Ausgrabungen wurden hier bisher 16 Grabkammern, mehrere Tausend Gräber sowie in den Gräbern gefundene Gegenstände freigelegt.

Die meisten der aus dem 4. Jahrhundert stammenden christlichen Grabbauten standen einst über der Erde. Besonders eine bereits 1780 gefundene Grabkammer verdient Beachtung. Das zweigeschossige Gebäude schmücken gut erhaltene Wandmalereien, die neben den Aposteln Petrus und Paulus, der Muttergottes, Jonas, Noah sowie weiteren biblischen Personen eine der frühesten Aktdarstellungen von Adam und Eva nach dem Sündenfall abbilden. Der architekturgeschichtlich wichtigste Fund sind bislang die Reste von zwei Gedächtniskapellen: eine mit Fresken ausgeschmückte Kapelle mit drei Apsiden und das Kleinmausoleum aus dem 5. oder 6. Jahrhundert. Der frühchristliche Friedhof von Pécs ist ein bedeutendes Denkmalensemble nicht nur für Ungarn, sondern auch für ganz Europa.

Von den Kapellen und Grabkammern der frühchristlichen Gemeinde (links) in Pécs können drei besichtigt werden.

Weißrussland

BELOWESCHSKAJA PUSCHTSCHA (NATIONALPARK BIAŁOWIEŻA)

Ganz im Westen Weißrusslands erstreckt sich an der Grenze zu Polen einer der letzten Urwälder Europas mit einer einzigartigen Fauna und Flora.

Ursprünglich umfasste das Welterbe nur den polnischen Białowieża-Nationalpark, erst 1992 kam der weitaus größere weißrussische Teil, Beloweschskaja Puschtscha, zum nun rund 1000 Quadratkilometer großen grenzüberschreitenden Welterbeareal hinzu. Grund für die Auszeichnung waren die für Europa einzigartigen Bestände von jungfräulichem Mischwald. Im streng geschützten Kernbereich des Parks wachsen Fichten, Kiefern, Schwarzerlen, Weißbuchen, Stieleichen, Birken, Eschen, Linden, Ahornbäume und Pappeln. Einzelne Bäume sind Naturdenkmäler. Dazu kommen Hunderte von Pilz-, Flechten- und Gefäßpflanzenarten. Bekannt ist der Park vor allem durch seine Wisente. Ab 1952 wilderte man die in den 1920er-Jahren aus Zoobeständen nachgezüchteten Vettern des nordamerikanischen Bisons, die nahezu vollständig ausgerottet worden waren, in der Region aus. Heute leben in dem riesigen Waldgebiet wieder rund 300 Exemplare dieser größten europäischen Hochwildart.

Der letzte nennenswerte europäische Bestand an Wisenten lebt heute im grenzüberschreitenden Park von Białowieża/Beloweschskaja Puschtscha.

Struve-Bogen siehe Seite 124

SCHLOSS MIR

Das etwa 80 Kilometer südwestlich von Minsk am Fluss Miranka im heutigen Weißrussland gelegene Schloss ist mit seinen verschiedenen Stilelementen ein Beispiel der Magnatenarchitektur aus der Zeit der polnisch-litauischen Herrschaft.

Das Städtchen Mir gehörte nacheinander zum Großfürstentum Litauen, zum russischen Zarenreich, zu Polen und zur Sowjetunion und ist nun ein Teil Weißrusslands. Zudem war Mir einst ein typisch osteuropäisches Schtetl, bis die deutsche Wehrmacht dort am 9. November 1941 rund 1500 Juden ermordete.
Im frühen 16. Jahrhundert wurde das Karree einer Zitadelle angelegt, mit Schutzmauern und fünf Türmen. 1568 kam die Festung in den Besitz des Fürsten Radziwill, im 16. und 17. Jahrhundert erhielt sie mit dem Bau eines zweiflügeligen Wohnschlosses die Funktion einer Adelsresidenz. Errichtet wurde dieser Wehrbau mit seinen wuchtigen Ziegeltürmen über einem quadratischen Grundriss mit 75 Meter Seitenlänge. Das dicke Mauerwerk und die Reihung der Schießscharten belegen den militärischen Charakter der Anlage. Der Repräsentationszweck kommt in der reichen Zier der Turmfassaden zur Geltung, wo rote Backsteinfelder mit weiß verputzten Partien abwechseln und zusammen mit den voluminösen Türmen dem Bau eine großartige Fernwirkung sichern.

Die Fassade von Schloss Mir wird dominiert von den gedrungenen Türmen aus rotem Ziegelstein.

NJASWISCH

Njaswisch, die im Südwesten von Weißrussland gelegene einstige Residenz der Fürsten Radziwill, steht für die Verschmelzung und gegenseitige Bereicherung der Kulturen Ost- und Westeuropas. Unter dem Schutz der UNESCO steht das gesamte architektonische und kulturelle Erbe der Radziwills im Ort.

Weißrussland nahm lange eine Rolle als Mittler zwischen Ost- und Westeuropa ein. Die Mitglieder der Familie Radziwill, die die Residenz bis 1939 besaß, spielten im politischen wie kulturellen Leben eine bedeutende Rolle und werden oft als »die Medici Weißrusslands« bezeichnet. Sie waren Kirchenführer, Aufklärer, Kunstmäzene, Sammler, Schriftsteller, Komponisten und Wirtschaftsmagnaten und regierten seit dem 15. Jahrhundert Rzeczpospolita, das heutige Weißrussland.
Die ältesten Teile der Schlossanlage von Njaswisch stammen aus der Zeit um 1500, als Fürst Nikolaus Radziwill sich hier einen neuen Herrschaftssitz erbauen ließ. Er besteht heute aus zehn miteinander verbundenen Gebäuden, die einen sechseckigen Hof einfassen, und ist umgeben von einem englischen Landschaftspark. Zu dem Welterbe zählt auch die zugehörige Kirche mit Gräbern von Angehörigen der Fürstenfamilie. Das heutige Erscheinungsbild der Gebäude prägten polnische, deutsche, italienische und weißrussische Architekten 1732 bis 1758 im Auftrag von Michael Radziwill.

Zusehends verfallen ist Schloss Njaswisch im Verlauf des 20. Jahrhunderts.

HISTORISCHES ZENTRUM VON LWIW

Lwiw, das alte Lemberg, war jahrhundertelang das Verwaltungs- und Wirtschaftszentrum Galiziens. Im historischen Zentrum findet man ein einzigartiges Ensemble prächtiger Bauten aus dem 14. bis 18. Jahrhundert.

Im 13. Jahrhundert von Prinz Daniil Romanowitsch an der Stelle einer slawischen Siedlung gegründet, wurde Lwiw schon bald zum Zentrum Galiziens. Ihre strategisch bedeutsame Lage an den wichtigen Ost-West-Routen und den Pässen durch die Karpaten bescherte der multiethnischen Stadt eine wechselvolle Geschichte: 1349 kam sie zu Polen, 1356 erhielt sie den Status einer freien Stadt. 1648 wurde Lwiw von den Kosaken erobert, 1704 fiel es unter schwedische Herrschaft. Bei der ersten Teilung Polens wurde Lwiw 1772 Österreich zugeschlagen und war bis 1918 unter dem Namen Lemberg die Hauptstadt von Österreichisch-Galizien. Nach der russischen Besetzung im Ersten Weltkrieg entstand hier 1918 eine ukrainische Nationalbewegung, die von polnischen Truppen niedergeschlagen wurde. Nach der Besetzung durch deutsche Truppen ab 1939 wurde die Stadt 1945 sowjetisch (als Lwow) bzw. ukrainisch. Heute ist Lwiw Zentrum und Verkehrsknotenpunkt der Westukraine.

Der Wiener Oper nachempfunden ist die um 1900 erbaute Kruschelnyzka-Oper.

SOPHIENKATHEDRALE UND HÖHLENKLOSTER VON KIEW

Dieses Welterbe symbolisiert das Streben der Kiewer Rus nach Ebenbürtigkeit mit Byzanz und gilt als Ausgangspunkt der orthodoxen Missionierung Russlands.

Die Hauptstadt der Ukraine wurde um 860 erstmals in einer Chronik erwähnt. Jaroslaw der Weise legte 1037 den Grundstein für die Sophienkathedrale, eine fünfschiffige Kreuzkuppelkirche mit 13 (Jesus im Kreis der Aposteln symbolisierenden) Kuppeln, bei deren Bau man sich an der Hagia Sophia von Konstantinopel orientierte. Später wurde das Gotteshaus mehrfach umgebaut; der 55 Meter breite, 37 Meter lange und 29 Meter hohe Innenraum behielt aber seinen ursprünglichen byzantinischen Charakter bei. Ebenfalls aus dem 11. Jahrhundert stammt das Höhlenkloster am Ufer des Dnjepr. Gegründet wurde es von Eremiten, die sich um 1050 einer monastischen Ordnung unterwarfen und bald mit dem Bau fester Klostergebäude über dem Höhlensystem begannen. Danach dienten die Höhlen als Grabstätte der Mönche. Drei unterirdische Kirchen aus dem 12. Jahrhundert sind bis heute erhalten. Die prächtigste Kirche des Klosterkomplexes ist die nach Kriegszerstörungen wiederaufgebaute Mariä-Himmelfahrts-Kathedrale.

Dank prächtiger Kirchen wie der Sophienkathedrale galt Kiew einst als »Rivalin des Szepters von Konstantinopel«.

BUCHENURWÄLDER DER KARPATEN UND ALTE BUCHEN- WÄLDER DEUTSCHLANDS

Ein grenzüberschreitendes, 2011 um fünf alte deutsche Buchenwälder erweitertes Welterbe bilden die größten Buchenurwälder Europas an der Südabdachung der Waldkarpaten in der westlichen Ukraine und der östlichen Slowakei.

Die Karpaten sind ein uraltes Refugium der Buche und neben dem Dinarischen Gebirge die einzige Region Europas, wo die Buche die Eiszeit überlebt hat. Von hier aus hat sie sich auch wieder über die gemäßigten Zonen des Kontinents verbreitet. Vor der Erweiterung umfasste das geschützte Gebiet zehn Areale, die sich entlang einer knapp 200 Kilometer langen Achse vom Rachiw- und Tschornohoramassiv in der Ukraine über den Poloninakamm bis zu den Ostbeskiden und dem Vihorlat- gebirge in der Slowakei erstreckten. Insgesamt war das geschützte Gebiet rund 300 Quadratkilometer groß, hinzu kamen noch etwa 500 Quadratkilometer Pufferzone. Erweitert – und entsprechend umbenannt – wurde das Welterbe 2011 um fünf alte Buchenwälder in den deutschen Bundesländern Brandenburg, Hessen, Mecklenburg-Vorpommern und Thüringen.

Herrliche Buchenurwälder findet man im ukrainischen Teil der Karpaten.

Spanien

PUENTE VIZCAYA BEI BILBAO

Die 160 Meter lange Puente Vizcaya trägt eine Schwebefähre, die vom einen Ufer zum anderen pendelt. Die Brücke ist nicht nur eine technische Pionierleistung, sondern auch eine ästhetische Bereicherung der Landschaft.

Die Puente Vizcaya (Biskaya-Brücke) überspannt in 45 Meter Höhe den Fluss Nervión. Ihre Konstruktion wurde nötig, als sich die Metropole Bilbao mit ihren Vororten im 19. Jahrhundert auf die andere Flussseite ausdehnte. Der Architekt Alberto de Palacio y Elissague (1856–1939) und der Ingenieur Ferdinand Arnodin (1845–1924) konstruierten ein Stahlgerüst, das an Seilen einen Laufwagen trägt – sozusagen ein Stück Fahrbahn. Man nennt das eine Schwebefähre (»transbordador«). Ferdinand Arnodin ist der Erfinder des gedrehten Stahlkabels, das diese kühne Konstruktion erst ermöglichte. Damit konnte der Landverkehr das Gewässer

überqueren, ohne Schiffe mit hohen Aufbauten zu behindern.
Das auch Puente Colgante (»Hängebrücke«) genannte Bauwerk diente als Vorbild für ähnliche Konstruktionen etwa in Buenos Aires, Rio de Janeiro, Newport und Marseille. Seit ihrer Eröffnung 1893 war die Puente Vizcaya außer von 1937 bis 1941 täglich rund um die Uhr in Betrieb. 1990 wurde sie um einen Fußgängersteg erweitert, heute transportiert sie jährlich etwa sechs Millionen Menschen.

Die Schwebefähre der Puente Vizcaya verbindet seit 1893 Portugalete und Getxo über den Fluss Nervión hinweg.

FUNDSTÄTTEN IN DER SIERRA DE ATAPUERCA

Die Hominidenfossilien, die man an den beiden Fundorten Gran Dolina und Sima de los Huesos in der Sierra de Atapuerca ausgegraben hat, zeugen von den frühesten Vorfahren des heutigen Menschen in Europa.

Nahe Burgos in der Sierra de Atapuerca stieß man in Höhlen auf reichhaltige Fossilienfunde, die es ermöglichten, eine ganze Population des mittleren Pleistozän vergleichend zu untersuchen. In der Sima de los Huesos, der »Knochengrube«, fand man von mindestens 30 Individuen 1600 Skelettreste mit einem Alter von 780 000 bis 120 000 Jahren. Die Funde sind von größter Bedeutung für die Erforschung des frühen Menschen in Europa. Aufgrund seiner Vollständigkeit steht der etwa 300 000 Jahre alte Schädel »Atapuerca 5« im Zentrum des Interesses.

Einige Eigenschaften verweisen auf Formen des europäischen Neandertalers. 1994 wurden in der Gran Dolina die bisher ältesten menschlichen Skelettreste Europas geborgen – ein 780 000 Jahre alter Eckzahn. 36 weitere Fundobjekte führten zur Annahme einer neuen Spezies, des Homo antecessor. Möglich ist auch die Zuordnung zu einer primitiven Frühform des Homo heidelbergensis, eines Vorfahren des Neandertalers.

Archäologen bei der Arbeit in einer Ausgrabungsstätte der Sierra de Atapuerca.

KATHEDRALE VON BURGOS

Am Pilgerweg nach Santiago de Compostela gelegen, gehört die im 13. Jahrhundert aus marmorartigem weißen Kalkstein errichtete Kathedrale Santa Maria zu den bedeutendsten Bauwerken der spanischen Gotik.

Trotz der Anbauten und Erweiterungen im 15./16. Jahrhundert hat sich der Charakter des Gotteshauses am Ufer des Río Arlanzón erhalten. Die Formensprache der französischen Gotik wurde hier hervorragend umgesetzt. Architektonische Geschlossenheit und Kühnheit des Baus sind bemerkenswert. Die mit Skulpturen reich geschmückte Hauptfassade wird von zwei mit großen Fenstern bestückten Türmen flankiert und wurde im 15. Jahrhundert erweitert. Die Nordfassade und der Eingang El Sarmental stammen noch aus dem 13. Jahrhundert. An das 84 Meter lange Hauptschiff, dessen Kuppelgewölbe von

zwei Reihen mit je sechs Pfeilern getragen wird, schließt sich der außergewöhnlich tiefe Chorraum an. Ein bauliches Juwel ist die spätgotische Capilla del Condestable (1482–1494): Die Kuppel über dem Grabmal für den Statthalter Pedro Fernández de Velasco wurde als achtstrahliger Stern gestaltet. Außergewöhnlich ist auch im nördlichen Querschiff die nach ihrem vergoldeten schmiedeeisernen Geländer benannte Goldene Treppe im plateresken Stil.

Blickfang der Kathedrale von Burgos ist die Kuppel in der Capilla del Condestable in Form eines achtstrahligen Sterns.

KLÖSTER SAN MILLÁN DE YUSO UND DE SUSO

Mitte des 6. Jahrhunderts gründete der hl. Millán eine Mönchsgemeinschaft in den Bergen. Die romanische Kirche des Klosters Suso und die barock umgestaltete Klosteranlage von Yuso wurden ihm zu Ehren errichtet.

Die Geschichte des kleinen Bergdorfs in der Provinz La Rioja ist eng mit der Person des hl. Millán (473–574) verbunden. Im Jahr 974 weihte man die Kirche des Klosters Suso. Teile des Kirchenschiffs wurden unmittelbar in den Fels hineingebaut. In einer dieser Höhlen, die auch kleine Kapellen bergen, befand sich einst das Grab des Heiligen, das während des Mittelalters ein wichtiger Wallfahrtsort war.
Unterhalb von Suso wurde das Kloster Yuso ab 1053 im romanischen Stil erbaut. Die prächtige Barockfassade verdanken wir umfangreichen Umbau-

ten des 16. bis 18. Jahrhunderts. Die Innenräume der Gebäude sind reich gestaltet. Besonders sehenswert sind der Königssaal mit seinen Gemälden, der Kreuzgang von 1572 und die Sakristei (1565) mit ihren kunstvoll gefertigten Reliquienschreinen. Die Bibliothek des Klosters birgt eine unschätzbare Sammlung kostbarer Handschriften und Pergamente, in denen sich die Anfänge der in Kastilisch verfassten Literatur verfolgen lassen.

Kloster Suso ist die Grablege mehrerer spanischer Infanten und Königinnen.

MONTE PERDIDO IN DEN PYRENÄEN

Die Pyrenäen-Berglandschaft um den Monte Perdido zu beiden Seiten der französisch-spanischen Grenze birgt beeindruckende geologische Formationen und gewährt Einblicke in die traditionell geprägte Lebenswelt ihrer Bewohner.

Rund um den Gipfel des 3352 Meter hohen Monte Perdido (von den Franzosen Mont Perdu genannt) erstreckt sich diese atemberaubend schöne Landschaft. Auf der spanischen Seite befinden sich zwei der tiefsten Schluchten Europas. Auf der französischen Seite, wo die Hänge noch etwas steiler abfallen, sind drei durch Gletscherbewegungen u-förmig ausgeschliffene Täler entstanden, die zu den eindrucksvollsten Beispielen dieser geologischen Formationen in Europa gehören. Ihren vielleicht stärksten Eindruck hinterlässt die imposante Berglandschaft aber wohl durch ihre Unberührtheit und Stille. Seit Jahrhunderten hat sich das Leben der hier siedelnden Menschen, die vor allem Weidewirtschaft betreiben, kaum verändert. Ihre Dörfer, Höfe und Felder, die noch über die alten Bergstraßen miteinander verbunden sind, scheinen durch die Moderne wenig beeinträchtigt worden zu sein. So präsentiert sich diese faszinierende Kulturlandschaft bis heute als eine weitgehend ungestörte Idylle.

Bestandteil des Parque Nacional Ordesa y Monte Perdido: Tal und Cañon von Añisclo.

ROMANISCHE KIRCHEN IM VALL DE BOÍ

Im 11./12. Jahrhundert erhielt im katalanischen Boí-Tal in den Hochpyrenäen jedes Dorf seine eigene Kirche. Diese romanischen Gotteshäuser zeichnen sich – trotz abgeschiedener Lage – durch ihre hohe künstlerische Qualität aus.

Die Kirchen im Vall de Boí entstanden vermutlich auf Initiative von Bischof Raimundus von Roda-Barbastro, der damit seinen Anspruch auf geistliche Jurisdiktion unterstreichen wollte. Die kunsthistorisch bedeutendsten Gotteshäuser finden sich mit Santa María und Sant Climent in Taüll. Die an aufeinanderfolgenden Tagen des Jahres 1123 geweihten Kirchen weisen starke strukturelle Ähnlichkeiten auf. Beide besaßen reichen Freskenschmuck, der heute im Museu Nacional d'Art de Catalunya in Barcelona aufbewahrt wird. Auch die Architektur ist von hoher Qualität. Der besser erhaltene Bau Sant Climent hat einen basilikalen Querschnitt. Im Osten schließen sich eine Haupt- und zwei Nebenapsiden an. Der Kirchturm besitzt sechs durchfensterte Geschosse mit Blendbogen- und Zahnschnittfriesen. Die weiteren zu diesem Welterbe zählenden Kirchen sind Sant Feliú (Barruera), Sant Joan (Boí), Asunción (Coll), Santa Maria (Cardet), Natividad (Durro), Sant Quirc (Durro) und Santa Eulalia (Erill la Vall).

Hält einsam Wacht auf 1500 Meter Höhe: romanische Kirche Sant Quirc de Durro.

ZISTERZIENSERABTEI POBLET

Die romanische Zisterzienserabtei Santa María de Poblet in der Provinz Tarragona war lange ein wichtiges Königskloster und ein bedeutendes geistliches Zentrum. Bis ins 19. Jahrhundert wurde sie von Zisterziensermönchen bewohnt.

Die durch den Herzog von Barcelona gegründete Abtei in Poblet nahe der Gemeinde Vimbodí diente den Herrschern von Aragón ebenso wie das nahe gelegene Kloster Santes Creus über Jahrhunderte als Rückzugsort. Die Abtei wird von drei Mauerringen umschlossen. Den Übergang vom ersten zum zweiten Ring markiert die aus dem 15. Jahrhundert stammende Puerta Daurada, das »Goldene Tor«. Durch die Puerta Real, ein bedeutendes Beispiel der Militärarchitektur des 14. Jahrhunderts, gelangt man in den eigentlichen Klosterbereich. Wie das Klostergebäude mit seinem romanisch-frühgotischen Kreuzgang stammt die zugehörige Kirche Santa Catalina aus dem 12. Jahrhundert; die ursprünglich romanischen Gebäude wurden im 13. und 14. Jahrhundert im gotischen Stil erweitert. Die Kirche des Klosters erhielt um das Jahr 1670 eine barocke Fassade. In den beiden großen Sarkophagen aus dem 14. Jahrhundert, die das Erscheinungsbild im Inneren der Kirche dominieren, ruhen die Gebeine der Monarchen von Aragón. Die mit überaus reichen Ornamenten verzierten Steinsärge wurden im 19. Jahrhundert restauriert.

Prunkstück des Klosters Santa María de Poblet ist der Kreuzgang.

ARCHÄOLOGISCHES ENSEMBLE VON TÁRRACO

Die Überreste der alten römischen Provinzstadt Tárraco im heutigen Tarragona im Süden Kataloniens ergeben das Bild einer lebendigen Handelsmetropole, die Ausgangspunkt der Romanisierung der Iberischen Halbinsel war.

Aus der Zeit der Gründung durch die Scipionen stammen die Reste der einst vier Kilometer langen Befestigung. Entlang der heute noch 1000 Meter langen Stadtmauer verläuft der archäologische Rundweg, der »Passeig Arqueològic«. Als Hispania im Jahr 197 v. Chr. geteilt wurde, begann der Aufstieg Tárracos zur Hauptstadt der neuen Provinz Hispania Citerior. Insbesondere der Kaiserkult prägte Tárraco. So stand auf dem höchsten Punkt der Stadt in römischer Zeit der Jupiter-Tempel, der später einer Moschee und diese wiederum dem Bau der Kathedrale weichen musste. Das Archäologische Museum an der Plaça del Rei grenzt an das alte Prätorium, den römischen Sitz der Militärverwaltung (im 14. Jahrhundert umgebaut). An der Plaça Forum erheben sich die Ruinen des religiösen und wirtschaftlichen Zentrums der Provinz; das städtische Forum liegt im unteren Teil der Stadt. Bemerkenswert ist auch das Amphitheater unterhalb der Altstadt.

Über starke Befestigungsanlagen verfügte Tárraco als Hauptstadt der römischen Provinz Hispania Citerior.

Spanien

ALCALÁ DE HENARES

Die Universität von Alcalá de Henares gehörte im 16. und 17. Jahrhundert zu den Zentren der europäischen Gelehrsamkeit. Zahlreiche Gotteshäuser und der Erzbischöfliche Palast zeugen noch heute vom Einfluss des Bischofssitzes.

Alcalá de Henares, bereits bei den Römern als »Complutum« bekannt, wurde um das Jahr 1000 von den Mauren zerstört und 1038 als al-Qal'ah an-Nahr wieder aufgebaut. 1088 eroberte Alfonso VI. die Stadt zurück und übergab sie gemeinsam mit der umgebenden Region dem Erzbischof von Toledo. Im Jahr 1498 begann Kardinal Jiménez de Cisneros mit dem Ausbau der Stadt zu einem Zentrum der Gelehrsamkeit mit dem Ziel, die Kirche intellektuell zu reformieren. Das Colegio de San Ildefonso wurde 1508 eröffnet; ebenfalls zu dieser Zeit entstanden die Kapelle sowie der Zeremoniensaal aus Backstein mit seiner prächtigen Decke.

Bald folgten weitere Kollegs. 1541 bis 1553 wurde das Kolleg von Rodrigo Gil erbaut, dessen galeriegeschmückte Innenhöfe als Meisterwerke der Frührenaissance gelten. Die Kirche des Klosters de las Bernardas wurde von 1617 bis 1626 in einem originellen Grundriss errichtet: Von einem überkuppelten Raum gehen rechteckige und ovale Kapellen ab. Alcalá de Henares gilt als Vorbild für die Siedlungen spanischer Missionare.

Neben der Universität – hier mit dem Patio Trilingüe, einem schönen Innenhof – gehört auch das historische Zentrum von Alcalá de Henares zum Welterbe.

MUDEJAR-ARCHITEKTUR IN DER REGION ARAGÓN

Teruel in der Region Aragón blieb auch nach der christlichen Rückeroberung Spaniens von Arabern bewohnt. Auf ihren Einfluss geht die Entwicklung des gotische und islamische Elemente vereinenden Mudejar-Stils zurück.

Teruel liegt am Zusammenfluss des Río Guadalaviar und des Río Alfambra in der autonomen Region Aragón. Im Jahr 1171 eroberte Alfonso II. Teruel von den Arabern zurück, doch viele der moslemischen Bewohner blieben in der nun christlichen Stadt. Allmählich kam es zur Verschmelzung der verschiedenen Traditionen. Daraus entwickelte sich vom 13. bis zum 15. Jahrhundert ein ganz besonderer Bau- und Dekorationsstil, den man in vielen Städten der Region Aragón findet. Die vielen Türme und Kirchen Teruels sind aber auf ihre Weise ganz einzigartig.

Das Welterbe umfasst die drei Backsteintürme der Kirchen El Salvador, San Martín und San Pedro sowie den Glockenturm und die Artesonadodecke der Kathedrale aus dem 13. Jahrhundert. Der Torre de San Salvador (um 1277) gilt als besonders gelungenes Beispiel für den Mudejar-Stil. Wie der Turm von San Martín (14. Jahrhundert) ist er reich mit Kacheln dekoriert.

Zu den charakteristischen Bauwerken im Mudejar-Stil in Teruel zählt die Kathedrale San Martín, deren Innenausstattung christlich-islamisch geprägt ist.

KULTURLANDSCHAFT VON ARANJUEZ

Der Charme der Kulturlandschaft Aranjuez, knapp 50 Kilometer südlich von Madrid an den Flüssen Tajo und Jarama gelegen, besteht in dem ebenso komplexen wie harmonischen Wechselspiel zwischen Natur und Menschenwerk.

Seit Philipp II. (1527–1598) war Aranjuez die Sommerresidenz der spanischen Könige. Daraus erklärt sich die kunstvolle Anlage von Palästen und Schlössern sowie von Bewässerungssystemen, die Barockgärten nach französischem Vorbild ebenso speisen wie Obst- und Gemüseplantagen. Die vielen Kanäle, »acequias« und »caceras«, bilden einen reizvollen Kontrast zum gewundenen Flusslauf des Tajo, der Lebensader von Aranjuez. An den Ufern des Tajo gedeiht eine vielfältige Flora und Fauna. Der Königspalast besteht aus einem dreistöckigen Haupt-

trakt und zwei doppelgeschossigen Seitenflügeln mit Arkadengalerien. In den ausgedehnten Parkanlagen befindet sich auch das Lustschloss Casita del Labrador, das Karl IV. 1803 errichten ließ. Fünf Jahre später, 1808, ging von Aranjuez die spanische Erhebung gegen die Vorherrschaft Napoleon Bonapartes aus.

Ein einfaches Landgut zum Zweck der Erholung ließ Philipp II. ab dem Jahr 1560 von Juan Bautista de Toledo und danach von Juan de Herrera zu einem weitläufigen Königspalast ausbauen.

ALTSTADT VON TOLEDO

Toledo, südwestlich von Madrid am Fluss Tajo gelegen, ist eine der ältesten Städte Spaniens. Sie war Konzilstadt, Sitz eines maurischen Emirs und Residenz der kastilischen Könige.

In seiner über 2000 Jahre währenden Geschichte lebten in Toledo Christen, Muslime und Juden. Aus römischer Zeit sind hier noch ein Aquädukt und die Reste eines Amphitheaters erhalten geblieben. Die imposanten Festungsanlagen stammen aus dem 7. Jahrhundert und wurden später ständig erweitert. Das Emirat von Córdoba hinterließ in Toledo seine Spuren: Arabische Bäder und eine Moschee sind noch erhalten. Die beiden Synagogen El Tránsito und Santa María La Blanca der von den Arabern geduldeten Juden stammen aus dem 12. und dem 14. Jahrhundert und weisen großartige Bildhauerarbeiten auf.

Der Mudejar-Stil war in Toledo ebenso verbreitet wie in Teruel. Die gotische Kathedrale Santa María im Zentrum der Stadt, an der bis in das 15. Jahrhundert hinein flämische und französische Baumeister mitwirkten, basiert auf einer muslimischen Moschee, die wiederum auf einer christlichen Kirche entstanden war. Ihre Glasfenster sind einzigartig. Ein weiteres bedeutendes Bauwerk ist der über der Stadt thronende Alcázar. In Toledo lebte und starb auch der Maler El Greco.

Toledos Altstadt erstreckt sich über einen Felsen, der auf drei Seiten vom Río Tajo in einer tiefen Schlucht umflossen wird.

ALTSTADT VON CÁCERES

Cáceres in der nördlichen Estremadura weist mit seinen Kirchen, Konventen und Palästen sowie dem erhaltenen Teil der Stadtmauer bedeutende Monumente aus unterschiedlichen Epochen auf.

Von der römischen Gründung Colonia Norbensis Caesarina ist nur noch ein Teil der ehemaligen Stadtmauer erhalten. Die hier im 12. und 13. Jahrhundert herrschenden Almohaden bauten die vorhandenen Festungsanlagen aus und bewehrten diese mit zahlreichen Türmen. Mit einer beeindruckenden Höhe von 30 Metern erhebt sich der Turm Los Pozos noch heute über die Ringmauer. In der Stadt selbst findet sich aus der Zeit der maurischen Herrschaft allerdings nur noch wenig, das besichtigt werden könnte. Der arabische Einfluss ist hauptsächlich in der Anlage der Straßen und Innenhöfe noch bis heute ersichtlich.

Im 14. Jahrhundert entstanden neben zahlreichen Konventen und gotischen Kirchen die Paläste der Aristokraten wie u. a. El Mono oder das turmbewehrte Las Cigüeñas. Die katholischen Monarchen ließen allerdings viele dieser Gebäude ab dem 15. Jahrhundert abreißen, umbauen und die Wehranlagen schleifen.
Im 15. Jahrhundert entstanden auch die Kirche Santa María und die das Stadtbild beherrschende gotische Kathedrale San Mateo.

An der Plaza Santa María erhebt sich die im Inneren reich ausgestattete gotische Kirche und Konkathedrale Santa María.

KÖNIGLICHES KLOSTER SANTA MARÍA DE GUADALUPE

Die Heilige Jungfrau von Guadalupe war die Schutzpatronin der spanischen Eroberer Südamerikas. Das ehemalige Hieronymiten-Kloster Real Monasterio de Nuestra Señora de Guadalupe ist bis heute ein wichtiges kirchliches Zentrum.

Der Legende nach fand der Hirte Gil Cordero im 13. Jahrhundert ein in der Erde vergrabenes Marienbild, das vom hl. Lukas geschaffen worden sein soll. Am Ort der Einsiedelei, die man an der Fundstelle errichtete, ließ Alfonso XI. zum Dank für seinen Sieg in der Schlacht von Salado im Jahr 1340 eine größere Klosteranlage erbauen. Großzügige königliche Unterstützung sicherte der Abtei ihren Aufschwung. Kolumbus nannte den ersten von ihm entdeckten Indianer Guadalupe und bestand darauf, dass die ersten bekehrten Indianer in dieser Abtei zu taufen seien. So war die Jungfrau von Guadalupe bald in der gesamten hispanischen Welt bekannt. Ihr Bildnis wird noch in der gotischen Kirche verwahrt. Das Innere des Gotteshauses birgt zudem viele bedeutende Kunstwerke. Auch die kostbare Ausstattung der weiteren Klostergebäude, etwa die Kapelle Santa Ana mit ihrer prachtvollen Bronzetür, zeugen von der einstigen Bedeutung dieser Abtei.

Der Klosterbau besteht aus vier Teilen: Basilika, Auditorium, Kreuzgang im Mudejar-Stil, gotischer Kreuzgang.

Spanien

ARCHÄOLOGISCHES ENSEMBLE IN MÉRIDA

Nahe der Stadt Mérida stehen Spaniens besterhaltene Relikte aus römischer Zeit und dem frühen Mittelalter. Augusta Emerita wurde von den Römern als eine Kolonie für Veteranen gegründet, die hier ihren Lebensabend verbrachten.

Kaiser Agrippa stiftete das halbrunde Römische Theater mit Platz für etwa 6000 Zuschauer. Die aus dem Marmor herausgearbeitete Bühnendekoration ist wunderbar erhalten. Das Amphitheater ganz in der Nähe wurde 8 v. Chr. eingeweiht und konnte 14000 Zuschauer aufnehmen, die den Tier- und Gladiatorenkämpfen zusahen. Ein kompliziertes Rohrsystem erlaubte die Flutung der Arena, sodass hier auch Wasserspiele aufgeführt werden konnten.
Der Circus Maximus entstand wohl zu Beginn des 1. Jahrhunderts. Mit seiner Größe von mehr als 400 Meter Länge und 100 Meter Breite fanden hier 30000 Zuschauer je nach ihrem sozialen Stand in drei Rängen Platz.
Auch die Tavernen und Gasthäuser zur Unterbringung der Besucher sind noch zu besichtigen. Ein Bürgerhaus mit Bodenmosaiken und Wandmalereien in gut erhaltenem Zustand vermag einen Eindruck vom Leben der römischen Soldaten im Ruhestand zu vermitteln.

Die beim Bau verwendeten Materialien Granit und Ziegelstein verleihen dem Aquädukt Los Milagros aus dem 1. Jahrhundert n. Chr. seine Farbigkeit.

VORGESCHICHTLICHE FELSMALEREIEN IM ÖSTLICHEN SPANIEN

Diese faszinierenden Felsmalereien geben einen einzigartigen Einblick in die Kultur und Lebensweise prähistorischer Menschen der spanischen Levante.

Im Unterschied zu den berühmten Höhlenmalereien Zentral- und Nordspaniens befinden sich die Darstellungen der sogenannten Levantekunst nicht mehr in tiefen, unzugänglichen Höhlen, sondern wurden vielmehr in flachen Felsnischen, an Felsüberhängen oder anderen in der Regel gut geschützten Orten angebracht. Das deutet darauf hin, dass diese Bilder nicht mehr nur einer auserwählten Gruppe von Priestern zu rituellen und kultischen Zwecken dienten. Die Bildmotive spiegeln die für die damaligen Menschen lebenswichtigen Lebensbereiche. So taucht insbesondere das Thema Jagd häufiger auf. Durch mehrfaches, zum Teil modifiziertes Wiederholen des Motivs wird das Ereignis der Jagd geradezu in einer fortlaufenden Geschichte erzählt.

Die Höhlenbilder der Levantekunst im östlichen Spanien (rechts Felszeichnungen von El Cogul) entstanden zwischen dem 6. Jahrtausend v. Chr. und dem beginnenden Metallzeitalter im 4. bis 2. Jahrtausend v. Chr.

ALTSTADT VON CUENCA

Die malerische Festungsstadt Cuenca zwischen Madrid und Valencia liegt auf einem Bergsporn über den Flüssen Huécar und Júcar. Hier findet man zahlreiche noch recht gut erhaltene Gebäude aus der Zeit von der Gotik bis zum Barock.

Die Araber gründeten das im Herzen des Kalifats von Córdoba an einer strategisch besonders wichtigen Stelle auf einem Bergsporn gelegene Cuenca als Verteidigungsanlage. Aus dieser Zeit stammen die gut erhaltenen Wall- und Befestigungsanlagen, von denen die Altstadt auch heute noch vollständig umschlossen wird.
Nach der spanischen Rückeroberung im 12. Jahrhundert wurde Cuenca zum Bischofssitz. Unter den vielen geistlichen und weltlichen Bauten, die in der Folge entstanden, befindet sich die erste, im 12./13. Jahrhundert an der Stelle einer Moschee errichtete gotisch-normannische Kathedrale Spaniens.

Eine Besonderheit Cuencas sind die weithin sichtbaren »Casas colgadas«, die »hängenden Häuser«, die an den Felshängen über dem Huécar gebaut wurden und scheinbar über dem Abhang schweben. In einem davon wurde das Museo de Arte Abstracto Español eingerichtet, eine der größten Sammlungen moderner spanischer abstrakter Kunst. Unweit davon präsentiert das Museo Arqueológico wertvolle Fundstücke aus der Regionalgeschichte.

Die von zwei Flüssen gesäumte Altstadt von Cuenca liegt auf einem senkrecht abfallenden Felsrücken und ist berühmt für ihre »hängenden« Häuser.

SEIDENBÖRSE (LA LONJA DE LA SEDA) IN VALENCIA

Dieser beeindruckende Zivilbau in der Hafenstadt Valencia versinnbildlicht den enormen Reichtum dieses mittelalterlichen Handelszentrums.

Unter den katholischen Monarchen Isabella von Kastilien und Ferdinand II. begann für Valencia eine lange Periode des Friedens, in der die Hafenstadt aufblühte und sich zu einem wichtigen Handelszentrum entwickelte. Besonders ein Gebäude ist unter den weltlichen Gebäuden dieser Zeit bedeutsam: La Lonja de la Seda, die Seidenbörse. Der ganze Komplex erstreckt sich auf einer Fläche von rund 2000 Quadratmetern und liegt der Kirche Santos Juanes und dem Zentralmarkt gegenüber. 1483 wurde unter dem Architekten Pere Comte mit dem Bau begonnen. Das Gebäude besteht aus vier Teilen: dem mit Zinnen versehenen Turm, dem Saal Consulado del Mar, dem Orangenbaum-Innenhof und dem Börsensaal, dessen Sterngewölbe von 24 spiralförmigen Säulen getragen wird. Konzipiert wurde der Saal als paradiesischer Handelstempel, in dem die Säulen Bäume und die Kuppeln das Firmament symbolisieren.

Einer der schönsten gotischen Zivilbauten ist die Lonja de la Seda. Im Säulensaal mit seinem 16 Meter hohen Kreuzrippengewölbe werden beim alljährlichen Frühlingsfest in Valencia die »Fallas«, Figuren aus Pappmaché, ausgestellt.

PALMENHAIN VON ELCHE

El Palmeral in Elche, südwestlich von Alicante und der Costa Blanca gelegen, ist mit mehr als 200 000 Exemplaren die größte Palmenpflanzung Europas.

Schon vor unserer Zeitrechnung brachten Seefahrer aus dem südlichen Mittelmeerraum Palmen an den klimatisch geschützten Ort Elche. Doch einzig der Stadtplanungskunst der arabischen Baumeister, ihrem ornamentalen Gestaltungswillen und hoch entwickelten Bewässerungssystem ist die heutige Anlage El Palmeral zu verdanken. Mitte des 12. Jahrhunderts waren die Befestigungsmauer, ein quer durch die Stadt verlaufender Kanal, vom nahen Río Vinalopó gespeist, und die ersten Pflanzungen von Dattelpalmen fertiggestellt. Später wurden sie weiter kultiviert, vergrößert und durch ein heute noch erhaltenes, ausgedehntes Netz von Wasseradern bewässert.

Der Palmenhain von Elche ist im Grunde mehr als ein Hain – ein Zusammenschluss von Gärten, Parks und bepflanzten Plätzen; eine gewaltige grüne Lunge, die sich über einen großen Teil des Stadtgebiets und der näheren Umgebung ausdehnt. Kurz nach der christlichen Rückeroberung der Stadt erließ Jakob I. im 13. Jahrhundert als Erster eine Reihe von Schutzbestimmungen für die Pflanzungen, die von späteren Regierungen übernommen wurden.

Auf einem Areal von 1,5 Quadratkilometer Fläche erstrecken sich die Palmenhaine von Elche. Im Schatten der Bäume gedeihen auch andere Pflanzen prächtig.

ÚBEDA UND BAEZA

Die zehn Kilometer voneinander entfernt liegenden Zwillingsstädte Úbeda und Baeza entwickelten sich im 16. Jahrhundert, dem Goldenen Zeitalter Spaniens, und wurden zu Vorbildern für die Renaissancekunst in Spanien und Lateinamerika.

Die Kleinstädte Úbeda und Baeza sind alte Maurensiedlungen aus dem 9. Jahrhundert mit einer Festung, dem Alcázar. Nach der Reconquista in der ersten Hälfte des 13. Jahrhunderts wurden die grundlegenden arabischen Formen des Städtebaus nur wenigen Veränderungen unterzogen. Das änderte sich erst zu Beginn der Renaissance. Das 15. Jahrhundert brachte zwar einen gewissen Reichtum mit sich, der allerdings in den Händen einer kleinen Minderheit von Adligen und der Kirche verblieb. So kam es zu einer umfangreichen Bautätigkeit. Man trug die Mauer ab, die den Alcázar von der bewohnten Stadt trennte, und errichtete auf den freien Flächen neue Gebäude im Stil der italienischen Renaissance. Úbeda ist im Grundriss fast viereckig und von einer Mauer umgeben. Am bedeutendsten ist die Plaza Vázquez de Molina mit den umstehenden Gebäuden, besonders der Kirche El Salvador, in der es einen sehenswerten Holzaltar gibt. Auch Baeza ist von einer Mauer umgeben, der Grundriss jedoch oval. Als Bezugspunkt dient hier die Kathedrale von 1570.

Urbanes Zentrum von Baeza ist die Plaza del Pópulo, die man in Anspielung auf den dort stehenden Löwenbrunnen auch Plaza de los Leones, Löwenplatz, nennt.

Spanien

ALHAMBRA, GENERALIFE UND ALBAYZÍN IN GRANADA

Granada weist gleich mehrere Besonderheiten auf: das Altstadtviertel Albayzín mit seinen engen Gassen und vielen Plätzen, die auf einem Hügel der Stadt gelegene Alhambra sowie den Generalife-Palast. Die Alhambra, Residenz der arabischen Eroberer, gehört zu den bedeutendsten islamischen Baudenkmälern Spaniens.

Der Süden Spaniens stand auch nach dem Ende des Kalifats weiterhin unter arabischer Herrschaft. Nachdem Granada im Jahr 1238 zu einem selbstständigen islamischen Königreich geworden war, ließen die Mauren die großartige Anlage der Alhambra errichten. 1492 wurde die Stadt als letzter arabischer Besitz von den katholischen Herrschern zurückerobert. Seit dem 16. Jahrhundert verfiel die

Der Patio de la Acequia bildet den Eingang zum Generalife, dem Erholungsgarten des Sultans, der auch als Obst- und Gemüsegarten diente.

Stadtburg Alhambra, bis schließlich im 19. Jahrhundert ein größerer Teil mit hohem Aufwand restauriert wurde. Die Pavillons, Hallen und Höfe des Komplexes sind mit Mosaiken und Kacheln reich geschmückt. Die einzelnen Paläste umgeben schattige Gänge; Brunnen und Wasserspiele sorgen für Kühlung. Die Terrassengärten und Wasserbecken des 1319 erbauten Palacio del Generalife gelten als besonders gelungen. In der nach dem Ende der maurischen Herrschaft erbauten Kathedrale befinden sich die Gräber der katholischen Könige. Im Bezirk der Alhambra liegt der unvollendete Palast Karls V., der 1526 ohne Rücksicht auf den maurischen Bau begonnen wurde.

Im 13. bis 14. Jahrhundert entstand die Alhambra hoch über der Altstadt von Granada (rechts oben). Ihr wohl berühmtester Teil ist der Patio de los Leones, der Löwenhof mit seinem von zwölf Löwenfiguren getragenen Brunnen (rechts unten).

ALTSTADT VON CÓRDOBA

Unter den Omaijaden war Córdoba Hauptstadt des spanischen Kalifats und wurde zu einem kulturell bedeutenden Zentrum Europas. Das herausragendste Baudenkmal in der Altstadt ist La Mezquita-Catedral, die einstige Moschee und jetzige Kathedrale.

Als die einfallenden Araber 711 den letzten König der Westgoten vertrieben hatten, errichteten sie über den Fundamenten eines römischen Janustempels und einer westgotischen Kirche ihre Moschee, die Mezquita, deren Grundriss ein gleichmäßiges Rechteck mit einer Länge von 180 Metern und einer Breite von 130 Metern bildet. Sie wurde bis ins 10. Jahrhundert durch verschiedene Anbauten erweitert und ist mit ihrem »Säulenwald« eines der schönsten und größten islamischen Gebäude der Welt sowie bedeutende Schöpfung maurischer religiöser Baukunst in Spanien. Auch der nördlich gelegene Patio de los Naranjos, ein mit

Gleich neben der Mezquita liegt die Judería, das ehemalige jüdische Viertel mit den engen, blumengeschmückten Gassen.

Orangenbäumen bepflanzter und mit einer Mauer umgrenzter Hof, gehört dazu. Nach der Rückeroberung Córdobas im Jahr 1236 wurde die Moschee in eine Kirche umgewandelt, erste bauliche Veränderungen fanden jedoch erst 1384 statt und änderten wenig am Gesamteindruck des Gebäudes.
Die Judería mit ihren verwinkelten Gassen hat immer noch orientalischen Charakter. Dort hat sich auch die letzte Synagoge Córdobas erhalten.

Córdoba war bereits während der Römerzeit ein wichtiges politisches und kulturelles Zentrum. Daran erinnert auch die 16-bogige Brücke Puente Romana über den Fluss Guadalquivir (links oben), die einstmals zur Via Augusta gehörte.
Die Mezquita von Córdoba wirkt außen eher schlicht, beeindruckt aber in ihrem Inneren mit einem regelrechten Wald von 860 Säulen aus Jaspis, Onyx, Marmor und Granit, die in Doppelarkaden angeordnet sind und zweifarbige Hufeisenbögen tragen (links unten).

Spanien

Christoph Kolumbus

Christoph Kolumbus (1451–1506) darf als berühmtester Entdecker der Weltgeschichte gelten. Er fuhr über den Atlantik, wagte sich vor in völlig unbekannte Sphären – und fand Amerika, die Neue Welt, was er jedoch bis zu seinem Tod nicht sicher gewusst hat. Die grandiose Leistung dieses tollkühnen Seefahrers beruhte auf einem Irrtum. Er suchte einen günstigen Seeweg zu den sagenhaften Schätzen Indiens und ging zunächst ganz richtig davon aus, dass die Erde eine Kugel ist. Die Größe dieser Kugel allerdings berechnete er falsch: In seiner »kleinen Welt« führte die Westroute über den Atlantik schneller in den Fernen Osten als die Ostroute über die Süd-

SEVILLA

Drei Gebäude formen einen imposanten Komplex im Herzen Sevillas und bilden das Welterbe der Stadt: In der Admiralitätshalle des Alcázar bereitete man die Übersee-Expeditionen vor, in der Kathedrale liegt Kolumbus begraben, und das Archivo General de Indias birgt wichtige Urkunden zur Kolonialgeschichte.

Nach der Eroberung der Stadt bauten die arabischen Herrscher die Große Moschee in Sevilla, die jedoch 1248 während der Rückeroberung zerstört wurde. Nur das Minarett, die Giralda, 1184 bis 1196 erbaut und ein Meisterwerk der almohadischen Architektur, blieb erhalten und wurde zum Glockenturm der neu erbauten christlichen Kathedrale umfunktioniert. Letztere ist die größte gotische Kathedrale der Welt. Ihre Kapellen sind mit bedeutenden Gemälden von Murillo,

Von der Moschee in Sevilla blieb nur das Minarett La Giralda erhalten. Nach seiner Erweiterung misst es nun 97 Meter.

Velazquez und Zurbarán ausgestattet. Auch die imposante Palastfestung, der Alcázar, geht auf die Araber zurück; davon zeugt die Dekoration der Innenhöfe. Im 13. Jahrhundert wurde der Palast königliche Residenz und später im Mudejar-Stil erweitert.
Die Casa de la Lonja, in den Jahren 1583 bis 1598 erbaut, war einst Warenbörse und Zentrale für den Handel mit den Kolonien. 1785 wurde sie in das Archivo General de Indias umgewandelt.

Das Archivo General de Indias (rechts im Bild) mit seinen wertvollen Dokumenten zur Geschichte Hispanoamerikas liegt direkt neben der gotischen Kathedrale.

spitze Afrikas, die die Portugiesen erforschten. 1492 brach der gebürtige Genueser erstmals in Diensten der spanischen Krone nach Indien auf – und glaubte sich am Ziel, als er in der karibischen Inselwelt landete, die fortan Westindien genannt wurde. Nach dem Schiffbruch der legendären »Santa Maria« gründete er auf der Insel His-

paniola (Haiti) eine Siedlung und legte damit den Grundstein zum iberoamerikanischen Kolonialreich. Seine letzte von insgesamt vier Atlantikfahrten führte ihn 1502 an die Küste Mittelamerikas und in die Mündung des Orinoko – in der vergeblichen Hoffnung, endlich eine Passage zum ostasiatischen Festland zu finden.

Aus dem Jahr 1900 stammt der Sarkophag für Christoph Kolumbus in der Kathedrale von Sevilla (links; linke Seite ein 1519 von Sebastiano del Piombo gemaltes Porträt). Da Kolumbus nie in spanischer Erde ruhen wollte, schwebt der steinerne Sarg auf den Schultern von vier Herolden in der Luft, die die vier Königreiche León, Kastilien, Navarra und Aragón symbolisieren.

Die Kathedrale von Sevilla gilt als einer der bedeutendsten gotischen Sakralbauten der Christenheit. Außen wie innen zeigt sie die verschiedensten Stile aus den einzelnen Bauabschnitten: Mudejar, Gotik, Renaissance bis hin zum Barock.

Ein Juwel der Mudéjar-Baukunst ist der Alcázar – hier der Thronsaal (Sala de Embajadores) mit seinen vergoldeten Stuckarbeiten und dem Kuppelgewölbe aus Lärchenholz, in dem Karl V. mit Isabella von Portugal vermählt wurde.

Im Indienarchiv (Archivo General de Indias) lagern wichtige Dokumente, mit denen die Beziehungen Spaniens zu seinen Kolonien nachvollzogen werden können.

HISTORISCHES ZENTRUM VON ÉVORA

Évora ist einer der ältesten Handelsplätze der Iberischen Halbinsel. Das Bild der Altstadt wird von großartigen römischen, maurischen und späteren Baudenkmälern geprägt.

Im Zentrum der römischen Gründung stehen 16 korinthische Säulen als Reste eines Tempels. Erhalten gebliebene Teile eines Aquädukts und eines Kastells erinnern an die einstige Bedeutung Évoras als römischer Handelsplatz. Die Anlage der Stadt selbst trägt orientalische Züge; die Herrschaft der Mauren dauerte bis in das Jahr 1165. Die Kathedrale wurde ab 1186 erbaut. Das romanisch-gotische Bauwerk wirkt durch seine beiden wuchtigen Glockentürme wie eine Festung. Im 14. Jahrhundert fügte man einen Kreuzgang nach dem Vorbild des Klosters Alcoba-

ça an. Im Innenraum ist der Marmorschmuck des Chorraums die einzige Dekoration. Sie wurde im 18. Jahrhundert erneuert. Der königliche Palast, in seiner jetzigen Gestalt unter Emanuel I. errichtet, ist das schönste Bauwerk der Stadt. Die Jesuitenuniversität birgt heute ein Kollegium und eine wertvolle Sammlung alter Handschriften.

Ein Relikt aus der Römerzeit sind die korinthischen Säulen des Diana-Tempels von Évora (oben). Die dreischiffige Kathedrale (rechts ein Blick in den 70 Meter langen Innenraum) wurde ab 1186 gebaut.

WEINBAUKULTUR DER AZORENINSEL PICO

Vom 15. Jahrhundert an bauten die Bewohner der Azoreninsel Pico für ihre Rebstöcke kleine, mit Trockensteinmauern umzäunte Felder. Die Mauern sollten den heftigen Wind und die Gischt des Meeres abhalten.

Pico ist die zweitgrößte Insel der Azorengruppe und erhielt ihren Namen nach dem gleichnamigen, 2351 Meter hohen Vulkan Ponta do Pico, dem höchsten Berg Portugals. Die Böden der Insel sind mineralienreich, das Klima ist ozeanisch mild, sommertrocken und winterfeucht mit stürmischen Winden. Haupterwerb ist die Landwirtschaft. Schon seit der ersten Besiedlung bauten die Portugiesen auf Pico Wein an. Pflanzen und Trauben mussten vor dem heftigen Wind und der mitgeführten Meerwassergischt geschützt werden; so entstand beson-

ders an der Nordwestküste ein kleinräumiges Mosaik aus rechteckigen Feldbegrenzungen, die »currais«. Oft stehen in so einem Feld nur sechs Reben. Angebaut wird hier bis heute die Verdelho-Rebe, die auf Madeira einen der besten Weine ergibt. Die Produktion des Verdelho auf Pico ist nur noch von örtlicher Bedeutung. Der Wein wird wie der Madeira aufgespritet (Alkoholgehalt 16 bis 18 Prozent).

Die Trockensteinmauern der Weingärten auf der Insel Pico mussten in mühevoller Arbeit angelegt werden.

STADTZENTRUM VON ANGRA DO HEROÍSMO AUF DER AZORENINSEL TERCEIRA

Angra do Heroísmo liegt im Schatten eines mächtigen Vulkankraters der Azoreninsel Terceira. Sein Ortskern weist wertvolle historische Baudenkmäler auf.

Angra do Heroísmo, die Hauptstadt von Terceira, war bereits im 15. Jahrhundert ein wichtiger Hafen. Sie wurde auf einem schachbrettartigen Grundriss angelegt und weist heute noch eine große Anzahl von Häusern aus der Zeit ihrer Gründung auf.

Geistliches Zentrum der Stadt ist die in den Jahren 1570 bis 1618 errichtete Kathedrale – mit ihren drei Kirchenschiffen zugleich das größte Gotteshaus der Azoren. Die Kirche São Gonçalo wird von sehr wertvollen Fliesen (Azulejos) geschmückt. Diese wurden von den Mauren eingeführt und sind auf der gesamten Iberischen Halbinsel verbreitet. Die Pfarrkirche São Sebastião ist eine der wenigen Kirchen auf den Azoren, die in reinem gotischen Stil erbaut wurden. Im Inneren befinden sich die Reste mittelalterlicher Fresken. Das ehemalige Jesuitenkonvent, heute der Palácio dos Capitães-Generais, ist vollständig restauriert und dient nun als Verwaltungsgebäude.

1534 bekam Angra do Heroísmo (unten) ihr Stadtrecht, was sie zur ältesten Stadt auf den Azoren macht. Ihre Kirchen beherbergen kostbare Sakralkunst (links).

LORBEERWALD »LAURISILVA« VON MADEIRA

Ursprünglich war die Insel Madeira von dichten Wäldern bedeckt, doch Rodungen haben den Bestand dezimiert. Bei dem heutigen Lorbeerwald handelt es sich zu einem Großteil um Primärwald.

Der Lorbeerwald von Madeira, der in Höhen zwischen 600 und 1300 Metern liegt, ist ein Überrest der einst auch im Mittelmeerraum weitverbreiteten Lorbeerwälder. Die starke Dezimierung des Waldes ist vor allem auf Brandrodung und Abholzung zurückzuführen – seit dem 15. Jahrhundert eine gängige Methode, um Ackerland und Brennholz zu gewinnen. Ursprünglicher Lorbeerwald ist daher fast nur noch an den steilen Berghängen der Nordküste der Insel Madeira vorhanden. Dabei hat dieser eine zentrale Bedeutung für die Wasserversorgung: Die Blätter der Bäume »sammeln« das Wasser aus den Wolken, das dann vom Unterwuchs festgehalten und schließlich im Gestein gespeichert wird. Auch die Bodenerosion wird durch den Bestand des Lorbeerwalds erheblich reduziert. Zudem haben einzigartige Pflanzenarten und Tierpopulationen, insbesondere aus der Vogel- und Insektenwelt, sich in Madeiras Lorbeerwald einen geeigneten Lebensraum erhalten können.

Rund 150 Quadratkilometer groß ist Madeiras aus den verschiedensten Arten zusammengesetztes Lorbeerwaldgebiet.

Italien

RHÄTISCHE BAHN IN DER KULTURLANDSCHAFT ALBULA/BERNINA

Die grenzüberschreitende, zu Italien und zur Schweiz zählende Welterbestätte umfasst die beiden historischen Bahnlinien Albulabahn und Berninabahn als technische Denkmäler sowie die sie umgebenden Landschaften.

Die Errichtung der mehr als 100 Jahre alten Bahnlinien war seinerzeit eine grandiose technische Pionierleistung bei der Erschließung der Alpenregion. Die 63 Kilometer lange Albulalinie wurde im Jahr 1904 in Betrieb genommen. Sie führt von Thusis im Kanton Graubünden nach St. Moritz und überwindet dabei rund 1000 Höhenmeter. Die Züge fahren auf einer der architektonisch anspruchsvollsten Schmalspurtrassen der Welt, die über 55 Brücken und 39 Tunnels verfügt.

Die 61 Kilometer lange Berninabahn wurde im Jahr 1910 fertiggestellt und verbindet St. Moritz mit der italienischen Grenzstadt Tirano. Die Linie führt bis auf 2253 Meter Meereshöhe über den Berninapass hinauf. Zur Strecke gehören 13 Tunnels und Galerien sowie 52 Viadukte und Brücken.

Auf der Strecke St. Moritz–Poschiavo–Tirano verkehren sowohl der Bernina-Express als auch die reguläre Berninabahn (unten: Bahnübergang von Tirano).

SANTA MARIA DELLE GRAZIE MIT LEONARDO DA VINCIS »ABENDMAHL« IN MAILAND

Die Kirche Santa Maria delle Grazie ist ein Werk Bramantes. Das Refektorium des einstigen Dominikanerkonvents birgt das weltberühmte Wandgemälde von Leonardo da Vinci.

Die Kirche Santa Maria delle Grazie wurde 1465 bis 1482 von Guiniforte Solari als Klosterkirche eines Dominikanerkonvents im hochgotischen Stil errichtet. 1492 entschied sich Ludovico Sforza, der Herzog von Mailand, zu einem Neubau der Kirche, die Grablege für ihn und seine Gemahlin Beatrice d'Este werden sollte. Von diesen Plänen gelangte jedoch nur ein kleiner Teil zur Ausführung. Der Renaissance-Baumeister Donato Bramante erweiterte die Ostpartie um einen Mittelbau mit halbkreisförmigen Apsiden. Leonardo da Vincis 4,20 mal 9,10 Meter großes Wandbild »Das letzte Abendmahl« im Refektorium der Abtei, das er in den Jahren 1494 bis 1498 ausführte, hält den Augenblick fest, in dem Jesus die Worte spricht: »Einer von euch wird mich verraten.«

»Das letzte Abendmahl« im Refektorium der Klosterkirche Santa Maria delle Grazie gehört zu den bedeutendsten Wandgemälden der Kunstgeschichte.

SACRI MONTI IM PIEMONT UND IN DER LOMBARDEI

Als »Sacri Monti« (»Heilige Berge«) bezeichnet man auf Anhöhen gelegene Wallfahrtsstätten in Italien. Sie bestehen aus mehreren Kapellen, an denen der Pilger auf seinem Weg nach oben vorbeizieht.

Die Fahrt nach Jerusalem war im Mittelalter die wichtigste Wallfahrt. Sie galt den Stätten, an denen Jesus gelebt und gelitten hatte, gestorben und auferstanden war. Doch im Lauf der Jahrhunderte wurde die Reise ins Heilige Land immer schwieriger. Deshalb kam man im Abendland auf die Idee, die Stationen des Kreuzwegs und die anderen Wirkungsorte Jesu nachzubilden (»Kalvarienberg«). So entstand in der ersten Hälfte des 16. Jahrhunderts zuerst der Sacro Monte von Varallo, der auch als »Nuova Gerusalemme« (»Neues Jerusalem«) bekannt. Der

Künstler Gaudenzio Ferrari (1471 bis 1546) schuf hierfür 40 vollplastische Figuren, die er in Kapellen aus von ihm gemalten Landschaften und Stadtansichten hervortreten ließ. Rund zwei Dutzend solcher Sacri Monti gibt es in Norditalien. Neun wurden in die Liste des Welterbes aufgenommen: Varallo, Orta, Varese, Oropa, Belmonte, Crea, Domodossola, Ghiffa und Ossuccio.

Auf dem Sacro Monte über dem Ortasee werden in 20 Kapellen in drastischer Bildsprache Episoden aus dem Leben des hl. Franz dargestellt.

RESIDENZEN DES HAUSES SAVOYEN IN TURIN UND UMGEBUNG

Als Emanuel Philibert (1528–1580) die Hauptstadt seines Herzogtums im Jahr 1563 von Chambéry nach Turin verlegte, entstanden dort und in der Umgebung Residenzen, die den absolutistischen Glanz des Hauses Savoyen demonstrierten.

Emanuel Philibert und seine Nachfolger beauftragten die bedeutendsten Baumeister und Künstler ihrer Zeit mit der Gestaltung prachtvoller Schlösser und anderer Repräsentationsbauten, von denen der zwischen dem 16. und 18. Jahrhundert entstandene, an der Piazza Castello im Zentrum von Turin gelegene Königspalast – bis 1865 die offizielle Residenz der Savoyer – der beeindruckendste ist. Neben diesem Palazzo Reale gehören in Turin noch die Palazzi Chiablese, Madama und Carignano sowie die königliche Waffenkammer (Armeria Reale), die Villa della

Regina und das Castello del Valentino zur Welterbestätte; in der Umgebung kommen Residenzen in Agliè, Bra, Govone, Pollenzo, Rivoli, Stupinigi und Venaria hinzu. Zu den letzten Bauprojekten der Herzöge von Savoyen gehört zudem das (im April 2008 bei einem Brand schwer beschädigte) Schloss Moncalieri bei Turin, das einst auch dem berühmtesten Savoyer, König Viktor Emanuel II., als Residenz diente.

Die Innenräume des Palazzo Reale (oben der Tanzsaal mit Kassettendecke) wurden prunkvoll eingerichtet.

FELSZEICHNUNGEN IM VAL CAMONICA

Bei Capo di Ponte im Bergtal Val Camonica in der Provinz Brescia befindet sich die größte Fundstätte prähistorischer Felsgravuren Europas.

Die ältesten der über 200 000 Einzelgravuren werden auf die Zeit um 6000 v. Chr. datiert. Die Motive sind vielgestaltig: Jäger, Tiere, Waffen, Ackergeräte. Die Künstler gehörten wohl dem alpinen Volk der Camuner an. Bei Capo di Ponte kann man im Archäologischen Park einige Fundstücke besichtigen.

Labyrinthe mit tanzenden Kriegern zeigen diese faszinierenden frühgeschichtlichen Graffiti im Val Camonica.

MONTE SAN GIORGIO

Der Monte San Giorgio liegt direkt an der italienisch-schweizerischen Grenze am Luganer See. Das ursprünglich nur den Schweizer Teil umfassende Weltnaturerbeareal wurde 2010 um den italienischen Teil des Berges erweitert.

Der Monte San Giorgio ist eine der ergiebigsten Fundstätten von versteinerten Meeres- und Landtieren sowie Pflanzen, darunter bis zu sechs Meter lange Meeressaurier. Diese Funde geben detailliert Auskunft über Fauna und Flora zur Zeit der Trias vor etwa 250 bis 200 Millionen Jahren.

Dieser rund 20 Zentimeter lange Pachypleurosaurus, ein Meeressaurier aus der Trias, ist ein Fund vom Monte San Giorgio.

MODELLSIEDLUNG CRESPI D'ADDA

Die Modellsiedlung in der Provinz Bergamo gilt als frühes Beispiel sozialen unternehmerischen Engagements. Sie wurde von dem Textilfabrikanten Crespi für die Arbeiter seiner Baumwollspinnerei und deren Familien gebaut.

Crespi d'Adda, ein Ortsteil von Capriate San Gervasio in der Provinz Bergamo in der Lombardei, ist eine typische Arbeiterwohnsiedlung, wie sie von aufgeklärten Industriellen für ihre Arbeiter ab der zweiten Hälfte des 19. Jahrhunderts erbaut wurden. Die Crespi hatten hier im Jahr 1878 auf der grünen Wiese unweit des Flusses Adda, wo ausreichend Wasser verfügbar war, eine Fabrik samt Infrastruktur errichten lassen.
Die Siedlung wird durch eine schnurgerade Straße gegliedert: Rechts davon befindet sich die Fabrik (in der in den 1920er-Jahren noch mehr als 3000 Arbeiter ihr Auskommen fanden), links davon die Wohnstraßen mit den einheitlich gestalteten, von Gärten umgebenen Ein- und Mehrfamilienhäusern der Arbeiter. Zum Dorf gehörten auch Schule, Krankenstation, Waschhaus und Kirche. Der noch heute bewohnte Ort blieb weitgehend in seiner ursprünglichen Form erhalten.

Backsteinornate im Stil der lombardischen Gotik schmücken die Fabrikhallen. Das Haupttor mit den Direktionsgebäuden (unten) ist der schönste Bau der Fabrik.

VICENZA UND DIE VILLEN PALLADIOS IN VENETIEN

Das Zentrum Vicenzas wird geprägt von 23 Gebäuden Palladios. Zum Welterbe erhoben wurden rund 20 von ihm entworfene Villen in Venetien.

Neben humanistischen Studien waren Reisen zu den antiken Stätten Roms die entscheidenden Einflüsse für den in Padua geborenen Architekten Andrea Palladio (1508–1580), der 1524 in Vicenza als Maurer und Steinmetz begann und später mit seinen Bauten einen in ganz Europa verbreiteten, klassische Eleganz und antike Vorbilder harmonisch miteinander vereinenden Stil prägte, den »Palladianismus«. Ein bedeutendes Frühwerk ist das Rathaus von Vicenza, der Palazzo della Ragione, auch »Basilica Palladina« genannt. Ihm gegenüber schuf Palladio die Loggia del Capitaniato, den Saal des Stadtkommandanten mit hohen Rundbogenarkaden. Noch in seinem Todesjahr plante er das Teatro Olimpico, das erste frei stehende überdachte Theatergebäude mit einem Zuschauerraum in Form eines Amphitheaters. Zu seinen bekanntesten Bauten außerhalb von Vicenza gehört die Villa Rotonda, ein Musterbeispiel architektonischer Symmetrie.

Hinter der nach römischem Vorbild gestalteten Bühnenwand in Form einer skulpturengeschmückten Palastfront wecken Holzkulissen im Teatro Olimpico die Illusion einer antiken Idealstadt.

ALTSTADT VON VERONA

Im Jahr 89 v. Chr. gründeten die Römer hier eine Kolonie, die sich bald zur Großstadt entwickelte. Der Schachbrettgrundriss innerhalb der Flussschleife des Adige (Etsch) strukturiert bis heute die Altstadt mit der berühmten Arena di Verona.

Imposante Monumente wie das im 1. Jahrhundert errichtete riesige Amphitheater (Arena di Verona) oder die im selben Zeitraum entstandene Porta dei Borsari bezeugen den antiken Ursprung Veronas. Auch das Hochmittelalter hinterließ seine Spuren in Form großartiger Bauten wie der romanischen Klosterbasilika San Zeno mit ihren berühmten Portalskulpturen. Seine endgültige Ausdehnung und Gestalt erhielt Verona im 13. und 14. Jahrhundert unter der Herrschaft der Scaliger, deren Macht und Glanz die aufwendigen gotischen Grabmonumente und der hoch ummauerte Castelvecchio mit der zinnenbewehrten Brücke dokumentieren. Die Gotik brachte den Umbau des Doms und den großräumigen Baukörper der Anastasiakirche. Nach dem Anschluss an Venedig erlebte die Stadt einen erneuten Aufschwung, der seinen Höhepunkt in den umfassenden Baumaßnahmen des Veroneser Renaissancearchitekten Sanmicheli (1484 bis 1559) fand. Auf ihn gehen die Stadttore Veronas, darunter die Porta Nuova, sowie stilbildende Palazzi (Bevilacqua, Pompei) zurück.

Vom Rand der Arena di Verona – jeden Sommer Schauplatz stimmungsvoller Opernfestspiele – fällt der Blick über das Dächermeer der Stadt.

Italien

DOLOMITEN

Die zu den Ostalpen gehörenden Dolomiten, eine der schönsten Berglandschaften der Welt mit 18 teilweise mehr als 3000 Meter hohen Gipfeln, gliedern sich in Grödner, Fassaner, Ampezzaner und Sextener Dolomiten; das östliche Randgebiet heißt Cadore. Ausgezeichnet wurde das Gebirge wegen seiner geologischen, botanischen und landschaftlichen Besonderheiten, wozu auch eine faszinierend vielfältige Flora mit über 2400 Pflanzenarten gehört.

Die Dolomiten erstrecken sich über eine Fläche von knapp 142 000 Hektar. Mit 3343 Metern ist die Marmolada ihr höchster Gipfel. Für schroffen Charme sind aber auch die Drei Zinnen (2999 Meter) oder die Rosengartengruppe bekannt, deren höchste Erhebung, der Kesselkogel, 3004 Meter hoch ist.
Die Dolomiten sind eine Region der Gegensätze: Satte Almwiesen wechseln sich mit zerklüfteten Felsspitzen und Flächen voller Erosionsschutt ab. Verantwortlich dafür sind die unterschiedlichen Entstehungsgeschichten

Die im Jahr 1864 von Paul Grohmann, dem Mitbegründer des Österreichischen Alpenvereins, erstmals bestiegene Marmolada – ein in westöstlicher Richtung verlaufender Gratrücken mit dem einzigen größeren Gletscher (Ghiacciaio della Marmolada) der Dolomiten an seiner Nordseite – wurde nach seinem an Marmor erinnernden Fels benannt.

der einzelnen Teillandschaften, die u. a. durch versteinerte und emporgehobene Korallenriffe sowie Gestein vulkanischen Ursprungs dokumentiert werden. Von Gletschern geprägte Oberflächen sind in den Dolomiten ebenso zu finden wie die für Kalk typischen Karstformationen. Damit sind die Dolomiten das herausragende Beispiel einer Landschaft, an der – auch anhand von Fossilien – wesentliche Stufen der Erdgeschichte abgelesen werden können. Diese Geschichte ist jedoch nicht stehen geblieben. Ihre Dynamik zeigt sich an Hochwassern, Erdrutschen, Felsstürzen und Lawinen, die die Oberfläche immer wieder neu gestalten.

Faszination Dolomiten: Die Rosengarten-Gruppe im Alpenglühen.

In der Palagruppe – dem südlichsten Teil der Dolomiten – findet man einige der bekanntesten Klettersteige der Region, etwa hier am Monte Agnér (2871 Meter).

In den Sextener Dolomiten ragt das berühmteste Dreigestirn der Alpen in die Höhe: die Drei Zinnen mit der 2999 Meter hohen Großen Zinne in der Mitte.

Vor rund 250 Millionen Jahren bildeten die Dolomiten ein riesiges Korallenriff im Urmeer Tethys. Daran erinnert auch das Brentamassiv (oben die steil aufragende Felsnadelspitze Guglia di Brenta).

Fünf Dolomitengipfel – Neuner-, Zehner-, Elfer-, Zwölfer- und Einserkofel – bilden die »Sextener Sonnenuhr« (oben mit dem 3094 Meter hohen Zwölferkofl).

Italien

VENEDIG UND SEINE LAGUNE

In einer Lagune nördlich des Po-Deltas erstreckt sich die einzigartige Stadt im Wasser. Ihre Kirchen und Paläste ruhen auf Millionen von Holzpfählen, statt Straßen gibt es über 150 Kanäle, über die mehr als 400 Brücken führen.

Im 15. Jahrhundert war Venedig, das über eine eigene Mittelmeerflotte verfügte, die reichste und größte Stadt Italiens. Mit der Entdeckung des Seewegs nach Indien nahm ihre politische Bedeutung seit dem 16. Jahrhundert ab; sie blieb aber weiterhin ein wirtschaftliches und kulturelles Zentrum. Die wichtigste Wasserstraße der Stadt ist der Canal Grande, von dem viele Seitenkanäle abzweigen. An seinem Ende liegen die berühmtesten Bauwerke Venedigs: der von goldgrundierten Mosaiken geschmückte Markusdom, der in seiner heutigen Form auf das 11. Jahrhundert zurückgeht, sowie der benachbarte Dogenpalast, der im 12. Jahrhundert über einem Vorgänger-

San Giorgio Maggiore ist eine der mehr als 100 Inseln Venedigs. Die gleichnamige Kirche wurde im Jahr 1565 von Andrea Palladio entworfen.

bau aus dem Jahr 825 errichtet wurde. Venedig mit seinen Inseln und Kanälen ist ein weltweit einzigartiges städtebauliches Gesamtkunstwerk. Hier trifft man in einer Konzentration wie sonst kaum anderswo auf Kirchen, Klöster, Paläste, Museen und Theater, die ungezählte Kunstschätze von Tizian, Veronese, Tintoretto, Tiepolo, Canaletto und anderen Künstlern der Renaissance und des Barock bergen.

Der Markusdom mit seinen fünf mosaikgeschmückten Portalnischen bildet den östlichen Abschluss des Markusplatzes, der schon im 9. Jahrhundert als Vorplatz des Doms diente. Seine heutige Gestalt erhielt er im Lauf der Jahrhunderte, in denen er Kulisse für Feste, Prozessionen und öffentliche Veranstaltungen der Serenissima war. Napoleon bezeichnete den Markusplatz als den »schönsten Salon Europas«.

Die Piazza San Marco wird von den arkadengesäumten Prokuratien, ehemaligen Verwaltungsgebäuden, eingefasst.

Über die Seufzerbrücke an der Rückseite des Dogenpalastes wurden einst die Verurteilten ins Gefängnis gebracht.

Venedig im Morgenlicht: die Piazzetta mit dem Dogenpalast, einem Dreimaster und San Giorgio Maggiore im Hintergrund.

Innen präsentiert sich der Markusdom als eine in drei Schiffe gegliederte Kreuzkuppelkirche mit herrlichem Mosaikschmuck.

VENEDIG UND SEINE LAGUNE

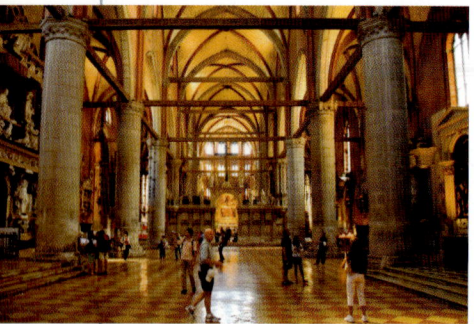

Die gotische Franziskanerkirche Santa Maria Gloriosa dei Frari zählt zu den bedeutendsten Sakralbauten Venedigs.

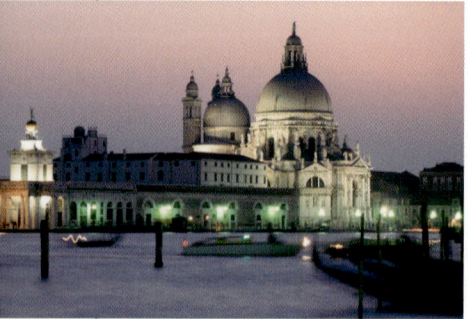

Schon von Weitem sieht man die mächtige Barockkirche Basilica di Santa Maria della Salute am Eingang des Canal Grande.

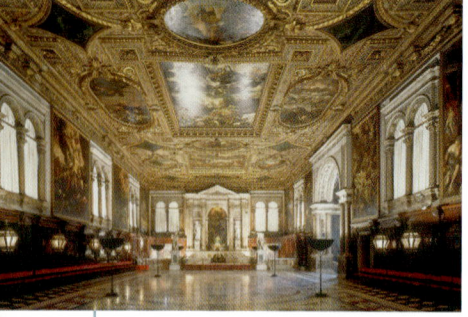

Für die Scuola Grande di San Rocco (oben: der Hauptsaal) schuf Tintoretto einen großartigen Bilderzyklus.

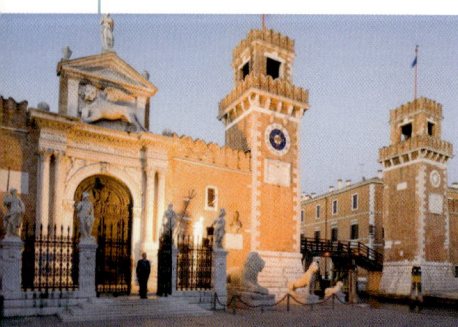

Land- und Wassertor des Arsenale, der Schiffswerft der Republik Venedig.

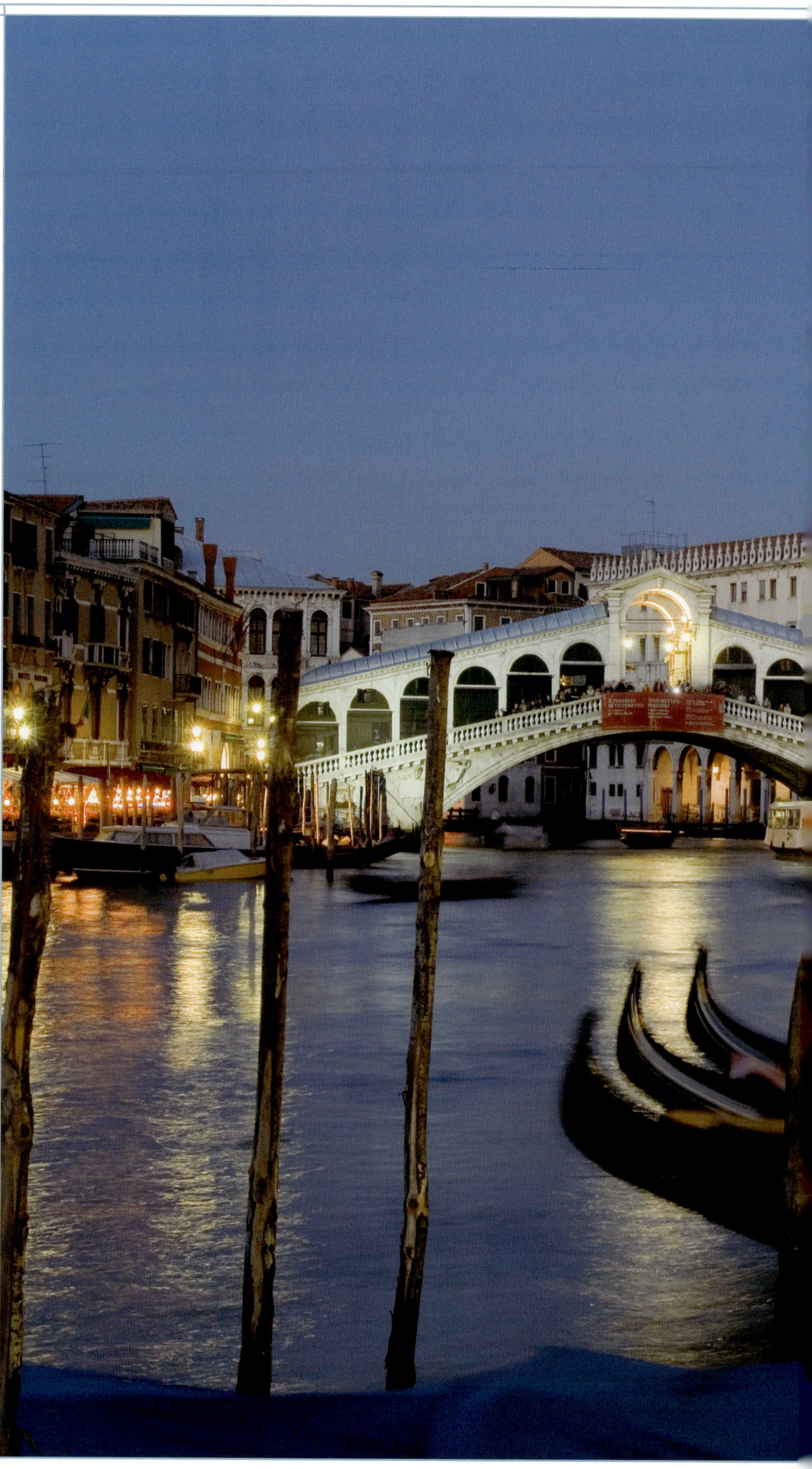

Die im 16. Jahrhundert aus istrischem Kalkstein erbaute Rialtobrücke überspannt den Canal Grande in weitem Bogen. Bis zum Jahr 1854 war sie die einzige Möglichkeit, den Canal Grande zu Fuß zu überqueren.

Italien

KATHEDRALE, TORRE CIVICA, PIAZZA GRANDE IN MODENA

Ein herausragendes städtebauliches Ensemble mit einem der schönsten romanischen Bauwerke des Landes findet sich im Zentrum von Modena.

Nachdem ein Vorgängerbau der Kathedrale San Geminiano, der schon seit dem 8. Jahrhundert die Reliquien des hl. Geminiano bewahrte, um 1000 eingestürzt war, begann man ab 1099 unter der Leitung des lombardischen Baumeisters Lanfranco mit der Errichtung der Kirche, die 1184 geweiht wurde. Die großartigen Bildhauerarbeiten an den Portalen und im Inneren sind Werke des Meisters Wiligelmus und seiner Schüler, der Maestri Campionesi, lombardischer Steinmetze aus Campione, und verschmelzen römische, byzantinische und zeitgenössische lombardische Stilelemente.

An der mit Marmor und Blendarkaden verkleideten Giebelfassade stechen das Hauptportal mit säulentragenden Löwen und die Fensterrose hervor. Der frei stehende, ursprünglich romanische Campanile Ghirlandina direkt neben der Kathedrale wurde 1319 mit einer gotischen Bekrönung auf seine heutige Höhe gebracht. Auch die Innenausstattung ist vom Feinsten und umfasst meisterhafte Skulpturen und Gemälde des Spätmittelalters.

Die Rückseite des Doms von Modena wird geprägt von drei prachtvollen, mit Blendarkaden versehenen Apsiden.

STRADE NUOVE UND PALAZZI DEI ROLLI IN GENUA

In der Blütezeit der Republik Genua Anfang des 17. Jahrhunderts entstanden entlang der breiten Strade Nuove prächtige Paläste zu Repräsentationszwecken.

Erstmalig in der europäischen Stadtplanungsgeschichte entwickelte man in Genua schon im 16. Jahrhundert einen festen Bebauungsplan und eine von den Behörden festgelegte Aufteilung des Baugrunds. In diesem Zusammenhang wurde die Neue Straße (»Strada Nuova«) angelegt, die fast sieben Meter und damit nahezu doppelt so breit ist wie eine durchschnittliche Altstadtstraße der damaligen Zeit. Gesäumt wird die heutige Via Garibaldi von imposanten Villen und Palästen, wo der Hochadel und das politische Establishment residierten. Anfang des 17. Jahrhunderts kamen weitere »neue Stra-

ßen« hinzu. Dazu gehören die Via Balbi, die Via Cairoli, die Via Lomellini und die Via San Luca. Die Paläste dienten nicht nur als Wohnsitz, sondern auch repräsentativen Zwecken. Ein Dekret von 1576 legte fest, dass die Besitzer Staatsgäste aufzunehmen hatten. In Listen (»Rolli«) waren jene Familien verzeichnet, die nach Losentscheid Staatsgäste empfingen – so erklärt sich auch der Name der Palazzi.

Einen guten Einblick in den Lebensstil des genuesischen Hochadels vermittelt der Palazzo Spinola, einst auch Wohnsitz der Familie Grimaldi.

PORTOVENERE UND CINQUE TERRE

Die Region nördlich von Portovenere mit den »fünf Orten« (»Cinque Terre«) Monterosso, Vernazza, Corniglia, Manarola und Riomaggiore sowie den Inseln Palmaria, Tino und Tinetto ist einer der reizvollsten Küstenabschnitte der Riviera.

Spektakulär kleben die Cinque Terre an Felsen und Buchten der ligurischen Steilküste zwischen Levanto und Portovenere. Bis heute gibt es zwischen ihnen keine direkte Straßenverbindung entlang der Küste. Das unwegsame Gelände überwanden die Menschen früher über Fußwege und Treppen.
Hoch über Portovenere ragt die Stiftskirche San Lorenzo auf, die ursprünglich im romanischen Stil erbaut wurde. Die kleine Kirche San Pietro, 1277 im gotisch-genuesischen Stil auf einem Vorgängerbau aus dem 6. Jahrhundert errichtet, liegt reizvoll auf einer Land-

spitze. Das auf eine ehemalige römische Befestigungsanlage zurückgehende Kastell diente dem nahen Genua als vorgelagertes Bollwerk und wurde im 17. Jahrhundert gigantisch erweitert. Die kleinen vorgelagerten Inseln sind nicht nur wegen ihrer landschaftlichen Schönheit reizvoll. Auf Tino befinden sich die Ruinen einer romanischen Abtei aus dem 11. Jahrhundert, und auf Tinetto hat man die Reste einer frühchristlichen Klosteranlage entdeckt.

Riomaggiore ist der am östlichsten gelegene Ort der Cinque Terre.

DOMPLATZ VON PISA

Der »Campo dei Miracoli« ist mit dem Schiefen Turm, dem Dom, dem Baptisterium und dem Camposanto wirklich ein »Platz der Wunder«.

1063 begann man außerhalb der damaligen Stadtmauer von Pisa mit den Bauarbeiten für den Dom nach den Plänen des Architekten Buscheto. Die prächtige, 35 Meter lange Fassade entwarf Rainaldo, die Bronzetüren der Porta di San Ranieri schuf im Jahr 1180 Bonanno Pisano. Die reich verzierte Kassettendecke im Gewölbe des Mittelschiffs stammt aus dem 16. Jahrhundert. Der frei stehende Campanile, ein zylindrischer Bau, wurde 1174 von Bonano begonnen, neigte sich jedoch schon während der Bauarbeiten und ist heute als »Schiefer Turm« weltberühmt. Lange befürchtete man einen Einsturz, doch mittlerweile ist der Turm durch ein neues Fundament abgesichert. Die Gestaltung des Baptisteriums zeigt – bedingt durch die lange Bauzeit

Blick auf den »Campo dei Miracoli« mit dem Rundbau des Baptisteriums, dem Dom und dem Schiefen Turm.

(1152–1358) – bereits den Übergang von der Romanik zur Gotik. Ein Schmuckstück ist die 1260 geschaffene frei stehende Kanzel mit dem Skulpturenschmuck von Nicola Pisano. Der Camposanto – der durch Bogengänge geschlossene Friedhof – weist in den Kapellen und an den Wänden des Kreuzgangs wertvolle Wandbilder aus dem 14. und 15. Jahrhundert auf. Die Bauten des Domplatzes wurden durch die einheitliche Verwendung von weißem Carrara-Marmor und architektonische Elemente wie Arkadenreihen und Säulengänge als stilistisch einheitliches Ensemble gestaltet. Anders als in vielen anderen Städten, deren Domplätze zugebaut wurden, blieb hier auch die Weitläufigkeit der Gesamtanlage erhalten.

Den optischen Fluchtpunkt des Dom-Hauptschiffs bildet in der Apsis das von Francesco di Simone und Cimabue geschaffene Mosaik mit dem von Maria und Johannes flankierten Christus.

Italien

Die Medici

Über Generationen hinweg bestimmte die Familie der Medici die Geschicke von Florenz. Ihren Aufstieg begründete Giovanni (1360–1429), der sein Vermögen vor allem durch Bankgeschäfte mit dem Papst vergrößern konnte. Seinem Sohn Cosimo, »dem Alten« (1389–1464), gelang das Kunststück, die Stadt zu regieren, ohne ein offi-

HISTORISCHES ZENTRUM VON FLORENZ

Die Hauptstadt der Toskana war vor rund 600 Jahren Ausgangspunkt von Renaissance und Humanismus und ist deshalb von überragender Bedeutung für die europäische Kunstgeschichte.

Vom hoch gelegenen Piazzale Michelangelo bietet sich ein grandioser Blick auf die Stadt am Arno mit der von Filippo Brunelleschi ab dem Jahr 1420 erbauten roten Kuppel des Doms Santa Maria del Fiore als überwältigendem Blickfang. Der frei stehende Campanile, fast 85 Meter hoch und mit farbigem Marmor verkleidet, wurde 1334 von Giotto entworfen, der im selben Jahr auch die Bauleitung des Doms übernommen hatte. Weltberühmt ist die 1425 bis 1452 entstandene »Paradiespforte« von Lorenzo Ghiberti an der Ostseite des gegenüberliegenden Baptisteriums. Im Dommuseum kann die »Pietà Palestrina« von Michelangelo besichtigt werden. Eine weitere kunsthistorisch bedeutende Kirche ist die ebenfalls von Brunelleschi überarbeitete Basilica di San Lorenzo samt Medici-Kapelle, der erste überkuppelte Zentralbau der Renaissance.

An der Piazza della Signoria, dem weltlichen Zentrum der Stadt, stehen die mit wertvollen Skulpturen ausgestattete Loggia dei Lanzi sowie der Palazzo Vecchio, der Regierungspalast der Medici. Die Uffizien beherbergen heute eine der bedeutendsten Gemäldesammlungen der Welt mit Werken von Botticelli, Leonardo da Vinci und Michelangelo, Tizian, Rubens, Dürer, Rembrandt und Caravaggio. Der 1457 bis 1819 errichtete Palazzo Pitti vereint aufgrund des etappenweisen Ausbaus mehrere Stilepochen. Als Kleinod italienischer Gartenkunst präsentiert sich der benachbarte Boboli-Garten von 1590. Die berühmteste Brücke der Stadt am Arno ist der überbaute Ponte Vecchio, auf dem einst nur Goldschmiede Läden unterhalten durften.

Vom Piazzale Michelangelo bietet sich ein überwältigender Blick auf Florenz. Aus der Stadtsilhouette ragen die riesige Kuppel des Doms sowie der Palazzo Vecchio, beide samt Campanile, heraus.

ETRUSKISCHE TOTENSTÄDTE VON CERVETERI UND TARQUINIA

Die auf das 9. bis 1. Jahrhundert v. Chr. zurückgehenden Nekropolen von Cerveteri und Tarquinia gehören zu den berühmtesten Fundstätten etruskischer Kultur.

Cerveteri und Tarquinia, die in den heutigen Provinzen Rom und Viterbo liegen, sind zwei Totenstädte, deren Gräber Zeugnis ablegen nicht nur von den sehr unterschiedlichen Bestattungsriten dieser frühesten Zivilisation im nördlichen Mittelmeerraum, sondern auch von deren Alltagskultur. Cerveteri, bekannt auch unter dem Namen Banditaccia, weist vor allem architektonische Denkmäler auf. Mehrere Grabformen lassen sich unterscheiden: aus dem Tuff geschlagene Grabkammern mit großen Erd- oder Tuffhügeln darüber, den Tumuli, ferner

Etruskischer Sarkophagaufsatz eines Ehepaares aus Cerveteri.

Kammergräber, rein unterirdische Gräber, und Felsgräber. Allen Grabformen gemeinsam ist das menschliche Bestreben, sie wie ein Wohnhaus einzurichten. Die Steinmetze schlugen Säulen, Tische, Betten und Bänke aus dem Tuff. Der Schmuck bestand aus Reliefs, selten aus Gemälden. Die ausgedehnten Grabanlagen gleichen teils einer unterirdischen Stadt mit Straßen und Höfen. In der Blütezeit der Etrusker exportierte man von dort aus Eisenerz. Besonders eng waren die Verbindungen nach Griechenland.
Vom griechischen Einfluss zeugen auch die großteils noch in der Nekropole Tarquinia zu besichtigenden Fresken. Bisher wurden rund 200 ausgemalte Gräber gefunden. Dargestellt ist auf den Fresken oft das vornehm-heitere Leben der etruskischen Oberschicht: Bankette, Tanzspiele, Jagdszenen.

Die um das Jahr 530 v. Chr. entstandenen Fresken im »Grab der Priester« zählen zu den eindrucksvollsten Zeugnissen in der etruskischen Nekropole von Tarquinia.

Italien / Vatikanstadt

Das Imperium Romanum

Mit der Vertreibung des letzten etruskischen Königs von Rom begann im Jahr 509 v. Chr. die Geschichte der römischen Republik. 264 v. Chr. zog erstmals ein römisches Heer außerhalb Italiens in den Krieg: Sizilien war das erste der Länder rund um das Mittelmeer, die in den folgenden 100 Jahren an Rom fielen. Die Zeit der Republik

endete in innerer Unordnung und Bürgerkriegen, durch die Diktatoren wie Sulla, Pompejus und Julius Cäsar an die Macht gelangten. Nach Cäsars Ermordung konnte sich Oktavian gegen Marcus Antonius durchsetzen und wurde im Jahr 27 v. Chr. zum Augustus erhoben. Damit löste man die Republik durch das Prinzipat ab. Damals

HISTORISCHES ZENTRUM VON ROM

Zum Welterbe wurde zunächst das historische Zentrum innerhalb der Aurelianischen Mauer mit den bedeutendsten Monumenten aus der Antike erklärt. Nach einer Erweiterung 1990 heißt die grenzüberschreitende Stätte nun mit vollständigem Titel »Historisches Zentrum von Rom, Stätten des Heiligen Stuhls in Rom und Basilika St. Paul ›vor den Mauern‹«.

Die »Ewige Stadt« mit ihren Bauten aus Antike, Mittelalter, Renaissance, Barock und Klassizismus ist ein weltweit einzigartiges Freilichtmuseum.

Die Engelsburg, ein von Kaiser Hadrian für sich erbautes Mausoleum, wurde von den Päpsten in eine Fluchtburg verwandelt.

Von der Glanzzeit des Römischen Reichs künden antike Bauwerke wie das Forum Romanum, die Kaiserforen und der Palatin, das Kolosseum sowie das Pantheon. Nach dem Untergang des Reichs wurde Rom das Zentrum der Christenheit. Die Päpste begannen die Stadt großflächig umzugestalten. Zu den geschützten Stätten des Heiligen Stuhls gehören u. a. der Laterankomplex, die Patriarchalbasiliken Santa Maria Maggiore und San Paolo fuori le Mura sowie die Paläste Palazzo di Propaganda Fide, Palazzo Maffei und Palazzo del Sant' Uffizio.

Das Forum Romanum war das eigentliche Zentrum des antiken Rom. Heute zeugen dort Ruinen kaiserlicher Monumentaldenkmäler von der Vergänglichkeit weltlicher Macht: Triumphbogen des Septimius Severus, Vespasiantempel und Saturntempel (im Bild von links nach rechts).

lebten bereits über eine Million Menschen in der Ewigen Stadt.

Auch auf dem Gebiet der Technik vollbrachten die Römer Pionierleistungen. Ihre Straßen, Brücken und Aquädukte wurden zum Teil noch bis ins Mittelalter benutzt.

Mit Diokletian (reg. 284–305) begann die Spätantike. Er führte umfangreiche

Reformen in Verwaltung, Wirtschaft und Heer durch. Kaiser Konstantin machte das Christentum 313 zur Staatsreligion und verlegte die Kaiserresidenz nach Osten. Im 4. Jahrhundert begann der Niedergang des Imperiums, der 476 mit der Absetzung des letzten Kaisers Romulus Augustus durch Odoaker besiegelt wurde.

In den Kapitolinischen Museen kann der in Stein gehauene Ursprungsmythos Roms bewundert werden: die von einer Wölfin gesäugten Zwillinge Romulus und Remus, die die Stadt 753 v. Chr. gegründet haben sollen (links). Dort befindet sich auch das Original der Reiterstatue des berühmten Philosophenkaisers Mark Aurel (linke Seite).

Der siegreiche Kaiser Konstantin I. ließ sich mit einem gewaltigen Triumphbogen feiern, der im Jahr 312 errichtet wurde.

In dem unter Kaiser Vespasian von 72 bis 81 errichteten Kolosseum konnten bis zu 50 000 Zuschauer Gladiatorenkämpfen und Tierhetzen beiwohnen.

Die Piazza della Rotonda mit dem Pantheon – im alten Rom ein allen Göttern geweihtes Heiligtum – gehört zu den schönsten Plätzen der Stadt.

Als Erweiterung des Forum Romanum entstand ab 54 v. Chr. ein Komplex aus vier nach den Erbauern benannten Kaiserforen.

HISTORISCHES ZENTRUM VON ROM

Die Spanische Treppe verbindet die Piazza di Spagna mit der Kirche Santa Trinità dei Monti.

Roms bekanntester Brunnen ist die ab dem Jahr 1732 von Nicolò Salvi errichtete, dem Meeresgott geweihte Fontana di Trevi.

Die Fontana del Moro vor der Kirche Sant'Agnese in Agone auf der als langes Oval angelegten Piazza Navona.

Zum Verweilen lädt auch die Piazza Mattei mit der Fontana delle Tartarughe ein.

Berninis faszinierende Allegorie des Ganges ziert den im Jahr 1651 im Zentrum der Piazza Navona errichten Vierströme-brunnen (Fontana dei Quattro Fiumi).

Vatikanstadt

Michelangelo

Michelangelo Buonarroti (1475 bis 1564) ist neben Leonardo da Vinci wohl der bedeutendste Künstler der italienischen Hochrenaissance.

Im Werk des Malers, Bildhauers und Architekten steht die menschliche Figur im Mittelpunkt. Als Schüler von Domenico Ghirlandaio lernte Michelangelo zwar die Freskomalerei; er selbst betrachtete sich allerdings eher als Bildhauer. Besonders genau studierte er die Skulpturen der Antike. Um die gleiche Perfektion in der Darstellung des menschlichen Körpers zu erreichen, zeichnete er Modelle und sezierte sogar heimlich Leichen.

Papst Julius II. berief Michelangelo 1505 nach Rom, wo dieser ihm ein ge-

VATIKANSTADT

Die Vatikanstadt mit Peterskirche, Petersplatz und Vatikanpalast als Zentrum der Christenheit ist ein einmaliger Kulminationspunkt religiöser Kunst und wurde deshalb als Ganzes in die Liste des Welterbes aufgenommen.

Nach dem Exil von Avignon wurde der Vatikan ab dem Jahr 1377 Papstresidenz – zuvor residierten die Bischöfe von Rom im Lateran. Ab dem 15. Jahrhundert baute man den Komplex dann weitläufig aus – heute birgt er mit dem Petersdom, den Vatikanischen Museen und dem Papstpalast eine immense Fülle an Kunstschätzen.

Die Peterskirche steht auf den Resten der um das Jahr 325 geweihten Basilika, die über dem mutmaßlichen Grab des Apostels Petrus errichtet wurde. Sie entstand ab dem Jahr 1506 nach Plänen von Bramante und wurde durch Raffael, Michelangelo und andere Künstler der Hochrenaissance grandios ausgebaut. Die Innenausstattung umfasst eine Vielzahl von Altären, Mosaiken und Skulpturen. Die Kuppel mit einer Scheitelhöhe von 119 Metern und 42 Meter Durchmesser wurde von Michelangelo entworfen, aus dessen Hand auch die berühmtesten Fresken der Sixtinischen Kapelle stammen. In der päpstlichen Hauskapelle, die Papst Sixtus IV. in den Jahren 1473 bis 1483 erbauen ließ und in der das Konklave, die Papstwahl, stattfindet, schuf der Künstler die Malereien an der Decke mit der Schöpfungsgeschichte und Propheten und Sibyllen (1508–1512) sowie an der Altarwand mit dem Jüngsten Gericht (1536–1541).

Vor dem Petersdom breitet sich der Petersplatz aus: Die von Bernini in den Jahren 1656 bis 1667 gestaltete elliptische Anlage hat eine Länge von 240 Metern und ist von einem 17 Meter breiten, sich aus 284 Einzelsäulen zusammensetzenden Kolonnadengang gesäumt, auf dem die Statuen von 140 Heiligen aufgestellt sind. Links und rechts ragen – jeweils nahe den beiden Brennpunkten der Ellipse – zwei 14 Meter hohe Brunnen auf.

Blick von den Kolonnaden auf den Petersplatz, in dessen Mitte ein 25,5 Meter hoher ägyptischer Obelisk aufragt, den Kaiser Caligula im Jahr 37 von Heliopolis nach Rom transportieren ließ.

waltiges Grabmal errichten sollte. Sowohl dieser Auftrag als auch seine Planung einer neuen Peterskirche wurden allerdings verworfen, sodass der Künstler verärgert nach Florenz zurückkehrte. Erst eine neue Herausforderung führte ihn wieder zurück nach Rom: Die Decke der Sixtinischen Kapelle im Vatikan sollte bemalt wer-

den. Vier Jahre lang verbrachte Michelangelo völlig zurückgezogen mit der körperlich höchst anstrengenden Freskenmalerei von übermenschlichen Ausmaßen. 1547 übernahm er die Bauleitung des Petersdoms, dessen gewaltige Kuppel seine größte architektonische Leistung ist. Zu seinen Hauptwerken als Bildhauer zählen die

überwältigend schöne Pietà im Petersdom und die Figur des David vor dem Palazzo Vecchio in Florenz (im Original heute in der Galleria dell'Accademia).

Mit der Pietà (linke Seite) schuf Michelangelo 1498/99 eines der schönsten Kunstwerke des Petersdoms. Sein Porträt (links) malte einer seiner Schüler um 1510.

Der Petersdom ist ein Längsbau in Form eines lateinischen Kreuzes mit einer zentralen Kuppel über der Vierung, durch die das Licht hereinfällt.

In den Pontifikalgemächern im Vatikan entstand 1510/1511 Raffaels Fresko »Die Schule von Athen«, eine Hommage an die Philosophen der Antike.

Die Sixtinische Kapelle verdankt ihren Ruhm der großartigen Innenausmalung durch Botticelli, Perugino, Signorelli und vor allem Michelangelo.

Italien

VILLA D'ESTE IN TIVOLI

Die nahe Rom gelegene Villa d'Este mit ihren über 500 Brunnen, Wasserspielen und Fontänen ist ein herausragendes Werk der Gartenkunst der Renaissance und wurde zum Vorbild für Wassergärten in ganz Europa.

Kardinal Ippolito d'Este, Spross der berühmten Herrscherdynastie aus Ferrara und Sohn Lucrezia Borgias, erkor 1550 ein ehemaliges Benediktinerkloster in Tivoli zu seiner Residenz. Einige Säle des Palastes wurden mit schönen Fresken von Vertretern des römischen Manierismus, etwa von Livio Agresti und Federico Zuccari, ausgestattet.

Am Hang unter der Villa ließ Ippolito d'Este von Pirro Ligorio und Alberto Galvani einen Park mit weitverzweigtem Brunnensystem und Wasserspielen anlegen: den »Garten der Wunder«. Die ungezählten Springbrunnen lösen sich in Tausende von Bächlein, Kaskaden und Wasserfällen auf. Unter seinem Nachfolger Kardinal Alessandro d'Este wurde der Park ab 1605 umgestaltet. An den Arbeiten war später auch Bernini beteiligt; der Brunnen Fontana del Bicchierone wird ihm zugeschrieben. Die Wasserorgel Organo Idraulico ist ein Meisterwerk des Franzosen Venard. Nach zwischenzeitlichem Verfall wurde die Villa d'Este unter Kardinal Gustav von Hohenlohe ab dem Jahr 1851 wieder renoviert und entwickelte sich zu einem gesellschaftlichen Treffpunkt, wo auch Franz Liszt gerne weilte und komponierte.

Hunderte Wasserspeier verleihen den Parkanlagen ihren einzigartigen Reiz.

HADRIANSVILLA

Die knapp sechs Kilometer südwestlich von Tivoli gelegene ländliche Privatresidenz des römischen Kaisers Hadrian ist ein wunderbares Beispiel für die Opulenz und Eleganz römischer Baukultur.

Der kunstsinnige Kaiser Hadrian studierte auf mehreren Reisen die Völker und Kulturen seines Imperiums, vor allem Griechenland und Ägypten. Seine Residenz – mehr eine kaiserliche Gartenstadt als ein traditioneller Landsitz – ließ er 118 bis 134 außerhalb Roms bauen. Alle Gebäude, meist Kopien griechischer Vorbilder, sowie die umgebenden Anlagen sind locker verbunden und folgen den natürlichen Vorgaben des Geländes. Die so erreichte harmonische Einbindung der Bauten in die Landschaft diente noch italienischen Barockbaumeistern als Vorbild. Die Privatgemächer des Palastes waren einst prächtig mit Marmor ausgestattet. Im Teatro Marittimo umrahmt eine große Säulenhalle ein riesiges Wasserbecken mit einer Insel in der Mitte. Zur Anlage der Hadriansvilla gehören neben den kleinen und großen Thermen (Heliocaminus) und dem nach der gleichnamigen altägyptischen Küstenstadt benannten Kanopus auch ein Stadion, eine griechische und eine lateinische Bibliothek, ein Odeon – ein griechisches Theater – und eine Arena.

Kopien griechischer und ägyptischer Statuen säumen den Kanopus, ein 119 Meter langes Wasserbassin, dessen Anlage an das von einem Säulenkranz umgebene Serapisheiligtum bei Alexandria erinnert.

HISTORISCHES ZENTRUM VON NEAPEL

Neapel geht auf die griechische Gründung Parthenope zurück, deren Altstadt durch eine Neustadt (»Neapolis«) erweitert wurde. Zahlreiche Kulturen des Mittelmeerraums haben hier ihre Spuren hinterlassen.

Unter der Kirche San Lorenzo Maggiore wurden die Reste eines Marktes des antiken Neapolis gefunden. Neben der Kapelle des hl. Januarius zeugt die in den Dom San Gennaro eingebundene Basilika Santa Restituta aus dem 6. Jahrhundert mit dem Baptisterium aus dem 4. Jahrhundert von der frühen Verbreitung des christlichen Glaubens in dieser Region. Die prächtigen gotischen, manieristischen und klassizistischen Kirchen und Stadtpaläste sind der Herrschaft des Hauses Anjou ab dem 13. Jahrhundert zu verdanken. Santa Chiara wurde 1340 fertiggestellt, das Castel Nuovo entstand im 13. Jahrhundert. 1600 bis 1602 wurde nach Entwürfen von Domenico Fontana der Palazzo Reale errichtet. Das »Spanische Viertel« entstand als Garnison der spanischen Vizekönige, die 1503 bis 1734 in Neapel herrschten. Ein imposantes Beispiel neapolitanischen Barocks ist die Kirche Gesù Nuovo (16. Jahrhundert). Ein Kleinod des Rokoko besitzt das Kloster Santa Chiara mit seinem schönen Kreuzgang.

Das Castel Nuovo war einst Festung und Residenz der Könige von Neapel.

POMPEJI, HERCULANEUM UND TORRE ANNUNZIATA

Diese archäologischen Stätten, Relikte des Vesuv-Ausbruchs im Jahr 79, illustrieren eindrucksvoll die antike römische Alltagskultur.

Auf dem Gelände unterhalb des Vulkankegels fördern Ausgrabungen seit dem 18. Jahrhundert die in einer bis zu sieben Meter tiefen Lavaschicht liegenden Überreste der Siedlungen zutage. Erst zwei Drittel des Areals sind bis heute ausgegraben, aber mittlerweile kann der Besucher in Pompeji über das von Tempeln gerahmte Forum, durch Thermen und Theater, Weinschenken und Wohnhäuser spazieren. Besonders eindrucksvoll sind die Wandmalereien und Sgraffiti. Zu den bekanntesten Gebäuden gehören das »Haus des Fauns« mit einer Darstellung der Alexanderschlacht und das

Die Ausgrabungsarbeiten in Pompeji begannen im Jahr 1748. Bis heute wurden ganze Straßen samt Bebauung freigelegt.

»Haus der Vettier«, beides gut konservierte Beispiele für typische Wohnsitze wohlhabender Römer. Aber auch Latrinen, Kaufläden, Bäckereien und Dinge des täglichen Bedarfs wie Brote, Geschirr oder Schreibzeug wurden hier freigelegt. Das erkaltende Gestein hat von verschütteten Menschen perfekte »Abgüsse« hinterlassen.

In Herculaneum sind neben weitläufigen Thermen und Badeanlagen mehrstöckige Wohnzeilen erhalten.

Erst 1967 wurde in Torre Annunziata die Villa Oplontis aus dem 1. Jahrhundert freigelegt, wohl der luxuriöse Wohnsitz von Kaiser Neros Gemahlin. Viele Fresken, Mosaiken und Marmor lassen den einstigen Glanz erahnen.

Unter der Vulkanasche blieben auch die antiken Kunstwerke erstaunlich gut erhalten, etwa das Wandmosaik »Neptun und Amphitrite« aus Herculaneum (links oben) oder das Fresko mit dem Porträt des Terentius Neo und seiner Gattin aus Pompeji (links unten).

Italien

KÜSTE VON AMALFI

Die Region um Amalfi mit ihrer atemberaubenden Steilküste gehört zu den größten Naturschönheiten Italiens. Das Welterbe umfasst den Küstenabschnitt zwischen Positano und Vietri sul Mare mit den Bergdörfern Scala, Tramonti und Ravello.

Erschlossen wird dieser Abschnitt durch eine kurvenreiche Panoramastraße, von der man einen überwältigenden Ausblick auf den Golf von Salerno genießt. Positano zählt zu den ältesten Siedlungen Italiens und bezaubert durch kleine, weiß getünchte Häuschen und prächtige Palazzi, die sich an die steilen Felsen schmiegen. 1932 entdeckte man auf halber Strecke nach Amalfi durch Zufall die »Grotta di Smeraldo« mit ihren bizarren Tropfsteinformationen.

Amalfi war im 9. Jahrhundert eine der mächtigsten Seerepubliken des Mittelmeerraums und erlangte durch den Orienthandel unermesslichen Reichtum. Ein berühmter Sohn der Stadt, Flavio Gioia, soll den Kompass erfunden haben. Die bis heute im Rathaus verwahrten »Tavole Amalfitane« enthalten das erste schriftlich fixierte Seerecht. Etwas versteckt liegt in den Bergen Ravello, dessen im Jahr 1086 gegründeter Dom San Pantaleone besonders sehenswert ist. Der orientalisch anmutende Garten der Villa Rufolo soll Richard Wagner zu Motiven seiner Oper »Parsifal« inspiriert haben.

Zum Dom aus dem 9. Jahrhundert führt in Amalfi eine eindrucksvolle Freitreppe (rechts). Besonders schön ist der Blick auf die Küste bei Ravello (unten).

CASERTA UND SAN LEUCIO

Im 18. Jahrhundert entstand in Caserta für König Karl III. ein Palastkomplex, der es an Ausmaß und Pracht mit Versailles aufnehmen konnte. Zum Welterbe gehören auch der Park, ein Aquädukt und das benachbarte San Leucio.

Macht und Selbstbewusstsein der Bourbonen, die Neapel 1734 bis 1860 beherrschten, sollte der 1752 bis 1775 errichtete Palast von Caserta bezeugen. Eine Ironie der Geschichte ist es, dass er nach seiner Fertigstellung kaum mehr benutzt wurde. Die Ausmaße der Anlage sprengen alle Dimensionen: Der Grundriss des Schlosspalastes beträgt 253 mal 202 Meter, über fünf Stockwerke verteilen sich auf 45 000 Quadratmetern 1217 Räume. Hauptattraktionen sind die monumentale Treppe, die Schlosskapelle und das Hoftheater mit dem Park als Bühnenhintergrund. Der rund 80 Hektar große Schlosspark beeindruckt vor allem durch seine Wasserspiele. Auf den Wasserbecken entlang der drei Kilometer langen Mittelachse wurden damals aufwendige Seeschlachten inszeniert. Bewässert wurden die Kanäle und Kaskaden über den von Vanvitelli konstruierten Acquedotto Carolino.

Die Seidenmanufaktur von San Leucio umfasst Produktionsanlagen und eine Mustersiedlung für die Arbeiter. Der Ausbau zur Idealstadt Ferdinandopolis wurde wegen der französischen Besetzung nicht mehr ausgeführt.

»Versailles des Südens«: Das Treppenhaus gibt einen Eindruck von den gewaltigen Dimensionen des Palazzo Reale in Caserta.

NATIONALPARK CILENTO UND VALLO DI DIANO

Das Areal des Nationalparks Cilento und Vallo di Diano lag einst an einer der wichtigsten antiken Handelsrouten des Mittelmeerraums. Zum Welterbe gehören auch die antiken Ruinen von Paestum und Velia sowie die mittelalterliche Kartause von Padula.

Der Nationalpark südlich von Salerno ist eine Bergregion mit weitgehend unberührten Mischforsten, immergrünen Wäldern, Buschregionen und Grasland. Dieser Landstrich war schon in der Antike eine Schnittstelle zwischen griechischer, etruskischer und lukanischer Kultur.

Die Tempel des um 650 v. Chr. gegründeten Paestum sind die eindrucksvollsten Zeugnisse der griechischen Kultur auf der Apenninenhalbinsel.

In der phokäischen Kolonie Velia befand sich einstmals die »eleatische Schule« des griechischen Philosophen Xenophanes (um 565 bis 470 v. Chr.). Erhalten geblieben sind dort noch die Fundamente mehrerer Tempel, Bäder, Häuser und Altäre.

Die dem hl. Lorenzo gewidmete Kartause von Padula, 1306 von Tommaso Sanseverino gegründet, wurde über 450 Jahre hinweg immer wieder umgebaut. Zum barock geprägten Kloster gehört der größte Kreuzgang der Welt.

Der Cerestempel in Paestum war in Wirklichkeit der Göttin Athene geweiht.

CASTEL DEL MONTE

Das von geheimnisvoller Zahlenmystik umwobene achteckige Kastell Kaiser Friedrichs II., der als König von Sizilien über Süditalien herrschte, vereint unterschiedliche Elemente aus Antike, islamischer Architektur und Gotik.

Das um das Jahr 1250 errichtete Kastell des Stauferkaisers liegt unweit von Andria in Apuliens Terra di Bari. Es besteht aus einem regelmäßigen Achteck mit acht gleichen oktogonalen Türmen und einem achtseitigen Innenhof. Das purpurfarbene Portal unter einem antiken Giebel ist mit arabischen Ornamenten verziert. Ein Abglanz der einst prächtigen Innenausstattung sind die Alabaster- und Marmorsäulen in den Innenräumen. Einige kostbare Mosaikböden blieben bis heute erhalten. Auffällig ist das Fehlen christlicher Motive. Ob der Kaiser das Kastell bewohnt hat, ist nicht geklärt. Unklar ist auch der Bestimmungszweck. Eventuell diente es als ein Jagdschloss.

Die außergewöhnliche Form des Bauwerks gibt Anlass zu vielen Spekulationen. Dabei kommt immer wieder Zahlenmystik ins Spiel. Die Zahl acht hat im altorientalisch-arabischen Kulturkreis magische Bedeutung – Friedrich könnte durch islamische Gelehrte, zu denen er in Kontakt stand, dazu angeregt worden sein. Aber auch der Dom von Aachen mit seinem oktogonalen Innenraum ist als Vorbild denkbar.

Die »Krone Apuliens« symbolisiert die Macht des Stauferkaisers. An jeder Ecke des Oktogons steht ein achteckiger Turm.

HÖHLENWOHNUNGEN SASSI DI MATERA

In zwei trichterförmigen Felsschluchten bei Matera wurden im Lauf der Jahrtausende immer wieder neue Höhlen und Häuser in den Tuffstein geschlagen. Darunter befinden sich auch 150 Felsenkirchen.

Bis in die 1950er-Jahre hinein waren die Höhlenlabyrinthe von Matera in der Basilicata noch bewohnt und bildeten eines der größten Elendsviertel Italiens, dessen Bewohner ohne Strom und Wasser lebten. Wegen der entsetzlichen hygienischen Bedingungen veranlassten die Behörden eine Umsiedlung der Bewohner, danach verfiel die Höhlenstadt, bis die italienische Regierung Mitte der 1980er-Jahre ein Programm zur Rettung der ungewöhnlichen Siedlung einleitete.

In den Sassi sind nahezu alle Epochen der menschlichen Entwicklungsgeschichte vertreten. Urzeitliche Bewohner schufen die ersten primitiven Höhlenwohnungen. Im 8. Jahrhundert flüchteten Mönche aus Kleinasien nach Matera und errichteten Felsenkirchen wie San Pietro in Principibus, Madonna della Croce, San Nicola dei Greci, Santa Maria de Idris, Santa Barbara oder Santa Maria della Valle. Deren Fresken zählen zu den imposantesten Beispielen byzantinischer Malerei.

An der höchsten Stelle der Altstadt erhebt sich der in den Jahren 1230 bis 1270 erbaute Dom von Matera.

TRULLI VON ALBEROBELLO

Archaisch muten die »Trulli« genannten Rundbauten in Alberobello an. Ganze Straßenzüge wurden in dieser Bauweise errichtet.

Die Trulli in dem unweit der Adriaküste rund 60 Kilometer südöstlich von Bari gelegenen Ort sind weiße, zylindrisch geformte Rundhäuser mit einem kuppelförmigen Steindach und einem einzigen Raum. Die Wände werden ohne Mörtel aus Feldsteinen aufgeschichtet. Für das Dach setzen die Erbauer flache Steinplatten in immer enger werdenden Kreisen so übereinander, dass jeder Stein etwa zur Hälfte von einem darüberliegenden bedeckt und durch dessen Gewicht gehalten wird. Auf den Dächern werden zum Schutz vor bösen Mächten mit Kalkmilch Zeichen aufgetragen.

Der Ursprung dieser Bauweise ist unbekannt. Eine Erklärung könnte sein, dass im 17. Jahrhundert die gegenüber dem Lehnsherrn fälligen Steuerabgaben nach der Anzahl der gemauerten Siedlungen berechnet wurden. Die Trulli konnten der Steuerersparnis dienen, wenn man sie bei Bedarf in Steinhaufen verwandelte. Vielleicht sind sie aber auch eine Reminiszenz einer Steinzeitkultur in Apulien.

Bereits seit der Antike waren im Mittelmeerraum einfache Rundbauten mit kegelförmigen Dächern aus aufgeschichteten Steinplatten verbreitet. In Alberobello ist diese Tradition in Form der Trulli noch heute lebendig. Je nach Platzbedarf können mehrere Trulli miteinander verbunden werden (rechts und unten).

ÄOLISCHE INSELN

Die Äolischen Inseln rund 40 Kilometer vor der Nordküste von Sizilien verdanken den Welterbestatus ihrer vulkanischen Aktivität. Geologisch und geophysikalisch sind sie für die Vulkanismusforschung von großer wissenschaftlicher Bedeutung.

Zu den Äolischen – oder Liparischen – Inseln gehören die Eilande Vulcano, Lipari, Alicudi, Filicudi, Salina, Panarea und Stromboli. Tektonisch ging die Inselgruppe aus dem Sinken des Tyrrhenischen Meers im Pliozän hervor. Der Vulkanismus auf den Inseln entwickelte sich nach neueren Forschungen erst im Pleistozän. In drei Aktivitätsperioden entstanden dann die sieben Inseln.

Aktiv ist heute neben dem Stromboli nur noch der Vulkan Grande Fossa auf Vulcano; auf Lipari gibt es zudem Fumarolen und Solfataren.

Die spektakulärste Insel ist Stromboli, die lediglich aus dem gleichnamigen, knapp 1000 Meter aus dem Meer auf-

ragenden Vulkan besteht. Die vulkanische Aktivität des Stromboli und seiner Vorgänger setzte vor 40 000 Jahren ein. In der Kratersohle finden sich Lavaausbruchsmündungen, durch die ständig in geringem Umfang Lavastücke und glühende Schlacke ausgeworfen werden, begleitet von heftigen Explosionen. Der Stromboli ist damit einer der aktivsten Vulkane der Welt, dessen Tätigkeit zudem aus unmittelbarer Nähe beobachtet werden kann.

Filicudi besteht aus drei Vulkankegeln, die jedoch nicht mehr aktiv sind. Kenner schätzen die Insel besonders als ideales Ziel botanischer Wanderungen.

ARCHÄOLOGISCHE STÄTTEN VON AGRIGENT

Unweit der heutigen Stadt Agrigent an der Südküste Siziliens befindet sich das Valle dei Templi mit den imposanten Überresten von Akragas, einer der bedeutendsten griechischen Kolonien und Handelsstädte im Mittelmeerraum.

Heute erstreckt sich das archäologische »Tal der Tempel« entlang der teils noch sichtbaren antiken Stadtmauern von Akragas, das der griechische Dichter Pindar als die »Schönste der Sterblichen« bezeichnete. Unter den zahlreichen dorischen Ringhallentempeln, die sich wie an einer Kette aufgereiht weithin sichtbar auf Hügeln erheben, sticht besonders der Concordia-Tempel (um das Jahr 430 v. Chr.) hervor, der wohl zu den am besten erhaltenen griechischen Tempeln überhaupt gehört. Um das Jahr 450 v. Chr. entstand der Tempel der Juno. Der Herakles-Tempel (gegen Ende des 6. Jahrhunderts v. Chr.) ist der letzte monumentale Tempelbau Agrigents. Der größte Tempel war ursprünglich der Tempel des Olympischen Zeus, dessen gewaltige Fundamente sowie 20 Meter hohe Säulen von karthagischen Kriegsgefangenen errichtet wurden. Als Racheakt zerstörten die Punier den Tempel, unmittelbar nachdem sie die Stadt im Jahr 406 v. Chr. erobert und ihre Bewohner vertrieben hatten.

Nur noch einzelne Säulen und Mauerreste blieben vom Herakles-Tempel übrig.

SPÄTBAROCKE STÄDTE DES VAL DI NOTO

Im sizilianischen Val di Noto warten auf engstem Raum acht Städte mit weltweit einzigartigen Ensembles von Architektur und Kunst des Spätbarock in Europa auf.

Nach dem schweren Erdbeben von 1693, das die gesamte Region um das Val di Noto verwüstete und fast 100 000 Menschen das Leben kostete, setzte in den acht Städten des Val di Noto – neben der Provinzhauptstadt Catania sind dies Caltagirone, Militello in Val di Catania, Modica, Noto, Palazzolo Acreide, Ragusa und Scicli – eine rege Bautätigkeit ein. Dank des Wiederaufbaus innerhalb nur weniger Jahrzehnte entstand hier eine Fülle spätbarocker Bausubstanz wie sonst kaum anderswo. Von besonderer kunsthistorischer Bedeutung sind der Dom in Catania, der auf den Resten einer normannischen Anlage errichtet wurde und dessen Fassade 1735 vom Stadtarchitekten Vaccarini gestaltet wurde, sowie die Abteikirche des ehemaligen Benediktinerklosters San Nicoló. Bemerkenswert im malerischen Ragusa ist der Dom San Giovanni (1706 bis 1760) mit der üppigen Barockfassade von Gagliardi. In Noto bezaubern die geschwungenen Fassaden der Kirchen San Carlo Borromeo und San Domenico sowie des Palazzo Ducezio.

Dem Dom von Noto gegenüber liegt der 1746 errichtete Palazzo Ducezio, in dem nun das Rathaus untergebracht ist (oben). Der Elefantenbrunnen (links) auf der Piazza del Duomo ist Catanias Wappensymbol.

VILLA ROMANA DEL CASALE

Die römische Villa aus der Spätantike wurde im Zentrum Siziliens inmitten eines landwirtschaftlich genutzten Gebiets errichtet. Ihren kunsthistorischen Rang verdankt sie vor allem ihren prächtigen Mosaikfußböden.

Zu ländlichen Villenanlagen gehörte meist auch ein Gutsbetrieb, im Rom der Kaiserzeit wurden sie jedoch oft zu reinen Sommersitzen der reichen Städter. Ein interessantes Beispiel eines solchen Anwesens findet sich beim Ort Casale nahe Piazza Armerina. Der Vorgängerbau der zwischen 310 und 340 errichteten Anlage könnte Kaiser Maximianus gehört haben. Um den Innenhof gruppieren sich labyrinthartig 50 Räume: Bäder, Gymnastiksäle, Studier-, Wohn- und Schlafzimmer. In der großartigsten spätrömischen Wohnanlage Siziliens sind selbst die Latrinen noch gut erhalten. Berühmt ist die seit den 1920er-Jahren systematisch frei-

gelegte Villa jedoch vor allem wegen der über 40 großflächigen Bodenmosaiken aus verschiedenfarbigem Marmor, die vermutlich von Kunsthandwerkern aus Nordafrika ausgeführt wurden. Die Abbildungen bedecken eine Fläche von mehr als 3500 Quadratmetern. Sie zeigen Delfine und Fische, Jagd- und Alltagsszenen sowie mythologische Motive.
Am bekanntesten sind die erotisch anmutenden »Bikinimädchen«, freizügig gekleidete römische Frauen, die einen Gastraum verschönern.

Die Bodenmosaiken der Villa erzählen vom Leben der Oberschicht des Römerreichs.

SYRAKUS UND FELSKAMMER-GRÄBER VON PANTALICA

Syrakus war eine der größten antiken griechischen Metropolen. Zu dieser Welterbestätte zählen auch die außerhalb der Stadt gelegenen vorgriechischen Felskammergräber von Pantalica.

Syrakus wurde im Jahr 733 v. Chr. von Kolonisten aus dem griechischen Korinth auf der damaligen Halbinsel Orthygia (die heutige Insel Ortigia) gegründet. Cicero pries Syrakus als die großartigste aller griechischen Städte, Platon wirkte hier, Archimedes wurde hier geboren.
Aus griechischer Zeit stammt ein Theater, in dem bis zu 15 000 Zuschauer Platz fanden. In römischer Zeit wurde dann es zu einer Arena für Gladiatorenkämpfe umgebaut. Weitere antike Monumente sind ein ellipsenförmiges römisches Amphitheater und der kolos-

sale Altar von Hieron II., von dem nur die gewaltige aus dem Fels gehauene Basis erhalten blieb. Der Tempel der Athene (5. Jahrhundert v. Chr.) befindet sich im Inneren des Doms.
Zur Nekropole von Pantalica bei Sortino gehören rund 5000 Felskammergräber aus der Zeit vom 13. bis zum 7. Jahrhundert v. Chr., als hier die Sikuler lebten. Später wurden diese Gräber dann von den frühen Christen als Wohnung und Kapelle genutzt.

Die Piazza Archimede mit dem Diana-Brunnen ist das Zentrum des alten Syrakus.

NURAGHE VON BARUMINI

Als »Nuraghe« bezeichnet man die aus Steinblöcken errichteten bienenkorbartigen Steintürme auf Sardinien aus der Zeit der Bonnanaro- und der Nuraghen-Kultur (1800–250 v. Chr.).

Viele Rätsel geben die auffälligen Steingebäude der sardischen Vorgeschichte auf. Dabei handelt es sich um stämmige Kegelbauten, die ähnlich wie die Trulli Süditaliens ohne Mörtel aus großen Steinen aufgeschichtet wurden und sich nach oben hin zu einem Schlussstein verjüngen.
Bei Barumini im Zentrum der Insel findet sich der größte freigelegte Komplex einer solchen festungs- oder bollwerkartigen Gruppe von Türmen. Der Hauptturm war 20 Meter hoch und wurde von einer 14 Meter hohen, mit vier Türmen bewehrten Bastion geschützt. Die Bastion selbst wurde von einer ringförmigen Wallanlage umge-

ben, gekrönt von sieben weiteren rund zehn Meter hohen Türmen. In der Nähe der Festungsanlage befand sich ein bronzezeitliches Dorf, dessen Häuser man zum Teil rekonstruieren konnte. Nördlich von Barumini erstreckt sich die für ihre Wildpferde berühmte Hochebene Giara di Gesturi, an deren Rändern sich noch 25 weitere bronzezeitliche Steinbauten befinden.
Vermutlich hat es hier um die 50 dieser Bauten gegeben. Sie wurden etwa im Jahr 1500 v. Chr. errichtet.

Zeuge einer untergegangenen bronzezeitlichen Kultur ist der Nuraghe Su Nuraxi bei Barumini auf Sardinien.

VALLETTA

Die maltesische Hauptstadt verdankt ihr heutiges Aussehen weitgehend dem Johanniterorden, dessen Großmeister Jean Parisot de la Valette die Stadt nach einer überstandenen Belagerung durch die Osmanen 1566 neu gründete.

An drei Seiten vom Meer umgeben, liegt Valletta an der Nordküste Maltas auf einem 60 Meter hohen Felsen. Über Jahrhunderte hinweg hatten sich Phönizier, Griechen, Karthager, Römer, Byzantiner und Araber in der Herrschaft über die Insel abgewechselt, bis diese nach der Türkenbelagerung im Jahr 1565 dem Johanniterorden übergeben wurde. Dieser errichtete dann eine seinerzeit idealtypische Festungsstadt, für die die Architekten Francesco Laparelli und Girolamo Cassar 1566 bis 1571 den wuchtigen Wehrgürtel entwarfen. Innerhalb der Mauern baute der Johanniterorden Paläste, Kirchen und Herbergen im Stil der Renaissance und des Barock. In der prächtigen Ausgestaltung des Großmeisterpalastes und seiner beiden Innenhöfe zeigen sich Selbstbewusstsein und Reichtum des Ordens. Zum Dank für die überstandene Belagerung wurde 1567 die Barockkirche Our Lady of Victory erbaut. Die 1573 bis 1578 als Grablege der Ordensritter entstandene St. John's Co-Cathedral wurde mit Deckengemälden und prachtvoll ausgestatteten Seitenkapellen geschmückt. Die im Jahr 1555 vom Orden gegründete Bibliothek birgt wertvolle Handschriften.

Hauptkirche ist die St. John's Co-Cathedral mit aufwendiger Innenausstattung.

MEGALITHTEMPEL VON MALTA

Die Welterbestätte mit den beiden Tempeln von Gigantija auf Gozo wurde später um ähnliche Anlagen auf Gozo und der Hauptinsel – Hagar Qim, Mnajdra, Tarxien, Ta'Hagrat und Skorba – erweitert.

Noch im 20. Jahrhundert rechnete man die Megalithbauten der phönizischen Kultur zu, bis neue Datierungsmethoden das Alter der ältesten Steintempel der Welt enthüllten. Von den sieben großen Tempelanlagen gilt diejenige von Gigantija auf Gozo als die älteste (ca. 6000 Jahre). Die beiden von einer Mauer umgebenen Tempel bestehen aus mehreren hufeisenförmigen Kammern mit einer Länge von über zehn Metern, die kleeblattartig um einen Innenhof herum gruppiert sind.

Auch die Tempelanlagen auf der Hauptinsel Malta folgen diesem Grundriss. Die Fassaden von Hagar Qim wurden vermutlich um das Jahr 2000 v. Chr. fertiggestellt und sind bis zu zwölf Meter hoch. Grabungen förderten hier Kultplastiken zutage, von denen die »Venus von Malta« wohl die berühmteste ist. Die Kultstätte von Mnajdra weist reich gestaltete Reliefs an den Fassaden auf, die von den im Jahr 1914 entdeckten Resten der Anlage von Tarxien noch übertroffen werden. Orakelzellen und gefundene Opfergaben aus fernen Ländern verweisen darauf, dass die Tempel einst ein Wallfahrtsziel im Mittelmeerraum waren.

Die aus Korallenkalkstein errichteten Steinmonumente Maltas (links: Mnajdra) sind älter als die ägyptischen Pyramiden.

HYPOGÄUM HAL SAFLIENI

Das neolithische Hypogäum Hal Saflieni auf Malta ist eine unterirdische Tempelanlage, die zu den ältesten Begräbnis- und Kultstätten der Welt zählt.

Bei Bauarbeiten in Paola in der Umgebung Vallettas entdeckte man 1902 eine gewaltige unterirdische Hohlkammeranlage, in der über mehrere Stockwerke verteilt die Gebeine von mehr als 7000 Menschen ruhten. Ein oberirdisches Heiligtum markierte einst den Eingang zum »Hypogäum« (»das unter der Erde Liegende«), einem unterirdischen Labyrinth aus vielen Gängen, Kammern und Nischen, das mehr als zehn Meter unter den Boden reichte und eine Gesamtfläche von rund 500 Quadratmetern einnahm.

Inzwischen weiß man, dass die ältesten Teile des Hypogäums bereits um 3000 v. Chr. mit einfachen neolithischen Werkzeugen wie Tierhörnern und Steinkeilen ausgeschachtet und über einen Zeitraum von 1300 Jahren kontinuierlich erweitert wurden. Das Hypogäum diente als Friedhof wie als Kultstätte. Im Zentrum der Nekropole befand sich ein Sanktuarium, das vermutlich nicht einem öffentlichen Kult gedient haben dürfte, sondern wohl der Abhaltung eines Initiationsritus vorbehalten war. Die archäologischen Funde lassen auf Opferhandlungen und Orakelbefragungen schließen. Zu den berümtesten Ausgrabungsobjekten gehört die Skulptur der »schlafenden Dame« (vermutlich eine Priesterin).

Die Anlage von Hal Saflieni wurde auch als Grabstätte genutzt.

HÖHLEN VON ŠKOCJAN

Das fast sechs Kilometer lange Höhlensystem im slowenischen Karstgebirge östlich von Triest gehört zu den größten Europas. In dem Labyrinth mit seinen riesigen Grotten, bizarren Tropfsteinen und rauschenden Wasserfällen haben zahlreiche seltene Pflanzen und Tiere ihren Lebensraum.

Das Wasser des Flusses Reka verschwindet bei Škocjan unter der Erde und tritt erst etwa acht Tage später nahe der Adriaküste wieder zutage. Dazwischen, über eine Strecke von rund 40 Kilometern, hat die Reka eine unterirdische, geradezu urweltlich anmutende Karstlandschaft mit den typischen Naturerscheinungen jahrtausendelanger Kalksteinerosion hinterlassen: Scharten, Schluchten, Schächte, Einsturztrichter und -wannen, Seen und Wasserfälle, enge Durchlässe und riesige »Säle«. Der größte Saal ist die »Martelova dvorana«, die 308 Meter lang, 123 Meter breit und bis zu 146 Meter hoch ist.

Während der Schneeschmelze kann der Wasserstand im unterirdischen, bis zu 148 Meter tiefen Cañon der Reka in kurzer Zeit rapide ansteigen. Doch auch im Sommer bieten die 25 Kaskaden des Flusses in der »Rauschenden Höhle« ein großes Naturschauspiel. Einen faszinierenden Kontrast dazu bildet die »Stille Grotte« mit ihren vielfarbigen, mal mächtigen, mal filigranen Tropfsteingebilden, die Namen wie »Riese« oder »Orgel« tragen.

45 Meter unter der Cerkvenik-Brücke rauscht das Flüsschen Reka hindurch (rechts). Nach dem unterirdischen Verlauf tritt es wieder zutage (unten).

KATHEDRALE DES HL. JAKOB IN ŠIBENIK

Mit der 1431 bis 1535 errichteten Jakobskathedrale in der kroatischen Hafenstadt in Dalmatien wurde am Übergang von der Gotik zur Renaissance ein Bauwerk geschaffen, in dem sich lokale, norditalienische und toskanische Einflüsse vereinen.

Als dreischiffige Basilika mit Apsiden und Vierungskuppel folgt die Kathedrale des hl. Jakob, Sveti Jakov, einem italienischen Grundmuster. Der dalmatinische Baumeister und Bildhauer Juraj Dalmatinac errichtete ab 1441 die niedrigen Seitenschiffe bis zur Scheitelhöhe, das Baptisterium und die Apsiden. Niccolò di Giovanni Fiorentino, ein Donatello-Schüler, vollendete ab 1477 die Seitenschiffe und schloss die Decke mit einem freitragenden Tonnengewölbe aus Steinplatten, welche auch die Außenseite bilden: damals eine technische Meisterleistung. Über dem kurzen Querhaus baute der Florentiner die an den Dom seiner Heimatstadt erinnernde schlanke Kuppel und die ein dreiblättriges Kleeblatt nachzeichnende Westfassade. Den Bau vollendeten ab 1505 Bartolomeo und Giacomo del Mestre mit Unterstützung von Ivan Masticević. Als Glockenturm diente ein Turm der Stadtmauer.

Das bedeutendste Bauwerk der venezianisch geprägten Altstadt von Šibenik ist die 1555 eingeweihte Jakobskathedrale mit ihrer zierlichen Vierungskuppel.

KLOSTER RILA

Rila ist das älteste und größte Kloster Bulgariens. Die Ausgestaltung der Anlage im 19. Jahrhundert gilt als Meisterleistung der einheimischen Kirchenkunst.

Die Gründung des Klosters geht auf den Einsiedler Iwan zurück, der sich im 9. Jahrhundert in die unzugänglichen Wälder des Rilagebirges zurückzog. Ihm nachfolgende Mönche begannen in der Nähe seiner Höhle mit der Errichtung des Klosters, das später von den bulgarischen Zaren mit umfassenden Privilegien ausgestattet wurde. Seine Blüte erlebte es im 14. Jahrhundert. Nach der Eroberung Bulgariens durch die Osmanen verfiel das Kloster, bis es in den Jahren 1816 bis 1862 in großer Pracht wieder aufgebaut wurde. Die mehrstöckigen Klostergebäude stehen um einen 3000 Quadratmeter großen Innenhof, der vom fünfstöckigen Chreljo-Turm (1335) beherrscht wird. Zentrales Schmuckstück der Anlage ist die Mariä-Geburts-Kirche. Deren Inneres wie der umlaufende offene Säulengang werden fast vollständig von Fresken bedeckt, die belehren und zur Andacht einladen sollen.

Mit ihren farbigen Steinbändern und der versetzten Anordnung der fünf Kuppeln (links) bediente sich Pawel Iwanowitsch, der Baumeister der Klosterkirche, zentraler mittelalterlicher Gestaltungselemente. Die Fresken mit ihren mehr als 1200 unterschiedlichen Motiven (unten links) sind hauptsächlich das Werk der Malerschulen von Samokow und Bansko. Eine monumentale Ikonostase teilt den Gemeinde- und Altarraum (unten rechts).

NATIONALPARK PIRIN

Im Nationalpark Pirin breiten sich unter einem eindrucksvollen Gipfelpanorama Nadelwälder mit sehr seltenen Pflanzenarten aus, von denen viele, wie die Rumelische Kiefer, nur hier vorkommen. 2010 erweiterte die UNESCO das geschützte Areal von zunächst 270 auf nun rund 400 Quadratkilometer Fläche.

In der zerklüfteten Berglandschaft des Piringebirges mit seinen 45 Gipfeln über 2600 Meter erstreckt sich der gleichnamige Nationalpark, überragt vom Wichren, dem dritthöchsten Berg des Balkans (2914 Meter). Für den Kalksteinboden typisch sind die rund 70 Gletscherseen, ein Überbleibsel der letzten Eiszeit, sowie Wasserfälle und Höhlen. Kern des Nationalparks ist das Naturschutzgebiet Bajuwi Dupki. Zur erstaunlich vielfältigen Flora gehören Nadelbäume wie die auf der »Roten Liste« stehenden Schwarzkiefern und Silbertannen; manche Exemplare sind mehr als 500 Jahre alt. Die urwüchsig-

wilde Landschaft bietet außerdem Lebensraum für den Europäischen Braunbären und den Wolf sowie für seltene Vogelarten wie den Steinadler. Für den Park – besonders für den Schutz der Wölfe – engagiert sich auch die Stiftung Europäisches Naturerbe (Euronatur) in Kooperation mit privaten und ehrenamtlichen Naturschützern vor Ort.

Der Nationalpark Pirin umfasst verschiedene Vegetationszonen von Buchenwald bis zu baumlosen Almmatten. In der vielfältigen Landschaft dieses Weltnaturerbes findet auch der Europäische Braunbär sein Auskommen.

Albanien

ALTSTÄDTE VON BERAT UND GJIROKASTRA

Die an den Flüssen Drinos bzw. Osum gelegenen historischen Altstädte von Gjirokastra und – 2008 als Erweiterung hinzugekommen – Berat repräsentieren weitgehend authentisch das Kulturerbe der osmanischen Zeit in der Balkanregion.

Das schon seit der Frühgeschichte besiedelte Berat sticht durch seine Festung und die an Hängen errichteten Häuser heraus. Mehrere Moscheen und orthodoxe Kirchen künden vom einstigen friedlichen Nebeneinander der Völker in diesem Teil des Balkans.
Keimzelle des heutigen Gjirokastra am Südosthang des Bergs Mali i Gjerë war die im späten 13. Jahrhundert errichtete Zitadelle. Um die Befestigung siedelten sich bereits im 14. Jahrhundert Großgrundbesitzer an. Im 17. Jahrhundert erlebte die Stadt ihre größte Blüte, als sich auch der Basar (Pazari i vjetër)

etwas nördlich von der Zitadelle entwickelte. Den jahreszeitlichen Temperaturschwankungen begegnete man mit turmartigen Steinbauten: Solche »Kullë« besitzen ein großes Erdgeschoss mit Läden oder Werkstätten, über dem die im Winter benutzten Wohnräume liegen. Sie haben nur kleine Fenster und sind gut beheizbar. Im Stockwerk darüber lebte man im Sommer.

Als »Stadt der tausend Fenster« wird Berat (oben links; oben rechts eine Kirche der Orthodoxen) auch bezeichnet. Rechts eine Basarstraße in Gjirokastra.

RUINENSTADT BUTRINT

Butrint war von der Antike bis ins Mittelalter von unterschiedlichen Völkern besiedelt. So präsentiert die Stadt heute eindrucksvolle Denkmäler und Ruinen der einzelnen Kulturkreise.

Die auf einer Halbinsel im Süden Albaniens gelegene Stadt Butrint wurde Vergil zufolge von Flüchtlingen aus Troja gegründet. Wahrscheinlich ist es allerdings, dass die ersten Siedler Kolonisten aus Korfu waren. Zur Zeit von Christi Geburt wurde der Ort römisch. Als er schließlich unter byzantinische Verwaltung geriet, erlebte das inzwischen zum Bistum erhobene Butrint seine eigentliche Blütezeit. Seit dem 15. Jahrhundert, nach der Besetzung durch die Venezianer, begann sich dann allmählich der Niedergang der Stadt abzuzeichnen.
Bei Ausgrabungen in und um Butrint wurden Denkmäler freigelegt, die in-

teressante Einblicke in jede einzelne Periode der wechselhaften Stadtgeschichte gewähren.
Neben den Überresten mehrerer mittelalterlicher Gebäude entdeckte man auch die Ruinen der antiken Siedlung. Am Hang und im heutigen Uferbereich stieß man auf zwei Mauerringe, die auf das 6. Jahrhundert zurückgehen. Ferner wurden ein griechisches Theater, römische Thermen und ein Baptisterium aus dieser Zeit ausgegraben.

Das Baptisterium (rechts), das italienische Archäologen Anfang des 20. Jahrhunderts im Bereich der Welterbestätte freigelegt haben, geht auf die Frühchristen zurück.

NATUR- UND KULTURERBE DER REGION VON OHRID

Ohrid im Südwesten von Mazedonien war bereits im 9. und 10. Jahrhundert ein bedeutendes geistiges und kulturelles Zentrum des orthodoxen Christentums.

Schon die Römer erkannten die günstige Lage des als »Lychnidos« von den Illyrern gegründeten Ohrid, das im 4. Jahrhundert Bischofssitz wurde. Klement und Naum, Schüler der slawischen Apostel Kyrill und Method, gründeten hier im späten 9. Jahrhundert mehrere Klöster. Ende des 10. Jahrhunderts wurde Ohrid griechisch-orthodoxer Bischofssitz und zeitweilige Reichshauptstadt des bulgarischen Zaren Samuil. Die darauf folgende serbische Herrschaft des Potentaten Duschan beendeten 1394 die Osmanen. Sie blieben bis 1913 in Ohrid.

Im 13. Jahrhundert entstand die Kirche des hl. Johannes von Kaneo am Steilufer des Ohridsees. Mit ihrem achteckigen Turm zeugt sie von der christlich-orthodoxen Vergangenheit der Stadt.

Im 11. Jahrhundert wurde unter Erzbischof Leo die Sophienkirche errichtet. Unter der türkischen Herrschaft baute man sie zu einer Moschee um, wobei sie ihre Kuppel, ihren Glockenturm und die Innengalerien verlor. Die vom 11. bis 14. Jahrhundert entstandenen Wandbilder übermalte man mit weißer Kalkfarbe. Erst Restaurierungsarbeiten in den 1950er-Jahren brachten sie wieder zum Vorschein. Die Klementkirche beherbergt die kostbarste Ikonensammlung des ehemaligen Jugoslawien. Auch sie schmücken byzantinische Wandbilder. Reizvoll in der denkmalgeschützten Altstadt sind die vielen Häuser im makedonischen Stil.

Die St.-Sophia-Kirche, im 15. Jahrhundert zur Moschee umfunktioniert, verfügt noch immer über eine prächtige Ausstattung mit Ikonostase und eindrucksvoller Bemalung (links oben). Das Innere der dem Erzengel Michael geweihten Kirche des Klosters des hl. Naum ist mit prachtvollen Fresken und Ikonen geschmückt (links unten).

ARCHÄOLOGISCHE STÄTTE VON VERGINA

In Vergina fand man die Ruinen von Aigai, der ersten Hauptstadt des historischen Makedonien im Norden des heutigen Griechenland, die zwischen dem 7. und 4. Jahrhundert v. Chr. ihre Blütezeit hatte. Bis zu 3000 Jahre alte Gräber belegen die lange Siedlungsgeschichte.

Eine der wichtigsten Entdeckungen ist ein monumentaler Fürstenpalast aus dem 3. Jahrhundert v. Chr., reich geschmückt mit Mosaiken, Fresken und Stuck. Ebenso bedeutend sind die makedonischen Königsgräber mit vielen Beigaben und faszinierenden Fresken, u. a. das dem Maler Nikomachos zugeschriebene Bild »Raub der Persephone durch Gott Pluto, in einem vierspännigen Wagen stehend«. Eine der königlichen Grabkammern enthielt das Grab Philipps II., der 336 v. Chr. in Vergina ermordet wurde und dessen Sohn Alexan-

der der Große ein Weltreich eroberte. Weitere Funde aus hellenistischer Zeit sind ein Theater, ein Gymnasion, Reste der Stadtbefestigung, zwei Tempel, ein Demeter-Heiligtum, eine Stoa. Auch ein Orakelheiligtum des Apollon Chresterios soll sich hier befunden haben. Unterhalb der Stadt liegt ein Friedhof mit eisenzeitlichen Hügelgräbern.

Der Palatitsia-Palast aus dem 3. Jahrhundert v. Chr. diente den makedonischen Königen einst als Sommerresidenz. Heute sind davon nur noch Reste zu sehen.

FRÜHCHRISTLICHE UND BYZANTINISCHE DENKMÄLER VON THESSALONIKI

In Thessaloniki sind zahlreiche Baudenkmäler aus frühchristlicher und byzantinischer Zeit erhalten geblieben. Sie entstanden im Lauf einer langen Zeitspanne, vom 4. bis zum 15. Jahrhundert.

Thessaloniki wurde von Kassander gegründet, einem makedonischen König. Die am Thermaischen Golf, einem Ausläufer des Ägäischen Meers, gelegene Stadt blickt auf eine wechselvolle Geschichte zurück: Makedonier, Römer, Byzantiner, Osmanen und Venezianer wechselten einander in der Herrschaft ab; ferner lebte hier bis zur Deportation 1941 die größte Gemeinde sephardischer Juden in Europa.

Von Thessaloniki aus verbreitete sich schon bald das Christentum. Die Mo-

saiken der im späten 5. Jahrhundert erbauten Demetrioskirche zählen ebenso zu den großen Meisterwerken frühchristlicher Kunst wie diejenigen der Davidskirche. Die Kuppel der nach 700 neu erbauten Sophienkirche wird von einem von Fenstern durchbrochenen Tambour getragen.

In der St.-Demetrios-Kirche, einer der größten Kirchen Griechenlands, trennen vier Reihen korinthischer Säulen die fünf Hauptschiffe voneinander.

BERG ATHOS

Nicht weniger als 20 Großklöster umfasst die autonome Mönchsrepublik auf der Halbinsel Chalkidiki südöstlich von Thessaloniki, die eines der bedeutendsten Zentren des orthodoxen Christentums ist.

Im Jahr 963 wurde das erste Kloster auf dem Hagion Oros, dem heiligen Berg, errichtet. Bereits in byzantinischer Zeit wurde die hier ausgerufene Mönchsrepublik für autonom erklärt. Männern unter 21 Jahren sowie Frauen ist der Zutritt bis zum heutigen Tag untersagt. Gegenwärtig sind die Klöster von etwa 1400 Mönchen bewohnt.

Seit dem Jahr 1054 ist Athos ein bedeutendes Zentrum des orthodoxen Christentums. Der Einfluss der Mönchsrepublik erstreckte sich auch auf weltliche Bereiche. So arbeiteten im 14. Jahrhundert etwa 3000 Bauern für Athos, der Landbesitz der Republik umfasste rund 20 000 Hektar.

Die Athos-Schule der Ikonenmalerei beeinflusste die orthodoxe Kunstgeschichte in erheblichem Maße, und die typische Bauweise der Klöster hinterließ ihre Spuren bis nach Russland. Jedes der insgesamt 20 Großklöster – 17 griechische und je ein russisches, serbisches und bulgarisches – besitzt in der Hofmitte eine Kreuzkuppelkirche mit Apsiden an drei Kreuzarmen. Um den Hof befinden sich außer den Mönchszellen weitere Nebengebäude.

Das Kloster Hilandari (rechts die von einer prächtigen Kuppel gekrönte Hauptkirche, um die sich mehrere kleine Kapellen gruppieren) ist Mariä Tempelgang geweiht.

METEORA-KLÖSTER

Fernab irdischer Niederungen wurden die zum großen Teil bereits im 14. Jahrhundert gegründeten Klöster von Meteora auf steilen Felskegeln erbaut.

Nördlich der Stadt Kalambaka liegt das Tal von Meteora. Ein atemberaubender Anblick erwartet den Besucher, denn im Tal erhebt sich eine Vielzahl einzeln stehender Felskegel, auf denen im Lauf der Zeit 24 Klöster errichtet wurden. Fünf von ihnen werden noch heute bewohnt.

Das Megalo-Meteoro-Kloster ist am höchsten gelegen. Es wurde um 1360 vom hl. Athanasios, dem Bischof von Alexandrien, gegründet. Auf einem der anderen hohen Felsen erheben sich die Mauern des Klosters St. Nikolaos Anapavsas, das um das Jahr 1388 gegründet wurde. 1517 entstand das Varlaam-Kloster, benannt nach jenem Einsiedler, der im 14. Jahrhundert an gleicher Stelle eine Kirche errichtet hatte. Es ist über eine Brücke erreichbar und wurde in den Jahren 1961 bis 1963 zu einem Museum für die wertvollen Klosterschätze umgebaut. Das Kloster Roussanou wird seit Kurzem wieder von Nonnen bewohnt und erscheint mit seiner achteckigen Kirche wie eine kleinere Version von Varlaam. Es kann über eine im Jahr 1868 errichtete Brücke betreten werden. Über 130 Stufen ist das im Jahr 1438 gegründete Kloster der Heiligen Dreifaltigkeit zugänglich.

Das Kloster Agia Triada liegt auf einem mehr als 550 Meter hohen und etwa 6000 Quadratmeter großen Felsplateau.

ALTSTADT VON KORFU

Die drei Festungen der Stadt Korfu wurden von venezianischen Ingenieuren entworfen und dienten vier Jahrhunderte lang als Bollwerk gegen das Osmanische Reich. Die homogene Altstadt ist in Anlage und Architektur immer noch von den einstigen Besatzungsmächten Frankreich und Großbritannien geprägt.

Die Stadt Korfu – offiziell Kerkyra – ist Hauptstadt der gleichnamigen ionischen Insel. Ihre Wurzeln reichen bis ins 8. Jahrhundert v. Chr. zurück. Als erste griechische Stadt unterwarf sich Korfu 229 v. Chr. den Römern. 1204 war sie erstmals und 1386 bis 1797 durchgehend in venezianischem Besitz. Nach Belagerungen durch die Türken 1537 und 1571 begannen die Venezianer mit Festungsarbeiten, bei denen sie die Zitadelle weiter vom bewohnten Zentrum isolierten. Als sicherer Hafen auf der ersten ionischen Insel am Eingang zur Adria hatte Korfu große strategische Bedeutung. Zwischen den Jahren 1669 und 1682 wurde das Verteidigungssystem noch weiter verstärkt. Nach 1797 war Korfu zwei Jahre lang französisch, 1814 bis 1864 war es britisch. Zwischen der alten und der neuen Festung von Korfu erstreckt sich die Altstadt. Ihre Häuser sind das Vermächtnis vieler Völker und Epochen. Insgesamt überwiegt hier das klassizistische Erbe.

Die Altstadt von Korfu wird vor allem durch klassizistische Fassaden englischer Provenienz geprägt; dazwischen verströmen Treppen und Arkadengänge italienisches Ambiente.

ARCHÄOLOGISCHE STÄTTE VON DELPHI

Im nördlich des Golfs von Korinth in Mittelgriechenland gelegenen Delphi sprach einst das Orakel des Apollon. Der Ort war deshalb lange das religiöse Zentrum des antiken Griechenland.

Der politische Einfluss von Delphi war vor allem in den Jahren von 590 bis 450 v. Chr. enorm. In Delphi suchten die Griechen Rat, sie fanden ihn in den Weisungen des Gottes Apollon, der den Willen des Zeus durch sein Orakel übermitteln ließ. Im Apollon-Tempel verkündete Pythia, die Prophetin des Orakels, den göttlichen Willen, der dann von Priestern ausgelegt wurde. 1892 begannen die Ausgrabungen der Überreste des Apollon-Heiligtums und des umgebenden Bezirks. Im Südosten der Anlage beginnt die heilige Straße, an der sich die griechischen Stadtstaaten durch prächtige Weihegeschenke und Schatzhäuser darstellten. Sie endet beim großen Festplatz, der Halle der Athener und am Vorplatz zum Apollon-Tempel im Zentrum der Anlage. Zu den wichtigsten Bauten und Denkmälern zählen neben dem Tempel und den Schatzhäusern ferner das Stadion, das Theater, das Heiligtum der Athena Pronaia, die Halle der Knidier und die Säule mit der Sphinx der Naxier.

Drei der dorischen Säulen des Rundtempels im Heiligtum der Athena Pronaia (4. Jahrhundert v. Chr.) wurden rekonstruiert.

Griechenland

Denker und Dichter

Mit den homerischen Epen »Ilias« und »Odyssee« begann die große griechische Geistesgeschichte. In Athen und den anderen Stadtstaaten, in den griechischen Kolonien Kleinasiens und Unteritaliens sowie auf den Inseln wurden zwischen dem 8. und 3. Jahrhundert v. Chr. Ideen und Normen entwickelt, mit denen sich die westliche

AKROPOLIS VON ATHEN

Auf der Akropolis stehen mit dem Parthenon, den Propyläen und dem Erechtheion einige der bedeutendsten Werke der klassischen griechischen Baukunst.

Die Besiedlung des Athener Burgbergs führt bis in die Jungsteinzeit zurück. Die alte Königsburg wurde bereits im 6. Jahrhundert v. Chr. in einen heiligen Bezirk umgewandelt. Nach ihrer Zerstörung durch die Perser gelang es in der zweiten Hälfte des 5. Jahrhunderts v. Chr., die Heiligtümer in rascher Folge wieder aufzubauen. Das Bild der Akropolis Athens wird vom Parthenon beherrscht. Der in den Jahren 447 bis 422 v. Chr. entstandene Tempel war der Göttin Athene geweiht, deren Kultbild im Inneren aufbewahrt wurde.

Das nach dem mythischen König von Athen benannte Erechtheion entstand

Die dem Erechtheion südlich vorgelagerte Korenhalle wird von sechs Karyatiden – weiblichen Gewandfiguren – getragen.

von 421 bis 406 v. Chr. Es birgt mehrere Kultstätten unter einem Dach. Die Propyläen sind die monumentale Toranlage der die Akropolis umgebenden Mauern. Sie entstanden in den Jahren 437 bis 432 v. Chr.

Der etwa in den Jahren 425 bis 421 v. Chr. erbaute Tempel der Athena Nike wurde von Kallikrates erbaut und ist eines der ältesten erhaltenen Gebäude im ionischen Stil.

Das Zentrum der Akropolis von Athen bildet der Parthenon, den der Bildhauer Phidias im Auftrag des Athener Staatsmanns und Generals Perikles entwarf. Dieser Haupttempel der Anlage steht auf einem Plateau, das aus dem Schutt eines Athene-Tempels aufgeschichtet wurde.

Zivilisation bis heute auseinandergesetzt. Die griechische Antike legte das Fundament unserer Kultur.

Die Griechen »erfanden« die Philosophie und das Theater, die Logik und die Dichtkunst, die Physik und die Ethik, die Musik und die Psychologie, die Medizin und die Geschichtsschreibung, nicht zuletzt die Demokratie.

Ihre Versuche, die Gesetze der Natur zu begreifen, werden bis heute fortgesetzt. Das Gleiche gilt für das Nachdenken über richtige und falsche Lebensweise, über Fragen der Ästhetik und Politik.

Obwohl die Griechen ihre Kultur für die einzig wahre hielten, erforschten sie fremde Länder und vergangene Zeiten – kommt einem das nicht vertraut vor? Jeder Hollywood-Blockbuster folgt der antiken Dramentheorie. Auch die Hightech-Medizin versucht, wie es Hippokrates gelehrt hat, zuerst einmal die Ursachen und den Verlauf einer Krankheit zu klären. Die Tragödien und Komödien von Sophokles oder Aristophanes stehen auf den Spielplänen unserer Theater, und an den Schriften eines Platon und eines Aristoteles kommt nach wie vor kein Philosoph vorbei.

Linke Seite: Zwei der bedeutendsten Denker der griechischen Antike sind Aristoteles (links, 384–322 v. Chr.) und Platon (rechts, 427–348/347 v. Chr.).

Griechenland

ARCHÄOLOGISCHE STÄTTEN VON MYKENE UND TIRYNS

Mykene und Tiryns sind die beiden eindrucksvollsten Städte der mykenischen Kultur, der »bronzezeitlichen Epoche« Griechenlands, mit Ausnahme von Kreta.

Die mykenische Kultur, die vom 15. bis zum 12. Jahrhundert v. Chr. den gesamten östlichen Mittelmeerraum beherrschte, spielte eine wichtige Rolle bei der Entwicklung des klassischen Griechenland. Namengebend war die bronzezeitliche Burg Mykene im östlichen Peloponnes. Der griechischen Überlieferung nach wurde der Stammsitz des Geschlechts der Atriden durch Perseus gegründet, den Sohn des Zeus. Der Großteil der Baureste von Mykene, mit deren Freilegung Heinrich Schliemann 1874 begonnen hatte, geht auf das 13. Jahrhundert v. Chr. zurück. Besonders eindrucksvoll ist das als Lö-

wentor bezeichnete Haupttor mit einem Relief zweier heute kopfloser Löwinnen. Gleich dahinter liegt der Kreis der Königsgräber, in denen die goldene Totenmaske des Agamemnon, des Anführers der Griechen gegen Troja, gefunden wurde. Auch die mykenische Burg Tiryns, wenige Kilometer von Mykene entfernt, wurde u. a. von Heinrich Schliemann freigelegt. Ihre Blütezeit begann im 15. Jahrhundert v. Chr.; warum die Burg um 1200 v. Chr. zerstört wurde, ist bis heute noch nicht geklärt.

Das Löwentor bildet den Eingang zur Burg Mykene.

ARCHÄOLOGISCHE STÄTTE VON EPIDAUROS

Das Theater ist das eindrucksvollste Beispiel klassischer griechischer Architektur in Epidauros.

Die Anlagen von Epidauros, in einem engen Tal ganz im Osten des Peloponnes gelegen, erstrecken sich über mehrere Ebenen. Sie standen im Zentrum des Asklepios-Kults, der sich im 5. Jahrhundert v. Chr. im gesamten griechischen Raum ausbreitete. Der Gott der Heilkunde war in der griechischen Mythologie der Sohn Apollons, dessen Macht zu heilen auf ihn übertragen wurde. Epidauros war seinerzeit ein bedeutender Kult- und Kurort. Zur Anlage gehörten Bad, Krankenhalle und Hospitäler, die wichtigsten Baudenkmäler sind neben dem Asklepios-Tempel der Artemis-Tempel,

der Tholos, das Enkoimeterion und die Propyläen. Aus einem nahe gelegenen Steinbruch wurde der als Baumaterial dienende Sandstein gewonnen.

Das aus dem beginnenden 3. Jahrhundert v. Chr. stammende Theater ist das besterhaltene Gebäude seiner Art in Griechenland und beeindruckt außer durch seine ausgeklügelte Bauweise vor allem durch die exzellente Akustik.

Platz für rund 14 000 Zuschauer bietet das in einem Halbrund erbaute Theater von Epidauros. Die Sitzplätze sind auf die runde Orchestra ausgerichtet, wo im antiken Drama der Chor stand.

ARCHÄOLOGISCHE STÄTTE VON OLYMPIA

Bereits im 1. Jahrtausend v. Chr. wurde Olympia ein bedeutendes kultisches Zentrum und ein Veranstaltungsort der nach ihm benannten Spiele.

Die Besiedlung Olympias geht auf das 3. Jahrtausend v. Chr. zurück; seit Ende des 2. Jahrtausends war es eine dem Pelops, dem Sohn des Tantalos, geweihte Kultstätte. Im Zentrum der Verehrung des Zeus begann man ab dem Jahr 776 v. Chr. die Zeus zu Gefallen veranstalteten Spiele zu zählen und fertigte erste Siegerlisten an.
1875 wurde in Olympia mit den ersten Ausgrabungen begonnen. Im großzügig angelegten Kultbezirk befanden sich neben Tempeln und Schatzhäusern, in denen die Weihegaben der einzelnen griechischen Städte verwahrt wurden, viele Sportstätten, deren Reste

heute wieder zu sehen sind, so auch das nördlich gelegene Gymnasion und das Stadion mit seiner Wandelhalle.
Der Zeus-Tempel im Zentrum des Kultbezirks entstand um 470 v. Chr. Das älteste der Heiligtümer an der Altis, dem heiligen Hain, ist ein der Hera geweihter Tempel (7. Jahrhundert v. Chr.). Im 4. Jahrhundert v. Chr. verlegte man das Stadion und trennte es durch die Echohalle vom heiligen Bezirk.

In der Palästra, einer Halle aus dem frühen 3. Jahrhundert v. Chr., die durch halb kannelierte Säulen markiert ist, trainierten die Athleten in Olympia.

APOLLON-TEMPEL VON BASSAE

Der aus dunklem Kalkstein gebaute Tempel des Apollon Epikourios in den arkadischen Bergen wies die ältesten bekannten korinthischen Kapitelle auf.

Um das Jahr 430 v. Chr. wurde in Bassae der Tempel des Apollon Epikourios (»der Heilende«) errichtet. Als Baumeister gilt Iktinos, der Architekt des Parthenon auf der Akropolis. Das Gebäude wurde von den Bewohnern der nahe gelegenen Stadt Phigalia zum Dank dafür in Auftrag gegeben, dass der Gott sie durch eine Heilpflanze von der Pest verschont hat.
Im Jahr 1765 wurde der Tempel in Bassae entdeckt, ausgegraben und in der Folgezeit größtenteils wieder aufgebaut. Ungewöhnlich ist die genaue Ausrichtung des Tempels mit seinem dorischen Säulenumgang in Nord-Süd-Richtung. Der anderen Orts vorherrschenden Ost-West-Ausrichtung

wurde bei diesem Tempel durch eine an der östlichen Längsseite befindliche Tür Rechnung getragen.
Im Kernbereich des Tempels, der »Cella« genannten Kammer, befand sich ein Relieffries, der Zentauren- und Amazonenkämpfe in höchster künstlerischer Qualität schildert. Er ist heute im British Museum in London zu besichtigen. Wertvoll macht den Tempel auch die Entdeckung der ältesten bekannten korinthischen Säule, deren Kapitell mittlerweile verloren gegangen ist.

Vom Tempel des Apollon Epikourios in Bassae existieren noch 39 Säulen, die nach der Wiederentdeckung der antiken Stätte wieder aufgerichtet wurden.

ARCHÄOLOGISCHE STÄTTE VON MYSTRAS

Nordwestlich von Sparta liegt die Gipfelburg Mystras. Um die Festung herum entstand vom 13. bis 15. Jahrhundert ein bedeutendes Zentrum byzantinischen Geisteslebens. Ab 1770 verfiel die Stadt, 1834 wurde sie endgültig aufgegeben.

Als Gründung des Franken Wilhelm II. Villehardouin wurde die Burg nach der Gefangennahme Wilhelms 1260 an den späteren byzantinischen Kaiser Michael VIII. abgetreten. Etwa bis zum Jahr 1460 wurde Mystras von den »Despoten« (Statthaltern) regiert. Vom Ende des 14. bis Anfang des 15. Jahrhunderts war es vielleicht die bedeutendste Stadt nach Konstantinopel.

Im Norden von Mystras liegt das Brontochionkloster mit den beiden Kirchen Hagii Theodori und Aphentiko. Die Hauptkirche Hagii Theodori stammt aus dem 13. Jahrhundert. Die um das Jahr 1311 erbaute Aphentikokirche ist eine dreischiffige Basilika mit farbig leuchtenden Fresken aus dem 14. Jahrhundert, die von einer Kreuzkuppel überwölbt wird. Zu dem für Mystras typischen Baustil gehört auch die durch das Zeremoniell des Despotats gerechtfertigte Empore. Das bemerkenswerte Nonnenkloster Pantanassa, das 1428 als letztes großes Bauwerk entstand, ist mit lebendigen, detailreichen Fresken geschmückt.

Die Aphentikokirche (14. Jahrhundert) vereint Basilika und Kreuzkuppelkirche.

DELOS

In der griechischen Mythologie war die Insel Delos Geburtsort von Apollon. Sie wurde zum Mittelpunkt eines um ihn angesiedelten Kults.

Als »Geburtsort« des Gottes Apollon wurde Delos im 7. Jahrhundert v. Chr. zu einem wichtigen Kultzentrum und Pilgerziel. Im 5. Jahrhundert v. Chr. stand die Insel im Mittelpunkt des Ersten Attischen Seebunds, später entwickelte sich hier ein bedeutender Handelsplatz, den auch die Römer im 2. Jahrhundert v. Chr. noch zu nutzen wussten. Die Entstehung neuer Handelszentren, Piratenüberfälle und Angriffe der Soldaten des Mithridates von Pontos im 1. Jahrhundert v. Chr. hatten Delos' Untergang zur Folge.

Bei Ausgrabungsarbeiten entdeckte man die Ruinen zahlreicher Häuser, deren Bewohner ihre Innenhöfe mit Mosaiken ausgestattet hatten. Darauf finden sich so unterschiedliche Darstellungen wie Delfine, Tiger, Dreizack sowie Götterbilder. Die drei Tempel des Apollon, die man über die Heilige Straße erreicht, sind die wohl schlichtesten aller diesem Gott geweihten Heiligtümer. Westlich davon befindet sich das Artemision, der Tempel der Schwester Apollons, die wie er einst auf der Insel geboren worden sein soll.

Zum heiligen Bezirk gehören die sieben monumentalen Löwen der Naxier – wohl die ältesten rundplastischen Tierdarstellungen der griechischen Kunst – sowie das Dionysos-Heiligtum.

Marmorlöwen bewachen in Delos den mythischen Geburtsort von Apollon.

KLÖSTER DAPHNI, HOSIOS LUKAS UND NEA MONI

Obwohl die drei byzantinischen Klöster geografisch weit voneinander entfernt liegen, weisen sie ähnliche Bauprinzipien und Gestaltungsmerkmale auf.

Die Kirche von Daphni bei Athen ist etwas kleiner als die anderen Gotteshäuser und besticht vor allem durch kunstvolles Mauerwerk; erlesene Mosaiken aus dem 11. Jahrhundert sind in gutem Zustand erhalten geblieben. Zum Kloster Hosios Lukas in der Nähe von Delphi in Mittelgriechenland gehören zwei Kirchen. Die kleinere und ältere, Theotokos, ist um das Jahr 1000 entstanden. Das Katholikon mit kreuzförmigem Grundriss, einer Krypta und Emporen stammt aus dem beginnenden 11. Jahrhundert. Der reiche Schmuck des Innenraums – Marmorboden, Mosaiken und Wandbilder – ist noch bis heute nahezu unversehrt erhalten geblieben.

Das Kloster Nea Moni auf der Insel Chios geht ebenso auf das 11. Jahrhundert zurück. Hier sind nur noch die Zisterne, das später mehrfach veränderte Refektorium sowie ein im Südwesten gelegener viereckiger Turm erhalten geblieben. Die schönen Mosaiken von Nea Moni gelten als eines der bedeutendsten Zeugnisse byzantinischer Bildkunst.

Das frühchristliche Kloster Daphni ist berühmt für seine Mosaiken. In der Zentralkuppel erscheint Christus, umgeben von den Propheten, als Weltenherrscher.

PYTHAGOREION UND HERAION VON SAMOS

Die Ruinen des Heiligtums der Hera und die Überreste der antiken Stadt Pythagoreion sind die steinernen Zeugen der langen Geschichte der Insel Samos.

Ihre Blütezeit erlebte die Insel Samos unter dem Tyrannen Polykrates, der Mitte des 6. Jahrhunderts v. Chr. herrschte. Polykrates entfaltete eine bedeutende Bautätigkeit und umgab sich gern mit Dichtern, Musikern und Gelehrten; auch Herodot und Äsop gehörten dazu. Auf diese Weise entwickelte sich die Insel Samos im 6. und 5. Jahrhundert v. Chr. zu einem der bedeutenden kulturellen Zentren im östlichen Mittelmeerraum.

Die Befestigungsanlagen der antiken Hauptstadt Pythagoreion wurden in der klassischen Epoche errichtet und in hellenistischer Zeit erweitert und erneuert. Ausgrabungen haben neben den Befestigungsmauern auch einen Teil der alten Stadt freigelegt, darunter eine etwa einen Kilometer lange Wasserleitung. Westlich der Stadt lag das wohl im 10. Jahrhundert v. Chr. gegründete Heraion. Es wurde in den folgenden Jahrhunderten immer wieder erweitert und umgebaut, maßgeblich unter Polykrates. Der Hera-Tempel beeindruckt durch seine Größe. Die hier entdeckten Fundstücke sind im Archäologischen Museum in Vathy zu besichtigen.

Acht Meter ragt die letzte stehen gebliebene Säule des Hera-Tempels in die Höhe.

Griechenland

ALTSTADT VON PATMOS

Das Kloster des hl. Johannes mit seiner wertvollen Bibliothek sowie die Höhle der Apokalypse sind die bedeutendsten Monumente der Altstadt von Patmos. Sie erinnern an den Evangelisten Johannes, der in den Jahren 95/96 als Verbannter auf der Insel gelebt haben soll.

Das hoch über der Chora (Altstadt) von Patmos gelegene Kloster aus dem frühen 11. Jahrhundert wurde in seiner jetzigen Form erst im 17. Jahrhundert errichtet. Im Altertum hatte sich an diesem Ort ein Tempel der Artemis befunden. Die heutige Anlage besteht aus dunklem Gestein und wirkt mit ihren Türmen mehr wie eine Burg denn wie ein Kloster. Sehenswert sind der Innenhof mit seinen noch gut erhaltenen Fresken, die Bibliothek sowie die im Klostermuseum ausgestellten Exponate aus der Schatzkammer. Zu den wertvollen Ausstellungsstücken gehört die etwa zwei Meter lange Stiftungsurkunde des Klosters des hl. Johannes von 1088. Von seiner Gründung an war es ein Pilgerzentrum, und bis zur Mitte des 16. Jahrhunderts, als die Türken die Herrschaft über die Insel erlangten, bildete das Kloster den Mittelpunkt eines Mönchsstaats. Die religiösen Zeremonien haben sich seit frühchristlicher Zeit wenig geändert. Die Höhle, in welcher der hl. Johannes die Apokalypse aufgeschrieben haben soll, wurde zu einer Kirche ausgebaut.

Die beeindruckenden Malereien in der inneren Vorhalle der Klosterkirche stammen aus dem 16. Jahrhundert.

MITTELALTERLICHE ALTSTADT VON RHODOS

Das architektonische Erbe der Altstadt von Rhodos wird von mittelalterlichen Bauwerken aus der Zeit der Johanniterherrschaft, aber auch von Monumenten der osmanischen Besatzungszeit geprägt.

Mit Alexander dem Großen wurde die schon früh besiedelte Insel makedonisch, danach wieder unabhängig, dann byzantinisch. Seit 1310 stand Rhodos unter der Herrschaft des Johanniterordens, 1523 gelangte sie unter osmanische Kontrolle. Die türkische Herrschaft währte bis 1912, als Italien die Insel eroberte und bis 1943 besetzte. Erst seit 1948 gehört die Insel zu Griechenland. Ihr heutiges Gesicht verdankt Rhodos-Stadt der Bautätigkeit der einstigen Kreuzfahrer. Die Ritterstraße ist ein noch gut erhaltenes Beispiel einer Straße des 15. Jahrhunderts. Um sie herum liegen die »Herbergen«, die Versammlungshäuser der Ritter-Landsmannschaften. Die Straße beginnt bei der byzantinischen Kathedrale und führt zur Residenz des Großmeisters des Johanniterordens, die von den Italienern nach alten Stichen neu aufgebaut wurde. Im 1440 bis 1489 entstandenen Ritterhospital findet man heute ein archäologisches Museum.

Ins Mittelalter zurückversetzt fühlt man sich in der Ritterstraße (oben). Vor dem um 1350 errichteten Ordenshospital steht ein frühchristliches Taufbecken (rechts).

RUINEN VON PAPHOS

In der Umgebung von Paphos im Südwesten von Zypern befindet sich eine Reihe von bedeutenden archäologischen Stätten, welche die mehr als 3000 Jahre lang währende Inselgeschichte auf beeindruckende Weise illustrieren.

Nahe dem Dorf Kuklia südöstlich der modernen Stadt Paphos liegen die Ruinen des wohl ab dem 13. Jahrhundert v. Chr. von Phöniziern besiedelten Orts. Zu mykenischer Zeit im 12. Jahrhundert entstand hier ein Heiligtum der Aphrodite. Die Reste der Kultstätte in Alt-Paphos haben die Form eines orientalischen Hofheiligtums, das aus großen Kalksteinblöcken errichtet worden ist. In der Mitte des Hofs befand sich ein kegelförmiger Stein, der die Göttin der Liebe, der Schönheit und der sinnlichen Begierde symbolisierte. Im 4. Jahrhundert v. Chr. wurde am Ort der heutigen Stadt das antike Neu-Paphos gegründet; hier gab es ebenfalls ein Heiligtum der Aphrodite. Die Reste von zahlreichen Bauten wie Befestigungsmauern oder Grabanlagen sowie von aufwendigen Mosaiken zeugen von der Bedeutung des antiken Paphos als Handelsplatz bis in die Zeit der Römer hinein. Aber auch das frühe Christentum und die byzantinische Kultur haben hier bedeutende Monumente hinterlassen: Ruinen von Festungen, Katakomben und Kirchen mit prächtiger Innenraumgestaltung.

Das im Jahr 1962 entdeckte römische Fußbodenmosaik im Haus des Aion illustriert das Ende des Flötenwettbewerbs zwischen Apollon und Marsyas.

BEMALTE KIRCHEN IM TRÓODOSGEBIRGE

Versteckt im zyprischen Hauptgebirge Tróodos liegen zahlreiche Kirchen und Kapellen, die mit prächtigen byzantinischen Wandmalereien aus dem 11. und 12. Jahrhundert ausgeschmückt sind.

Im Herzen Zyperns, im Tróodosgebirge, befinden sich Klöster, Kapellen und Kirchen mit wichtigen Werken byzantinischer Kunst. Das Welterbe umfasst zehn über mehrere Dörfer verstreute Gotteshäuser: Stavros tou Agiasmati, Panagia tou Arakou, Kirche vom hl. Kreuz (Timios Stavros), Agios Nikolaos tis Stegis, Panagia Podithou, Panagia Phorbiotissa, Kirche des hl. Johannes Lampadistis, Panagia tou Moutoulla, Erzengel-Michael-Kirche und seit dem Jahr 2001 Ayia Sotira tou Soteros. Nikolaos tis Stegis, eine Kreuzkuppelkirche aus dem 11. Jahrhundert, zählt zu den wenigen Beispielen byzantinischer Malerei der frühen Komnenenzeit. Die Wandmalereien im Inneren der Kirche des Johannes-Lampadistis-Klosters datieren aus der zweiten Hälfte des 15. Jahrhunderts. Sie veranschaulichen einen lokalen Malstil der spätbyzantinischen Schule. Die schön bemalte Panagia Podithou bei Galata ist eine Einraumkirche aus dem Jahr 1502.

Die Fresken in der aus dem 12. Jahrhundert stammenden Kirche Panagia Phorbiotissa gehören zu den wertvollsten aus byzantinischer Zeit.

ARCHÄOLOGISCHE STÄTTE VON CHOIROKOITIA

Die archäologische Stätte von Choirokoitia gehört zu den bedeutendsten vorgeschichtlichen Siedlungen im östlichen Mittelmeerraum.

In vorgeschichtlicher Zeit spielte die Insel Zypern eine Schlüsselrolle in der Entwicklung der neolithischen Kultur. Choirokoitia, das zwischen Larnaka und Limassol liegt, ist eine ungewöhnlich gut erhaltene archäologische Fundstätte aus dieser Epoche der kulturgeschichtlichen Entwicklung und eines der ältesten Relikte menschlicher Siedlungen auf Zypern. Choirokoitia wurde auf einer südlichen Anhöhe über dem Lauf des Maroni angelegt. Die Siedlung bestand aus einer Reihe zweigeschossiger Rundhäuser, die auf kreisförmigen Fundamenten aus massivem Stein errichtet und mit einem Schutzwall umgeben wurden. Die größten Häuser haben einen äußeren Durchmesser von zehn Metern und einen inneren von zwei bis fünf Metern. Die etwa 2000 Bewohner, die während der Zeit der ersten Besiedlung hier lebten, verwendeten kaum Keramikobjekte und benutzten Werkzeuge aus Stein und Holz. Das Vorhandensein von Klingen und Pfeilspitzen aus Obsidian ist der einzige Hinweis auf Kontakt und Handel mit anderen Kulturen.

Von den Originalhäusern blieben nur die Fundamente erhalten.

Türkei

Konstantin der Große

Obwohl sich Konstantin (um 280–337) erst kurz vor seinem Tod taufen ließ, darf man ihn den ersten christlichen Kaiser Roms nennen. Beeinflusst von seiner Mutter, der hl. Helena, sicherte er den Christen die Religionsfreiheit zu und förderte die junge Kirche. Damit läutete dieser große Herrscher ein neues Zeitalter ein. Andererseits griff

er – noch einmal – die alte Idee des geeinten Reichs auf. Sein Vorgänger Diokletian hatte die Tetrarchie (Viererherrschaft) eingeführt und das riesige Römische Weltreich aufgeteilt.

Schon früh kam Konstantin, Sohn eines hochrangigen Amtsträgers, an den römischen Kaiserhof in Nikomedia (Izmir). Nach ersten militärischen Erfol-

HISTORISCHE BEREICHE VON ISTANBUL

In der Altstadt von Istanbul zeugen vor allem Gotteshäuser von der bewegten Geschichte als Hauptstadt des Oströmischen Reichs und später als Zentrum des Osmanischen Reichs. Geschützt sind vier Areale: der Archäologische Park an der Spitze der Halbinsel, das Süleymaniye-Viertel, das Zeyrek-Viertel und der Bereich der Theodosianischen Landmauer.

Von 330 bis 1930 trug die Stadt Istanbul den Namen Konstantinopel. Ihre Glanzzeit erlebte sie als Hauptstadt des Byzantinischen Reichs nach der Gründung durch Kaiser Konstantin. Das wohl bekannteste Bauwerk Istanbuls ist ein Monument aus oströmischer Zeit: Die Palastkirche Hagia Sophia wurde 532 bis 537 von Justinian über den Ruinen einer von Konstantin 360 geweihten Basilika errichtet. Sie bildet den Höhepunkt der byzantinischen Prachtentfaltung. Nachdem die Osmanen die Stadt im Jahr 1453 erobert hatten, wurde die Hagia Sophia in eine Moschee umgewandelt: Man überdeckte die Mosaiken mit Gips und fügte der Anlage viele Anbauten hinzu, darunter vier Minarette. Älter als die Hagia Sophia ist die Kleine Hagia Sophia: Die ehemalige orthodoxe Sergios-und-Bakchos-Kirche (527–536), ist heute eine Moschee. Weitere Kirchen aus byzantinischer Zeit sind erhalten, so die im Jahr 532 eingeweihte Hagia Eirene, die nach dem Jahr 740 ihre heutige Gestalt erhielt.

Die Moschee des Sokullu Mehmet Pascha (1572), wie die um 1550 entstandene Şehzade-Moschee ein Werk des Hofbaumeisters Sinan, wurde den Gegebenheiten des Geländes baulich optimal angepasst. Die Sultan-Ahmet-Moschee (1609–1616) verdankt ihren Beinamen »Blaue Moschee« dem in Blautönen geschmückten Innenraum.

Der imposanteste Bestandteil der fast 1500 Jahre alten, heute als Museum dienenden Hagia Sophia ist die 55 Meter hohe Kuppel. Auf die zwischenzeitliche Nutzung als Moschee weisen Holzschilder mit den Namen Mohammeds und der ersten vier Kalifen in arabischer Schrift hin.

gen in Britannien riefen seine Truppen den jungen Feldherrn im Jahr 306 zum Kaiser aus. Doch die Alleinherrschaft musste erst noch erkämpft werden. Entscheidend, auch für die christliche Legendenbildung, wurde die Schlacht an der Milvischen Brücke bei Rom im Jahr 312, als Konstantin »im Zeichen des Kreuzes« den weströmischen Kai-

ser Maxentius besiegte. Zwölf Jahre später, 324, war dann das Ziel erreicht: Konstantin regierte die römische Welt und führte das dynastische Prinzip der erblichen Thronfolge ein. Zur Reichshauptstadt bestimmte er Konstantinopel. Der von der Völkerwanderung bedrohte Westen und damit auch Rom verloren an Bedeutung.

Ein Mosaik aus dem 10. Jahrhundert in der Hagia Sophia zeigt Maria mit Kind (links). Justinian zu ihrer Rechten bringt Maria eine Kirche dar, die Hagia Sophia, Konstantin überreicht ihr seine Stadt Konstantinopel. Linke Seite: Konstantin der Große auf einem im 11. Jahrhundert entstandenen Fresko in der Apfelkirche Elmali Kilise in Göreme.

Die Sultan-Ahmet-Moschee, auch Blaue Moschee genannt, ist das Wahrzeichen und die Hauptmoschee Istanbuls.

Zahlreiche Buntglasfenster erhellen das Innere der Blauen Moschee, das vor allem mit blauen Iznik-Kacheln geschmückt ist.

Nicht weniger als 336 Säulen in zwölf Reihen tragen die 140 Meter lange und 70 Meter breite Zisterne Yerebatan-Saray.

Die Chora-Kirche gilt als herausragendes Beispiel byzantinischer Kirchenbaukunst: Blick in die Kuppel der Grabkapelle.

Türkei

HISTORISCHE BEREICHE VON ISTANBUL

Nach einem Brand im Alten Palast 1540/41 verlegte Sultan Suleiman Residenz und Harem in den Topkapi Saray.

Die nach Sultan Suleiman dem Prächtigen benannte Süleymaniye-Moschee wurde in den Jahren 1550 bis 1557 erbaut.

Über 32 Hektar erstreckt sich der Große Basar, wo die Besucher in rund 60 Laden-straßen kaufen und feilschen können.

Sehenswert ist auch der L-förmig angelegte Ägyptische Basar. Dort bieten rund 100 Händler ihre Waren an.

Das Zentrum des aus 300 Räumen bestehenden Harems im Topkapi-Palast war der Festsaal des Padischah.

ALTSTADT VON DAMASKUS

Mit einem Alter von rund 5000 Jahren zählt Damaskus zu den ältesten Städten der Welt. Der geschichtsträchtige Ort ist untrennbar mit dem Alten Testament und der Geschichte des Islam verbunden.

Der Prophet Mohammed soll sich einst geweigert haben, die Stadt Damaskus zu besuchen, weil er vor dem himmlischen Paradies kein anderes Paradies betreten wollte. Noch heute macht Damaskus seinem poetischen Namen »Diamant der Wüste« alle Ehre, besonders in der von großartigen Moscheen, bunten Märkten und Palastanlagen bestimmten Altstadt. Das Bild der Stadt ist seit dem 8. Jahrhundert islamisch geprägt. Im Jahr 705, in der Blütezeit der Omaijaden-Herrschaft, wurde die Große Moschee auf Fundamenten einer christlichen Kirche errichtet. Sie ist eines der ältesten islamischen Gebetshäuser und nicht nur repräsentativ für den Stil der Omaijaden, sondern auch richtungweisend für die Baukunst des Islam. In der unmittelbaren Umgebung der Omaijaden-Moschee befinden sich die berühmten Märkte (Souks) der Stadt, vor allem der überdachte Souk al-Hamidiya, sowie zahlreiche Kostbarkeiten islamischer Architektur wie der Maristan al-Nuri, ein 1154 errichtetes Krankenhaus, die Nuredin-Medrese und das Grabmal Saladins (1193).

Enge Gassen prägen die Altstadt von Damaskus (unten). Die Omaijadenmoschee diente bis zu ihrem Umbau im Jahr 705 auch als christliche Kirche (links).

ALTSTADT VON BOSRA

Die mächtige Handelsstadt ganz im Süden von Syrien, in der sich die Hauptrouten zum Roten Meer bündelten, war auch ein wichtiges kulturelles Zentrum und besaß prachtvolle Paläste sowie ein großes Amphitheater.

Die von den Nabatäern gegründete Stadt, ein wichtiger Warenumschlagplatz der Nomaden, erlebte ihre Blütezeit unter den Römern, die sie im Jahr 106 v. Chr. eroberten. Kaiser Trajan erhob Bosra zur Hauptstadt der Provinz Arabia und ließ die Handelsmetropole repräsentativ ausbauen. Auch nach dem Zerfall des Römischen Reichs spielte Bosra als Bischofsstadt und Sitz eines byzantinischen Metropoliten eine bedeutende Rolle. Unter islamischer Herrschaft war es ein Verwaltungszentrum und eine wichtige Pilgerstation auf dem Weg von Damaskus nach Mekka. Bosra verfügt auch heute noch über eindrucksvolle Monumente aus römischer, frühchristlicher und islamischer Zeit. Das antike Amphitheater, eines der am besten erhaltenen seiner Art, wurde im Mittelalter angesichts der Bedrohung durch die Kreuzfahrer zur arabischen Festung ausgebaut. Die Zeit überdauert haben auch Reste einer großartigen frühchristlichen Bischofskirche und einer Basilika. Die schönsten Werke islamischer Baukunst sind die Freitags- und die Mabrak-Moschee, die beide im 12. Jahrhundert errichtet wurden.

Das römische Theater von Bosra wurde in seldschukischer und ayyubidischer Zeit zu einer Zitadelle ausgebaut.

Libanon

WADI QADISHA UND WALD DER LIBANONZEDERN

Wadi Qadisha, das »heilige Tal« mit seinen Felsenklöstern, zählt zu den wichtigen Stätten des frühen Christentums. In der Nähe liegt der berühmteste Wald des Landes. Seine majestätischen Zedern gelten als ein Symbol des Libanon.

Rund 120 Kilometer von der Hauptstadt Beirut entfernt beginnt das lang gestreckte Wadi Qadisha, das »heilige Tal«. In der Einsamkeit dieser dramatischen Landschaft errichteten Mönche in den ersten Jahrhunderten des Christentums Felsenkirchen und Klöster wie das Kloster Qannoubin. Entlang der alten Straße von Bscharré liegt die Qadisha-Grotte mit ihren eindrucksvollen Tropfsteinformationen. Im Frühjahr sprudelt aus der Höhle ein Wasserfall. Nicht weit entfernt liegt ein Zedernwald, der als »Horsh Arz al-Rab«, »Zedern des Herrn«, bekannt ist. Im Schatten des höchsten Berges des Landes, des 3088 Meter hohen Qurnat as-Sawda, finden sich auf 1950 Meter Meereshöhe rund 400 mächtige Zedern. Einige dieser Bäume sind angeblich älter als 1500 Jahre und sollen gar aus der Zeit stammen, als König Salomo seinen Palast und den Tempel in Jerusalem aus Zedern erbauen ließ. Das Holz war einst ein begehrter Exportartikel.

Ganze Zedernwälder prägten einst das Gebiet des heutigen Libanon. Heute ist als größerer Bestand nur noch der Wald am Berg Qurnat as-Sawda erhalten.

RUINEN VON ANJAR

Die Ruinen nördlich von Beirut gehören zu einer Palaststadt, die sich der Omaijaden-Kalif Walid I. im 8. Jahrhundert nach römischen Vorbildern anlegen ließ – ein einzigartiges Zeugnis der Stadtplanung der Omaijaden-Herrscher.

Bei der Planung der Palaststadt Anjar hatte der Kalif Walid I. eine idealtypische Stadt nach römischem Vorbild vor Augen. Die streng geometrisch aufgeteilte Anlage weist einen annähernd quadratischen Grundriss von etwa 200 Metern Seitenlänge auf. Vier mit Rundtürmen verstärkte Tore gewährten ursprünglich Zutritt in die ringsum von einer Mauer eingefasste Stadt. Wie bei römischen Städten üblich, durchschnitten rechtwinklige Hauptachsen, Cardo und Decumanus, die schachbrettartige Anlage, deren Straßenzüge mit großen Kolonnadengängen dekoriert waren. Ein vierteiliges Bogenmonument im Schnittpunkt der Achsen, der Tetrapylon, markierte das Zentrum der Stadt.

Heute zum Teil restauriert ist der Palast des Omaijaden-Herrschers Walid im Südosten der Stadt. Ihm schloss sich im Norden die Moschee an. Weiter nördlich befand sich der kleine Palast, der den Frauen vorbehalten war, und jenseits des Cardo lagen die Wohnviertel für die Palastbediensteten.

Die Bogenarchitektur und Reste der prächtigen Arkadengänge, die einst die Hauptstraßen von Anjar säumten, sind untrügliche Anzeichen dafür, dass bei der Errichtung der Gebäude der Palaststadt römische Vorbilder Pate standen.

RUINEN VON BYBLOS

Byblos am Mittelmeer ist eine der ältesten phönizischen Städte. Schon in der Bronzezeit besaß es den wichtigsten Hafen der Levante, später war es ein Stützpunkt der Kreuzfahrer.

Heute ist das nördlich von Beirut an der Küste gelegene Byblos ein reizvoller Fischerhafen zu Füßen der Burgruine aus der Kreuzfahrerzeit. Bereits im 3. Jahrtausend v. Chr. erlebte die phönizische Hafenstadt ihre Glanzzeit als Warenumschlagplatz zwischen Mesopotamien und dem Mittelmeerraum. Bei den Akkadern hieß die Stadt Gubla, bei den Phöniziern Gebal (»Schiffe«), ihr heutiger Name ist Djubail. Schiffe waren es auch, die für den Reichtum von Byblos sorgten, denn es war ein wichtiger Verladeort für Libanonzedern, die nach Ägypten exportiert wurden (auch die bei Ausgrabungen neben der Pyramide des Cheops in Giseh gefundene Barke des Pharaos war aus Zedernholz gefertigt, das sogar noch etwas von seinem typischen Geruch behalten haben soll). Im Gegenzug importierte man Alabaster, Gold und Papyrus. Vom Papyrushandel leitet sich vermutlich der griechische Name Byblos (»Schreibmaterial«) her – 332 v. Chr. war die Stadt von Alexander dem Großen erobert und hellenisiert worden. Um 2800 v. Chr. begann man mit dem Bau des Tempels der Stadtgöttin Baalat Gebal. Weitere Tempel sollten folgen.

Aus der Zeit um 1600 v. Chr. stammt der Obeliskentempel von Byblos.

RUINEN VON BAALBEK

Die kolossalen Säulen und Ruinen der Tempelstätte im Bekaatal zählen zu den großartigsten Zeugnissen der römischen Baukunst im Nahen Osten.

Der Name »Baalbek« (»Herr der Bekaa-Ebene«) geht auf die phönizische Zeit zurück, als der Ort gegründet wurde. Während der seleukidisch-hellenistischen Epoche im 3. und 2. Jahrhundert v. Chr. war der Ort als »Heliopolis«, als »Sonnenstadt«, bekannt. Aus dieser Zeit sind Felsengräber erhalten. Die wichtigsten Relikte aber verdankt man den Römern, die hier eine der größten Tempelanlagen der Antike errichteten. Unter Kaiser Augustus begannen im Jahr 14 die Bauarbeiten am gewaltigen Jupiter-Tempel, der auf den Ruinen der phönizischen Kultstätten errichtet wurde; seine Fertigstellung dauerte rund 50 Jahre. Die heute noch erhaltenen sechs 20 Meter hohen Säulen des Tempels sind neben der Zeder ein Wahrzeichen des Libanon. Aus derselben Zeit stammt der Bacchus-Tempel, ein Meisterwerk griechisch-römischer Architektur und die am besten erhaltene antike Tempelanlage im Nahen Osten. Bereits dieser kleinste Tempel der Kultstätte hat größere Ausmaße als die Akropolis in Athen.

Bekannt ist Baalbek auch wegen der gigantischen Steinblöcke, die der Tempelstadt als Fundament dienen.

Der fast vollständig erhaltene Bacchus-Tempel (oben) stammt aus der ersten Hälfte des 2. Jahrhunderts. Der Venus-Tempel (links) wurde in byzantinischer Zeit als Kirche genutzt.

RUINEN VON TYROS

Unter den Phöniziern war das ganz im Süden des heutigen Libanon gelegene Tyros, heute »Sur« genannt, eine der wichtigsten Hafenstädte am Mittelmeer. Die beeindruckendsten Bauwerke stammen aber vor allem aus römischer Zeit.

Der Reichtum der Phönizier beruhte auf dem Handel mit Purpur. Jahrtausende hindurch war der aus dem Drüsensekret der Purpurschnecke gewonnene Farbstoff so kostbar, dass er oft durch ein Vielfaches an Gold aufgewogen wurde. In der Antike war die phönizische Stadt Tyros exklusive Produktionsstätte für Purpur und daher stets ein Ziel fremder Mächte. Nebukadnezars Truppen belagerten Tyros im 6. Jahrhundert v. Chr. vergeblich. Im Jahr 332 v. Chr. eroberten die Soldaten Alexanders des Großen die Hafenstadt, im 1. Jahrhundert v. Chr. marschierten römische Truppen in der Stadt Tyros ein.

Auf die Römer gehen auch die wichtigsten Baudenkmäler zurück. Zwei bedeutende archäologische Stätten sind hier vor allem zu nennen: die kaiserliche Stadt und die Nekropole. In Ersterer finden sich Relikte der phönizischen Stadtmauer, hauptsächlich jedoch römische Kolonnadenstraßen und Thermen, Relikte aus der byzantinischen Epoche sowie eine Kathedrale der Kreuzfahrer. In der Nekropole vor den Toren der Stadt erhebt sich der berühmte Triumphbogen von Tyros.

Die Säulen am Strand der einstigen Hafenstadt gehören zu den Ruinen einer Palästra, eines antiken Sportplatzes.

Israel

ALTSTADT VON AKKO

Im Jahr 1104 eroberte der Kreuzritter Balduin I. das viel umkämpfte Akko. Die am Mittelmeer an der Bucht von Haifa gelegene Stadt war nach dem Fall Jerusalems im Jahr 1191 für ein Jahrhundert lang Hauptsitz des Kreuzfahrerreichs. Im 18. Jahrhundert bauten die Osmanen die Kreuzritterburg zu einer gigantischen Festung aus, die Napoleon einst 61 Tage vergeblich belagerte.

Sie war die letzte Bastion der Kreuzfahrer im Heiligen Land. Doch auch nach dem Fall von Akko im Jahr 1291 erlebte die einstige Hauptstadt der Kreuzritter eine wechselvolle Geschichte. In den folgenden Jahrhunderten herrschten hier Mamelucken, Omaijaden, Beduinen und Osmanen. Mit wuchtigen Mauern sicherten im 18. Jahrhundert die Osmanen die stolze Metropole. Die Altstadt von Akko, ein Musterbeispiel islamischer Stadtplanung, beherbergt das Hospitaliterviertel mit der großen Zitadelle aus der Kreuzfahrerzeit, zahlreiche Moscheen wie die von Palmen und Arkaden gesäumte, im 18. Jahrhundert auf den Fundamenten einer Kreuzfahrerkathedrale im Stil des türkischen Rokoko errichtete Ahmed-al-Jazzar-Moschee, die Karawanserei Khan al-Umdan und Bauten aus osmanischer Zeit, die zum Teil direkt auf der darunterliegenden Kreuzfahrerstadt errichtet wurden.

Der Uhrturm der Karawanserei Khan al-Umdan und die Sinan-Pascha-Moschee dominieren den alten Hafen von Akko, das durch gewaltige Mauern zur See- und Landseite hin geschützt war.

HEILIGE STÄTTEN DER BAHAI IN HAIFA UND WEST-GALILÄA

Insgesamt wurden 26 Gebäude, Monumente und andere Stätten an elf Orten zum Welterbe erklärt. Der größte Teil liegt in einem weitläufigen Garten in Haifa.

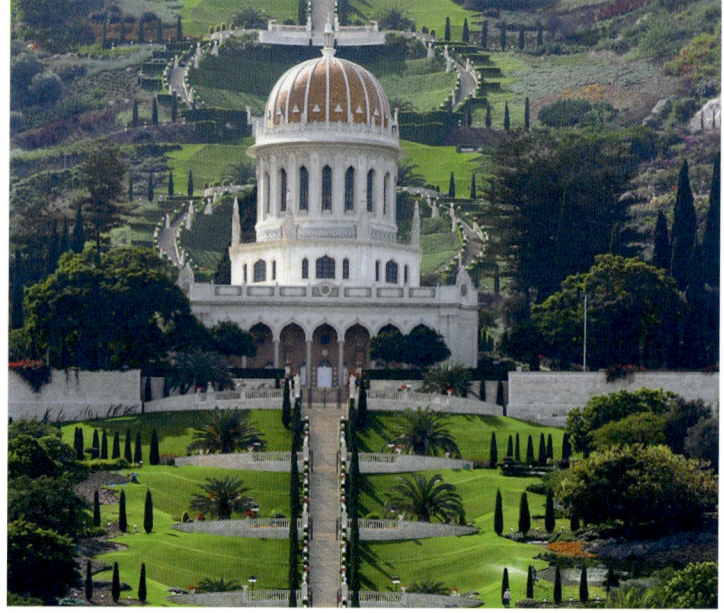

Die Ursprünge des Bahai-Glaubens liegen im Iran, wo im Jahr 1844 ein Mann mit dem selbst ernannten Titel »Bab« (arabisch: »das Tor«) erklärte, ein Gesandter Gottes zu sein, und das baldige Kommen eines Religionsstifters ankündigte. Als dieser Religionsstifter gilt Baha'u'llah (arabisch: »Herrlichkeit Gottes«). Beide Männer gerieten mit den religiösen und weltlichen Machthabern im Iran in Konflikt: Während Bab hingerichtet wurde, verbannte man Baha'u'llah nach Akko. Nach seinem Tod im Jahr 1892 begannen die Bahai mit dem Ausbau ihres Weltzentrums auf dem Berg Karmel in Haifa und der näheren Umgebung. Zentrales Gebäude ist das prachtvolle Mausoleum des Bab, das man über eine lange Freitreppe mit 19 Terrassen erreicht. Außerdem befinden sich dort die im neoklassizistischen Stil gehaltenen Verwaltungsgebäude, ein Archiv sowie andere Bauwerke, die spirituellen oder Schulungszwecken dienen. In Akko ist die wichtigste Bahai-Stätte der Schrein von Baha'u'llah.

Das Mausoleum des Bab bildet mit seiner imposanten Kuppel den architektonischen Fixpunkt der Hängenden Gärten am Berg Karmel in Haifa.

DIE »WEISSE STADT« VON TEL AVIV

Mit rund 4000 im Stil des Bauhauses – oder der »Klassischen Moderne« – errichteten Gebäuden findet man in Tel Aviv mehr Beispiele dieser Baurichtung als irgendwo sonst auf der Welt.

Tel Aviv wurde im Jahr 1909 gegründet und entwickelte sich unter britischem Mandat zur Großstadt für Tausende von jüdischen Emigranten, die eine neue, sichere Heimat suchten. Ausdruck dieses Neuanfangs ist auch die »Weiße Stadt«, die architektonisch ganz den Idealen des modernen Bauens folgt. Den Masterplan dafür erstellte der Brite Sir Patrick Geddes. Unter seiner Leitung entstanden bis 1948 viele Gebäudekomplexe im Stil der Klassischen Moderne. Die Entwürfe lieferten vom Bauhaus beeinflusste europäische Architekten, die nach Israel ausgewandert waren, wie Arie Sharon, Zeev Rechter, Richard Kauffmann, Dov Karmi und Genia Averbuch. So entstand ein »Bauhaus im großen Stil«, auch wenn sich nicht alle Architekten am Bauhaus von Dessau und Weimar orientierten. Das Engel-Haus von Zeev Rechter (1933) etwa stand ursprünglich auf den für die Bauten Le Corbusiers charakteristischen Stelzen, den »Pilotis«.

Hinter den vom Bauhaus inspirierten, vorwiegend weißen Fassaden wie zum Beispiel hier am Rothschild-Boulevard verbargen sich oft einfache Wohnungen.

BIBLISCHE SIEDLUNGEN MEGIDDO, HAZOR UND BEERSCHEBA

Bis in vorbiblische Zeit reicht die Geschichte dieser drei Siedlungen zurück. Die ausgeklügelten Bewässerungssysteme, die die Städte versorgten, lassen sich noch heute bestaunen.

Auf dem Siedlungshügel Megiddo nahe dem Karmelgebirge befand sich eine bedeutende Festungsanlage, die vom 4. bis 2. Jahrtausend v. Chr. die Handels- und Heerstraße zwischen Ägypten und dem Zweistromland kontrollierte. Berühmt sind der Reitplatz und die imposanten Pferdeställe.

Hazor, die größte der drei Ausgrabungsstätten, umfasst mit der Oberstadt und einer ummauerten Unterstadt ein Areal von etwa 200 Hektar. Im 2. Jahrtausend v. Chr. bewohnten rund 20 000 Menschen die Stadt nahe dem See Genezareth.

Die Ausgrabungsstätte bei Beerscheba in der Negevwüste weist noch Mauern einer planmäßig angelegten Siedlung aus der Eisenzeit auf. Ab 1100 v. Chr. existierte hier eine befestigte Stadt, wo Makkabäer, Römer und Byzantiner Truppen stationiert hatten.

Zu den Ruinen von Megiddo gehören auch die Reste der legendären Pferdeställe des Königs Salomo (links).

ARCHÄOLOGISCHE STÄTTE MASADA

Im Jahr 1838 wurde in der Wüste Negev die Festung wiederentdeckt, die Herodes I. einst auf einem Felsplateau hatte errichten lassen. Hier begingen im Jahr 73 n. Chr. rund 1000 Juden einen beispiellosen kollektiven Selbstmord, um sich den römischen Belagerern nicht ergeben zu müssen. Der Ort gilt als Symbol für den jüdischen Kampf gegen Unterdrückung.

Um Christi Geburt war Judäa ein von Rom abhängiges Königreich, das von Herodes I. regiert wurde. Dieser ließ auf einem 441 Meter hoch über dem Toten Meer gelegenen Felsplateau eine scheinbar uneinnehmbare Festung errichten. Hier verbarrikadierten sich während des ersten jüdischen Aufstands gegen Rom rund 1000 Widerstandskämpfer, die im Jahr 73 in den Freitod gingen. Der Palast des Herodes mit verschiedenen Wohnhäusern innerhalb der Festungsmauer gilt als ein hervorragendes Beispiel für römische Luxuswohnstätten. Weitaus interessanter ist aber die Belagerungs- und Kriegsmaschinerie der Römer, die rund um die Festung erhalten geblieben ist. Dazu gehört eine gewaltige Rampe, die römische Soldaten zum Sturm auf die Festung aufgeschüttet haben.

Eine Kasemattenmauer umschließt das Festungsareal. Innerhalb der Befestigung mit ihren einst 40 Türmen befanden sich Paläste, Unterkünfte und Lagerhäuser.

WEIHRAUCHSTRASSE UND WÜSTENSTÄDTE IM NEGEV

Negev bedeutet »trockenes Land«. Entsprechend unfruchtbar ist auch die gleichnamige Wüste. Dennoch entstanden hier durch Fernhandel und Bewässerungsanlagen wohlhabende Städte.

Für den Warentransport durch dünn besiedelte Gebiete und Wüstenregionen ergaben sich im 3. Jahrhundert v. Chr. völlig neue Möglichkeiten, da man das Dromedar als Lasttier domestiziert hatte. Rasch entwickelte sich ein reger Handel zwischen der Arabischen Halbinsel und dem Mittelmeerraum. Die nabatäische Hauptstadt Petra im heutigen Jordanien war einer der wichtigsten Umschlagplätze für Güter. Auf ihrem etwa 2000 Kilometer langen Weg dorthin durchquerten die Karawanen die Wüste Negev, um die von den Römern besetzten Gebiete von Judäa zu umgehen. Ihre Fracht war sehr kostbar: Weihrauch. Das Welterbe umfasst Städte, Festungen und Karawansereien an der Weihrauchstraße. Dazu zählen die nabatäischen Städte Haluza, Mamshit-Kurnub, Avdat-Oboda und Shivta-Sobata, die Festungen Nekarot, Kasra und Moa, die Kraterquelle Ein Saharonim, die Karawanserei am Ramon-Tor, der Makhmal-Aufstieg auf die Burg, die Graffon-Festung und Meilensteine am Wegrand.

Die Ruinenstadt Avdat-Oboda zeugt von der Bedeutung des Weihrauchhandels.

Jerusalem

ALTSTADT UND STADTMAUERN VON JERUSALEM

In der Stadt Davids und Christi erlebte der Prophet Mohammed seine visionäre Himmelfahrt. Babylonier, Römer, Araber, Kreuzritter und Türken herrschten in dieser – im Schnittpunkt der Kulturen – gelegenen Stadt.

Es gibt wohl kaum einen Ort, der welthistorisch mehr Bedeutung hat als Jerusalem. Die Stadt bietet ein facettenreiches Schaubild der Geschichte, in dem uns die großen Monumente des Judentums, des Christentums und des Islam deutlich vor Augen stehen. Sie alle befinden sich in der von einer Wehrmauer umschlossenen Altstadt Jerusalems: die Zitadelle mit dem Davidsturm, das armenische Viertel mit der Jakobskirche, das jüdische Viertel mit den Synagogen Ha'ari und Ramban, der Ruine der Hurvasynagoge, dem »Verbrannten Haus« und der Klagemauer. Fast ein Sechstel der Altstadt

Die Klagemauer, 48 Meter lang und 18 Meter hoch, ist der westliche Teil der Plateaumauer des zweiten dort erbauten Tempels und das bedeutendste Heiligtum des jüdischen Volkes.

nimmt der Tempelberg ein, wo Abraham nach dem Alten Testament seinen Sohn Isaak opfern sollte und wo der Prophet Mohammed nach islamischem Glauben in den Himmel aufstieg. Die Via Dolorosa, der »Schmerzensweg«, auf dem nach dem Neuen Testament Christus sein Kreuz trug, beginnt im muslimischen Altstadtviertel in der Nähe des Löwen- oder Stephanstors und führt mit ihren letzten fünf Stationen in die Grabeskirche. Mitten auf dem Areal des Tempelbergs erhebt sich der mit Mosaiken verzierte Felsendom, der 691 unter Kalif Abd al-Malik in Anlehnung an die erste Grabeskirche erbaut wurde. Hier soll die Himmelfahrt des Propheten Mohammed stattgefunden haben.

Byzantinische und arabische Architekten waren Ende des 7. Jahrhunderts am Bau des Felsendoms, des ältesten islamischen Sakralbaus überhaupt, auf dem Tempelberg beteiligt.

Schon in frühislamischer Zeit siedelten sich Juden hauptsächlich im Stadtteil unterhalb der Klagemauer an, wo sich dann Mitte des 13. Jahrhunderts eine jüdische Gemeinde bildete.

Die Helena-Kapelle gehört zur armenischen Gemeinde, die im armenischen Viertel residiert.

Die Fassade des Felsendoms, ein oktogonaler Kuppelbau, ist mit kostbarem Marmor und farbigen Kacheln verkleidet.

Nach jüdischem Glauben wird der Messias einst im Kidrontal unterhalb des Ölbergs das Jüngste Gericht abhalten. Daher wurde auf diesem Hügel nordöstlich der Altstadt ein jüdischer Friedhof mit Gedenkstätte angelegt. Auch das Grab der Dichterin Else Lasker-Schüler ist hier zu finden.

Jordanien

WÜSTENSCHLOSS QUSEIR AMRA

Äußerlich ist das Wüstenschloss der Omaijaden-Kalifen eher unscheinbar. In seinem Inneren jedoch birgt es Glanzstücke früher islamischer Kunst: prächtige Mosaiken und Fresken mit figürlichen Darstellungen.

Zwischen den Jahren 705 und 715 ließ hier, rund 100 Kilometer nordöstlich der heutigen jordanischen Hauptstadt Amman, der Omaijaden-Herrscher Walid I. eine Karawanserei zur Wüstenresidenz mit einer dreischiffigen Audienzhalle, einem Bad und einem Brunnenhaus ausbauen. Bemerkenswert an diesem Bauwerk ist die verschwenderische Innendekoration der Audienzhalle und der Badeanlage, die zu den ältesten der islamischen Welt zählt und im römischen Stil gehalten ist. Fresken in blauen, braunen und ockergelben Farbtönen schmücken die Wände. Die Malereien stellen erotische und Alltagsszenen, Jagdmotive sowie die »sechs Herrscher« dar, Fürsten verschiedener Kulturen, als deren Nachfolger sich der Omaijaden-Kalif legitimieren wollte.

Die Wandmalereien von Quseir Amra sind ein Beleg dafür, dass zur Zeit der Omaijaden im Islam noch figürliche Abbilder zugelassen wurden. Von hoher Qualität sind auch die in byzantinischer Tradition gestalteten Fußbodenmosaiken.

Im Jahr 1898 entdeckte der österreichische Arabienforscher Alois Musil das Wüstenschloss Quseir Amra (unten). Faszinierende Freskenfunde zeigen u. a. Dionysos mit einem Cupido (rechts).

ARCHÄOLOGISCHE STÄTTE UM ER-RASAS (KASTROM MEFA´A)

Der größte Teil der Ruinenstätte östlich des Toten Meeres ist noch nicht freigelegt. Was bislang zutage kam, stammt aus der römischen, byzantinischen und der frühen islamischen Epoche.

Das einstige römische Militärlager entwickelte sich im 5. Jahrhundert zur Stadt. Aus dieser Zeit stammt auch die große Zahl von Kirchenbauten. Bemerkenswert sind die Mosaiken einer Basilika, die dem Märtyrer Stephanus geweiht ist. Sie gehen laut Inschrift auf das Jahr 756 zurück – eine Zeit, in der die Omaijaden bereits den Islam in der Region eingeführt hatten. Die Umrahmung der Mosaiken zeigt eine topografische Ansicht der Region, u.a. das nördlich gelegene Madaba und Amman. Vermutlich sollten die Darstellungen demonstrieren, dass dieser Teil Jordaniens ursprünglich christliches Kerngebiet war.

Zwei markante viereckige Türme sind seltene Zeugnisse der im 5. Jahrhundert vor allem in Syrien verbreiteten Tradition der Styliten, der Säulenheiligen. Diese Mönche verbrachten als Zeichen der besonderen Askese ihr Leben auf einem Turm oder einer Säule. In der Umgebung der Ruinenstadt von Um er-Rasas finden sich Relikte früherer landwirtschaftlicher Tätigkeit.

Ursprünglich war Um er-Rasas der Stützpunkt eines römischen Reiterregiments.

FELSNEKROPOLE UND RUINEN VON PETRA

Das archäologisch bedeutendste Relikt der Nabatäer liegt auf halbem Weg zwischen dem Golf von Akaba und dem Toten Meer versteckt in den Bergen des Djebel Harun: »Petra« (»Fels«) nannten griechische Geschichtsschreiber diese Totenstadt.

Für ihre Hauptstadt wählten die Nabatäer im Jahr 169 v. Chr. einen von der Natur perfekt geschützten Ort aus: den felsigen Talkessel des Wadi Musa, der sich beinahe unzugänglich hinter der nur wenige Meter breiten, jedoch 200 Meter tiefen Schlucht des Siq befindet. Die imposantesten Bauwerke von Petra sind gigantische, in den Fels geschlagene Felsgräber, deren kunstvolle Fassaden mit ihren mächtigen Säulen, Gesimsen und Giebeln ein eindrucksvolles Wechselspiel von traditioneller arabischer Bauweise und hellenistischer Architektur offenbaren. Die reich geschmückten

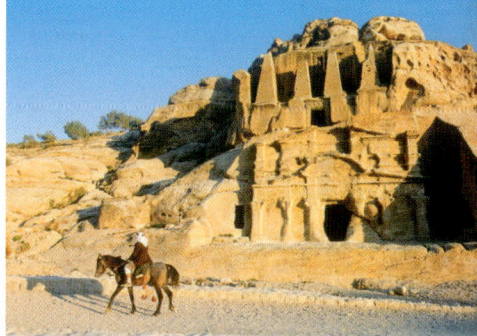

Unter dem – nach den vier seine Front zierenden pyramidenförmigen Obelisken benannten – Obeliskengrab sieht man hier ein Triklinium, einen offenen Festsaal, in dem nach der Bestattung der Toten der Leichenschmaus abgehalten wurde.

Grabmäler mit klingenden Namen wie »Schatzhaus des Pharao« legen nahe, dass die Nabatäer an ein Leben nach dem Tod glaubten.

Petra wurde im Jahr 106 von den Römern besetzt, im 3. Jahrhundert römisches Municipium und im 4. Jahrhundert als Hauptstadt der Provinz Palaestina Tertia Bischofssitz. Im ehemaligen Stadtzentrum schreitet man heute deshalb über eine römische Pflasterstraße und durch einen Triumphbogen. Nach der Verlegung der Handelswege durch die Sassaniden geriet Petra in Vergessenheit und wurde erst im Jahr 1812 durch Johann Ludwig Burckhardt wiederentdeckt.

Das imposanteste Monument Petras ist das im hellenistischen Stil errichtete »Schatzhaus des Pharao« (»Khazne al-Firaun«), das – anders als der Name vermuten lässt – auch als Felsengrab diente.

Jemen

ALTSTADT VON SANAA

Steil aufragende Turmhäuser aus Lehm mit kunstvoll gestalteten Fassaden-ornamenten prägen die Altstadt von Sanaa, Hauptstadt des Jemen und einst einer der schönsten Orte an der Weihrauchstraße.

Die Stadt geht auf eine Burg aus sabäischer Zeit zurück und erlebte ihre Blütezeit ab 520 unter dem Königshaus der Himyariten. Im Jahr 628 wurde der Jemen islamisch – und der Prophet Mohammed persönlich soll die Anweisung zum Bau der ersten Moschee in Sanaa gegeben haben. Beeindruckend ist die Große Moschee aus dem 7. Jahrhundert allemal, doch gilt die Altstadt unbestritten als das interessanteste historische Zeugnis. Hier befinden sich bis zu 1000 Jahre alte Hochhäuser, die zum Teil bis zu acht Stockwerke hoch sind. Die unteren Etagen wurden nach traditioneller Bauweise aus Naturstein, die oberen aus ungebrannten Lehmziegeln aufgebaut. Charakteristisch für die Turmhäuser ist ihre Fassadengestaltung. Viele Schmuckelemente, die durch eine weiße Bemalung optisch hervorgehoben werden, zieren die Fassaden, Stuckfriese gliedern sie in Höhe der Stockwerke horizontal. Der am weitesten verbreitete Hausschmuck in der Altstadt von Sanaa sind meist halbrunde Oberlichtöffnungen, die mit floralen oder geometrisch ornamentierten Stuckrahmen und farbigem Glas gefüllt wurden.

Über eine einzigartige Architektur verfügt die Altstadt der jemenitischen Metropole Sanaa.

ALTSTADT UND STADTMAUER VON SCHIBAM

Charakteristisch für das fast unversehrte historische Zentrum der Wüstenstadt Schibam in der Region Hadramaut sind die imposanten, aus luftgetrockneten Ziegeln und Stampflehm erbauten Turmhäuser.

Über das Alter der Stadt auf dem inselartig erhöhten Felsplateau ist die Wissenschaft uneins. Gegründet wurde sie wohl bereits im 3. Jahrhundert von den Bewohnern der einstmals rund 150 Kilometer östlich von Schibam gelegenen Stadt Schabwa, der antiken Hauptstadt von Hadramaut, die von Fremden geplündert und zerstört worden war. Fast bis zu 30 Meter hoch ragen die 500 zum Teil mehrere Hundert Jahre alten Bürgerhäuser in der Altstadt auf. Diese ist von einer hohen Mauer umgeben, das ein 400 mal 500 Meter großes Rechteck bildet. Am oberen Fassadenteil der eng aneinandergebauten Lehmziegelbauten sieht man den traditionellen weißen Anstrich, der regelmäßig aufgefrischt werden muss. Bindemittel wie Alabasterpulver werden der Kalkfarbe beigemischt, um den Zerfall aufzuhalten. Dennoch muss in der Regel alle zehn Jahre der Lehmziegelaufbau der oberen Etagen erneuert werden.

Als »Chicago der Wüste« wird Schibam im Wadi Hadramaut gern bezeichnet. Die traditionellen Turmhäuser sind bis zu neun Stockwerke hoch.

ALTSTADT VON ZABID

In der Tihama, einem der heißesten Wüstengebiete der Erde, liegt Zabid, im Mittelalter die Hauptstadt des Jemen. Die Medina von Zabid war jahrhundertelang ein geistiger Mittelpunkt der arabischen und muslimischen Welt.

Im Tiefland an der Küste des Roten Meers hat sich ein ganz eigener Stil der Wüstenarchitektur entwickelt. Ihm begegnet man auf Schritt und Tritt in der einst von einer mächtigen Stadtmauer und einer Zitadelle geschützten Altstadt von Zabid. Die Wohnhäuser bestehen aus einem Murabba genannten rechteckigen Raum, der sich zu einem Innenhof hin öffnet. Der sogenannte Tihama-Stil zeigt sich hier in einem reich ornamentierten, farbig bemalten Stuckdekor, der wie ein kostbarer Wandbehang die Fassaden und Türstürze schmückt.

Das geistige Zentrum von Zabid ist die Medina mit zahlreichen Koranschulen, die sich um die Iskandariyah-Moschee gruppieren. Weitere bedeutende Sakralbauten der Stadt sind die Asair- und die Große Moschee. Die Architektur der Gebäude mit ihrer schlichten und klaren Linienführung nimmt zum Teil Bezug auf die schafiitische Lehre, die in der Tihama bedeutendste islamische Rechtsschule.

Mit ihren annähernd 100 Moscheen, der Zitadelle Bab al-Nasr (oben) und den mit reichem Dekor geschmückten Häusern bot Zabid im Jahr 1974 das passende Ambiente für die Dreharbeiten zu Pier Paolo Pasolinis Filmklassiker »Tausendundeine Nacht«.

SOKOTRA-ARCHIPEL

Der 250 Kilometer lange Sokotra-Archipel mit seinen vier Hauptinseln Sokotra, Abd al-Kuri, Samha und Darsa liegt isoliert vor dem Horn von Afrika. Die Inseln zeichnen sich vor allem durch ihre große biologische Vielfalt aus.

Wegen des reichen Vorkommens an Weihrauch, Myrrhe, Aloe und seiner strategisch günstigen Lage am Ausgang des Golfs von Aden war der Archipel schon zur Zeit der ägyptischen Pharaonen ein Ziel von Seefahrern. Trotzdem blieben die Inseln bis ins späte 19. Jahrhundert in Europa weitgehend unbekannt. Die wissenschaftliche Erforschung von Sokotra setzte erst nach der politischen Öffnung des Jemen in den 1990er-Jahren ein. Die Hauptinsel Sokotra ist 3626 Quadratkilometer groß und erhebt sich bis auf 1503 Meter Meereshöhe. Geologisch bildet Sokotra die Fortsetzung des Horns von Afrika, mit dem es jedoch seit 15 Millionen Jahren keine Landverbindung mehr hat. Diese abgesonderte Lage begünstigte die Entwicklung einer ganz eigenen Flora und Fauna, wobei Landsäugetiere fehlen. 90 Prozent der Inselreptilien kommen nur hier vor. Auch die Meereswelt rund um den Sokotra-Archipel ist ausgesprochen vielfältig.

Aus dem auf Sokotra endemischen Drachenbaum »Dracaena cinnabari« wird ein Naturharz – früher als »Drachenblut« bekannt – gewonnen, das man zur Herstellung von Weihrauch und Naturheilmitteln, zur Einbalsamierung und für Firnisse verwenden kann.

ITCHAN-KALA

In ein Märchen aus 1001 Nacht fühlt man sich in der gut erhaltenen Altstadt Itchan-Kala von Chiwa in Usbekistan mit ihren Gassen, Mausoleen, Moscheen, Minaretten und Medresen zurückversetzt.

Die Itchan-Kala genannte Altstadt Chiwas in der Provinz Choresm ganz im Westen Usbekistans unweit der Grenze zum heutigen Turkmenistan war einst die letzte Karawanenstation vor der Durchquerung der Wüste in den Iran. Sie ist ein Musterbeispiel der islamischen Architektur Zentralasiens. Ihre Grundfarbe ist ein sandhelles Ocker, dazwischen leuchtet der farbenfrohe Keramikdekor der Kuppeln und Minarette hervor. Besonders üppig zeigt sich der Schmuck am unvollendeten – der 28 Meter hohe abgeschnitten wirkende Turm sollte ursprünglich 70 Meter hoch werden – Kalta-Minor-Minarett vor der Medrese Amin Khan sowie am Minarett der Medrese Islam Hodscha. Der 400 Meter breite und 720 Meter lange Altstadtbezirk, der eine Art riesiges Freilichtmuseum ist, wird von einer mit Bastionen und mächtigen Toren bestückten Wehrmauer aus Lehm umgeben. An die Mauer schließt sich die im 17. Jahrhundert gegründete Festung und frühere Herrscherresidenz Kunja Ark an. Zu Beginn des 19. Jahrhunderts ließ sich Alla-Kuli Khan am anderen Ende der Stadt einen neuen Palast bauen, den Tasch Hauli.

Unvollendet blieb das mit schönen Fliesen geschmückte Minarett Kalta Minor vor der Medrese Amin Khan.

HISTORISCHES ZENTRUM VON SCHAHRISABS

Der turkomongolische Herrscher Timur Leng (Tamerlan) machte Schahrisabs, eine der ältesten Städte Zentralasiens, neben Samarkand zu seiner Residenz.

Ihren persischen Namen Schahrisabs (»grüne Stadt«) verdankt die rund 80 Kilometer südlich von Samarkand am Fuß des Sarafschangebirges gelegene Stadt ihren Gärten. Hier blickt man auf eine lange, bis zu den Zeiten Alexanders des Großen zurückreichende Geschichte zurück. Den Höhepunkt ihrer Entwicklung erreichte Schahrisabs im 14. und 15. Jahrhundert als Residenzstadt des hier geborenen Timur. Ihr Glanz verlosch mit dem Niedergang des Timuridenreichs im späten 15. Jahrhundert.

Bis in die Herrschaftszeit von Timurs gelehrtem Enkel, dem Astronomen Ulugh Beg, entstanden innerhalb der Stadt weitläufige Baukomplexe. Eine vier Kilometer lange Mauer sicherte die Residenz. Zwei Axialstraßen bestimmen den gleichmäßigen Stadtgrundriss. Von Timurs ausgedehntem Ak-Sarai, dem »Weißen Palast«, stehen nur noch Reste. Relativ gut erhalten blieb das östlich gelegene Mausoleum von Timurs Sohn Jahangir. Die Kok-Gumbaz-Moschee wurde unter Ulugh Beg gebaut, auf den auch das Gumbad-i-Sayyidan-Mausoleum zurückgeht.

Die Kok-Gumbaz-Moschee mit ihrem nun restaurierten Portal entstand 1436.

HISTORISCHES ZENTRUM VON BUCHARA

Das in einer großen Oase der Kisilkum-Wüste gelegene Buchara war einst ein bedeutender Knotenpunkt der Seidenstraße.

In den ersten nachchristlichen Jahrhunderten wurde Buchara reich und bedeutend, weil die Seidenstraße die Stadt mit China, Indien und Rom verband. Die Stadt erlebte zwei Blütezeiten: vom 9. bis zum 10. Jahrhundert unter den Samanidenherrschern sowie im 16. Jahrhundert, als neben vielen Medresen und Moscheen auch die charakteristischen Marktkuppelbauten entstanden. Am Rand des Zentrums des historischen Stadtkerns Shakristan ragt der Ark, die Zitadelle, auf. Diesem Symbol weltlicher Macht ist im Westen der religiöse Gegenpol vorgelagert: die Moschee Bala-Haus. Das Mausoleum des Ismael Samani aus dem 10. Jahrhundert – ein aus gebranntem Lehm errichteter kubischer Bau mit eingeprägtem Dekormuster – überlebte als eines der wenigen Bauwerke Zentralasiens den Mongolensturm. Wahrzeichen Bucharas ist das 46 Meter hohe Kalan-Minarett aus dem 12. Jahrhundert, von dem einst die zum Tod Verurteilten herabgestürzt wurden.

Zur Jahreswende 1535/36 wurde die Mir-i-Arab-Medrese vollendet. Den Bau der Lehranstalt soll der Scheich mit dem Verkauf von schiitischen Gläubigen in die Sklaverei finanziert haben.

Usbekistan

Timur (Tamerlan)

Timur (1336–1405) eilte der Ruf der Grausamkeit voraus, und wenn er wieder eine Stadt eingenommen hatte, tat er alles, um diesem Ruf gerecht zu werden. So soll er nach der Eroberung Bagdads 90 000 abgeschlagene Köpfe zu einer gewaltigen Pyramide auftürmen haben lassen. Timur, in Europa »Tamerlan« genannt, unterwarf mit

SAMARKAND – SCHNITTPUNKT DER KULTUREN

Die Oasenstadt Samarkand an der Seidenstraße glänzt durch Meisterwerke islamischer Kunst und Kultur.

Die erste schriftliche Erwähnung Samarkands geht auf das Jahr 329 v. Chr. zurück, als Alexander der Große das damalige Marakanda einnahm. Schon damals blühten in der Oasenstadt im Flusstal des Sarafschan Handel, Handwerk und Kultur. Als ab dem 1. Jahrhundert v. Chr. die Seidenstraße China mit dem Mittelmeer verband, war Samarkand ein Schnittpunkt der Kulturen. Die reiche Handelsstadt wurde von Chinesen, Arabern, Samaniden und Seldschuken erobert und schließlich im Jahr 1220 durch die Truppen des Dschingis Khan zerstört.

Im 17. Jahrhundert entstand die Tilla-Kari-Medrese, die »Goldgeschmückte«. Sie diente als Koranhochschule und Hauptmoschee von Samarkand. Ab 1970 wurde der Gebetsraum restauriert, heute erstrahlen die Iwane und Bögen sowie die Kuppel wieder in prächtigen Goldfarben.

1369 erhob der Mongolenherrscher Timur Samarkand zur Hauptstadt seines Reichs. Er beauftragte die besten Künstler, Baumeister und Wissenschaftler seiner Zeit, eine prachtvolle Stadt zu errichten. Sein Enkel Ulugh Beg, ein ganz vortrefflicher Astronom und ab 1447 Herrscher der Timuridendynastie, führte das Werk Timurs fort. Einer der prächtigsten Plätze Zentralasiens ist der von drei Medresen gesäumte Registan.

Die prachtvollen Medresen Ulugh Beg, Tilla-Kari und Sher-Dor (im Bild von links nach rechts) umgeben den Registanplatz in Samarkand.

seinen Reiterkriegern weite Gebiete Asiens, von der Mongolei bis zum Mittelmeerraum. Er stammte von turkisierten Mongolen ab und sah sich in der Nachfolge Dschingis Khans. Allerdings ließ er dessen politische Klugheit vermissen. Seinen Glauben, den Islam, setzte er mit roher Gewalt durch. In Syrien wurden die Christen »bekehrt«

oder getötet. In Indien bekämpfte er die muslimischen Herrscher, die in seinen Augen zu nachsichtig gegenüber Andersgläubigen waren.

Geboren wurde Timur, dessen Beiname »der Lahme« auf eine Körperbehinderung hindeutet, in Schahrisabs im heutigen Usbekistan. Hier lag auch seine Hauptstadt: Samarkand, das uralte

Handelszentrum an der Seidenstraße. Timur und seine Nachfolger holten die besten Architekten und Künstler, einzigartige Bauwerke wie die Bibi-Khanum-Moschee entstanden oder das Gur-e-Amir-Mausoleum, das Timurs Sarkophag birgt und in dem auch seine Söhne und Enkel, sein Lehrer und mehrere Minister bestattet wurden.

Timur herrschte zeitweise über ein gewaltiges Reich, das sich vom Ganges bis zum Mittelmeer erstreckte. Das Bild neben seinem Porträt zeigt das palastartig wirkende Gur-e-Amir-Mausoleum mit seiner melonenförmigen 34 Meter hohen gerippten Kuppel. In der Krypta des Gebäudes liegt Timur begraben.

Turkmenistan

KUNJA-URGENTSCH

In der Ruinenstadt im Norden Turkmenistans nahe der Grenze zu Usbekistan hinterließen Araber, Seldschuken, Mongolen und Timuriden ihre Spuren.

Bereits im 1. Jahrhundert war Kunja-Urgentsch ein bedeutendes Handelszentrum. 712 wurde es von den Arabern eingenommen, 995 wurde es die Hauptstadt des Choresmischen Reichs, das auf der Grundlage einer ausgefeilten Bewässerungstechnik zu Reichtum gekommen war. 1043 eroberten die Seldschuken, eine muslimische Fürstendynastie, das Land. Nach der Befreiung 1194 erreichte Choresm seine größte Ausdehnung vom Kaspischen Meer bis zum Persischen Golf. Im Jahr 1220 verwüsteten die Mongolen unter Dschingis Khan die Stadt, doch es vergingen nur wenige Jahre, ehe Kunja-Urgentsch wieder zur Metropole aufsteigen konnte.

Zu den schönsten erhalten gebliebenen Gebäuden aus dieser Zeit gehört die Grabmoschee der Sufi-Dynastie, bekannt auch als Turabek-Khanum-Mausoleum. Ein Statthalter des usbekischen Khans ließ es für seine Lieblingsfrau erbauen. Ende des 14. Jahrhunderts eroberte Timur in fünf Feldzügen das Choresmische Reich. Kunja-Urgentsch wurde dabei erneut zerstört und schließlich im 17. Jahrhundert endgültig aufgegeben.

Die größte Grabstätte von Kunja-Urgentsch ist das oktogonale Turabek-Khanum-Mausoleum. Seine 20 Meter hohe Innenkuppel schmückt ein ungewöhnlich fein gearbeitetes Dekor geometrischer Muster.

RUINEN VON MERW

Die Oasenstadt Merw in der Wüste Karakum, das bedeutendste Kulturgut Turkmenistans, diente mehreren Reichen als Hauptstadt. Die Ruinen der Stadt geben Auskunft über rund 4000 Jahre Geschichte.

Merw, bereits in altpersischen Texten als »Mouru« oder »Margu« erwähnt, war die Residenzstadt des Statthalters des altpersischen Achämenidenreichs, das im 4. Jahrhundert v. Chr. im Herrschaftsgebiet Alexanders des Großen aufging. Unter arabischer Herrschaft wurde die Handelsstadt an der Seidenstraße im 7. Jahrhundert als Hauptstadt des Reichs Khorasan neu errichtet und entwickelte sich schließlich zum Ausgangspunkt der islamischen Expansion nach Zentralasien und später nach China. Unter der Kalifendynastie der Abbasiden (750–1258) wurde Merw ein bedeutendes Zentrum der Gelehrsamkeit und zog Philo-

sophen aus der gesamten islamischen Welt an.

Ihren Zenit erreichte die Stadt dann unter dem Seldschukensultan Sanjar und seinen Nachfolgern im 12. Jahrhundert, die Merw zu einer prachtvollen Residenz ausbauten und mit Befestigungen umgaben. Die Blütezeit währte nur kurz, im Jahr 1221 eroberten und zerstörten die Mongolen die Stadt. Einer der bemerkenswertesten Bauten, der die Jahrhunderte überdauert hat, ist das Mausoleum des Sanjar aus dem 12. Jahrhundert.

Nur noch einige Mauern ragen von der einstigen Jungfrauenfestung Kis Kale auf.

PARTHER-FESTUNGEN VON NISA

Die parthischen Könige regierten vom 3. Jahrhundert v. Chr. bis ins 3. Jahrhundert n. Chr. über ein Großreich vom Euphrat bis zum Indus. Von ihrer Zeit künden die Ausgrabungen in Nisa nahe Aschgabat.

Arsakes I. (vor 250 v. Chr.–217 v. Chr.), ein Herrscher des Volkes der Parner, rebellierte um 250 v. Chr. gegen den seleukidischen Satrapen und eroberte nach und nach das Perserreich. Seine Herrscherdynastie, die Arsakiden, nannte sich bald Parther. Sie übernahmen persische Traditionen und gingen im iranischen Volk auf.

Bei den Festungen von Nisa unterscheidet man zwischen dem alten Nisa mit der königlichen Festung und dem neuen Nisa, wo der größte Teil der Bevölkerung lebte. Das alte Nisa ist ein 14 Hektar großer Ruinenhügel.

Ihn umgibt ein Festungswall mit über 40 Türmen. Im zentralen Komplex stieß man auf fünf bedeutende Gebäude. Auch das neue Nisa hatte einen durchgehenden bis zu neun Meter hohen Wall. Es lassen sich mehrere Phasen der Besiedlung unterscheiden. Nach dem Fall des Partherreichs 224 ging das Leben weiter, bis die Mongolen die Stadt zerstörten.

Als Ruinenhügel mit Mauer- und Gebäuderesten präsentiert sich Nisa, die einstige Hauptstadt der Parther, die erst in den 1930er-Jahren entdeckt wurde.

HEILIGER BERG SULAMAIN-TOO

Der Sulaiman-Too, ein mehrgipfliges Felsmassiv im zentralasiatischen Hochland bei der kirgisischen Stadt Osch am Schnittpunkt wichtiger Handelsrouten der Seidenstraße, gilt islamischen wie präislamischen Gläubigen als heiliger Berg. Zu dieser ersten Welterbestätte Kirgisistans gehören stein- und bronzezeitliche Funde ebenso wie Felsmalereien, Kultstätten, historische Verbindungswege, Moscheen.

Schon seit mehr als 1500 Jahren pilgern Gläubige zu dem Felsmassiv an der Seidenstraße. Ein Besuch des 1100 Meter hohen »Throns des Salomo« (»Sulaiman-Too«) soll nämlich gegen Unfruchtbarkeit und Schmerzen helfen und darüber hinaus auch noch ein langes Leben bescheren.

Mehr als 100 prähistorische Felszeichnungen, die Menschen, Tiere und geometrische Figuren darstellen, haben die Archäologen hier bereits gefunden. Sie zeugen von der Jahrtausende währenden Verehrung des Berges, der bis ins 16. Jahrhundert »Bara-Kuch« (»Schöner Berg«) genannt wurde. Verschlungene Fußwege verbinden die einzelnen Kultstätten, von denen 17 heute noch benutzt werden. Vermutlich ebenfalls im 16. Jahrhundert wurde der Berg zum vorwiegend muslimischen Heiligtum. Damals entstanden gleich zwei Moscheen auf dem Sulaiman-Too. Salomo, der König der Israeliten, wird von den Moslems als Prophet verehrt.

Ein zur Welterbestätte gehörendes Museum stellt Kultgegenstände aus, die im Lauf der Zeit auf dem Gelände des als heilig verehrten Felsmassivs gefunden wurden.

MINARETT UND RUINEN VON JAM

Das Minarett von Jam in der westafghanischen Provinz Ghor ist ein besonders eindrucksvolles, stilprägendes Beispiel für die Architektur und Ornamentik des islamischen Mittelalters.

Im Engtal des Hari Rud, westlich von Chaghcharan in der einsamen Gebirgslandschaft des Hindukusch, erhebt sich das zweithöchste Minarett der Welt: Das 65 Meter hohe, im Jahr 1194 erbaute Minarett von Jam ist ein üppig dekorierter, mit Keramikkacheln verzierter Ziegelbau. Er steht symbolisch für die Epoche der Ghoriden, die im 12. und 13. Jahrhundert die Region beherrschten und deren Einflussbereich bis zum indischen Subkontinent reichte – so wurde das Minarett von Jam Vorbild für das bekannte Qutb Minar von Delhi. Nach dem Niedergang der Dynastie der Ghoriden war Jam lange vergessen, bis es 1957 eine archäologische Expedition wiederentdeckte. Historisch interessant sind die Relikte einer Burg, eines Palastes, eines jüdischen Friedhofs und eines Basars sowie einer Befestigungsmauer in der Umgebung des Minaretts.

Die Außenseiten des Minaretts sind mit geometrischen Mustern und Spruchbändern verziert, die den Text der 19. Sure des Korans wiedergeben, in der die islamische Version der Geburtsgeschichte Jesu dargestellt wird.

KULTURLANDSCHAFT UND ARCHÄOLOGISCHE STÄTTEN DES BAMIYANTALS

Das Bamiyantal rund 200 Kilometer nordwestlich der afghanischen Hauptstadt Kabul verdankt seine Bedeutung der Lage an wichtigen Handelswegen.

In Bamiyan, am Kreuzungspunkt von Handels- und Pilgerrouten zwischen China und dem Mittelmeer sowie zwischen Indien und Zentralasien, traf die hellenistische Kultur auf den Buddhismus, der im 6. und 5. Jahrhundert v. Chr. in Indien entstanden war. Als Kanischka, der König der Kuschan, der über Bamiyan im 1. Jahrhundert v. Chr. herrschte, zum Buddhismus konvertierte, legte er den Grundstein dafür, dass Bamiyan zum buddhistischen Zentrum und zum Ziel von Gelehrten und Pilgern wurde. Schon unter Kanischka begann man, etwa 900 Höhlen in die Felswände des Bamiyantals zu schlagen und sie mit religiösen Fresken und Stuck zu schmücken. Später wurden hier zwei riesige Buddhastatuen herausgemeißelt. Diese Statuen existieren heutzutage nicht mehr: Die Region wurde bald islamisch, und im März 2001 sprengten Taliban die Figuren.

In der Felswand, aus der die beiden großen Buddhastatuen herausgearbeitet worden waren, befanden sich auch Felsenhöhlen, in denen Mönche wohnten.

Pakistan

BUDDHISTISCHE RUINEN VON TAKHT-I-BAHI

Takht-i-Bahi war ein bedeutendes Kloster der Gandhara-Epoche, das seinen Höhepunkt in der Zeit vom 1. bis 4. Jahrhundert erlebte. Zum Welterbe gehören auch die Ruinen von Sahr-i-Bahlol, einer kleinen, in der Nähe gelegenen Festung.

Durch das Swattal im heutigen Nordpakistan führte eine der wichtigen Handelsrouten, über die sich die buddhistische Lehre nach Osten verbreitete. Das Kloster Takht-i-Bahi liegt etwa 15 Kilometer nordwestlich von Mardan auf einem rund 150 Meter hohen Berg. Zentrum des Klosters ist der Vihara, ein Atrium mit rechteckigem, manchmal rundem Grundriss. In dessen Mitte ragte der halbkugelförmige Hauptstupa steil empor. Die Mönche der Gemeinschaft lebten in kleinen Zellen, die sich in Gebäuden rund um die Stupas befanden.

Nach bisherigen Erkenntnissen gab es an dieser Stelle seit dem 1. Jahrhundert v. Chr. eine Siedlung. Ihre Blütezeit begann im 1. Jahrhundert n. Chr., als das heutige Nordpakistan und Nordindien unter den Vorzeichen des Buddhismus ein Goldenes Zeitalter erlebten. Die ältesten Gebäude gehen wohl auf das 7. Jahrhundert zurück. Wiederentdeckt wurde die Anlage 1836 vom französischen General Court, der in Diensten eines Maharadschas stand.

Von den Klosterruinen aus hat man einen schönen Blick auf das Swattal.

FESTUNG ROHTAS

Der Eroberer Sher Shah Suri ließ diese Festung nach seinem Sieg über den Mogulherrscher Humayun errichten und schuf damit eines der eindrucksvollsten Beispiele früher islamischer Militärarchitektur.

Sher Shah Suri (um 1486–1545) war ein geborener Paschtune. Nach seinem Tod dauerte die Herrschaft der von ihm begründeten, die Mogulzeit in Indien für kurze Zeit unterbrechende Dynastie der Suriden nur noch elf Jahre. Doch die von ihm eingeleitete Modernisierung prägte den Norden des Subkontinents noch viele Jahre danach. Die Festung Rohtas wurde 1541 bis 1547 als Militärbasis an einem strategisch günstigen Ort im Punjab im Norden des heutigen Pakistan errichtet. Die mächtigen Mauern sind mehr als vier Kilometer lang und werden von wuchtigen Türmen und Bastionen gekrönt. Unter den zwölf Monumental-

toren beeindruckt besonders das Sohail-Tor an der südwestlichen Seite des Forts durch seine Größe und Gestaltung. Die Außenwälle schützen die Palasträume ebenso wie militärische und zivile Zweckbauten.
Die Festung wurde nie angegriffen, sondern bald von den Mogulherrschern übernommen. So blieb bis heute eines der imposantesten militärischen Bauwerke in Südasien erhalten.

Mauern und Bastionen des Forts von Rohtas haben sich nahezu unverändert erhalten. Besonders beeindruckend an dieser Wehranlage sind das Sohail-Tor (rechts) und das Kabul-Tor.

RUINENSTADT TAXILA

Die bedeutendste archäologische Stätte Nordpakistans umfasst mehrere Anlagen aus der Zeit zwischen dem 5. Jahrhundert v. Chr. und dem 2. Jahrhundert n. Chr., von denen die wichtigsten Bhir Mound, Saraikala, Sirkap und Sirsukh sind.

Taxila, die ehemalige Hauptstadt des Gandhara-Reichs, lag an einer alten Heerstraße, die aus dem Westen über den Khyberpass bis nach Kalkutta führte. Ashoka, ein Sproß der Maurya-Dynastie, war Statthalter in Taxila und wurde im Jahr 268 v. Chr. Herrscher des größten Reiches im alten Indien. Er hatte vermutlich in Bhir Mound den buddhistischen Glauben angenommen und begann mit der großflächig angelegten Missionierung Indiens. Die Gründung von Sirkap geht auf die baktrischen Griechen zurück, die von Sirsukh auf den Kuschana-Herrscher Kadphises, einen bedeutenden För-

derer des Buddhismus. Aus der Berührung von griechischer mit nordindischer Kultur entsprang die spezifische Form der Gandhara-Kunst.

Auf einer Anhöhe bei Sirsukh wurde das buddhistische Kloster Jaulian erbaut. Der Hauptstupa ist zwar schwer beschädigt, doch die ihn umgebenden Votiv-Stupas (rechts) zeigen eindrucksvoll die von griechischen wie von indischen Einflüssen geprägte Formensprache der Gandhara-Kultur. Hier wechseln Lotosblüten mit antiken Säulen ab, und der Faltenwurf der Buddhafiguren erinnert an antike griechische Statuen.

FORT UND SHALIMAR-GÄRTEN IN LAHORE

Die unmittelbar an der Grenze zu Indien gelegene nordostpakistanische Millionenmetropole Lahore weist zwei Prunkstücke der Mogularchitektur auf.

Der Legende nach wurde Lahore von Loh, einem Sohn des mythischen Helden Rama, gegründet. Ins Licht der Geschichte rückte es erst um das Jahr 1000, als der Ghasnawiden-Sultan Mahmud hier seine Hauptstadt baute. Nach der Zerstörung durch Timur (1397) wurde im 16. Jahrhundert durch die Mogulkaiser der Grundstein für eine zweite Blütezeit Lahores gelegt. Unter Akbar dem Großen (reg. 1556–1605) entwickelte sich Lahore zu einer der schönsten Städte Asiens. Der Mogulkaiser ließ das bereits bestehende Fort zu einem überaus beeindruckenden Symbol imperialer Macht ausbauen.

Die Gärten von Shalimar – ein Musterbeispiel der Gartenbaukunst der Mogulzeit – gehen auf Shah Jahan (reg. 1628–1658) zurück, der sie 1641 errichten ließ. Die mit Zypressen und Pappeln bestandenen Gärten erstrecken sich in drei Terrassen über eine Fläche von 16 Hektar. Wegen der teilweisen Zerstörung des fast 400 Jahre alten Bewässerungssystems und der sie umgebenden Mauern durch Straßenbau wurden die Gärten im Jahr 2000 auf die Rote Liste der UNESCO gesetzt.

Im Jahr 1618 ließ der Mogulkaiser Jahangir das Alamgiri-Tor errichten.

RUINENSTADT MOHENJO-DARO

Mohenjo-Daro, südwestlich von Sukkur am Unterlauf des Indus gelegen, war einst das Zentrum der Indus-Kultur. Bist heute zeugt die Ruinenstadt von einer Zivilisation, die zu den ältesten Hochkulturen der Welt gehört.

Die Indus- oder Harappa-Kultur wurde erst sehr spät, nämlich im Jahr 1922, entdeckt. Sie stand in Kontakt mit den Hochkulturen in Ägypten am Nil und Mesopotamien an Euphrat und Tigris. Vom 3. bis zum 2. Jahrtausend v. Chr. existierte bereits ein reger Handel mit den westlich gelegenen Hochkulturen, den im Zweistromland gefundene Objekte wie Stempelsiegel belegen.
Wie die Ausgrabungen von Mohenjo-Daro zeigen, war die Indus-Kultur wohl eine »bürgerlich« bestimmte und keine aristokratische oder imperiale Gesellschaftsordnung. Hier dominierten nicht die einem Herrscher gewidmeten Monumentalbauten oder die Paläste von

höheren Ständen, sondern aus Ziegelstein errichtete Wohnhäuser. Wichtige öffentliche Gebäude wie das »Große Bad« oder der »Kornspeicher« wurden auf einer erhöhten Akropolis oder einer Zitadelle erbaut. Diese befand sich immer im Westen der Wohnsiedlung, der »Unterstadt«.
Mohenjo-Daro ist die größte erhaltene Siedlung aus der Bronzezeit und beherbergte wahrscheinlich 35 000 Einwohner. Die Ausgrabungsstätte umfasst rund 2,5 Quadratkilometer.

Noch die Überreste von Mohenjo-Daro deuten die Größe der Indus-Zivilisation an. Die Häuser waren aus Ziegeln erbaut.

RUINEN UND TOTENSTADT VON THATTA

Thatta ist die neben Lahore baukünstlerisch bedeutendste Stätte Pakistans. Einige Mausoleen stellen Höhepunkte islamischer Steinmetzkunst dar.

Die prächtigsten Mausoleen in der gut 15 Quadratkilometer großen Nekropole bei Thatta, der einstigen Hauptstadt dreier Dynastien, haben sich die Samma-Sultane und die Tarkhan-Herrscher errichten lassen. Unter ihnen war die Region der heutigen Provinz Sindh politisch und wirtschaftlich bedeutend, bis sie dann gegen Ende des 16. Jahrhunderts die Herrschaft der Mogulkaiser anerkennen musste.
Die Große Moschee gab Mogulkaiser Shah Jahan 1644 in Auftrag. Die Mausoleen der Samma liegen ganz im Norden des Hügels. Einer der bedeutendsten Samma-Sultane war gegen

Ende des 15. Jahrhunderts Nisamuddin. Sein Grabmal mit dekorativen Finessen gilt als ein Juwel der Baukunst des Sindh. Auch die Grabstätten der Tarkhane wurden im islamischen Stil errichtet. Das Prachtgrab des 1570 gestorbenen Mirza Jan Baba ist ein Bauwerk aus gelbem Kalkstein, dessen Wände vollständig mit Arabesken und Rankenmotiven dekoriert sind.

Im Inneren der Großen Moschee wechseln sich kleinteilige Mosaiken aus türkisfarbenen Fliesen ab mit den klaren Linien von rötlichen Ziegelsteinen und weißen Fugenfüllungen.

Indien

NATIONALPARKS NANDA DEVI UND »TAL DER BLUMEN«

Die Region um den 7816 Meter hohen Nanda Devi an der Grenze zu Nepal und China ist ein wichtiges Refugium gefährdeter Tier- und Pflanzenarten.

In Zeiten des Massentourismus, der auch vor den entlegensten Winkeln der Welt nicht haltmacht, sind selbst im Himalaya Schutzgebiete eine Notwendigkeit, auch wenn sie wie die Hochgebirgsregion Nanda Devi für den Menschen fast unzugänglich sind. Im 1980 gegründeten Nationalpark nahe Indiens zweithöchstem Berg leben außer den heute sehr seltenen, wegen ihres Winterpelzes stark bejagten Schneeleoparden auch Moschushirschen sowie große Herden von Blauschafen und Ziegenantilopen.

An Nanda Devi schließt sich der Nationalpark »Tal der Blumen« an, der berühmt für seine Wiesen und endemischen Wildblumenarten ist, darunter Indischer Ahorn, Dornenmohn und eine Art der Alpenscharte. Das landschaftlich abwechslungsreiche Tal beheimatet auch einige seltene Tiere wie Kragenbären. Darüber hinaus spielt das nicht allzu weit vom lebensfeindlichen Hochhimalaya gelegene Tal auch in der Hindumythologie eine Rolle. Das gilt auch für den Nanda Devi, dessen Name »Göttin der Freude« bedeutet.

Im Nanda-Devi-Nationalpark eine gute Zufluchtsstätte gefunden hat das Blauschaf, das auch »Bharal« genannt wird.

KOMPLEX DES ROTEN FORTS IN DELHI

Das Rote Fort in Delhi, von den Einheimischen »Lal Qil'ah« genannt, markiert einen Höhepunkt der Kolossalarchitektur des Mogulreichs.

Shah Jahan, der von 1628 bis 1658 herrschende fünfte Großmogul Indiens, war auch ein bedeutender Bauherr. Zwischen den Jahren 1639 und 1648 ließ er in Shahjahanabad, dem heutigen Delhi, einen befestigten Palast erbauen. Dieser liegt unmittelbar neben der älteren islamischen Festung Salimgarh, die Islam Shah Suri 1546 errichten ließ, und bildet mit dieser gemeinsam den Komplex des Roten Forts. Seinen Namen verdankt das Bauwerk den massiven Außenwänden aus rotem Sandstein, der im Licht der untergehenden Sonne spektakulär leuchtet. Im Inneren beherbergt der Komplex

prachtvolle Paläste, große Hallen für Audienzen und Feste sowie die Perlmoschee. Die überbordende Pracht, in der das Fort sich einst präsentierte, kann man – bei allem verbliebenen Glanz – heute allerdings nur noch erahnen. So fehlen viele Edelsteine, Kupfer und Geschmeide, die früher die Wände bedeckten. Zweimal wurde das Fort geplündert, 1739 durch persische, 1857 durch britische Truppen.

Großzügig angelegte Hallen mit detailreich verzierten Gewölben, Säulen und Fenstern sind typisch für die Bauten des Roten Forts.

GRABMAL DES HUMAYUN IN DELHI

Mit der Betonung der Mittelachse, der hoch gewölbten Kuppel und den persischen Bögen ist das Grabmal des Humayun der erste Bau dieser Art in Indien. Er wurde wurde zum Vorbild für zahlreiche Mogulbauten.

Richtungweisend für die Mogularchitektur waren die Werke von Nasir ud din Muhammad Humayun (1508 bis 1556), dem zweiten Herrscher des Großmogulreichs von Indien und Sohn des Dynastiegründers Babur. Allerdings war Humayuns Herrschaft (1530 bis 1540, 1555/56) über Indien nicht ungebrochen – der junge, durchaus abenteuerlustige Regent verbrachte 15 Jahre im persischen Exil. Von dort brachte er eine Armee, aber auch Baumeister und Handwerker mit, was sich schließlich als Glücksfall für die indische Architektur erweisen sollte, denn

sie erhielt damit neue Impulse. Das lässt sich etwa an der Kuppel von Humayuns Grabmal feststellen, die auf einem hohen Tambour aufsitzt. Persisch sind die Bögen, die die Architrave und Konsolen abgelöst haben. Auch die Fassadengestaltung durch weißen Marmor und roten Sandstein geht auf alte persische Bautraditionen zurück.

Humayuns Grabmal wurde auf Initiative seiner Gattin Haji Begum errichtet. Erst im Jahr 1570 fand der schon 14 Jahre früher verstorbene Großmogul hier seine letzte Ruhestätte in der Grabkammer.

QUTB MINAR MIT MONUMENTEN IN DELHI

Das erste islamische Bauwerk auf indischem Boden, veranschaulicht prägnant die Verschmelzung von hinduistischen und islamiscen Architekturformen.

Im ausgehenden 12. Jahrhundert eroberten die Muslime unter Qutb-ud-Din Aibak Nordindien und die Rajputen-Festung Lalkot, den Vorläufer Delhis. Als sie hier ihre erste Moschee errichteten, waren sie auf einheimische Baumeister und deren Traditionen angewiesen. Deshalb wurde die Moschee Quwwat-ul-Islam (»Macht des Islam«) mit für Delhi typischem rotgelben Sandstein und für Jaina-Heiligtümer charakteristischem Grundriss als Pfeilerhalle erbaut.

Traditionell islamisch sind nur das Dekor und die kalligrafischen Schriftbänder, die die Mauern und Fassaden zieren. Aus den Ruinen der Moschee ragt der 72 Meter hohe Qutb Minar hervor: An seiner Basis hat dieses Minarett rund 15 Meter Durchmesser, an der Spitze nur knapp drei. Charakteristisch sind die stark profilierten Kannelüren aus rotem Sandstein, die hier erstmals in Indien als Stilmittel verwendet wurden. Sie verkleiden drei der fünf Stockwerke. Die obersten zwei wurden durch einen Blitzschlag im 14. Jahrhundert zerstört und später aus weißem Marmor rekonstruiert.

Heute darf der Qutb Minar wegen Baufälligkeit nicht mehr bestiegen werden.

MOGULSTADT FATEHPUR SIKRI

Kein anderer Ort in Indien weist einen reineren Mogulstil auf als die Residenzstadt südwestlich von Agra im heutigen Bundesstaat Uttar Pradesh.

Mit dem Bau der Residenz Fatehpur Sikri (»Stadt des Sieges«) erfüllte der Großmogul Akbar ein Gelübde und hinterließ der Nachwelt zugleich eine stilreine Mogulstadt. Unweit von Agra hatte der Sufi-Heilige Salim Chishti gelebt, ein Ratgeber des Herrschers. Akbar schwor, in der Nähe des Weisen eine Residenz zu bauen, nachdem die Prophezeiung Salims, dass dem Großmogul drei Söhne geschenkt werden würden, in Erfüllung gegangen war. Im Jahr 1569 wurde dann auch der Grundstein dafür gelegt. Nach drei Jahren war bereits die Große Moschee mit dem Mausoleum für Scheich Salim fertiggestellt. Insgesamt baute man mehr als zehn Jahre lang an der Residenz. Dann stand zwar eine mit ihren diversen Ebenen, Palästen und Terrassen märchenhaft gestaltete Hauptstadt in der hügeligen Landschaft, doch musste der Hofstaat die Stadt im Jahr 1585 wegen Wassermangels wieder aufgeben.

Neun Tore sind in die sechs Kilometer lange Mauer eingelassen. Die Gebäude bestehen fast ausschließlich aus rotem Sandstein. Zentrum der Anlage sind der Palast und die Moschee.

Die Große Moschee beherbergt das Mausoleum des Sufi-Heiligen Salim Chishti, dem Akbar die Errichtung von Fatehpur Sikri versprochen hatte. Im Inneren beten auch Anhänger des Sufismus.

ROTES FORT VON AGRA

Das Rote Fort von Agra im heutigen Bundesstaat Uttar Pradesh wurde im Jahr 1565 von Akbar begonnen und von seinem Enkel Shah Jahan zu einem weitläufigen Palast ausgebaut. Die Gebäude zeigen deutlich die unterschiedlichen ästhetischen Präferenzen beider Herrscher auf.

Seinen Namen verdankt das Fort dem roten Sandstein, aus dem es erbaut wurde. Großmogul Akbar hatte ursprünglich den Plan, Agra zur Hauptstadt des Mogulreichs zu machen. Als Festungsmauern und Tore standen, unterbrach er den Bau allerdings, weil er in Fatehpur Sikri eine neue Residenz errichtete. Diese verließ er jedoch nach zehn Jahren wieder, regierte dann in Lahore und kam erst kurz vor seinem Tode nach Agra zurück.

Sein Nachfolger Jahangir hat nicht viel für die Stadt getan. Einen architektonischen Höhepunkt erlebte Agra erst unter Shah Jahan, dem »König der Welt«, der hier in den Jahren 1632 bis 1637 residierte. Der kunstsinnige Regent ließ viele Bauten Akbars abreißen und durch märchenhaft wirkende Paläste und Moscheen aus weißem Marmor, in die Halbedelsteine eingelegt sind, ersetzen. Die eindrucksvollsten Beispiele für die Beschwingtheit der Architektur unter diesem Herrscher sind die Audienzhalle und die Perlmoschee.

Ganz typisch für den imperialen Stil des Großmogul Akbars, von dem sich die märchenhafte Architektur des kunstsinnigen Nachfolgers deutlich unterschied, ist das Amar-Singh-Tor.

KEOLADEO-NATIONALPARK

Das in einer Sumpflandschaft in Rajasthan gelegene Vogelparadies bevölkert sich vor allem nach dem Monsun, wenn sich zu den heimischen Wasservögeln viele Zugvögel, darunter seltene Arten, gesellen.

Der Nationalpark ist ein Feuchtgebiet, das von Menschenhand geschaffen wurde. Die Maharadschas von Bharatpur hatten hier ehemals ihr Jagdrevier, weil sich die sumpfige Senke bei der Entenjagd als recht ergiebig erwies. Oft fielen ihnen pro Tag mehrere Tausend Vögel zum Opfer. Um die Wasserflächen für die Jagd zu vergrößern, ließen die Maharadschas im 19. Jahrhundert künstliche Kanäle anlegen und Dämme aufschütten. So entstand ein Feuchtgebiet, das für die Vogelwelt bald ein beliebtes Brutgebiet wurde, da die Umgebung ansonsten sehr trocken ist. Heute bietet das Schutzgebiet rund 120 Vogelarten eine ständige Heimat, darunter Reihern, deren hiesige Population zu den größten der Welt zählt. In den Wintermonaten lassen sich hier rund 240 Zugvogelarten nieder, darunter der seltene Nonnenkranich (auch Schneekranich) oder die Sichelente. Der Sibirische Kranich, eine besondere Attraktion des Keoladeo-Nationalparks, von dem 1976 noch mehr als 100 Exemplare zum Überwintern in den Sumpf kamen, wurde seit 1993 im Park nicht mehr gesichtet.

Nur knapp 30 Quadratkilometer nimmt das künstlich geschaffene Feuchtgebiet des Keoladeo-Nationalparks – Rückzugsgebiet vieler bedrohter Tierarten – ein.

MANAS-WILDSCHUTZGEBIET

Das vor allem für seine Tiger und zahlreichen Elefanten bekannte Wildschutzgebiet liegt im indischen Bundesstaat Assam am Fuße des Himalaja, nahe der Grenze zu Bhutan. Seinen Namen verdankt es dem reißenden Fluss Manas.

Das Wildschutzgebiet grenzt an den Royal-Manas-Nationalpark in Bhutan. Im Grasland, das etwa 60 Prozent des Territoriums ausmacht, sind u. a. Wildbüffel und Zwergwildschwein zu Hause, die in Assam bereits als ausgestorben galten. Grassavanne, Wald und Flusslandschaft bieten auch zahlreichen Vogelarten Lebensraum.

Die im Jahr 1928 zum Wildschutzgebiet erklärte Kernzone des Reservats wurde 1992 durch einen Bürgerkrieg stark zerstört. Im selben Jahr stufte die UNESCO diese Welterbestätte wegen der massiven Schädigungen des Parks und seines Ökosystems auch durch Wilderer als besonders gefährdet ein. 1992/93 wurden 33 Nashörner getötet. Von den einst rund 2000 Elefanten überlebten nur einige Dutzend. Dank eines Wiederaufbauprogramms wurden 2006 wieder 700 Tiere gezählt. Auch der Bestand der mächtigen Königstiger wuchs auf rund 60 Tiere. Das seltene Panzernashorn (bzw. Rhinozeros) aber starb im Manas-Wildschutzgebiet aus. Ebenfalls seit dem Jahr 2006 werden Tiere aus anderen Parks hier wieder angesiedelt.

Bedeutend ist im Manas-Wildschutzgebiet auch die wieder wachsende Population Indischer Elefanten. Hier kämpfen gerade zwei Bullen gegeneinander.

KAZIRANGA-NATIONALPARK

Eines der letzten von Menschen noch unberührten Gebiete im Herzen Assams ist Lebensraum für die weltweit größte Population der bedrohten Panzernashörner. Darüber hinaus genießen auch andere seltene Tiere den Schutz des rund 430 Quadratkilometer großen Parks.

Der Kaziranga-Nationalpark wird vom Ungestüm des Brahmaputra geprägt: Während der Monsunzeit im Juli und August stehen zwei Drittel des Parks regelmäßig unter Wasser. Dann müssen die Tiere in höher gelegene Regionen ausweichen, auch außerhalb des Parks. Der Schutz der Panzernashörner stand schon immer im Mittelpunkt des Interesses der lokalen Tierschützer. Bereits um die vorletzte Jahrhundertwende war ihr Bestand so sehr dezimiert worden, dass man keine Jagdlizenzen mehr ausgab und die Region im Jahr 1908 als Wildreservat auswies. 1950 wurde es Wildschutzgebiet und 1974 Nationalpark. Heute wird die Zahl der Rhinozerosse auf 1500 geschätzt. Tiere aus dem Park wurden im nahe gelegenen Manas-Wildschutzgebiet angesiedelt, um den dortigen Bestand zu erneuern. Zahlreich sind im Park aber auch Elefanten, Büffel und verschiedene Hirscharten vertreten, ferner Gibbons, Tiger und Wildschweine sowie seltene Vögel wie Barttrappen und Graupelikane. Kragen- und Lippenbär haben hier ebenfalls ein Rückzugsgebiet.

Panzernashörner bevorzugen Hochgrasfluren und offene Sumpflandschaften mit wenig Baumbestand.

SUNDARBANS-NATIONALPARK

Die Sundarbans im Ganges-Brahmaputra-Delta sind das größte Mangrovengebiet der Erde. Über die Hälfte entfällt auf den indischen Teil Bengalens, der Rest liegt in Bangladesch. Sie sind auch Refugium des vom Aussterben bedrohten Bengalischen Tigers. Zum Schutz dieser einzigartigen Fauna und Flora wurde auf indischer Seite ein 1330 Quadratkilometer großer Nationalpark ausgewiesen.

Zwei außerordentlich wasserreiche Ströme, der Ganges und der Brahmaputra, sowie ihr gemeinsamer Mündungsarm, der Meghna, bilden die natürliche Grundlage für die Sundarbans. Das reiche Ökosystem dieser Feuchtgebiete ist als Übergangszone zwischen Salz- und Süßwasser Lebensraum für unterschiedlichste Tiere: Fischotter, Wasserschlangen, Schildkröten, Bindenwarane und Krokodile sowie Störche, Reiher, Kormorane, Brachvögel, Möwen und Seeschwalben sind hier heimisch. Im Park leben noch etwa 250 Königs- oder Bengaltiger – eine bis zu 2,80 Meter große (ohne Schwanz) und 280 Kilogramm schwere Großkatzenart. Die Jagdlust indischer Maharadschas und britischer Offiziere, die Angst der Menschen vor dem menschenfressenden »Räuber der Nacht« und vor allem die Beschneidung seines Lebensraums haben diese Tiere im 20. Jahrhundert an den Rand des Aussterbens gebracht.

Mangroven, salztolerante immergrüne Pflanzen tropischer Küstensümpfe, verankern sich mit Stelzwurzeln im weichen Schlamm und bilden Luftwurzeln aus.

CHHATRAPATI SHIVAJI TERMINUS IN MUMBAI

In diesem – früher Victoria Terminus genannten – Bahnhof in Mumbai (Bombay) verschmelzen westliche und indische Traditionen und Formensprachen.

Das größte britische Baudenkmal steht nicht etwa im Mutterland, sondern im indischen Mumbai. Bei der Einweihung 1887 nannte man den Bahnhof Victoria Terminus. Später erhielt er die Bezeichnung Chhatrapati Shivaji Terminus, nach einem marathischen Kriegsherrn, der gegen die islamischen Moguln und für die hinduistische Identität gekämpft hat.
Entworfen wurde das Gebäude vom britischen Architekten Frederick William Stevens im »neugotischen« Stil des Gothic Revival. Als Vorbild diente ihm die St. Pancras Station in London. Der Bau begann im Jahr 1878.

Mit seinen Kuppeln, Türmchen, Säulen, Minaretten und Spitzbögen weist der Bahnhof aber auch zahlreiche Elemente der indischen Palastarchitektur auf. Unter britischer Leitung arbeiteten zahlreiche indische Handwerker und Künstler an dem Bau, die ihre reichen Bautraditionen einbrachten. Der Bahnhof wurde zu einem Symbol von Mumbai und trug mit bei zum Image der Stadt als einer »Gothic City«.

Der Bahnhof vereint wie kein anderes Bauwerk in Indien Stilelemente des britischen Gothic Revival mit Bautraditionen indischer Palastarchitektur.

FELSHÖHLEN VON ELEPHANTA

Das dem Hindugott Shiva geweihte Felsheiligtum auf einer Insel in der Bucht von Mumbai ist für seine Steinmetzarbeiten berühmt, die die Gottheit in ihren vielen Erscheinungsformen darstellen.

Ursprünglich nannte man die Insel wohl »Gharapuri« (»Stadt der Ghara-Priester«), bis sie im 16. Jahrhundert in »Elephanta« umbenannt wurde. Namensgeber waren Portugiesen, die sich dabei an einem steinernen Elefanten orientierten, den sie im Hafen fanden und der heute in den Victoria Gardens in Mumbai zu besichtigen ist. Die Skulpturen in den Felshöhlen aus dem 7. Jahrhundert gehören zu den Höhepunkten der frühen hinduistischen Kunst. Monumentale Ausmaße hat vor allem das sechs Meter hohe Brustbild des Shiva Mahadeva, das den Gott dreigesichtig und mit prachtvollem Kopfschmuck zeigt.

Shiva, zusammen mit Brahma und Vishnu eine der wichtigsten Gottheiten des hinduistischen Pantheons, wird als Gott des Schöpferischen betrachtet und in der Form des Phallus (Lingam) verehrt, aber auch als ekstatischer Tänzer, als Shiva Nataraja. Oft tritt der Gott mit einer Entourage von Wesen halb göttlicher, halb dämonischer Natur auf. Wie Shiva haben auch diese Heerscharen in Elephanta eine angemessene Darstellung gefunden.

In den Felshöhlen der Insel Elephanta ist der Hindugott Shiva mit seinen drei Gesichtern – als Schöpfer, als Bewahrer und als Zerstörer – dargestellt.

MAHABODHI-TEMPEL VON BODH GAYA

Der Mahabodhi-Tempelkomplex, rund 100 Kilometer von Patna entfernt im nordindischen Bundesstaat Bihar gelegen, steht in enger Verbindung mit dem Leben Buddhas und mit der Religionsgeschichte des indischen Subkontinents.

Das erste Großreich in der Geschichte Indiens wurde von König Ashoka (reg. 273–232 v. Chr.) begründet. Dieser wandte sich dem Buddhismus zu und erbaute an der Stelle, an der Buddha unter einem Mahabodhi-Baum die höchste Erleuchtung erfahren hatte, einen Tempel. Der Nachfolgebau, der heutige, rund 50 Meter hohe Mahabodhi-Tempel, wurde unter der Gupta-Dynastie (320–540) errichtet, die den Buddhismus als Staatsreligion förderte. Als einer der ältesten aus Ziegelsteinen aufgemauerten Tempeltürme des Subkontinents nimmt das Bauwerk einen

hohen Rang in der indischen Architekturgeschichte ein. Besonders eindrucksvoll sind die Steinreliefs und der Skulpturenschmuck der Balustraden. Schon in seiner Frühzeit war der Tempel ein beliebtes Pilgerziel, doch als der Hinduismus den Buddhismus mehr und mehr verdrängte, setzte allmählich der Verfall ein. Erste Restaurierungen fanden im 19. Jahrhundert statt. Eine systematische, wissenschaftlich begleitete Restaurierung begann 2002.

Der Mahabodhi-Tempel ist eines der vier höchsten Heiligtümer des Buddhismus.

TEMPELBEZIRK VON KHAJURAHO

Die rund 20 erhaltenen Tempel aus der Blütezeit der Chandella-Dynastie zeichnen sich durch eine höchst gelungene Verbindung von Architektur und Skulptur aus. Sie sind überwiegend vom Hinduismus geprägt.

Berühmt wurde das in Madhya Pradesh gelegene Khajuraho durch die erotischen Motive an den Außenwänden seiner Tempel, die sich in mehrere Gruppen unterteilen lassen: Im Dorf befinden sich die Brahma-, Vamana- und Javari-Tempel. Östlich davon liegen die Jaina-Tempel, noch heute Teil eines lebendigen Kults. Dass Khajuraho im 10./11. Jahrhundert Zentrum der Chandella-Dynastie war, belegt das Ensemble der Lakshmana-, Kandariya-, Vishvanath- und Chitragupta-Tempel. Alle Tempel folgen einem ähnlichen Bauprinzip und sind von Ost nach West

ausgerichtet. Im Westen befindet sich die Eingangshalle, an sie schließen sich Vorhalle, Haupthalle, Vestibül und Cella an. Die turmartigen Dächer über den Gebäudeteilen werden zur Cella hin stets höher. Deren Dach – genannt »Sikhara« – ist das charakteristische Architekturelement von Khajuraho, es symbolisiert den Weltenberg Meru, den Sitz der Gottheit. Die Cella birgt das dem Osten zugewandte Kultbild.

Die als Relief dargestellten sexuellen Vereinigungen symbolisieren Fruchtbarkeit und Neuerschaffung der Welt.

Indien

BUDDHISTISCHE MONUMENTE BEI SANCHI

Das älteste buddhistische Heiligtum Indiens, nordöstlich von Bhopal in Madhya Pradesh gelegen, war bis ins 12. Jahrhundert ein bedeutendes religiöses Zentrum.

Die Wallfahrtsstätte Sanchi beherbergt einige der ältesten buddhistischen Kultbauten Indiens. Der Überlieferung nach soll König Ashoka, der große Förderer des Buddhismus, die Anlage gegründet haben. Mit Sicherheit wurden zumindest einige der Gebäude von ihm gestiftet.

Ein Höhepunkt an Kunstfertigkeit sind die herrlichen Steinmetzarbeiten rund um den größeren Stupa 1, der in der Mitte des 3. Jahrhunderts v. Chr. errichtet wurde, der Legende nach über den Gebeinen des Religionsstifters Buddha. Das halbkugelförmige Heiligtum wird von einem Palisadenzaun umgeben, durch den – nach den vier Himmelsrichtungen ausgerichtet – vier gewaltige Steintore Einlass gewähren. Diese wurden im 1. Jahrhundert v. Chr. erbaut und mit kunstvollen Reliefs geschmückt, die Szenen aus dem Leben Buddhas auf sehr lebendig wirkende Weise illustrieren. Neben zwei jüngeren Stupas sind noch Überreste von mehreren Klosterbauten und anderen Tempelanlagen erhalten.

Eindrucksvolle Reliefarbeiten zieren die Toranas genannten Steintore der Stupas von Sanchi. Bildmotive sind meist Szenen aus Buddhas Leben.

FELSHÖHLEN VON BHIMBETKA

Die Fundstätte am Rand des Vindhyagebirges in Madhya Pradesh umfasst rund 500 Höhlen und Felsüberhänge mit vielen Ritzzeichnungen und Felsmalereien. Sie wurden zwischen der mittleren Steinzeit und dem Mittelalter angefertigt.

Die Felskunst von Bhimbetka gibt uns eine Vorstellung davon, wie die Menschen vor mehreren Jahrtausenden auf dem indischen Subkontinent gelebt haben. Die Malereien sind meist in Rot und Weiß gehalten, aber es kommen auch andere Farben vor. Viele Tiere sind abgebildet, etwa Büffel, Tiger, Löwen, Wildschweine, Elefanten, Pferde, Antilopen und Krokodile. Menschen tanzen und musizieren, führen Krieg gegeneinander, reiten auf Pferden und Elefanten. Häufig sind auch religiöse Symbole auszumachen, ferner aus späterer Zeit Darstellungen von hinduistischen Gottheiten. Meisterhaft gezeichnete Strichmännchen bringen unterschiedliche Gefühle wie Angst, Freude und Glück zum Ausdruck.

Die Wandmalereien wurden übrigens erst 1958 entdeckt. In der Nähe von Bhimbetka, in Barkhera, befindet sich eine der reichhaltigsten steinzeitlichen Fundstätten Südasiens. Tausende von Steinwerkzeugen aus dem Acheuléen liegen hier auf Feldern und im Wald verstreut.

Auch Darstellungen von Elefanten und Pferden finden sich in den Felshöhlen.

ARCHÄOLOGISCHER PARK CHAMPANER-PAVAGADH

Die erst teilweise ausgegrabene und restaurierte archäologische Stätte in Gujarat umfasst neben prähistorischen Stätten aus der Kupferzeit eine alte Hindustadt auf einem hohen Hügel und eine islamische Stadt in der Ebene.

Im archäologischen Park liegt die Ruinenstadt Champaner am Fuß des rund 800 Meter hohen, befestigten Berges Pavagadh, der unmittelbar aus der Ebene aufsteigt. Auf dem Weg zum Gipfel kommt man an zahlreichen Ruinen einer Hindustadt vorbei, etwa an Stadtmauern mit Toren und einem Sommerhaus. Auf dem Gipfel steht ein Tempel, auf den als Zeichen des Sieges des Islam über den Hinduismus ein islamisches Heiligtum gesetzt wurde. Champaner war im 15. Jahrhundert die Hauptstadt von Gujarat und ist der einzige Ort dieser Region aus der islamischen Epoche vor den Mogulherrschern, der sich unverändert erhalten hat. Hier befinden sich Paläste, Minarette, Brunnen, Moscheen, Teiche und Gräber. Champaner stellt ein hervorragendes Beispiel für das Nebeneinander und die Symbiose hinduistischer und islamischer Architektur im Sultanat Gujarat dar. Der Stil ist der reichhaltigste unter den provinziellen Schulen des 15. und 16. Jahrhunderts.

Die Jama Masjid (Freitagsmoschee) mit ihren Minaretten ist ein architektonisches Juwel des archäologischen Parks.

FELSENTEMPEL VON AJANTA

Die Felsentempel rund 100 Kilometer nördlich von Aurangabad im Bundesstaat Maharashtra stammen aus unterschiedlichen Jahrhunderten und enthalten Wandmalereien von höchster künstlerischer Qualität. Lange waren sie vergessen, bis sie 1819 von britischen Offizieren wiederentdeckt wurden.

Die buddhistische Klosteranlage verbirgt sich in der schluchtähnlichen Schleife des Waghora-Bachs. In die fast senkrecht abfallenden Wände dieser Schlucht schlugen buddhistische Mönche in zwei Bauphasen 29 Höhlen. Die erste Phase umfasst die Zeit vom 2. Jahrhundert v. Chr. bis zum 2. Jahrhundert n. Chr., die zweite fällt in die Gupta-Zeit (5.–6. Jahrhundert). In acht der Ajantahöhlen haben sich Wandmalereien erhalten, die in ihrem erzählerischen Reichtum und der künstlerischen Ausgestaltung außerordentlich sind. Dargestellt werden Szenen aus dem Leben des Buddha und sogenannte Jatakas – Legenden über seine früheren Inkarnationen.

Während die dem Gandhara-Stil verwandten, überwiegend in Rot- und Brauntönen gehaltenen Figuren in den

Padmapani, der Lotoshalter, einer der großen, das Mitgefühl symbolisierenden Bodhisattvas des Mahayana-Buddhismus, ist in Höhle 1 dargestellt.

Höhlen aus vorchristlicher Zeit vor allem durch eine starke Umrisszeichnung charakterisiert sind und fast ausnahmslos in die Bewegungsrichtung der Erzählung blicken, wirken die Figuren in den nach dem 5. Jahrhundert entstandenen Höhlentempeln, die das höfische wie das alltägliche Leben anschaulich vorführen, vor allem in der Gestaltung des Gesichtsausdrucks ausgesprochen realistisch. Auch bei den Wandmalereien von Ajanta stellen die Bilder oft erotische Motive dar.

Überraschend prunkvoll ist das Innere der Höhlen. Insbesondere die Säulengänge mit Monumenten und die Hallen mit Skulpturen in den Nischen stehen in ihrer Pracht oberirdischen Tempeln kaum nach.

Indien

HÖHLENTEMPEL VON ELLORA

Aus dem natürlich gewachsenen Felsgestein bei Ellora 30 Kilometer nordwestlich von Aurangabad wurden 34 Tempel- und Klostergebäude herausgemeißelt, die für ihren reichen Skulpturenschmuck berühmt sind.

Das Maharashtra-Plateau mit seinen tief in den Basalt eingeschnittenen Cañons erwies sich als geologisch besonders gut für den Bau monolithischer Felsentempel geeignet. Allen Ellora-Heiligtümern ist gemeinsam, dass sie nicht in den Felsen hineingebaut, sondern aus ihm herausgeschlagen wurden. Die wesentlichen tragenden Elemente bestehen sämtlich aus dem gewachsenen Gestein. Dies trifft auch für den größten Teil des Bauschmucks und viele Skulpturen zu.

Von den Tempeln und Klöstern, die aus einer sich über zwei Kilometer hinziehenden Steilwand herausgearbeitet wurden, sind 17 hinduistisch, zwölf buddhistisch und fünf jainistisch. Alle Tempel folgen einem ähnlichen Bauprinzip und bestehen aus Eingangshalle, Vorhalle, Haupthalle und Cella. Letztere enthält das Kultbild, weshalb ihr Dach auch am höchsten aufragt und den Weltenberg Meru symbolisiert. Bei dem architektonisch bemerkenswerten Kailasa-Tempel – er ist das größte Felsenheiligtum von Ellora und imitiert einen gemauerten Freibau – repräsentiert das Dach der Cella entsprechend den heiligen Berg Kailash, den Sitz des Gottes Shiva.

Der 30 Meter hohe Kailasa-Tempel wurde als Monolith aus dem Fels gemeißelt.

TEMPELANLAGE VON PATTADAKAL

Die Residenzstadt der Chalukya-Herrscher aus dem 7. und 8. Jahrhundert vereint die unterschiedlichen Baustile Nord- und Südindiens.

Die Lage im Grenzbereich zwischen Nord- und Südindien im Landesinneren des heutigen Bundesstaates Karnataka und die Toleranz der in der Mitte des 6. Jahrhunderts zur Großmacht aufgestiegenen Chalukya-Herrscher haben Pattadakal zu einem Schmelztiegel unterschiedlicher Architekturstile gemacht. Den nordindischen Typus repräsentiert etwa der kleine Kashi-Vishvanatha-Tempel. Charakteristisch ist hierfür vor allem die bauliche Einheit von Sikhara-Turm und Cella (Sikhara), ihr ist eine Eingangshalle vorgelagert. Das Hauptkultbild in der Cella kann nur außerhalb des Bauwerks umschritten werden. Der südindische Typus, der unter den Pallava-Herrschern im 7. Jahrhundert gefördert wurde, zeichnet sich dadurch aus, dass man um die Cella herum einen Flurumgang baute. Der Tempelraum mit der Kultzelle und die großräumige Eingangshalle öffnen sich fast in voller Breite zueinander. Bestes Beispiel hierfür ist der Virupaksha-Tempel. Die dem Gott Shiva geweihte größte Anlage Pattadakals ist üppig mit Steinmetzarbeiten verziert.

Das größte Heiligtum in Pattadakal ist der Virupaksha-Tempel.

KIRCHEN UND KLÖSTER VON GOA

Die ehemalige portugiesische Besitzung am Indischen Ozean, in der Kolonialzeit ein wichtiger Stützpunkt der katholischen Kirche in Südasien, ist ein bedeutendes Zentrum kolonialer Renaissance- und Barockarchitektur.

Goa war einmal der bedeutendste portugiesische Handelsstützpunkt in Indien. Erobert hatten die Portugiesen den Küstenstreifen bereits im Jahr 1506, vier Jahre später gründete Alfonso de Albuquerque (1453–1515) dort eine katholische Enklave. Alt-Goa (Velha Goa) liegt etwa zehn Kilometer landeinwärts und wurde Anfang des 19. Jahrhunderts verlassen, weil die Malaria grassierte. Daraufhin baute man flussabwärts eine neue Stadt, gab die alten Kirchen und Klöster aber nicht auf. Sie präsentieren sich noch heute in ihrer alten Pracht.

Auf das Jahr 1521 geht die Kirche des hl. Franziskus zurück, auf 1562 die Sé Catedral, die zumindest damals größte Kirche Asiens. Im Jahr 1594 wurde die wichtigste Missionsstätte errichtet, die Kathedrale Bom Jesu, in der sich auch das Grab des hl. Franz Xaver (1506–1552) befindet. Der Jesuit hatte das Christentum nach Indien und Japan gebracht.

Das Kloster des hl. Franz von Assisi war in vorportugiesischer Zeit eine Moschee. Zusammen mit der Sé Catedral bildet es einen gewaltigen Gebäudekomplex.

TEMPELBEZIRK VON HAMPI

Bei Hampi, einem Städtchen im Bundesstaat Karnataka, befinden sich die Überreste des einstigen Vijayanagar, der letzten Hauptstadt des gleichnamigen indischen Hindureiches vor dem Sieg des Islam. Die Stätte glänzt mit opulent dekorierten Bauten – Musterbeispiele des südindischen drawidischen Stils.

Wie ein grandioses Freilichtmuseum südindischer Baukunst wirken die Ruinen von Hampi, der einstigen Hauptstadt des letzten großen Hindureichs Vijayanagar (1336–1565). Sie wird von einem Mauerring umgeben und birgt Paläste und Tempel drawidischer Prinzen. Der Vittala-Tempel, der in der ersten Hälfte des 16. Jahrhunderts errichtet, aber nie vollendet wurde, beeindruckt durch seine vielen den Pfeilern vorgesetzten Skulpturen und einen acht Meter hohen, aus einem einzigen Steinblock geschnittenen Tempelwagen. Das Glanzlicht des Virupaksha-Tempels ist neben dem üppigen Figurenschmuck der mehr als 50 Meter hohe Torturm (Gopura). Der Tempel ist der Gottheit Shiva geweiht; schon im 9. Jahrhundert befand sich hier ein Vorgängerheiligtum.

Während sich die Tempel im Nordteil der Stadt konzentrieren, sind die Palastbauten im Süden versammelt. Hier ließen die Hinduprinzen die gesamten Wände der Paläste mit Reliefs überziehen, die Szenen aus den großen Epen wie etwa dem Ramajana schildern.

Berühmt ist der aus einem einzigen Steinblock geschnittene Wagen in dem Tempelbezirk von Hampi.

SONNENTEMPEL VON KONARAK

Der dem Gott Surya geweihte Sonnentempel mit seinen reichhaltigen Steinmetz-arbeiten ist eines der wichtigsten brahmanischen Heiligtümer des alten Indien.

Der Sonnengott Surya bildete schon in der vedischen Zeit mit dem Feuergott Agni und dem Donnergott Indra eine Art Dreiheit. Als Lebensspender wurde diese Gottheit von den Hindus von je-her hoch verehrt.

Konarak liegt im indischen Bundes-staat Orissa am Golf von Bengalen. Der Sonnentempel von Konarak mit seinem 75 Meter hohen, in Form einer Pyramide ansteigenden Sikhara-Turm samt der darunterliegenden Cella ist ein Stein gewordenes Abbild des Wa-gens, in dem der Gott täglich über das Firmament fährt. So versinnbildlichen die zwölf Räder an den Sockelwänden die Sonne gleich in zweifacher Hinsicht: Das Rund des Rades verkörpert sie in

ihrer Gestalt, die Zahl der Räder sym-bolisiert die zwölf Monate, die die Erde für die Umrundung unseres Zentralge-stirns benötigt. Während die Wände des Tempels mit Figuren geschmückt wurden, sind die Flächen des hohen Sockels und die Räder bis hinein in die Verästelung der Speichen vollständig mit detailfreudigen Reliefs und Stein-schneidearbeiten überzogen. Fertiggestellt wurde der Sonnentem-pel von Konarak im 13. Jahrhundert; kurz darauf gab man die Anlage aus unbekannten Gründen auf.

Die gewaltigen, detailreich verzierten Sonnenräder sind eines der Kennzeichen des Sonnentempels von Konarak.

TEMPELBEZIRK VON MAHABALIPURAM

Rund 50 Kilometer südlich von Chennai (Madras) befindet sich eine der impo-santesten archäologischen Stätten Südindiens mit einigen der schönsten Beispiele der drawidischen Architektur.

Nachdem der in den Jahren 625 bis 645 regierende Pallava-Fürst Narasim-havarman I. seine Nachbarstädte be-siegt und dabei die atemberaubende Baukunst der Chalukya-Herrscher ken-nengelernt hatte, gab er die Verschö-nerung seiner Stadt Mahabalipuram in Auftrag. So entstanden einige der schönsten Bauwerke der drawidischen Architektur, deren Formen fortan im südlichen Teil des indischen Subkon-tinents verbindlich sein sollten. Um die verschiedenen Möglichkeiten der Kulthallenarchitektur auszuprobie-ren, ließ Narasimhavarman fünf Rathas

schaffen: keine Tempel im eigentlichen Sinn, sondern eher aus dem gewach-senen Felsen herausgeschnittene Mo-numentalskulpturen. Ratha Nr. 5 wurde zum Prototyp für viele drawidische Tem-pel. Auch der Nachfolger von Narasim-havarman hat den Küstentempel von Mahabalipuram dem Ratha-Muster entsprechend bauen lassen.

Auf dem gigantischen Flachrelief »Die Herabkunft des Ganges« ist im Felsspalt Shiva dargestellt, der die Wassermassen des Flusses im Beisein vieler Wesen und Tiere durch sein Haar fließen lässt.

GEBIRGSBAHNEN INDIENS

Insgesamt drei spektakulär verlaufende Gebirgs-Schmalspurbahnen Indiens wurden nacheinander zum Welterbe erklärt: Darjeeling Himalayan Railway, Nilgiri Mountain Railway und Kalka-Shimla Railway.

Die Darjeeling-Himalaya-Eisenbahn in Westbengalen, mit der die Fahrzeit zwischen Kalkutta und Darjeeling von sechs Tagen auf weniger als 24 Stun-den verkürzt werden konnte, war die erste indische Bahnstrecke, die aus-schließlich mit indischem Kapital er-richtet wurde. Errichtet wurde sie von dem britischen Unternehmen Gillan-ders Arbuthnot & Co. zwischen 1879 und 1881, in Ghum erreicht sie 2175 Meter Meereshöhe. Fast 2000 Höhenmeter überwindet die Nilgiri-Bergbahn zwischen Mettupa-laiyam und Udagamandalam in Tamil Nadu. Bis ins 19. Jahrhundert hinein lebten die indigenen Todas in den

Blauen Bergen weitgehend von der Außenwelt abgeschnitten, ehe sich die Briten für das Gebiet interessier-ten und diese Bahnstrecke errichten ließen, die zwischen Kallar und Coo-noor auf rund 20 Kilometer Strecken-länge 1330 Höhenmeter überwindet. Die knapp 100 Kilometer lange Kalka-Shimla-Eisenbahn verband ab dem Jahr 1903 den 625 Meter hoch gelege-nen Ort Kalka mit Shimla, der über 2000 Meter hoch gelegenen »Sommer-hauptstadt Britisch-Indiens« in Hima-chal Pradesh ganz im Norden Indiens.

Passagiere der Nilgiri Mountain Railway warten entspannt auf das Abfahrtssignal.

GROSSE TEMPEL DER CHOLA-DYNASTIE

Zu diesem Welterbe gehören drei aufwendig geschmückte Tempelanlagen der den Süden des indischen Subkontinents einst beherrschenden Chola-Dynastie in Thanjavur (Tanjore), Gangaikondacholisvaram und Darasuram.

Vom 9. bis zum 12. Jahrhundert stand Südindien unter der Herrschaft der Chola-Dynastie. Thanjavur, etwa 350 Kilometer südlich von Chennai (Ma-dras), war vom Jahr 907 bis zum An-fang des 11. Jahrhunderts ihre Resi-denzstadt, die die Chola-Könige nach dem Vorbild der Pallava-Fürsten aus Mahabalipuram im südindischen Stil ausbauen ließen. Als eine der gewal-tigsten Bauleistungen dieser Zeit gilt der von König Rajaraja in Auftrag gegebene und im Jahr 1010 fertigge-stellte Brihadishvara-Tempel von Than-javur. Der Tempelturm (Sikhara) über

der Cella, als 13-stöckige Terrassenpy-ramide aus Granitsteinen erbaut und von einem großen Schlussstein be-krönt, ragt über 60 Meter auf. Der Turm besaß einst ein vergoldetes Kup-ferdach. Dass die Anlage dem Schöp-fer- und Zerstörergott Shiva geweiht ist, erkennt man an der Vielzahl der Phal-lussymbole, ungezählten Shiva-Bildnis-sen und vielen Darstellungen des Stiers Nandi, des Reittiers des Gottes.

Imposante, realistisch gearbeitete Stein-skulpturen begrüßen die Besucher des Brihadishvara-Tempels in Thanjavur.

Bangladesch

MANGROVENWÄLDER DER SUNDARBANS

Die Mangrovensümpfe im Flussdelta von Ganges, Brahmaputra und Meghna im Golf von Bengalen sind Lebensraum vieler seltener Tierarten. Die Schutzgebiete in Bangladesch bilden mit denjenigen in Indien ein einzigartiges Ökosystem.

Die drei wasserreichen Flüsse Ganges, Brahmaputra und Meghna speisen den größten zusammenhängenden Mangrovenwald der Welt. Viele Tierarten haben im Übergangsgebiet von der Salz- zur Süßwasserzone ihren Lebensraum. Die Sundarbans, die Ebbe und Flut ausgesetzte Küstenlandschaft in Bengalen, nehmen zusammen eine Fläche von rund 10 000 Quadratkilometern ein. Die Kernzone des Schutzgebiets in Bangladesch unmittelbar neben dem indischen Welterbeareal umfasst rund 1400 Quadratkilometer. Die Sundarbans schützen auch das

Landesinnere vor den immer häufiger wiederkehrenden Tropenstürmen. Doch der Mangrovenwald ist in seiner Existenz bedroht. Klimaveränderungen, der gestiegene Meeresspiegel, zunehmende Versalzung der Süßwassergebiete, Ölverschmutzungen, Wilderei und illegale Abholzungen gefährden dieses wertvolle Ökosystem.

Auf dieser Satellitenaufnahme erkennt man die Mangrovenwälder als dunkelgrüne Bereiche, die Schwebstoffeinträge der Flussarme als helle Schleier im Golf von Bengalen.

HISTORISCHE MOSCHEENSTADT BAGERHAT

Der architektonische Reichtum der historischen Moscheenstadt ist ein Beweis für die Macht der einst unabhängigen bengalischen Sultane des Mittelalters.

Bengalen wurde um das Jahr 1200 von Muslimen erobert und gehörte ab 1576 zum Mogulreich. Die einst »Khalifatabad« genannte Stadt im Süden des heutigen Bangladesch wurde im 15. Jahrhundert unter der Herrschaft von Sultan Nasiruddin Mahmud Shah (reg. 1442–1459) vom General Ulugh Khan Jahan gegründet. In wenigen Jahren ließ Khan Jahan viele Moscheen, Mausoleen, Paläste und Verwaltungsgebäude errichten, Straßen anlegen und Brücken bauen, die seine Stadt am Rand der weiten Mangrovenwälder der Sundarbans mit den wichtigen Städten des Sultanats Bengalen

verbanden. Die bedeutendsten Bauwerke unter den rund 50 erhaltenen, mehrheitlich aus Ziegelstein errichteten Gebäuden sind die monumentale Shait-Gumbad-Moschee, die Bibi-Begni-Moschee, die Chunakhola-Moschee und das Mausoleum des Khan Jahan, die alle aus der Mitte des 15. Jahrhunderts stammen. Khan Jahan wird als Heiliger verehrt, sein Mausoleum ist eine muslimische Pilgerstätte.

Eine der größten und ältesten Moscheen Bangladeschs ist die unter Khan Jahan errichtete Shait-Gumbad-Moschee, die von 77 Kuppeln gekrönt wird.

RUINEN DES BUDDHISTISCHEN KLOSTERS VON PAHARPUR

Die Backsteinruine der einst in Südasien sehr einflussreichen Klosterstadt gehört zu den bedeutendsten Kulturdenkmälern des bengalischen Mittelalters. Es ist die größte buddhistische Klosteranlage des indischen Subkontinents.

Das dem Mahayana-Buddhismus verpflichtete »Große Kloster« – Somapura Mahavira – war während der Pala-Dynastie auch außerhalb Bengalens ein bedeutendes religiöses Zentrum. Sein Einfluss reichte bis nach Kambodscha und beschränkte sich nicht allein auf das Spirituelle. Die architektonische Anlage der Mönchsstadt wurde für die Baukunst buddhistischer Klöster in Südostasien stilbildend. Die ausgedehnte Klosteranlage, deren 177 Mönchszellen sich um einen Zentralstupa gruppieren, wurde im 8. Jahrhundert auf einer in mehreren Stufen

ansteigenden Terrasse gebaut. Auftraggeber war Dharmapala, der zweite Herrscher der buddhistisch orientierten Pala-Familie. Rund 300 Jahre später, als die mit den Palas konkurrierende hinduistische Familie Sena die Macht übernahm, verlor das Kloster an Bedeutung, bis es dann im 12. Jahrhundert in Vergessenheit geriet. Erst im 19. Jahrhundert wurden die Klosteranlage und 60 Steinplastiken wiederentdeckt.

Die Klosteranlage von Paharpur war ein wichtiges religiöses und geistiges Zentrum für Buddhisten, Hindus und Jainas.

RUINENSTADT SIGIRIYA

Am »Löwenfelsen« errichteten die Könige von Anuradhapura ihre Bergfeste und Hauptstadt. Die gegen Ende des 5. Jahrhunderts fertig- gestellte Anlage im Zentrum der Insel ist ein monumentales Zeugnis für den Stand von Kunst und Technik im Sri Lanka der Frühzeit.

Die Festung auf dem senkrecht aus tropischer Vegetation emporragenden, rund 200 Meter hohen »Löwenfel- sen«, dem Sinhagiri, wurde nicht nur zur Verteidigung, sondern auch als kö- nigliches Lustschloss erbaut. Das bele- gen die zauberhaften und teils sehr gut erhaltenen Temperamalereien am Weg, der den steilen Abhang hinauf- führt. Dargestellt sind himmlische Nymphen – elegante, modisch frisierte und üppig mit Schmuck behangene Frauengestalten.

Der Weg zum Gipfel begann einst am Löwentor, von dem lediglich die Pran- ken erhalten sind. Die Zitadelle selbst existiert ebenfalls nur noch in Ruinen. Die Reste der Hallen, Bäder, Brücken, Gärten und Springbrunnen der im 5. Jahrhundert von König Dhatusena

Die Festung liegt auf einem rund 200 Meter hohen, stark verwitterten, abge- tragenen Vulkan. Über Felsbänder und schmale Treppen führt der Weg hinauf.

geplanten Anlage sind jedoch gut zu erkennen. Residiert hat in Sigiriya sein Sohn Kassapa, der durch Vatermord und durch die Vertreibung seines Halbbruders Moggallana den Königs- thron okkupieren konnte – für insge- samt 18 Jahre, dann kehrte Moggallana zurück, und es kam zu einer Entschei- dungsschlacht, in deren Verlauf Kas- sapa sich das Leben nahm.

Zahllose Darstellungen von elegant gekleideten Frauen schmückten einst die Wände des Gangs, der zur Inselfestung hinaufführt. Die sogenannten Apsaras, himmlische Nymphen, tauchen Blumen streuend aus den Wolken auf, um den König zu begrüßen.

Sri Lanka

HEILIGE STADT ANURADHAPURA

Die erste Hauptstadt der singhalesischen Königreiche birgt viele Monumente des Buddhismus: imposante Stupas, Buddhafiguren und einen heiligen Baum.

Mit diesem heiligen Baum steht die Gründung Anuradhapuras in Zusammenhang. Die buddhistische Nonne Sanghamitta brachte 244 v. Chr. einen Zweig jenes Baumes nach Sri Lanka, unter dem einst der meditierende Buddha zur Erleuchtung gelangt sein soll. Heute ist der heilige Baum, mit einem Alter von 2200 Jahren der älteste bekannte Mahabodhi-Baum der Welt, geistiger und geografischer Mittelpunkt der Stadt. Auf den Mahabodhi-Zweig geht auch der Isurumuniya-Schrein aus dem 3. Jahrhundert v.Chr. zurück. Seine Gründer waren Laien, die sich aus Ehrfurcht vor den Wun-

dern beim Pflanzen des Zweigs zu Mönchen weihen ließen. Hier findet man eines der schönsten Reliefs der Insel. Die imposante Ruvanveli-Dagoba, deren Halbkugel 110 Meter hoch ist, wurde im 2. Jahrhundert v. Chr. erbaut. Auf das 1. Jahrhundert v. Chr. geht das Abhayagiri-Kloster zurück, auf das 4. Jahrhundert die Jetavana-Dagoba, mit einst knapp 130 Meter Höhe der größte Stupa der Welt. Aus derselben Zeit stammt auch die Statue des Samadhi-Buddha.

Die Ruvanveli-Dagoba mit ihrer mächtigen Halbkugel ist 110 Meter hoch.

GOLDENE TEMPEL VON DAMBULLA

Die fünf Höhlentempel von Dambulla im Zentrum von Sri Lanka mit ihren ungezählten Statuen und Wandmalereien gehen auf die Anfänge des sri-lankischen Buddhismus zurück.

Die erste von drei sicher nachweisbaren Schaffensperioden am Hang des »Schwarzen Felsens« begann im frühen 1. Jahrhundert v. Chr. unter König Vattagamani Abhaya, der vor der zweiten großen Tamileninvasion aus Anuradhapura geflohen und während seines 14-jährigen Exils hier am Granitfelsen Unterschlupf fand. Danach geriet das Heiligtum in Vergessenheit und wurde erst im 12. Jahrhundert wiederentdeckt. Die dritte Periode fällt in die Regierungszeit (1747 bis 1782) von König Kirti Sri Rajasinha. Im »Tempel des Gottkönigs« (Devaraja Vihara), der ersten Höhle, fasziniert eine 14 Meter lange Figur des liegenden

Buddha. Die größte und eindrucksvollste Höhle ist der »Tempel des Großen Königs« (Maharaja Vihara). Den »Großen Neuen Tempel« (Maha Alut Vihara), die dritte Höhle, hat König Kirti Sri Rajasinha in Auftrag gegeben. Die vierte Höhle geht auf die älteste Periode aus dem 1. Jahrhundert v. Chr. zurück. Sie erinnert an die heroische Königin Somavathi. Der fünfte Höhlentempel schließlich zeigt sich im Zeitgeschmack von 1820, dem Jahr seiner Renovierung.

Nicht weniger als 154 Buddhastatuen wurden in den reich geschmückten Höhlentempeln von Dambulla gezählt.

RUINENSTADT POLONNARUWA

Die mittelalterliche Königsresidenz im nördlichen Teil des zentralen Sri Lanka umfasst bedeutende Bauwerke und hervorragende Beispiele singhalesischer Bildhauerkunst. Berühmt sind insbesondere die Monumentalstatuen Buddhas.

Polonnaruwa wurde im 8. Jahrhundert erstmals Regierungssitz. Nach der Zerstörung Anuradhapuras 1017 wurde es endgültig zur Hauptstadt erklärt; indische und singhalesische Könige wechselten sich ab. Der bedeutendste von Letzteren war Parakrama Bahu I. (reg. 1153–1186). Seine Epoche gilt als kulturelle und wirtschaftliche Blütezeit, es entstanden Tempel, Schulen, Krankenhäuser, Bewässerungsanlagen und ein prachtvoller Palast.
Im 13. Jahrhundert wurde Polonnaruwa aufgegeben. Inzwischen sind alle bedeutenden Sehenswürdigkeiten aber wieder freigelegt worden. Aus der Blütezeit unter Parakrama Bahu I.

stammen der Palastbezirk mit Ratskammer und königlichem Bad, der »Runde Reliquienschrein« mit einem kunstvollen »Mondstein«, einer halbmondförmigen Steinplatte, das »Haus der acht Reliquien«, die 55 Meter hohe Ruvanveli-Dagoba sowie die Thuparama-Dagoba. Vom Höhlentempel Gal Vihara sind vier große Buddhafiguren erhalten, die aus der Granitwand geschlagen wurden. Der 14 Meter lange liegende Buddha ist ein Meisterwerk der Steinmetzkunst.

Im Gal-Vihara-Tempel kann man einen liegenden, einen stehenden neben einem meditierenden Buddha bewundern.

HEILIGE STADT KANDY

Im »Tempel des Zahns« zu Kandy befindet sich Sri Lankas höchstverehrte Reliquie, ein Zahn Buddhas. Ihr zu Ehren findet alljährlich eine farbenprächtige Prozession statt, an der sich Zigtausende beteiligen.

Die religiöse Metropole wurde von König Vikrama Bahu III. (reg. 1357–1374) gegründet. Die wesentlichen Bauwerke gehen aber auf König Vikrama Rajasinha (reg. 1798–1815) zurück, den bedeutendsten Herrscher in Kandy. Er gab auch die hölzerne Audienzhalle im alten Palast und den großen Kandysee im Zentrum der Stadt in Auftrag: Die Entstehung des Gewässers soll daher rühren, dass der König trockenen Fußes von seinem Palast zum südlich gelegenen Malwatte-Tempel gelangen wollte und deshalb einen Damm durch die Reisfelder bauen ließ. Alsbald bildete sich hinter dem Damm ein Teich, wovon der König sich so begeistert zeigte, dass er diesen zu einem stattlichen See von etwa vier Kilometer Umfang erweitern ließ.

Das wichtigste Pilgerziel der sri-lankischen Buddhisten ist der »Tempel des Zahns« (Dalada Maligawa). Im Obergeschoss des zweistöckigen Baus wird die kostbare Reliquie in einem wertvollen Schrein aufbewahrt. Der »Tempel des Blumengartens« (Malwatte Vihara) ist heute einer von zwei Haupttempeln des in Sri Lanka beheimateten Siyam-Nikaya-Ordens.

Sorgsam bewacht wird der »Tempel des Zahns«, in dem man die wertvolle Buddha-Reliquie aufbewahrt.

NATURSCHUTZGEBIET SINHARAJA-WALD

Tropischer Bergregenwald bestimmt das Bild des auf 500 bis 1100 Meter Höhe liegenden Naturschutzareals. Es ist reich an Orchideen- und endemischen Arten.

Das Waldgebiet von Sinharaja im Südwesten der Insel ist die letzte Region Sri Lankas mit ursprünglichem Regenwald. Der Name bedeutet übersetzt »Königreich des Löwen«. Die Regierung bestimmte das Areal zwischen Ratnapura und Matara zum Biosphärenreservat, damit es nicht der in Sri Lanka weit verbreiteten Raubrodung zum Opfer fällt.

Die tropischen Regenwälder der Insel wurden schon immer vom Menschen wirtschaftlich genutzt. Sie dienten als Materiallieferant für den Hausbau sowie als Quelle für allerlei Arzneien und exotische Gewürze. Wegen des raschen Bevölkerungswachstums kann das komplexe Ökosystem weitere massive Eingriffe allerdings nicht mehr schadlos verkraften. Deshalb wurden zu dessen Schutz Gesetze erlassen, die zum Beispiel nur noch das Sammeln der Kittulfasern von den Blattscheiden der Brennpalmen zulassen. Trotzdem werden durch illegale Brandrodung und Edelsteinsuche immer wieder schwere Schäden angerichtet.

Das Naturschutzgebiet ist rund 85 Quadratkilometer groß. Schon zu Zeiten der britischen Kolonialverwaltung wurde hier 1875 ein erstes Schutzgebiet eingerichtet.

ALTSTADT UND FESTUNG VON GALLE

Die Geschichte der Hafenstadt ist vor allem eine der Kolonialisierung, bei der die Portugiesen, Holländer und Briten auch ihre architektonischen Spuren hinterließen.

Ein Ort des Handels war Galle bereits in biblischer Zeit. Damals hieß es »Tarschisch«, und König Salomo bezog seine Edelsteine von hier. Auch der Kalif Harun al-Raschid nutzte den Hafen zum Warenaustausch mit dem Chinesischen Kaiserreich. Ins Blickfeld der Europäer rückte der Ort erst im Jahr 1505, als ihn die Portugiesen eroberten. Sie wurden 1640 von den Holländern abgelöst, die 1796 wiederum den Briten Platz machen mussten.

Die von den trutzigen Mauern aus dem Jahre 1663 geschützte Altstadt, das ehemalige Fort, ist die Hauptattraktion. In den Gassen und den Häusern der Burgher, wie sich die heutigen Nachfahren der Holländer bezeichnen, scheint das 21. Jahrhundert noch in weiter Ferne zu liegen. Aus portugiesischer Zeit ist so gut wie nichts erhalten, da die Niederländer fast alles überbaut haben. An deren Blütezeit erinnern mächtige Bastionen, Tore, barocke Kirchen und das Government House.

Weit ins Meer hinaus schiebt sich die alte Festung von Galle. Der Tsunami an Weihnachten 2004 traf die Hafenstadt schwer. Annähernd 4000 Einwohner verloren durch die Flutwelle ihr Leben.

China

SOMMERRESIDENZ UND TEMPEL BEI CHENGDE

Die Sommerresidenz der Mandschu-Kaiser vereint südchinesische Gartenkunst mit der Steppen- und Waldlandschaft von Nordchina. Die prächtigen Klöster, die in der Umgebung errichtet wurden, geben einen Einblick in die diplomatischen Gepflogenheiten des Großreichs.

In Chengde – auf dem Weg zu den kaiserlichen Jagdgründen – fanden die Mandschu-Kaiser den idealen Ort, um der Sommerhitze Beijings zu entfliehen. Reichlich vorhandenes Wasser erlaubte die Anlage einer Gartenlandschaft im südchinesischen Stil mit Dämmen, Brücken und Pavillons. Die eigentlichen Palastgebäude wurden sehr viel schlichter und intimer gestaltet als in Beijing. Außerhalb des rund fünf Quadratkilometer großen ummauerten Areals entstanden prachtvolle buddhistische Klöster und Tem-

pel. Sie sollten den Gesandten der dem Mandschurischen Reich einverleibten Mongolei und Tibets ihre neue politische Heimat vor Augen führen.

Der eindrucksvollste Tempel auf dem Areal des kaiserlichen Sommerpalasts bei Chengde ist der Tempel der Glückseligkeit und des langen Lebens des Sumeru-Bergs (unten). In der Zentralhalle des »Tempels des universalen Friedens« findet man eine 22 Meter hohe Statue mit 42 Armen, die Guanyin darstellt, die Göttin des Mitgefühls und der Barmherzigkeit.

FUNDSTÄTTE DES PEKING-MENSCHEN IN ZHOUKOUDIAN

Der Fund von Knochen eines Urmenschen in bis zu 50 Meter dicken Ablagerungen einer Höhle gibt Aufschluss über die Abstammungsgeschichte des Menschen.

Eine Schatzkammer der Evolutionsgeschichte liegt nicht weit von Beijing entfernt. Es handelt sich um eine rund 230 000 Jahre lang bewohnte Höhle, in der Ablagerungen aus Asche sowie menschlichen und tierischen Überresten bis zur Decke reichten. 1928 wurden an diesem Ort die Knochen eines Urmenschen gefunden, darunter auch ein Schädel. Dieser Sinanthropus pekinensis, der sogenannte Peking-Mensch der Gattung Homo erectus, war etwa 150 Zentimeter groß, sein Gehirn ein Drittel kleiner als das des Homo sapiens. Es ist neuerdings um-

stritten, inwieweit die Bewohner der Höhle bereits über Feuer verfügten und in größerem Umfang zu jagen imstande waren. Das Werkzeug bestand lediglich aus einfachen Faustkeilen. In der Nähe wurden später 11 000 bis 18 000 Jahre alte Knochen des Jetztmenschen, des Homo sapiens, entdeckt. So machen die Funde in Zhoukoudian den Evolutionsprozess wie an kaum einem anderen Ort der Erde begreifbar.

Die Ausgrabungen in der Höhle in Zhoukoudian und auf dem umgebenden Gelände dauern noch heute an.

WUTAI-GEBIRGE

Der Wutai (Wutai Shan) – ein Gebirgszug im Nordosten der Provinz Shanxi – zählt neben dem Emei Shan, dem Putuo Shan und dem Jiuhua Shan zu den vier heiligen Bergen der Buddhisten.

Bereits vor 2000 Jahren zogen die ersten buddhistischen Mönche zum Wutai, um hier die Erleuchtung zu suchen. Einst schmückten mehr als 100 Klöster seine grünen Hochtäler mit den bunten Gebetsfahnen; sogar Kaiser der Ming-Dynastie reisten zu der Bergkette mit den fünf kahlen Gipfeln, um sich Rat bei den Mönchen zu holen. Heute können Besucher dieses Gebirges die Vielfalt der chinesisch-buddhistischen Tempel-Architektur bewundern: Der Foguang-Tempel, entstanden um das Jahr 900, zählt zu den ältesten und höchsten Holzbauten Chinas. Das Nanchan-Kloster ist berühmt für seine aufwendig gestaltete

große Buddha-Halle, und der Shuxiang-Tempel beherbergt zwölf farbige Statuen, die Geschichten von Manjushri erzählen: Manjushri war ein Schüler Buddhas und gilt jetzt als Bodhisattva (erleuchtetes Wesen), der seinen Sitz auf dem Wutai hat. Er ist Schutzherr der Gelehrten und hilft als himmlischer Baumeister irdischen Architekten beim Bau der Kultstätten.

Chinesen, Tibetern, Mongolen und Mandschus gleichermaßen gilt der Wutai (wegen seiner fünf Gipfel auch »Fünf-Finger-Berg« genannt) als Residenz eines Erleuchteten, zu dessen Ehren Buddhisten 53 Klöster und Tempel errichteten.

HÖHLEN VON MOGAO

An der Seidenstraße, über die der Buddhismus nach China kam, stellen in der Nähe von Dunhuang in der Provinz Gansu 492 mit Wandmalereien und Plastiken ausgeschmückte Grotten den größten buddhistischen Bilderreigen der Welt dar.

In der reichen Oase von Dunhuang verliehen Kaufleute und Generäle, wohlhabende Witwen sowie einfache Mönche über ein Jahrtausend lang ihren Bitten oder ihrem Dank an die überirdischen Mächte und ihrer Hoffnung auf Erlösung Nachdruck: Sie gruben in einer nahen Felswand Grotten ins Gestein und ließen diese mit Bildszenen aus dem Leben des Buddha Gautama, mit Paradiesdarstellungen, Szenen aus dem Diesseits und reicher Ornamentik ausschmücken. Im Jahr 1900 entdeckte ein taoistischer Mönch in der Höhle Nummer 17 eine zugemauerte Bibliothek mit mehr als 50 000 Schriften aus dem 4. bis zum 10. Jahrhundert.

Die Grotten, einst mehr als 1000, von denen im Lauf der Zeit über die Hälfte verfiel, erstrecken sich in mehreren Reihen übereinander auf einer Klippe über 1600 Meter Länge hinweg. Rund 45 000 Quadratmeter an Wandbildern und 2400 kolorierte Lehmfiguren von zehn Zentimeter bis 33 Meter Größe sind erhalten geblieben.
Die Bildnisse zeigen indische, chinesische sowie hellenistische Einflüsse. Sie bezeugen die Bedeutung der Seidenstraße für den kulturellen Austausch über ganz Asien hinweg.

Kostbare Wandmalereien in den Höhlen von Mogao illustrieren Buddhas Leben.

ALTSTADT VON PINGYAO

Das bereits in vorchristlichen Zeiten gegründete Pingyao wurde im 14. Jahrhundert ausgebaut und ist ein Paradebeispiel für die chinesische Architektur der Ming- und der Qing-Zeit. Hier lässt sich die urbane Entwicklung der letzten Jahrhunderte gut nachvollziehen.

Das historische Zentrum von Pingyao wurde im Jahr 1370, unter der Herrschaft des Ming-Kaisers Hong Wu, mit einer imposanten, zwölf Meter hohen und durchschnittlich fünf Meter breiten Stadtmauer bewehrt. Sie bildet ein Viereck mit einer Gesamtlänge von mehr als sechs Kilometern. In ihrem Schutz befindet sich ein wohldurchdachtes Ensemble von Straßenzügen mit zahlreichen gut konservierten Kaufmanns- und Bankhäusern, die einen Einblick in den Wohn- und Geschäftsalltag des alten China gewähren.
Pingyao verdankte seinen Reichtum dem Wirken der Kaufleute und dem

Bankwesen. Als sich Ende des 19. Jahrhunderts die Handelswege änderten, verlor es als Handelszentrum an Bedeutung. Auch seinen Rang als bedeutendes Finanzzentrum büßte Pingyao mit dem Aufstieg der chinesischen Küstenstädte gegen Ende des 19. und Anfang des 20. Jahrhunderts ein, vor allem zugunsten von Hongkong und Schanghai. Immerhin blieb so die Altstadt von Pingyao vor Zerstörungen durch Modernisierung verschont.

Schwarze Ziegelhäuser prägen den Altstadtkern von Pingyao, das einst ein wichtiges Finanzzentrum Chinas war.

YIN XU

Um 1300 bis 1066 v. Chr. war Yin Xu die Hauptstadt der späten Shang-Dynastie. Hier fand man Jadewerkstätten, Bronzegießereien, Paläste, Gräber und ungezählte beschriftete Knochen.

Die Bronzezeit begann in China mit der Shang-Dynastie (16.–11. Jahrhundert v. Chr.). Deren Ursprung geht auf einen Volksstamm am Unterlauf des Gelben Flusses (Huang He) zurück. Die Hauptstadt des Reichs wurde in den ersten Jahrhunderten mehrmals verlegt. Dann bestimmte Kaiser Pan Geng Yin als seine Hauptstadt, womit die Dynastie einen weiteren Aufschwung nahm. Doch mit dem Untergang der Shang-Dynastie verfiel auch die Hauptstadt Yin innerhalb kürzester Zeit und wurde zu Yin Xu, zur Ruinenstadt Yin. Das Areal von Yin Xu misst insgesamt rund 30 Quadratkilometer und umfasst Gebiete nördlich und südlich des

Gelben Flusses. Am Südufer befindet sich ein Bereich mit Palästen und Ahnentempeln. Der bedeutendste Fund ist hier das – als einziges der Shang-Dynastie vollständig erhalten gebliebene – Grab von Fu Hao.
Das zweite Areal befindet sich am Nordufer des Gelben Flusses und umfasst Prinzengräber sowie die Gräber von vielleicht 2000 Dienern oder Sklaven, die wahrscheinlich für die Ahnen der Dynastie geopfert wurden.

Im Jahr 1976 entdeckten Archäologen das Grab Fu Haos, der Ehefrau des Shang-Königs Wu Ding. Es war mit reichen Grabbeigaben bestückt.

China

BERGREGION TAISHAN

Der 1545 Meter hohe heilige Ostberg nördlich der Stadt Tai'an in der Provinz Shandong wurde in der chinesischen Mythologie mit den Kräften des Himmels in Verbindung gebracht. Bereits seit dem 2. Jahrhundert v. Chr. brachte man ihm kaiserliche Himmelsopfer dar.

Das Taishan-Massiv ist die in einem Umkreis von 1000 Kilometern am höchsten aufragende Bergregion. Mit steilen Felswänden und Gebirgsbächen bietet es eine imposante Erscheinung. Wegen der Lage in Richtung Sonnenaufgang galt das Felsmassiv als Herr des Lebens – und des Todes.
Der erste chinesische Kaiser, Qin Shihuangdi, bestieg es denn auch auf seiner ersten Inspektionsreise nach der Einigung des Reichs. Zuvor hatte schon Konfuzius befunden, von hier aus sehe man, wie klein doch die Welt sei. Zahllose weitere Berühmtheiten folgten und ließen mehr als 1000 Inschriften in die Felsen meißeln.

Der Taishan mit seinen vielen Felsinschriften gilt als einer der fünf heiligen Berge des Taoismus.

Fast 100 Tempel säumten einst den Pfad zum Gipfel, von denen jedoch nur 22 die Zeiten überdauert haben. Chinas über 2500-jährige Tradition der Naturverehrung erlebte hier den Gipfel der Prunkentfaltung. So politisch bedeutsam und aufwendig war der Kultus, dass er seit der Zeitenwende nur viermal vollzogen wurde. Zum vorletzten Mal geschah dies im Jahr 725, als Kaiser Xuanzong an diesem Ort weilte. Davon zeugt noch eine 13 Meter hohe vergoldete Felsinschrift.

Rechts oben: Vor dem Felswandgedicht des Tang-Kaisers Li Longji macht ein Mönch Tai-Chi-Übungen. Rechts unten: Ein Fresko im Tempel des Berggottes am Fuß des Taishan zeigt, dass auch der Kaiser verpflichtet war, in einer Pilgerprozession den heiligen Berg zu erklimmen. Vor dem Aufstieg übernachtete der Kaiser mit seinem Gefolge im Tempel.

TEMPEL UND GRAB DES KONFUZIUS IN QUFU

Der Geburts- und Sterbeort des Konfuzius (551–479 v. Chr.) ist Zentrum eines für ganz Ostasien bedeutenden Kults. Hier steht der größte Konfuzius-Tempel der Erde und liegt der Weise auch begraben. Zum Welterbe zählt neben dem Friedhof mit dem Grab des Gelehrten auch die Residenz der Familie Kong, der Konfuzius entstammte.

Das Jahr 195 v. Chr., als der Gründer der Han-Dynastie das erste Mal zum Konfuzius-Opfer nach Qufu südlich der Stadt Jinan in der Provinz Shandong kam, ist das früheste gesicherte Datum für den offiziellen Kult um Chinas großen Lehrer. Nach der Anerkennung seiner Lehre als Staatsphilosophie blieben die Stammhalter des Konfuzius bis ins 20. Jahrhundert hinein offiziell mit

Im Wald der Familie Kong, einem rund 200 Hektar großen Gelände zwei Kilometer nördlich von Qufu, befindet sich die Grabstätte von Konfuzius.

der Ausrichtung vieler großer und kleiner Opfer betraut. Zu diesem Zweck empfingen sie auch großzügige kaiserliche Lehen. Ihre Residenz blieb bis heute Seite an Seite mit dem Tempel erhalten. Das Heiligtum ist mit 685 Meter Länge und 150 Meter Breite bedeutend größer als alle anderen Konfuzius-Tempel Ostasiens. Dank eines kaiserlichen Privilegs aus dem Jahr 1730 wurde das Dach der Haupthalle gelb glasiert. Konfuzius selbst, seine Verwandten sowie alle ortsansässigen Nachkommen wurden auf einem Friedhof in der Nähe bestattet, dem sogenannten Wald der Familie Kong. Er ist der größte und älteste Friedhof in Chinas, der noch bis heute genutzt wird.

Die Residenz der Familie Kong besteht aus zahlreichen Gebäuden, die mit Altar und kostbarem Mobiliar ausgestattet sind.

GROTTEN VON LONGMEN

Die Longmen-(»Drachentor«-)Grotten gehören zu den größten Höhlentempel-komplexen Chinas. Sie befinden sich auf einem etwa 1000 Meter langen Klippen-stück am Fluss Yi, wenige Kilometer südlich von Luoyang in der Provinz Henan.

Über 2000 Grotten und Nischen reihen sich an dem steilen Hang des Drachen-bergs über dem Fluss Yi aneinander. Mit einer Länge von etwa einem Kilometer bildet Longmen das größte – von Men-schen geschaffene – Höhlengebilde in China. Die Grotten dienten als kulti-scher Ort, zeigen wertvolle Inschriften und beherbergen mehr als 100 000 bud-dhistische Steinstatuen sowie reichen plastischen Decken- und Wandschmuck. Bereits im Jahr 494 begann der Aus-bau der Grottenheiligtümer durch den Herrscher der Nördlichen Wei-Dynas-tie, nachdem dieser das alte, als bud-dhistisches Zentrum bedeutsame Luo-yang zu seiner Hauptstadt gemacht

hatte. Aus der frühen Zeit sind die Guyang-Höhle aus den Jahren 495 bis 499 sowie die Binyang-Höhle aus den Jahren 500 bis 532 erhalten. In den folgenden Jahrhunderten, dem Golde-nen Zeitalter des Buddhismus unter den Herrschern der Sui- und der Tang-Dynastie, hat man den Höhlenkomplex noch erweitert. Mit dem sogenannten Longmen-Stil vom 5. bis zum 9. Jahr-hundert bildete sich im nördlichen China eine landestypische buddhisti-sche Skulpturenkunst von höchster künstlerischer Kreativität heraus.

Mittelpunkt des Fengxian-Tempels ist die 17 Meter hohe Buddhafigur Vairochana.

GRABMAL DES ERSTEN KAISERS VON CHINA

Vor mehr als 2000 Jahren wurde hier Kaiser Qin Shihuangdi begraben, umgeben von Tausenden von individuell gestalteten Terrakottafiguren, die ein Abbild der militärischen und höfischen Organisation sind.

Gleich nachdem Chinas erster Kaiser Qin Shihuangdi das Reich geeint hatte, begann er etwa 30 Kilometer nordöst-lich von Xi'an mit der Anlage seiner standesgemäßen Grabstätte. Dass diese nicht nur aus dem auffälligen Grabhü-gel bestand, wurde erst klar, als Bauern 1974 beim Brunnenbohren auf Scher-ben großer Kriegerfiguren stießen. Die-se sind Teil einer noch nicht vollständig ausgegrabenen Armee, die aus etwa 7600 Soldaten besteht. Allen Figuren wurden individuelle Gesichtszüge auf-modelliert. In unterirdischen Kammern in Schlachtordnung aufgestellt, sollte

die Armee das Grab des Verstorbenen und damit auf magische Weise auch sein Reich vor bösen Mächten aus dem Jenseits schützen und den hohen Rang des Grabherrn dokumentieren. Viele der überlebensgroßen und ursprüng-lich farbig gefassten Figuren wurden restauriert und am originalen Platz wieder aufgestellt. Weitere wertvolle Grabbeigaben sind zwei lebensgroße Bronzegespanne. Bis heute ist erst ein Viertel der Grabstätte freigelegt.

Die in Schlachtordnung aufgestellte Terra-kotta-Armee verteilt sich auf drei Gruben.

TAOISTISCHE HEILIGTÜMER IN DEN WUDANG-BERGEN

Das einstmals abgelegene Bergland ist Chinas bedeutendstes Zentrum der taois-tischen Religion. Im 15. Jahrhundert entstanden hier in kaiserlichem Auftrag eindrucksvolle Tempel und Klöster.

Spätestens seit der Östlichen Han-Zeit (25–220) begannen sich taoistische Eremiten in die abgelegene Gebirgs-region im Nordwesten der chinesi-schen Provinz Hubei zurückzuziehen. Nachdem sich dann zur Tang-Zeit (618–907) Legenden verbreitet hat-ten, hier habe einst der himmlische Nordkaiser gelebt, wurden Klöster ge-gründet, und die Wudang-Berge wan-delten sich zum Pilgerziel. Von politi-schen Motiven geleitet, ließ hier schließlich der dritte Kaiser der Ming-Dynastie, Yongle, ab dem Jahr 1412 reich ausgestattete neue Klöster von

palastartiger Größe erbauen. Dazu wurden etwa 300 000 Arbeitskräfte eingesetzt. Insgesamt blieben 129 der religiösen Stätten erhalten. Alle Besu-cher und Pilger streben jedoch auf den Gipfel des 1612 Meter hohen Tianzhu, des höchsten Bergs der Region, zur Goldenen Halle, einem im Jahr 1416 erbauten 14 Quadratmeter großen Bau, der ganz aus Bronze besteht.

Unter den vielen Tempeln, Klöstern, Schreinen, Höhlen und Einsiedeleien befin-det sich auch das »Kloster der höchsten Harmonie«.

LUSHAN-NATIONALPARK

In dieser zauberhaften Berglandschaft – der Name »Lushan« bezeichnet einen Berg wie auch ein Gebirge – nördlich des Flusses Jangtse in der Provinz Jiangxi bilden Naturschönheiten eine seltene Einheit mit Tempeln, Klöstern und Reminiszenzen an historische Persönlichkeiten.

Wenige Berge wurden so oft besun-gen wie der Lushan. Nicht nur fast alle großen chinesischen Dichter beehrten ihn mit einem Besuch und hinterlie-ßen dort Inschriften, sondern auch pro-minente Philosophen, Maler, Mönche und Politiker. Für Taoisten und Bud-dhisten war der »Berg des übernatür-lichen Wesens« ein bevorzugter Pil-gerort. Seine Seen und Wasserfälle, Wälder und Felsen prädestinierten ihn zur Sommerfrische. Der oft in Nebel eingehüllte Berg beeinflusste die Landschaftsästhetik Chinas schon früh in einem Maße, wie es später nur noch der Huangshan vermochte.

Am Lushan lehrte Zhu Xi (1130–1200), der Vollender der neokonfuzianischen Philosophie, im 12. Jahrhundert in der Bailudong-Akademie. Zu den zahlrei-chen Tempelklöstern am Fuß des 1400 Meter hohen Massivs gehört auch das Donglin-Kloster, das im Jahre 384 von dem Mönch Huiyuan gegründete Zent-rum der buddhistischen Jingtu-Schule.

Die atemberaubende Schönheit des Lushan-Gebirges mit seinen Tempeln und Pagoden hoch über dem Jangtse inspi-rierte nicht nur Dichter, sondern machte die Region auch zum Ursprungsort der chinesischen Landschaftsmalerei.

KLASSISCHE GÄRTEN VON SUZHOU

Die großzügigen Wohngärten in Suzhou, die sich einst Kaufleute, Literaten und Beamte anlegen ließen, sind heute angenehme innerstädtische Refugien.

Das nur wenig westlich von Schanghai gelegene Suzhou verdankte seinen Wohlstand dem Kaiserkanal. Auch heute noch stellen die vielen von Steinbrücken überspannten Kanäle wichtige innerstädtische Verkehrswege dar. Berühmt ist die Stadt jedoch vor allem wegen der Wohngärten, die mit ihren Teichen, kunstvoll arrangierten Felsen und einer symbolträchtigen, sparsamen Bepflanzung einen Teil der Atmosphäre der alten Stadt erhalten haben. Aus dem Jahr 1044 stammt der »Garten der dunkelgrünen Welle« am Canglang-Kanal; der Name ist eine literarische Anspielung auf die herrschende Korruption. Der »Garten des einfältigen Beamten«, 1509 angelegt, gilt als der repräsentativste der Gärten der Ming-Zeit. Er erstreckt sich über rund vier Hektar. Der »Löwenwald« (um 1342) verdankt seinen Namen den bizarren Steingebilden, die hier zu finden sind. Der »Garten des Verweilens«, 1522 angelegt und um 1770 umgestaltet, ist mit einer Größe von einem halben Hektar einer der kleinsten und zugleich beliebtesten Gärten von Suzhou.

Wegen der vielen Kanäle und Brücken wird Suzhou auch als Venedig des Ostens bezeichnet.

HUANGSHAN-GEBIRGSMASSIV

Im Süden der Volksrepublik China liegt die Stadt Huangshan, zu deren Verwaltungsgebiet auch das berühmte Huangshan-Gebirgsmassiv gehört. Felsen scheinen in Wolkenmeeren zu schwimmen, als habe die Natur eine Fantasielandschaft hervorgezaubert.

»Es gibt keinen Berg, der so schön ist wie der Huangshan«, soll der berühmte Geograf der Ming-Dynastie, Xu Xiake (1587–1641), gesagt haben, der auch für seine Reisebeschreibungen bekannt ist. Und noch immer lässt sich seine Faszination gut nachvollziehen: Allein 77 zwischen 1000 und 1849 Meter hohe Gipfel erheben sich dicht gedrängt in der nur etwa 150 Quadratkilometer umfassenden Gebirgsregion von Huangshan (Gelber Berg) in der Provinz Anhui. An rund 250 Tagen im Jahr ziehen durch die tiefen, feuchten Täler Nebelschwaden, die so dicht sind, dass die Landschaft von oben betrachtet als Meer erscheint, auf dem die Gipfel schwimmen. Zahlreiche Pavillons zur Betrachtung der dem chinesischen Landschaftsideal fast vollständig entsprechenden Gebirgsszenerie sind im Lauf der Zeit entstanden. Die Huangshan-Ästhetik, die die klassische Gelehrtenkultur Chinas stark beeinflusste, wird durch die hier wachsenden uralten Kiefern vervollkommnet.

Das Huangshan-Gebirgsmassiv ist eine der berühmtesten Bergregionen Chinas. Mit seinen bizarr geformten Felsen und knorrigen Kiefern entspricht es dem chinesischen Landschaftsideal.

HISTORISCHE DÖRFER XIDI UND HONGCUN IM SÜDLICHEN ANHUI

Diese beiden traditionellen Orte vermitteln ein authentisches Bild von Sozialordnung und Moral der chinesischen Feudalgesellschaft.

Die Anlage der Siedlungen Hongcun und Xidi im südöstlichen Winkel der Provinz Anhui im Kreis Yixian wird bestimmt durch das Muster des mittelalterlichen Straßennetzes, das durch die Ausrichtung der Häuser nach Süden entsteht. Viele der aus Ziegelsteinen errichteten zweistöckigen Wohnhäuser stammen aus der Zeit vom Ende des 15. Jahrhunderts bis zum 17. Jahrhundert. Die Bauten belegen das kontinuierliche Festhalten an einem konventionellen Architekturstil, der sich in den zwei Jahrtausenden der Kaiserzeit kaum verändert hat. Am Reichtum der Dekoration lässt sich ablesen, dass die Häuser ehemals für wohlhabende und ranghohe Familien errichtet wurden. Diese gehörten der neu entstandenen Schicht von Großkaufleuten an, die sich in Süd-Anhui niederließen. Eine Besonderheit stellt das Wasserversorgungssystem dar, das im Zuge des wirtschaftlichen Wiederaufbaus in ländlichen Regionen bereits während des 14. Jahrhunderts angelegt wurde.

Pultdächer sowie vielseitig gestaltete Gitter- und Punktfenster sind typisch für die Gebäude in Xidi und Hongcun. Ihre feinen Linien und die gedeckten Farben erinnern an chinesische Tuschemalerei.

BERGLANDSCHAFT WUYI

Der artenreiche subtropische Primärwald der Berglandschaft von Wuyi ist nicht nur ein Paradies für seltene Tiere und Pflanzen, sondern hat aufgrund seiner steilen Felsen und kristallklaren Flüsse auch einen besonderen ästhetischen Reiz.

An der höchsten Stelle von Wuyi, einer Berglandschaft im äußersten Nordwesten der chinesischen Provinz Fujian, hat sich ein subtropisches Waldbiotop erhalten. Fast 2500 höhere Pflanzenarten sowie rund 5000 Insekten- und 475 Wirbeltierarten wurden hier gezählt. Da die Durchschnittshöhe hier lediglich bei 350 Meter über dem Meeresspiegel liegt, herrschen auch im Winter relativ milde Temperaturen. Zur biologischen Bedeutung des Schutzgebiets kommt der Reiz einer höchst imposanten Landschaft hinzu. Dies ist vor allem den 36 steilen Felsgipfeln zu danken, die beiderseits des Jiuquxi, des Flusses der neun Windungen, in den Himmel ragen. Mit einem Boot kann man diesen Flussabschnitt erkunden. An verschiedenen Stellen gibt es landschaftliche Kuriositäten zu bestaunen: So findet sich hier eine hohe muschelförmige Grotte, von deren oberem Rand das Wasser einer Quelle herunterfließt. An anderer Stelle gibt am Ende einer tunnelförmigen Höhle ein senkrechter Felsriss von nur einem halben Meter Breite und rund 100 Meter Höhe den Blick auf einen filigran erscheinenden Streifen Himmel frei.

In die abgelegene Berglandschaft von Wuyi zogen sich einst Literaten und Gelehrte zurück.

LANDSCHAFTSPARK WULINGYUAN

Mehr als 3000 überwachsene Quarzsandsteintürme drängen sich in den beiden Teilen des Naturparks. Hier findet man die höchste natürliche Brücke der Erde.

Die Gipfel, die sich auf die zwei Gebiete Zhangjiajie und Tianzishan sowie entlang der Ufer des Jinbianxi verteilen, wurden aus einer 500 Meter starken Sedimentschicht durch die Kräfte der Erosion geformt. Die Täler zwischen ihnen sind so schmal, dass dort keinerlei Landwirtschaft möglich war. Daher blieb diese Region in der Provinz Hunan im Südosten Chinas weithin unbesiedelt. Nahezu alle auffälligeren Felsen tragen heute blumige Namen. Das ganze Areal ist dicht bewachsen und von Wasserläufen durchzogen.
Zu den besonderen Attraktionen dieses Parks gehören zwei natürliche Brücken. Die eine, 26 Meter lang, spannt sich in etwa 100 Meter Höhe über den Talgrund; die spektakulärere Brücke ist sogar 40 Meter lang und schwingt sich in etwa 350 Meter Höhe über das Tal. Zudem sind hier viele unterirdische Wunder zu bestaunen. Dazu gehört zum Beispiel der fantastische Stalagmitenwald in einer 12 000 Quadratmeter großen Kaverne der nahe gelegenen Huanglong Dong, der »Höhle des gelben Drachen«.

Das zerklüftete Felslabyrinth des Landschaftsparks Wulingyuan lag vor 100 Millionen Jahren noch unter dem Meer.

FELSBILDER VON DAZU

Vor rund 1000 Jahren wurden hier, ca. 100 Kilometer westlich der heutigen Stadt Chongqing, Zehntausende von Skulpturen aus den Felshängen geschlagen.

Auf verschiedenen Felswänden, die zwischen sieben und 30 Meter hoch sowie bis zu 500 Meter lang sind, präsentiert sich in Dazu ein rund 1000 Jahre altes Kaleidoskop buddhistischer Bildhauerkunst. Anders als in den großen alten Felstempelanlagen Nordchinas, die vorwiegend in künstlichen Grotten erbaut wurden, bieten sich die kolorierten Skulpturen und Reliefs von Dazu dem Betrachter meist offen dar. Besonders häufig dargestellt sind die Figur Buddha, die an ihrer schlichten Mönchskleidung zu erkennen ist, sowie die Bodhisattvas, die auf ihren Eintritt ins Nirwana verzichten, um den Menschen zu helfen und sie aus dem irdischen Jammertal zu retten. Darstellungen des buddhistischen Paradieses veranschaulichen das Glück, das den frommen Gläubigen dereinst erwartet. Aber auch Wächtergottheiten, Höllenszenen und säkulare Motive sind zu finden. Letztere vermitteln einen Einblick in das Alltagsleben zur Zeit der Entstehung der Werke.
Die rund 10 000 Skulpturen am Schatzgipfelberg wurden von nur einem einzigen Mönch geschaffen. Berühmt sind ein 31 Meter langer liegender Buddha, dargestellt bei seinem Eintritt ins Nirwana, und eine vergoldete tausendarmige Guanyin.

Unter den Steinreliefs in Dazu befinden sich zahlreiche Buddhadarstellungen.

LANDSCHAFTSPARK JIUZHAIGOU-TAL

Über drei Hochtäler im Nordwesten der Provinz Sichuan verteilen sich im Landschaftspark Jiuzhaigou-Tal Naturwunder in einzigartiger Fülle – mit bunten Teichen, reißenden Katarakten, seltenen Tieren und üppiger Vegetation.

Von 2000 Meter Höhe aus ziehen sich drei y-förmig ineinander übergehende, dicht bewaldete Täler hinauf, überragt von bis zu 4700 Meter hohen schneebedeckten Gipfeln. Der karstige Untergrund reichert versickerndes Wasser mit Kalziumsalz an, das in Form großer Kalksinterterrassen wieder zutage tritt. Die Tuffdämme, über die die Katarakte schießen, sind von kleinen Bäumen bewachsen. Berühmt ist das Gebiet auch für seine Wasserfälle – der größte stürzt fast 80 Meter tief hinab. Mehrere Seen leuchten in verschiedenen Farben, von Gelb über Giftgrün bis Blau. Mit seinen einsamen Seitentälern ist der Landschaftspark auch ein Refugium für seltene Pflanzen- und Tierarten, etwa für Riesenpandas und Goldhaaraffen sowie zahlreiche Vögel.

Der Name »Jiuzhaigou« bedeutet »Tal der neun Dörfer« und leitet sich ab von den neun tibetischen Dörfern, die auf dem rund 60 000 Hektar großen Areal des Landschaftsparks zu finden sind. Zur faszinierenden Naturlandschaft gehören neben Bergen und Wasserfällen auch rund 120 Seen, die je nach Jahreszeit in unterschiedlichen Farben schimmern.

LANDSCHAFTSPARK HUANGLONG

Neben einer beeindruckenden Gebirgs- und Gletscherlandschaft findet man hier eine fast vier Kilometer lange Abfolge von Kalksinterterrassen, die sich durch ein bewaldetes Hochtal ziehen.

Das von etwa 3000 Meter Meereshöhe bis zum Schneegipfel des 5588 Meter hohen Xuebaoding ansteigende ehemalige Gletschertal im autonomen Bezirk Ngawa in der Provinz Sichuan ist auch bekannt als Rückzugsgebiet des Riesenpandas. Am Grund eines dicht bewaldeten Seitentals haben sich hier gelbe Kalksinterterrassen herausgebildet. Das Wasser in den Becken schillert aufgrund der darin siedelnden Algen und Bakterien in den mannigfaltigsten Farben. Dabei weisen direkt aneinandergrenzende Becken oft ganz unterschiedliche Farbtöne auf. In manchen Teichen wachsen auch kleine Bäume. Die Hauptattraktion des Naturparks ist eine rund zweieinhalb Kilometer lange und 100 Meter breite stark abschüssige gelbe Travertinfläche, die mit einem nur wenige Zentimeter tiefen Rinnsal bedeckt ist. Diesem mit einem gelben Drachen (chinesisch: Huanglong) assoziierten Phänomen verdankt die Welterbestätte auch ihren Namen.

Die terrassenartigen Pools im Huanglong-Tal entstanden während der Eiszeit, als die Region noch unter einem Gletscher lag.

BERG QINGCHENG UND BEWÄSSERUNGSSYSTEM VON DUJIANGYAN

Der Berg Qingcheng und die Bewässerungsanlage in Dujiangyan liegen im Westen der Stadt Chengdu, die seit jeher durch wirtschaftliche und geistige Selbstständigkeit geprägt ist

Der ursprüngliche Charakter sowie vor allem die Flora und Fauna des am Ostrand des tibetischen Gebirgsmassivs gelegenen Bergs haben jahrhundertelang zahlreiche Wanderer veranlasst, ihre Empfindungen zu formulieren und Inschriften in den Fels zu ritzen. Auf halber Höhe zum Hauptgipfel liegt die Höhle des Himmelsmeisters Tianshi Dong, die von den Taoisten als heilige Stätte verehrt wird. Hier lebte im 2. Jahrhundert der Einsiedler Zhang Daoling, bevor er die taoistische Fünf-Scheffel-Reis-Bewegung begründete. Östlich des Bergs, am Rand des Roten Beckens, entstand im Lauf des 3. Jahrhunderts v. Chr. das Wasserbauprojekt Dujiangyan zur Regulierung des mächtigen Flusses Min. Eine künstlich aufgeschüttete Insel teilt die Wassermassen und leitet sie in Kanäle.

Der Berg Qingcheng ist das fünfte der berühmten taoistischen Gebirge Chinas. Viele Tempel aus dem 3. bis 8. Jahrhundert säumen den Weg zum Gipfel.

PANDA-NATURRESERVAT IN SICHUAN

In den Pandareservaten von Sichuan leben mit rund 900 Tieren 30 Prozent des noch verbliebenen Wildbestands des Großen Pandas. Das Gebiet gehört außerdem zu den pflanzenreichsten Zonen der Erde außerhalb der Tropen.

Das als Welterbe geschützte, rund 9425 Quadratkilometer große Areal liegt im südlichen zentralen China, in den Qionglai- und Jiajinbergen. Es umfasst neben sieben Naturreservaten auch neun »Scenic Parks«, die Besuchern offen stehen, und ist das bedeutendste Schutz- und Zuchtgebiet für den schwarz-weiß gezeichneten Großen Panda, der hier ebenso ein Rückzugsgebiet gefunden hat wie weitere gefährdete Tierarten, darunter der (entgegen früheren Vermutungen wohl nicht mit dem Großen Panda verwandte) Kleine Panda, der Schneeleopard und der Nebelparder. Der große Pflanzenreichtum des Areals erklärt sich u. a. durch die enorme landschaftliche Vielfalt. Der Höhenunterschied vom tiefsten zum höchsten Punkt beträgt rund 5700 Meter. Auch hinsichtlich Heilpflanzen ist das Gebiet eine wahre Fundgrube.

Bambus ist eine charakteristische Pflanze Südchinas und die Ernährungsgrundlage für den Großen Panda. Als im Jahr 1975 Bambus großflächig abstarb, verhungerten 140 Bären. Inzwischen stieg die Zahl der wild lebenden Pandas wieder.

China

D a l a i - L a m a

Im Lamaismus, der tibetischen Form des Buddhismus, ist der jeweilige Dalai-Lama (»Ozean des Wissens«) die Wiedergeburt von »Chenresi«, dem Schutzgott Tibets. Als geistliches wie weltliches Oberhaupt der Tibeter residierte er seit 1642 im mächtigen Tempelpalast Potala in Lhasa. Der Bauernsohn Lhamo Dhondup, 1935 geboren, war erst zwei Jahre alt, als eine Delegation hoher tibetischer Priester sein bescheidenes Elternhaus aufsuchte. Eine Prophezeiung soll ihnen den Weg gewiesen haben. Berichtet wird, dass der kleine Junge Gegenstände wiedererkannt habe, die früheren Inkarnationen des Dalai-Lama gehörten, und dass er so die Weissagung bestätigt hätte.

HISTORISCHES ENSEMBLE DES POTALA-PALASTS IN LHASA

In der Residenz des Dalai-Lama, die zugleich Kloster und Festung ist, verschmelzen die Religion und Politik Tibets zu einem architektonisch-bildnerischen Kunstwerk mit überwältigendem Eindruck. Zum als Welterbe geschützten Ensemble gehören nach Erweiterungen in den Jahren 2000 und 2001 neben dem Potala-Palast selbst auch der Jokhang-Tempel und der Norbulingka-Palast.

In dem 110 Meter über dem Tal von Lhasa aufragenden grandiosen Bauwerk manifestiert sich eine einzigartige politisch-religiöse Kultur. Sein Haupt-

Im Hof des Roten Palasts sieht man reich geschmückte, bunt bemalte Holzbalken.

teil, der über 320 Meter lange Weiße Palast, wurde unter dem fünften Dalai-Lama erbaut, dem ersten Hohepriester des tibetischen Buddhismus, der auch politische Macht ausübte. Nach seinem Tod entstand der später von goldenen Dächern gekrönte zentrale Rote Palast, der die bedeutendsten Schätze des Komplexes birgt. Insgesamt weist der Gebäudekomplex rund 1000 Räume und eine Grundfläche von fast 130 000 Quadratmetern auf. Seine verschwenderische Pracht bezeugt ein Maß an religiöser Hingabe, das ebenso groß war wie das Leben in Tibet entbehrungsreich.

Bis zur Flucht des 14. Dalai-Lama aus Tibet war der Potala-Palast seine Residenz und Sitz der tibetischen Regierung.

Seither gilt er den Tibetern als 14. Wiedergeburt ihres Gottkönigs. Unter seinem Mönchsnamen »Tenzin Gyatso« bestieg er als Vierjähriger den Löwenthron. Im Jahr 1950 besetzten die Chinesen Tibet, die alten Traditionen wurden brutal unterdrückt, der 14. Dalai-Lama verlor seine Macht. Nach blutig niedergeschlagenen Aufständen –

Zehntausende Tibeter wurden getötet, 6000 Klöster und Tempel zerstört – floh der Dalai Lama 1959 nach Indien. In einem Bergdorf bei Dharamsala baute er eine demokratische Exilregierung für sein besetztes Land auf. Als charismatische Symbolfigur des friedlichen Miteinanders der Völker bekam er 1989 den Friedensnobelpreis.

Eine Wandmalerei (linke Seite) im Potala-Palast zeigt den fünften Dalai-Lama, Ngawang Lobsang Gyatso (1617–1682). Originalgetreu blieb der Wohnraum des 14. Dalai-Lama im Palast erhalten (links), der am 17. November 1959, neun Jahre nach dem Einmarsch der chinesischen Truppen, nach Indien flüchte.

China

KARSTLANDSCHAFTEN IN SÜDCHINA

Die Region um Guilin mit ihren bizarren Karstbergen gilt als archetypische chinesische Landschaft. Solche Karstformationen existieren in einem rund 500 000 Quadratkilometer großen Gebiet Südchinas. Das Welterbe umfasst mehrere insgesamt rund 1000 Quadratkilometer große Areale mit entsprechenden Formationen in Shilin bei Kunming, Libo bei Guiyang und Wulong bei Chongqing.

Im tropischen Südchina sind durch Kohlensäurereaktionen ausgeprägte Verwitterungsformen entstanden, die man als Karst bezeichnet. Hier führte die intensive Verwitterung zu fantastischen Formen – etwa Kegelkarst, Turmkarst und Steinwälder. Der Shilin-Karst in Yunnan besteht aus Steinwäldern mit tiefen, scharfen Karren. Der Libo-Karst von Guizhou illustriert vor allem den Übergang vom Kegel- zum Turmkarst. Im Wulong-Karst bei Chongqing dominieren Dolinen mit tiefen Schluchten, Höhlen und brückenartigen Strukturen.

Vor 270 Millionen Jahren entstand nahe der heutigen Stadt Kunming aus einem flachen Meer ein Karstgebirge (unten), der Shilin-Karst (»Steinwald«). Die Felsformationen gleichen oft Tieren oder Menschen und haben Namen wie »Vögel füttern ihre Jungen« oder »Ein Phönix putzt sich«. Von einer Aussichtspagode (rechts) aus kann man sich einen guten Überblick über das Areal verschaffen.

SANQINGSHAN-NATIONALPARK

Dieser im südöstlichen China gelegene Nationalpark fasziniert durch seine außergewöhnliche landschaftliche Schönheit, die geprägt ist von üppigen Wäldern, zahlreichen Wasserfällen und fantastisch geformten Felsformationen.

Der Nationalpark Sanqingshan in der chinesischen Provinz Jiangxi befindet sich im Westen der Huyaiyu-Bergkette. Das knapp 230 Quadratkilometer große Areal liegt auf einer durchschnittlichen Meereshöhe von 1000 bis 1800 Metern, wichtigster Gipfel ist der 1817 Meter hohe Huyaiyu. Wegen des Höhenunterschieds umfasst der Nationalpark sowohl subtropische als auch maritim beeinflusste Gebiete mit Regen- und Nadelwäldern. Zu den Hauptattraktionen zählen die einzigartigen Granitformationen der Huyaiyu-Kette: Viele der insgesamt 48 Felsspitzen und 89 Säulen erinnern in ihrer Gestalt an Menschen oder Tiere. Wolkenfelder und Nebelschwaden sorgen für ungewöhnliche Lichteffekte wie den sogenannten weißen Regenbogen. Aufgrund seines hohen Alters von bis zu 1,6 Milliarden Jahren ist das Gebirge ein begehrtes Forschungsobjekt für Geologen.

Zum Sonnenuntergang bilden die baumbewachsenen Felsformationen im Nationalpark Sanqingshan ein surreales oder mystisch anmutendes Landschaftspanorama.

TULOU-LEHMRUNDBAUTEN IN FUJIAN

Die Erdhäuser wurden zwischen dem 12. und 20. Jahrhundert als befestigte Wohnanlagen gebaut. Architektonisch interessant ist die ökologische Bauweise in Verbindung mit der Idee gemeinschaftlichen Wohnens und Lebens.

In der im Südwesten der Provinz Fujian an der Grenze zur Provinz Guangdong gelegenen Bergregion findet man inmitten von Reis-, Tabak- und Teefeldern die Siedlungen der Hakka. Ihre riesigen runden Erdhäuser, »Tulou« genannt, zeigen die Anpassung von Lebensweise und Baustil dieses Volks an die Gegebenheiten der Region, die insbesondere während der Zeit der Ming- und Qing-Dynastien durch räuberische Übergriffe bedroht war. Die zwischen zwei und fünf Stockwerke hohen Häuser mit ihren Mauern aus ungebrannter Erde und Ziegeldächern umschließen in der Regel in Form eines Rings einen belebten Innenhof. Nach außen nur durch wenige Fenster und einen einzigen Eingang geöffnet, erfüllen die Tulou von Fujian durch ihre Bauweise und Dimensionen auch die Funktion nahezu uneinnehmbarer Wehrburgen. Die Erdhäuser werden von Familienclans bewohnt und können je nach Größe zwischen 100 und 800 Menschen beherbergen.

Aus der Vogelperspektive erinnern die runden Erdhäuser in Fujian an moderne Fußballstadien.

DIAOLOU-TÜRME UND DÖRFER IN KAIPING

Ein in der ländlichen Umgebung bizarr anmutendes Welterbe bilden die Wohntürme in der südchinesischen Stadt Kaiping und umgebenden Dörfern.

»Diaolou« (bedeutet »Festungsturm«. Der Bau mehrstöckiger befestigter Dorfhäuser in Form von Türmen kam in der Ming-Zeit vor allem in der südchinesischen Provinz Guangdong als Reaktion auf das Banditenunwesen auf und hielt sich bis in unsere Zeit. Im Jahr 1839 setzte in Kaiping eine Auswanderungswelle nach Amerika ein. Ab Ende des Jahrhunderts remigrierten viele Auslandschinesen in ihre Heimat. Das rief erneut Banditen auf den Plan. Von den heute noch bestehenden 1833 Diaolou-Türmen wurden deshalb zwischen den Jahren 1900 und 1931 insgesamt 1648 von Auslandschinesen erbaut. Das Welterbe umfasst einen repräsentativen Ausschnitt dieser Festungstürme in den Ortschaften Sanmenli, Zili, Majianlong und Jinjiangli. Sie verfügen meist unten über eine Terrasse mit Balustrade und oben über eine Loggia mit Arkaden, in der sich auch der Schrein für die Ahnen befindet.

Elemente europäischer, amerikanischer und anderer Bauformen aus ihren Gastländern verschmolzen die zurückgekehrten Auslandschinesen bei der Errichtung der Wohntürme in Kaiping und Umgebung mit lokalen Traditionen.

HISTORISCHES ZENTRUM VON MACAO

Die Baudenkmäler in der einstigen portugiesischen Kolonie Macao sind steinerne Zeugen eines lang andauernden Austauschs zwischen China und dem Westen.

Lange bevor die Portugiesen nach Macao kamen, lebten Fischer an der geschützten Bucht des Yu-Jiang-Deltas. Hier machten Seefahrer halt, die die chinesische Küste entlangfuhren. Ab dem Jahr 1557 begannen Portugiesen an diesem Ort zu siedeln. Macao ist somit die älteste ständig von Europäern bewohnte Stadt Ostasiens. Zuerst errichteten die Zuwanderer einfache Häuser aus Lehmfachwerk sowie mehrere katholische Kirchen. Im frühen 17. Jahrhundert befestigten sie ihre Stadt, um diese vor Angriffen zu schützen. Chinesische Autoritäten verhinderten einen weiteren Aufschwung der Stadt, bis Macao 1848 selbstständige Hafenstadt wurde. Ab 1849 gehörte sie zu Portugal, gegen Ende des 19. Jahrhunderts entwickelte sie sich zu einem Domizil der Reichen und Schönen. Nach 1949 war Macao Zufluchtsstätte für Flüchtlinge vom Festland. 1999 wurde die Stadt, in der sich die älteste chinesische Universität nach westlichem Vorbild befindet, an die Volksrepublik China zurückgegeben.

Der zentrale Platz von Macao, der Largo do Senado, erinnert mit den Brunnen, dem Mosaikboden und Hausfassaden an Städte der einstigen Kolonialmacht Portugal.

Nepal

TAL VON KATHMANDU

Die Hauptstadt des Königreichs Nepal ist mitsamt den Orten ihrer Umgebung eine Schatztruhe mittelalterlicher himalayischer Kunst und Kultur.

Nicht allein die pagodenähnlichen Dächer der Paläste, Tempel und Wohnhäuser oder der Reichtum an exquisit gearbeitetem Schnitzwerk machen den nur schwer in Worte zu fassenden Reiz des Kathmandu-Tals aus – auch nicht die Üppigkeit der goldenen Tempelschätze. Es ist die ganze Atmosphäre, die fasziniert, und es sind die Menschen, die diese Atmosphäre gestalten und bereits gestaltet haben, noch bevor die erste Hauptstadt im Jahr 723 gegründet wurde.

Die Bewohner des Tals haben ihre Religiosität seit jeher in überwältigenden Bauten dokumentiert. Die heiligste Stätte der Buddhisten ist Swayambunath, deren älteste Pagode bereits im 4. Jahrhundert v. Chr. entstand. In den Tempeln von Pashupatinath dagegen

Am Eingang zum Tempel von Swayambunath sitzen sechs Buddhafiguren, die die rechte Hand in der Geste der Erdberührung halten.

beten Hindus. Überall im Tal stößt man auf kleine, verehrte Tempel und Schreine; die Religion besitzt im Alltag von Nepal einen hohen Stellenwert.

Die ältesten der erhaltenen weltlichen Bauten stammen aus dem 17. Jahrhundert. Sie befinden sich in den Residenzstädten Kathmandu, Patan sowie Bhadgaon. Die drei Orte waren im Lauf der Geschichte Hauptstädte einzelner Teilreiche, inzwischen wachsen sie zu einer Metropole zusammen.

Der zentrale Platz Kathmandus ist, wie in den anderen Städten auch, der Durbar Square; an ihn schließen sich der Königspalast und zahlreiche Tempel an. Bhadgaon ist insgesamt ein »offenes Museum« und strahlt jene vom Baustil der Malla-Herrscher geprägte nepalesische Atmosphäre aus.

Die Garuda-Säule markiert den Durbar Square in Patan (rechts oben), der Goldene Tempel von Patan wurde im 11. Jahrhundert gegründet (rechts unten).

LUMBINI, DER GEBURTSORT BUDDHAS

In einem Hain bei Lumbini brachte der Legende nach die Fürstin Maya im Jahr 623 v. Chr. Siddhartha Gautama, den Begründer des Buddhismus, zur Welt. Ihr zu Ehren wurde hier ein Tempel errichtet.

Der Überlieferung zufolge hatte die Fürstin Maya einen Traum, in dem ein weißer Elefant mit neun Stoßzähnen vom Himmel herunterstieg und in ihren Körper einging. Als der Zeitpunkt der Geburt näher rückte, machte sie sich auf die Reise in das Haus ihrer Eltern. Auf dem Weg dorthin gebar sie in einem Hain nahe der Stadt Lumbini im Stehen aus ihrer Seite einen Sohn, der gleich nach der Geburt sieben Schritte in jede der vier Himmelsrichtungen machte und mit jedem seiner Schritte eine Lotosblüte erblühen ließ. Im Tempel der Maha Maya findet sich eine Darstellung dieser Geburtsszene. Der bedeutende Förderer des Buddhismus, der indische König Ashoka, ließ hier eine Stele aufstellen. Sie zeugt davon, dass der Hain von Lumbini als Geburtsort des Prinzen Siddhartha Gautama schon sehr früh ein wichtiges Pilgerzentrum war, lange bevor die bekannten schriftlichen Quellen von diesem Ort berichteten. Ab dem Jahr 1978 entstand hier ein Pilgerzentrum.

Ein Steinrelief zeigt die Geburtsszene des historischen Buddha, bei der sich Mutter Maya am Zweig eines Baums festhält.

SAGARMATHA-NATIONALPARK

In der Gebirgsregion zu Füßen des Mount Everest, einem beliebten Trekkinggebiet, findet sich die faszinierende Hochgebirgsflora und -fauna des Osthimalaya.

Mit dem Trekking kamen im Himalaja die Probleme. Um das ökologische Gleichgewicht in Nepal und vor allem in der Region am Fuß des 8850 Meter hohen Mount Everest zu stabilisieren, bestimmte man das Gebiet 1976 zum Nationalpark. Der höchste Berg der Erde wird von den Nepalesen »Sagarmatha«, »Himmelskönig«, genannt. Die Tibeter nennen den Riesen »Chomolungma«, »Göttinmutter der Erde«. Mit drei Achttausendern – Mount Everest, Lhotse und Cho Oyu – sowie weiteren Sieben- und Sechstausendern ist dieses Gebiet die höchste Gebirgsregion der Erde. Aber nicht nur die Höhe der Berge bestimmt den gewaltigen Eindruck. So imponiert der dem Everest benachbarte, über 7800 Meter hohe Mount Nuptse weniger durch seine stattliche Höhe als durch seine 3000 Meter hohe Südwand. Der Ngozumpa-Gletscher ist mit 20 Kilometern der längste Gletscher Nepals. Nur für kurze Zeit sind die Südhänge der Berggiganten im Sommer schneefrei. Dann zeigt sich eine vielfältige Flora. Den Nationalpark bevölkern zudem etwa 30 Säugetierarten – aber wohl kein Yeti.

Der Mount Everest entstand, als vor rund 50 Millionen Jahren der indische Subkontinent auf die Eurasische Platte prallte. Da die tektonische Bewegung noch nicht abgeschlossen ist, wächst der Berg jedes Jahr weiter um rund drei Zentimeter.

CHITWAN-NATIONALPARK

Im ältesten Nationalpark Nepals mit seinen Salwäldern und ausgedehnten Elefantengrasflächen trifft man auf Panzernashörner und zahlreiche andere sonst bedrohte Tiere.

Der ganz im Süden des Landes gelegene Park verdankt seine Existenz König Mahendra, der im Jahr 1962 ein Schutzgebiet für die bedrohte Art der Panzernashörner gründete. Das Reservat wurde dann elf Jahre später, 1973, zum Nationalpark erklärt. Heute leben hier noch rund 400 Panzernashörner. Aber auch etwa 200 Leoparden und 80 Tiger streifen mitunter durch das hohe Elefantengras. Alle drei Tierarten stehen unter Schutz. Zu den oft in diesem Nationalprk vorkommenden Wildarten zählen Sambar- und Axishirsche, Vierhornantilopen, Wildschweine, Lippenbären, Wildrinder (Gaur) sowie Rhesusaffen. Die Baumkronen werden von Languren bevölkert, in der Dämmerung gehen Mungos und Honigdachse auf die Pirsch. Nachts hört man das Heulen der Goldschakale. In den Flüssen des Parks dösen Sumpfkrokodile und Gangesgaviale mit ihren auffallend langen Kiefern. Trotz der Länge von bis zu sieben Metern stellen sie für den Menschen aber keine Gefahr dar. Im offenen Gelände trifft man auch auf Bengalwarane. Zudem ist der Chitwan-Nationalpark ein Paradies für mehr als 400 Vogelarten.

Auf dem Areal des Chitwan-Nationalparks leben noch einige Hundert der seltenen Panzernashörner.

Demokratische Volksrepublik Korea / Republik Korea

KOGURYO-GRABSTÄTTEN

Die Koguryo-Gräber in Pjöngjang und Umgebung gehören zu den bedeutends-ten Hinterlassenschaften des vom 1. Jahrhundert v. Chr. bis zum 7. Jahrhundert über Nordostchina und den Norden der koreanischen Halbinsel herrschenden Koguryo-Reichs.

Als Wiege der koreanischen Kultur gilt das rund 700 Jahre (37 v. Chr. – 668) lang bestehende, von dem heute noch als legendärer Urvater verehrten König Tongmyong gegründete Koguryo-Reich, das nach der Zeitenwende eines der mächtigsten Reiche Ostasiens war. Im antiken Korea errichtete man den Königen sowie ihren Angehörigen und Mitgliedern der Aristokratie mit schönen Fresken ausgestattete Hügelgräber. Von den über 10 000 bisher in Korea und China (Mandschurei) entdeckten Koguryo-Gräbern zählen etwa 70 zum Welterbe, rund 30 befinden sich auf nordkoreanischem Terrain. Deren Wand-

malereien gewähren einen intimen Einblick in die von Konfuzianismus und Buddhismus geprägte Kultur und in das Alltagsleben im nördlichen der drei frühen koreanischen Reiche.
Im 4. Jahrhundert expandierte das Koguryo-Reich, 427 wurde die Hauptstadt vom Yalu-Fluss nach Pjöngjang verlegt. Im 7. Jahrhundert unterlag das Koguryo-Reich schließlich dem von Truppen der chinesischen Tang-Dynastie unterstützten südlichen Königreich Silla.

Eine Jagdszene ist Bestandteil einer Wandmalerei in der Grabanlage von Yaksuri nahe der Hafenstadt Nampho.

CHONGMYO-SCHREIN IN SEOUL

Im konfuzianischen Ritus spielt die Ahnenverehrung eine große Rolle. Deshalb hat die letzte koreanische Königsdynastie, die sich kulturell am großen Nachbarn China orientierte und den Neokonfuzianismus in Korea zur offiziellen Staats- und Moralphilosophie machte, auch einen zentralen Ort zur Verehrung der eigenen Vorfahren angelegt.

Der berühmte Schrein der »königlichen Ahnen« (Chongmyo) geht auf Yi Songgye (1335 – 1408), den Begründer der Yi- oder Choson-Dynastie, zurück. Seine heutige Form erhielt der Bau um das Jahr 1600, nachdem bei der japanischen Invasion unter Toyotomi Hideyoshi 1592 die meisten öffentlichen Gebäude Koreas niedergebrannt worden waren. Im Inneren befinden sich die Ahnentafeln der 19 wichtigsten Yi-Könige. Fast unverändert werden hier seit dem 15. Jahrhundert die mit Instru-

menten, Gesang und Tanz dargebotenen traditionellen Zeremonien praktiziert. Die Anlage in der südkoreanischen Hauptstadt Seoul ist gut erhalten, weil sie regelmäßig genutzt wird. Die Riten der Ahnenverehrung finden heute nur noch einmal jährlich, am ersten Sonntag im Mai, statt – nur dann hat die Öffentlichkeit Zutritt.

In der Haupthalle des Chongmyo-Schreins (rechts: Korridor) wurden die Ahnentafeln der Choson-Dynastie aufbewahrt.

PALASTKOMPLEX CHANGDEOKGUNG

König Taejong ließ sich zwischen den Jahren 1405 und 1412 nahe dem Chongmyo-Schrein in Seoul eine »Ausweichresidenz« erbauen.

Der weitläufige »Palast der Leuchtenden Tugend« (»Changdeokgung«) ist einer von fünf noch erhaltenen Königspalästen aus der Choson-Dynastie in Seoul. Da er östlich des zuvor errichteten »Palasts des glänzenden Glücks« (»Gyeongbokgung«) liegt, nannte man ihn auch »Ostpalast« (»Dongwol«). Zum Palastkomplex gehört ein früher nur dem Kaiser vorbehaltener, u-förmig mit einem See in der Mitte und rund 300 Bäumen angelegter »Geheimer Garten«. Die verschiedenen Verwaltungs-, Repräsentations- und Wohngebäude brannten mehrmals nieder, wurden aber immer wieder aufgebaut. In

den Jahren 1611 bis 1872, als sich Korea gegenüber dem Ausland abschottete, befand sich hier der Regierungssitz. Zu den herausragenden Bauten gehört die prächtige Thron- oder Audienzhalle, die in ihrer jetzigen Gestalt auf das Jahr 1804 zurückgeht.

Die Thron- oder Audienzhalle (rechts) des Palastes, auch »Halle der wohltätigen Regierung« genannt, ist aus blauen Ziegeln errichtet, die allein den königlichen Palästen vorbehalten waren. Die weitläufige Anlage mit zahlreichen Innenhöfen, Pavillons und Garten wurde in nur acht Jahren Bauzeit fertiggestellt.

FESTUNG HWASONG

Rund 50 Kilometer von der Hauptstadt Seoul entfernt ließ sich der 22. König der Choson-Dynastie, Chongjo (1752–1800), gegen Ende des 18. Jahrhunderts eine neue Residenz erbauen. Hwasong ist ein bemerkenswertes Beispiel zeitgenössischer Militärarchitektur, die östliches und westliches Know-how auf hohem Niveau vereint.

Der ab dem Jahr 1776 bis zu seinem Tod regierende König Chongjo ließ für die Errichtung von Hwasong die ganze Stadt Suwon verlegen. Die ganze Anlage wurde in nur 33 Monaten errichtet; sie entsprach dem neuesten Stand der Wehrtechnik. Die mehr als fünf Kilometer lange und vier bis sechs Meter hohe Mauer hat vier Haupttore: Changanmun, Paldalmun, Changnyongmun und Hwasomun, das mächtigste im Westen, sowie zwei Fluttore. Auf der Mauerkrone standen in regelmäßigen Abständen Wach- und Kanonentürme, der Festung vorgelagert waren Bastio-

nen. Schon seit dem Beginn des 19. Jahrhunderts verfiel die Festung Hwasong. Im Zweiten Weltkrieg und im Koreakrieg in den Jahren 1950 bis 1953 erlitt die Anlage schwere Schäden. In den 1970er-Jahren wurde sie wiederaufgebaut und restauriert.

Die gänzlich auf Verteidigungszwecke abgestellte Festung Hwasong hat vier Zugangstore (links: Changanmun), zwei Flut- und fünf Geheimtore sowie vier Ecktürme, je fünf Wach- und Kanonentürme, fünf Beobachtungstürme und eine Signalplattform (unten).

KÖNIGSGRÄBER DER CHOSON-DYNASTIE

Das Welterbe umfasst repräsentative 40 (von insgesamt 119) auf 18 Orte verteilte, in mehr als fünf Jahrhunderten, 1408 bis 1966, angelegte Königsgräber, die für die tiefe Verwurzelung der Ahnenverehrung in der südkoreanischen Tradition stehen.

Im Jahr 668 entstand durch Vereinigung der drei Königreiche Koguryo, Paekche und Silla – Letzteres hatte sich mit chinesischer Unterstützung im Kampf um die Vormacht über die beiden anderen behauptet – ein erster koreanischer Einheitsstaat. Nach einer Phase territorialer Zersplitterung im 9. Jahrhundert brachte das im Jahr 918 von Wang Kon in Nordkorea gegründete Reich Koryo (auf das die europäische Bezeichnung »Korea« zurückgeht) ganz Korea unter seine Oberhoheit. 1231 fielen erstmals Mongolen in Korea ein, die das Land bis

Mitte des 14. Jahrhunderts regierten. Danach begründete General Yi Songgye die Yi-Dynastie (1392–1910), unter der Korea den Namen »Choson« (»Land der Morgenröte«) erhielt, weshalb man meist von der »Choson-Dynastie« spricht. Diese erlebte besonders im 15. Jahrhundert eine kulturelle Blüte.

Die Herrscher der Choson-Dynastie wurden nach dem Prinzip von Pungsu – dem koreanischen Feng-Shui, bei dem Wind und Wasser eine wichtige Rolle spielen – bestattet: mit dem Rücken zu einem Hügel, das Gesicht nach Süden ausgerichtet.

Republik Korea

HAEINSA-TEMPEL UND CHANGGYONG P'ANGO

Koreas drittgrößtes Kloster, Haeinsa, auf dem Berg Kaya in der Provinz Süd-kyongsang gelegen, birgt in eigens dafür errichteten Magazinhallen (Changgyong P'ango) ein in der buddhistischen Welt hochverehrtes Artefakt: die Tripitaka Koreana, die umfassendste Sammlung buddhistischer Texte auf hölzernen Druckplatten.

Bei genauer Zählung werden von der »Tripitaka«, der 1496 Bände umfassenden »Drei-Körbe-Lehre« des Mahayana-Buddhismus, 81 258 Druckvorlagen aus Holz aufbewahrt. Da sie beidseitig beschnitzt sind, ergeben sich insgesamt 162 516 Druckseiten. Jede Seite hat 22 Zeilen mit je 14 chinesischen Schriftzeichen – chinesisch deshalb, weil die Koreaner damals noch kein eigenes Alphabet hatten. 200 Mönche haben zwölf Jahre lang an dem Werk gearbeitet, bis es im Jahr 1248 vollendet war.

Eine Meisterleistung war auch die Vorbehandlung des Holzes. Um es für die Ewigkeit zu präparieren, setzte man es einem außergewöhnlichen Verfahren

Die Anlage des Haeinsa-Tempels geht auf das Jahr 802 zurück. Die rund 50 Gebäude des auf einem schwer zugänglichen Berg gelegenen Tempelkomplexes stammen aus dem 15. bis 18. Jahrhundert.

aus: Jeweils drei Jahre wurde es in Seewasser, Süßwasser, in der Erde und an der frischen Luft gelagert. Erst dann wurde das Holz beschnitzt. Bis heute können die nun mehr als 760 Jahre alten Holzplatten für den Druck verwendet werden.

Das Innenklima im 1488 erbauten »Bibliotheksmagazin« Changgyong P'ango ist perfekt auf das unschätzbar wertvolle Lagergut, die 81 258 hölzernen Druckplatten, abgestimmt. Sie haben Feuer und Kriege unversehrt überstanden. Die Tripitaka Koreana hatte einen Vorgänger, der aber 1232 brandschatzenden Mongolen zum Opfer fiel. Der zweiten Version war ein ungleich längeres Leben beschieden.

SOKKURAM-GROTTE UND PULGUKSA-TEMPEL

Zusammen mit der benachbarten Sokkuram-Grotte ist Pulguksa, der südöstlich von Kyongju gelegene meistbesuchte Tempel Südkoreas, ein Meisterwerk buddhistischer Kunst des koreanischen Königreichs Silla (668–935).

Der »Tempel des Reiches Buddhas« (»Pulguksa«) und die Sokkuram-Grotte waren die Stiftung eines hohen Beamten aus dem 8. Jahrhundert, der damit seine Ahnen ehren wollte. Sokkuram wurde als künstlicher Höhlentempel aus Granitblöcken errichtet. Darin findet man eine der bedeutendsten buddhistischen Skulpturen: Die 3,50 Meter große, im Stil der chinesischen Tang-Dynastie aus weißem Granit gefertigte Skulptur stellt den historischen Buddha, Siddharta Gautama, im Lotossitz dar, einer der klassischen buddhistischen Sitzhaltungen.

Zu den Schätzen des rund 13 Kilometer südöstlich der früheren Silla-Hauptstadt Kyongju gelegenen Pulguksa-Tempels gehören die aus mächtigen Quadern gefügten Steintreppen, die in das »himmlische« Reich Buddhas führen, und das berühmteste Pagodenpaar Koreas: Die schlichte Shakyamuni-Pagode steht für den Frieden Buddhas, die reich dekorierte Schatz-Pagode symbolisiert die reiche »innere Welt« des Gläubigen.

Im Pulguksa-Tempel wird auch dieser vergoldete Bronze-Buddha verehrt.

HISTORISCHE STÄTTEN VON KYONGJU

Als »Goldene Stadt« (Kumsong) des Königreichs Silla war Kyongju vom 7. bis zum 10. Jahrhundert das Zentrum des ersten koreanischen Einheitsstaats. Heute ist der Ort im Südosten Südkoreas Mittelpunkt eines Nationalparks.

Unter 200 Erdhügeln wurden seit dem 1. Jahrhundert in Kyongju und Umgebung die Herrscher des Silla-Reichs bestattet. Das schachbrettartig angelegte Straßennetz und die Reste alter Gebäude und Palastanlagen verweisen auf die Erweiterung der Hauptstadt nach der Reichseinigung im 7. Jahrhundert. In der Nähe des im 1. Jahrhundert gegründeten Palastes Banwolsong entstand im 7. Jahrhundert mit dem Anapchi-Teich eine zweite Residenz: Pyolgung. Um das Jahr 640 wurde die 9,20 Meter hohe flaschenförmige Sternwarte Chomsongdae errichtet; die »Terrasse

zur Betrachtung der Sterne« ist das älteste Observatorium Ostasiens. In der Nähe stehen die unteren drei Stockwerke der Ziegelpagode des Punhwang-Tempels, die ältesten erhaltenen Pagodenreste Koreas. Überreste gibt es auch vom bedeutendsten Tempel der Silla-Zeit, Hwangjong (7. Jahrhundert).

Zum historischen Bezirk von Kyongju zählt auch das Areal um den Namsan-Berg mit seinen monumentalen Buddhareliefs. Hier soll sich der Geburtsort von Hyokkose befinden, des Gründers (57 v. Chr.) und ersten Herrschers des Königreichs Silla.

DOLMENSTÄTTEN VON KOCH'ANG, HWASUN UND KANGHWA

Die koreanische Halbinsel weist die weltweit größte Häufung von Zeugnissen vorgeschichtlicher Megalithkulturen auf. Hier stehen noch Zehntausende von Dolmen, einige Hundert davon in Koch'ang, Hwasun und auf Kanghwa.

In den alten asiatischen Megalithkulturen spielte die Verehrung der Ahnen eine große Rolle. In Ostasien wurden Megalithbauten im Westen Chinas und an den Küsten des Gelben Meeres gefunden; in Korea tauchten sie in der Bronzezeit auf. Die Dolmenstätten von Koch'ang im Südwesten der Provinz Chollabuk und von Hwasun in der Provinz Chollanam sowie auf der Insel Kanghwa gleichen großen Steintischen. Zwei hohe senkrechte Steinplatten tragen einen länglichen Deckstein. Er ist über einen Meter dick und hat ein Gewicht von bis zu 300 Tonnen; die Bau-

ten sind mindestens zwei Meter hoch. Neben Dolmen zählen zu den Megalithbauten der koreanischen Halbinsel auch »Steinhäuser«: Diese bestehen aus vier senkrechten Steinplatten, die über Gräbern errichtet wurden.

Die Dolmen von Kanghwa, über Gräbern oder auf Geländeerhebungen errichtet, gehören wahrscheinlich zu den ältesten Megalithbauten Koreas. Entweder waren sie ursprünglich mit Erde bedeckt, oder es wurden hier die Verstorbenen »abgelegt«, bevor die Angehörigen die Knochen in Familiengräbern beisetzten.

VULKANINSEL JEJUDO UND LAVATUNNEL

Drei Stätten und Landschaften auf der südkoreanischen Insel Jejudo gehören zum Weltnaturerbe. An ihnen werden wichtige Phänomene der erdgeschichtlichen Entwicklung sichtbar.

Die Insel Jejudo vor der Südküste Koreas ist ein untermeerischer Schildvulkan auf einer Kontinentalplatte, entstanden über einem Hotspot – einer »Schwachstelle« in der Erdkruste, die aus dem Erdinneren heraus von aufsteigendem Magma aufgeschmolzen wird. Den größten Teil des Welterbes, insgesamt 188 Quadratkilometer, macht das Naturschutzgebiet um den 1950 Meter hohen Hallasan aus; es umfasst die Region in 800 bis 1300 Meter Höhe. Dazu gehören ein Krater mit einem 1,6 Hektar großen See, ein Trachytdom, Wasserfälle und Kliffe aus Basaltsäulen.

Zum Welterbe zählen fünf Lavatunnel. Sie entstanden, als die oberste Schicht flüssiger Lava abkühlte, hart wurde und als festes Dach über einem Bereich stehen blieb, in dem die heiße Lava weiterfloss. Als der Nachschub aus dem Krater versiegte, blieb eine Hohlform übrig.
Der 182 Meter hohe Tuffkegel Songsan Ilchulbong am Ostende von Jejudo ist bei einem Vulkanausbruch auf flachem Meeresboden entstanden.

Der Hallasan, ein erloschener Vulkan, ist die höchste Erhebung von Jejudo.

Japan

ZEN

Zen ist eine Methode, um durch Meditation und Konzentration die »ewigen Wahrheiten« zu erkennen. Sie wurde im 6. Jahrhundert von dem indischen Mönchsgelehrten Bodhidharma begründet und kam über Eisai und Dogen, zwei Sektengründer, im 13. Jahrhundert nach Japan. Besonders bei der Kriegerkaste der Samurai, die sich mit

BAUDENKMÄLER UND GÄRTEN DER KAISERSTADT KYOTO

Die alte Kaiserstadt war mehr als 1000 Jahre lang Zentrum der klassischen japanischen Adelskultur. Davon zeugen Tempel, Schreine, Paläste und Gärten von einzigartiger Schönheit.

Zu diesem Welterbe zählen 17 Stätten in Kyoto, Uji und Otsu: drei Shinto-Schreine, 13 buddhistische Klöster, teils als Adelspaläste gegründet und deshalb meist mit Gartenanlagen versehen, sowie das Schloss Nijo-jo. Es wurde ab 1601 als Repräsentanz des Shogunats erbaut. Hier wohnten die Tokugawa-Shogune bei ihren Besuchen in Kyoto. Das prunkvolle Nijo-jo stellt einen ästhetischen Gegenpol zu

Die japanische Gartenkunst will die Natur an Schönheit und Vollkommenheit übertreffen. Architektur und Arrangements wie hier beim Enryaku-ji-Tempel stehen im Dienst von Natursymbolik und Meditation.

den vom Geist des Zen-Buddhismus geprägten Gärten und Teepavillons dar. Dazu gehören der um 1340 angelegte Moosgarten des Saiho-ji- oder Koke-dera-Tempels und der Trockengarten des Ryoan-ji-Tempels. Hier liegen in einem geharkten Kiesbett über eine Fläche von 300 Quadratmetern verteilt 15 Findlinge. Ebenso schlicht in ihrer Bauweise sind die strohgedeckten Shinto-Schreine. Im Byodo-in-Tempel (11. Jahrhundert) von Uji verheißt die Haupthalle, aus der eine Buddhastatue über einen See blickt, die Erreichbarkeit des Paradieses.

Der Goldene Pavillon in der Kaiserstadt Kyoto wurde im Jahr 1394 errichtet.

der geforderten Strenge und Askese vom prunkvollen Leben am Hof distanzierte, war Zen willkommen. Zen-Schüler sollen unter Anleitung ihres Meisters intuitiv zur Erkenntnis gelangen. Stundenlange Meditation im Sitzen (Zazen) und tiefe Atmung sollen nach Auffassung der Soto-Sekte den Geist von allen belastenden Gedanken

befreien. Die Rinzai-Sekte setzt Stockschläge oder Schreie als »Erleuchtungshilfe« ein. Außerdem stellt der Zen-Meister paradoxe Fragen (Koan) zur Überwindung des rein rationalen Denkens. Auch Alltagshandlungen wie das Teekochen können durch formalisierte Handlungen zu einem meditativen Ritual werden.

Metaphysische Tiefe spiegeln zudem viele Bereiche des kulturellen Lebens wider: das No-Theater, die Kunst des Blumensteckens (Ikebana), die Kalligrafie, in der Literatur das Haiku, ein dreizeiliges und 17-silbiges Gedicht, dann die Landschaftsmalerei, die Gartenkunst sowie militärische Fertigkeiten wie Bogenschießen und Fechten.

Im berühmtesten Zen-Garten von Kyoto (linke Seite), dem »Trockengarten« (Karesansui) des Tempels Ryoan-ji, liegen Steine verschiedener Form und Größe im feinen weißen Kies, in den ein Wellenmuster eingeharkt ist. Sie stehen für Inseln im Meer, auf dem Boote fahren. Der um das 1450 angelegte Garten ist nur 25 mal zehn Meter groß.

Dieser zum Komplex des Daigo-ji-Tempels gehörende Pavillon fügt sich harmonisch in die umgebende Natur ein.

Eine riesige vergoldete Buddhastatue enthält die »Phönixhalle« genannte Haupthalle des Byodo-in-Tempels.

Das »Meer aus Silbersand« im Garten des Silbernen Pavillons soll das Mondlicht auf das Gebäude projizieren.

Die Stellwände und Schiebetüren in der Shogun-Residenz Nijo-jo wurden 1601 bis 1603 im Kano-Stil (nach der Malerfamilie Kano) großflächig mit Landschaftsmotiven auf Goldgrund bemalt.

Japan

BAUDENKMÄLER UND GÄRTEN DER KAISERSTADT NARA

Die Tempel und Schreine der ersten dauerhaften Kaiserresidenz markieren den Beginn des aristokratischen Zeitalters und den ersten Höhepunkt der buddhistischen Kunst in Japan.

Gleich dem chinesischen Vorbild, der Tang-Metropole Chang'an, wurde die neue japanische Hauptstadt Nara in nur vier Jahren schachbrettförmig angelegt. Im Norden lag ein gewaltiger Kaiserpalast, in dem bis zum Ende der Nara-Zeit (710–784) sieben Kaiser residierten. Von dort aus teilte eine nach Süden führende breite Magistrale die Stadt in zwei gleiche Rechtecke. Auch die erst kurz zuvor in Japan eingeführten buddhistischen Schulen errichteten hier Tempelanlagen und Klöster. Der im Jahr 710 gegründete Kofuku-Tempelbezirk wurde bis ins 11. Jahrhundert

kontinuierlich ausgebaut. Die dreistöckige Pagode (1143) des Kofuku-ji zählt wegen ihrer harmonischen Proportionen zu den schönsten Japans. Im Bezirk des Todai-ji (ab 728), des Zentrums der einflussreichen Kegon-Sekte, steht eines der größten Holzgebäude der Welt. Die Halle des Großen Buddha (Daibutsu) hat gewaltige Dimensionen: 58 Meter lang, 51 Meter breit, 49 Meter hoch.

Der Daibutsu, eine gigantische Buddhastatue aus Goldbronze im Todai-ji, zählt zu den Höhepunkten von Nara.

HEILIGE STÄTTEN UND PILGERWEGE IN DEN KII-BERGEN

Die Kii-Berge mit ihren drei heiligen Stätten Yoshino und Omine, Kumanosanzan sowie Koyasan auf der gleichnamigen Halbinsel von Honshu sind seit 1200 Jahren Wallfahrtsort. Hier vermischt sich die religiöse Tradition des japanischen Shintoismus, der in der Verehrung göttlicher Naturkräfte wurzelt, mit dem Buddhismus.

Die untereinander und mit den Kaiserstädten Nara und Kyoto über Pilgerwege verbundenen Kultstätten bilden mit den Nadelwäldern, den Bächen, Flüssen und Wasserfällen eine untrennbare Einheit. Tempel- und Klostergebäude sind verstreut angeordnet, je nach den natürlichen Gegebenheiten der umliegenden Landschaft. An dunkleren Stellen der gewaltigen Zedernwälder und in den Tempeln sollen Furcht einflößende Wächterfiguren böse Geister und Dämonen von den heiligen Stätten fernhalten.

Die Tempelstadt Koyasan geht auf den Priester Kukai zurück, der sich im Jahr 816 in die abgeschiedene Bergregion zurückzog, wo er eine Synthese zwischen dem einheimischen Shintoismus und dem im 6. Jahrhundert aus Korea und China übernommenen Buddhismus fand. So entstand die Shingon-Sekte (»wahres Wort«) mit heute etwa fünf Millionen Anhängern und einigen Tausend Tempeln in ganz Japan.

Ein Mönch fegt den Eingang des Kumano-Hongu-Schreins.

ADELSSITZ HIMEJI-JO

Die größte und am besten erhaltene japanische Burg aus den Anfängen des Tokugawa-Shogunats ist Funktion, Form und Ästhetik gleichermaßen verpflichtet.

Nach einem Jahrhundert der Bürgerkriege boomte in Japan der Burgenbau. Gleichzeitig Festung und Schloss, waren die Anlagen Ausdruck der neuen politischen Ordnung im Zeichen des Tokugawa-Shogunats (ab 1600). Der Bauherr der Himeji-Burg 50 Kilometer westlich von Kobe war ein Vasall des Tokugawa Ieyasu. Zentrum und architektonisches Glanzstück der von einem Graben und einer Ringmauer geschützten 22 Hektar großen Anlage ist der außen sechs- und innen siebengeschossige Turm. Die Innenräume sind ganz in Holz ausgeführt. Zum Schutz vor Feuerangriffen wurden die Wände oberhalb des mächtigen Natursteinsockels verputzt. Ver-

teidigungs- und Repräsentationszwecke stehen hier in ausgewogenem Verhältnis zueinander. Dies zeigt sich an den mit ihren abwechselnd runden und drei- und viereckigen Formen verspielt wirkenden Schießscharten; von hier aus erhielten die Zugangswege zu den Burgtoren wirksamen Flankenschutz. Auch die dekorativen Eisenbeschläge der Tore vereinen Schutzfunktion und Ästhetik in idealer Weise.

Terumasa Ikeda ließ 1601 bis 1609 auf den Resten einer alten Festung eine neue Burganlage (das »Schloss des weißen Reihers«) mit 83 Gebäuden errichten. Das größte ist der mächtige Hauptturm (rechts) mit seinen verschachtelten Dachvorsprüngen.

SHINTO-SCHREIN VON ITSUKUSHIMA

Der gleichsam über dem Wasser schwebende Schreinkomplex, vor der Insel Miyajima in der Seto-Inlandsee unweit von Hiroshima an einer der schönsten Stellen der japanischen Küstenlandschaft gelegen, verkörpert in großer Vollkommenheit die Verehrung der göttlichen Natur im Shintoismus.

Dieser den drei Töchtern des Sturmgottes geweihte Schrein soll der Legende nach im Jahr 593 errichtet worden sein. Das stimmt vermutlich sogar, denn die Insel Miyajima oder Itsukushima war schon seit frühester Zeit ein heiliger Bezirk und durfte bis zum 11. Jahrhundert nur von Priestern betreten werden. Bis heute gibt es dort keinen Friedhof, damit die Reinheit der Kultstätte erhalten bleibt.

Auch wenn die Hauptgebäude aus den Jahren 1556 bis 1571 stammen, wahrt die Gesamtanlage mit ihrer leuchten-

Das rote Torii aus Kampferholz vor der Insel Miyajima – hier im Abendlicht gelblich strahlend – wurde einem älteren Balkentor nachgebildet. Nur bei Flut ist es von Wasser umgeben.

den Bemalung den Stil der Heian-Zeit (8.–12. Jahrhundert), als sie erstmals in ähnlicher Form entstand.

Acht größere und mehrere kleine Gebäude wurden auf Stelzen im flachen Wasser errichtet und durch Galerien miteinander verbunden; weitere Gebäude an Land bildeten den »Äußeren Schrein«. 1875 kam das 16 Meter hohe Torii hinzu, das »Eingangstor« zum heiligen Bezirk. Dieses achte Tor im Schrein von Itsukushima, 175 Meter vor der Küste im Meer stehend, vervollkommnet die große Harmonie ausstrahlende Szenerie. Nicht zuletzt deshalb gehört das Torii zu den berühmtesten Bauwerken Japans.

Links von oben nach unten: Der Shinto-Schrein, abends illuminiert von Steinlaternen, besteht u. a. aus der Haupthalle und der Reinigungshalle. Vor dem Betreten des Heiligtums müssen Besucher ihre Hände und den Mund reinigen.

Japan

BUDDHISTISCHE HEILIGTÜMER VON HORYU-JI

Zu dieser Tempelanlage gehören die ältesten erhaltenen Holzbauten der Welt sowie eine große Zahl mehr als 1000 Jahre alter sehr kostbarer Bildwerke.

Horyu-ji, zehn Kilometer südwestlich der alten Kaiserstadt Nara, geht auf die Frühzeit des Anfang des 7. Jahrhunderts zur Staatsreligion erhobenen japanischen Buddhismus zurück. Im Jahr 607 wurde auf Geheiß des Prinzregenten Shotoku (573–621) mit dem Bau begonnen. Die sich am chinesischen Vorbild orientierende ursprüngliche Tempelanlage brannte 670 fast vollständig nieder. Bis etwa 710, dem Beginn der Nara-Zeit, entstanden dann jene Gebäude, die heute als die ältesten Holzbauwerke der Welt gelten: die Haupthalle (»Goldene Halle«), die fünfstöckige Pagode, das Mittlere

Tor und die sich daran anschließende Galerie. Sechs Figuren in der Haupthalle stammen vermutlich noch aus dem abgebrannten Vorgängerbau. Sie wären damit die ältesten erhaltenen Skulpturen dieser Art in Japan. Wichtigste Kultstätte der buddhistischen Tempelanlage ist die »Goldene Halle«. Schon im 8. Jahrhundert wurde Horyu-ji erweitert. Insgesamt zählen 48 Gebäude zum Welterbe, elf sind älter als 1100 Jahre.

Zu den Kostbarkeiten von Horyu-ji gehören vergoldete Holzplastiken, die Buddha (rechts) und Schutzgeister darstellen.

FRIEDENSDENKMAL IN HIROSHIMA

Die »Atombombenkuppel« erinnert an den ersten militärischen Einsatz einer Kernwaffe. Sie ist Symbol für eine neue Dimension von Zerstörung und ein Mahnmal für den Frieden.

Der 6. August 1945 veränderte die Welt. Um das Japanische Kaiserreich im Zweiten Weltkrieg zur bedingungslosen Kapitulation zu zwingen, entschlossen sich die USA zum Einsatz einer neu entwickelten Waffe. Die erste Atombombe, »Little Boy«, abgeworfen vom B 29-Bomber »Enola Gay«, explodierte 570 Meter über dem Zentrum der Hafenstadt Hiroshima. Im Umkreis von vier Kilometern wurde alles vernichtet. 90 000 bis 200 000 Zivilisten, darunter Tausende koreanische Zwangsarbeiter, fanden den Tod. Die zweite über Japan abgeworfene

Atombombe traf drei Tage später, am 9. August, Nagasaki; hier starben 25 000 bis 75 000 Menschen. Unermesslich groß waren die Qualen der von radioaktiver Strahlung gezeichneten Überlebenden (Hibakusha). Bis in die Gegenwart sterben Menschen als Spätfolge des Kernwaffeneinsatzes.

Die einstige Industrie- und Handelskammer von Hiroshima mit ihrer ausgebrannten Kuppel ist ein Symbol für die Gräuel des modernen Krieges, der durch die Entfesselung der Kernkraft eine neue Dimension des Schreckens erreicht hat.

ZEDERNWALD VON YAKUSHIMA

Japanische Zedern mit einem Alter von bis zu 3000 Jahren sind der botanische Schatz eines immergrünen Urwalds auf der Insel Yakushima.

Die Granitinsel 60 Kilometer vor der Südspitze von Kyushu ragt bis zu 1935 Meter über dem Meeresspiegel auf. Jahresniederschläge von bis zu 10 000 Millimetern pro Quadratmeter und verschiedene Klimazonen, die von der subtropischen Küste bis zur alpinen Bergregion reichen, lassen hier etwa 1900 Pflanzenarten gedeihen. In der mittleren, warm-gemäßigten Zone wächst ein unwegsamer Primärwald mit uralten Japanischen Zedern oder Sicheltannen. Der nur entfernt mit der Libanonzeder verwandte und zu den Zypressengewächsen gehörende Nadelbaum wird bis zu 40 Meter hoch und liefert ein traditionell beliebtes japanisches Bauholz. Bis in die 1960er-

Jahre hinein spielte daher auf Yakushima die Forstwirtschaft eine wichtige ökonomische Rolle. Dann wurde ein Drittel der Insel zum Nationalpark erklärt. Der wichtigste Grund hierfür war die große Zahl eindrucksvoller Baumriesen.
Das berühmteste Exemplar, die Jomon-Zeder, wurde erst im Jahr 1966 entdeckt. In Brusthöhe hat ihr Stamm einen Umfang von 16 Metern; ihr Alter wird auf etwa 3000 Jahre geschätzt.

Herzstück des Nationalparks ist der fast unberührte, von Moosen und Flechten durchzogene Feuchtwald Jomonsugi mit seinen imposanten Japanischen Zedern, die als heilige Bäume verehrt werden.

ARCHÄOLOGISCHE STÄTTEN DES KÖNIGREICHS DER RYUKYU-INSELN

Vom 12. bis 17. Jahrhundert waren die Inseln ein selbstständiges Königreich, das durch Handel mit Japan, China, Korea und Südostasien zu Wohlstand gelangte.

Sichtbares Zeichen des Reichtums waren die »Gusuku« genannten Burgen auf der Hauptinsel Okinawa. Im südlichen Teil wurde zwischen 1237 und 1248 nahe dem heutigen Naha auf einem Hügel namens »Shuri« die erste mächtige Burg errichtet. Shuri war das erste Zentrum der politisch nun vereinten Inselgruppe. Hier residierte der König. Die Burg war Vorbild für eine Reihe weiterer Burgen, die sich die Ryukyu-Fürsten im frühen 14. Jahrhundert erbauen ließen: Nakijin, Ozato, Katsuren und als größte Nakagusuku.

Heute meist nur noch Ruinen, sind die einstigen Gusuku Belege für das hohe Niveau der einheimischen Bautechnik und Steinmetzkunst. Seine Selbstständigkeit verlor das Königreich Ryukyu, als im Jahr 1609 ein japanisches Heer die Inselgruppe eroberte.

Anfang des 14. Jahrhunderts zerfiel das Königreich für 100 Jahre in drei Teilreiche, deren Herrscher sich eigene Burgen bauten, darunter auch Nakijin (unten). Die Shuri-Burg (links: Haupthalle), bis 1879 Königsresidenz, wurde wiederaufgebaut.

SILBERMINE IWAMI-GINZAN

Die Iwami-Ginzan-Silbermine liegt in einer schroffen Bergregion an der Küste von Honshu. Das Welterbe umfasst neben den Resten der Silbermine auch die umgebende Kulturlandschaft mit Bergbausiedlungen und Silberschmelzen vom 16. bis 20. Jahrhundert, ferner die beiden Transportwege, auf denen das Erz zur Küste gelangte, um nach Korea und China verschifft zu werden.

Als Erster beutete der japanische Kaufmann Kamiya Jutei um das Jahr 1530 die Silbervorkommen im Südwesten der Insel Honshu aus. Er genoss den Schutz der Familie Ouchi, die damals die Region Iwami kontrollierte und ihr Geld im Korea- und Chinahandel verdiente. Zwei Jahrhunderte lang florierte der Silberexport. Im 17. Jahrhundert erreichte die Jahresproduktion mit 1000 bis 2000 Kilogramm reinem Silber ihren Höhepunkt. Danach ging die Ausbeute immer mehr zurück. Mitte des 19. Jahrhunderts betrug die jährliche Förderung nur noch 100 Kilo-

gramm. 1923 wurde die Iwami-Ginzan-Mine geschlossen. Das Welterbe besteht aus 14 Stätten. Dazu gehören die archäologischen Reste von Gruben, Schächten, Schmelzöfen und Bergbausiedlungen, ferner Festungsanlagen, Transportrouten samt Schreinen, Tempeln und Grabdenkmälern am Rand sowie die drei Hafenstädte.

Reiche Vorkommen, der hohe Stand der Fördertechnik (links: Stollen), ein großes Angebot an Arbeitskräften und feste Handelsbeziehungen machten den wirtschaftlichen Erfolg der Mine aus.

Thailand

ARCHÄOLOGISCHE DENKMÄLER VON BAN CHIANG

Ban Chiang ist der bedeutendste prähistorische Fundort Südostasiens. Die Ausgrabungen lieferten Hinweise auf eine hoch entwickelte Kultur, in der Reis angebaut, Keramik verarbeitet und Metall (Bronze und Eisen) hergestellt wurde.

In Ban Chiang, einem Dorf auf dem Khorat-Plateau im Nordosten Thailands, stieß Mitte der 1960er-Jahre ein amerikanischer Student auf über 3000 Jahre alte bemalte Tonscherben. Systematische Grabungen ab 1972 förderten eine ungewöhnlich hoch entwickelte Keramikkultur zutage, die, heute in drei Perioden eingeteilt, von 3600 v. Chr. bis zur Aufgabe der Siedlung um das Jahr 400 n. Chr. bestanden hatte. Umstritten war aber lange Zeit das Alter von Bronzen, die 1974 gefunden wurden. Ließen erste Bestimmungstests eine Bronzeverarbeitung (Werkzeuge und Waffen) um 4500 v. Chr. möglich erscheinen, geht man heute davon aus, dass diese wohl frühestens auf das Jahr 2000 v. Chr. zu datieren ist. Ferner zeigten die Ausgrabungen, dass der Reisanbau auf bewässerten Feldern sowie die Schweine- und Hühnerzucht die Lebensgrundlage der Menschen gebildet hatten. Für die Reiskultivierung wurden damals sogar schon domestizierte Wasserbüffel genutzt.

In Ban Chiang stieß man beim Tempel Wat Pho Sri Nai auf Keramik und menschliche Knochen aus prähistorischer Zeit.

WILDRESERVAT THUNG YAI-HUAI KHA KHAENG

Die beiden Naturschutzgebiete Thung Yai und Huai Kha Khaeng im Westen Thailands bilden mit einer Gesamtfläche von 6100 Quadratkilometern eines der größten Wildreservate Südostasiens.

Im 250 bis 1800 Meter hohen, von Flüssen und Bächen durchzogenen Bergland an der Grenze zu Myanmar (Birma) wechseln sich savannenartige Hochflächen (Thung Yai) mit dichten, vor allem mit Bambus, aber auch mit Tropenhölzern wie Teak bestandenen Wäldern ab. Beide Schutzgebiete wurden bewusst nicht zu Nationalparks erklärt, da man sie in diesem Fall für Besucher hätte öffnen müssen, wie dies etwa bei den Nationalparks südlich und östlich des Sri-Nakharin-Stausees der Fall ist. Thung Yai und Huai Kha Khaeng dürfen deshalb nur mit Sondererlaubnis betreten werden. Daher haben unter den wachsamen Augen von Wildhütern auch große Säugetiere wie Tiger und Leoparden, Nebelparder, Elefanten, Bären und Tapire die Chance, nahezu unbehelligt vom Menschen zu überleben. Allerdings darf hier in begrenztem Umfang Tropenholz geschlagen werden.

In den Grasländern und immergrünen Wäldern des Schutzgebiets leben so verschiedene Tierarten wie der Schweinshirsch, der Schabrackentapir und der Gaur (im Uhrzeigersinn von oben links).

RUINEN VON AYUTTHAYA

Die Hauptstadt des zweiten Thai-Reiches wurde um das Jahr 1350 gegründet. Sie ist ein Freilichtmuseum buddhistischer Hochkultur. Vom einstigen Glanz des auf einer Flussinsel gelegenen Ayutthaya zeugen auch heute noch viele Tempel, Klöster, Paläste und Monumentalskulpturen.

»Die Unbezwingbare«, so die Übersetzung des Namens »Ayutthaya«, war in ihrer Glanzzeit eine Millionenmetropole mit 375 Klöstern und Tempeln, rund 100 Stadttoren und 29 Festungen. Ganz unbezwingbar war die Vielgepriesene aber nicht: 1767 unterlag sie dem Ansturm der Birmanen. Die Eindringlinge zerstörten die Stadt und töteten oder versklavten ihre Bewohner.

Als Residenz von 33 Königen war Ayutthaya mehr als 400 Jahre lang der politische und kulturelle Mittelpunkt eines Großreichs, das als Erbe von Angkor fast das ganze südostasiatische Festland umfasste. Die bedeutendsten Baudenkmäler, darunter die Tempelanlagen Wat Phra Si Sanphet, Wat Mahathat und Wat Rajaburana, stehen im historischen Zentrum der Ruinenstadt.

In Ayutthaya wird Buddha in Form ungezählter Statuen verehrt. Dabei werden vier klassische Körperhaltungen unterschieden: stehend, schreitend, sitzend und liegend. Die in Ayutthaya meist sitzenden Buddhafiguren sind mit farbigen Mönchskutten umwickelt. Neben maiskolbenartigen Prangs und glockenförmigen Chedis kennzeichnen Dutzende von Buddhafiguren die Tempelruinen (unten: Wat Chai Wattanaram).

WALDGEBIET DONG PHAYAYEN-KHAO YAI

Der mehr als 6000 Quadratkilometer große Tropenwald ist ein ökologisch wertvolles Rückzugsgebiet für gefährdete Säugetiere, Vögel und Reptilien.

Das Waldgebiet in der rauen Hügel- und Berglandschaft zwischen 100 und 1350 Meter Meereshöhe erstreckt sich im Süden des Khorat-Plateaus bis zur Grenze zu Kambodscha. Es besteht aus den vier Nationalparks Khao Yai, Thap Lan, Pang Sida und Ta Phraya sowie dem Wildreservat Dong Yai. Mehrere Vegetationszonen, vom Regenwald bis zum Busch- und Grasland, bieten Lebensraum für 800 Tierarten. Im Gebiet von Dong Phayayen-Khao Yai leben fast 400 Vogelarten, darunter vom Aussterben bedrohte Kupfertauben, Seidenpirole, Ährenträgerpfaue und Maskenrallen. Zu den weltweit gefährdeten Säugetieren gehören wilde Indische Elefanten – die größten Bestände mit rund 200 Tieren hat Khao Yai – und diverse Raubkatzenarten. Hierzu zählen die Bengalkatze, der Nebelparder, der Tiger und die mit ihm verwandte, aber nur hauskatzengroße Marmorkatze und die Asiatische Goldkatze; Letztere ist wegen der Rodung des Regenwaldes anderswo so gut wie ausgestorben.

Von den vier Nationalparks, die zusammen mit dem Wildreservat Dong Yai diese Welterbestätte bilden, ist der Nationalpark Khao Yai am besten erschlossen.

Laos

LUANG PRABANG

In Luang Prabang verbinden sich buddhistische Tradition und laotische Architektur mit dem europäischen Kolonialstil des 19. und 20. Jahrhunderts zu einem einzigartigen Mosaik.

Mehr als jede andere Stadt verkörpert Luang Prabang das traditionelle Laos. Auch wenn die politische Macht seit der französischen Kolonialzeit von Vientiane (Wiang Chan) ausging, ist Luang Prabang immer noch kultureller Mittelpunkt des Landes. Den Namen erhielt die Stadt an der Mündung des Nam Khan in den Oberlauf des Mekong Ende des 15. Jahrhunderts von der knapp einen Meter großen Buddhastatue Pha Bang aus dem 14. Jahrhundert; für sie wurde eigens ein Tempel errichtet. Als Muong Swa war Luang Prabang damals schon eineinhalb Jahrhunderte lang Zentrum eines von drei Lao-Königreichen, des »Landes

der Millionen Elefanten« (Lan Chang). Die alte Residenzstadt birgt auch heute noch viele buddhistische Tempel und Klöster mit großen Kunstschätzen. Die prächtigste Anlage ist der aus dem 16. Jahrhundert stammende Königstempel Wat Xieng Thong. Während die Tempel aus Stein erbaut wurden, bestanden die Profanbauten aus Holz.

Im Garten des einstigen Königspalastes befindet sich der Tempel Wat Sala Pha Bang (rechts). Im Inneren des Tempels Wat Xieng Thong, der nach einem Bodhi-Baum (»Thong«) benannt wurde, verharren Mönche andächtig vor einer riesigen Buddhastatue (unten).

TEMPELBEZIRK VON WAT PHU UND KULTURLANDSCHAFT CHAMPASAK

Der Tempelbezirk von Wat Phu ist ein bedeutendes Zeugnis der Khmer-Kultur. Er fügt sich harmonisch in die alte Kulturlandschaft von Champasak ein.

Zwischen dem 10. und dem 13. Jahrhundert gehörte Champasak zum Khmer-Reich von Angkor, das seine Herrschaft den Mekong hinauf bis nach Wiang Chan (heute Vientiane) ausdehnte. Damals wurde die Region zwischen dem heiligen Berg Phu Kao und der Ebene planmäßig für den Reisanbau erschlossen; es entstanden Bewässerungssysteme, Tempelanlagen und zwei Städte am Ufer des Mekong. All dies spiegelt bis heute die hinduistische Weltsicht von der Einheit zwischen Universum, Natur und Mensch

wider. Zu diesem Erbe gehört der Tempelbezirk Wat Phu, acht Kilometer vor der Stadt Champasak (auch Bassac) entfernt am Fuß des Phu Kao. Erbaut wurde diese Anlage im 10. Jahrhundert unter dem Angkor-Herrscher Jayavarman IV. als Shiva-Heiligtum. Von den Tempelgebäuden stehen heute nur noch Ruinen.

Über 90 steile Stufen führt der Weg von den Tempelruinen am Fuß des Phu Kao zum einstigen Shiva-Heiligtum (rechts der Haupttempel) auf dem Berg.

TEMPEL VON PREAH VIHEAR

Ihren Welterbestatus verdankt dieser faszinierende, an der kambodschanisch-thailändischen Grenze gelegene hinduistische Tempelkomplex seiner einmaligen Lage in den Dongrek-Bergen, der einzigartigen, sich nahtlos in die Landschaft einfügenden Architektur und den überaus kunstvoll gearbeiteten Steinmetzarbeiten.

Die Geschichte des Tempels reicht bis ins 9. Jahrhundert zurück, als hier eine Einsiedelei stand. Dieser folgte im 11. Jahrhundert eine Tempelanlage, die Shiva, einer der drei hinduistischen Hauptgottheiten, gewidmet ist. Bis zum 12. Jahrhundert wurde sie stetig ausgebaut, letzte Erweiterungsarbeiten fanden unter dem Khmer-König Suryavarman II. (reg. 1113–1145) statt.
Von dem auf einer 525 Meter hohen Klippe gelegenen Ensemble bietet sich ein spektakulärer Blick über die kambodschanische Ebene. Der 800 Meter lange Baukomplex ist so am Berghang

Über steile Treppenstufen erklimmen Pilger den Tempel von Preah Vihear.

angelegt, dass Pilger am Ende ihres Aufstiegs über Treppen und Straßen durch fünf Tortürme, sogenannte Gopurams, hindurch das Haupttheiligtum erreichen. Viele Gebäude sind eingestürzt, die erhaltenen Bauteile aber in gutem Zustand. Dreiecksgiebel zeigen Szenen aus dem hinduistischen Mahabharata-Epos, darunter Vishnu und Krishna.
Die territoriale Zugehörigkeit des Tempels ist zwischen Thailand und Kambodscha umstritten. Der Internationale Gerichtshof in Den Haag sprach ihn 1962 Kambodscha zu, doch kommt es hier immer wieder zu bewaffneten Konflikten zwischen beiden Staaten. Im Jahr 1998 war das Areal Schauplatz der Kapitulation der Roten Khmer.

Die verschiedenen Reliefs und Skulpturen der Tempelanlage illustrieren Szenen aus der hinduistischen Mythologie.

Kambodscha

Apsaras

Tanzen ist göttlich. Im hinduistischen Götterhimmel wird viel getanzt. Shiva selbst ist der Gott des Tanzes; tanzend zerstört er den alten Kosmos, um einen neuen zu erschaffen. So verwundert es nicht, dass der menschliche Tanz aus der Verehrung der Götter hervorging und als Tempeltanz in Südostasien immer noch kultische Handlung ist.

In den alten indischen Epen erschuf Brahma, der Weltenschöpfer im obersten hinduistischen Göttertrio, die »himmlischen Tänzerinnen« (Apsaras). Sie leben an der Seite der »himmlischen Musiker« (Gandharvas) auf dem Götterberg Meru im Palast von Indra, einem Gott aus der »zweiten Reihe«, der u. a. für Krieg und Re-

RUINEN VON ANGKOR

Das mit einer Fläche von rund 400 Quadratkilometern größte Kulturdenkmal Südostasiens ist ein grandioses Zeugnis des Khmer-Reiches.

Gründer des Khmer-Reichs war Jayavarman II., der im Jahr 802 den Thron bestieg. Als Gottkönig von Angkor mit absoluter geistlicher und weltlicher Macht war er Mittler zwischen Himmel und Erde; als Mensch lebte er in einem Palast, als Gott wurde er im Tempel verehrt. Bis Anfang des 13. Jahrhunderts orientierten sich Khmer-Herrscher am Hinduismus und ließen sich in Gestalt

Auf das Ensemble mit den markanten Tempeltürmen (Prangs) führt vom Haupteingang aus ein mehrere Hundert Meter langer Steindamm zu.

des Linga (Phallus des Weltenzerstörers Shiva) verehren, später als Inkarnation buddhistischer Bodhisattvas. Ein Hinweis auf diesen Wechsel findet sich im Bayon-Tempel von Angkor Thom. Dort wurden unter Jayavarman VII. (reg. 1181–1218) 54 Türme errichtet, von denen jeweils vier Meter hohe Monumentalgesichter des Bodhisattva Avalokiteshvara in die vier Himmelsrichtungen blicken.

Da ein Tempel nach dem Tod des Gottkönigs immer auch zu dessen Grabmal wurde, musste jeder Khmer-König sich ein neues Heiligtum bauen lassen, sodass ihre Zahl rund um Angkor stetig wuchs. Die mächtigste Anlage ist Angkor Wat, der Tempel von Suryavarman II. (reg. 1113–1150). Unter ihm erreichte die Khmer-Kultur ihren Zenit.

Angkor Wat ist die größte Tempelanlage von Angkor, der alten Khmer-Hauptstadt.

gen zuständig war. Aufgabe der Apsaras ist es, Götter (Devas) und Göttinnen (Devatas) bei Laune zu halten. Eine Auswahl besonders schöner Apsaras wird von Indra immer wieder zur Erde geschickt, um die Menschen zu verführen, sie aber vor allem von ihrem Streben abzubringen, »wie die Götter« zu werden.

Apsaras spielen eine wichtige Rolle in der Kunst des Khmer-Reiches. Zu Tausenden tanzen sie auf den Tempelreliefs von Angkor, einzeln oder in Gruppen. Sie gehören zu dem festen Personenkreis in den häufig dargestellten Szenen aus Epen wie dem Ramajana und Mahabharata. Da die Gottkönige von Angkor ihr Reich aus den

Händen von Indra erhielten, hatte Tanz am Hof eine große Bedeutung.

Etwa 2000 Apsaras und Devatas schmücken die Wände der Galerien von Angkor Wat. Apsaras (linke Seite) werden meist mit nach außen gestellten Knien auf Lotosblüten tanzend dargestellt, Devatas (links) in der Regel stehend, oft in Nischen.

Der Tempel Prasat Kravan östlich von Angkor Wat wurde um das Jahr 920 erbaut. Das Heiligtum gehört zu den letzten Backsteintempeln Angkors.

Die kunstvoll gearbeiteten Reliefs am Tempel von Banteay Srei, 967 von einem Brahmanen erbaut, illustrieren Szenen aus den indischen Götterepen.

Diese an den Außenseiten mit Gesichtern des Bodhisattva Avalokiteshvara versehenen Türme sind das Erkennungszeichen des Bayon-Tempels.

Am Tempelbezirk Ta Prohm zeigt sich die zerstörerische Kraft des tropischen Dschungels, der Angkor vor seiner »Wiederentdeckung« ganz überwuchert hatte.

Vietnam

BUCHT VON HALONG

Die bizarr geformte Insellandschaft im Golf von Tonking im Norden Vietnams besteht aus rund 2000 Eilanden und Kalkfelsen. Wind, Wetter und Gezeiten haben dort ein anmutiges Gesamtkunstwerk der Natur entstehen lassen.

Die bis zu 100 Meter aus dem Wasser ragenden, meist dicht bewachsenen Karstfelsen erinnern an chinesische Landschaftsbilder. Die Felsen und Berge zeichnen sich durch große Formenvielfalt aus: Das Spektrum reicht von Pyramiden mit breiter Basis über hoch gewölbte »Elefantenrücken« bis zu schlanken Felsnadeln. Die Menschen haben in der Insellandschaft weniger ein Naturphänomen gesehen als ein mythisches Schauspiel: Ein aus den Bergen (oder aus dem Himmel) »herabgestiegener Drache« (Ha Long) soll das Naturwunder geschaffen haben, als er mit den Schlägen seines mächtigen Schwanzes ein feindliches Invasions-heer vernichtete – oder vielleicht hat ihn auch nur seine Wut getrieben, weil er gestört wurde? In die so entstandenen Furchen und Schluchten schwappte das Wasser, das der Drache verdrängte, als er ins Meer tauchte.

Die geologische »Wahrheit« klingt deutlich nüchterner: Nach der letzten Eiszeit hat sich die zum südwestchinesischen Kalksteinplateau gehörende Küstenlandschaft gesenkt und wurde vom Wasser überflutet. Die Erosion formte aus dem Gestein bizarre Kegel.

In der Bucht von Halong herrscht reger Schiffsverkehr (unten). Fast jedes der Eilande (rechts) hat einen eigenen Namen.

NATIONALPARK PHONG NHA-KE BANG

Das Kernstück dieses Nationalparks ist ein geologisch sehr vielfältiges tropisches Karstgebiet, das älteste seiner Art in Asien. Über eine Distanz von 65 Kilometern erstrecken sich hier Höhlen und unterirdische Flüsse.

Benannt wurde das zum großen Teil von tropischem Regenwald bedeckte Schutzgebiet im Distrikt Minh Hoa im nördlichen Zentralvietnam nach der Phong-Nha-Höhle, der größten und wohl schönsten des Landes. Der Name bedeutet »Höhle der Zähne« und spielt auf die vielen Tropfsteinformationen an. Das Volk der Cham, das im 1. Jahrtausend Zentralvietnam beherrschte, errichtete in einigen Höhlen buddhistische Heiligtümer, deren Reste noch heute zu sehen sind. Aufschlussreich sind die Höhlen aber vor allem in geomorphologischer Hinsicht, offenbaren sie doch mehr als 400 Millionen Jahre Erdgeschichte.

Nach bisherigem Forschungsstand gibt es im Nationalpark 14 endemische Pflanzenarten. Fast 600 Tierarten haben hier ihr Refugium. Unter den 113 Säugetierarten befinden sich viele bedrohte Arten, vor allem Affen. Erst in den 1990er-Jahren entdeckt wurde die Vu-Quang-Antilope, auch »Saola« oder »Vietnamesisches Waldrind« genannt.

Die im Jahr 1996 erstmals fotografierte Vu-Quang-Antilope kann bis zu 1,80 Meter lang und 100 Kilogramm schwer werden.

MONUMENTE DER KAISERSTADT HUE

Hue war 1802 bis 1945 die Hauptstadt von Vietnam. Die Architektur der im heutigen Zentralvietnam unweit des Südchinesischen Meers gelegenen einstigen Kaiserstadt, Residenz der Nguyen-Dynastie seit 1687, orientiert sich eng an der traditionellen chinesischen Bautradition. Zum Welterbe gehören Palastkomplexe, Tempel- und Grabanlagen.

Ganz im Stil chinesischer Palastanlagen ließ sich Nguyen Anh, der 1802 das zerstrittene Vietnam wieder vereinigt und als Kaiser Gia Long den Thron bestiegen hatte, eine befestigte Residenz im Zentrum von Hue errichten.
In der Kaiserstadt (Dai Noi) im Süden der Zitadelle lebten der Hofstaat und die Bediensteten. Die »Verbotene Stadt« in ihrem Zentrum war allein dem Herrscher und seiner Familie vorbehalten. Im Unterschied zum Kaiserpalast in Beijing (China) wurde die Anlage in Hue aber nicht in traditioneller Süd-Nord-Ausrichtung, sondern schräg versetzt dazu erbaut. Von der Residenz ist das südliche »Mittagstor« (Ngo Mon) das am aufwendigsten gestaltete Bauwerk. Außerhalb von Hue haben sich sieben Nguyen-Kaiser Grabstätten errichten lassen.

Dieses opulent geschmückte Tor ist der Zugang zum Haupttempel der Thien-Mu- oder »Pagode der himmlischen Frau« mit dem siebenstöckigen Turm Phuoc Duyen.

ALTSTADT VON HOI AN

Die Hafenstadt war vom 15. bis zum 19. Jahrhundert ein wichtiger Handelsplatz. In Stadtanlage, Häusern und Tempeln überlagern sich asiatische und europäische Einflüsse gleichermaßen.

Im Jahr 1516 landeten die ersten Portugiesen an der Küste Vietnams, gefolgt von Missionaren der Jesuiten; 1535 wurde in Hoi An der erste portugiesische Handelsposten gegründet. Er entwickelte sich rasch zu einer pulsierenden Stadt. Chinesen und Japaner siedelten sich in der auch »Phai Fu« genannten Stadt an und trieben Handel. Auf die Portugiesen folgten weitere Europäer. Umgeschlagen wurden Porzellan, Lacke, Gewürze und Perlmutt. Jede Nation hatte ihr eigenes Stadtviertel.
Selbst als Ende des 17. Jahrhunderts die nach 50-jährigem Bürgerkrieg getrennten vietnamesischen Reiche das Interesse am Handel mit Europa verloren, blieb Hoi An noch ein wichtiges »Tor zum Westen«. Ende des 18. Jahrhunderts wurden große Teile der Stadt beim Tay-Son-Aufstand zerstört. Durch die zunehmende Versandung des Thu Bon verlor Hoi An im 19. Jahrhundert seinen Rang als wichtigste Hafenstadt Vietnams an Da Nang.
Den besonderen Charme von Hoi An machen vor allem die französischen Kolonialbauten der Altstadt aus. Sie stammen zum größten Teil aus der zweiten Hälfte des 19. Jahrhunderts.

Die Japanische Brücke in der Altstadt von Hoi An verband die Viertel der hier siedelnden Chinesen und Japaner.

TEMPELSTADT MY SON

Das religiöse und kulturelle Zentrum der Cham birgt die ältesten und größten erhaltenen Zeugnisse eines Reiches, das Zentralvietnam fast 1000 Jahre lang bis zum 15. Jahrhundert beherrscht hat.

Das Reich der Cham, eines malaio-indonesischen Volks, geht auf das Jahr 192 zurück, als nach dem Zusammenbruch der Han-Dynastie in China der örtliche Statthalter der Han ein eigenes Königreich im Gebiet um die heutige Stadt Hue gründete. Begleitet von ständigen Kämpfen zwischen den einheimischen Stämmen und den chinesischen Kolonien, entwickelte sich ab dem Jahr 400 unter dem Einfluss der indischen Kultur ein Reich aus zunächst vier, später zwei Staaten.
In der Regierungszeit des Fürsten Bhadravarman wurde in My Son ein erster Holztempel erbaut, der 200 Jahre später niederbrannte. Ein Nachfolger von Bhadravarman errichtete im 7. Jahrhundert die ersten Tempel aus Ziegelsteinen und begründete damit eine bis ins 13. Jahrhundert reichende Bautradition. Nach der Eroberung ihrer Hauptstadt Vijaya 1471 durch die konfuzianischen Vietnamesen verschwanden die hinduistischen Cham aus der Geschichte. Im heutigen Vietnam sind sie eine unbedeutende Minderheit.

Unterhalb des »Schönen Berges« (My Son) verehrten die Cham vor allem den Hindugott Shiva. Die Tempeltürme stehen auf einem quadratischen Sockel und verjüngen sich nach oben. Die Außenseiten gliedern Pilaster, Friese und Götterstatuen.

Philippinen

ALTSTADT VON VIGAN

Die Altstadt von Vigan ist das besterhaltene Beispiel einer spanischen Kolonial-stadt in ganz Asien.

Im Jahr 1574 gründete der spanische Eroberer Juan de Salcedo die Stadt im Nordwesten der Insel Luzón, die sich rasch zum zweitwichtigsten Handels-zentrum der Philippinen entwickelte. Zum Glück blieb die nahezu geschlossen erhaltene koloniale Bausubstanz von Stadtsanierungen späterer Genera-tionen wie vom Bombenhagel des Zweiten Weltkriegs verschont.
Neben spanischen Kaufleuten haben sich viele chinesische Händler in Vigan niedergelassen, sodass auch asiatische Baumeister ihre Spuren hinterlassen konnten. Typisch sind die Herrenhäuser mit ihren massiven Ziegelmauern, den gefliesten Innenhöfen, den Balustra-den und den charakteristischen dunkel

polierten Hartholzböden im Inneren. Um die Plaza Salcedo gruppieren sich einige bedeutende Gebäude der Stadt, wie das neoklassizistische Provincial Capitol Building, die Residenz des Erz-bischofs aus dem 18. Jahrhundert und die 1790 bis 1800 errichtete St.-Pauls-Kathedrale. Die dreischiffige Kirche wird an den beiden Toren der Seiten-flügel von Steinlöwen bewacht, die chi-nesische Wächterfiguren sind.
Im einstigen Mestizenviertel befinden sich die schönsten und besterhaltenen Kolonialhäuser. Auch sie weisen viele chinesische Elemente auf.

Die Calle Crisologo liegt im Zentrum des einstigen Mestizenviertels.

REISTERRASSEN IN DEN PHI-LIPPINISCHEN KORDILLEREN

Bereits seit 2000 Jahren kultivieren die zu den Igorot zählenden Ifugao Reis auf den smaragdgrünen Terrassen in den Bergen des nördlichen Luzón.

Der Nassreisanbau gehört zu den be-deutendsten kulturellen Errungen-schaften in der Geschichte Asiens. Eine besondere Kunstfertigkeit hierin erreichten die Ifugao – ein in der gleichnamigen Provinz lebendes indi-genes Bergvolk in den philippinischen Kordilleren. Das Welterbe umfasst fünf Areale auf der Insel Luzón: zwei in Ba-naue (Battad und Bangaan) sowie je-weils eines in den Stadtgemeinden Mayoyao, Kiangan (Nacadan) und Hungduan. Sie alle befinden sich im rund 20 Kilometer langen Tal von Ba-naue, an dessen steilen Berghängen die in mühevoller Handarbeit angeleg-

ten Reisterrassen förmlich »kleben«. Diese sind etwa drei Meter breit, durch – aus Geröll aufgeschichtete zehn bis 15 Meter hohe – Steinmauern voneinander abgegrenzt und richten sich in ihrem Verlauf nach den natür-lichen Gegebenheiten. Ein raffiniertes System von Bambusrohren, Kanälen und kleinen Schleusen dient der Be-wässerung: Damit wird von der obers-ten Terrasse bis hinab ins Tal jede ein-zelne Fläche geflutet.

Als »achtes Weltwunder« werden die Reisterrassen in den philippinischen Kordilleren auch bezeichnet.

PHILIPPINISCHE BAROCKKIRCHEN

Die spanischen Kirchen auf den Philippinen gelten als einzigartig, weil sich in ihnen europäischer Barock mit lokaler Kunst- und Handwerkstradition zu einer geglückten Synthese verbunden hat.

Die spanische Kolonialarchitektur lässt sich im einzigen katholischen Land Asiens bestens studieren. Im buddhis-tischen und islamischen Umfeld muss-ten die katholischen Patres mit ihren Kirchen Macht, Größe und Stabilität der Kirche demonstrieren. Deshalb wirken die Gotteshäuser jener Zeit wie Trutzburgen des Glaubens. Vier von ih-nen wurden als Welterbe ausgezeich-net: die Kirche San Agustín im Alt-stadtviertel Intramuros (»innerhalb der Mauern«) von Manila (Grundstein-legung 1571), die Kirche La Nuestra Señora de la Asunción in Santa María auf Luzón (1765), die Kirche Santo To-más de Villanueva in Miagao auf der In-

sel Panay (1787–1797) und die Kirche San Agustín in Paoay auf Luzón (1694 bis 1710).
San Agustín in Manila, die älteste phi-lippinische Steinkirche, überstand selbst den Zweiten Weltkrieg, in dem fast die ganze Altstadt zerstört wurde, unver-sehrt. Einer wehrhaften Festung gleicht die Kirche La Nuestra Señora de la Asunción in Santa María. Die Kirche Santo Tomás de Villanueva in Miagao hat eine reich ornamentierte Außenfas-sade, San Agustín in Paoay einen sepa-rat stehenden Glockenturm.

»Mutter aller philippinischen Kirchen« wird San Agustín in Manila auch genannt.

NATIONALPARK PUERTO PRIN-CESA SUBTERRANEAN RIVER

Die Hauptattraktion dieses Nationalparks mit seiner tropischen Karstlandschaft ist der längste schiffbare unterirdische Fluss der Erde.

Der Nationalpark befindet sich rund 80 Kilometer nordwestlich von Puerto Princesa, der Hauptstadt der Insel Palawan. Mit am eindrucksvollsten sind die Kalksteinformationen der St. Paul Mountain Range. Höchster Gipfel in einem von Norden nach Süden verlaufenden Kamm abgerundeter Kalksteinberge ist der 1027 Meter hohe Mount St. Paul.

Die landschaftliche Hauptattraktion ist ein unterirdischer Fluss, der sich über eine Länge von rund acht Kilometern erstreckt – mehr als vier Kilometer davon sind schiffbar – und dabei einen Höhlenkomplex von gigantisch anmu-

tenden Ausmaßen geschaffen hat. Die bis zu 60 Meter hohen »Kathedralen«, aber auch kleinere Tropfsteinhöhlen, sind voller riesiger, bizarr gestalteter Stalaktiten und Stalagmiten. Die Höhle endet in einer großen Grotte mit einfallendem Tageslicht.

Die verkarstete Kalksteinlandschaft des Nationalparks wird durch einen unterirdischen Fluss unterquert, der etwa zwei Kilometer südwestlich des Mount St. Paul entspringt und dann – nachdem er fast den ganzen Weg unterirdisch zurückgelegt hat – bei der St. Paul's Bay wieder zutage tritt.

NATURPARK TUBBATAHA REEF

Das Schutzgebiet mitten in der Sulusee besteht aus zwei ringförmigen Atollen, die für ihre ausgedehnten Korallenriffe und eine faszinierende Unterwasserwelt berühmt sind. 2009 wurde zusätzlich zum bereits seit 1993 zum Welterbe zählenden »Marinepark Korallenriff Tubbataha« auch der umgebende Naturpark als Schutzzone ausgewiesen und die Gesamtfläche damit verdreifacht.

Rund 180 Kilometer vor der Südküste der Insel Palawan ragen zwei kleine, schwer zu erreichende Atolle nur rund einen Meter aus dem Wasser und bieten einer großen Vielfalt von Lebewesen fast ungestörten Lebensraum. So leben hier etwa die selten gewordenen Karett- und die Suppenschildkröten, aber auch diverse Schwalben- und Tölpelarten sowie zahlreiche Korallen, die mit mehr als 40 Arten – darunter Baum- und Lochkorallen – vertreten sind.

Das größere Nordriff, auch »Vogelinsel« genannt, bildet ein etwa 16 Kilo-

meter langes und rund 4,5 Kilometer breites Oval, das eine Lagune aus Korallensand umschließt und auf diese Weise einen ideal geschützten Nistplatz für Vögel bildet.

Das südliche Atoll ist kleiner und durch einen rund acht Kilometer breiten Meeresarm vom Nordriff getrennt. Es weist mit etwa 380 verschiedenen Fischarten aus mindestens 40 Familien die vielfältigere Unterwasserwelt auf.

Zur Unterwasserwelt des Meeresparks gehören Riesenhusare (oben) ebenso wie Geistermuränen (links).

Indonesien

NATIONALPARK UJUNG KULON

Ujung Kulon war der erste Nationalpark Indonesiens. Seine Bedeutung gründet vor allem auf dem letzten Bestand an Tieflandregenwald und auf einer kleinen Population des sehr seltenen Javanischen Nashorns.

Java ist die kleinste, aber bedeutendste der Großen Sundainseln im Malaiischen Archipel. Der Nationalpark umfasst im Südwesten Javas die Halbinsel Ujung Kulon sowie die Inseln Krakatau, Panaitan und Peucang in der Sundastraße. Geschützt werden somit die Tieflandregenwälder Javas, die Korallenriffe der Küstenzone und Flora und Fauna der Vulkaninsel Anak Krakatau. Das am meisten gefährdete Tier im Regenwald ist das Javanische Nashorn (oder Java-Nashorn), ein nachtaktiver Einzelgänger, der sich vorwiegend von Blättern, Früchten, Trieben und Zweigen ernährt. Wilderer haben den Bestand auf 25 Exemplare dezimiert;

mittlerweile soll sich die Population allerdings wieder auf 60 Tiere erhöht haben. Dennoch bleibt das mit dem Panzernashorn verwandte Javanische Nashorn, das wie Ersteres nur ein Horn hat, eines der seltensten Großsäuger der Erde.
Deutlich häufiger kommt dagegen das scheue Javanische Wildrind vor. Darüber hinaus gibt es im Nationalpark Ujung Kulon Hirsche, Affen, Leoparden, Leistenkrokodile und Nashornvögel.

Drei der weltweit fünf Nashornarten sind in Asien heimisch: neben dem Javanischen Nashorn (rechts) das Sumatra- und das Panzernashorn.

BUDDHISTISCHE TEMPELANLAGE VON BOROBUDUR

Die Tempelanlage auf der indonesischen Hauptinsel Java ist das bedeutendste buddhistische Heiligtum außerhalb Indiens.

Die im 8. Jahrhundert errichtete Tempelanlage Borobudur symbolisiert die kosmologische Auffassung vom Weltenberg Meru mit seinen verschiedenen Höhenschichten: der »Welt der Begierden«, der »Welt der Namen und Formen« und der »formfreien Welt«.
Über einem streng quadratischen Grundriss bauen sich fünf »irdische« Galerien auf. Hier erzählen verschiedene Reliefs vom Lebensweg Buddhas, andere geben aber auch alte Jataka-Legenden wieder. Auf der Plattform über den Galerien erheben sich drei »himmlische« Rundterrassen. Diese tragen insgesamt 72 Stu-

pas, die einst jeweils eine Buddhastatue umschlossen und auf den Hauptstupa auf der obersten Terrasse hin ausgerichtet sind.

Buddha selbst, so erzählt die Legende, soll die Gestalt des Stupas bestimmt haben, indem er sein Bettlergewand zu einem Hügel faltete, seine Bettlerschale auf dessen Spitze legte und das Ganze mit einem Stecken krönte. Als Ganzes verkörpert Borobudur »ein Monument des Göttlichen, in dem die Gesamtheit zusammenfließt und das der Gesamtheit als Heiligtum vor Augen ist« – so einst der Kunsthistoriker Karl With.

HINDUISTISCHE TEMPELANLAGE VON PRAMBANAN

Die einst bedeutendste Kultstätte des Hinduismus auf Java war den Göttern Brahma, Vishnu und Shiva geweiht.

Weithin sichtbar überragen die Tempeltürme diese Anlage, mit deren Bau wohl schon im 8. Jahrhundert begonnen wurde. Der Haupttempel, Lara Jonggrang, soll aber erst um das Jahr 915 vollendet worden sein. Er wurde Shiva gewidmet: Der indische Gott der Zeugungskraft gilt hier als »Mahadeva«, als mächtigste Gottheit. Deshalb taucht auch sein Symbol, der Phallus (Lingam), überall auf. Brahma und Vishnu haben jeweils ihre eigenen, kleineren Tempel südlich und nördlich des mittleren Hauptturms. Die Anlage als Ganzes ist also der »Trimurti« gewidmet – der Dreiheit der hinduistischen

Hauptgottheiten. Da bei einem verheerenden Erdbeben im Jahr 1549 die Anlage weitgehend zerstört wurde, nutzte man das übriggebliebene Trümmerfeld lange als Steinbruch. Erst 1937 begann man mit einer Rekonstruktion der Anlage, die 1953 im Wesentlichen vollendet war. Bei einem weiteren schweren Erdbeben am 27. Mai 2006 wurde die Anlage erneut beschädigt. Sie ist aber nun wieder zugänglich.

Zur Welterbestätte zählen neben Prambanan (rechts eine Gesamtansicht) noch vier weitere Anlagen in unmittelbarer Umgebung: Lumbung, Burah, Asu und Sewu.

PALÄONTOLOGISCHE STÄTTE SANGIRAN

Der Fundort des »aufgerichteten Affenmenschen« Pithecanthropus erectus ermöglichte einen höchst aufschlussreichen Einblick in die Geschichte der menschlichen Evolution.

Schon seit dem Fund der Schädeldecke des »Javamenschen« durch den Anthropologen und Geologen Eugène Dubois galt Indonesien als eine der frühesten Stätten der Menschheitsentwicklung. Dubois gab seiner Entdeckung den Namen »Pithecanthropus erectus«, nach dem griechischen Wort »Pithecanthropus« für »Affenmensch«. In den Jahren 1936 bis 1941 entdeckte dann der Anthropologe Gustav Heinrich Ralph von Koenigswald bei seinen Ausgrabungen weitere fossile Knochenreste, die menschliche Züge tragen. Ihr Alter schätzt man auf etwa 1,5 Millionen Jahre. Heute gehört Sangiran weltweit zu den wichtigsten Fundstellen frühmenschlicher Zeugnisse. Vergleiche des »Java-« mit dem »Pekingmenschen« ergaben, dass beide Gruppen zum Homo erectus gerechnet werden müssen, der bereits weitgehend die körperliche Gestalt heutiger Menschen hatte.

Die rund 60 bis heute gefundenen Hominidenfossilien aus Sangiran werden sämtlich zur Art Homo erectus gerechnet (links ein in Sangiran gefundener Schädel eines »Javamenschen«).

NATIONALPARK KOMODO

Der Nationalpark ist das Schutzgebiet des Komodowarans, der nur noch hier vorkommt und im Regenwald und der Savanne ideale Voraussetzungen für die Jagd auf Wildschweine oder Hirsche findet.

Der Nationalpark reicht über die zu den Kleinen Sundainseln gehörende rund 35 Kilometer lange und 25 Kilometer breite Insel Komodo weit hinaus und schließt im Wesentlichen die kleineren Nachbarinseln Padar, Rinca und Gili Motang sowie die Westküste von Flores mit ein. Die üppige Flora wird bestimmt von tropischem Monsunregenwald, von Grasland und Savanne. An manchen Orten gibt es auch Mangrovenwälder.

Hauptattraktion ist der Komodowaran, die größte Echsenart der Welt. Als tagaktiver Bodenbewohner lebt er vorwiegend von Säugetieren wie Wildschweinen oder Hirschen, von größeren Vögeln, Giftschlangen und Schildkröten. Die Parkverwaltung schätzt den Bestand dieser rund drei Meter langen »Drachen« im Schutzgebiet auf etwa 6000 Exemplare; auf der Insel selbst sollen noch ungefähr 3000 oder deutlich weniger Tiere leben. Ihre Gefährlichkeit sollte man keinesfalls unterschätzen, in Begleitung von Wildhütern kann man sie aber gut besichtigen.

Mit seiner langen, tief gespaltenen Zunge kann der Komodowaran feinste Duftstoffe auf- und über ein im Gaumen sitzendes Geruchsorgan wahrnehmen. Aas wittert er über eine Entfernung von bis zu fünf Kilometern hinweg.

NATIONALPARK LORENTZ

Das mit rund 25 000 Quadratkilometern Fläche größte Schutzgebiet Südostasiens liegt in Irian Jaya, dem indonesischen Teil von Neuguinea. Es vereint unterschiedlichste Landschaftsformen mit einer artenreichen Fauna und Flora.

Das Areal dieses einzigartigen Nationalparks hat eine komplexe geologische Struktur, die eine enorme Artenvielfalt entstehen ließ. Grob lässt sich das Gebiet in das sumpfige Tiefland und die Hochgebirgsregion unterteilen. Die zentrale Bergregion entstand durch die Aktivitäten zweier zusammenstoßender Kontinentalplatten. Die Gebirgsbildung ist bis heute noch nicht abgeschlossen. Die vergletscherten Gipfel des Gebirgszugs ragen bis knapp 5000 Meter hoch auf. Das Tiefland ist eine schlammige Ebene mit weitgehend unberührten Wäldern und zahllosen Wasserläufen. Die Vegetation des Tieflandes besteht aus einfachen Kräuterkulturen am Strand und schon recht komplexen Ökosystemen des immergrünen Mischwalds landeinwärts. Noch weiter im Landesinneren befindet sich in Höhen von 600 bis 1500 Metern die artenreichste Flora Neuguineas. Hier wachsen allein ungefähr 1200 Baumarten. Von den Vogelarten sind viele endemisch. Einige Arten von Beuteltieren sind außerhalb des australischen Festlandes nur hier zu finden. Weitgehend unerforscht sind etwa 150 Amphibien- und Reptilienarten.

Die Papua-Weichschildkröte lebt in Flüssen und Flussmündungen und ernährt sich von kleinen Fischen und Krebstieren.

Das Leisten- oder Salzwasserkrokodil (unten im australischen Kakadu-National-park) ist mit bis zu sechs Meter Länge das größte heute lebende Reptil. Mit seinen steilen, zum Teil bewaldeten Felswänden (rechts im Bild der Mitre Peak) gilt der in die Tasmansee mündende Milford Sound auf der Südinsel Neuseelands vielen als »das schönste Ende der Welt«.

AUSTRALIEN
OZEANIEN

Australien

Traumpfade

Als die Erde noch kahl war und leer, zogen die Ahnen der Aborigines durch das Land und träumten von den Abenteuern des nächsten Tages. Indem sie ihre Träume in die Tat umsetzten, schufen sie alle Erscheinungen des Lebens als bis heute gültigen Ausdruck der ursprünglichen Schöpfungskraft. In diesem Verständnis sind bestimmte Orte für die Aborigines Hinweise auf die Existenz ihrer Vorfahren und damit sakrale Stätten. Erst durch sie werden die Mythen der Traumzeit bezeugt und damit real. Vor diesem Hintergrund muss auch der Kampf der Aborigines um ihr Land gesehen werden: Es geht dabei nicht nur um ökonomische Ressourcen, sondern auch um die geistige

NATIONALPARK KAKADU

Der Nationalpark bietet nicht nur sehr abwechslungsreiche Landschaften, sondern auch eindrucksvolle Felsmalereien der Aborigines.

Der etwa 250 Kilometer östlich von Darwin gelegene Nationalpark, dessen heute knapp 20 000 Quadratkilometer großes Areal mehrfach erweitert wurde, umfasst fünf unterschiedliche Landschaftszonen. Im Gezeitenbereich der Flüsse haben sich Mangroven mit ihren Stelzwurzeln im Schlamm verankert und schützen das Hinterland vor der zerstörerischen Wirkung des Wellenschlags. Die küstennahen Gebiete verwandeln sich in der Regenzeit in einen bunten Teppich aus Lotosblumen,

»The Wet« nennen die Australier die Regenzeit von November bis April, wenn die ausgedehnten Feuchtgebiete mit Seerosen bedeckt sind.

Seerosen und Schwimmfarnen. Seltene Wasservögel sind hier ebenso heimisch wie das bis zu sechs Meter lange Leistenkrokodil. Das anschließende Hügelland mit seiner abwechslungsreichen Vegetation aus offenen tropischen Wäldern, Savannen und Grasebenen erstreckt sich über den größten Teil des Parks und ist Rückzugsgebiet für bedrohte Tierarten wie Dingos und Wallabys. International bekannt wurde der Nationalpark Mitte des 20. Jahrhunderts, als man bei Grabungen mindestens 30 000 Jahre alte Steinwerkzeuge fand. Viele Felsmalereien geben Aufschluss über Jagdgewohnheiten, Mythen und Brauchtum der Aborigines.

Durch den Nationalpark schlängelt sich der South Alligator River mit seinem fein geäderten Netz von Zuflüssen.

Rechtfertigung ihrer Existenz. Auf ihren Wanderungen hinterließen die mythischen Vorfahren der Aborigines sichtbare Zeichen in Form von Hügeln, Felsen, Höhlen oder Wasserlöchern. Diese mythischen Wege der Schöpfergestalten – auch Traumpfade genannt – überziehen wie ein Netz das ganze Land. Jeder Zentimeter des Bodens, über den

die Ahnen gewandert sind, wird von Aborigines verehrt und darf in seiner ursprünglichen Reinheit und Kraft nicht angetastet werden. Ihre geistige Verbindung mit einem Ort zeigen die Aborigines, indem sie ihn mit Piktogrammen bemalen, mit Steinen abstecken oder hölzerne Skulpturen und Kästen für Totemobjekte aufstellen.

Die Körperbemalung der Aborigines (linke Seite) bezieht sich oft auf die mythischen Ursprünge einer Gruppe. Über 5000 Felszeichnungen der Aborigines wurden im Nationalpark Kakadu entdeckt. Ein Spezifikum ist der »Röntgenstil« (links am Nourlangie Rock im Kakadu-Nationalpark), bei dem auch Teile des Skeletts und der Organe dargestellt werden.

Algerien

KASBAH (ALTSTADT) VON ALGIER

Über der Bucht von Algier thront die malerische Kasbah der Hauptstadt Algeriens. Die Altstadt mit der Zitadelle, den Moscheen und maurischen Palästen vermittelt ein anschauliches Bild moslemischer Kultur und Lebensweise.

Die ursprünglich von den Phöniziern gegründete Siedlung entwickelte sich erst nach der arabischen Eroberung zu einem wichtigen Handelszentrum. Im 16. Jahrhundert geriet die Stadt unter spanische Herrschaft, die daraufhin den Piraten Khair ad-Din Barbarossa zu Hilfe rief. Nachdem dieser Algier erobert hatte, unterstellte er sich dem osmanischen Sultan. Lange Zeit blieb Algier ein Seeräubernest, um das sich die europäischen Staaten stritten. Bis 1962 okkupierten die Franzosen die Metropole, die erst ab dem Ende des 19. Jahrhunderts über die Mauern, die die Kasbah mit der Zitadelle umschlossen, hinauswuchs. Die meisten Gebäude der Kasbah stammen aus osmanischer Zeit. Nur die große Moschee Djemaa el-Kebir mit ihren elf Schiffen ist älter. Sie wurde anstelle einer christlichen Basilika im Almoravidenstil errichtet. Die Kanzel aus dem Jahr 1017 besitzt reiche Schnitzereien, das Minarett stammt von 1323. Bedeutend ist auch die 1660 im byzantinischen Stil erbaute Moschee Djedid.

Unzählige Treppen und gewundene Gassen führen durch die Altstadt von Algier.

BERGFESTUNG BENI HAMMAD

Die einst prächtige Hauptstadt der berberischen Ziriden-Dynastie, am Fuß der Hodna-Berge gelegen, ist seit ihrer Zerstörung im 12. Jahrhundert ein Ruinenfeld. Sie gilt als wichtiges Bindeglied west- und ostislamischer Kunst und Kultur.

Die Ziriden-Residenz, die der ehrgeizige Dynastiebegründer Hammad ben Bologhine im frühen 11. Jahrhundert erbauen ließ, zeugt von der einstigen Blütezeit Nordafrikas. In den Palästen und Gärten mit ihren Wasserspielen fanden die wichtigsten nordafrikanischen Kunststile der Zeit ihren Niederschlag. Darüber hinaus weisen die raffinierte Verschränkung der Bau- und Dekorelemente Beni Hammad als Geburtsstätte grundlegender Elemente des maurischen Stils aus. So wurden hier u. a. der achtelementige Muqarnas – eine aus mehreren Spitzbögen bestehende, dekorative Verzierung – und die siebenelementige Stalaktittrompe entwickelt. Der Palast des Emirs von Hammad bestand aus drei Anlagen, die durch Gärten, Pavillons und Wasserbecken voneinander getrennt waren. Einer der prächtigsten und wohl auch größten Paläste war der um ein riesiges Wasserbecken herum errichtete Dar el-Bahar oder Seepalast. Das 25 Meter hohe Minarett der großen Moschee, die über einen 13-schiffigen Betsaal verfügte, ist heute nur noch teilweise erhalten.

Noch die Ruinen lassen das solide Mauerwerk der Bergfestung erkennen, die dennoch dem Ansturm der Almohaden im Jahr 1152 nicht standhalten konnte.

TIPASA

Die antike Stätte vereint eine einzigartige Architektur aus phönizischer, römischer, frühchristlicher und byzantinischer Zeit, die auf vielfältige Weise Einblick in das Leben der damaligen Bewohner gibt.

An der Küste des Mittelmeers ungefähr 70 Kilometer westlich von Algier liegt die archäologische Fundstätte Tipasa. Aus dem ursprünglich phönizischen Handelshafen entwickelte sich eine bedeutende punische Stadt, die im 1. Jahrhundert römische Kolonie wurde und zu einem der wichtigsten strategischen Zentren der römischen Eroberung Mauretaniens avancierte. Im Jahr 430 bemächtigten sich die arianischen Vandalen der Stadt, was zur Flucht der bislang hier ansässigen Christen nach Spanien oder zu ihrer Verfolgung durch die Häretiker führte. Nach der byzantinischen Machtübernahme im 6. Jahrhundert verlor Tipasa immer mehr an Bedeutung und verfiel allmählich. Aus der Römerzeit sind die Reste eines Forums, des Amphitheaters, von Villen, Bädern und einer Garumküche erhalten, in der diese würzige Fischsoße produziert wurde. Direkt am Meer stehen die frühchristliche neunschiffige Große Basilika mit schönen Mosaikfußböden sowie Überreste des Kbor er Roumia, des königlichen Mausoleums von Mauretanien.

Mauerzüge, Säulenreste und Torbögen fügen sich zu einer Gesamtheit und lassen die einstige Struktur der Handelsstadt mit ihrem mehrere Hundert Meter langen Decumanus wiedererkennen.

DJÉMILA

Der kleine Ort auf 900 Meter Meereshöhe, zwischen Wadi Guergour und Wadi Betame gelegen, birgt die Überreste der römischen Militärkolonie Cuicul. Geschickt hatte man die Bauten dem hügeligen Gelände angepasst.

Eine der am besten erhaltenen Ruinenstädte des Landes wurde in den Jahren 96 bis 98 unter dem römischen Kaiser Nerva auf dem Gelände einer ehemaligen Berbersiedlung erbaut. Cuicul wurde als Garnisonsstadt und Veteranensiedlung gegründet, deren Bevölkerung bereits im 2. Jahrhundert mehr als 10 000 Einwohner zählte. Im 3. Jahrhundert erlebte die Stadt ihre Blütezeit. Sie wuchs über ihre ursprünglichen Mauern hinaus, und ein neues, von prächtigen Gebäuden umgebenes Forum entstand. Mit dem Aufkommen des Christentums setzte im 4. Jahrhundert erneut eine rege Bautätigkeit ein. Ab dem 5. Jahrhundert begann der Niedergang Cuiculs. Seit 1909 wurden die gut erhaltenen sakralen und öffentlichen Bauten, die teilweise noch die Originalmosaiken zeigen, freigelegt. Das Bild der Römerstadt wurde durch zwei Forumsanlagen, den Markt des Cosinus, den Tempel des severischen Kaiserhauses, den Ehrenbogen des Caracalla, das Theater und die Thermen geprägt. Im Süden entstand ein christliches Stadtviertel, von dem noch das Baptisterium aus dem 4. Jahrhundert erhalten ist.

Eine Hauptstraße führte in die Stadt, in der man Kaiser Caracalla zu Ehren einen Triumphbogen errichten ließ.

TIMGAD

Unter Kaiser Trajan entstand die im Aurès-Massiv gelegene Veteranensiedlung, die ab 1880 ausgegraben wurde. Sie gilt als hervorragendes Beispiel römischer Stadtplanung und war im 3. Jahrhundert eine der wichtigsten Städte Numidiens.

Die im Jahr 100 n. Chr. nach dem letzten Stand der zeitgenössischen Technik geplante Militärkolonie sollte dem angenehmen Ruhestand römischer Legionäre dienen, die nach 25 Dienstjahren aus dem Heer entlassen wurden. Die Stadt wurde im Rastertypus der Militärlager angelegt – mit zwei Hauptstraßen (Cardo in Nord-Süd- und Decumanus in Ost-West-Richtung). Die meisten Gebäude stammen aus dem 2. Jahrhundert, wie etwa das Theater (161–169), das 4000 Sitzplätze hatte, der Trajansbogen, das Kapitol, mehrere weitläufige Thermen, die öffentliche Bibliothek, das Forum und der Sertius-Markt. Im 4. und 5. Jahrhundert wurde Thamugadi, so der römische Name, zum Hauptsitz der Donatisten. Ende des 5. Jahrhunderts zerstörten Vandalen und Berber die Stadt. Die Byzantiner bauten sie wieder auf, doch während der arabischen Invasion wurde sie im 7. Jahrhundert erneut zerstört und endgültig aufgegeben. Die lange vom Saharasand bedeckte Stadt vermittelt heute noch ein anschauliches Bild des Alltagslebens in der Antike.

Imposante Bauten, allen voran der Ende des 2. Jahrhunderts errichtete und noch gut erhaltene Triumphbogen des Trajan, belegen die Bedeutung und den Reichtum des antiken Thamugadi.

TAL VON M'ZAB

Die Oasenregion blickt auf eine jahrtausendealte Besiedlungsgeschichte zurück. Die zu Beginn des 11. Jahrhunderts gegründeten Städte sind ein Beispiel für eine optimal an die Umwelt angepasste Siedlungs- und Lebensweise.

Fünf befestigte Siedlungen (Ksur) haben die Mozabiten der Ibaditen-Gemeinschaft im Tal des nur einmal im Jahr Wasser führenden Oued M'zab erbaut: El-Atteuf, Bou Noura, die heilige Stadt Beni Isguen, Melika und Ghardaïa. Die zuletzt errichtete und größte ist Ghardaïa. Wie die anderen Siedlungen wurde sie auf einer Felskuppe um eine Moschee herum angelegt und von einer Festungsmauer umgeben. Das Minarett der Moschee diente gleichzeitig als Wachturm. Die Moschee selbst war als eigenständige Festung mit Kornspeicher und Waffenarsenal konzipiert. Die Bauweise der einfachen kubischen Häuser ist wohldurchdacht. Die erdfarbenen Gebäude, die oft nur eine einzige Öffnung im Dach als Lichtquelle haben, sind dem Wüstenklima angepasst. Ihre Architektur unterstützt die traditionellen Familienstrukturen. Palmenhaine und Gärten, die durch ein ausgeklügeltes Bewässerungssystem am Leben erhalten wurden, befanden sich außerhalb der Siedlungen. Im Sommer zogen die Bewohner in diese Oasen, die befestigte Häuser und Wachtürme haben.

Einer Fata Morgana gleich erscheint Ghardaïa im Wüstensand. Weit ragt das Minarett der zentralen Moschee über die Häuser der Wüstensiedlung hinaus.

Algerien

TASSILI N'AJJER

Die zerklüftete Landschaft des Hoggar-Gebirges birgt unzählige prähistorische Felszeichnungen – unschätzbare Zeugnisse aus der Frühzeit der menschlichen Entwicklungsgeschichte. Die Wüstenregion ist auch Lebensraum einer seltenen Tier- und Pflanzenwelt.

In einer der unwirtlichsten Gegenden der Sahara nahe den Grenzen zu Libyen, Niger und Mali erstreckt sich das Tassili-n'Ajjer-Hochplateau über eine Fläche, die ungefähr der Größe Englands entspricht. In dieser grandiosen Felslandschaft wurde 1933 eine große Zahl von Höhlenmalereien entdeckt. Mehr als 15 000 Zeichnungen und Gravierungen wurden bislang erfasst. Die Felsbilder stammen aus unterschiedlichen Phasen, beginnend um 6000 v. Chr., und dokumentieren sowohl die drastischen Veränderungen des Klimas und der Tierbestände als auch entscheidende Etappen mensch-

Die Gebirgskette gleicht einer Mondlandschaft; Erosionen haben u. a. ihr Erscheinungsbild geprägt: Wie riesige Stalagmiten ragen Felsen aus dem Sand.

licher Kulturentwicklung zu einer Zeit, als das heutige Wüstengebiet noch ein tropisch-feuchtes Klima aufwies. Auf den im Schutz der Klüfte und Höhlen dargestellten Felsmalereien machen Menschen Jagd auf Elefanten, Giraffen und Büffel. Auch scheinen sie Viehzucht betrieben zu haben, denn die Abbildungen zeigen Hirten, die in der Savanne ihre Herden grasen lassen.
Heute beherbergt das Wüstengebiet einige endemische Arten. Zu der spärlichen Vegetation des Hochplateaus gehören die endemische Sahara-Zypresse und die Sahara-Myrte, zur Tierwelt der gefährdete Mähnenspringer sowie die Dorkasgazelle, der Wüstenluchs und die Sandkatze.

Bei den dargestellen Jagd- und Kultszenen lassen sich unterschiedliche Stile gut erkennen. So sind Szenen einer späteren Epoche geprägt von Vitalität, Bewegung und Eleganz. Menschen präsentieren sich hier mit prächtigem Körperschmuck.

Die Menschen haben ihre Umwelt genau beobachtet und detailreich in Bilder gefasst; ein Beispiel ist die Darstellung einer Giraffenherde: Die Körperform, die Wiedergabe des Fells und seiner Musterung sowie die Proportionen – auf alles haben die Künstler genau geachtet.

Die Motive wurden unter Anwendung verschiedenster Techniken ausgeführt. Das Repertoire reicht von Fischen über Flusspferde bis hin zu Boviden.

Die ältesten Motive sind noch wenig realistisch und zeigen an Umrißen orientierte Darstellungen. Hier ein Jäger mit seinem Jagdgerät.

NATURPARKS AÏR UND TÉNÉRÉ

Das Aïr-Hochgebirge und die Ténéré-Sandwüste bieten großartige Landschaftseindrücke. Hier findet man die für die Sahara und die Sahelzone typische Fauna und Flora sowie einzigartige prähistorische Felsmalereien.

Knapp 80 000 Quadratkilometer umfasst dieses größte Naturreservat Afrikas. Das Aïr-Bergland im Nordwesten von Niger erstreckt sich über 400 Kilometer von Norden nach Süden. Es ist eine kristalline, im Mittel 700 Meter hohe Rumpffläche vulkanischen Ursprungs, mit einer Serie steil aufragender einzelner Massive, die durch sandgefüllte Täler (Koris) voneinander getrennt sind und im Mont Gréboun mit 2310 Metern die maximale Höhe erreichen. In der östlich anschließenden Ténéré-Wüste gehen flache Kies- und Sandebenen im Zentralteil in ein Dünenmeer über. Oft fällt hier jahrelang kein Regen, und es herrschen extreme Temperaturunterschiede. Am feuchteren Südwestabhang des Aïr gibt es Grasprärien. In den Grundwasser speichernden Koris wachsen Palmen und Akaziengestrüpp, in den Gebirgsregionen wilde Ölbäume und Zypressen. Hier leben Aïr-Mufflon, Wildesel und Wüstenfuchs. Im Nordteil des Gebirges schufen prähistorische Menschen großartige Felsbilder. Die Felszeichnungen und Pfeilspitzenfunde belegen die Existenz einer blühenden Jäger- und Hirtenkultur in der Zeit um 7000 bis 3000 v. Chr.

Im Übergangsbereich von Aïr und Ténéré treffen Fels- und Sandwüste aufeinander.

NATIONALPARK »W«

Das große länderübergreifende Naturreservat Westafrikas, in dem die typische Fauna der Savanne heimisch ist, verdankt seinen Namen den Mäandern des Niger an seiner Nordgrenze, die die Form eines »W« bilden.

Etwa 150 Kilometer südlich von Niamey befindet sich im Grenzgebiet der drei Länder Niger, Burkina Faso und Benin der Eingang zum mehr als 10 000 Quadratkilometer großen Nationalpark. Zum Welterbe zählt jedoch nur ein Abschnitt des in Niger gelegenen Teils (rund 2200 Quadratkilometer). Der Park befindet sich am rechten Ufer des Niger in einer Übergangszone und hat Anteil sowohl an der Savanne sudanesischen Typs als auch an den Waldgebieten der Sudan-Guinea-Zone mit ihren Galeriewäldern. An der östlichen Parkgrenze nahe am Niger hat der Fluss Mékrou im Sandstein eine tiefe Schlucht gegraben. In der Regenzeit verwandelt er sich in ein tosendes Wildwasser, während in der Trockenzeit Seerosen in den verbliebenen Wasserresten wachsen. In der üppigen Ufervegetation des Mékrou und anderer Zuflüsse des Niger leben Paviane und Grüne Meerkatzen. In der Trockensavanne und den Galeriewäldern entlang der Wasserläufe sind Flusspferde und Kaffernbüffel sowie große Elefantenherden heimisch. Rund 70 Säugetier- und 450 Vogelarten sind im Park vertreten.

Verschiedene Primatenarten wie der Anubispavian und die Grüne Meerkatze (Bild) bevölkern den Nationalpark »W«.

CIDADE VELHA

Das heutige Fischerdorf Cidade Velha auf den Kapverden erzählt vom Aufstieg und Niedergang des ersten portugiesischen Kolonialstützpunktes in den Tropen.

Unter dem Namen Ribeira Grande wurde Cidade Velha im Jahr 1462 auf der kapverdischen Insel Santiago gegründet. Seine isolierte Insellage und die gleichzeitige Nähe zur Westküste Afrikas machte es zu einem idealen Stützpunkt des transatlantischen Sklavenhandels, der im 17. Jahrhundert seine Blütezeit erreichte und der Stadt immensen Reichtum bescherte. Von hier aus wurden Sklaven nach Brasilien und in die Karibik verschifft. Durch die Begegnung von Menschen afrikanischer, europäischer und asiatischer Herkunft wurde Ribeira Grande jedoch auch zu einem Schmelztiegel unterschiedlicher Kulturen und damit zum Geburtsort einer neuen, eigenständigen kreolischen Kultur. Einige Gebäude zeugen noch vom einstigen Reichtum der Stadt: Das Gotteshaus Nossa Senhora do Rosário hat ein Taufbecken aus Alabaster und war die erste Kolonialkirche der Welt. Angriffe durch Piraten führten Ende des 16. Jahrhunderts zum Bau der Festung Real de São Filipe, die Ribeira Grande jedoch auch nicht vor der endgültigen Zerstörung im Jahr 1712 schützen konnte. Seine Bewohner flüchteten in die neu ernannte Hauptstadt Praia, und aus Ribeira Grande wurde Cidade Velha, die Alte Stadt.

Blick von der alten portugiesischen Festung auf Cidade Velha, die erste europäische Kolonialstadt in den Tropen.

VOGELSCHUTZGEBIET DJOUDJ

Im alten Deltagebiet des Flusses Senegal zwischen dem Zufluss Gorom und dem Hauptstrom konzentriert sich eine in Westafrika einzigartige Vogelpopulation.

Das rund 160 Quadratkilometer große Naturreservat ganz im Norden Senegals, etwa 60 Kilometer nordöstlich von Saint-Louis an der Grenze zu Mauretanien, ist eines der größten Vogelschutzgebiete der Welt. Je nach Jahreszeit halten sich hier zahlreiche einheimische Vögel, aber auch viele Zugvögel aus Europa und Nordasien auf. Bis zu drei Millionen Zugvögel beziehen nach anstrengender Überquerung der Sahara an den nahrungsreichen Gewässern ihr Winterquartier. Wenn in der Trockenzeit die Nebenarme im Mündungsgebiet austrocknen, werden die Vögel von den wenigen verbliebenen Wasserstellen, dem ganzjährig Wasser führenden Gorom und den Buchten des Djoudj-Sees angezogen. Rund 1,5 Millionen Wasser- und Watvögel wie Flamingos, Kormorane, Kraniche, Löffler, Reiher, Störche, Uferschnepfen, Witwenpfeifgänse, Wasserläufer, Arabische Trappen und andere seltene Vogelarten bevölkern die weitläufige Wasserlandschaft dieses einzigartigen Vogelparadieses. Das Schutzgebiet Djoudj beherbergt aber nicht nur gefiederte Bewohner. Auch Schildkröten, Krokodile, Warzenschweine, Schakale und Gazellen sind hier anzutreffen.

In der Wasserwildnis des Deltas befindet sich die mit rund 10 000 Exemplaren größte Pelikankolonie Westafrikas.

INSEL SAINT-LOUIS

Das 1659 gegründete Saint-Louis war eine der ersten Handelsniederlassungen der Franzosen in Westafrika und zeitweise Hauptstadt des Senegal.

Das Zentrum von Saint-Louis liegt auf einer Insel in der Mündung des Flusses Senegal und ist durch Brücken mit dem Festland und einer lang gestreckten Landzunge verbunden. Die erste französische Siedlung In Afrlka bestand zunächst aus Handelskontoren, die in schachbrettartigem Grundriss errichtet wurden. Aus dem 18. Jahrhundert stammen die ersten Kolonialbauten mit ihren charakteristischen Holzbalkonen. Mit der wachsenden Bedeutung des transatlantischen Sklavenhandels wuchs auch der Umschlagplatz Saint-Louis auf ungefähr 10 000 Einwohner an. Ihr heutiges Antlitz erhielt die Stadt mit der Abschaffung der Sklaverei 1848, in deren Folge eine multiethnische Gesellschaft aus Franzosen, Mauren und afrikanischen Bevölkerungsgruppen wie den Wolof und den Tukulor das Bild der Straßen prägte. Unter der Herrschaft des liberalen Generalgouverneurs Louis Faidherbe erlebte die Stadt ab 1854 einen Aufschwung, der 1897 im Bau einer Stahlbrücke gipfelte. Um die Place Faidherbe herum konzentrieren sich die wichtigsten Gebäude: Kathedrale und Gouverneurspalast, die beide aus dem 19. Jahrhundert stammen.

Über Brücken ist die Insel Saint-Louis mit der Halbinsel Langue de Barbarie, die sie vom offenen Meer abschirmt, und dem senegalesischen Festland verbunden.

NATIONALPARK NIOKOLO-KOBA

Eines der größten Tier- und Naturreservate Westafrikas ist das letzte regionale Refugium für Savannentiere wie Löwen, Antilopen, Elefanten und Gazellen, deren Lebensraum einst bis zur Küste reichte.

Ein Großteil des knapp 10 000 Quadratkilometer großen Nationalparks im Südosten Senegals liegt im Übergangsbereich von der Trockensavanne zur feuchten Guinea-Waldzone. Er wird im Süden vom Oberlauf des Gambia und dem Staatsgebiet Guineas begrenzt, im Norden geht er in die ostsenegalesische Trockensavanne über. Die drei großen Flüsse des Gambia-Systems, neben dem Gambia selbst der Koulountou im Westen und der Niokolo-Koba im Nordosten, entwässern das Gebiet in endlosen Mäandern mit schwachem Gefälle. Während der Regenzeit sind weite Areale des Parks mit Morast und Schlamm bedeckt. Entlang der Flussläufe verdichtet sich die Baumsavanne zur üppigen Gehölzflora der Galeriewälder mit rund 200 Baum- und Straucharten. Die vielfältigen Lebensräume bieten zahlreichen Tieren eine Heimat. Hier leben rund 80 Säugetierarten, darunter Elefanten, Giraffen, Flusspferde, Kaffernbüffel und Geparden.

Im Schutzgebiet leben auch Afrikanische Wildhunde, die in Rudeln von bis zu acht Erwachsenen mit einigen Jungtieren leben.

Senegal

INSEL GORÉE

Die von verschiedenen europäischen Kolonialmächten besetzt gehaltene Insel an der senegalesischen Küste unmittelbar vor Dakar gelegen ist gleichzeitig Symbol und Erinnerungsstätte für den transatlantischen Sklavenhandel.

Vom 15. bis zum 19. Jahrhundert war die nur etwa 35 Hektar große Insel Gorée im Besitz verschiedener europäischer Kolonialmächte – Portugal, Holland, England und Frankreich. Handelskompanien aus diesen Ländern befestigten die Insel und verschifften von hier aus Zigtausende afrikanischer Sklaven vor allem nach Haiti, Kuba, Louisiana und Brasilien. Auf jeden verschleppten Afrikaner, der sein Bestimmungsziel lebend erreichte, dürften vier bis fünf Tote gekommen sein. Die Bevölkerung der kleinen vulkanischen Insel war schon früh ethnisch stark gemischt. Aus diesen »Métis« ging im 18. Jahrhundert das einheimische Sklavenhändlertum hervor. Diese Händler sowie ihre Frauen, die sogenannten »Signares«, ließen sich herr-

Der historische Farbstich gibt Einblick in den Alltag der in diesem Falle holländischen Besatzungstruppen des Kastells.

schaftliche Häuser errichten, deren feudale Obergeschosse sie selbst bewohnten, während in den Zellen darunter ihr menschliches Frachtgut auf seine Verschiffung wartete. Heute ist die Insel ein Gedenkort. Drei Museen und ein noch erhaltenes Sklavenhaus dokumentieren die Geschichte der Sklaverei. Aus der Kolonialzeit vermittelt der Gouverneurspalast sowie ein von Franzosen errichtetes Fort einen Eindruck vergangener Tage.

In den Kellerräumen der Maison des Esclaves (Sklavenhaus) mit ihrer markanten Doppeltreppe waren die Sklaven eingesperrt, bevor ihre Reise ohne Wiederkehr begann. Im Obergeschoss wohnten die Sklavenhändler.

Die farbigen Häuser und Kolonialbauten von Gorée verraten den europäischen Ursprung der einstigen Sklaveninsel.

Um 1850 wurde Fort d'Estrées an der Nordspitze Gorées erbaut. Heute beherbergt es das historische Museum der Insel.

Wo in den oberen Etagen Sklavenhändler residierten und im Erdgeschoss Vieh und Sklaven untergebracht waren, leben in den verfallenen neoklassizistischen Villen heute die ärmeren Bewohner der Insel.

Die Signares, jene weiblichen Nachkommen aus der Verbindung europäischer Männer und afrikanischer Frauen, genossen einen Sonderstatus und besaßen selbst Sklaven.

STEINKREISE VON SENEGAMBIEN

Über 1000 Steinkreise und andere Megalithdenkmäler verteilen sich auf einem breiten Streifen entlang des Flusses Gambia in Senegal und Gambia. Sie sind zwischen dem 3. und dem 16. vorchristlichen Jahrhundert entstanden.

Die als Welterbe ausgezeichneten Steinkreise von Senegal und Gambia – einstmals wurde das Areal der beiden heutigen Staaten Senegambien genannt – bestehen aus den vier großen Gruppen Sine Ngayène, Wanar, Wassu und Kerbatch. Sie umfassen insgesamt 93 Steinkreise und zahlreiche Tumuli (Grabhügel). Einige von ihnen wurden mittlerweile freigelegt. Allerdings ist der enge Zusammenhang zwischen Tumuli und Megalithen erst noch nachzuweisen (alle Steinkreise befinden sich in der Nähe eines solchen Grabhügels). Als Baumaterial wurde Laterit verwendet – ein rotbraunes, stark aluminiumhaltiges Gestein. Man bearbeitete es mit Steinwerkzeugen und formte daraus fast identische zylindrische oder vieleckige Steinsäulen, die meist zwei Meter hoch sind. Je acht bis 14 der Säulen setzte man zu einem Steinkreis mit einem Durchmesser von vier bis acht Metern zusammen. Die Fundstücke deuten darauf hin, dass diese weitläufige sakrale Landschaft im Lauf von über 1500 Jahren gestaltet wurde und ihre Erbauer einer äußerst produktiven und kreativen Kultur angehörten.

In Wassu am mittleren Abschnitt des Flusses Gambia im gleichnamigen Land stehen diese Steinsäulen Spalier.

JAMES ISLAND UND WEITERE HISTORISCHE STÄTTEN

James Island und weitere sechs Stätten in Gambia sind Orte des nationalen Gedenkens an das Aufeinandertreffen von Europäern und Afrikanern im Kontext der Kolonialherrschaft und des transatlantischen Sklavenhandels.

»Im Dorf Juffure, vier Tagesreisen stromaufwärts an der Küste von Gambia in Westafrika, wurde im Frühjahr 1750 dem Omoro Kinte und seiner Frau Binta ein Knabe geboren.« So beginnt der Roman »Roots« von Alex Haley. Der junge Kunta Kinte wurde von Sklavenhändlern geraubt und schließlich von James Island aus nach Amerika verschifft. James Island liegt bei Juffure 30 Kilometer stromaufwärts der Flussmündung im Gambia. 1651 bauten hier die Niederländer ein Fort. Zehn Jahre später fiel es an die Engländer. Das Fort diente als Basis für den Handel mit Gold und Elfenbein, dann mit Sklaven. In ein winziges Verlies wurden oft bis zu 20 Gefangene gesperrt, die monatelang auf ihre Verschiffung warten mussten. Eine Kapelle und ein Lagerhaus in Albreda, das Gebäude der Brüder Maurel in Juffure, die ehemalige portugiesische Siedlung San Domingo, Kanonen auf St. Mary Island und Fort Bullen zählen ebenfalls zum Weltkulturerbe.

Ruinen erinnern an die einstige militärische Bedeutung von Fort James als Kontrollposten am Gambia-Fluss.

NATURSCHUTZGEBIET NIMBA-BERGE

Das Reservat im Dreiländereck Liberia, Guinea und Elfenbeinküste ist ein transnationales Welterbe, das sich die beiden letztgenannten Länder teilen.

Das bis 1752 Meter hohe Massiv der Monts Nimba direkt an der Grenze von Elfenbeinküste und Guinea ist die höchste Erhebung beider Länder und der markante Mittelpunkt des rund 180 Quadratkilometer großen Schutzgebietes. Es weist eine fast geschlossene Walddecke auf: An den unteren Hängen dominieren noch laubabwerfende Bäume, oberhalb von 1000 Meter Meereshöhe herrscht Bergwald vor, die Gipfelregion ist von Bergsavanne geprägt. Rund 40 Pflanzen- und über 200 Tierarten sind hier endemisch. Zu den tierischen Bewohnern des Reservats zählen Elefanten, Büffel, Antilopen, Löwen, Leoparden, Meerkatzen und Schimpansen. In den Gewässern tummeln sich Zwergflusspferde und Stumpfkrokodile. Auch Aasvögel, Schlangen und seltene Amphibienarten wie lebend gebärende Kröten (Nectophrynoides occidentalis) sind hier anzutreffen. Durch Eisenerzabbau und Bürgerkriegsflüchtlinge, die im Reservat jagen, ist der Bestand dieses Welterbes stark gefährdet.

Zahlreiche Reptilien-, Primaten- und Großwildarten bevölkern die Nimba-Berge, so etwa Stumpfkrokodile (Bild), Dianameerkatzen und Waldbüffel.

NATIONALPARK COMOÉ

Das größte und artenreichste Wildreservat der Elfenbeinküste befindet sich im Nordosten des Landes in der Übergangszone von der Savanne zum Regenwald und umfasst ganz unterschiedliche Habitate.

Seinen Namen verdankt der Park dem Comoé. Der 100 bis 200 Meter breite Fluss, der den rund 11 500 Quadratkilometer großen Park in Nord-Süd-Richtung auf einer Länge von 230 Kilometern durchfließt, führt auch in Trockenzeiten genügend Wasser. Durch die unmittelbare Nähe des Comoé gedeiht hier eine Vegetation, die eigentlich erst wesentlich weiter im Süden anzutreffen ist: Savannen mit Buschbestand, Regionen dichten Regenwalds und Galeriewälder bieten der Tierwelt ganz unterschiedliche Lebensräume. In Wassernähe leben Flusspferde, Krokodile und zahlreiche Vogelarten. In der Savanne sind Kaffernbüffel, Warzenschweine, Affen – insgesamt gibt es hier elf Arten – und Antilopen heimisch. Die Wälder im Südteil des Parks sind das Revier der Elefanten. Auch Raubtiere wie Löwen, Leoparden und Hyänen streifen hier umher, ihr Bestand ist aber nur noch gering. Ebenfalls im Nationalpark angesiedelt sind drei verschiedene, vom Aussterben bedrohte Krokodilarten. Durch Wilderer und Überweidung ist jedoch auch dieses Welterbe bedroht.

Ideale Lebensbedingungen für eine artenreiche Fauna bieten die Fluss- und Savannenlandschaften entlang des oberen Comoé – im Bild ein Leopard.

NATIONALPARK TAÏ

Das Naturreservat umfasst einen größeren Teil der in Afrika verbliebenen tropischen Regenwälder, die sich einst über das Areal der Staaten Ghana, Elfenbeinküste, Liberia und Sierra Leone erstreckten.

Die dichte tropische Vegetation des rund 3300 Quadratkilometer großen Reservats im Südwesten der Elfenbeinküste ist geprägt von zahlreichen endemischen Arten und über 50 Meter hohen Urwaldriesen, die mit ihrem Dach aus Blattwerk und Lianen kaum Sonnenlicht zum Boden durchdringen lassen. Man unterscheidet nach Bodenbeschaffenheit und vorkommenden Ebenholzgewächsen zwei Waldtypen: Im nördlichen und südöstlichen Teil dominieren nährstoffärmere (Diospyros-mannii-Wälder), im Südwesten feuchtere Böden (Diospyros-spp.-Wälder). Typisch für den dicht bewachsenen Primärwald des Taï-Nationalparks mit über 13 000 Pflanzenarten sind quer über Wasserläufen liegende Baumstämme, Lianen, Mangrovengewächse mit Stelz- und Brettwurzeln und Baumfarngewächse. Hier leben neben vielen Vogelarten auch Waldelefanten, Leoparden, Antilopen und Büffel. Einige bedrohte Säugetierarten finden im Taï-Nationalpark einen geschützten Lebensraum, darunter auch Affenarten wie Schimpansen sowie die letzten auf der Erde lebenden Populationen von Zwergflusspferden.

Der tropische Regenwald ist auch Lebensraum für zahlreiche Reptilien wie Lappenchamäleon oder Grüne Buschviper (Bild).

RUINEN VON LOROPÉNI

Die historischen Anlagen von Loropéni sind überaus wichtige Zeugnisse für die jahrhundertealte Bedeutung des transsaharischen Goldhandels im heutigen Gebiet der Lobi im Süden Burkina Fasos.

Die Kulturstätte im heutigen Burkina Faso zeigt die Überreste einer ehemaligen Festung zum Schutz des Goldhandels. Gold wurde in damaliger Zeit quer durch die Sahara über zahlreiche Zwischenhändler bis nach Europa und Asien transportiert. Die Ruinen befinden sich in der Gemeinde Loropéni im im Süden des Landes nahe der Grenze zu Ghana, Togo und der Republik Elfenbeinküste. Die imposanten, bis zu sechs Meter hohen Steinmauern bilden den besterhaltenen Teil einer Gruppe von insgesamt zehn Befestigungsanlagen in dieser Region. Neueren Forschungsergebnissen zufolge sind die Bauten mindestens 1000 Jahre alt. Die Siedlung wurde wahrscheinlich von den Kulango oder Loron errichtet, die die Goldgewinnung und -verarbeitung während der Blütezeit des Transsaharahandels zwischen dem 14. und 17. Jahrhundert kontrollierten. Seit Beginn des 19. Jahrhunderts waren die Bauten wohl verlassen. Das Wissen über die historischen Anlagen ist bislang gering, da ein Großteil der Bauten noch nicht ausgegraben ist. Burkina Faso wurde mit den Ruinen von Loropéni erstmals in die Welterbeliste aufgenommen.

Die mächtigen Steinmauern künden von der Bedeutung, die der Goldhandel einst in den Ländern der Sahara besaß.

Ghana

BAUWERKE DER ASCHANTI

Die Aschanti hatten einst ein hochkomplexes Staatswesen aufgebaut, in dessen Zentrum der Kult um den Goldenen Stuhl stand. Ihre Hauptstadt war Kumasi, wo sich die zum Welterbe zählenden traditionellen Gebäude befinden.

Die Aschanti, ein Kriegervolk der Akan-Gruppe auf dem Gebiet des heutigen Ghana, besiegten ab 1700 nach und nach alle benachbarten Stämme und stiegen zur regionalen Großmacht auf. Durch Gold- und Sklavenhandel kamen sie zu großem Reichtum. Der Goldene Stuhl, der jedem Aschanti heilig war und angeblich noch heute erhalten ist, wurde zu einem Symbol der Reichseinheit. Die Aschanti leisteten der britischen Kolonialmacht erbitterten Widerstand und wurden erst um 1900 nach insgesamt sieben Kriegen endgültig unterworfen. Dabei wurde ihre Hauptstadt Kumasi weitgehend zerstört. Viele historische Zeug-

nisse gingen verloren, Paläste, Kultstätten und Wohnviertel wurden vernichtet. Nur noch einige wenige der traditionellen, aus Erde, Lehm, Bambus, Holz und Eisen errichteten Häuser sind heute am nördlichen und nordöstlichen Stadtrand von Kumasi erhalten und zeugen von der großartigen Zivilisation der Aschanti. Da die Gebäude großteils aus natürlichen, nicht dauerhaften Materialien bestehen, müssen sie aufwendig geschützt und konserviert werden.

Nur wenige der mit Reliefen verzierten Aschanti-Kulthäuser wie das Dakwe-Jachie bei Kumasi sind heute noch erhalten.

FORTS UND BURGEN GHANAS

Die Festungsbauwerke entlang der 500 Kilometer langen Küste von Ghana sind Zeugen der kolonialen Vergangenheit, als gleich mehrere europäische Nationen um die Vorherrschaft in Westafrika wetteiferten.

Ursprünglich wurden die Stützpunkte zur Sicherung des Handels mit Gold, Pfeffer und Elfenbein errichtet. São Jorge da Mina (Elmina) war 1482 die erste Festungsanlage, mit der die Portugiesen die europäischen Rivalen von ihren Märkten fernzuhalten versuchten. Der einträgliche Sklavenhandel – ab 1505 begannen die Sklaventransporte nach Amerika und Westindien – lockte bald Kaufleute weiterer europäischer Nationen an die Goldküste, wie das heutige Ghana damals genannt wurde. Im 17. Jahrhundert eroberten die Holländer die portugiesischen Festungen. In der Folgezeit entrissen Engländer, Franzosen, Hol-

länder, Deutsche, Schweden und Dänen einander im Konkurrenzkampf die Forts und Burgen. Entlang der Küste des heutigen Ghana entstanden vom 16. bis 18. Jahrhundert Dutzende von Forts und Handelsposten. Die am besten erhaltenen Stützpunkte, die ab 1630 fast ausschließlich dem Sklavenhandel dienten, sind São Jorge und das Cape Coast Castle nahe der gleichnamigen Stadt. Weitere Festungen befinden sich in der Western, Central, Volta und Greater Accra Region.

São Jago da Mina (oben) und Cape Coast Castle (rechts) dienten als Umschlagplätze für den transatlantischen Sklavenhandel.

KOUTAMMAKOU – LAND DER BATAMMARIBA

Die rund 500 Quadratkilometer umfassende Kulturlandschaft aus landwirtschaftlich genutzten Flächen, Wäldern und Dörfern verdankt ihre Auszeichnung als Welterbe den Takienta-Wohntürmen ihrer Bewohner, der Batammariba.

Koutammakou – ein Landstrich im nordöstlichen Togo mit Ausläufern bis nach Benin – beherbergt eine der Hauptattraktionen des Landes: die Tata-Gehöfte der Batammariba (Tamberma) mit ihren Takienta-Turmhäusern, die zu einem Symbol des Landes geworden sind. Ein Haushalt bewohnt gewöhnlich ein ringförmig angelegtes Gehöft (»Tata«) aus kreisrunden Einraumgebäuden, die durch eine Mauer miteinander verbunden sind. Die bis zu zweistöckigen Gebäude haben unterschiedliche Funktionen und dienen als Wohnraum oder Getreidespeicher.

Oben werden sie teils durch flache, teils durch spitzkegelförmige Strohdächer abgeschlossen, was ihnen in Verbindung mit dem Baumaterial Lehm ein anmutiges Aussehen verleiht. Die Wohntürme sowie ihre Anordnung innerhalb der Dörfer spiegeln die Sozialstruktur der Batammariba wider. In den Dörfern gibt es Zeremonialplätze und Orte für Initiationsrituale sowie Versammlungsplätze.

Wie Miniaturfestungen wirken die Tata-Lehmgehöfte der Batammariba mit ihren Takienta-Wohntürmen und Getreidesilos.

KÖNIGSPALÄSTE VON ABOMEY

Die einstige Hauptstadt des Fon-Königreiches Dahomey beherbergt reich mit mythologischen Motiven und Skulpturen verzierte Palastanlagen der Feudalherrscher aus dem 18. und 19. Jahrhundert.

Das auf dem Areal der heutigen Stadt Abomey im südlichen Benin im 17. Jahrhundert entstandene Königreich Dahomey konnte seinen Machtbereich seit der Zeit König Agadjas (reg. 1708–1732) kontinuierlich ausweiten. Unter König Agadja wurden die Handelsniederlassungen verschiedener Kolonialmächte erobert, die von hier aus seit dem 16. Jahrhundert Sklavenhandel betrieben hatten. Im 19. Jahrhundert wurden die Reichsgrenzen weiter nach Norden ausgedehnt und – um Sklaven zu gewinnen – mehrere Kriege gegen die Yoruba im heutigen Nigeria geführt. Riten, die dem sakralen Königskult dienten, forderten Menschen- und Tieropfer, die erst König Ghezo unterband. Die Welterbestätte in Abomey besteht aus dem Akaba-Palast sowie dem königlichen Bezirk mit den Residenzen und Gräbern von zwölf Dahomey-Königen. Jeder Palast ist von Mauern umgeben und verfügt über mehrere Innenhöfe. Hauptbaumaterial ist Lehm. Basreliefs und Statuen schmücken die Palastwände und geben Auskunft über Alltag und Lebensweise der Fon.

Guézo Jalalahennou – der Palast von König Ghezo (oben links) – ist mit Reliefs (oben und links) geschmückt, die Episoden aus Geschichte und Mythologie wiedergeben.

Nigeria / Kamerun / Zentralafrikanische Republik

HEILIGER HAIN DER OSHUN IN OSHOGBO

Der Heilige Hain nahe der Stadt Oshogbo befindet sich in einem der letzten Primärwälder des südlichen Nigeria. Das Areal gilt dem Volk der Yoruba als Sitz von Oshun, der Göttin der Fruchtbarkeit und des »Wassers des Lebens«.

Der Heilige Hain wird vom Fluss Oshun durchflossen, dessen Verkörperung, die Göttin Oshun, im Heiligen Hain residiert. Auf Pfaden gelangen die Gläubigen zu 40 Schreinen und neun Plätzen, die Oshun und anderen Yoruba-Gottheiten geweiht sind. Die Einwohner von Oshogbo pilgern jedes Jahr im August zu den heiligen Stätten. Da viele Kommunen Nigerias keine heiligen Haine mehr besitzen, zieht dieses Ereignis auch Bewohner anderer Yoruba-Städte an. Um 1950 wurden fast alle heiligen Haine entweiht oder zugunsten von Teakholzkulturen abge-holzt. Der Heilige Hain Oshun-Oshogbo jedoch konnte durch das Engagement von Suzanne Wenger, eine in die Religion der Yoruba initiierte österreichische Künstlerin (1915–2009), gerettet werden. Durch die von ihr ins Leben gerufene Bewegung »New Sacred Art« entstand eine neue Form religiöser Kunst an der Kultstätte. Der Hain wurde so zu einem Ort der Begegnung westlicher und afrikanischer Kunst.

Auf einem Areal von rund 75 Hektar wird in Form von Schreinen, Kunstwerken und Skulpturen den Yoruba-Göttern gehuldigt.

KULTURLANDSCHAFT VON SUKUR

Diese Landschaft im Nordosten Nigerias ist geprägt durch Terrassenwirtschaft und Eisenverarbeitung. Einen architektonischen Höhepunkt bilden die Ruinen des Palastes des Xidi, des einstigen Häuptlings der Sukur.

Die Kulturlandschaft von Sukur befindet sich auf einem Plateau nahe den Mandara-Bergen an der Grenze zu Kamerun. Als Welterbe ausgezeichnet wurde die Region für eine Landschaft, die in Form von Terrassenfeldern, konischen Brunnen und Anlagen zur Eisenverarbeitung sowie durch die unverwechselbare Architektur ihrer Dörfer und des Xidi-Palasts auf vielfache Weise das kulturelle Erbe ihrer Bewohner widerspiegelt. Bekannt wurde Sukur durch seine Eisenproduktion, die bis ins 17. Jahrhundert zurückreicht. An der höchsten Erhebung des Plateaus über den weitläufigen Terrassenlandschaften befindet sich der Palast des Xidi. Schon der deutsche Afrikareisende Heinrich Barth berichtete 1857 vom sagenhaften Reichtum des Häuptlings von Sukur. Die Ruinen der runden Ritualgebäude, der Kornkammern und Terrassen bedecken ein 120 mal 100 Meter großes Areal, das von einer mächtigen Steinmauer mit Toren und Nischen eingefriedet wird.

Als kontrastreiche Landschaft präsentiert sich das Sukur-Plateau mit seinen felsigen Hügeln, Terrassen, Mauern und Gehöften.

TIERRESERVAT DJA

Das fast vollständig vom Dja-Fluss eingeschlossene Reservat im Südosten von Kamerun zeichnet sich durch seine noch nahezu unberührten Regenwälder aus, die einer äußerst vielfältigen Tierwelt mit zahlreiche Primatenarten Schutz bieten.

Das gut 5000 Quadratkilometer große Dja-Tierreservat liegt in einer natürlichen Schleife am Oberlauf des gleichnamigen Flusses nahezu vollständig abgeriegelt von der Außenwelt. Die Region ist nur schwer zugänglich, auch deshalb hat sich hier einer der größten zusammenhängenden Regenwälder der Erde mit großer Biodiversität erhalten. Der aus rund 50 Baumarten bestehende Wald mit seinem bis zu 60 Meter hohen Baumkronendach ist das Habitat einer immensen Vielfalt von Tieren, darunter mehr als 100 Säugetierarten. Hier leben die Sumpfantilope (Sitatunga) sowie der Bongo, eine Waldantilopenart, und der seltene Waldelefant. Besonders wertvoll machen das Reservat die Menschenaffenpopulationen (Gorillas und Schimpansen) sowie andere Primatenarten des tropischen Regenwalds wie der Mandrill, eine Pavianspezies, der Potto, eine Halbaffenart, und Blaumeerkatzen. Eine Bedrohung dieses nur von einigen Pygmäen bewohnten Gebietes geht vor allem von Buschbränden aus. Darüber hinaus sind viele Wildtiere leider auch eine begehrte Beute von Wilderern.

Dem Dja, der über den Sangha schließlich in den Kongo mündet, verdankt das Tierreservat in Kamerun seinen Namen.

NATIONALPARK MANOVO-GOUNDA ST. FLORIS

Dieses Reservat in der Zentralafrikanischen Republik zeichnet sich durch seinen Reichtum an Pflanzen- und Tierarten aus, besonders durch die vielen Wasservögel und Großwildarten, die hier leben.

Ein Teil des Areals ganz im Norden des Landes an der Grenze zum Tschad wurde bereits im Jahr 1933 zum Nationalpark erklärt. Es lässt sich in drei Vegetationszonen einteilen: die in der Regenzeit überschwemmten Grasebenen des Nordens, die leicht hügeligen Savannen der Übergangszone sowie das zerklüftete Sandsteingebirge im Süden. Neben den Wasservogelarten der nördlichen Ebene – darunter Marabus und Rosapelikane – leben auf dem knapp 20 000 Quadratkilometer großen Areal u. a. Löwen, Leoparden, Geparde, Wildhunde, Büffel, Antilopen, Giraffen, Flusspferde und zahlreiche Primatenarten. Besonders schützenswert sind die Waldelefanten und die fast gänzlich ausgerotteten Schwarzen Nashörner. Diese seltenen Tierarten fielen in der Vergangenheit immer wieder skrupellosen Wilderern zum Opfer, die in den 90er-Jahren den Gesamtwildtierbestand um rund 80 Prozent reduzierten. Eine Gefahr ist auch der Missbrauch des Areals als Weidefläche.

Der Gounda ist einer der fünf Flüsse, die für die Entwässerung des Parks sorgen.

KULTURLANDSCHAFT LOPÉ-OKANDA

Lopé-Okanda in Gabun ist eine der ungewöhnlichen Schnittstellen von dichtem tropischen Regenwald und trockener Reliktsavanne. Durch dieses Gebiet zogen in den letzten Jahrtausenden westafrikanische Völker in den Norden des Kongo, wovon bedeutende archäologische Fundstätten aus Jungsteinzeit und Eisenzeit zeugen.

Direkt unter dem Äquator, im Norden der zentralafrikanischen Regenwälder, befindet sich der Mittellauf des Flusses Ogooué. Hier wechseln sich auf einer Fläche von rund 1000 Quadratkilometern offene Savanne und Galeriewälder ab. Die offene Landschaft ist das Ergebnis menschlicher Einwirkung von der Steinzeit bis heute, vor allem durch Buschfeuer. Sie gestattete es den Menschen, durch dieses Gebiet ins Innere des Landes vorzudringen. Diesen Weg nahmen Bantu-Völker und andere Stammeskulturen aus dem Gebiet südlich der Sahara. Das Flusstal mit den umgebenden Hügeln ist ein wichtiges archäologisches Zentrum und belegt die Besiedlung des Gebiets seit rund 400.000 Jahren. Auf rund-

Neolithische Felszeichnungen bezeugen die Anwesenheit von Menschen in dieser Region bereits vor 4000 Jahren.

lichen Felsblöcken finden sich bedeutende Felsbilder, auf denen Menschen mit Eisenwerkzeugen, etwa Wurfmessern, dargestellt sind. Am häufigsten kommen einzelne oder mehrere konzentrische Kreise und andere geometrische Formen vor. Weniger als ein Zehntel der Bilder stellen kleinere Säugetiere oder Reptilien dar. Das Nebeneinander verschiedener Wald- und Savannenökosysteme wirkt sich günstig auf die Artenvielfalt aus. Bisher fand man hier rund 1550 Arten verschiedenster Blütenpflanzen.

Der Landschaftskomplex Lopé-Okanda zeichnet sich auch durch eine große Vielfalt an Säugetieren aus. Die Sonnenschwanzmeerkatze gehört auch dazu.

Demokratische Republik Kongo

NATIONALPARK GARAMBA

Der im äußersten Nordosten der Demokratischen Republik Kongo an der Grenze zum Sudan gelegene Garamba-Nationalpark beherbergt zahlreiche Großsäuger. In freier Wildbahn wohl ausgelöscht ist leider das Nördliche Weiße Nashorn.

Weite Savannen und Grasländer, Waldgebiete und sumpfige Tieflländer: Der Garamba-Nationalpark am gleichnamigen Fluss bietet eine außergewöhnliche Vielfalt unterschiedlicher Lebensräume. Bereits 1938 wurde das rund 5000 Quadratkilometer große Areal zum Nationalpark erklärt. Im kaum zugänglichen Schutzgebiet leben über 40 Säugetierarten. Dazu gehören etwa Elefanten und Flusspferde. Die Einrichtung dieses Parks erfolgte jedoch vor allem zum Schutz der Giraffen und insbesondere des Weißen Nashorns (Ceratotherium simum cottoni). Aufgrund strenger Schutzmaßnahmen steigerte sich der Bestand

dieser nördlichen Unterart des Breitmaulnashorns von rund 15 Exemplaren 1984 auf rund 40 Tiere 2003. Bei der letzten Bestandsaufnahme im Jahr 2008 wurden jedoch keine Tiere mehr gesichtet – Wilderer haben die Kolosse in freier Wildbahn endgültig ausgerottet. Der mit hohem Gras bewachsene Park kann auch auf dem Rücken von Elefanten erkundet werden. Die sanftmütigen Riesen werden hierfür in Garambas Elefantenschule trainiert.

Das Nördliche Weiße Nashorn verdankt seinen Namen einem Übersetzungsfehler. Aus dem burischen »wijde« (breit) wurde das englische »white«.

OKAPI-WILDRESERVAT

Das Wildreservat im Nordosten der Demokratischen Republik Kongo verdankt seinen Ruf den erst seit rund 100 Jahren bekannten Okapis. Die Regenwälder des Kongo sind das einzige Verbreitungsgebiet dieser Kurzhalsgiraffe.

Das rund 14000 Quadratkilometer große Okapi-Wildreservat wurde 1992 offiziell zum Schutzgebiet erklärt. Es erstreckt sich im Becken des Zaire-Flusses, eines der größten Drainagesysteme des afrikanischen Kontinents, über etwa ein Fünftel des Ituri-Regenwaldes. Das Reservat hat reizvolle Landschaften zu bieten, darunter die imposanten Wasserfälle der Flüsse Ituri und Epulu. Der Grund zur Einrichtung des Reservats war jedoch das Okapi, das erstmals 1890 von Sir Henry Morton Stanley erwähnt wurde. Dieser kannte es jedoch nicht aus eigener Anschauung, sondern hatte es nach den Schilderungen der einheimischen

Batwa vage als ein eselähnliches Tier beschrieben. Der britische Gouverneur Sir Harry Johnston (auf den die wissenschaftliche Bezeichnung Okapia johnstoni zurückgeht) ordnete das zunächst als »Equus« (Pferd) klassifizierte Tier anhand von Knochenfunden den Giraffen zu. Erst zu Beginn des 20. Jahrhunderts bekamen Europäer lebende Tiere zu Gesicht. Vermutlich 30000 Exemplare der Waldgiraffen leben noch in freier Wildbahn, etwa 5000 davon allein im Wildreservat.

Anders als Giraffen lebt das Okapi ausschließlich im Regenwald, wo es gerne Zweige und Blätter von Bäumen frisst.

NATIONALPARK SALONGA

Der Nationalpark am Salonga, einem östlichen Zufluss des Kongo im Zentrum der Demokratischen Republik Kongo, umfasst eines der größten zusammenhängenden Regenwaldgebiete in Zentralafrika.

Salonga wurde 1970 als Nationalpark ausgewiesen. Zusammen mit dem Maiko-Nationalpark wurde das rund 36000 Quadratkilometer große Areal von Salonga, das aus zwei etwa gleich großen, durch einen rund 50 Kilometer breiten Siedlungskorridor getrennten Teilen besteht, unter Schutz gestellt, um repräsentative Teile des zentralafrikanischen tropischen Regenwalds zu erhalten. Große Abschnitte der ökologisch bedeutenden Regenwälder des Landes wurden bereits Opfer von Waldbränden oder mussten der sich immer weiter ausbreitenden Landwirtschaft weichen. Der Park ist nur auf dem Wasserweg erreichbar und damit

für Menschen nur schwer zugänglich. Nicht zuletzt bietet er deshalb einen geschützten Lebensraum für viele gefährdete und seltene Tierarten. Dazu zählen Waldelefant, Bongoantilope, Okapi, Wasserzivette und Kongopfau. Ebenso ist hier der Zwergschimpanse heimisch. Der auch Bonobo genannte Vertreter der Menschenaffen ist ein naher, etwas kleinerer und zierlicherer Verwandter des Schimpansen. Bonobos sind nur noch in den Schutzgebieten des Kongobeckens anzutreffen.

Bonobos sind wohl die prominentesten tierischen Bewohner des Nationalparks Salonga im zentralen Kongobecken.

NATIONALPARK KAHUZI-BIEGA

Einige der letzten heute noch existierenden Gruppen von Östlichen Flachlandgorillas sind in den Wäldern des rund 6000 Quadratkilometer großen Schutzgebietes an den Hängen der erloschenen Vulkane Kahuzi und Biega beheimatet.

Ebenso wie der Virunga- wurde auch der rund 100 Kilometer westlich des Kivu-Sees gelegene Kahuzi-Biega-Nationalpark im Osten der Demokratischen Republik Kongo vor allem zum Schutz von Gorillas eingerichtet – allerdings nicht von Berggorillas, sondern von Östlichen Flachlandgorillas. In Höhen zwischen 2100 und 2400 Metern leben diese imposanten Vertreter der Menschenaffen in kleinen Gruppen. Die »sanften Riesen« sind Vegetarier und können bis zu 40 Jahre alt werden. Die älteren Männchen haben eine silbergraue Rückenbehaarung. Sie schüchtern ihre Rivalen ein, indem sie sich aufrichten und sich

brüllend auf die Brust schlagen. Gorillas sammeln bis zum Sonnenuntergang Pflanzennahrung und schlafen nachts in Nestern, die sie sich aus Zweigen und Blättern einrichten. Das Schutzgebiet im Schatten der beiden erloschenen Vulkane beherbergt noch weitere Primatenarten, darunter auch Schimpansen. Neben ihren natürlichen Feinden, den Leoparden, leben im Schutzgebiet auch Elefanten, Büffel und zahlreiche andere Tierarten.

Weltweit gibt es nur noch eine Gesamtpopulation von wenigen Tausend Östlichen Flachlandgorillas. Die meisten der Tiere leben im Kahuzi-Biega-Nationalpark.

NATIONALPARK VIRUNGA

Der Virunga-Nationalpark ist im Be-wusstsein der westlichen Öffentlich-keit fast gleichbedeutend mit seinen berühmtesten tierischen Bewohnern, den Berggorillas. Mit seinen unter-schiedlichen Landschaftsformen bie–tet er aber auch vielen anderen Tieren ein geschütztes Refugium.

Der knapp 8000 Quadratkilometer umfassende Virunga-Nationalpark er-streckt sich entlang des Großen Afri-kanischen Grabenbruchs nördlich und südlich des Lake Edward (Rutanzige) im Nordosten der Demokratischen Re-publik Kongo an der Grenze zu Uganda und Ruanda. Er ist Teil des Areals des 1925 als Albert-Nationalpark gegrün-deten ersten afrikanischen National-parks. Im Laufe der Zeit wurde ein Großteil des Parks in Ackerland umge-wandelt. Der Nationalpark Virunga birgt Lebensräume in einer kaum zu übertreffenden Fülle: Sümpfe, Step-pen, Savannen, Lavaebenen, Regen-wälder, die Schneefelder des bis zu

An den Westabhängen des Ruwenzori-Gebirges wurden teilweise bis zu 3000 Millimeter Regen pro Jahr gemessen.

5109 Meter hohen Ruwenzori-Gebir-ges sowie erloschene und aktive Vul-kane. Entsprechend vielfältig ist die Fauna: Rund 200 Säugetierarten be-völkern den Nationalpark, darunter Elefanten, Flusspferde, Löwen, Leopar-den, Okapis und mehrere Antilopen- und Primatenarten. Zugvögel aus Sibi-rien und Europa verbringen hier den Winter. In den Virunga-Bergen hat auch der vom Aussterben bedrohte Berggorilla eine seiner letzten Zu-fluchtsstätten gefunden. Hier begann Dian Fossey mit ihrer Langzeitstudie, erst auf kongolesischer, dann auf ru-andischer Seite. Die von ihr 1967 ge-gründete Karisoke-Forschungsstation ist bis heute ein wichtiges Zentrum zur Erforschung und zum Schutz der Berg-gorillas, von denen rund die Hälfte der Gesamtpopulation in Virunga lebt.

Berggorillas sind seit Dian Fosseys »Gorillas im Nebel« die berühmtesten Bewohner des Nationalparks (oben). Regenwald im Ruwenzori-Gebirge (links).

Äthiopien

NATIONALPARK SIMIEN

Der im Norden von Äthiopien etwa 100 Kilometer nördlich von Gondar gelegene Nationalpark Simien umfasst einen Teil des Hochplateaus, das sich durch gewaltige Abgründe und reißende Flüsse auszeichnet.

Das durch Vulkanismus vor 40 Millionen Jahren entstandene und in der Folgezeit durch Erosionen geformte Simien-Massiv ist heute eine der eindrucksvollsten Landschaften der Welt. Gipfelhöhen um die 4500 Meter, Basaltschluchten mit reißenden Flüssen, zerklüftete Felsen und Klippen und bis zu 1500 Meter tiefe Abgründe prägen das Bild des Nationalparks. Dies alles überragt der 4620 Meter hohe Ras Dashan, der höchste Berg Äthiopiens, der von Europäern erstmalig im Jahr 1841 bestiegen wurde. Der nach dem Gebirgsmassiv benannte Nationalpark bietet einigen äußerst seltenen Tierarten ein Refugium. Darunter befinden sich der Gelada-Pavian, der Simien-Rotfuchs und der Walia-Steinbock. Als die Zahl der Füchse und Steinböcke unter die kritische Grenze von 20 bzw. 250 Tieren fiel, wurde der Park im Jahr 1996 in die Rote Liste des gefährdeten Weltnaturerbes der UNESCO aufgenommen. Insbesondere die zunehmende Besiedlung des Simien-Nationalparks stellt eine akute Bedrohung für den Wildtierbestand dar.

Den Nationalpark kennzeichnet eine imposante Berglandschaft (rechts). Hier ist auch die Heimat des seltenen Äthiopischen Wolfs, der in Rudeln lebt und sich von Mäusen und Ratten ernährt (unten).

RUINEN VON AKSUM

Die Hauptstadt des Königreichs von Aksum im Norden des Landes war das politische und kulturelle Zentrum des alten Äthiopien. Unter den Ruinen der Herrscherresidenzen beeindrucken vor allem die hohen Stockwerkstelen.

Das Königreich von Aksum war bis in das 10. Jahrhundert die beherrschende Macht im Herzen des alten Äthiopien. Historische Quellen bezeugen sein Bestehen seit dem 1. Jahrhundert, bereits im 4. Jahrhundert wurde es unter König Ezana christianisiert. Die Ruinen der gleichnamigen Hauptstadt, die vom Glanz der einstigen Handelsmetropole zeugen, werden von etwa 130 riesigen Stelen, obeliskartigen Monolithen aus Trachyt, geprägt. Eine 33 Meter hohe Stockwerkstele war zur Zeit ihrer Auffindung bereits zu Boden gestürzt und in mehrere Teile zerbrochen. Die zweitgrößte Stele war 1937 von Truppen Mussolinis nach Rom transportiert worden. 2008 wurde das 24 Meter hohe Monument wieder in Aksum aufgestellt. Die monolithischen Pfeiler gelten als Nachbildungen der bis zu neunstöckigen »Geisterwohnungen« im Hadramaut, von wo aus im 7. Jahrhundert Einwanderer nach Nordäthiopien kamen. Die Kathedrale Maria Zion war Krönungsort der Monarchen. Hier wird einer Legende nach die Heilige Bundeslade aus dem Tempel von Jerusalem aufbewahrt.

Die Stelen von Aksum werden von einigen Archäologen für mehrstöckige Grabstelen, von anderen für Altäre gehalten, zu deren Füßen Tiere geopfert wurden.

FASIL GHEBBI IN DER REGION GONDAR

Die Festungs- und Residenzstadt Fasil Ghebbi des äthiopischen Kaisers Fasilides und seiner Nachfolger beherbergt einige eindrucksvolle Bauwerke, die sowohl asiatische als auch europäische Einflüsse verraten.

Am Fuß des Simien-Gebirges und am Nordende des Tana-Sees in der Region Gondar liegt auf 2300 Meter Meereshöhe die Festungsstadt Fasil Ghebbi, im 16. und 17. Jahrhundert Residenz von Kaiser Fasilides und seinen Nachfolgern. Innerhalb der 900 Meter langen Stadtmauer befinden sich zahlreiche öffentliche und private Gebäude: allein fünf Schlösser im Palastbezirk Gemp, ferner Kirchen und Klöster, die zunächst von hinduistischen und arabischen Stilelementen geprägt waren. Sie wurden später im Barockstil, der von jesuitischen Missionaren eingeführt worden war, drastisch verändert. Bedeutende Bauten des Palastbezirks sind das Schloss des Kaisers Fasilides (reg. 1632–1667) als die älteste erhaltene Anlage, der prunkvolle Palast

Auf dem knapp acht Hektar großen Areal des Palasts des Fasilides befindet sich auch die gelb verputzte Bibliothek, die unter Kaiser Yohannes I. entstanden ist.

seines Enkels Iyasu des Großen (reg. 1682–1706), die Bibliothek des Kaisers Yohannes I. (reg. 1667–1682) und der Palast der Kaiserin Mentewab (reg. 1730–1755). Prachtvoll war auch der »Palast des Sohnes der Kaiserin«, dessen Räume mit Elfenbein und Spiegeln ausgekleidet gewesen sein sollen. Ende des 19. Jahrhunderts wurde Fasil Ghebbi im Zuge des Mahdi-Aufstands gegen die angloägyptische Herrschaft schwer beschädigt.

Der Palast des Fasilides (oben links) wurde um 1635 erbaut. Die »Sängerhalle«, von der nur noch die Ruine (links) steht, war ein Teil des Palastes, den Dawit III., ein Sohn des Kaisers Iyasu, anlegen ließ.

Äthiopien

FELSENKIRCHEN VON LALIBELA

Im Herzen des Hochlands von Äthiopien befinden sich elf aus dem Fels herausgearbeitete mittelalterliche Felsenkirchen, die auch heute noch ein beliebtes Wallfahrtsziel sind.

Die auf rund 2600 Meter Meereshöhe gelegenen berühmten Felsenkirchen von Lalibela entstanden ab Ende des 12. Jahrhunderts während der Regierungszeit von Gebra Maskal Lalibela. Dieser gilt als der bedeutendste König der Zagwe-Dynastie, und zu seinen Ehren wurde die einstige Hauptstadt Roha umbenannt. Die elf Gotteshäuser, die zu den architektonisch bedeutendsten Kirchen des Schwarzen Kontinents gehören, sind Monolithkirchen, das heißt, sie wurden im Laufe von Jahrzehnten aus dem umgebenden Tuffgestein herausgehauen. Sie werden durch ein Labyrinth aus in den Fels gegrabenen Pfaden und Tunneln miteinander verbunden.

Das beliebteste Ziel der immer noch zahlreich nach Lalibela reisenden Pilger ist Bet Maryam, die Marienkirche. Als weltweit größte Monolithkirche gilt Bet Medhane Alem mit ihren ins-

Anders als die monolithischen Felsenkirchen von Lalibela wurde die Kirche Bet Abba Libanos aus dem 13. Jahrhundert in eine Höhle hineingebaut.

gesamt fünf Schiffen. Wohl am bekanntesten ist Bet Giyorgis mit ihrem Grundriss in Form eines griechischen Kreuzes. Im Inneren der Kirchen Lalibelas hüten Priester die Kunstschätze, zu denen Manuskripte, Kreuze und Wandmalereien gehören. Wie jede äthiopische Kirche besitzen sie sogenannte Tabots, Kopien der Gesetzestafeln, die Moses auf dem Berg Sinai erhalten hat. An Festtagen werden diese Tafeln in Seidentücher gehüllt vor die Kirche getragen.

Geniale Baumeister haben die monolithischen Felsenkirchen von Lalibela, darunter Bet Giyorgis (rechts oben und unten), in den weichen Tuffstein gehauen.

TAL AM UNTERLAUF DES FLUSSES AWASH

In dem Tal im Nordosten Äthiopiens rund 100 Kilometer westlich der Grenze zu Dschibuti wurden bedeutende paläontologische Funde gemacht, die Licht in eine zentrale Phase der Menschheitsentwicklung brachten.

Berühmt wurde das Tal am Unterlauf des Awash durch die Funde von Hominidenskeletten der Spezies Australopithecus afarensis. Aus den im Jahr 1974 an den Grabungsstätten geborgenen Überresten konnten Anthropologen ein in groben Zügen vollständiges Skelett eines aufrecht gehenden Urzeitmenschen rekonstruieren. Dieser hatte bereits vor über drei Millionen Jahren hier gelebt, als das Tal noch eine baumbestandene Savanne war, die von Urpferden, urzeitlichen Nashörnern und Säbelzahntigern durchstreift wurde. Von dieser Umgebung geprägt, entwickelten die Vorfahren des modernen Menschen den aufrechten Gang. Das nach einem Song der Beatles mit dem Namen »Lucy« benannte, zu 40 Prozent erhaltene Skelett war rund 3,2 Millionen Jahre alt und stammte von einem 1,10 Meter großen weiblichen Individuum. Jüngster Fund der Forscher ist das Skelett eines dreijährigen Mädchens, das hier vor etwa 3,3 Millionen Jahren starb.

Am Ufer des Awash fand der Anthropologe Donald Johanson das fast zur Hälfte erhaltene Skelett der berühmten »Lucy«.

TAL AM UNTERLAUF DES FLUSSES OMO

Das Areal des Nationalparks am Unterlauf des Omo in Äthiopien ist nicht nur Lebensraum vieler Wildtiere, sondern seit den 1930er-Jahren auch eine bedeutende Fundstätte von fossilen Hominidenskeletten und Steinwerkzeugen.

Der etwa 800 Kilometer lange Omo mündet an der Südgrenze Äthiopiens in den Turkana-See. Der Unterlauf des Flusses ist als Ausgrabungsstätte prähistorischer Funde berühmt geworden. Die bis zu vier Millionen Jahre alten Sedimentablagerungen des Flusses bergen Tier- und Hominidenfossilien aus dem Pliozän und dem Pleistozän. Die Skelettreste, von denen manche über drei Millionen Jahre alt sind, weisen auf einen Australopithecinen hin. Außerdem wurden 2,5 Millionen Jahre alte Steingeräte gefunden, die vom Homo habilis verwendet wurden. Zu den Spuren jüngerer am Omo geborgener Hominiden zählen Überreste des Homo erectus und einer frühen Homo-sapiens-Art. Jüngsten Forschungen zufolge lebte der Homo sapiens bereits vor 200 000 Jahren in Ostafrika: Zwei Schädel und Skelettreste, die man 1967 im Omo-Tal gefunden hatte, werden heute auf dieses Alter dätiert.

Im Omotal wurden bedeutende Hominidenfossilien entdeckt (oben). In der Region Feje nahe dem Turkana-See fand man jüngst Fossilien des Australopithecus afarensis und des Homo habilis (links).

Äthiopien

STELEN VON TIYA

An der archäologischen Fundstätte Tiya, etwa 100 Kilometer von der äthiopischen Hauptstadt Addis Abeba entfernt, zeugen aufwendig gestaltete Stelen aus Stein von einer kaum bekannten vorchristlichen Kultur.

In der Soddo-Region südlich von Addis Abeba gibt es 160 archäologische Fundorte, von denen Tiya zu den bedeutendsten gehört. Hier stieß man auf 36 ein bis zwei Meter hohe aufwendig gestaltete Steinstelen einer alten äthiopischen Kultur. 33 dieser Stelen stehen entlang einer 45 Meter langen Achse, drei weitere sind etwas entfernt davon aufgestellt. Die obeliskartigen Monolithe finden sich in halbkugelförmiger, konischer oder auch in menschenähnlicher Gestalt. Die Stelen sind reich mit in Stein gemeißelten Symbolen verziert, deren Entzifferung sich bisher jedoch als schwierig erwies. Drei sich wiederholende Hauptmotive ließen sich bisher erkennen: Kreise, Blätter und Schwerter. Die Symbole hatten wahrscheinlich eine Bedeutung bei den Begräbniszeremonien. Jüngste Ausgrabungen ergaben, dass das Stelenfeld Massengräber von Männern und Frauen im Alter zwischen 18 und 30 Jahren markiert, die an diesem Ort in embryonaler Hockstellung bestattet wurden. Das genaue Alter dieser untergegangenen, vorchristlichen Kultur konnte bis heute nicht eindeutig bestimmt werden.

Man nimmt an, dass die Stelen bereits vor Beginn der Zeitenwende in dieser Gegend errichtet wurden.

BEFESTIGTE ALTSTADT VON HARAR JUGOL

Die von Mauern umgebene Stadt Harar Jugol, oft auch nur als Harar bezeichnet, hat durch ihre vielen Moscheen, ihre traditionellen Stadthäuser und die Gebäude im indischen und muslimischen Stil eine ganz eigene Ausstrahlung.

Äthiopien ist als ein christliches Land bekannt, doch die Hälfte der Einwohner sind Muslime. Ihre heilige Stadt Harar im Osten des Landes liegt in 1885 Meter Höhe auf einer von Savanne und Wüste umgebenen Hochebene. Die Altstadt ist von Mauern aus dem 13. bis 16. Jahrhundert umgeben, die als »Jugol« bezeichnet werden. Fünf historische Tore erlaubten den Zugang zu Harar, ein sechstes eröffneten die Italiener 1936 während ihrer Besatzungszeit. Der geläufigste Typ des Stadthauses (»Gegar«) besteht aus drei Räumen im Erdgeschoss und einem Innenhof. Nach 1887 kamen indische Kaufleute nach Harar und führten hier einen anderen Haustyp ein: einfache rechteckige und zumeist zweistöckige Gebäude mit einer Veranda, von der aus man über die Straße oder den Innenhof blickt. Sein heutiges Erscheinungsbild erhielt Harar im 16. Jahrhundert als islamische Stadt mit zahlreichen engen Gassen und nach außen geschlossenen Fassaden.

Stadttore wie das Shewa-Tor (oben), enge Gassen (rechts) und bunte Häuser prägen das Gesicht von Harar.

NATIONALPARK BWINDI

*Bwindi im äußersten Südwesten Ugandas ist bekannt für seine Vielfalt an Baum-
arten und Farngewächsen sowie für die seltenen Vogel- und Schmetterlingsarten. Die Bergwälder sind eine der letzten Zufluchtsstätten der Berggorillas.*

Im Übergangsgebiet von der Steppe zum Bergland liegt der nur schwer zugängliche Bwindi-Nationalpark. Er ragt durch die einzigartige Artenvielfalt seiner Flora und Fauna heraus. Über 100 Arten von Farngewächsen sind hier heimisch, und nicht weniger als 160 Baumarten bilden den Bergwald des Nationalparks. Seit der letzten Eiszeit konnte sich hier die Pflanzenwelt ungestört entfalten. Die Wälder des Bwindi-Nationalparks gehören daher zu den ältesten und ursprünglichsten Afrikas. Von den bisher nachgewiesenen rund 300 Vogelarten nehmen die Waldvögel etwa zwei Drittel ein. Dazu gesellen sich ungefähr 200 Schmetterlingsarten, von denen acht endemisch sind. Berühmt ist das Reservat jedoch vor allem für seine Berggorillas. In Höhenlagen lebt mit etwa 300 Tieren rund die Hälfte der Weltpopulation dieser bedrohten Spezies in friedfertigen Familienverbänden, die von einem alten »Silberrücken« angeführt werden. Auf organisierten Erkundungstouren können die Berggorillas beobachtet werden.

Am Rand des Western Rift Valley im Südwesten Ugandas erstreckt sich auf einem Areal von rund 330 Quadratkilometern der Nationalpark Bwindi mit seinem Gebirgs- und Tieflandregenwald.

NATIONALPARK RUWENZORI-GEBIRGE

*Die Bergwälder und Sumpfgebiete des Ruwenzori-Gebirges bieten Lebensraum
und Schutz für zahlreiche gefährdete Tierarten wie Elefanten, Leoparden und
Kapklippschliefer. Viele Pflanzen gedeihen hier in überproportionaler Größe.*

An der Grenze zwischen der Demokratischen Republik Kongo und Uganda liegt das Ruwenzori-Gebirge. Die Gebirgskette ist ungefähr 120 Kilometer lang und 50 Kilometer breit, mit dem 5109 Meter hohen Margherita-Gipfel des Mount Stanley als höchster Erhebung. Der Nationalpark umfasst ein rund 1000 Quadratkilometer großes Areal des Gebirges ganz im Südwesten Ugandas. Die Bergwälder der höheren Lagen warten mit einer Pflanzenwelt von ungewöhnlichen Ausmaßen auf. Lobelien, die normalerweise 30 Zentimeter hoch werden, erreichen hier eine Höhe von sieben Metern. An geschützten Stellen finden sich Farnarten von über zehn Meter Höhe, und auch einige Formen des Heidekrauts präsentieren sich hier in baumgroßen Dimensionen. Zurückzuführen ist dieser Riesenwuchs auf das Zusammentreffen von mineralreichen Böden, gleichbleibenden Temperaturen, hoher Luftfeuchtigkeit und der Tatsache, dass die meist dicke Wolkendecke die hohe ultraviolette Strahlung reduziert.

Im Bergwald des Ruwenzori-Gebirges wachsen alpine Pflanzen im Großformat.

GRÄBER DER BUGANDA-KÖNIGE IN KASUBI

*Die Gräber der Buganda-Könige sind als spirituelles Zentrum der Baganda, der
Hauptethnie von Uganda, von großer Bedeutung. Die Palastarchitektur stammt
aus der Kultur der Ganda im präkolonialen Königreich Buganda.*

Die Kabaka-Gräber auf dem Kasubi-Hügel in der Nähe der ugandischen Hauptstadt Kampala sind ein gutes Beispiel für die lebendigen Traditionen und Fertigkeiten des Volkes der Baganda. In einem strohgedeckten Dom, dem Muzibu Azaala Mpanga, bewahren die weiblichen Nachkommen der Kabaka – wie die bugandischen Herrscher genannt werden – das Andenken an die letzten vier Könige Bugandas: Mute-sa I., Mwanga II., David Chwa II. und Edward Mutesa II. Auch deren Nachkommen sind hier bestattet. Das Dach des kreisförmigen Doms mit einem Durchmesser von rund 30 Metern wird von Pfeilern gestützt, die mit Rindenstoff verkleidet sind. Die Anlage wurde 1882 als Palast erbaut und 1884 in die Begräbnisstätte umgewandelt. 2010 wurde der Muzibu Azaala Mpanga durch ein Feuer fast völlig zerstört, die Anlage wurde in die Rote Liste aufgenommen und soll wieder rekonstruiert werden.

Das Grabmal der Könige in Kasubi ist eine imposante strohgedeckte Holzkonstruktion mit einer maximalen Höhe von über sieben Metern.

Tansania

SCHUTZGEBIET NGORONGORO

Auf dem Boden des gleichnamigen gigantischen Kraters erstreckt sich dieses rund 8000 Quadratkilometer große Schutzgebiet im Norden Tansanias. Vor imposanter Landschaftskulisse tummeln sich hier Tausende von Wildtieren, darunter Gazellen, Antilopen, Wasserböcke, Zebras, Elefanten, Flusspferde, Nashörner, Hyänen, Löwen und Leoparden. Aufgrund bedeutender paläontologischer Funde wurde die Weltnaturerbestätte 2010 zum Weltkulturerbe erweitert.

Seit rund 3,6 Millionen Jahren wurde das Gebiet rund um den durch Steppen und Savannen geprägten Ngorongoro-Krater im Norden Tansanias von Menschen bzw. Hominiden besiedelt. Archäologische und paläontologische Funde legen es nahe, dass sich in Ostafrika tatsächlich die »Wiege der Menschheit« befand. In der unweit des Kraters gelegenen Olduvai-Schlucht entdeckten Archäologen neben Stein- und Eisenwerkzeugen auch Skelette der Gattungen Homo sapiens, Paranthropus boisei, Homo habilis und Homo erectus. In der Laetoli-Ebene fand man 1978 versteinerte Fußspuren, die auf ein Alter von 3,6 Millionen Jahren datiert und der Gattung Australopithecus afarensis zugeschrieben werden. Die in der Lavaasche hinterlassenen Fußabdrücke ähneln denen heutiger Menschen und belegen bereits für diese frühe Entwicklungsphase der Hominiden einen aufrechten Gang.

Zur Wildpopulation des bis 1974 zum Nationalpark Serengeti zählenden Ngorongoro-Schutzgebietes gehören auch viele Zebras.

NATIONALPARK KILIMANDSCHARO

Im Norden Tansanias, an der Grenze zu Kenia, ragt aus den Savannen das Vulkanmassiv des Kilimandscharo auf. Zum Schutz der einzigartigen Bergwälder wurde hier ein rund 750 Quadratkilometer großer Nationalpark ausgewiesen.

Der Kilimandscharo besteht aus drei Hauptkegeln und zahlreichen kleineren Gipfeln vulkanischen Ursprungs. Im Westen liegt der 4000 Meter hohe Schira, im Zentrum der Kibo, mit 5895 Metern der höchste Punkt Afrikas, und im Osten der 5148 Meter hohe Mawenzi. Die Nebengipfel befinden sich entlang einer Gebirgsspalte, die von Südosten nach Nordwesten verläuft. Obwohl unweit des Äquators gelegen, sind die Gipfel des Kilimandscharo von ewigem Schnee bedeckt. Das Bergmassiv inmitten der Savanne weist sehr unterschiedliche Klima- und Vegetationszonen auf. Oberhalb der Grassavanne beginnt das Gebiet des landwirtschaftlich genutzten Kulturlands. Diese Zone geht in den bis in 3000 Meter Höhe reichenden Laub abwerfenden Bergwald über. Diesem folgt ein ausgedehntes Höhengrasland, das wiederum von der Kältewüste der Gipfelregion verdrängt wird. Der Nationalpark ist Lebensraum zahlreicher, teils gefährdeter Tiere.

Im Inneren des schneebedeckten Kraters des Kibo weisen schwefelhaltige Gase auf vulkanische Aktivitäten hin.

WILDRESERVAT SELOUS

Im größten Wildreservat Afrikas im Südosten Tansanias leben rund eine Million Tiere. Neben vielen anderen Tierarten sind hier auch die »Big Five« – Elefant, Nashorn, Büffel, Löwe und Leopard – vertreten.

Das seit Anfang des 20. Jahrhunderts bestehende, rund 50 000 Quadratkilometer umfassende Selous-Wildreservat wird vom Rufiji, einem der wasserreichsten Flüsse Ostafrikas, und seinen zahlreichen Zuflüssen durchzogen. Die Region rund 200 Kilometer südwestlich von Daressalam wird aufgrund der Tsetsefliegenplage kaum von Menschen bewohnt und bietet somit weitgehend ungestörten Lebensraum für zahlreiche Tiere. Mehr als 150 000 Gnus, rund 100 000 Elefanten, 150 000 Büffel, jeweils etwa bis zu 50 000 Zebras und Antilopen sowie rund 20 000 Flusspferde wurden gezählt. Hier lebt auch die weltweit größte Krokodilpopulation, ferner bevölkern eine erhebliche Anzahl von Raubkatzen wie Geparde, Leoparden und Löwen sowie zahlreiche Giraffen die verschiedenen Vegetationszonen des Reservats. Diese umfassen Steppen und Savannen, bewaldetes Grasland sowie das Unterholz der Galeriewälder an den Ufern des Rufiji und seiner Quellflüsse Luwegu und Kilombero. Der dominierende Landschaftstyp ist hier das Miombo-Waldland.

In der Miombo-Waldsavanne haben Elefanten ihren Lebensraum. Die Gier nach Elfenbein, dem »weißen Gold Afrikas«, führte beinahe zu ihrer Ausrottung.

RUINEN VON KILWA KISIWANI UND SONGO MNARA

Auf zwei kleinen Inseln vor der Küste Tansanias befinden sich die Ruinen zweier Hafenstädte, die einst eine führende Stellung im Handel mit Asien einnahmen.

Perser aus Schiras werden als die Gründer des einstigen Stadtstaates auf der Insel Kilwa Kisiwani 300 Kilometer südlich von Daressalam angesehen. Ab dem Jahr 1000 wurde ein Großteil des Handels mit den Ländern des Indischen Ozeans über Kilwa abgewickelt. Zum Handelsgut gehörten Kostbarkeiten wie Gold, Silber, Perlen oder Porzellan aus China, Steingut aus Persien und Töpferwaren aus Arabien. Ende des 14. Jahrhunderts setzte der Niedergang der Stadt ein, der mit dem Ansturm der Portugiesen 1505 seinen Abschluss fand. Von den hier noch erhaltenen Baudenkmälern sind insbesondere die Ruinen des zwischen 1310 und 1333 errichteten Sultanspalasts Husuni Kubwa sehenswert. Weitere historisch bedeutende Gebäude sind die Reste des ehemals portugiesischen Gereza-Forts, die kleine Kuppelmoschee und die Große Moschee aus dem 12. bis 15. Jahrhundert, die größte Moschee Ostafrikas. Auch Überreste von Bauwerken auf der Insel Songo Mnara, wie die aus Korallenkalkstein errichtete Hauptmoschee, gehören zum Weltkulturerbe.

30 Säulen tragen die 16 Kuppeln der Großen Moschee in Kilwa Kisiwani.

STONE TOWN AUF SANSIBAR

Stone Town, das Herz von Sansibar-Stadt, gilt als herausragendes Beispiel einer historisch gewachsenen Swahili-Stadt mit omanischen Wurzeln.

Zahlreiche Funde an der Ostküste Afrikas weisen auf die frühe Existenz eines Handelsnetzes über den gesamten Indischen Ozean hinweg bis nach Ostasien hin. Innerhalb afrikanischer Gemeinschaften begann die Islamisierung Ostafrikas schon vor dem Jahr 1000 mit den Handelsstützpunkten der arabischen Omani, aber erst mit den Schiras-Persern entwickelte sich eine originäre afroarabische Küstenkultur. Ab dem 16. Jahrhundert kontrollierten die Portugiesen das Gebiet, später die Omani. 1840 wurde Sansibar Hauptstadt der Herrscher von Oman. Damit begann die letzte Phase der Arabisierung der Swahili-Kultur. Unter den Omani blühte der Handel mit Elfenbein, Gold, Gewürzen und Sklaven. Auf dem Gelände des einstigen Sklavenmarktes erhebt sich heute die Kathedrale von 1873. Zeugnisse der Omani-Herrschaft sind der frühere Sultanspalast »People's Palace« mit dem »House of Wonders«, das Gebäude des Nationalmuseums, Beit al-Amani, und das arabische Fort. Weiter sehenswert sind das Old Dispensary, ein vierstöckiges Hospital, die alte Apotheke, das Livingstone-Haus und die verzierten Eingangstüren der aus Korallenkalk errichteten Wohnhäuser.

In den prächtigen Häusern von Stone Town lebte einst die vermögende arabisch-indische Oberschicht von Sansibar.

FELSMALEREIEN VON KONDOA

Rund 100 Kilometer nördlich von Dodoma finden sich prähistorische und neuere Felsbilder, die teils von Jägern und Sammlern, teils von Bauern stammen.

Durch die tektonischen Bewegungen des nahe gelegenen Großen Ostafrikanischen Grabenbruchs entstanden in Kondoa schollenartige Bruchstücke von Sedimentgesteinen, deren senkrechte Flächen mindestens 2000 Jahre lang für Felsmalereien verwendet wurden. Schätzungen nach existieren zwischen 150 bis 450 solcher Fundorte. Sie liegen an nach Osten hin exponierten Hängen am Rand der Massaisteppe. Wahrscheinlich wurden die Stellen als Refugien verwendet. Noch bis vor Kurzem zogen sich Familien, die in dieser Ebene lebten, während der Regenzeit unter solche Felsüberhänge zurück. Die ältesten Felsbilder sind rot und zeigen lebensnah dargestellte Tiere, wie etwa Antilopen, Giraffen und Elefanten, sowie stilisierte Menschen und geometrische Formen. Es sind die nördlichsten Beispiele der Felskunst südafrikanischer Jäger und Sammler. Über ihre Datierung streiten sich die Forscher. Jedenfalls wurden noch in jüngster Zeit solche Felszeichnungen angefertigt, und einige Stellen dienen den Einheimischen noch heute als Zeremonialplätze. Ein bemerkenswertes Beispiel einer wohl jahrtausendealten Tradition. Auf dem Welterbeareal befinden sich außerdem drei archäologische Fundstätten.

Motive der Felszeichnungen von Kondoa sind meist Tiere wie Antilopen.

VICTORIA-FÄLLE (MOSI-OA-TUNYA)

Die Victoria-Fälle gehören zu den größten und spektakulärsten Wasserfällen der Welt: Über eine Reihe von Basaltklippen stürzen die Wassermassen des Sambesi in eine mehr als 100 Meter tiefe Schlucht.

Der erste Vorbote der gigantischen Victoria-Fälle ist bereits aus einer Entfernung von rund 20 Kilometern in Form einer bis zu 300 Meter hoch aufsteigenden Sprühnebelwolke auszumachen. Mit ohrenbetäubendem Lärm stürzt der Sambesi, Grenzfluss zwischen Sambia und Simbabwe (daher handelt es sich hier auch um ein grenzüberschreitendes Weltnaturerbe), ungefähr 110 Meter in die Tiefe. Dieses Naturschauspiel findet seinen Widerhall auch im indigenen Namen der insgesamt fünf Wasserfälle: Mosi-oa-Tunya, »donnernder Dampf«. Im März und April, zur Hochwasserzeit, vereinigen sie sich zu einem fast zwei Kilometer breiten Wasservorhang. Bis zu 10 000 Kubikmeter Wasser pro Sekunde stürzen dabei in die Schlucht hinab.

Die tiefe Schlucht, in die der Sambesi an der Fallkante der Victoria-Fälle stürzt, hat sich der Fluss im Lauf von Millionen Jahren selbst gegraben.

Den Rest des Jahres, wenn der Sambesi weniger Wasser führt, differenzieren sich wieder einzelne Fälle aus. Die Rainbow Falls sind die höchsten unter ihnen. Darüber hinaus bietet das Areal um die Wasserfälle auch vielen Tieren einen einzigartigen Lebensraum. Etwa 30 Säugetier-, 65 Reptilien- sowie 21 Amphibienarten leben in den Regenwäldern der Flussregion.

Die Victoria-Fälle wurden 1855 erstmals von einem Europäer erblickt – David Livingstone, der sie nach der damaligen englischen Königin benannte.

Auch heute trägt das Wasser das weiche Gestein weiter ab, und die Victoria-Fälle scheinen zu »wandern«.

NATIONALPARK MANA POOLS

Ein Garten Eden für die Tierwelt Afrikas ist dieser in Simbabwe am südlichen Ufer des Sambesi gelegene Nationalpark mit den beiden angeschlossenen Safarigebieten Sapi und Chewore.

Ein Jahr nach der Einrichtung des Nationalparks Mana Pools 1963 wurden auch die benachbarten Safarigebiete Sapi und Chewore unter Schutz gestellt. Die drei Areale im Dreiländereck von Simbabwe, Sambia und Mosambik erstrecken sich über eine Fläche von knapp 7000 Quadratkilometern, wobei Chewore etwa die Hälfte einnimmt. Im Norden bildet der Sambesi die natürliche Grenze des Nationalparks. Der Strom überflutet regelmäßig das Grasland und die Waldgebiete der Schutzzonen. In der Sprache der Shona bedeutet »Mana« vier. »Mana Pools« bezeichnet daher die vier Wasserbecken des Sambesi. In dieser

fruchtbaren Landschaft ist eine Vielzahl von Tieren beheimatet: 400 Vogelarten bevölkern die Wälder, Tausende von Elefanten streifen durch das Gebiet. Büffel- und Zebraherden verheißen reiche Beute für Raubkatzen wie Leoparden und Geparden. Das Safarigebiet Chewore ist mittlerweile das Habitat einer der größten Populationen von Breitmaulnashörnern. An ruhenden Gewässern und am Ufer des Sambesi tummeln sich Flusspferde und eine große Zahl von Nilkrokodilen.

Kaum auszumachen zwischen den Wasserhyazinthen eines Tümpels im Mana-Pool-Park ist dieses Flusspferd.

NATIONALDENKMAL RUINEN VON KHAMI

Von großer Bedeutung für die Geschichte Simbabwes sind die Ruinen von Khami. Die im 16. Jahrhundert verlassene Stadt war einst ein wichtiges Handelszentrum.

Die zweitgrößte Ruinenstadt in Simbabwe nur wenige Kilometer westlich von Bulawayo wurde nach dem Fluss benannt, an dessen Ufer sie liegt. Die Anlage entstand im 15. Jahrhundert, als Groß-Simbabwe schon wieder verlassen worden war. Khami war für etwa 200 Jahre die Hauptstadt des Torwa-Staates. Als die Rozwi die Macht übernahmen, verlegten sie ihr Herrschaftszentrum ins 80 Kilometer entfernte Danangombe. Die Gebäudereste, darunter ein Palastkomplex, Terrassen und Mauern, die sich über ein Gebiet von über 40 Hektar verteilen, bestehen aus massiven, ohne

Mörtel zusammengefügten Steinmauern. Die Grabungen der Archäologen förderten auch Porzellan aus der Regierungszeit des chinesischen Wanli-Kaisers zutage. Die Objekte aus Asien und Europa belegen, dass Khami einst ein wichtiges Handelszentrum war. Es erscheint daher möglich, dass portugiesische Händler zu den Besuchern der Stadt gehörten. Ein riesiges, aus Granitblöcken bestehendes Kreuz legt die Vermutung nahe, dass auch Missionare den Weg nach Khami fanden.

Die Mauern von Khami wurden auch als Umrandungen von Viehweiden genutzt.

MATOBO HILLS

Die majestätische Felsenlandschaft der Matobo Hills im Südwesten Simbabwes, rund 30 Kilometer südlich von Bulawayo, besteht aus abgeschliffenen Granitblöcken. Hier finden sich Felsmalereien, die bis in die Steinzeit zurückreichen.

In den Matobo Hills siedeln seit dem 19. Jahrhundert die Ndebele. Sie nennen die nackten Granitblöcke, die wie Spielzeug übereinandergetürmt liegen, »die Glatzköpfigen«, in der Landessprache »Amatobo«. Daher rührt auch der heutige Name dieser Welterbestätte. Ihre Form erhielten die Granitfelsen durch Verwitterung und durch Windschliff. In der Silozwane-Höhle sind zahlreiche Felsmalereien zu bewundern, darunter auch zwei Meter hohe Giraffen. Die dargestellten Tiere können heute noch genau bestimmt werden. Sogar die Struktur von Termitenflügeln wurde genau wiedergegeben. Manche dieser Malereien sollen

rund 20000 Jahre alt sein und auf Jäger und Sammler zurückgehen, denen die heutigen San (Buschmänner) am nächsten stehen. Die geschätzte Zahl der Fundorte geht in die Tausende. Die heute hier praktizierte Mwari-Religion der Shona lässt sich bis auf die Eisenzeit zurückverfolgen und gehört zu den am längsten tradierten mündlichen Überlieferungen im südlichen Afrika. Die prähistorischen Höhlen mit ihren Malereien spielen für die hier ansässige lokale Bevölkerung bis heute eine Rolle als Sakralstätten.

Die prähistorischen Felszeichnungen in den Matobo Hills zeigen Tiere und Jagdszenen.

NATIONALDENKMAL GROSS-SIMBABWE

Die Ruinen der »Akropolis Afrikas« im Südosten Simbabwes, ein für Afrika eher ungewöhnlicher Steinbau, sind ein bedeutendes Zeugnis der Shona-Kultur.

Bereits 1552 beschrieb der portugiesische Chronist João de Barros die Ruinen von Groß-Simbabwe als »beeindruckend«. Eine arabische Legende schreibt ihnen biblische Ursprünge zu. Archäologische Untersuchungen ergaben jedoch, dass die Mauern Überreste eines bedeutenden Handelszentrums der Shona-Kultur waren. Diese der Bantusprachgruppe zuzurechnende Ethnie besiedelte die Region zwischen dem 11. und dem 15. Jahrhundert. Die Stadt, die mehr als 10000 Einwohner zählte, wurde von einem elliptischen Mauerring umschlossen, der mit einer Gesamtlänge von 250 Metern und ei-

ner Höhe von über zehn Metern zu den größten aus vorkolonialer Zeit stammenden Bauwerken Schwarzafrikas gehört. Für die Mauer wurden Granitsteine ohne Mörtel fugenlos aufeinandergeschichtet. Innerhalb dieses Rings befindet sich eine parallel verlaufende Mauer, die wohl die Rundhäuser des Herrschers umgab. Funde belegen, dass in Simbabwe bereits damals Gold, Kupfer und Eisen verarbeitet wurden. Nach einer Blütezeit wurde die Stadt um 1450 endgültig verlassen.

Von der Anlage Groß-Simbabwe ist der elliptische Mauerring am besten erhalten.

Malawi

NATIONALPARK MALAWI-SEE

Der erste dem Schutz von Fischen gewidmete Nationalpark am Südende des drittgrößten Sees Ostafrikas beherbergt viele endemische Buntbarscharten.

Im Jahr 1616 berichtete der Portugiese Caspar Boccaro von der Existenz eines riesigen Wasserreservoirs im südlichen Ostafrika, und 1859 erreichte der schottische Forscher und Missionar David Livingstone das Ufer des Malawi-Sees. Das Gewässer wird von 14 Zuflüssen mit Wasser versorgt. Einziger Abfluss ist der den Süden Malawis durchquerende Shire, ein Nebenfluss des Sambesi. Heute sind drei Staaten Anrainer des über 500 Kilometer langen und durchschnittlich 50 Kilometer breiten Sees: Tansania, Mosambik und Malawi. Am Südende des Sees wurde 1980 auf malawischem Territorium dieser einzigartige Nationalpark ausgewiesen. Zu seinem knapp 100 Quadratkilometer großen Areal zählen die Halbinsel Cape Maclear, drei separate Uferabschnitte, zwölf Inseln und ein Teil des ufernahen Gewässers. Im klaren Wasser des bis zu 700 Meter tiefen Sees haben sich über 200 Fischarten entwickelt; rund 80 Prozent davon sind nur hier zu finden. Damit ist der See von einer Bedeutung für das Studium der Evolution, wie sie sonst nur die Galapagosinseln haben.

Zum Nationalpark gehört auch die felsige, teils mit Wald bedeckte Insel Mumbo Island (unten). Die Menschen am Malawi-See leben seit jeher vom Fischfang, den sie mit ihren Einbaumkanus von kleinen Buchten aus betreiben (rechts).

FELSMALEREIEN VON CHONGONI

Auf der Hochebene des zentralen Landesteils Malawis liegt ein an Felskunst reiches und bis heute für Zeremonien genutztes Gebiet. Die Sammler und Jäger der Batwa sowie die Ackerbauern der Chewa haben hier Spuren hinterlassen.

Die Chongoni Mountains bestehen aus einer flachen, grasbestandenen Hochebene, steilen Hängen, kleineren Granithügeln und breiten Tälern mit großen Felsblöcken. An den Hängen wächst naturbelassener Brachystegia-Wald. Die 127 Fundstellen mit ihren Felsenmalereien befinden sich an oft überhängendem Granitgestein. Die frühesten, roten Zeichnungen gehen auf die Batwa zurück – Pygmäen, die hier seit der späten Steinzeit siedelten. Sie hinterließen schematische Zeichnungen von Tieren und Menschen sowie geometrische Motive mit Kreisen, Linien und Wellenformen. Die weißen Zeichnungen hingegen wurden von der späten Eisenzeit bis weit in das 20. Jahrhundert hinein von einheimischen Ackerbauern, den Chewa, angefertigt und stellen meist Tierfiguren dar. Viele stehen mit Initiationsriten für Frauen in Zusammenhang und wurden wohl von Frauen angefertigt. Figuren neueren Datums verweisen auf die Geheimgesellschaft der Nyau. Diese maskierten Tänzer führen Bestattungsriten durch und werden als Geister angesehen. Ihre Masken finden sich auch in den Felszeichnungen.

Die weißen Zeichnungen der Chewa wurden oft direkt über den steinzeitlichen roten Zeichnungen der Batwa angefertigt.

INSEL MOSAMBIK

Die Stadt Mosambik auf der gleichnamigen Insel, Namensgeber für das Land Mosambik, ist ein Beispiel für den portugiesischen Kolonialbarock in Ostafrika. 500 Jahre lang war die Insel ein Außenposten des portugiesischen Weltreichs.

Die Inselstadt Mosambik im Indischen Ozean ist durch eine fünf Kilometer lange Brücke mit dem Festland verbunden. Bereits im 10. Jahrhundert befand sich hier eine arabische Handelsniederlassung. Auf der Suche nach einer günstigen Seeroute nach Indien landete Vasco da Gama im Jahr 1498 auf der Insel, die wenig später, von Portugiesen besetzt, zu einem ihrer wichtigsten Häfen und Warenumschlagplätze in Afrika wurde. Noch bis zum Jahr 1975 diente sie als Verwaltungssitz, Hauptstadt und Handelsposten für die Kolonie Portugiesisch-Ostafrika – das spätere Mosambik. Zwischen 1558 und 1620 errichteten die Portugiesen die Festung São Sebastião, die beispielhaft für den seit dem 16. Jahrhundert weitgehend gleich gebliebenen hiesigen barocken Baustil ist. Diese Beständigkeit im Stil verleiht Mosambik eine architektonische Einheit, die ihresgleichen sucht. In der Stadt verbinden sich lokale Traditionen mit portugiesischen, arabischen und indischen Einflüssen. Zu den bedeutenden Gebäuden gehören Verteidigungsanlagen und Kirchen.

Als das älteste europäische Bauwerk südlich des Äquators gilt die Capela de Nossa Senhora do Baluarte. Sie wurde 1521 unter den Portugiesen errichtet.

TSODILO HILLS

Mitten in der Kalahari, im äußersten Nordwesten Botsuanas, finden sich in den Tsodilo Hills etwa 4500 teils jahrtausendealte Felsmalereien der San. Archäologische Funde belegen eine Besiedlung der Region seit der Altsteinzeit.

Für die heute noch hier ansässigen San sind die Hügel von Tsodilo eine heilige Stätte, die vom Geist der Ahnen erfüllt ist. So gilt hier, wo mitten in der Ödnis der Kalahari-Wüste auch bei größter Trockenheit noch Quellen sprudeln und Bäume Schatten spenden, wohl schon seit Jahrtausenden ein striktes Jagdverbot. Die von den Vorfahren auf den Fels gemalten Tiere wie Nashörner, Giraffen, Antilopen, Langhorn-Rinder, Löwen, Flusspferde und Fische zeugen vom einstigen Artenreichtum in der Region, in der es früher einen See gegeben haben muss. Die Bilder zeigen aber auch Gegenstände des täglichen Lebens, etwa Körbe, wie sie die San heute noch flechten, und Menschen. Einige der Felsbilder sind nur schwer zugänglich und so hoch oben am Fels angebracht, dass die Künstler bei der Anfertigung Gerüste benutzt haben müssen. Viele der 3500 Felsmalereien datieren aus den Jahren 800 bis 1300. Historikern liefern sie eine Chronologie des Lebens der Menschen wie auch der sich verändernden Umweltbedingungen, die in dieser Region herrschten.

Als Wiege der Menschheit sehen die San die Hügel von Tsodilo an, in denen ihre Vorfahren faszinierende Felszeichnungen von Tieren hinterlassen haben.

TWYFELFONTEIN (/UI-//AES)

In Twyfelfontein, das in der Klicklautsprache der Einheimischen /Ui-//aes heißt, befindet sich eine der größten Ansammlungen von Felsbildern in Afrika.

An der Fundstelle im Damara-Bergland von Namibia wurden bislang 35 bearbeitete Oberflächen mit rund 2075 identifizierbaren Darstellungen gefunden. Zwei Techniken konnten dabei unterschieden werden: Ritzzeichnungen, die mit einem harten Gegenstand in den Fels gemeißelt wurden, und Steingravuren, bei denen die Fläche aufgeraut wurde. Eine dieser Felszeichnungen ist der »Tanzende Kudu«, ein Fabelwesen, das eine tänzerische Pose einnimmt. Unter den Felszeichnungen finden sich auch menschliche Figuren sowie menschliche und tierische Fußabdrücke. Die Felsbilder gehen auf die Jäger- und Sammler-Kultur der San zurück, die seit 2000 Jahren in diesem Gebiet lebten, bis sie um das Jahr 1000 von nomadischen Viehzüchtern, den Damara, verdrängt wurden. Einige ebenfalls aus Twyfelfontein stammende archäologische Fundstücke datieren aus der späten Steinzeit. Felszeichnungen und Objekte dokumentieren die kontinuierliche Besiedlung dieses Gebiets durch Jäger und Sammler. Das Zusammenspiel von Lebensform, Glaubensvorstellungen und rituellen Praktiken dieser Kulturen findet in den Bildern seinen Ausdruck.

Auf vielen der Felsgravuren von Twyfelfontein sind Antilopen, Löwen, Zebras Nashörner und Giraffen zu erkennen.

Südafrika

KULTURLANDSCHAFT MAPUNGUBWE

Zwischen 950 und 1300 war Mapungubwe der Sitz des größten Königreichs im südlichen Afrika. Archäologen fanden hier Begräbnisstätten mit reichem Schmuck und die Reste einer Siedlung, in der einst über 5000 Menschen lebten.

Mapungubwe ist heute eine ausgedehnte offene Savannenlandschaft am Zusammenfluss von Limpopo und Shashe auf der südafrikanischen Seite des Dreiländerecks von Simbabwe, Botsuana und Südafrika. Ab 900 entstand dort das Zentrum eines mächtigen Königreichs, dessen Bewohner Träger einer hoch differenzierten Kultur waren. Händler aus Mapungubwe tauschten mit arabischen Kaufleuten Gold, Elfenbein und Erze gegen Glasperlen und Stoffe aus Indien sowie Porzellan aus China. Notizen über diese Handelsbeziehungen finden sich bereits in arabischen Chroniken aus dem 10. Jahrhundert. Die Grundlage für den Wohlstand Mapungubwes bildeten Landwirtschaft und Baumwollanbau. Klimatische Veränderungen führten ab dem 14. Jahrhundert zum Niedergang des ersten südafrikanischen Königreichs. Zu den wichtigsten archäologischen Funden zählen die Ruinen der Stadtzentren mit ihren Palästen, Grabstätten sowie kunstvoll gearbeiteter Goldschmuck – darunter auch ein goldenes Nashorn.

Ab 1933 wurden in Mapungubwe Königsgräber sowie Reste einer Stadt freigelegt.

FUNDSTÄTTEN FOSSILER HOMINIDEN IN SÜDAFRIKA

Die Höhlen von Sterkfontein, Swartkrans, Kromdraai und Umgebung gehören zu den bedeutendsten paläoanthropologischen Fundstätten der Erde. Die Funde geben Einblicke in die Entwicklungsgeschichte des Menschen.

Der Australopithecus africanus war der erste menschliche Vorfahr, der vorwiegend aufrecht ging. Vor über drei Millionen Jahren bevölkerten diese Hominiden, von denen es neben dem Australopithecus africanus noch weitere Arten gab, das südliche Afrika und den Ostafrikanischen Graben. Der Australopithecus war 150 Zentimeter groß, wog zwischen 35 und 60 Kilogramm und wurde durchschnittlich 22 Jahre alt. Der erste erhaltene Schädel dieser Gattung wurde 1924 von dem südafrikanischen Forscher Raymond Dart entdeckt und weltweit unter dem Namen »Kind von Taung« bekannt. Der Fund gilt bis heute als die Bestätigung der bereits von Darwin geäußerten Theorie, dass sich der Entwicklungsschritt vom Affen zum Menschen in Afrika vollzogen hat. Weitere Funde in den Höhlen des Makapan-Tals belegen Ursprung und Entwicklung der Menschheit in einem Zeitraum von drei Millionen Jahren bis hin zur Nutzung des Feuers vor 1,8 Millionen Jahren.

Als archäologische Schatzkammer bezeichnen Wissenschaftler die Sterkfontein-Höhlen mit ihren Tropfsteinen.

VREDEFORT DOME

Der Meteoritenkrater von Vredefort rund 120 Kilometer südwestlich von Johannesburg gilt bislang als ältester und größter seiner Art. Er ist knapp über zwei Milliarden Jahre alt, sein Durchmesser beträgt 190 Kilometer.

Meteoriteneinschläge waren die größten Katastrophen der Erdgeschichte. Man nimmt heute an, dass sie die Evolution beeinflussten und etwa die Dinosaurier aufgrund der Folgen eines Meteoriteneinschlags ausgestorben sind. Wie der Gesteinsbrocken ausgesehen hat, der in Südafrika auf die Erde niedersauste, ist nicht mehr festzustellen. Eventuell war es ein Asteroid mit zwölf Kilometer Durchmesser, der mit 20 Kilometern pro Sekunde durch das Weltall unterwegs war, oder aber der Kopf eines Kometen, der sich mit hoher Geschwindigkeit bewegte. Wenn ein Meteorit auf die Erdoberfläche prallt, wird seine Energie in Sekundenbruchteilen in Wärme umgewandelt. Es kommt zu einer Explosion, durch die ein Krater entsteht. Der Nachweis solcher Krater ist schwierig, da sie durch die Verwitterung eingeebnet werden können. Der Krater von Vredefort weist jedoch Besonderheiten auf, die für einen Meteoriteneinschlag sprechen: Hornfels an der Oberfläche, ein Gestein das sonst nur in tieferen Schichten vorkommt, Brekzien – verbackene Gesteinsbrocken – sowie andere Veränderungen des Untergrunds.

Im morgendlichen Sonnenlicht erscheint die Landschaft des Witwatersrand Höhenzugs nahe des Kraters fast mystisch.

NATURPARK DRAKENSBERGE (UKHAHLAMBA)

In der spektakulären Naturlandschaft des Drakensberg-Parks im Osten der Republik Südafrika unmittelbar an der Grenze zu Lesotho finden sich mehrere Tausend Jahre alte Felsmalereien der San.

Die stille, majestätische Bergwelt der Drakensberge bietet Elenantilopen sowie den selten gewordenen Bart- und Kapgeiern ein Zuhause. Wo die weicheren Sandsteinsedimente unter dem Druck des oberen Basaltblocks durch Erosion zerklüftet sind, verbergen sich einzigartige kulturelle Schätze. In Höhlen und unter Felsüberhängen stieß man auf großartige Felsmalereien der San. Viele von ihnen stammen aus den letzten 300 Jahren, überlagern aber bis zu 4000 Jahre alte Pigmentschichten. Gruppierungen der San lebten in diesem Gebiet bis in die zweite Hälfte des 19. Jahrhunderts als Jäger und Sammler. Die Malereien wurden an Orten geschaffen, die zu bestimmten Jahreszeiten als rituelle Stätten dienten. Die Beimischung von Antilopenblut zu den Farben verweist auf den spirituellen Charakter vieler Darstellungen; man nimmt an, dass auch der Elenantilope eine mythologische Bedeutung zukam. Die Bilder zeigen die Verknüpfung von Mythos, Ritual und Landschaft in der Kultur der San.

Rund 35 000 Felszeichnungen der San befinden sich im Gebiet des Naturparks.

ISIMANGALISO WETLAND PARK

Das große Naturschutzgebiet im Norden der Ostküste Südafrikas – bis 2007: Greater St. Lucia Wetland Park – beeindruckt durch seine Vielfalt an Biotopen.

Der knapp 2500 Quadratkilometer große iSimangaliso Wetland Park bedeckt große Teile des im Nordosten Südafrikas liegenden Maputalands und reicht bis zur Grenze zu Mosambik. Das Naturschutzgebiet umfasst ganz unterschiedliche Ökosysteme, die der einzigartigen Tierwelt Afrikas einen geschützten Lebensraum bieten. Das Herz des Nationalparks ist der rund 350 Quadratkilometer große St.-Lucia-See, wo der Fluss Hluhluwe auf seinem Weg zum Indischen Ozean ein großes Sumpfgebiet speist. In diesem Feuchtgebiet leben die größten Krokodilbestände Afrikas, große Populationen von Flusspferden und mehr als 400 Vogelarten, wie Pelikane und Fischadler. In den dicht bewaldeten Dünengebieten leben Somango-Affen, während die Sandstrände rund um Cape Vidal das Revier mehrerer Arten von Meeresschildkröten sind. Dem Kap vorgelagert sind ausgedehnte Korallenriffe. Die weiten Grasländer im Landesinneren sind der Lebensraum nahezu aller Großwildarten Afrikas.

An den Ufern des St.-Lucia-Sees geben Fossilien Kunde von früheren Zeitaltern (oben). Im Sumpfgebiet finden Krokodile ideale Lebensbedingungen vor (links).

Südafrika

KULTURLANDSCHAFT RICHTERSVELD

Das Richtersveld im äußersten Nordwesten Südafrikas ist eine spektakuläre Bergwüstenlandschaft mit ungewöhnlicher Sukkulentenflora. Hier leben seit zwei Jahrtausenden die halbnomadischen Viehzüchter der Nama.

Die Nama gelten als der letzte überlebende Zweig der Khoi Khoi, die neben den San die Ureinwohner des südlichen Afrika darstellen. Ursprünglich waren die Khoi Khoi – von den Europäern abwertend als »Hottentotten« bezeichnet – am Oranje-Fluss und entlang der südwestafrikanischen Küste beheimatet. Sie wurden von den Europäern jedoch systematisch dezimiert und in unwirtlichere Regionen abgedrängt. Die Nama konnten hier im abgelegenen Richtersveld bis auf den heutigen Tag überleben. Hier können sie auch ihre halbnomadische Lebens- weise praktizieren, zu der die saisonale Wanderung zu jahreszeitlich wechselnden Weidegebieten gehört – eine breits 2000 Jahre während Tradition. Ihre transportablen Kuppelhütten – »haru oms« genannt – bestehen aus sich überschneidenden Holzreifen, über die geflochtene Matten gelegt werden. Diese Behausungen haben einen Raum, der zum Kochen und Schlafen dient. Bekannt sind die Nama für ihre ausgeprägte orale Tradition.

In der Bergwüste des Richtersveld gedeiht der bis zu neun Meter hohe Köcherbaum.

ROBBEN ISLAND

Die nördlich von Kapstadt gelegene Insel wurde in den letzten 400 Jahren als Hospital und Gefängnis genutzt. Berühmtester Gefangener war Nelson Mandela.

Schon in der Zeit um 1525 sollen portugiesische Seefahrer auf der elf Kilometer nördlich von Kapstadt gelegenen Insel die ersten Gefangenen interniert haben. Diesen folgten Sklaven, die Chiefs der vielen Völker Südafrikas, Kriegsgefangene und zuletzt politische Gegner, die von den holländischen oder den britischen Kolonialherren und im 20. Jahrhundert vom Apartheidregime auf die Insel verbannt wurden. Im Zeitraum zwischen 1846 und 1931 wurde Robben Island zu einem riesigen Hospital umfunktioniert. Im Jahr 1936 übernahm die Armee die Insel, die dann bis zu den 1950er-Jahren als Trainingsgelände fungierte. Das Apartheidregime wandelte das Gelände 1961 wieder in ein Gefängnis um, diesmal mit einem Hochsicherheitstrakt für politische Gefangene. 1996 verließen die letzten Gefangenen Robben Island. Und noch im gleichen Jahr, am 14. September, erklärte das südafrikanische Parlament die Insel und ihre Gebäude zu einem Nationaldenkmal. Am bekanntesten unter den Gebäuden ist der Hochsicherheitstrakt mit der berüchtigten »Sektion B«, in der Nelson Mandela bis 1982 inhaftiert war.

In der Table Bay im Atlantik liegt Robben Island. Dort befindet sich das ehemalige Gefängnisgebäude, in dem Nelson Mandela über 18 Jahre lang interniert war.

FLORENREICHE DER KAPREGION

Die Südspitze Afrikas ist, gemessen an ihrer Fläche, das Gebiet der Erde mit den meisten Pflanzenarten – mehr als im tropischen Regenwald. Zum Weltnaturerbe gehören acht Schutzgebiete im Bereich der Kapregion.

Pflanzengeografen unterteilen die Erde in verschiedene Florenreiche, die sich durch eine relativ einheitliche Pflanzenwelt auszeichnen. Wichtig für die Abgrenzung sind endemische Arten oder Gattungen, die nur in dem betreffenden Florenreich vorkommen. Das eigentümlichste, kleinste und zugleich diversifizierteste Florenreich ist das kapländische an der Südspitze Afrikas. Auf engstem Raum wachsen hier 6000 Blütenpflanzenarten, darunter ein hoher Anteil von Endemiten. Mit 553 000 Hektar macht es 0,02 Prozent der Landfläche von Afrika aus, beher- bergt aber fast 20 Prozent aller dort vorkommenden Blütenpflanzenarten. Eine besondere Rolle spielen die Proteagewächse und die Glockenheiden mit über 450 Arten. Einzigartig ist die Fynbos-Vegetation, die sich an die periodisch auftretenden Buschbrände perfekt angepasst hat. Die Bildung neuer Arten ist in vollem Gang und erlaubt Einsichten in die Pflanzenevolution.

Millionen gelber Gänseblümchen – eine der typischen Pflanzen an der Südspitze Südafrikas – verwandeln die Landschaft in ein einziges Blütenmeer.

REGENWÄLDER VON ATSINANANA

Unter der Bezeichnung »Regenwälder von Atsinanana« werden in Madagaskar sechs Nationalparks im östlichen Teil der Insel zusammengefasst. Sie spielen eine wichtige Rolle für die Erhaltung der biologischen Vielfalt der Insel.

Seit mehr als 60 Millionen Jahren ist Madagaskar vom Festland getrennt. Während dieser langen Zeit der Isolation konnten sich viele der urtümlichen Arten, insbesondere unter den Tieren, erhalten. In der Abgeschiedenheit der Insel entwickelten sich jedoch auch neue, nur hier vorkommende Tiere und Pflanzen. Madagaskar und die umgebenden Inseln beherbergen rund 12 000 endemische Pflanzenarten. Nur das 13-mal größere Australien weist mehr endemische Arten auf. Am berühmtesten unter den endemischen Tiergattungen der Insel sind die Lemuren aus der Gruppe der Feuchtnasenaffen. Insbesondere Regenwälder sind eine Wiege der Artenbildung. Leider sind heute nur noch 8,5 Prozent des einstigen Bestandes von Madagaskar erhalten. Die sechs Bereiche dieses Weltnaturerbes, die insgesamt ein Areal von rund 5000 Quadratkilometern umfassen, entsprechen (von Norden nach Süden) den Nationalparks Marojejy, Masoala, Zahamena, Ranomafana, Andringitra und Andohahela.

Die Berge des Andringitra-Massivs gelten den Einheimischen als heilig.

NATURSCHUTZGEBIET TSINGY DE BEMARAHA

Bizarre Kalkfelsen und unberührte Wälder sowie Seen und Mangrovensümpfe sind Bestandteile dieses einzigartigen Naturparadieses, das Heimat vieler seltener Tiergattungen und Pflanzenarten ist.

Die Hochebene von Bemaraha an der Westküste von Madagaskar, in etwa auf dem Breitengrad der Hauptstadt Antananarivo, präsentiert sich als eine höchst beeindruckende Karstlandschaft. Besondere Höhepunkte sind der Cañon des Manambolo-Flusses und der bizarre Tsingy – ein »Wald« von Kalksteinnadeln. Die unberührten Regenwälder, Seen und Mangrovensümpfe des Schutzgebiets sind auch Lebensraum unzähliger Orchideenarten. Besonders wichtig ist das ungefähr 1500 Quadratkilometer umfassende Reservat von Bemaraha als Lebensraum der fast nur auf Madagaskar vorkommenden Lemuren. Diese Halbaffenart gelangte vor mehr als 40 Millionen Jahren auf die Insel und fand hier nahezu perfekte Umweltbedingungen vor. In der Abgeschiedenheit Madagaskars haben sich rund 40 verschiedene Lemurenarten entwickelt. Außerdem ist das Areal Heimat zahlreicher Vogelarten, Fledermäuse, Amphibien und Reptilien, darunter Geckos und Chamäleons.

Die Steinformation von Tsingy de Bemaraha ist auch Lebensraum des Kronenlemurs.

KÖNIGSHÜGEL VON AMBOHIMANGA

Die heilige Stätte Ambohimanga unweit der heutigen Hauptstadt Antananarivo gilt als Geburtsort des Staates Madagaskar und Zentrum der Merina-Dynastie.

Schon früh wurde Madagaskar von aus Südostasien, Afrika und Arabien stammenden Seefahrern besiedelt. Ab dem 16. Jahrhundert stritten Portugiesen und Franzosen um die Vormachtstellung auf der Insel, die 1896 zur französischen Kolonie erklärt wurde. Vom 16. bis zum 18. Jahrhundert war Madagaskar in mehrere regionale Königreiche unterteilt, bis die Merina-Könige Ende des 18. Jahrhunderts die Insel unter ihrer Herrschaft einten. Die Residenz dieser Könige lag auf dem Hügel Ambohimanga – übersetzt »Blauer Hügel« –, der einer neben elf weiteren sakralen Stätten in der Nähe ist. Zu den historischen Sehenswürdigkeiten in Ambohimanga gehören das königliche Schwimmbecken, die königlichen Grabstätten, der Rova (Königspalast) und die Zitadelle des aus Palisanderholz erbauten Palasts. Sie wird bis in die heutige Zeit für die rituelle Ahnenverehrung und andere traditionelle Zeremonien genutzt. Für die kulturelle Identität der Madagassen ist die Königsstadt Ambohimanga von unschätzbarer Bedeutung.

Von der Balustrade des Sommerschlosses der Königinnen in Ambohimanga eröffnet sich ein herrlicher Blick auf die Umgebung.

A A P R A V A S I G H A T

Das historische Lager Aapravasi Ghat bezeugt das Schicksal von über einer halben Million indischer Kontraktarbeiter, die das britische Kolonialreich von 1834 bis 1920 auf den Zuckerplantagen von Mauritius anwarb.

Die Aufhebung der Sklaverei in den europäischen Kolonien zwang die Plantagenbesitzer weltweit, nach neuen preiswerten Arbeitskräften Ausschau zu halten. 1834 begann die britische Regierung mit einem, wie sie es nannte, »großen Experiment«: Sie heuerte Vertragsarbeiter aus Indien an, die im ganzen Empire die früher versklavten Afrikaner ersetzen sollten. Das löste eine der größten Wanderbewegungen der Geschichte aus. Die Insel Mauritius diente dabei als Sprungbrett – zum einen wegen ihrer Nähe zu Indien und zum anderen wegen der eigenen aufstrebenden Plantagenwirtschaft. Von den Kolonialbehörden wurden Arbei-

ter rekrutiert, die sich für mehrere Jahre verpflichten mussten und dafür Lohn, Unterkunft und Essen erhielten. Rund 70 Prozent der 1,2 Millionen Einwohner von Mauritius sind heute indischer Herkunft. Die noch vorhandenen Steingebäude von Aapravasi Ghat in der Hauptstadt Port Louis, die als Durchgangslager für die Neuankömmlinge dienten, stammen aus den 1860er-Jahren. Das System der Vertragsarbeiter dokumentiert den frühen Beginn der Arbeitsmigration und die Globalisierung des Arbeitsmarkts.

Aapravasi Ghat diente als Lager für Kontraktarbeiter aus dem verarmten Indien.

K U L T U R L A N D S C H A F T L E M O R N E

Über 500 Meter hoch erhebt sich der mit tropischer Vegetation bedeckte Berg Le Morne im Südwesten von Mauritius über dem Indischen Ozean. Er ist Mahnmal der Sklaverei und Symbol des Freiheitskampfes entflohener Sklaven.

Zwischen 1721 und 1735 wurden unter holländischer Herrschaft erstmalig Sklaven aus Afrika, Madagaskar und Asien zur Arbeit auf den Zuckerrohrfeldern nach Mauritius gebracht. Bis zur Abschaffung der Sklaverei im Jahr 1835 gelang vielen Sklaven die Flucht. So entstanden Gemeinschaften entflohener Schwarzer und Asiaten, Maroons genannt, die sich auf dem nur schwer zugänglichen Gipfel des Le Morne versteckt hielten und kleine Siedlungen in den Höhlen und Felsenkliffs des Bergs gründeten. Mauritius, ein wichtiges Zwischenziel im östlichen

Sklavenhandel, wurde somit unter dem Beinamen »Maroon Republic« als Insel der flüchtigen Sklaven bekannt. Die Geschichten der Maroons wurden durch mündliche Überlieferung weitergegeben und sind Teil des kulturellen Erbes der Bevölkerung. Le Morne ist sowohl eine Gedenkstätte der Sklaverei als auch Symbol der kreolischen Identität der Inselbewohner.

Zu Füßen des Le Morne wird »Sega« zelebriert, ein in der Zeit der Sklaverei entstandener Tanz, der als Inbegriff der Nationalkultur von Mauritius gilt.

ALDABRA-ATOLL

Die vier Inseln des Korallenatolls bilden die westlichste Inselgruppe der Seychellen im Indischen Ozean und stehen unter strengen Schutz. Ihre Hauptattraktion sind über 150 000 Aldabra-Riesenschildkröten.

Von den türkisblauen Fluten des Indischen Ozeans umgeben, entsprechen die Eilande perfekt unseren Vorstellungen von einer Trauminsel. Die vier Koralleninseln des Aldabra-Atolls – Picard, Polymnie, Malabar und Grande Terre – umschließen eine seichte Lagune und werden ihrerseits von einem Korallenriff umgeben. Aufgrund der isolierten Lage konnte hier eine vom Menschen ungestörte Naturlandschaft bewahrt werden. Das 1976 zum Schutzgebiet erklärte Aldabra-Atoll weist eine für eine ozeanische Insel erstaunlich vielfältige Flora und Fauna auf. So dient es zahlreichen Seevögeln als Nistplatz. Bekannt ist das Atoll je-

doch für seine große Population von Aldabra-Riesenschildkröten (Aldabrachelys gigantea), eine Art der Seychellen-Schildkröten. Diese Reptilien können ein Gewicht von bis zu 250 Kilogramm und ein Alter von mehr als 100 Jahren erreichen. Der größte Teil der Aldabra-Riesenschildkröten lebt auf Grande Terre, der Hauptinsel des Seychellen-Atolls.

»Al chadra«, grüne Insel, nannten arabische Seeleute das abgelegene Atoll der Seychellen, als sie es vor vielen Hundert Jahren entdeckten (unten). Die dort lebenden Riesenschildkröten zeichnen sich durch einen kleinen Kopf aus (links).

NATURPARK VALLÉE DE MAI

Ein Hochtal im Herzen der Seychellen-Insel Praslin ist die Heimat der Seychellen-Palme. Der Baum mit den größten Samen im gesamten Pflanzenreich kann mehrere Hundert Jahre alt werden.

Etwas nördlich der Hauptinsel Mahé liegt Praslin, die zweitgrößte Insel der Seychellen. Im Herzen dieser Granitinsel wurde innerhalb des Praslin-Nationalparks 1966 das Naturreservat Vallée de Mai eingerichtet. Das nur knapp 20 Hektar große Schutzgebiet dient dem Erhalt der Seychellen-Palme (Lodoicea maldivica) – die Pflanze ist ein Relikt frühzeitlicher Vegetation. Aufgrund der langen evolutionären Isolation der Inselgruppe konnte sich hier eine urzeitliche Flora erhalten. Lange Zeit kannte man nur die gewaltigen, bis zu 18 Kilogramm schweren Samen der auch Coco de Mer genannten Pflanze, von denen der portugiesi-

sche Weltumsegler Ferdinand Magellan einst annahm, dass es sich um die Früchte eines auf dem Meeresgrund wachsenden Baumes handeln müsse. Das Vallée de Mai ist auch das Habitat einer vielfältigen Fauna. So gibt es hier diverse Chamäleon- und Gecko-arten. Außerdem sind hier zahlreiche teils endemische Vogelarten vertreten, darunter Seychellen-Vasapapageien, Seychellen-Salangane, ferner Dickschnabelbülbüls und Kolibris.

Bis 1930 blieb der Wald des Vallée de Mai mit seinen idyllischen Wasserfällen völlig unberührt. So konnte sich hier eine noch urzeitliche Pflanzenwelt erhalten.

Kanada

HEAD-SMASHED-IN BUFFALO JUMP

An eine besondere Variante der Bisonjagd bei den Ureinwohnern Amerikas erinnert eine über zehn Meter hohe Sandsteinwand in den Porcupine Hills in Alberta.

Ganze Herden der Wildrinder wurden hier mitten in der leicht hügeligen Prärie von Lanzen schwingenden Jägern auf den Abgrund zugetrieben. Im schnellen Lauf konnten die Tiere die Gefahr nicht rechtzeitig erkennen und stürzten, von nachfolgenden Artgenossen bedrängt, kopfüber in die Tiefe. Dort wurden die Bisons zerlegt und das nicht zum sofortigen Verzehr vorgesehene Fleisch durch Trocknen haltbar gemacht. Die Felle verarbeitete man zu Kleidung und Zelten, die Knochen dienten als Rohstoff für Waffen und Gerätschaften des Alltags. Zwar gab es auch andernorts in Nordamerika solche »Büffelsprünge«, doch dieser hier war der größte und älteste seiner Art. Diese Jagdmethode war bis zur Verbreitung von Gewehren üblich, 1850 soll sie hier letztmals praktiziert worden sein. Die hiesigen Funde geben den Archäologen wichtige Auskünfte über das Leben der präkolumbischen Indianer seit 3600 v. Chr. Dazu gehören die Spuren markierter Trails, ein Indianercamp und ein Grabhügel mit großen Mengen von Bisonskeletten.

Bei Fort Macleod im Südwesten von Alberta ragt die Felswand auf, über die indianische Jäger die Bisons trieben.

DINOSAUR PROVINCIAL PARK

Vor 65 Millionen Jahren lebten riesige Dinosaurier im Dinosaur Provincial Park, einer bizarren Landschaft um den Red Deer River im heutigen Alberta.

Während der Kreidezeit, die vor etwa 150 Millionen Jahren begann und vor rund 65 Millionen Jahren endete, bevölkerte eine Vielzahl von Saurierarten den nordamerikanischen Kontinent. Fast 15 Meter hoch wurden die stattlichsten Exemplare des Triceratops, der wie andere Dinosaurierarten gegen Ende des Erdmittelalters ausstarb.
In keiner anderen Region der Welt wurden so viele Überreste dieser Riesenechsen gefunden wie hier. Auch zahlreiche Fossilien von Schildkröten, Fischen, Beuteltieren und Amphibien gestatten den Forschern aufschlussreiche Einblicke in die Fauna dieser Periode. In einem Museum kann man die aufregenden Funde bestaunen.

Aber auch landschaftlich hat diese Gegend ihre ganz besonderen Reize: Die Badlands sind eine vegetationslose Erosionszone, in der die Kräfte von Wind und Wetter die Felsen in eine bizarre, außerirdisch wirkende Landschaft verwandelt haben. Trotz des wüstenähnlichen Klimas blieb an den Flussufern eine ansehnliche Vegetation erhalten, die einigen Rotwildarten, vor allem aber zahlreichen Vögeln einen optimalen Lebensraum bietet.

Eine karge, von Wetter und Erosion bizarr geformte Verwitterungslandschaft mit lehmreichen Böden sind die kanadischen »Badlands«. Hier wurden 75 Millionen Jahre alte Dinosaurierfossilien entdeckt.

NATIONALE HISTORISCHE STÄTTE L'ANSE AUX MEADOWS

Ein rund 1000 Jahre altes Wikingerdorf auf Neufundland ist die erste Siedlung, die – lange vor Kolumbus – von Europäern in Nordamerika gegründet wurde.

In der Mythologie des hohen Nordens war schon immer von den Entdeckungsfahrten des legendären Leif Eriksson in das sagenumwobene »Vinland« die Rede. 1960 wurde dann der wissenschaftliche Beweis für eine frühe Atlantiküberquerung nordischer Seefahrer erbracht. Die Archäologen Helge und Anne Stine Ingstad entdeckten bei L'Anse aux Meadows auf Neufundland die Überreste einer Wikingersiedlung, die bereits zu Beginn des 11. Jahrhunderts errichtet und bewohnt worden war. Die Fundstelle erinnert an ähnliche Dörfer der Wikinger auf Island und Grönland. Drei der insgesamt acht ausgegrabenen Häuser hat man inzwischen rekonstruiert. Zusammen mit einigen gefundenen Werkzeugen vermitteln sie ein anschauliches Bild vom mühseligen Leben der ersten Europäer in Nordamerika, die sich bereits nach wenigen Jahren wieder aus Amerika verabschiedet haben dürften: Das unwirtliche Klima und die feindlich gesinnten Ureinwohner vertrieben sie aus dem vermeintlichen Paradies Neufundland.

Riesige Behausungen – heute mit Gras überwachsen – zeugen von der Präsenz der ersten Wikinger in Nordamerika.

GROS MORNE NATIONAL PARK

Bereits vor über 4500 Jahren siedelten Dorset-Eskimos in der abwechslungsreichen Landschaft des Gros Morne National Park an der Westküste von Neufundland – lange bevor die Wikinger als erste Europäer hier landeten.

Der 806 Meter hohe Gros Morne gab dem Park seinen Namen. An den großen Hügel schließt sich ein etwa 600 Meter hoch gelegenes Kalksteinplateau an, das durch verschlungene Wasserläufe, Moorseen und Moränen charakterisiert ist. Das subarktische Klima bringt eine Tundravegetation hervor, die so weit südlich sonst nirgendwo zu finden ist. An Fauna trifft man hier Karibus, Schneehühner, Polarhasen, Eisfüchse und Luchse an. Für Geologen aufschlussreich sind die Long Range Mountains, deren Gesteinsformationen wertvolle erdgeschichtliche Erkenntnisse erbracht haben. Entstanden sind die malerischen Fjorde des Parks schon während der

Der im Gros Morne National Park lebende Nordamerikanische Elch ernährt sich von Seerosen und anderen Wasserpflanzen.

letzten Eiszeit. Ein besonderes Naturschauspiel bietet der Western Brook Pond, ein von 600 Meter hohen Steilwänden umschlossener Binnensee. Die Küstenregion zeichnet sich durch steile Klippen, Wanderdünen und zahlreiche Vogelarten aus, die ebenso wie die Seehunde den Fischreichtum des Meeres zu schätzen wissen.
Archäologische Funde belegen, dass auf dem Gebiet des heutigen Parks bereits um 2500 v. Chr. Siedlungen bestanden. Die Dorset-Eskimos wurden um 800 n. Chr. von den Beothuk-Indianern abgelöst, die von den Europäern wegen ihrer Körperbemalung »Rothäute« genannt wurden. Vieles spricht dafür, dass diese Kultur mit den Wikingern in Berührung kam. Aus einigen Verbindungen sollen »blonde Indianer« hervorgegangen sein.

Typisch für den Gros Morne National Park sind die tief in das Hochplateau eingeschnittenen Fjorde (oben) sowie die steinigen Küsten und Strände (unten).

Kanada

MIGUASHA NATIONAL PARK

Der Park ist die weltweit bedeutendste Fossilienfundstätte für das Devon. Leitfossilien sind Quastenflosser, aus denen die vierfüßigen Wirbeltiere entstanden.

Wissenschaftlich erschlossen wurde das Areal an der Südküste der Halbinsel Gaspésie im Südosten der Provinz Québec 1842 von dem kanadischen Physiker und Geologen Abraham Gesner (1797–1864). Seinen Namen hat es von der Farbe der Gesteinsformationen: In der Sprache der hiesigen Micmac-Indianer bezeichnet »miguasha« einen rötlichen Farbton. 1985 wurde Miguasha ein Conservation Park. Dieser umfasst die Steilküste der 350 bis 375 Millionen Jahre alten Escuminac-Formation. Rund 5000 Fossilien wurden dort bisher identifiziert, konserviert und erfasst, alles Wirbeltiere und Wirbellose sowie Pflanzen und Sporen aus dem Devon. Einer der bekanntesten Funde ist »The Prince of Miguasha«, das Fossil eines Eusthenopterons – einer ausgestorbenen, den Übergang zu den Landwirbeltieren markierenden Gattung der Fleischflosser, die im Oberdevon vor 370 Millionen Jahren lebten. Außer Kiemen besaß dieses Tier auch eine Lungenblase und ein kräftig ausgebildetes Flossenskelett. Das ermöglichte ihm wohl bereits, kurzfristig das Wasser zu verlassen. Im Skelett der Vorderflossen lassen sich schon der spätere Oberarmknochen, Elle und Speiche der Landwirbeltiere erkennen.

Fossilien von fünf der sechs Fischklassen, die im Oberdevon lebten, wurden an der Steilküste des Parks gefunden (rechts).

HISTORISCHER BEZIRK VON QUÉBEC

Die erste französische Stadtgründung in der Neuen Welt hat sich bis heute die Ausstrahlung einer europäischen Stadt des 18. Jahrhunderts bewahrt.

Die Hauptstadt der gleichnamigen Provinz ist das Herz des frankophonen Kanada. Über 90 Prozent der Einwohner sprechen Französisch. Die 1608 am Ufer des St.-Lorenz-Stroms gegründete Siedlung entwickelte sich rasch zu einem wichtigen Umschlagplatz für den Handel zwischen Neuer Welt und französischem Mutterland. Nachdem die Häuser unterhalb des Cap Diamant mehrfach abgebrannt waren, zogen sich die Bürger auf die Anhöhe zurück und errichteten »Haute-Ville«, die Oberstadt. Die Place Royale und die Rue Notre-Dame bilden das Zentrum der Unterstadt mit ihren liebevoll restaurierten Häusern aus der Gründerzeit. Kirchen, Militäreinrichtungen, Klöster und Schulen waren in der befestigten Oberstadt konzentriert. Im französisch-englischen Kolonialkrieg wurde die Stadt mehrfach erobert. Letztlich setzten sich dann die Engländer durch. In der Folgezeit entstand als Schutz vor möglichen Angriffen der US-Armee eine Befestigungsanlage, die in ganz Nordamerika einzigartig ist.

Ein Schmuckstück der Unterstadt bildet die detailgetreu restaurierte Place Royale (oben). Québecs Wahrzeichen ist das nach einem französischen Gouverneur benannte Château Frontenac von 1892 (rechts).

RIDEAUKANAL

Der Rideaukanal zwischen Ottawa und Kingston am Ontariosee stellt die einzige aus dem 19. Jahrhundert stammende künstliche Wasserstraße Nordamerikas dar, die noch fast im Originalzustand erhalten und in Betrieb ist.

Bereits vier Jahre nach Beginn der Bauarbeiten durch das britische Royal Engineers Corps 1828 waren diese abgeschlossen. Die kurze Bauzeit war nur möglich, weil man auf ausgedehnte Grabungsarbeiten verzichtete und dafür Dämme errichtete, die das Wasser der Flüsse Rideau und Cataraqui zurückhielten. So entstand eine Kette von Staustrecken, die durch rund 50 Schleusen miteinander verbunden sind. Dazwischen liegt eine Reihe von Seen, die als Wasserreservoirs dienen. An verwundbaren Stellen errichtete man Verteidigungsanlagen, sogenannte Blockhouses. Fort Henry wacht über die Ostseite des Hafens von Kingston.

Nach Aufständen in der britischen Kolonie mussten auch befestigte Schleusenwärterhäuser gebaut werden. Der rund 200 Kilometer lange Kanal diente zunächst militärischen Zwecken. Es ging um die Kontrolle über den nördlichen Teil Nordamerikas. Doch bereits Mitte des 19. Jahrhunderts hatte der Kanal seine strategische Bedeutung verloren. Er wurde dann zu einem wichtigen Transportweg für die Erschließung des einst fast menschenleeren Gebiets.

Rund 50 teils handbetriebene Schleusen überwinden die Höhenunterschiede wie hier unter dem Capital Hill von Ottawa.

FOSSILIENKLIPPEN VON JOGGINS

Mit ihren 300 Millionen Jahre alten Versteinerungen sind die Klippen in der kanadischen Provinz Nova Scotia eine bedeutende Fundstelle für das Karbon.

1851 entdeckte der kanadische Geologe Sir William Dawson hier die ersten Versteinerungen von Hylonomus-Exemplaren. Diese ausgestorbene, bis zu 20 Zentimeter lange Reptilienart war als eines der ersten Lebewesen vollständig an ein Leben auf dem Land angepasst. Bereits Charles Darwin nutzte die Funde von Joggins für die Entwicklung seiner bahnbrechenden wissenschaftlichen Prinzipien. Das paläontologische Areal entlang der Küste der Bay of Fundy hält versteinerte Baumstämme eines früheren Regenwalds, Fossilien von Reptilien und Funde frühester Amnioten (Nabel-

tiere) aus der Zeit des Karbons vor 350 bis 300 Millionen Jahren bereit. Für diese Periode gibt es weltweit keine ergiebigere Fundstelle von Zeugnissen des Lebens an Land. Die knapp 15 Kilometer langen Klippen, Felsplattformen und Strände haben versteinerte Fundstücke aus drei Ökosystemen bewahrt: einer Mündungsbucht, einer mit Regenwald bestandenen Überschwemmungsebene sowie einer bewaldeten Schwemmlandebene.

Durch bis zu 15 Meter hohen Tidenhub verursachte Erosion hat die Reptilienfossilien an den Kliffs von Joggins freigelegt.

ALTSTADT VON LUNENBURG

Das bestens erhaltene Lunenburg ist ein Musterbeispiel einer kolonialen Modellsiedlung, wie sie unter britischer Herrschaft in Nordamerika oft entstanden.

Der deutsche Name kommt nicht von ungefähr: Die 1753 an der Südküste von Nova Scotia gegründete, nach Lüneburg benannte Siedlung wurde für 1453 meist deutschsprachige Siedler errichtet, die dort ideale Bedingungen vorfanden. Die dicht bewaldete Halbinsel bot ausreichend Holzvorkommen, das Meer sicherte Fischereierträge, und die fruchtbaren Böden ließen sich landwirtschaftlich nutzen. Die wie auf dem Reißbrett entworfene geometrische Anlage der Siedlung entsprach den kolonialen Bauvorschriften der Briten, die nur gerade Straßen und viereckige Plätze erlaubten. Mindestens 21 nordamerikanische Siedlungen entsprechen diesem Modell – aber nirgendwo ist

die alte Struktur so gut zu erkennen wie in Lunenburg. Von den rund 400 wichtigen Gebäuden der Altstadt stammen 70 Prozent aus dem 18. und 19. Jahrhundert. Über 95 Prozent davon wurden aus Holz errichtet, viele davon farbig bemalt. Obwohl die Siedler in ihrer alten Heimat vor allem als Bauern gearbeitet hatten, erwiesen sie sich hier schon bald als erfolgreiche Fischer und Schiffsbauer. So entwickelte sich die Modellstadt in kurzer Zeit zu einem blühenden Handelszentrum.

Bis heute prägen Holzhäuser aus der Kolonialzeit das Bild des Hafenstädtchens Lunenburg, darunter die Zion Evangelical Lutheran Church von 1891.

WATERTON- GLACIER INTERNATIONAL PEACE PARK

Der US-amerikanische Glacier National Park und der kanadische Waterton Lakes National Park wurden 1932 zum ersten grenzüberschreitenden »Friedenspark« verschmolzen.

Der Waterton-Glacier International Peace Park verdankt seine Entstehung einer Initiative der Rotarierklubs von Alberta (Kanada) und von Montana (USA). Er wurde als »Zeichen des Friedens und des guten Willens zwischen Kanada, den USA und einer Konföderation der Blackfoot-Indianer« verwirklicht. Der beiderseits der Grenze zwischen Alberta und Montana gelegene und mehr als 4500 Quadratkilometer große Friedenspark umfasst abgelegene Bergtäler, in denen vom Wind umtoste Berggipfel über einer traumhaft schönen Naturszenerie mit rund 650 Seen und einer üppigen Flora und Fauna thronen. Auf den Bergwiesen, Prärien und Nadelwäldern wachsen mehr als 1200 Pflanzenarten, ferner leben hier

Auf grandiose Berglandschaften blickt man aus dem Prince of Wales Hotel im Waterton Lakes National Park.

rund 60 Säugetier-, 240 Vogel- und 20 Fischarten.
Über 200 archäologische Ausgrabungsstätten geben Aufschluss über die Kultur der Ureinwohner, die vermutlich schon seit rund 8000 Jahren hier lebten – lange bevor Anfang des 18. Jahrhunderts die ersten weißen Pelztierjäger in die Gegend kamen. Erzsucher, Glücksritter und Siedler verdrängten dann im 19. Jahrhundert die Indianer in Reservate, wo sie zwangsweise sesshaft gemacht wurden.

Die umliegenden Berge spiegeln sich in den klaren, stillen Seen des Glacier National Park. Im Bild der pyramidenförmige Mount Grinnell am Ufer des Swiftcurrent Lake (rechts).

Ein ungewöhnliches Naturphänomen bilden die Double Falls, zwei nur wenige Meter auseinanderliegende Wasserfälle.

Die abgelegenen Bergtäler der beiden Bestandteile des Friedensparks, des Waterton Lakes National Park (seit 1895) und des Glacier National Park (seit 1910), beheimaten eine artenreiche Tierwelt, zu der neben Berglöwe und Luchs auch das für die Rocky Mountains charakteristische Dickhornschaf gehört.

Nach zwischenzeitlicher Ausrottung im Park finden sich dort mittlerweile auch wieder kleine Rudel des Amerikanischen Grauwolfs, auch Timberwolf genannt.

Vereinigte Staaten von Amerika

OLYMPIC NATIONAL PARK

Charakteristisch für den auf der Olympic Peninsula westlich von Seattle gelegenen Park ist sein gemäßigter Regenwald mit den bemoosten Bäumen.

Der Park ist umgeben vom Pazifischen Ozean im Westen, der Juan-de-Fuca-Straße im Norden und dem Puget Sound im Osten. Aufgrund seiner geografischen Lage hat er eine ganz eigene Flora und Fauna hervorgebracht. In den feuchten Urwäldern sind kirchturmhohe Nadelbaumriesen mit einem Stammumfang von bis zu sieben Metern zu Hause. Den Rekord hält eine Sitkafichte mit einem Durchmesser von 30 Metern. Dreizehn Pflanzenarten, meist Wildblumen, sind hier endemisch. Die Region lässt sich in drei ökologische Zonen gliedern. Der Regenwald mit seinen Sitkafichten, Hemlock- und Riesentannen, Douglasien, Breitblattahorn- und Riesenlebens-

bäumen beheimatet Wapitis, Pumas, Schwarzbären und Biber. Das Hochgebirge um die fast kreisrunden Olympic Mountains im Inneren des Parks zeigt sich als eindrucksvolle Gletscherlandschaft. Elf Flusssysteme entspringen hier und bilden ein ideales Biotop für Fische, die zwischen Frisch- und Salzwasser wechseln. Der rund 100 Kilometer lange Pazifikküstenstreifen ist ein optimaler Lebensraum für Muscheln, Krabben, Seeigel, Seesterne und Vögel. Zweimal jährlich ziehen hier Grauwale auf ihrem Weg nach Alaska vorbei.

Ganz verwunschen wirkt der gemäßigte Regenwald im Olympic National Park mit seinen bemoosten Stämmen und Ästen.

YELLOWSTONE NATIONAL PARK

Der älteste Nationalpark der Welt – bereits 1872 gegründet – umfasst eine majestätisch anmutende Wildnis mit Bergen, Flüssen und Seen sowie mehr als 300 Geysiren. Der Großteil des rund 9000 Quadratkilometer großen Parks liegt in Wyoming, ein kleiner Teil gehört jeweils zu Montana und zu Idaho.

Kernstück des Nationalparks ist das über 2000 Meter hoch gelegene Yellowstone-Plateau, das von bis zu 4000 Meter hohen Bergriesen umgeben wird. Der vulkanische Ursprung dieser Landschaft lässt sich gut erkennen: Fossile Waldgebiete zeugen von den Lavaströmen und Ascheregen, die vor 600 000 Jahren zum letzten Mal über der Region niedergingen. Dass die Erde hier aber noch keineswegs zur Ruhe gekommen ist – der Yellowstone ist ein sogenannter Supervulkan –, beweisen die vielen kochend heißen Quellen, Fumarolen und Geysire, etwa der Old Faithful, der jede Stunde eine 60 Meter hohe Fontäne in die Höhe

schießt. Auch Quellseen mit vielfarbigem kochenden Wasser, zerplatzende Schlammblasen und heiße Dämpfe aus den Felsspalten sind Ausfluss der nach wie vor unter der Erdoberfläche waltenden Kräfte. Gegründet 1872 und benannt nach den gelben Felsen an den Ufern des Yellowstone River, beherbergt diese Welterbestätte auch eine vielfältige Tierwelt mit dem Grizzlybär als »König der Wälder« sowie Wölfen, Bisons und Wapitis.

In Wasserfällen (oben: Upper Falls) und Geysiren zeigen sich im Park die Naturgewalten. Mikroorganismen tauchen den Grand Prismatic Spring in bunte Farben (rechts).

REDWOOD NATIONAL PARK

Der größten Pflanze der Welt – Sequoia-Baum oder Redwood – verdankt diese Welterbestätte an der Pazifikküste ganz im Norden von Kalifornien ihren Namen.

Einst war der Küstenmammutbaum (Sequoia sempervirens, ein immergrüner Nadelbaum) in ganz Nordamerika verbreitet. Heute gibt es nur noch einen geringen Bestand dieser Urzeitriesen an der amerikanischen Westküste. Zum Schutz dieser zum Teil über 100 Meter hohen Bäume wurden mehrere State Parks eingerichtet. Drei davon – Jedediah Smith, Del Norte Coast Redwoods und Prairie Creek Redwoods – bilden seit 1968 den Redwood National Park. Etwa ein Drittel der Parkfläche von 446 Quadratkilometern besteht aus Sequoia-Wäldern, in denen sich auch der 111 Meter hohe Nugget Tree, der höchste Baum der Welt, findet. Die imposanten Bäume werden in der Regel 500 bis 700 Jahre, im Extremfall sogar bis zu 2000 Jahre alt. In den Höhenlagen wachsen auch andere Riesen wie Sitkafichten, Hemlocktannen, Douglasien, Breitblattahorn und Kalifornischer Lorbeer. An der Pazifikküste leben Seehunde, Seelöwen und viele Seevogelarten wie Trottellumme und Marmelalk, in den Mischwäldern Pumas, Stinktiere, Roosevelt-Wapitis und Weißwedelhirsche sowie Graufüchse, Schwarzbären, Otter und Biber.

Erst durch die Einrichtung eines Nationalparks 1968 konnten die letzten Reste der Gigantenurwälder an der Pazifikküste vor dem Abholzen bewahrt werden (unten). Auch seltene Tiere wie der Virginia-Uhu (links) haben hier eine Zuflucht gefunden.

YOSEMITE NATIONAL PARK

Die Gebirgslandschaft der im Osten Kaliforniens gelegenen Welterbestätte mit ihren ausgedehnten Nadelwäldern und kristallklaren Gletscherseen ist eine der imposantesten Hinterlassenschaften der Eiszeit in Nordamerika.

Der Yosemite National Park in der Sierra Nevada umfasst eines der schönsten Granitplateaus der Erde. Eiszeitliche Gletscher haben diese Landschaft mit ihren ausgekerbten Tälern, Bergkegeln, Gletscherseen und Wasserfällen gestaltet. Zahlreiche Monolithfelsen prägen das Tal des Merced River. Besonders eindrucksvoll ist der knapp 2700 Meter hohe Half Dome, das Wahrzeichen des Parks. In kaum einer anderen Region der Welt konzentrieren sich derart viele hohe Wasserfälle. Die Yosemite Falls sind mit 740 Meter Höhe die zweitgrößten Wasserfälle Amerikas. Doch es gibt hier noch weitere grandiose Naturschauspiele dieser Art zu bewundern. Auch die Vegetation ist äußerst vielfältig: 37 Baumarten wurden hier gezählt, darunter über 3000 Jahre alte Mammutbäume. Eine große Anzahl von Kräutern und Wildblumen ist auf den Bergwiesen vertreten. Zwar wurden Grizzlybären und Wölfe hier ausgerottet, doch Schwarzbären, Pumas, Erd- und Backenhörnchen, Fischmarder, Maultierhirsche, Pfeifhasen sowie Vielfraße und viele Vogelarten sind im Park nach wie vor häufig anzutreffen.

Eine Herausforderung für Kletterer sind die steilen Felswände des Half Dome am östlichen Ende des Tals des Merced River.

GRAND CANYON NATIONAL PARK

Die gigantische Schlucht, die der Colorado River im Nordwesten von Arizona in Millionen von Jahren in den Stein gegraben hat, bietet einen eindrucksvollen Einblick in die Erdgeschichte.

1540 erblickte der Spanier López de Cárdenas als erster Europäer das grandiose Panorama des Grand Canyon, über den der Naturforscher John Muir einst sagte, sie sei »die großartigste von Gottes irdischen Stätten«. Doch bis zur exakten Kartografierung des Canyons sollte es noch bis zur Mitte des 19. Jahrhunderts dauern. Seine Entstehungsgeschichte ist noch immer nicht ganz erforscht. Wahrscheinlich begann der Fluss sich vor ungefähr sechs Millionen Jahren seinen Weg durch das Felsplateau zu suchen. Wind und Wetter trugen das Ihre dazu bei, den Felswänden ihre bizarren Formen zu verleihen. In der leicht erkennbaren Abfolge der unterschiedlichen, oft rötlich schimmernden Gesteinsschichten spiegeln sich die Perioden der Erdzeitalter. Hier gefundene Fossilien vermitteln wichtige Informationen über das Leben der Urzeit.

Im Canyon können bei Temperaturen von bis zu 50 Grad nur einige sehr widerstandsfähige Pflanzen und Tiere überleben. So existieren hier diverse Kakteenarten und Dornbüsche, Klapperschlangen, Schwarze Witwen und Skorpione. Im Fluss finden sich wegen der extremen Bedingungen nur wenige Fischarten. Am Ufer gibt es Leguane, Kröten und Frösche, an einigen Stellen sogar Biber und Otter. Lediglich die Wälder am Nord- und Südrand bieten Lebensraum für eine größere Zahl von Pflanzen- und Tierarten.

Zahlreiche Funde belegen eine vermutlich 4000 Jahre zurückreichende Besiedlungsgeschichte des Grand Canyon. Die imposantesten Siedlungsspuren sind die rund 1000 Jahre alten Felswohnungen der Anasazi.

Zu den bis heute hier lebenden Indianern gehören die Hualapai. Ihnen verdankt der Grand Canyon seit 2007 seine neueste Attraktion: Der »Grand Canyon Skywalk« bietet Besuchern die Möglichkeit, auf einer hufeisenförmig über die Abbruchkante hinausragenden Plattform mit gläsernen Seitenwänden und Boden in 1200 Meter Höhe über dem Abgrund einen Blick in die Tiefe zu werfen.

Über 450 Kilometer windet sich der Colorado River durch eine 5,5 bis 30 Kilometer breite und bis zu 1600 Meter tiefe Schlucht (oben, Mitte). Am Horseshoe Bend macht er eine hufeisenförmige Biegung (unten).

GESCHICHTSPARK DER CHACO-KULTUR

Neben dem Chaco Culture National Historical Park mit dem Chaco Canyon umfasst diese im Nordwesten von New Mexico gelegene Welterbestätte auch das Aztec Ruins National Monument sowie einige kleinere Ausgrabungsstätten.

Mit dem Begriff »Chaco-Kultur« bezeichnet man die Blütezeit der Anasazi – präkolumbische Indianer, die als einfache Bauern in meist mehrstöckigen Wohnanlagen – Pueblos genannt – lebten. Ihr geistiges und kulturelles Zentrum war zwischen 850 und 1250 der Chaco Canyon, wo sie monumentale, durch Straßen miteinander verbundene Siedlungen anlegten. Charakteristisch für diese Siedlungsform sind die sogenannten »Cliff Dwellings« – in natürliche Felsüberhänge gebaute Häuser. Im Chaco Canyon finden sich zwölf Großpueblos und zahlreiche kleinere Siedlungen, die insgesamt 6000 bis 10 000 Menschen Platz boten. »Pit Houses« nennt man halb versenkte Rund- und Ovalbauten, »Kivas« heißen die runden Kultstätten mit einem Durchmesser von bis zu 22 Metern. Am bekanntesten ist der Pueblo Bonito mit 36 Kivas und 800 Räumen auf vier Stockwerken. Das Goldene Zeitalter der Anasazi endete um 1300 – verrmutlich wegen Trockenheit.

Im Pueblo Arroyo können Kivas, die runden Kultstätten der prähistorischen Anasazi, bewundert werden.

MESA VERDE NATIONAL PARK

Hinsichtlich Zahl und Zustand einzigartig sind diese zwischen dem 6. und 12. Jahrhundert entstandenen Felsenwohnungen im Südwesten von Colorado.

Die ältesten und am besten erhaltenen Ruinen der Anasazi befinden sich auf dem lang gestreckten, ungefähr 2600 Meter hohen Tafelberg von Mesa Verde (»Grüne Tafel«), dessen Gelände bereits 1906 als Nationalpark ausgewiesen wurde. In den hiesigen Schluchten und Felsnischen haben Archäologen ganze Dörfer ausgemacht und restauriert. Viele Häuser wurden in teils extremen Lagen in die Felsen gebaut. Dies lässt darauf schließen, dass sich die Anasazi damit vor Feinden schützen wollten.

Von den insgesamt rund 4600 Ruinenstätten des Nationalparks haben sich viele in sehr gutem Zustand erhalten. Am bekanntesten sind der vierstöckige Cliff Palace, dessen 220 Räume und 23 Kivas mehr als 200 Bewohnern Platz boten, das Long House im Rock Canyon mit seinen 181 Räumen und 15 Kivas sowie das für etwa 110 Menschen angelegte Spruce Tree House mit 114 Räumen und acht Kivas. Erstmals von Weißen entdeckt wurde die Anlage im Winter 1888, als zwei Cowboys auf der Suche nach verirrten Rindern unvermittelt vor den Mauern des Cliff Palace standen.

Die Felsenhäuser der Anasazi sind der sichtbare Beweis für die Fähigkeit dieser aus der Historie verschwundenen Indianer, stabile Behausungen in einer unwirtlichen, feindlichen Wildnis zu errichten.

INDIANERSIEDLUNG TAOS PUEBLO

Taos Pueblo ist eine seit über 700 Jahren ausschließlich von Tiwa-Indianern bewohnte Siedlung an einem Zufluss des Rio Grande. Die gut erhaltenen Adobebauten sind damit ein eindrucksvolles Zeugnis der Kontinuität der Pueblo-Kultur.

Die älteste Bausubstanz von Taos Pueblo im Norden von New Mexico stammt noch aus der Zeit der Gründung des Ortes Ende des 13. Jahrhunderts. Als Baumaterial dienen den Pueblo-Indianern seit jeher luftgetrocknete Lehmziegel, Adobe genannt. Die Decken bestehen aus Holzbalken, Flechtwerk und gestampftem Lehm. Zu jedem Hauptgebäude gehören drei Kivas, in denen bis heute traditionelle Zeremonien abgehalten werden (auch wenn die meisten Indianer inzwischen katholisch sind). Ursprünglich waren die quaderförmigen Wohneinheiten der beiden mehrstöckigen verwinkelten Hauptgebäude des Pueblos nur von außen über Strickleitern und Dachluken erreichbar. Früher trafen sich hier auch andere Indianergruppen aus der Region, um Fleisch und Häute gegen Lebensmittel und Textilien aus dem Pueblo einzutauschen.

In kuppelförmigen Öfen backen die Pueblo-Indianer ihr Brot. Die festungsartige Anlage von Taos Pueblo verrät, dass die Begegnung der unterschiedlichen Indianergruppen nicht immer friedlich verlaufen ist.

CARLSBAD CAVERNS NATIONAL PARK

Im Laufe von Millionen von Jahren entstand hier im Südosten von New Mexico ein weitverzweigtes, knapp 200 Quadratkilometer großes Labyrinth bizarrer Tropfsteinhöhlen, das Forscher und Besucher gleichermaßen fasziniert.

Der erste Blick auf die Wüsten- und Waldlandschaft rund um die Guadalupe Mountains mag enttäuschend sein, doch der eigentliche Reiz des Carlsbad Caverns National Park verbirgt sich in den ausgedehnten Höhlensystemen der Berge. Ihr Ursprung geht auf das Perm vor 250 Millionen Jahren zurück. Aus dem nach Hebung aus dem Meer aufgetauchten Capitan-Riff wurde durch saures Regenwasser Kalk herausgelöst – immer größere Hohlräume entstanden. Bisher wurden mehr als 80 Höhlen entdeckt, von denen die Lechuguilla Cave die tiefste (477 Meter) und längste (133 Kilometer) ist. Die Bat Cave ist Schlafstätte unzähliger Fledermäuse; hier wurden auch Höhlenmalereien aus präkolumbischer Zeit gefunden. Die New Cave bietet ebenfalls ein faszinierendes Schauspiel von Stalagmiten und Stalaktiten. Durch Ab- und Aufbauprozesse von Kalk ist die bizarre Welt der Carlsbader Höhlen in einem ständigen Werden und Vergehen begriffen.

Herauslösung und Ablagerung von Kalk haben die Stalagmiten und Stalaktiten der Carlsbader Höhlen entstehen lassen.

Vereinigte Staaten von Amerika

FREIHEITSSTATUE

Seit mehr als 120 Jahren begrüßt Miss Liberty die Schiffsreisenden an der Hafeneinfahrt von New York City. Für Millionen von Einwanderern war sie das Symbol für die Hoffnung auf ein Leben in Freiheit.

Auf einer Dinner-Party, die 1865 in Paris stattfand, wetterten der politische Aktivist Édouard René Lefebvre de Laboulaye und der Bildhauer Frédéric-Auguste Bartholdi gegen Napoleon III. Sie wollten den selbstgefälligen Herrscher ärgern und kamen auf die Idee, den Amerikanern eine Statue zu schenken. Ausgerechnet der Koloss von Rhodos stand Pate für die Lady, die zerlegt in mehreren Kisten nach Amerika geschafft wurde. Am 28. Oktober 1886 wurde die Statue of Liberty im New Yorker Hafen enthüllt, zur Begeisterung von Präsident Grover Cleveland, der die feierliche Eröffnungsrede hielt. Die Maße der Lady sind nicht gerade eines Models würdig: 46,05 Meter Höhe, 3,05 Meter Kopfumfang (von Ohr zu Ohr), 2,44 Meter Zeigefinger- und 1,37 Meter Nasenlänge. Unter dem Kleid verbirgt sich ein Stahlgerüst von Gustave Eiffel. Allein das Betonfundament wiegt 27 000 Tonnen. Mindestens ebenso gewichtig ist die Symbolik der Statue: Sie steht auf den zerbrochenen Ketten der Sklaverei und hält eine Tafel mit dem Datum der amerikanischen Unabhängigkeitserklärung (4. Juli 1776) in ihrer linken Hand.

Auf Liberty Island südwestlich der Südspitze von Manhattan begrüßt die Statue of Liberty die Besucher von New York.

UNABHÄNGIGKEITSHALLE IN PHILADELPHIA

In dem roten Backsteinbau in Philadelphia wurden sowohl die Unabhängigkeitserklärung als auch die Verfassung der USA unterzeichnet – Geburtsurkunden des neuen Landes und unverzichtbare Grundlagen für Freiheit und Demokratie.

»Wir halten diese Wahrheiten für ausgemacht, dass alle Menschen gleich erschaffen worden, dass sie von ihrem Schöpfer mit gewissen unveräußerlichen Rechten begabt worden, worunter sind Leben, Freiheit und das Streben nach Glückseligkeit.« Mit dieser von Thomas Jefferson formulierten Unabhängigkeitserklärung der Vereinigten Staaten von Amerika wurde am 4. Juli 1776 in einem zweistöckigen Gebäude an der Chestnut Street Weltgeschichte geschrieben. Damit lösten sich die 13 Kolonien vom englischen Mutterland. 1787 verabschiedeten die Gründungsväter dann hier in der Independance Hall die Verfassung der USA. Bis 1790 war Philadelphia die Hauptstadt des jungen Staatenbundes. Mit der Tagung des Ersten Kontinentalkongresses 1774 in der Carpenters' Hall hatte der Kampf um die Unabhängigkeit begonnen. Das populärste Symbol dieses Freiheitskampfes, die Liberty Bell, hängt heute im Liberty Bell Center an der Market Street in Philadelphia.

1753 als Pennsylviana State House im georgianischen Stil errichtet, wurde die Independence Hall 1776 Geburtsort der USA.

PRÄHISTORISCHE SIEDLUNG CAHOKIA MOUNDS

Imposante Zeugnisse einer hoch entwickelten Kultur hinterließ eine verschollene Zivilisation mit den Erdhügeln von Cahokia im Südwesten von Illinois.

Nordöstlich von St. Louis fanden Archäologen die Spuren der größten Siedlung einer präkolumbischen Kultur nördlich von Mexiko. In ihrer Blütezeit zwischen 1050 und 1150 könnten in dieser Siedlung 10 000 bis 20 000 Menschen gelebt haben. Die 120 aufgeschütteten Erdhügel (»mounds«) dienten als Grabstätten oder wurden als Terrassenfundamente für Wohnhäuser errichtet. Gegen eine Bedrohung von außen sollte ein Befestigungswall schützen. Das innere Zentrum der Siedlung war zusätzlich durch Palisaden befestigt. Um die Siedlung herum lagen zahlreiche Dörfer und »Trabantenstädte«. Der größte dieser Erdhügel ist der fünf Hektar große und über 30 Meter hohe Monk's Mound, die größte präkolumbische Konstruktion nördlich von Mexiko. Über das Alltagsleben dieser Kultur gibt es nur Mutmaßungen. Offensichtlich handelte es sich um ein hoch entwickeltes, hierarchisch gegliedertes Gemeinwesen, das eine ertragreiche Landwirtschaft betrieb und an dessen Spitze ein Herrscher stand, der sich »Die Große Sonne« nannte.

Aus der Luft erkennt man die enormen Ausmaße der Erdpyramide Monk's Mound, die einst als Zeremonialstätte diente.

MONTICELLO UND UNIVERSITÄT VON VIRGINIA IN CHARLOTTESVILLE

Thomas Jefferson war nicht nur der Architekt der amerikanischen Unabhängigkeitserklärung, sondern betätigte sich auch im wörtlichen Sinne als Baumeister.

Seine umfangreichen politischen Tätigkeiten – Gouverneur von Virginia, Botschafter in Frankreich, Außenminister, Vizepräsident und Präsident – haben das Multitalent Thomas Jefferson anscheinend nicht ausgefüllt. So ließ er auf seiner Plantage bei Charlottesville in Virginia sein Landhaus Monticello nach eigenen Plänen erbauen. Inspirieren ließ er sich dabei von der Villa Capra in Vicenza, die Andrea Palladio im 16. Jahrhundert errichtet hat. Somit hielt der italienische Klassizismus Einzug in Virginia. Durch einen Park führt der Weg zur Ziegelvilla mit ihrer achteckigen Kuppel. Die Inneneinrichtung seines Hauses zeichnet sich durch Funktionalität aus. Auch der Sitz der Universität von Virginia wurde von Jefferson entworfen. Das Hauptgebäude ist eine Rotunde nach dem Vorbild des römischen Pantheons, um die sich Unterrichts- und Wohnräume des Campus gruppieren.

Ein Stück Alter Welt in der Neuen repräsentiert das Landhaus Monticello in seinem von Palladio beeinflussten Stil.

MAMMOTH CAVE NATIONAL PARK

Die Mammoth Cave ist das größte und am weitesten verzweigte Höhlensystem der Welt. Seine Gänge bieten mehr als 200 Tierarten Lebensraum.

Im Karstgebiet an den Ufern des Green River in Kentucky führen verzweigte und mehrere Hundert Kilometer lange Gänge den Besucher in eine unterirdische Welt bizarrer Kalksteinformationen, die steter Tropfen in Jahrmillionen aus dem porösen Gestein gestaltet hat. Die riesigen Säle mit ihren eindrucksvollen Stalagmiten, Stalaktiten und auskristallisierten Gipsdecken entstanden vor mehr als 300 Millionen Jahren im Erdzeitalter Karbon. Durch eine durchlässige Sandsteinschicht sickerte Wasser in die darunterliegende Kalksteinschicht. In chemischen Prozessen entstanden Hohlräume, die durch Absinken des Grundwasserspiegels austrockneten. In der Folge ließ das herabtropfende mineralhaltige Wasser die säulenförmigen Kalkspatgebilde entstehen. Daneben beherbergt die Mammuthöhle auch außergewöhnliche Tiere wie Höhlenblindfisch, Kentucky-Höhlenkrabbe und Höhlengrille. Auch verschiedene Salamander- und Froscharten sind hier zu Hause, ebenso einige bedrohte Fledermausarten.

Im Scheinwerferlicht offenbaren sich die riesigen Dimensionen der unterirdischen Zauberlandschaft der Mammuthöhle.

GREAT SMOKY MOUNTAINS NATIONAL PARK

In den südlichen Appalachen an der Grenze von North Carolina und Tennessee hat sich dank der Ausweisung dieses Nationalparks eine Urwaldlandschaft erhalten, deren Tier- und Pflanzenvielfalt ihresgleichen sucht.

Die Great Smoky Mountains gaben dem 2100 Quadratkilometer großen, 1934 eingerichteten Park seinen Namen. Sie sind rund 200 Millionen Jahre alt und damit eines der ältesten Gebirge der Welt. Berüchtigt sind die Nebel, die hier die Berge häufig umhüllen. Es sieht aus wie Rauch – daher auch der Name. Die hohe Feuchtigkeit ist das Resultat einer üppigen Vegetation und zahlreicher Niederschläge. Zwischen 600 und 2000 Meter Meereshöhe weist der Park fünf Waldtypen und damit auf engstem Raum die Vegetationstypen mehrerer Breitengrade auf. Hier findet man rund 130 Nadel- und Laubbaumarten vor – darunter Eichen, Ahorn- und Kastanienbäume, Kiefern, Tannen und Fichten. Insgesamt gedeihen im Park mehr als 1500 Blütenpflanzenarten. Sehr artenreich ist auch die Tierwelt mit Schwarzbären, Weißwedelhirschen, Opossums, Ottern, Stinktieren, Wildschweinen und zahlreichen Vogel- und Reptilienarten.

Einige der schönsten Laubwälder Nordamerikas finden sich in den oft von Dunst eingehüllten Great Smoky Mountains.

EVERGLADES NATIONAL PARK

Mangrovenwälder und mit Seegras bewachsene Sumpfflächen bilden hier im Süden Floridas ein einzigartiges Ökosystem und sind Refugium einer faszinierenden Tier- und Pflanzenwelt.

Der 1947 gegründete Everglades National Park ist das einzige subtropische Schutzgebiet Nordamerikas. Das 6100 Quadratkilometer große Areal umfasst den südlichen Teil der Everglades, einer Überschwemmungslandschaft, wo sich im Wechselspiel von Feucht- und Trockenzeit äußerst differenzierte Biotope herausgebildet haben: Brackwasserzonen, Keys (winzige Inseln), die eigentliche Küstenzone mit Yuccas, Agaven und Kakteen, Mischzonen aus Salz- und Süßwasser mit Mangrovensümpfen, Zypressensümpfe mit den eigentlichen Everglades (ausgedehnte Riedgrasflächen) und Hammocks (baumbestandene Kalksteininseln) so-

Die Everglades sind ein Paradies für Vögel wie den Amerikanischen Graureiher.

wie Kiefernwälder. Bei der Diversität der Lebensräume verwundert es nicht, dass hier eine artenreiche Tierwelt zu Hause ist, darunter Florida-Panther, Tümmler, Seekühe, Meeresschildkröten, Schlangen, Alligatoren, Krokodile, Pelikane, Kormorane. Zur Küste hin bieten die Mangrovenwälder einen idealen Lebensraum für zahlreiche Mikroorganismen, Amphibien, Schnecken und Fische. Insgesamt findet man in den Everglades etwa 1000 Pflanzen- und 700 Tierarten. Allerdings ist die Biodiversität durch wachsenden Trinkwasserverbrauch der benachbarten Städte, Landwirtschaft und Fischfang zunehmend gefährdet.

Sumpfzypressen wachsen aus dem Wasser und bilden horizontale Wurzelknie zur Sauerstoffversorgung aus (oben). Die Sumpf- und Wasserlandschaft der Everglades bietet ideale Lebensbedingungen für viele andernorts bedrohte Tiere wie Schmuckreiher (Mitte) oder Mississippi-Alligator (unten).

FESTUNGEN VON SAN JUAN IN PUERTO RICO

San Juan ist die Kapitale von Puerto Rico, einem mit den USA assoziierten Inselstaat der Westindischen Inseln. Die malerische Stadt wird von einer massiven Verteidigungsanlage umgeben, die jahrhundertelang als uneinnehmbar galt.

Welchen Stellenwert der Hafen und die Stadt San Juan für die spanischen Kolonialherren besaßen, zeigt die gewaltige Festungsanlage, die an der Spitze der Insel weithin sichtbar ins Meer hinausragt und mit ihren über 40 Meter hohen Mauern die Hafeneinfahrt dominiert. Die imposante Anlage setzt sich aus vier Teilen zusammen. Der erste, La Fortaleza oder »Palacio de Santa Catalina«, ist seit 1822 Sitz des Gouverneurs von Puerto Rico. Das Fort San Felipe del Morro (1539) wurde am Hafeneingang errichtet, es ist der auffälligste Teil der ganzen Anlage. Ein kleineres Fort, San Juan de la Cruz (1606), wurde strategisch vor das Fort San Felipe del Morro platziert, und ein viertes, Fort San Cristóbal (1634), sicherte die Festung vor Attacken von der Landseite her. All dieser Aufwand konnte dann aber doch nicht verhindern, dass Puerto Rico 1898, am Ende des Spanisch-Amerikanischen Krieges, an die USA übergeben wurde – kampflos.

Vom Karibischen Meer umspült, bewacht die Festung San Felipe del Morro die Hafeneinfahrt von San Juan (links).

HAWAII VOLCANOES NATIONAL PARK

Nirgendwo sonst kann man den Vulkanismus besser beobachten als auf der »Big Island« von Hawaii. So gehören zum Hawaii Volcanoes National Park gleich zwei der aktivsten Vulkane der Welt. Bis heute dringt hier aus der Tiefe des Meeresgrundes Lava an die Erdoberfläche.

An der Südostküste der Hauptinsel gestalten die Vulkane Mauna Loa (etwa 4170 Meter) und Kilauea (knapp 1250 Meter) mit ihren Eruptionen die Landschaft immer wieder neu. Diese beiden aktiven Vulkane spucken in relativ kurzen Abständen glühende Lava aus, die sich ins Meer ergießt und die Insel in den letzten 30 Jahren um 81 Hektar vergrößert hat.

Im Volksglauben werden die Eruptionen mit den Launen der Feuergöttin Pele erklärt. Für Geologen sind die Ausbrüche nicht nur ein gewaltiges, beeindruckendes Naturschauspiel, sondern auch ein bedeutendes Studienobjekt. Der Mauna Loa entstand im Lauf der Zeit Schicht um Schicht aus erstarrter Lava. Die Hänge des aktiveren Kilauea ermöglichen einen guten Einblick in die unterschiedlichen Formen vulkanischer Vegetation.

Der Kilauea spuckt flüssige Lava ins Meer (links). Pele, die hier heimische Vulkangöttin, sei dann wieder wütend, heißt es im Volksglauben. Teils fließt die glühende Lava durch Lavatunnels ab (oben).

Mexiko

RUINEN VON PAQUIMÉ IN CASAS GRANDES

Die prähispanische Ruinenstätte im Norden Mexikos im Bundesstaat Chihuahua gibt den Archäologen Rätsel auf. Nach einer Blütezeit im 14. und 15. Jahrhundert war die Siedlung kurz vor Eintreffen der Konquistadoren verlassen worden.

Am westlichen Ufer des Flusses Casas Grandes erstreckt sich dieses rund 60 Hektar große Ruinenfeld. Die einstigen Bewohner gehörten einer Oasenkultur (»Oasisamérica«) an, die auch in den heutigen US-Bundesstaaten New Mexico und Arizona angesiedelt war. Die gefundenen Keramiken legen die Vermutung nahe, dass intensive Verbindungen zur Mogollon-Kultur in Nordmexiko und im Südwesten der USA bestanden haben müssen. Dort wie in Paquimé finden sich mehrstöckige Häuser aus luftgetrockneten Lehmziegeln (Adobes). Die Architektur der Spätzeit wurde deutlich durch toltekische Bauwerke beeinflusst. Paquimé gilt als eine der wichtigsten Schnittstellen der nord- und mesoamerikanischen Kulturen. Als die spanischen Konquistadoren im 16. Jahrhundert Mexiko eroberten, war die Stadt bereits verlassen. Welche Gründe zum Untergang dieser Kultur geführt haben, konnte bislang jedoch nicht endgültig geklärt werden.

Deutlich sind in der archäologischen Zone von Paquimé in Casas Grandes die kubischen Bauwerke auszumachen.

WAL-SCHUTZGEBIET VON EL VIZCAÍNO

Alljährlich kommen zahlreiche Grauwale zur Paarung und zur Geburt der Kälber in die Küstenlagunen des Schutzgebietes. Auch Blauwale, Buckelwale, Seehunde, Seelöwen und See-Elefanten sind in diesem Meeresparadies anzutreffen.

Etwa in der Mitte der Halbinsel Baja California erstreckt sich entlang der Pazifikküste ein einzigartiger mariner Lebensraum mit den Lagunen von Ojo de Liebre und San Ignacio sowie mehreren Küstenseen. Zwischen Dezember und März tummeln sich hier unzählige Grauwale. Rund 8000 Kilometer haben sie von ihrem Sommerquartier, der arktischen Beringsee, zurückgelegt, um sich hier zu paaren und die Jungen zur Welt zu bringen. Fast die Hälfte aller Grauwale weltweit wird in den Gewässern der Baja California geboren. Fünf von den sieben noch existierenden Meeresschildkrötenarten, darunter auch die gefährdete Suppenschildkröte, kommen hier vor. Sie suchen die weiten Strände zur Ablage ihrer Eier auf. Für nahezu 200 Vogelarten, darunter viele endemische, sind die Küstengebiete ein wichtiger Raum zum Überleben. Tausende von Zugvögeln finden alljährlich den Weg hierher, um zu überwintern und zu brüten, wie etwa die Pazifische Ringelgans.

Neben Grauwalen tauchen an den Küsten von El Vizcaíno auch Blauwale und die seit 1966 geschützten Buckelwale (Bild) auf.

FELSBILDER DER SIERRA DE SAN FRANCISCO

Nicht weit entfernt vom Wal-Schutzgebiet El Vizcaíno zeugen eindrucksvolle Felszeichnungen in den schwer zugänglichen Höhlen der Sierra de San Francisco von der Existenz einer bedeutenden prähispanischen Kultur auf Baja California.

Das Zentrum der Halbinsel Baja California ist heute eine unwirtliche, dünn besiedelte Wüstengegend. In präkolumbischer Zeit gab es hier eine blühende Kultur, die jedoch aus der Geschichte verschwunden ist. Über die früheren Bewohner dieser kargen Gegend ist wenig bekannt, lediglich die eindrucksvollen Felszeichnungen aus dem Zeitraum zwischen 100 v. Chr. und 1300 künden von ihrer Existenz. Dargestellt sind vor allem Menschen und Tiere, in erstaunlicher Vielfalt. Selbst Abbildungen von Walen finden sich an den Wänden und Decken der Höhlen, wie etwa in der Cueva del Palmarito oder im Cañon de Santa Teresa. Neben figürlichen Darstellungen lassen sich auch abstrakte Motive erkennen. Die überdimensionalen farbenprächtigen Bilder spiegeln eine hoch entwickelte Maltechnik wider. Für die Farben wurde gemahlenes Vulkangestein verwendet; Umrisszeichnungen und Schattierungen sorgen für einen plastischen Bildeindruck.

Die Motive wurden in kräftigen Rot- und Brauntönen aufgetragen, wie hier an den Höhlenwänden der Cueva la Pintada.

INSELN UND SCHUTZGEBIETE DES GOLFS VON KALIFORNIEN

Die Welterbestätte umfasst nicht weniger als 244 Inseln, Felseneilande und Küstenabschnitte. Mit seiner ungeheuer vielfältigen Flora und Fauna gilt der Golf von Kalifornien als Naturlabor für die Erforschung der Artenvielfalt.

Der Golf von Kalifornien ist ein rund 1100 Kilometer langes und 90 bis 230 Kilometer breites Nebenmeer des Pazifischen Ozeans. Er erstreckt sich zwischen der Küste Westmexikos und der Halbinsel Baja California. Unter Schutz gestellt wurden neun Areale mit einer Gesamtfläche von rund 18 000 Quadratkilometern, davon rund drei Viertel marines Gebiet. Von Nord nach Süd sind dies die folgenden Biosphärenreservate, Schutzgebiete und Nationalparks: Oberer Golf mit Delta des Colorado, Inseln des Golfs von Kalifornien, Insel San Pedro Már-

tir, El Vizcaíno, Bahía de Loreto, Cabo Pulmo, Cabo San Lucas, Islas Marías und Isla Isabel. Im Schutzgebiet des Golfs kommen nahezu 200 Vogelarten, mehr als 30 Meeressäugerarten und rund 890 Fischarten vor, von denen 90 endemisch sind. Die Vegetation besteht aus zahlreichen Sukkulenten und Kakteen, darunter auch der Säulenkaktus Pachycereus pringlei mit Höhen von bis zu 25 Metern.

Die Inseln des Golfs von Kalifornien bieten eine grandiose Szenerie aus Steilküsten, Sandstränden und türkisblauem Meer.

ALTSTADT VON ZACATECAS

Dank reicher Silbervorkommen entstand im Tal des Río de la Plata in Zentralmexiko eine Metropole, die zu den schönsten Zeugnissen spanischer Kolonialarchitektur in der Neuen Welt zählt.

Als die spanischen Konquistadoren auf der Suche nach Edelmetallen den 2700 Meter hohen Cerro de la Bufa erreichten, gründeten sie dort 1546 eine Stadt. Die reichen Silbervorkommen machten die Siedlung im 16. und 17. Jahrhundert zu einem wirtschaftlich prosperierenden Zentrum, das dann zum Ausgangspunkt intensiver Missionsbemühungen diverser Orden wurde. Neben prächtigen Profanbauten entstanden zahlreiche Kirchen und Klöster im Stil des Churriguerismus, einer besonders prunkvollen Variante des lateinamerikanischen Barock. Der herausragende Sakralbau ist die Kathedrale, deren überladener Fassaden-

dekor eine Mischung christlicher und indianischer Ornamentik aufweist. Kunsthistorisch bedeutend sind auch die Kirche Santo Domingo sowie mehrere Klosteranlagen (San Agustín, San Francisco, San Juan de Dios). Von früherem Reichtum zeugen weitere öffentliche Gebäude aus dem 18. und 19. Jahrhundert, wie etwa der Palacio de la Mala Noche, das Teatro Calderón, der Palacio de Gobierno, das große Aquädukt oder die Eisenkonstruktion des Mercado González Ortega.

Die 1730 bis 1760 errrichtete Kathedrale ist aus der Luftperspektive das dominierende Bauwerk von Zacatecas.

AGAVENFELDER UND PRODUKTIONSSTÄTTEN VON TEQUILA

Der Ort Tequila, Namensgeber des beliebten alkoholischen Getränks, bildet das Herz einer Kulturlandschaft, die im Zeichen der Blauen Agave und des aus ihrem ananasförmigen Inneren gewonnenen Branntweins, des Mezcals, steht.

Die Welterbestätte ist eine zwischen den Ausläufern des erloschenen Vulkans Tequila und dem Río Grande sich erstreckende ausgedehnte Landschaft, die von der Kultur der Blauen Agave (Agave tequilana) geprägt wird. Zum Areal gehören die Siedlungen Tequila, Arenal und Amatitán mit ihren großen, teilweise noch heute in Betrieb befindlichen Brennereien und zahlreichen Haciendas, von denen manche bis ins 18. Jahrhundert zurückreichen. Die Destillerien wurden aus gebrannten und luftgetrockneten Ziegeln gebaut und mit ockerfarbenem Putz, de-

korativen Fenstern und klassizistischem oder barockem Schmuck versehen. Hier gibt es noch zahlreiche Tabernas, wie man die zur Zeit der Spanier illegalen Destillerien nannte. In dem Gebiet befinden sich außerdem einige archäologische Fundstätten der Teuchitlán-Kultur, die diese Region um Tequila vom 3. bis zum 10. Jahrhundert v. Chr. prägte.

Richtiger Tequila darf diesen Namen nur tragen, wenn er aus dem Saft der Blauen Agave gewonnen wurde, die man rund um die Stadt Tequila geerntet hat.

ALTSTADT VON PUEBLA

Prächtige Sakral- und Profanbauten im Kolonialbarock bestimmen das Erscheinungsbild der viertgrößten Stadt Mexikos. Eine Besonderheit ist die farbenfrohe Kachel- und Stuckornamentik vieler Gebäude.

Zwischen den vier Vulkanen Popocatépetl, Ixtaccíhuatl, La Malinche und Citlaltépetl, etwa 100 Kilometer südöstlich des heutigen Mexiko-Stadt, liegt das nicht zum Welterbe zählende Cholula, einst eine der bedeutendsten Kultstätten der Azteken. 1519 setzten die spanischen Eroberer der Herrschaft der Azteken auch hier ein Ende und zerstörten die Siedlung. Als Demonstration ihrer Macht errichteten sie ihre Kirche auf der Pyramide von Cholula. Kurz darauf gründete die spanische Krone nur wenige Kilometer entfernt die Stadt Puebla, die sich bald zu einem florierenden Handelszentrum entwickeln sollte. Hier wurden landwirtschaftliche Erzeugnisse umgeschlagen und die beliebten Talavera-Kacheln produziert. Die bunten Keramikfliesen (Azulejos) sind in der Altstadt allgegenwärtig. Ein Großteil des Welterbeareals besteht aus Gebäuden aus dem 19. Jahrhundert, als Puebla rapide wuchs. Unter den rund 70 Sakralbauten ragen die Renaissancekathedrale mit ihrer kachelbedeckten Kuppel sowie San Francisco mit schöner geflieser Fassade heraus.

Gebäude wie das Kloster Santa Rosa mit historischer Küche prädestinieren Puebla zum Welterbe. Seinen besonderen Charme machen die bunten Kermikkacheln aus.

KLÖSTER DES 16. JAHR-HUNDERTS AN DEN HÄNGEN DES POPOCATÉPETL

Franziskaner, Dominikaner und Augustiner setzten mit dem Bau von Klöstern an den Hängen des Popocatépetl südlich von Mexiko-Stadt das Signal zu einer umfassenden Christianisierung des Landes.

Die ersten Klostergründungen zu Füßen des Popocatépetl Anfang des 16. Jahrhunderts waren Ausgangsbasis für die Errichtung landesweiter Missionsstationen. Nachdem die Franziskaner 1525 ihr erstes Stammhaus in Cuernavaca eingeweiht hatten, entstanden in der Folgezeit ca. 300 weitere Klöster, die ebenfalls von Dominikanern und Augustinern gegründet wurden. Insgesamt wurden 14 Klöster als Welterbe ausgezeichnet: Atlatlahuacán, Tetela del Volcán, Cuernavaca, Tepoztlán, Zacualpan de Amilpas, Hueyapan, Yecapixtla, Tlayacapan, Yautepec, Totolapan, Ocoituco, Tochimilco, Huejotzingo und Calpan. Stets ist die Bauweise der Klöster in den Grundzügen gleich: Um das ebenerdige Atrium wurde eine Mauer gezogen, an deren vier Ecken Kapellen errichtet wurden. Die meist einschiffig gebauten Hauptkirchen sollten die Indianer schon durch ihre Größe beeindrucken.

Oben: Wandmalerei mit einer Märtyrerdarstellung in der Kathedrale von Cuernavaca; rechts: der Atriumhof in Tepoztlán.

ALTSTADT VON OAXACA UND MONTE ALBÁN

Als die Spanier im 16. Jahrhundert ihre Barockstadt Oaxaca gründeten, konnte die Nachbarstadt Monte Albán bereits auf eine über 2000-jährige Geschichte zurückblicken. Beide Städte wurden mit dem Welterbestatus gewürdigt.

Die erste Stadtanlage auf einem Berg über einem Hochtal der Sierra Madre del Sur im südlichen Mexiko wurde wohl bereits im 8. Jahrhundert v. Chr. von den Olmeken errichtet. Später besetzten die Zapoteken das Areal und errichteten dort auf künstlich geschaffenen Plateaus ein riesiges Zeremonialzentrum mit Monumentalbauten. An die 50 000 Einwohner zählte die Stadt in ihrer Blütezeit zwischen 300 und 700. Dann setzte um 800 der Niedergang ein. Von den Mixteken wurde der Ort später nur noch als Begräbnisstätte genutzt. Neben Pyramiden und Tempeln wurden auf dem Monte Al-bán bemerkenswerte Reliefplatten mit den »Danzantes« (die nicht Tänzer, sondern gefolterte Kriegsgefangene darstellen) freigelegt. Das 1529 gegründete Oaxaca bezaubert mit seinen historischen Märkten und dem arkadengesäumten Zócalo. Unter den Sakralbauten der Stadt ragen zwei üppig verzierte Barockkirchen heraus: die Kathedrale (1544–1740) und die Kirche Santo Domingo (1666).

Als schönste Kirche Oaxacas gilt Santo Domingo (links). Über ein riesiges Plateau erstrecken sich Pyramiden- und Palastbauten von Monte Albán (unten).

DENKMALBEREICH VON TLACOTALPAN

Der Flusshafen am Golf von Mexiko präsentiert sich mit seinen arkadengesäumten Gassen und vielen begrünten Plätzen als eigenwillige und farbenprächtige Mischung spanischer und karibischer Kultur.

Als 1518 Juan de Grijalva als erster Europäer entlang der Küste von Veracruz segelte, blickte Tlacotalpan, an der Mündung des Flusses Papaloapan gelegen, bereits auf eine lange Geschichte zurück. Zwischen 900 und 1200 beherrschten die Totonaken das Gebiet, ihnen folgten die Olmeken, bis Montezuma die Region 1471 unterwarf. Mitte des 16. Jahrhunderts eroberten die Spanier den Landstrich und bauten die Stadt systematisch aus. Das heutige Stadtbild geht aber, nach mehrfacher Zerstörung des Ortes durch Feuersbrünste, vorwiegend auf das 19. Jahrhundert zurück. Um 1850 wurden das prachtvolle Rathaus sowie zahlreiche öffentliche und private Gebäude erbaut. Letztere fallen durch ihre eigenwillige Architektur und ihr farbenfrohes Erscheinungsbild auf. Den Gebäuden vorgesetzte Arkaden und Portikos überwölben die Gehsteige der historischen Gassen. Hinzu kommen begrünte Plätze und Patios.

Arkadenfronten und Portikos säumen die Straßen von Tlacotalpan. Pastelltöne, niedrige Häuser und viele Grünflächen sorgen für eine dörfliche Atmosphäre.

Mexiko

RUINEN UND NATIONALPARK VON PALENQUE

Mitten im Dschungel von Chiapas im südlichen Mexiko ragen die Ruinen einer der eindrucksvollsten Maya-Städte auf. Obwohl bereits 1784 entdeckt, wurde die Stätte erst im 20. Jahrhundert systematisch untersucht und ausgegraben.

Palenque wurde zwischen dem 3. und 5. Jahrhundert errichtet. Ihre Blüte erlebte die Maya-Stadt zwischen dem 6. und 8. Jahrhundert. Zu dieser Zeit entstanden auch die wichtigsten Bauwerke. Die Hieroglyphen im »Tempel der Inschriften«, einer Stufenpyramide mit Tempelaufbau, konnten entziffert werden und sind die wichtigsten schriftlichen Überlieferungen der Maya. 1951 hat man in der Pyramide die unversehrte Grabkammer des Maya-Fürsten Pacal nebst Grabbeigaben entdeckt. Neben anderen Bauwerken – etwa den Tempeln der Kreuz-gruppe – ist der sogenannte »Palast« von Interesse. Er besteht aus mehreren um insgesamt vier Höfe gruppierten Gebäuden. Der gut 15 Meter hohe Turm der Anlage diente vermutlich astronomischen Beobachtungen, ein Tisch im Obergeschoss hatte die Funktion eines Altars. Fast alle Gebäude im Zentrum Palenques sind mit Reliefs und Stuckverzierungen geschmückt.

Der sogenannte »Palast«, aus dem ein möglicherweise als Observatorium genutzter Turm emporragt, ist eines der bedeutendsten Bauwerke von Palenque.

STADT UND FESTUNG VON CAMPECHE

Die ganz von einer Festungsmauer umgebene Altstadt von Campeche ist nicht nur eines der schönsten Beispiele einer barocken Kolonialstadt in Mittelamerika, sondern auch ein Werk der Militärarchitektur des 17. und 18. Jahrhunderts.

Nach seiner Gründung 1540 diente Campeche als Ausgangspunkt für die Eroberung der Halbinsel Yucatán für die spanische Krone. Der wichtige Hafen wurde bald ein lukratives Ziel für berüchtigte Piraten wie Henry Morgan oder William Parker, die Campeche wiederholt plünderten. Zwischen 1668 und 1704 wurde die über 2500 Meter lange Stadtmauer errichtet, die die Form eines Sechsecks aufweist. Die Verteidigungsanlage mit ihren vier Bastionen (»Baluartes«) zählt zu den besterhaltenen in ganz Amerika. Bastionen und die beiden Forts beherber-gen heute Museen, Galerien und botanische Gärten. Der Export des roten Textilfarbstoffs »Palo de Tinte« sorgte für eine zweite Blüte Campeches im 19. Jahrhundert. Aus dieser Zeit sind viele Prachtbauten erhalten: neben Stadtpalästen und dem Teatro Toro auch einige Kirchen, etwa die zwischen 1540 und 1705 errichtete Catedral de la Concepción, San Francisquito oder San Román.

Besonders reizvoll sind die Gassen der Altstadt mit Kirchen, bunt bemalten Gebäuden und altem Straßenpflaster.

PRÄHISPANISCHE STADT UXMAL

Die Ruinen in Uxmal und die Bauten der nahe gelegenen Stätten Kabáh, Labná und Sayil etwa 80 Kilometer südlich von Mérida sind eindrucksvolle Höhepunkte der klassischen Maya-Architektur.

Uxmal war – ebenso wie seine Nachbarorte – vom 8. bis 10. Jahrhundert ein bedeutendes städtisches Zentrum. Das zentrale Gebäude ist die fast 40 Meter hohe »Pyramide des Wahrsagers«. Der imposante Bau, der dem Regengott Chac gewidmet war, ist bereits die vierte Überbauung früherer Tempel. Auf einer 15 Meter hohen Plattform erhebt sich der weitläufige »Gouverneurspalast«, der mit einem beeindruckenden Steinmosaikfries geschmückt ist. Mosaike finden sich auch an weiteren Gebäuden in Uxmal. Die Friese der Fassade des großen Pa-lastes von Sayil werden von dessen Säulenornamenten noch übertroffen. Seltene Kostbarkeiten der Maya-Baukunst stellen die an vormals gepflasterten Straßen gelegenen Triumphbögen in Labná und Kabáh dar. Der »Palast der Masken« in Kabáh verdankt seinen Namen den 250 steinernen Masken des Gottes Chac an der Vorderfront. Um 1200 wurde Uxmal wie viele Maya-Städte verlassen.

Meisterwerke der Maya-Baukunst: der sogenannte »Gouverneurspalast« und die »Pyramide des Wahrsagers«.

RUINEN VON CHICHÉN ITZÁ

Die eindrucksvolle, sich über ein Areal von 300 Hektar erstreckende Ruinenstätte im Norden von Yucatán ist das Vermächtnis gleich zweier präkolumbischer Hochkulturen: der Maya und der Tolteken.

Nach dem Manuskript von Chumayel, einer Maya-Überlieferung vom Beginn der Konquista, wurde Chichén Itzá vermutlich um 450 von den Maya gegründet. Markante Großbauten im typischen Baustil der Maya entstanden wie etwa das »Haus der Nonnen« oder die »Kirche«. Im 10. Jahrhundert rückten toltekisierte Gruppen in die von den Maya verlassene Stadt vor und leiteten eine zweite, rund 200 Jahre während Blütezeit ein. Deutlich erkennbar ist nun eine Veränderung hin zu einem toltekisch geprägten Skulptur- und Reliefstil mit Kriegerdarstellungen und vollplastischen Atlanten. Für diese Epoche stehen die

Sternwarte (»Caracol«) und die »Castillo« genannte Stufenpyramide, auf deren Spitze sich der Tempel der Maya-Gottheit Kukulkán befindet. Weitere Monumentalbauten wie der »Tempel der Krieger« und der »Tempel der Jaguare« sowie neun Ballspielplätze finden sich im Zentrum der Stadt. Der außerhalb gelegene Brunnen »Cenote Sagrado« diente den Maya vermutlich als Opferstätte für den Regengott Chaac.

Typisch für den Puuc-Stil des Maya-Klassikums ist der Fassadendekor der Steinbauwerke – hier das von den Spaniern so benannte »Haus der Nonnen«.

BIOSPHÄRENRESERVAT SIAN KA'AN

Das Naturschutzgebiet an der mexikanischen Karibikküste bietet mit seiner Vielzahl von Biotopen ideale Lebensbedingungen für über 100 Säugetierarten, seltene Amphibien, rund 350 verschiedene Vogelarten und eine tropische Flora.

»Geschenk des Himmels« bedeutet der Name dieses Reservats in der Sprache der Maya. Und in der Tat bietet das mit einer Fläche von mehr als 5000 Quadratkilometern größte zusammenhängende Naturschutzgebiet Mexikos, im Osten der Halbinsel Yucatán rund 150 Kilometer südlich von Cancún gelegen, »himmlische« Bedingungen für eine einzigartige Fauna und Flora. Nur rund 2000 Menschen leben hier, vor allem in den Orten Punta Allen und Boca Paila. Immergrüner Wald, Mangrovensümpfe, Misch-, Regen- und Laubwälder, Palmensavan-

nen, Schwemmland, insgesamt rund 100 Kilometer lange Korallenriffe sowie Lagunen bieten ein Refugium für seltene Raubkatzen wie Jaguare, verschiedene Affenarten, Krokodile und Meeresschildkröten. Das Meer nimmt dabei rund ein Viertel der Parkfläche ein. Darüber hinaus gibt es auf dem Areal von Sian Ka'an 23 archäologische Fundstätten von bis zu 2300 Jahre alten präkolumbischen Kulturen.

Der an den Küsten Sian Ka'ans beheimatete Braunpelikan gehört zu den weltweit vom Aussterben bedrohten Tierarten.

MAYA-STADT CALAKMUL

Die inmitten des tropischen Regenwaldes von Yucatán gelegene Maya-Stadt Calakmul zeichnet sich durch eine lang andauernde Siedlungsgeschichte aus. Charakteristisch für diese Fundstätte ist ihre große Zahl von Reliefstelen.

Um 300 begannen die Maya Steinmonumente zu errichten, auf denen sie in Hieroglyphenschrift an bedeutende Ereignisse oder Leistungen ihrer Könige erinnerten und sie genau datierten. Diese Stelen sind eine wichtige Quelle zur Erforschung der Geschichte dieser großen mittelamerikanischen Zivilisation und überdies Kunstwerke von eigentümlichem Reiz. Etwa 120 Stelen wurden bisher in Calakmul im Süden der Halbinsel Yucatán, nahe der Grenze zu Guatemala und Belize, entdeckt. Außerdem finden sich hier pyramidenförmige Tempelbauten – etwa die über 50 Meter hohe Stufenpyramide – sowie Gräber. Insgesamt wurden

mehr als 5000 Steinbauten entdeckt, die zusammen mit den Straßen von einer hoch entwickelten Siedlungskultur zeugen. Calakmul war einer jener mächtigen Stadtstaaten, die die klassische Periode der Maya prägten und im 10. Jahrhundert nach rund 1200 Jahren dauerhafter Besiedlung untergingen. Fast ein Jahrtausend lang war Calakmul vergessen. Heute ist die einstige Metropole von großer Bedeutung für die Erforschung der präkolumbischen Kulturen Mexikos.

Hauptattraktionen von Calakmul sind die als Struktur II bezeichnete, mehrfach überbaute Pyramide und die Reliefstelen.

BARRIERERIFFSYSTEM VON BELIZE

Vor der Küste von Belize erstreckt sich am Rand des Kontinentalsockels das längste lebende Barriereriff der nördlichen Hemisphäre. In dieser farbenprächtigen Unterwasserlandschaft haben zahlreiche gefährdete Tierarten ihr Refugium.

Das größte Korallenriffgebiet des Atlantiks bildet ein hochkomplexes Ökosystem. Dazu gehören ein über 250 Kilometer langes Barriereriff, drei große, küstenfernere Atolle und Hunderte »Cays« genannte, weit verstreute Inseln, auf denen über 170 Pflanzenarten wachsen. Mit ihren Sandstränden, Mangrovenbeständen und Lagunen bieten sie exzellente Lebensbedingungen für gefährdete Vogelarten wie Rotfußtölpel, Prachtfregattvögel und Noddiseeschwalben. Das knapp 1000 Quadratkilometer große Weltnaturerbe besteht aus siebenSchutzgebieten und Nationalparks und umfasst diverse Rifftypen, deren bizarr geformte Dickichte und Säulen Lebensraum für eine Vielzahl von Lebewesen schaffen. Zu der fantastischen Vielfalt zählen neben verschiedenen Wasserpflanzenarten rund 350 Molluskenarten, Schwämme, Krebstiere und Fische vom Adlerrochen bis zum Zackenbarsch. Auch gefährdete Meeresbewohner wie Seekühe und Karettschildkröten leben hier.

Zum Riffsystem zählen rund 500 Fischarten und leuchtend bunte Schwämme.

NATIONALPARK TIKAL

Tikal im Nordosten von Guatemala zählt zu den bedeutendsten Ruinenstätten der Maya-Kultur. Ab dem 3. Jahrhundert n. Chr. entstand hier im Petén-Regenwald eine riesige Stadt mit Tempeln und Palästen.

Tikal unterscheidet sich von anderen Maya-Stätten dadurch, dass es in einem rund 600 Quadratkilometer großen Nationalpark inmitten eines mit Brüllaffen, Vögeln, Baumfröschen und vielen anderen Tieren bevölkerten Urwalds liegt. Bis zu 90 000 Menschen lebten zu Tikals Blütezeit (550–900) in der Tempelstadt. Bislang wurden in dem rund 15 Quadratkilometer großen Zentrum über 3000 Bauwerke und Anlagen ausgegraben – prunkvolle Paläste ebenso wie einfache Hütten oder Ballspielplätze. Am spektakulärsten sind die fünf gigantischen Tempelpyramiden; eine davon ragt 65 Meter auf und ist damit das höchste Maya-Bauwerk überhaupt. Das Kultzentrum umfasste um das Jahr 800 zwölf Tempel, die auf einer riesigen Plattform errichtet worden waren. Neben diesen Monumentalbauten legten Archäologen zahlreiche Werkzeuge, verschiedenste Kultgegenstände und eine Reihe wertvoller Grabbeigaben frei. Ab dem 9. Jahrhundert entstanden in Tikal keine nennenswerten Bauwerke mehr, und im 10. Jahrhundert wurde die Stadt endgültig verlassen.

Unwirklich und schemenhaft zeichnen sich im morgendlichen Dunst des Petén-Regenwalds in Guatemala die Konturen einer Tempelpyramide ab.

MAYA-RUINEN VON QUIRIGUÁ

Monumentale Stelen und Kalender zählen zu den Höhepunkten der archäologischen Stätte Quiriguá ganz im Osten Guatemalas nahe der Grenze zu Honduras. Die Maya-Stadt erlebte ihre Blütezeit im 8. und 9. Jahrhundert.

Die ersten Siedler hatten sich hier schon um 200 n. Chr. niedergelassen, den Höhepunkt seiner Machtentfaltung durchschritt Quiriguá jedoch erst vom 7. bis zum 10. Jahrhundert. Danach war die Stadt jahrhundertelang verlassen. Ein entscheidender Wendepunkt in der Geschichte Quiriguás trat im Jahr 738 unter der Regentschaft von Cauac-Himmel ein, der den mächtigen Herrscher von Copán (im heutigen Honduras gelegen) enthaupten ließ. Nachdem Quiriguá zuvor politisch von Copán abhängig gewesen war, wendete sich nun das Blatt. Die Stadt, deren Wohlstand auf Handel etwa mit Jade und Obsidian basierte, stieg in der Folge zu einem politischen Machtzentrum auf. Aus dieser Hochblüte im 8. Jahrhundert stammen die meisten der monumentalen Stelen. Die fein ausgearbeiteten Skulpturen auf den monolithischen Sandsteinblöcken sind Meisterwerke der Bildhauerei und künden von politischen und militärischen Ereignissen – so auch von der erwähnten Hinrichtung. Die riesige Stele E wiegt 60 Tonnen und ist über zehn Meter hoch.

Stele I zeigt Jade-Himmel, den letzten Regenten von Quiriguá. Auffällige Stilmittel sind die Mischung von Flach- und Hochreliefs und die frontale Darstellung.

ANTIGUA GUATEMALA

Obwohl ein Erdbeben Antigua Guatemala 1773 zerstörte, hat sich die barocke Pracht ihrer Ruinen bis heute erhalten. Die Stadt fasziniert durch eindrucksvolle Zeugnisse früher spanischer Kolonialarchitektur.

1543 gründeten die spanischen Eroberer erneut die »noble« und »königliche« Stadt Antigua im Hochland von Guatemala am Fuß dreier Vulkane – eine frühere Siedlung war durch eine Schlammlawine zerstört worden. In den folgenden Jahrzehnten entwickelte sich die 1500 Meter hoch gelegene Hauptstadt des spanischen Kolonialreichs in Mesoamerika zu einer Metropole mit bis zu 70 000 Einwohnern. 1675 wurde hier mit »San Carlos de Borromeo« die erste päpstliche Universität Mittelamerikas gegründet. Der Bau mit Innenhof und üppig verzierten Arkadenbögen ist heute ein Museum. Zwei Jahrhunderte erblühte das im Stil der italienischen Renaissance schachbrettartig angelegte Antigua, bis es 1773 von einem Erdbeben zerstört wurde. Von der einstigen wirtschaftlichen, kulturellen und klerikalen Bedeutung der Stadt künden beeindruckende Ruinen und Wiederaufbauten der Kathedralen, Klöster, Paläste und Bürgerhäuser. Noch heute lässt sich anhand der grandiosen barocken Kolonialbauwerke nachvollziehen, warum Antigua als schönste Hauptstadt der Neuen Welt galt.

Nahe der Kirche La Merced überspannt der Arco de Santa Catalina eine der liebevoll restaurierten Straßen Antiguas.

BIOSPHÄRENRESERVAT VON RÍO PLÁTANO

Das Biosphärenreservat im Stromgebiet des Río Plátano umfasst einen erheblichen Teil des zweitgrößten zusammenhängenden Regenwaldgebiets der Welt und verfügt über einen fantastischen Reichtum an Pflanzen- und Tierarten.

Das rund 830 000 Hektar große Biosphärenreservat erstreckt sich am Rio Plátano von der Nordostküste ins Innere von Honduras bis auf eine Meereshöhe von über 1300 Metern. An der Küste liegen hinter unberührten Sandstränden Lagunen und Mangrovenwälder, aber auch Küstensavannen mit Sumpfpflanzen sowie Palmen und Tieflandkiefern. Tropischer und subtropischer Regenwald mit seiner ganzen Artenvielfalt bedeckt das Landesinnere. Hier wachsen zahlreiche Baumarten von der Spanischen Zeder bis zu Mahagoni, Balsa- und Sandelholz. Vielen Tierarten bietet das Reservat einen von der Zivilisation unberührten Lebensraum. In dem dünn besiedelten Gebiet leben einige Tausend Menschen – neben den indigenen Miskito, Pech und Tawahka auch Garifuna (eine ethnische Gruppe mit karibischen und afrikanischen Vorfahren), die hier ihre traditionelle Lebensweise fortführen. Zudem finden sich im Areal archäologische Siedlungen der Maya und anderer prähispanischer Kulturen.

Zu den tierischen Bewohnern des Reservats zählen auch Weißrüssel-Nasenbären.

MAYA-RUINEN VON COPÁN

Die rund 30 Hektar große Ruinenstätte liegt im Nordwesten von Honduras nahe der Grenze zu Guatemala. In seiner Blütezeit um das Jahr 700 zählte Copán zu den bedeutendsten Stadtstaaten der Maya.

Copán wurde bereits 1570 von Diego García de Palacio beschrieben, jedoch erst ab dem 19. Jahrhundert freigelegt. Noch heute existieren im Copán-Tal vermutlich Hunderte von Ruinen unter Erdhügeln. Das Zentrum der bislang ausgegrabenen Stadt bildet die »Akropolis«, ein Komplex aus ineinander verschachtelten Bauten in Form von Pyramiden, Tempeln und Terrassen. Beachtenswert ist der Altar Q, in den die Namen von 16 Herrschern von Copán eingemeißelt sind. Die »Treppe der Hieroglyphen« gilt als das bedeutendste Monument von Copán. Annähernd 2500 Glyphen bedecken die 63 Stufen; sie formen damit den längsten bisher bekannten Text aus der Maya-Zeit. Er würdigt die Leistungen der Dynastie von ihrer Gründung bis zur Einweihung der Treppe im Jahr 755. Bemerkenswert ist auch der Ballspielplatz mit drei Marksteinen, der in dieser Form nur in Copán vorkommt. 14 Altäre und 20 Stelen, datiert zwischen 618 und 738, wurden bislang restauriert. Im Fundament der reich dekorierten Stele H verbergen sich zwei Fragmente einer Goldfigur.

In der Maya-Ruinenstadt Copán finden sich detailreich ausgearbeitete Stelen aus dem 8. Jahrhundert, die Maya-Herrscher und ihre Taten darstellen (im Bild Stele B).

RUINEN VON JOYA DE CERÉN

El Salvadors bedeutendste Maya-Stätte war jahrhundertelang unter einer Schicht aus Asche begraben und bietet eine einmalige Momentaufnahme aus dem Alltagsleben dieser großen Kultur vor 1400 Jahren.

Die Maya-Siedlung in der westlichen Zentralregion von El Salvador wurde um 600 durch einen Vulkanausbruch unter meterhohen Ascheschichten begraben, unter denen sie bis zu ihrer Wiederentdeckung 1976 ungestört ruhte. Seit 1978 bringen Ausgrabungen an der gut erhaltenen Stätte spektakuläre Funde zutage. Die mehreren Hundert Bewohner von Joya de Cerén waren Bauern, die in strohgedeckten Lehmhäusern lebten. Ihre Höfe umfassten Wohn-, Lager- und Kochgebäude, zum Dorf gehörten auch eine Schwitzhütte und ein großes Gemeindehaus sowie zwei weitere Behausungen, die möglicher-

weise für Heiler, Schamanen oder andere religiöse Spezialisten dienten. Nahezu unbeschädigt grub man aus der Asche Keramiken sowie Geräte aus Stein, Holz und Knochen aus. Mais, Bohnen und Chili waren wichtige Anbaufrüchte, doch gab es auch Kräutergärten, Obst- und Kakaobäume sowie einen Agavengarten. 2007 wurde hier das bislang älteste Maniokfeld Amerikas gefunden – der Nachweis, dass die Maya bereits vor 1400 Jahren Maniok angebaut haben, gilt weltweit als wissenschaftliche Sensation.

Die Maya-Fundstätte Joya de Cerén zeigt erstmalig das Leben des einfachen Volks.

RUINEN VON LEÓN VIEJO

Die zu Beginn des 17. Jahrhunderts endgültig verlassene Ruinenstadt von León Viejo vermittelt einen authentischen Eindruck von einer spanischen Kolonialsiedlung in Lateinamerika aus der Frühzeit der Konquista.

Rund 30 Kilometer entfernt von der heutigen Stadt León liegt das »alte León« im Westen Nicaraguas. Die ehemalige Hauptstadt der Provinz Nicaragua wurde 1524 von Francisco Hernández de Córdoba auf dem Territorium der hier ansässigen Chorotega-Indianer gegründet und diente als Ausgangspunkt für weitere Eroberungen in der pazifischen Region. León, 1531 zum Bischofssitz geworden, war selbst zu seiner Blütezeit um 1545 eine eher kleine Siedlung, deren spanische Bevölkerung rund 200 Personen umfasste. Nach dem Ausbruch des Vulkans Momotombo 1578 flohen viele Bewohner aus der Stadt, die

1610 nach einem Erdbeben aufgegeben wurde. In der schachbrettartig angelegten und anfangs befestigten Siedlung am Xolotlánsee standen vorwiegend einfache, aus Holz, Bambus und Lehm gefertigte Häuser sowie der Gouverneurssitz, die königliche Gießerei, eine Kathedrale und das Kloster La Merced. Von vielen Gebäuden stehen heute nur noch einige Grundmauern. Seit 1968 werden hier archäologische Grabungen durchgeführt.

Lediglich Ziegelböden und Steinfundamente – wie im Fall der königlichen Gießerei und Münze – sind von der einstigen Kolonialsiedlung erhalten.

SCHUTZGEBIET GUANACASTE

In dem weitläufigen Schutzgebiet im Nordwesten Costa Ricas lassen sich bedeutsame ökologische Prozesse an Land und in den Küstengewässern aufzeigen. Das Areal ist Lebensraum für viele seltene Tier- und Pflanzenarten.

Das rund 100 000 Hektar große Gebiet besteht aus drei Nationalparks und kleineren Schutzzonen und reicht von der Pazifikküste über die gut 2000 Meter hohen Berge des Inlands bis in das der Karibik zugewandte Tiefland. Zu Guanacaste gehören Küstengewässer, Inseln, Sandstrände und Felsküsten ebenso wie Gebirgs- und Vulkanlandschaften – darunter auch der noch immer aktive Schichtvulkan Rincón de la Vieja. Nicht weniger als 37 Feuchtgebiete sowie Mangroven- und tropische Regenwälder sind hier zu finden, aber auch tropischer Trockenwald, dessen Bäume in der heißen Jahreszeit ihr Laub abwerfen. 60 000 Hektar misst dieses letzte große noch intakte tropische Trockenwaldgebiet Zentralamerikas, das weltweit zu den größten geschützten Waldgebieten dieser Art zählt. In den unterschiedlichen Lebensräumen gedeihen insgesamt rund 230 000 Tier- und Pflanzenarten. Diese Vielfalt ergibt sich auch aus Guanacastes Lage in einem biogeografischen Areal, das sowohl neotropischen als auch nearktischen Tieren und Pflanzen aus Süd- bzw. Nordamerika Raum bietet.

Tropische Trockenwälder prägen Teile des Guanacaste-Nationalparks (unten). Das Schutzgebiet ist auch ein Refugium für stark gefährdete Meeresschildkröten wie die Suppenschildkröte (links).

NATIONALPARK KOKOSINSEL

Als einzige ostpazifische Insel ist die Kokosinsel mit tropischem Regenwald bedeckt. Weit vom Festland entfernt, konnte sich hier eine einzigartige Tier- und Pflanzenwelt mit vielen endemischen Spezies ausbilden.

Die Legende will es, dass im 17. und 18. Jahrhundert berühmt-berüchtigte Piraten auf der Kokosinsel ihre Schätze vergraben haben – bislang hat jedoch noch niemand eine Spur davon entdeckt. Dafür wartet die rund 550 Kilometer südwestlich der Küste Costa Ricas gelegene Insel mit herrlichen Naturschätzen und tropischem Regenwald auf. Die 24 Quadratkilometer Inselfläche bieten ein abwechslungsreiches Panorama aus steil aus dem Meer aufragenden Felswänden, Wasserfällen und von Urwald bestandenen Gipfeln. Aufgrund der isolierten Lage entwickelten sich hier zahlreiche endemische Pflanzenarten wie etwa der Huriki-Baum oder die Cupei-Palme. Zudem kommen über 60 Insektenarten, zwei Reptilienarten und drei Vogelarten, darunter der Cocos-Island-Kuckuck, ausschließlich hier vor. Zum Nationalpark zählen auch die knapp 100 Quadratkilometer großen Küstengewässer der Insel. Sie beherbergen große Saumriffe aus 32 verschiedenen Korallenarten sowie eine reiche Meeresfauna. Delfine, verschiedene Haiarten, Mantarochen sowie etwa 300 weitere Fischarten tummeln sich hier.

Die farbigen Riffe rings um die Kokosinsel bieten Meeresbewohnern wie dem Flötenfisch ideale Lebensbedingungen.

Costa Rica / Panama

NATURSCHUTZ-GEBIET TALA-MANCA UND NATIONALPARK LA AMISTAD

Das grenzüberschreitende Schutzgebiet, das sich Costa Rica und Panama teilen, weist die artenreichste Fauna und Flora der Welt auf.

Rund 800 000 Hektar misst dieses einzigartige Schutzgebiet, das sich in der zentralen Cordillera de Talamanca vom Süden Costa Ricas in den Westen Panamas erstreckt. Zwischen Meeresniveau und rund 3800 Meter Höhe bildeten sich diverse Lebensräume und unterschiedlichste Landschaften heraus. Den größten Teil des Reservats bedeckt tropischer Regenwald, der hier seit 25 000 Jahren wächst. Oberhalb des Tieflands finden sich Nebelwälder und subalpine Páramo-Gebiete mit Sträuchern und Gräsern sowie Regionen mit immergrünen Eichen, Mooren und Seen. Dank seiner topografischen und klimatischen Unterschiede sowie seiner geografischen

Im Schutzgebiet erstreckt sich das größte unberührte Regenwaldgebiet Zentralamerikas mit seinen wuchtigen Baumriesen.

Lage an der Schnittstelle von Nord- und Südamerika wartet der Park mit einer in ihrer Vielfalt einzigartigen Tier- und Pflanzenwelt auf. Archäologische Funde lassen vermuten, dass in dem Gebiet schon vor Jahrtausenden Menschen lebten – die Forschung steht hier noch am Anfang. Heute leben rund 10 000 Angehörige der indigenen Gruppen Teribe, Guaymí, Bribri und Cabécar in Reservaten innerhalb des Schutzgebiets, die hier ihre traditionelle Lebensweise fortführen.

Die von Bächen durchzogenen Wälder des Schutzgebiets bieten ideale Lebensbedingungen für Reptilien und Amphibien wie den Baumfrosch und mehr als 200 Säugetierarten, darunter auch der Jaguar.

COIBA-NATIONALPARK UND SEINE MARINEN SCHUTZGEBIETE

Das aus Pazifikinseln bestehende Schutzgebiet wird von den durch die Strömung El Niño hervorgerufenen Stürmen und extremen Temperaturschwankungen verschont und hat sich daher eine große Artenvielfalt bewahrt.

Durch die Ausweisung des über 400 000 Hektar großen Areals vor der Pazifikküste Panamas werden der Regenwald der Insel Coiba und weiterer 38 kleinerer Inseln im Golf von Chiriquí sowie deren vorgelagerte Meeresräume geschützt. Die seit Jahrtausenden vom Festland abgetrennten Inseln sind für die biologische Forschung von Interesse, weil sich in der hiesigen Pflanzen- und Tierwelt eine Vielzahl von neuen Arten und Unterarten ausgebildet hat. Zu diesen endemischen Formen zählen etwa unter den Nagetieren das Coiba-Aguti sowie Unterar-

ten des Brüllaffen, des Opossums und des Weißwedelhirschs. Darüber hinaus ist Coiba die letzte Zufluchtsstätte für bedrohte Tierarten, die aus anderen Regionen Panamas mittlerweile ganz verschwunden sind, wie etwa der Würgadler und der Hellrote Ara. Eine besondere Artenvielfalt bietet auch die Meereswelt des Schutzgebietes, in dem sich das zweitgrößte Riffsystem im zentralen Ostpazifik erstreckt.

In den klaren Gewässern des geschützten Golfs von Chiriquí leben neben Mantarochen auch eine große Zahl von Haiarten.

FESTUNGEN PORTOBELO UND SAN LORENZO

Die mächtigen Festungsbauten an der Karibikküste Panamas schützten einst die »Schatzkammern« des spanischen Kolonialreiches vor den wiederholten Angriffen von Freibeutern und Piraten.

»Schöner Hafen«, Puerto Bello, nannte Kolumbus die Bucht auf der Karibikseite des Isthmus von Panama, in der er 1502 vor Anker ging. Die hier 1597 gegründete Stadt wurde zu Ehren von Philipp II. San Felipe de Portobelo genannt. Am Nordende des Camino Real nach Panama-Stadt und zur Karibikküste hin gelegen, entwickelte sich Portobelo zum Hauptumschlagplatz für den Warenhandel zwischen Spanien und Südamerika. Zeitgleich entstand etwa 30 Kilometer weiter an der Mündung des Río Chagres San Lorenzo als zweites Tor zum Festland. Seit

ihrer Gründung wurden die Siedlungen immer wieder von Freibeutern wie Francis Drake und Henry Morgan angegriffen und zerstört, jedoch stets wieder aufgebaut und immer stärker befestigt. Die mächtigen Wehrbauten an der Bucht von Portobelo und in San Lorenzo an der Mündung des Chagres sind einzigartige Zeugnisse spanischer Militärarchitektur der kolonialen Periode aus dem 16. bis 18. Jahrhundert.

Die Festung von Portobelo diente dem Schutz des bedeutenden kolonialen Handelshafens an der Karibikküste.

PANAMÁ VIEJO UND HISTORISCHES VIERTEL VON PANAMA-STADT

Die historischen Siedlungskerne von Panama-Stadt sind eindrucksvolle Zeugnisse zentralamerikanischer Geschichte ab dem 16. Jahrhundert.

Die 1519 an der Pazifikküste gegründete Siedlung Panamá stieg rasch zum Umschlagplatz für Edelmetall aus den Anden auf, wurde erst Verwaltungszentrum, dann Bischofssitz und hatte zeitweise 10 000 Einwohner. Nach ihrer Zerstörung durch den Freibeuter Henry Morgan 1671 errichtete man knapp acht Kilometer westlich der Ruinen der »alten« Stadt eine neue, befestigte Siedlung. Mitte des 19. Jahrhunderts erlebte das heutige historische Viertel im Zuge des kalifornischen Goldrauschs eine neue Blüte.

Beide Städte wurden nach europäischem Vorbild mit geradlinigen Straßennetzen und vielen Plazas geplant. Zusammen bieten sie eine faszinierende Vielfalt von spanischen, französischen und amerikanischen Architekturstilen des 16. bis 19. Jahrhunderts. Bedeutende Bauwerke sind die fünfschiffige Kathedrale sowie die Klosteranlagen La Merced und San Francisco.

In der Altstadt von Panama-Stadt künden die Häuserfassaden an der Avenida Central vom Glanz vergangener Tage.

NATIONALPARK DARIÉN

Die große Artenvielfalt in dieser riesigen tropischen Wildnis mit ihren unterschiedlichen Lebensräumen lässt sich bislang nur erahnen. Experten zufolge wurden im Darién viele Tier- und Pflanzenarten bisher noch nicht verzeichnet.

Im Osten Panamas erstreckt sich das 600 000 Hektar große Biosphärenreservat von der Pazifik- bis fast an die Karibikküste und die Gebirge der Region, deren höchster Gipfel, der Cerro Tacarcuma 1845 Meter hoch ist. Es umfasst verschiedenste Habitate von Sand- und Felsstränden über Mangroven- und Süßwassersümpfe bis zu diversen Regenwaldformen. Sie gelten als die vielfältigsten Ökosysteme im tropischen Amerika. Hier gedeihen seltene Orchideen sowie 40 verschiedene endemische Pflanzenarten. Der Reichtum an Lebensräumen und die Lage begünstigen diese fantastische Artenvielfalt auch in der Tierwelt. An

dieser geografischen Nahtstelle treffen die südlichen und nördlichen Verbreitungsgrenzen von Tierarten beider Amerikas aufeinander. Allein 450 verschiedene Vogelarten sind hier heimisch, von denen fünf endemisch sind. Auch den vom Aussterben bedrohten Spezies wie Harpyie, Tapir, Jaguar und Puma bietet der Darién Schutz. In einigen Teilen des Nationalparks leben die indigenen Ethnien Kuna, Emberá und Wounaan, die das unberührte Gebiet als Lebensraum nutzen.

In den bis in die Gebirge reichenden Regenwäldern sind bis zu 60 Meter hohe Cuipo-Bäume weit verbreitet.

Kuba

HAVANNA – ALTSTADT UND FESTUNGEN

Havanna war unter spanischer Herrschaft eine der bedeutendsten Städte in der Neuen Welt. Aus dieser Zeit stammen viele der barocken und klassizistischen Bauwerke in der Altstadt La Habana Vieja.

Zur Absicherung des Handelshafens, von dem aus alle Gold- und Silbertransporte von Amerika nach Spanien gingen, erbauten die Spanier vom 16. bis zum 18. Jahrhundert mächtige Festungsanlagen, etwa das Castillo de la Real Fuerza, das Castillo de los Tres Reyes del Morro, die Fortaleza de San Carlos de la Cabaña und das Castillo de la Punta. Die Altstadt wurde in einem schachbrettartigen Grundriss angelegt. Immer wieder wird das Stra-

Das historische Stadtzentrum Havannas, dessen Skyline von der Kuppel des Kapitols dominiert wird, bezaubert durch den romantischen Charme seiner pastellfarbenen alten Kolonialbauten.

ßengitter durch großzügige Plätze aufgelockert. Der Hauptplatz, die Plaza de Armas, beeindruckt mit restaurierten kolonialzeitlichen Bauwerken wie etwa dem Palacio del Segundo Cabo. Einer der schönsten Barockbauten ist der Palacio de los Capitanes Generales. Sehenswert sind auch die barocken oder neoklassizistischen Adelspaläste mit schmiedeeisernen Balkonen. Unter den zahlreichen Kirchen ragt die 1704 vollendete Kathedrale mit ihrer charakteristisch geschwungenen Korallenkalkfassade und den zwei asymmetrischen Türmen heraus. Der ehemalige Präsidentenpalast beherbergt heute das Museum der Kubanischen Revolution.

Imposante Bauwerke sind die Festung San Carlos de la Cabaña, der Palacio de los Capitanes Generales und die im 18. Jahrhundert errichtete Kathedrale, die der kubanische Autor Alejo Carpentier als »in Stein umgesetzte Musik« bezeichnete.

KULTURLANDSCHAFT TAL VON VIÑALES

Vor der Kulisse von unvermittelt aus der Ebene aufsteigenden Kegelfelsen hat sich im Tal von Viñales im Südwesten von Kuba eine noch sehr traditionelle, bäuerliche Kultur mit Feldwirtschaft und Tabakanbau erhalten.

Das charmante Dorf Viñales steht komplett unter Denkmalschutz. Entlang der Hauptstraße reihen sich kleine Holzhäuser. Überall werden Zigarren geraucht, denn der Ort liegt mitten im wirtschaftlich bedeutenden Tabakanbaugebiet. Im Tal von Viñales ragen die bizarren »Mogotes« auf, schroffe Kegelfelsen, die vor 150 Millionen Jahren entstanden sind. Sie waren Bestandteil eines weitläufigen Höhlensystems, das eingestürzt ist – übrig blieben die wie gigantische Findlinge im Tal liegenden Felsformationen. Der Tabak wird nach dem Ende der Regenzeit ausgesät und zwischen Januar und März geerntet. Während des Sommers bestellen die Bauern die Felder mit Malanga, Bananen, Mais oder Boniato. Die traditionellen Anbaumethoden haben sich seit Jahrhunderten kaum geändert. In einer bäuerlichen Architektur hat sich hier eine multiethnische Gesellschaft eingerichtet, die stolz auf ihre Kultur ist und ein wichtiges sozialgeschichtliches Erbe Kubas bewahrt.

Wie schlafende Elefanten ruhen die großen Felsrücken im Tal von Viñales.

ALTSTADT VON CIENFUEGOS

Cienfuegos an der mittleren südlichen Küste Kubas wurde 1815 gegründet und seit 1830 als Hafenstadt ausgebaut. Sie erhielt ihren heutigen Namen zu Ehren des spanischen Generals und Gouverneurs José Cienfuegos.

Die ersten Bewohner der Hafenstadt waren Spanier, danach folgten Franzosen, die vor allem aus Bordeaux, New Orleans oder Florida hierher übersiedelten. Als die Stadt durch Export von Zucker an Bedeutung gewann, wurde sie im rechtwinkligen Raster in neoklassizistischem Stil umgestaltet. Die Stadtplaner versuchten dabei ihre Idee vom gesunden Stadtleben zu verwirklichen. Die geraden Straßen sollten die Luftzirkulation gewährleisten – im 19. Jahrhundert galt schlechte Luft als Hauptursache von Erkrankungen. Die Häuser in Cienfuegos sind in der Regel nur zweistöckig, sodass Licht in alle Wohnungen und Räume fällt. Die Anlage der Plätze spiegelt die Bedeutung wider, die man dem öffentlichen Leben beimaß. In späteren Bauphasen mischten sich zwar die Baustile, dennoch vermittelt das Stadtbild den Eindruck eines harmonisch gewachsenen Ganzen. Neben Wohngebäuden gehören der Gouverneurspalast, die Schule San Lorenzo, die Kathedrale, das Teatro Tomás Terry und der Palacio de Ferrer (Casa de la Cultura) zu den besonders beachtenswerten Gebäuden von Cienfuegos.

An der Südseite der Plaza Martí befindet sich der zwischen 1928 und 1950 erbaute Regierungspalast von Cienfuegos.

TRINIDAD UND VALLE DE LOS INGENIOS

Das 1514 an der mittleren südlichen Küste gegründete Trinidad ist eine der schönsten Städte Kubas. Viele Gebäude stammen aus dem 18. und 19. Jahrhundert, als die Stadt durch Zucker und Sklaven zu Wohlstand gelangte.

Die Plaza Mayor hat mit ihren restaurierten Häusern ihr historisches Erscheinungsbild fast unverändert bewahrt. Prachtvolle Beispiele spanischer Mudejar-Architektur sind hier der Palacio Brunet und der Palacio Cantero. Eindrucksvolle Gebäude aus dem 19. Jahrhundert finden sich auch an der Plaza Serrano. Einige ehemalige Herrenhäuser beherbergen heute Museen. Gut erhalten sind auch einige Kirchen, etwa die Klosterkapelle La Popa mit ihrer eher schlichten Barockfassade. Die einstöckige Bauweise vieler Häuser in Kombination mit Veranden und Balkonen verleiht Trinidad einen fast dörflichen Charakter. Bunte Bemalung mit stark kontrastierenden Farben unterstreicht die Stimmung karibischer Unbeschwertheit. Zum Welterbe zählen auch die Zuckerrohrplantagen zusammen mit historischen Zuckermühlen im benachbarten Valle de los Ingenios, dem Tal der Zuckermühlen, das man am besten vom Turm von Manaca-Iznaga aus überblickt.

Die Plaza Mayor ist das »Wohnzimmer« von Trinidad. Hier finden sich die schönsten Gebäudeensembles im Kolonialstil.

Kuba

HISTORISCHE ALTSTADT VON CAMAGÜEY

Camagüey gehört zu den ersten sieben Städten, die im Namen der spanischen Krone auf Kuba gegründet wurden. Sie zeugt vom Einfluss des europäischen Mittelalters und seiner Städtebaukultur auf die Baumeister der Kolonialzeit.

Zweimal musste die im Jahr 1514 in der Bucht von Nuevitas gegründete Stadt verlegt werden, bis sie 1528 an ihrem heutigen Platz im Landesinneren erbaut wurde. Ihre ursprüngliche Küstenlage hatte sie zu einem leicht einnehmbaren Angriffsziel für Korsaren gemacht. Seinen Namen erhielt Camagüey nach dem indianischen Stammesgebiet, in dem die Stadt gegründet worden war: Camagüebax. Die durch Zucker- und Tabakanbau wirtschaftlich weitgehend unabhängige Stadt entwickelte eine eigenständige Architektur. Im Gegensatz zu an-

deren Städten in Kuba ist Camagüey nicht symmetrisch angelegt. Das Stadtgefüge folgt einem unregelmäßigen, organischen Muster. Kleine Gassen umschließen Häuserblocks von unterschiedlicher Größe und erinnern an europäische mittelalterliche Anlagen. In der Altstadt spiegeln sich die Stile unterschiedlicher Epochen wider, die Camagüey seinen besonderen Charme verleihen: Neoklassizismus, Barock und Jugendstil.

Arkaden und stuckverzierte Fassaden zeugen vom einstigen Reichtum Camagüeys.

FESTUNG VON SANTIAGO DE CUBA

Die durch Erdbeben und Angriffe mehrfach beschädigte Festung San Pedro de la Roca wurde immer wieder restauriert und ausgebaut. Das Gebäude ist eines der am besten erhaltenen Beispiele spanisch-amerikanischer Militärarchitektur.

Santiago de Cuba im Südosten der Insel wurde 1514 von dem Entdecker Diego Velázquez gegründet. Aufgrund ihrer günstigen Lage wurde die Siedlung bald zu einem bedeutenden wirtschaftlichen und politischen Zentrum. Im 17. Jahrhundert reagierten die Spanier auf die zunehmende Bedrohung Santiagos durch Angriffe rivalisierender Kolonialmächte und Piratenüberfälle und erbauten auf einem felsigen Vorgebirge die Festung San Pedro de la Roca, kurz »El Morro« genannt. Die gewaltige Wehranlage mit ihren Türmen, Bastionen und Pulvermagazinen,

die die schmale Einfahrt in die Bucht von Santiago überwachen, wurde ab 1638 im Stil der italienischen Renaissance errichtet. Baumeister war der renommierte Militärarchitekt Juan Bautista Antonelli, der auch die gleichnamige Festung in Havanna verantwortete. Über mehrere durch Treppen verbundene Plattformen ziehen sich die Bauten das Felsenkliff hinauf.

Hoch über der Hafeneinfahrt von Santiago de Cuba wurde die Festung »El Morro« zum Schutz gegen Piraten und feindliche Kolonialmächte errichtet.

RELIKTE DER ERSTEN KAFFEEPLANTAGEN IM SÜDOSTEN KUBAS

Die Reste der alten Kaffeeplantagen am Fuß der Sierra Maestra sind ein eindrucksvolles Zeugnis der landwirtschaftlichen Produktionsbedingungen in der Karibik zur Zeit der Sklaverei.

Französische Flüchtlinge aus Haiti brachten Ende des 18. Jahrhunderts den Kaffee in den Südosten Kubas. Das trockene Klima bot ideale Bedingungen für den Anbau der Kaffeepflanze. Dafür wurden billige Arbeitskräfte benötigt, und so war die Blüte der Kaffeeökonomie mit ihrer Plantagenwirtschaft bis weit ins 19. Jahrhundert hinein untrennbar mit der Sklaverei verbunden. Etwa eine Million Afrikaner wurden deshalb nach Kuba verschleppt. Rund um die Plantagen entstand eine eigene Infrastruktur mit Wegen und Bewässerungssystemen. Das Welterbe umfasst auf einem Areal von über 80 000 Hektar zwischen Santiago und Guantánamo die Relikte von 171 historischen Kaffeeplantagen. Zu einer Plantage gehörten das Herrenhaus, Sklavenunterkünfte, Terrassen zum Trocknen der Bohnen, Maschinen und Werkstätten.

»Secaderos« nennt man die Terrassen, auf denen Kaffeebohnen getrocknet werden.

NATIONALPARK DESEMBARCO DEL GRANMA

Die terrassenförmig gestaffelten geologischen Formationen am Rande der Sierra Maestra bilden ein einzigartiges System von Kalksteinfelsen, die einen wichtigen Lebensraum für viele seltene Pflanzen und Tiere zu Wasser und zu Lande bieten.

Seinen Namen verdankt der Nationalpark dem Schiff, mit dem Fidel Castro und Che Guevara 1956 mit 81 weiteren Gefährten bei Las Coloradas auf Kuba landeten, um die Batista-Diktatur zu stürzen. (An der Stelle befindet sich heute eine Rekonstruktion des Bootes.) Die einzigartige Küsten- und Karstlandschaft mit ihren Höhlen und Cañons rund um Cabo Cruz gehört zu den weltweit intaktesten ihrer Art. Sie besteht aus Kalksteinterrassen, die sich bis zu 360 Meter über den Meeresspiegel erheben und sich unter der Wasseroberfläche fortsetzen. Das geschützte Areal mit einer Fläche von über 400 Quadratkilometern liegt an der Grenze zwischen Karibischer und Nordamerikanischer Platte. Bis heute wurden dort mehr als 500 Pflanzenarten gezählt, von denen etwa 60 Prozent endemisch sind. Auch die Tierwelt weist eine außergewöhnliche Vielfalt auf. Von kulturhistorischem Interesse sind einige Höhlen der präkolumbischen Taíno-Indianer.

Wegen der besonders anschaulichen geologischen Verwitterungsprozesse wurde der Park 1999 zum Weltkulturerbe erklärt.

NATIONALPARK ALEJANDRO DE HUMBOLDT

Im wenig erschlossenen Osten Kubas sind bis heute großartige Naturlandschaften erhalten geblieben. Sie stellen – wie etwa der Nationalpark Alejandro de Humboldt – letzte intakte Rückzugsgebiete für die Flora und Fauna der Insel dar.

Der Nationalpark in der Gebirgsregion Alturas de Baracoa nordwestlich der gleichnamigen Stadt ist größtenteils als Biosphärenreservat ausgewiesen. Er bietet auf einem Areal von mehr als 70 000 Hektar (davon etwa 2000 Hektar marine Fläche) eine besonders große Vielfalt von Ökosystemen: eine Küstenregion mit Korallenriffen und Mangroven, wo auch eine größere Population der ansonsten bedrohten Seekühe zu Hause ist, Feuchtwälder sowie eine Bergregion rund um den 1168 Meter hohen El Toldo mit stattlichen Beständen der endemischen Kubakiefer. Über 400 Tier- und Pflanzenarten sind ausschließlich hier, in der »Arche Noah der Karibik«, beheimatet. Diese Zahl übertrifft die Superlative der bisher bekannten »Zentren des Endemismus«, wie etwa der Galapagosinseln, um ein Vielfaches. Der Nationalpark wurde nach dem berühmten deutschen Forschungsreisenden Alexander von Humboldt benannt, der in den Jahren 1801 und 1804 vier Monate auf Kuba weilte.

Der sehr seltene Kubanische Schlitzrüssler ist auf der Insel Kuba endemisch.

NATIONALPARK RÍO ABISEO

*Der Nationalpark umfasst neben dem Grasland des Páramos einen ursprüng-
lichen Nebelwald, der während der letzten Eiszeit vielen Pflanzen als Rückzugsgebiet diente. Hier wurden zahlreiche Ruinen aus präkolumbischer Zeit entdeckt.*

1983 wurde der auf der Ostabdachung der Zentralkordilleren im Norden Perus gelegene, rund 2700 Quadratkilometer große Nationalpark eingerichtet. Zu schützen galt es hier vor allem die außergewöhnliche Flora und Fauna der für diese Region typischen Nebelwälder. Viele der hier lebenden Pflanzen und Tiere sind endemisch, darunter 15 verschiedene Arten von Froschlurchen, die im Park ihre Heimat haben. Darüber hinaus war es eine kleine wissenschaftliche Sensation, als man hier vor einigen Jahren den bis dahin für ausgestorben gehaltenen Gelbschwanz-Wollaffen entdeckte. Auch für den vom Aussterben bedroh-ten Nordandenhirsch oder den Roten Brüllaffen bietet der Nationalpark einen sicheren Platz zum Überleben. Seit 1985 haben Archäologen im dichten Dschungel in Höhenlagen zwischen 2500 und 4000 Metern insgesamt 36 Gebäudekomplexe aus der Zeit vor der Inka-Herrschaft ausgegraben. Die Fundstätten sind von besonderem Wert, da sie eine Epoche von rund 8000 Jahren peruanischer Vor- und Frühgeschichte dokumentieren.

Für zahlreiche bedrohte Tierarten ist der Nationalpark Río Abiseo ein einzigartiges Refugium, so auch für den Andenfelsen-hahn, den Nationalvogel Perus.

RUINEN VON CHAN-CHAN

*Zum Vermächtnis der Chimú-Indianer gehören die Ruinen von Chan-Chan, einer
der größten Städte im vorspanischen Amerika. Dieses Meisterwerk der Stadtplanung spiegelt die politische und soziale Struktur der Chimú wider.*

Chan-Chan, die Hauptstadt des mächtigen Chimú-Reiches, erstreckte sich in der Nähe des heutigen Trujillo über eine Fläche von rund 20 Quadratkilometern. Ihre Blütezeit erlebte die Stadt im 15. Jahrhundert. Die Bauwerke bestehen aus luftgetrockneten Adobe-Lehmziegeln und Tonzementplatten. Die Stadt besaß neben einem Hafen auch ein raffiniertes Kanal- und Aquäduktsystem, das die Wasserversorgung aus dem Hinterland gewährleistete. Das Zentrum bestand aus verschiedenen, mit hohen Mauern umgebenen Stadtvierteln. Jede dieser sogenannten Ciudadelas bildete ein autonomes Viertel mit eigenen Tempeln, Wohnhäusern, Lagern, Gärten und Friedhöfen. Wie im Baudekor der verzierten Adobemauern zeigt sich auch in der Keramik sowie in den Gold- und Silberschmuckstücken die Kunstfertigkeit der Chimú. Ein Großteil der Totenmasken und anderer Kostbarkeiten fiel jedoch den Konquistadoren in die Hände, und so können heute lediglich historische Beschreibungen sowie einige wenige Fundstücke einen Eindruck vermitteln.

Mit tierförmigen und geometrischen Mustern sind die Adobewände von Chan-Chan geschmückt. Im Tschudi-Viertel lassen sich die Formen noch gut erkennen.

RUINEN VON CHAVÍN

*Chavín de Huántar im nördlichen peruanischen Hochland ist Ausgrabungs-
stätte und Namensgeber einer der einflussreichsten präkolumbischen Kulturen, die für ihre Architektur und Steinbildhauerei bekannt ist.*

Das Zentrum der Chavín-Kultur, die ihre Blütezeit zwischen 1000 und 300 v. Chr. erlebte, lag beim dem Ort Chavín de Huántar auf 3200 Meter Meereshöhe in der Cordillera Blanca. Das Zentrum bildet der Alte Tempel, ein quadratischer, pyramidenförmiger Bau mit einem kreisrunden, vertieften Zeremonienplatz. Mindestens zweimal wurde die Stätte erweitert. Vom Neuen Tempel aus gelangt man durch ein von zwei reliefgeschmückten Rundsäulen flankiertes Eingangstor in den Haupttempel. Dessen Außenmauern wurden aus sorgfältig behauenen vulkanischen Steinblöcken erbaut, die mit raubtier- und vogelartigen Moti-ven geschmückt waren. Treppen führen in ein unterirdisches Gangsystem. Dort befindet sich das Standbild »El Lanzón«, eine 4,5 Meter hohe Granitstele, die ein Mensch-Tier-Wesen darstellt. Weitere wichtige Monumente wie der Tello-Obelisk und die Raimondi-Stele befinden sich heute im Archäologischen Museum in Lima. Fundstücke wie Textilienreste, Metallobjekte und Töpfereiwaren zeugen vom hohen Stand des Handwerks der einstigen Bewohner der Stadt.

Aus Stein gehauene Köpfe kennzeichnen die Chavín-Kultur, die auch nachfolgende Kulturen in Südamerika stark beeinflusste.

NATIONALPARK HUASCARÁN

Der Nationalpark erstreckt sich zwischen den Gipfeln der Cordillera Blanca in über 6000 Meter Höhe. Mit seinen tiefen Schluchten und Gletscherseen birgt er außerordentliche Naturschönheiten und ist Heimat seltener Tiere und Pflanzen.

Majestätisch ragt der schneebedeckte Gipfel des 6768 Meter hohen Nevado Huascarán, des höchsten Bergs von Peru, in dem nach ihm benannten Nationalpark auf. Die Landschaft der Cordillera Blanca fasziniert durch gigantische Gletscher, stille Bergseen, tiefe Schluchten und reißende Wildbäche. Neben dem Huascarán sind hier 26 weitere Gipfel mit über 6000 Meter Meereshöhe zu verzeichnen. Sie werden von rund 30 Gletschern und 120 Gletscherseen flankiert. Hier erreichen die Temperaturen einen Jahresschnitt von 3°C, im Winter fällt das Thermometer auf bis zu −30°C. Trotzdem gibt es hier Vegetation bis in etwa 4000 Meter Höhe. Sie umfasst neben seltenen Kakteenarten auch die weltweit größte Bromelie Puya raimondii. Die im Nationalpark lebenden Säugetiere, vor allem der Brillenbär, der Puma, das Vikunja, der Weißwedelhirsch und der Nördliche Andenhirsch, haben sich optimal an die Gegebenheiten dieser kargen Bergwelt angepasst. Von den über 100 Vogelarten sind der Veränderliche Bussard, der Andenkondor und der weltweit größte Kolibri Picaflor gigante besonders spektakulär.

Die seltene Puya raimondii wird bis zu zehn Meter hoch (links). Die Lagunas de Llanganuco in 4000 Meter Höhe (unten).

HEILIGE STADT CARAL-SUPE

Die Ausgrabungen im peruanischen Supe-Tal, 182 Kilometer nördlich von Lima, beweisen: Zur selben Zeit, als in Ägypten die ersten Pyramiden gebaut wurden, gab es in Lateinamerika bereits eine blühende Hochkultur.

Bis zum Jahr 1994 lag Caral, eine der ältesten Städte auf dem amerikanischen Kontinent, unter Felsgeröll verschüttet, bis sie von einem peruanischen Forscherteam entdeckt wurde. Heute weiß man, dass 3000 Jahre vor unserer Zeitrechnung in Caral, 25 Meter über dem fruchtbaren Supe-Tal gelegen, etwa 3000 Menschen lebten. Überragt wurde die prächtige Stadt von sechs nach Sichtachsen ausgerichteten Pyramiden. Prachtbauten bestimmten das Aussehen der Oberstadt, Werkstätten, Handelsplätze und enge Behausungen das der Unterstadt. Die in Caral unter einer Pyramide gefundenen Knotenschnüre zeugen davon, dass »Quipu«, eine der ältesten durch Knoten übermittelte Schriftsprachen der Welt, nicht wie bislang angenommen von den Inka entwickelt wurde, sondern bereits wesentlich älter ist. Mit der Entdeckung Carals steht fest, dass zeitgleich mit Mesopotamien, Indien oder Ägypten auch in Lateinamerika eine Hochkultur entstanden war. Während jedoch die anderen Hochkulturen miteinander in Kontakt standen, entwickelte sich Caral aus eigener Kraft.

Die gut erhaltene archäologische Stätte zeigt eine komplexe Stadtstruktur mit Pyramiden, Tempeln, kreisrunden Plätzen, Wohnhäusern und Grabhügeln.

Peru

Francisco Pizarro

Francisco Pizarro wurde um 1478 als unehelicher Sohn eines spanischen Hauptmannes in Trujillo in der Extremadura (Spanien) geboren. Bereits ab 1510 nahm der spätere Konquistador an Expeditionen in Mittelamerika teil. Im Jahre 1513 begleitete er Vasco Núñez de Balboa, als dieser die Landenge von Panama überquerte und bis zum Pazifik vorstieß. In den Jahren 1524 bis 1527 erkundete Pizarro auf eigene Faust Peru, zwei Jahre darauf wurde er von Karl V. zum Statthalter und Generalkapitän von Peru ernannt. Am 13. Mai 1531 landete Pizarro zusammen mit seinen drei Halbbrüdern an der peruanischen Küste. Dort nahm er Atahualpa, den letzten großen In-

ALTSTADT VON LIMA

In der Kolonialzeit war Lima die größte und bedeutendste Stadt Südamerikas. Trotz wiederholter Erdbeben blieben viele Kolonialbauten bis heute erhalten.

Lima wurde 1535 von Francisco Pizarro, dem Eroberer Perus, im fruchtbaren Tal des Río Rímac gegründet. Die Stadt entwickelte sich dank der küstennahen Lage sowie der von den besiegten Inkas erbeuteten Gold- und Silbervorkommen rasch zur prächtigsten Metropole der »Gobernación de Nueva Castilla«, die 1542 Teil des Vizekönigreiches Peru wurde. Von 1570 bis 1820 hatte die Inquisition in der »Stadt der Könige« ihren Sitz und wurde zu einem machtvollen Instrument der Unterdrückung gegen die indigene Bevölkerung. Aus dieser Zeit stammen auch die prachtvollsten, allerdings weitgehend durch Sklavenarbeit erbauten Herrscherhäuser, Klöster und Kirchen, denen Lima den Beinamen »Perle des Pazifiks« verdankt. Die Erdbeben der Jahre 1687 und 1746 und die Kämpfe im »Salpeterkrieg« Ende des 19. Jahrhunderts führten jedoch zu schwerwiegenden Schäden an der Bausubstanz der Stadt.

Bereits im Jahr 1672 wurde die Iglesia de San Francisco mit dem dazugehörigen Franziskanerkloster vollendet. Die Bauten bilden den größten klerikalen Komplex der Kolonialzeit in ganz Südamerika. Zu Beginn des 18. Jahrhunderts setzte sich der Barockstil durch. Es entstanden u. a. der Palacio de Torre Tagle mit den schönsten holzgeschnitzten Balkonen Limas, die den Einfluss der maurischen Kunst auf den andalusischen Barock erahnen lassen, sowie die große Kathedrale, in der Pizarro beigesetzt wurde. Der erzbischöfliche sowie der Regierungspalast aus dem 20. Jahrhundert zitieren den Kolonialstil. 1988 wurde das Kloster San Francisco in die Liste des Weltkulturerbes aufgenommen, drei Jahre später folgte die gesamte Altstadt.

An der zentralen Plaza de las Armas von Lima stehen sich weltliche und kirchliche Gebäude gegenüber. Rechts ist die Kathedrale zu sehen, im Hintergrund der Regierungspalast und links das Rathaus.

ka-Fürsten, gefangen. Trotz immenser Lösegelder ließ Pizarro seine Geisel 1533 hinrichten. Den anschließenden Aufstand der Inka schlug er mithilfe der neu eingetroffenen, von Diego de Almagro angeführten spanischen Truppen nieder. Am 15. November 1533 zog Pizarro in die Inka-Hauptstadt Cuzco ein, zwei Jahre später

gründete er Lima, damals Ciudad de los Reyes. Ein Streit zwischen Pizarro und Almagro endete 1538 mit Almagros Gefangennahme und Hinrichtung. Der erbarmungslose Eroberer Pizarro wurde schließlich 1541 von Anhängern Diego de Almagros ermordet. Sein mumifizierter Leichnam ist in der Kathedrale von Lima bestattet.

Der Eroberer des Inka-Reiches Francisco Pizarro mit dem Jakobuskreuz – hier dargestellt auf einem Ölgemälde aus dem 16. Jahrhundert (ganz links). Die Begegnung zwischen Pizarro und Atahualpa 1532 in Cajamarca verlief zunächst friedlich (Mosaik in Cajamarca). Die Gewehre und Pferde schüchterten die Inka ein.

Im Innern der Klosterkirche Iglesia de San Francisco erwarten den Besucher mit geometrischen Mustern ausgemalte Deckengewölbe, sevillanische Azulejos und Kuppeln mit Anklang an den Mudejarstil.

Das Convento de San Francisco beherbergt eine Bibliothek aus dem 17. Jahrhundert mit über 20 000 Bänden.

In Santo Domingo, dem ältesten Kloster Limas, umfasst ein schöner Kreuzgang den begrünten Innenhof im sevillanischen Stil.

Peru

MACHU PICCHU

Inmitten einer Hochgebirgslandschaft liegt das Anfang des 20. Jahrhunderts wiederentdeckte Machu Picchu, die wohl imposanteste und am besten erhaltene Ruine einer Inka-Stadt und eine der bedeutendsten archäologischen Stätten Südamerikas.

Im Jahr 1911 wurde Machu Picchu von dem Amerikaner Hiram Bingham als erstem Weißen entdeckt. In Anlehnung an die Lage unter dem Huayna Picchu, dem »jungen Gipfel«, gab Bingham der Siedlung den Namen Machu Picchu – »alter Gipfel«. Rätselhaft wirkte alles an dieser im tropischen Bergwald an den östlichen Hängen der Anden versteckten Inka-Stadt, die wie ein Adlerhorst auf einer abgeflachten Bergkuppe in 2430 Meter Höhe thront. Die Faszination dieser oberhalb des Tals des Río Urubamba gelegenen Siedlung geht nicht allein von den gut erhaltenen Bauwerken aus, sondern auch vom einzigartigen

Machu Picchu ist eines der imposantesten Beispiele für die perfekte Einbettung von Architektur in die umgebende Natur.

Zusammenspiel von Architektur und Natur. Die Bauten passen sich perfekt den Unebenheiten des Geländes an. Über die Bedeutung dieser Stadt, die von den spanischen Eroberern nie entdeckt oder zur Kenntnis genommen wurde, wird auch heute noch spekuliert. Vielleicht war sie ein Versuch der Inka, auch die östlichen Hänge der Anden zu kolonialisieren. Sicher ist nur, dass die Stadt etwa um 1450 erbaut und bereits ein Jahrhundert später verlassen wurde. Die Anlage gliedert sich in zwei Bereiche: die Landwirtschaftszone mit den am Berghang angelegten Ackerbauterrassen, die in ein ausgeklügeltes Bewässerungssystem eingebunden waren, sowie den unbefestigten städtischen Bezirk mit Palästen, Tempeln und Wohnhäusern. Zu den bedeutendsten Monumenten zählen der Runde Turm, der Sonnentempel und der »Tempel der drei Fenster«.

Gut erkennbar ist die terrassenförmige Struktur von Machu Picchu. Die Gebäudewände wurden aus großen Steinen ohne Mörtel zusammengefügt. Unten: Das steinerne Sonnenheiligtum Intihuatana.

CUZCO

Cuzco ist die geschichtsträchtigste Stadt im Zentrum des peruanischen Hochlands. Die Inka bauten die Stadt zu einem urbanen Komplex mit religiösen und administrativen Funktionen aus. Nach der Eroberung durch Francisco Pizarro errichteten die Spanier hier ihre Kirchen und Plätze auf den Ruinen der Inka-Bauten.

Cuzco ist eine der ältesten noch bestehenden Städte der Neuen Welt. Bereits um 1000 v. Chr. besiedelten Ackerbau treibende Völker diese Region, die 2000 Jahre später zum Kernland des mächtigen Inka-Imperiums wurde. Die 3400 Meter hoch gelegene Stadt soll einem Schöpfungsmythos zufolge um 1200 durch Manco Cápac, den ersten mythischen Inka-Herrscher, gegründet worden sein. In den dann folgenden 300 Jahren entwickelte sich Cuzco zur prunkvollsten Inka-Stadt und wurde das politische, religiöse und kulturelle Zentrum des Reiches.

In der Altstadt von Cuzco sind an vielen Stellen noch die aus riesigen Steinblöcken nahezu fugenlos errichteten Grundmauern aus der Inka-Zeit erhalten.

Die meisten Tempel und Paläste wurden in der mit dem Regierungsantritt des Inka-Königs Pachacútec (1438) beginnenden imperialen Periode errichtet. Zahlreiche Gebäude sollen mit Gold- und Kupferplatten verkleidet gewesen sein. Im Jahr 1533 eroberte der Konquistador Francisco Pizarro die Stadt. Cuzco wurde zerstört, und Missionare errichteten, um das Andenken an indigene Traditionen auszurotten, über den Ruinen der Inka-Bauten ihre Kirchen und Klöster. Über den Resten des Sonnentempels, des zentralen Heiligtums des alten Tempelbezirks, wurde das Santo-Domingo-Kloster erbaut. Die Plaza de Armas hat sich ihren kolonialzeitlichen Charakter bis heute bewahrt. Die Jesuitenkirche La Compañía, auf den Grundmauern des Palastes des Inka-Herrschers Huayna Cápac erbaut, ist mit ihrer Kuppel eine der schönsten Barockkirchen Perus.

Viele ehrwürdige Gebäude wurden auf den Mauern (unten) von Inka-Heiligtümern errichtet, wie die Kathedrale (oben) und das Kloster Santo Domingo (Mitte).

Bolivien

RUINEN VON TIAHUANACO

Tiahuanaco – in der Sprache der lokalen Aymara-Indianer auch Tiwanaku genannt – war das Zentrum eines mächtigen Reichs, das bereits vor den Inka weite Gebiete des südlichen Andenraums beherrschte.

Die Ruinenstätte Tiahuanaco liegt etwa 15 Kilometer südlich des Titicacasees. In ihrer Blütezeit im 8. Jahrhundert erstreckte sich die Stadt über ein Areal von sechs Quadratkilometern und beherbergte rund 100 000 Einwohner. Das Ruinenfeld wird bestimmt von den Resten zweier riesiger Pyramidenkörper, Akapana und Puma Punku, vom halb unterirdischen Tempel sowie vom Tempelkomplex Kalasasaya, der einen Grundriss von etwa 130 mal 130 Meter aufweist und vermutlich als Observatorium diente. In seiner Nordwestecke erhebt sich das aus einem Block gehauene, drei Meter hohe und 3,75 Meter breite Sonnen-

tor, auf dessen Querbalken das Relief einer anthropomorphen Gestalt mit einem Pumamaul ins Auge fällt. Mithilfe eines ausgefeilten Bewässerungssystems und künstlicher Terrassen sicherte die Tiahuanaco-Kultur ihre wirtschaftliche Prosperität, die sich auch in einem weiten Handelsnetz niederschlug. Es war wohl eine Dürreperiode, die die Bewohner Tiahuanacos in der ersten Hälfte des 12. Jahrhunderts dazu brachte, ihre Stadt für immer zu verlassen.

Vom Tempelkomplex Kalasasaya sind außer den Grundmauern auch ein Tor sowie anthropomorphe Figuren erhalten.

ALTSTADT VON SUCRE

Zahlreiche Gebäude aus dem 16. Jahrhundert erinnern an die einstige Bedeutung der heute nur noch konstitutionellen Hauptstadt Boliviens. Sie zeugen von der Verschmelzung lokaler Baukunst mit europäischen Architekturstilen.

Nach der Eroberung von Cuzco wurde 1538 in der Cordillera Central die Ciudad de la Plata de Nuevo Toledo gegründet. Sie sollte die Lebensmittelversorgung der spanischen Kolonie sicherstellen. Rasch blühte der Ort dank der fruchtbaren Böden, des gemäßigten Klimas und der reichen Silbervorkommen in der Umgebung auf und stieg zum geistigen Zentrum Boliviens auf. 1624 wurde in einem Jesuitenkloster die Universität gegründet, eine der ältesten Amerikas. Sie entwickelte sich zum Mittelpunkt der liberalen Bewegung, die Anfang des 19. Jahrhunderts zum Aufstand gegen die spanischen Kolonialherren führte.

Seinem Anführer Antonio José de Sucre, später der erste Präsident Boliviens, zu Ehren erhielt die Stadt ihren heutigen Namen. Die Altstadt mit ihren weißen Gebäuden aus dem 16. bis 18. Jahrhundert ist eine der besterhaltenen Südamerikas. Herausragend sind die Casa de la Libertad, der Palacio de la Glorieta, das einstige Franziskanerkloster und heutige Museum La Recoleta, das Kloster San Felipe Neri, die Kathedrale sowie einige Kirchen.

Das Kloster San Felipe Neri wurde im 17. Jahrhundert errichtet. Mit seiner prunkvollen Ausstattung demonstriert es die Macht der katholischen Kirche.

POTOSÍ

Die einst größte und reichste Stadt Boliviens im südlichen Landeszentrum verdankte ihren Reichtum den Silbererzen des 4829 Meter hohen Cerro Rico. Im 17. Jahrhundert stammten zwei Drittel des geförderten Silbers von hier.

Kaum eine andere Stadt in Südamerika erinnert so sehr an die Zeit der Konquistadoren wie das rund 4000 Meter hoch gelegene Potosí. Die Stadt wurde nach der Entdeckung der Silbergänge im Cerro Rico 1545 am Fuße des Berges gegründet. Unter dem Joch der Spanier mussten Abertausende von Indianern das Edelmetall unter menschenunwürdigen Bedingungen abbauen. Anschließend wurde das Silber von Lama- und Maultierkarawanen nach Lima und von dort aus nach Spanien transportiert. Als sich um die Mitte des 18. Jahrhunderts die Silbervorräte ihrem Ende zuneigten, büßte die Stadt ihre einstige Bedeutung ein.

Heute wird hier Zinn und Zink abgebaut. Von der reichen Vergangenheit zeugen in den Gassen wappengeschmückte Herrschaftshäuser, kolonialzeitliche Kirchen wie die Kathedrale, La Compañía, San Francisco oder San Lorenzo sowie die Münze Casa Real de la Moneda. Zum Welterbe zählen neben der Altstadt auch die »Barrios Mitayos«, ärmliche Behausungen der gewaltsam rekrutierten indianischen Minenarbeiter, und historische Anlagen zur Wasserbewirtschaftung.

Die im Jahr 1547 errichtete Kirche San Francisco ist nur eines von 22 Gotteshäusern in der Silberstadt Potosí.

FESTUNG SAMAIPATA

Ein gigantischer Felshügel mit zahlreichen Einkerbungen sowie die Reste einer Siedlung zeugen von der Existenz einer hoch entwickelten präkolumbischen Kultur in den östlichen Anden.

Die in 2000 Meter Höhe an den östlichen Ausläufern der Cordillera Oriental rund 100 Kilometer südwestlich von Santa Cruz de la Sierra gelegene Ruinenstätte war einst ein bedeutendes religiöses Zentrum. Es wurde um 300 von den Mojocoyas gegründet. Im 14. Jahrhundert nahmen die Inka den Komplex ein, bauten ihn ihrerseits zu einer Zeremonialanlage aus und sicherten ihn durch Befestigungen. Die Spanier erweiterten die Verteidigungsanlagen, nachdem sie diese erobert hatten. Die etwa 40 Hektar große Ruinenstätte besteht aus zwei Hauptelementen: einem riesigen Felshügel und einem südlich davon gelegenen Areal mit Verwaltungs- und Wohngebäuden. Kernelement ist das rötliche Sandsteinmassiv. Es gliedert sich in einen oberen Teil, El Mirador genannt, und einen rund 220 Meter langen und etwa 50 Meter breiten unteren Teil, in den zahlreiche Rinnen, Stufen und Becken sowie geometrische Figuren eingelassen sind. Deutlich sind Abbildungen von Schlangen und Raubkatzen auszumachen. Das Gelände zu Füßen des Felsens war Zeremonialzentrum, Wohnbereich und Agrarfläche.

Auf den Sandsteinfelsen von Samaipata sind deutlich zwei parallele, in Ost-West-Richtung verlaufende Kanäle auszumachen.

NATIONALPARK NOEL KEMPFF MERCADO

Der Nationalpark, einer der größten und intaktesten Boliviens, liegt an der Grenze zu Brasilien im westlichen Amazonasgebiet und beherbergt eine außergewöhnliche Vielfalt an Pflanzen- und Tierarten.

Der über 1,5 Millionen Hektar große Nationalpark erstreckt sich in Höhenlagen zwischen 200 und 1000 Metern über das Huanchaca-Hochplateau und das umgebende Tiefland. Er umfasst fünf verschiedene Ökosysteme: den tropischen Regenwald Amazoniens, die jahreszeitlich überflutete Savanne, trockene, immergrüne Wälder und Bergwälder, Zonen mit dornigem Buschwald und ausgedehnte Sumpf- und Überschwemmungsgebiete. Der Vielfalt der Vegetationstypen entspricht ein ungeheurer Artenreichtum. Die Zahl der Pflanzenarten im Park wird auf rund 4000 geschätzt. Bevor er 1986 im Park von Drogenhändlern ermordet wurde, hatte der bolivianische Naturforscher Noel Kempff Mercado, nach dem der Park benannt ist, mit der Katalogisierung des gigantischen Biosystems begonnen. Mehr als 600 Vogel- und je knapp 150 Säugetier- und Reptilienarten wurden identifiziert, darunter Gould-Arassari, Hyazinthara, Amazonasdelfin und Jaguar.

Die mit Regenwald bedeckten Sandstein- und Quarzitfelsen des Huanchaca-Plateaus sind über eine Milliarde Jahre alt.

JESUITENMISSIONEN DER CHIQUITOS

Im 18. Jahrhundert errichteten die Jesuiten im Gebiet der Chiquito-Indianer in Bolivien mehrere Missionsdörfer. Ihre bis heute erhaltenen Kirchen zeugen von der Verschmelzung katholischer Architektur mit lokalen Bauelementen.

In den weiten Schwemmlandebenen Ostboliviens rund 200 Kilometer nordöstlich von Santa Cruz gründeten die Jesuiten zwischen 1696 und 1760 zehn sogenannte Reduktionen – Siedlungen, in denen sie ähnlich wie in Paraguay, Brasilien und Argentinien Indianern eine Heimat boten und sie zum Christentum bekehrten. In der gemeinsamen Gestaltung des Alltags sahen die Jesuiten die Grundlage der Mission. Gesprochen wurde hier überwiegend die Indianersprache Chiquito. Das Leben in den Missionsdörfern, die den Indianern auch Schutz vor Sklavenjägern boten, war durch strenge Arbeitsteilung geprägt. Die paternalistisch behandelten »Chiquitos« bestellten die Felder, die Jesuiten-Patres übernahmen die administrativen Aufgaben. Die Gemeinschaften waren wirtschaftlich sehr erfolgreich. Am besten erhalten sind San Francisco Javier, Concepción, Santa Ana, San Miguel, San Rafael und San José.

Mittelpunkt einer Jesuitenmission war die meist aus Holz erbaute Kirche. In Concepción besteht sie aus drei im Mestizenbarock ausgemalten Schiffen.

Chile

SALPETERWERKE VON HUMBER-STONE UND SANTA LAURA

Die verlassenen Bergarbeitersiedlungen in der nördlichen Atacama-Wüste von Chile sind stumme Zeugen einer Ära der Industriegeschichte, in der über 60 Jahre lang Salpeter abgebaut wurde.

In den abflusslosen Becken zwischen Küsten- und Hochkordillere im Norden Chiles liegen die weltweit größten Salpeterfelder. Der überwiegende Teil des dort gewonnenen sogenannten Chilesalpeters wurde exportiert und für die Herstellung von Schießpulver, Sprengstoff und Düngemittel verwendet. Die Salpeterindustrie boomte zwischen 1880 und 1940, dann führte die künstliche Herstellung des Salpeters zu ihrem Zusammenbruch. Die Arbeiter der über 200 Salpeterwerke kamen aus Bolivien, Chile und Peru. Sie lebten in menschenfeindlicher Umgebung in werkseigenen Wohnungen und arbeiteten unter miserablen Bedingungen, dabei entwickelten sie jedoch ihre eigenständige Pampino-Kultur, die die Arbeiter aus den verschiedenen Ländern miteinander verband. Die verlassenen Stätten verfielen durch Witterung und Plünderung und präsentieren sich heute als Geisterstädte. In Humberstone sind Gemeinschafts- und Wohngebäude, in Santa Laura dagegen Werksanlagen erhalten.

Rostige Maschinenteile erinnern an die werkseigene Eisenbahn vom Humberstone.

ALTSTADT VON VALPARAÍSO

Die europäischen Auswanderer, die im Laufe des 19. Jahrhunderts nach Valparaíso kamen, drückten der Hafenstadt ihren Stempel auf. Hunderte von bunten Häusern ergießen sich über die Hügel oberhalb des Hafens.

Valparaíso bedeutet »Tal des Paradieses«. Und in der Tat liegt die zweitgrößte Stadt Chiles an einer sehr malerischen, nach Norden hin offenen Bucht rund 120 Kilometer westlich von Santiago de Chile. Hinter einem schmalen Küstenstreifen steigt das Terrain in vier großen Terrassen und zahlreichen Hügeln bald zu größeren Meereshöhen an. Die Gründung der Stadt erfolgte 1544. Ab dem 19. Jahrhundert vermehrten sich die Handelsbeziehungen zwischen Europa und Chile, das vor allem Weizen, Kupfer und Salpeter ausführte. Alle Schiffe, die die Südspitze Amerikas, das Kap Hoorn, umrundeten, machten auch in Valparaíso halt. Während dieser Zeit ließen sich viele Europäer nieder. Die Wohlhabenden unter ihnen, vor allem die Kapitäne, siedelten sich an den Hängen der steilen Hügel an. Zu den Siedlungen gelangte man über unzählige Treppen. Pablo Neruda, der in Valparaíso lebte, schrieb: »Wenn wir alle Treppen Valparaísos begangen haben, sind wir um die Welt gereist.« Inzwischen erleichtern mehrere Standseilbahnen den beschwerlichen Aufstieg.

Die farbigen Häuser, die an den steilen Hängen erbaut wurden, und die bunten Kabinen der »Ascensores« machen das einzigartige Flair von Valparaíso aus.

KUPFERMINENSTADT SEWELL

Mitten in den Anden wurde 1905 eine Stadt für die Arbeiter von El Teniente, der weltweit größten Kupfermine unter Tage, angelegt. Sie zeugt von der Erschließung chilenischer Rohstoffe mithilfe US-amerikanischen Kapitals.

Bei Sewell rund 100 Kilometer südöstlich von Santiago befindet sich die größte Kupfermine Chiles. Das bis heute in Betrieb befindliche Bergwerk El Teniente wurde schon 14 Stockwerke tief in die Anden gefräst. In 2000 Meter Meereshöhe errichtete der damalige Betreiber der Mine, die US-amerikanische Braden Copper Company, zu Beginn des 20. Jahrhunderts eine eigene Stadt für die Kupferarbeiter, die nach dem Präsidenten des Unternehmens, Barton Sewell, benannt wurde. Die Arbeitersiedlung am Cerro-Negro-Hügel ist eine Stadt der Treppen, zu steil für Fahrzeuge. Von einem zentralen Treppenhaus, das vom Bahn-hof in die Stadt führt, zweigen Gänge zu Nebentreppen ab. Nur über deren Stufen erreicht man in Rot, Gelb, Blau und Grün angestrichene, in den USA konzipierte Holzfachwerkhäuser mit Kupferdach. Während ihrer Blütezeit hatte die Stadt 15 000 Einwohner, die in Sechsbettzimmern, aber auch in Wohnungen für Familien untergebracht waren. In den 1970er-Jahren wurde die Stadt weitgehend aufgegeben. Zum Welterbe gehören Wohnhäuser, ein Hospital, eine katholische Kirche sowie Kino, Theater und Schule.

Bis in die 1970er-Jahre lebten die Arbeiter in den aus Holz errichteten Wohnblöcken.

HOLZKIRCHEN VON CHILOÉ

Über 150 Holzkirchen, in denen sich europäische Baustile auf eigenwillige Weise mit indigenen Stilelementen verbinden, gibt es auf der Insel Chiloé südlich von Puerto Montt. Erbaut wurden sie im 17. und 18. Jahrhundert.

Nachdem Chiloé 1567 unter spanische Kolonialherrschaft gefallen war, begann eine von den Jesuiten geführte Missionierungskampagne, die nach deren Vertreibung 1767 von den Franziskanern fortgesetzt wurde. Im Zuge der Christianisierung durch die Ordensbrüder entstanden über 150 Kirchen, von denen 14 zum Weltkulturerbe zählen. Die vorwiegend aus Zypressenholz und meist in erhöhter Lage in Küstennähe errichteten Kirchen folgen in der Bauweise meist einem einheitlichen Typus. Der Baukörper gleicht einem Quader, auf dem ein Satteldach aufgesetzt wurde. Ein charakteristisches Kennzeichen der älteren Holzkirchen ist der Portikus, der die Hauptfassade auf der Turmseite schmückt. Die Außenwände bedecken kunstvoll ineinandergesteckte farbige Holzschindeln, die mit Schnitzereien einheimischer Künstler verziert sind. Sie bestehen aus dem Holz der Alerce, einer auf Chiloé beheimateten Lärchenart. Im Inneren folgen die Holzkirchen europäischen Vorbildern. Die größeren weisen drei Schiffe auf, teils sind Wände und Decken üppig ausgemalt. Besonders farbenprächtig präsentiert sich die Kirche von Achao.

Ein bunt bemalter Portikus schmückt die Holzkirche von Chonchi auf Chiloé.

NATIONALPARK RAPA NUI (OSTERINSEL)

Eindrucksvolle Zeugnisse einer untergegangenen polynesischen Kultur sind die teils mehrere Meter hohen Tuffsteinfiguren auf der zu Chile gehörenden Osterinsel, einem nur 164 Quadratkilometer großen Eiland inmitten des Pazifiks.

Mit einer Entfernung von etwa 3700 Kilometern zum südamerikanischen Festland und rund 4200 Kilometern zum polynesischen Tahiti ist die Osterinsel einer der isoliertesten Orte der Welt. Schon um 400 wurde das Eiland erstmals besiedelt. Eine zweite Besiedlung fand vermutlich im 14. Jahrhundert statt, als der sagenumwobene König Hotu Matua mit Gefolgsleuten aus Polynesien hier eingetroffen sein soll. Die Polynesier nannten die Insel Rapa Nui, »Große Insel«. Zeugnisse ihrer Kultur sind mehrere Hundert »Moais«, bis zu zehn Meter hohe Skulpturen aus Tuffstein, die auf großen Plattformen, den »Ahu«, stehen, sowie die Rongorongo-Schrift, eine Art Bilderschrift. Die Bedeutung der Moais konnte bisher nicht gänzlich geklärt werden. Die Beschränktheit des Lebensraums führte immer wieder zu Stammesfehden, die 1680 in der Zerstörung der Kultstätten gipfelten.

Immer noch rätselhaft ist die Funktion der Moais, der mehrere Meter hohen gigantischen Figuren und Köpfe aus Tuffstein, die zu Hunderten auf der Osterinsel errichtet wurden.

Venezuela

ALTSTADT UND HAFEN VON CORO

In der Stadt an der Karibikküste verschmelzen in einzigartiger Weise Stilelemente spanischer Kolonialarchitektur mit denen des niederländischen Barock.

Im Jahr 1527 wurde Santa Ana de Coro von Juan de Ampíes gegründet, der die Stadt zum Handelszentrum ausbaute. Kurz darauf landete der Deutsche Ambrosius Dalfinger im Auftrag des Augsburger Patriziergeschlechts der Welser in Coro. Die Herrschaft der deutschen Kaufleute wurde erst im Jahr 1546 durch Entzug des Souveränitätsrechts beendet. Nachdem Provinzverwaltung und Bischofssitz nach Caracas verlegt wurden, verlor Coro zunehmend an Bedeutung. Erst im 18. Jahrhundert brachte der Handel mit den Niederländischen Antillen erneuten wirtschaftlichen Aufschwung.

Die Gebäude und Kirchen der Altstadt zeigen die Vermischung lokaler Lehmbauweise mit spanischer Mudejar-Architektur und niederländischen Stilelementen. Besonders eindrucksvoll zeigt sich das Franziskanerkonvent sowie die Kapelle des Königlichen Hospitals. Einer der schönsten Plätze ist die Plaza de San Clemente, auf der sich das Kreuz von San Clemente erhebt. Vor der Karibikküste liegt der Nationalpark Los Médanos de Coro, der ebenfalls zum Welterbe gehört.

Hinter der Plaza de San Clemente erhebt sich die Fassade der Franziskanerkirche.

UNIVERSITÄTSSTADT VON CARACAS

Die zwischen 1940 und 1960 gebaute Ciudad Universitaria ist ein Meisterstück moderner Stadtplanung, Architektur und Kunst. Die baulichen Ideale des frühen 20. Jahrhunderts wurden hier in herausragender Weise umgesetzt.

Zwei Leitgedanken bestimmten die Planung der Ciudad Universitaria: Zum einen wollte man ein Ambiente von hoher Lebensqualität schaffen, zum anderen wurde eine enge Verknüpfung zwischen Architektur, Malerei und Plastik angestrebt. Entworfen wurde dieses Glanzstück moderner Architektur von dem Venezolaner Carlos Raúl Villanueva. Durch die abwechslungsreich gestaltete Anlage führen überdachte Wege. Sie münden in luftige Hallen, die sich zu ebenfalls überdachten Plazas öffnen. Der Architekt trug damit dem tropischen Klima Rech-

nung. Kunstwerke akzentuieren die zentralen Punkte des Ensembles. Die spektakulärsten Gebäude der Ciudad Universitaria sind das Stadion und die Aula Magna. Beim Stadion nutzte Villanueva die neuen Möglichkeiten des Stahlbetonbaus. Dagegen ist die Aula Magna ein Beispiel für die gelungene Verbindung von Architektur und Plastik. Die an Decken und Wänden befestigten »Wolken« von Alexander Calder beleben das Erscheinungsbild.

Von den Balkonen der Bibliothek fällt der Blick auf den Konzertsaal.

NATIONALPARK CANAIMA

Die Landschaft der Gran Sabana mit ihren mächtigen Tafelbergen und dem höchsten Wasserfall der Welt, dem Salto Ángel, gehört zu den schönsten Gegenden der Erde. Sie ist Habitat vieler unterschiedlichster Pflanzenarten.

Canaima – in der Sprache der hier lebenden Kamarokoto-Indianer verkörpert dieser Name die finstere Gottheit, die alles Böse in sich vereinigt. Im Gegensatz dazu besticht der mit drei Millionen Hektar zweitgrößte Nationalpark Venezuelas durch seine überwältigende Naturschönheit. Im Südosten des Landes an der Grenze zu Guayana und Brasilien gelegen, erstreckt er sich über die grandiose Landschaft der Gran Sabana. Eingebettet in dichte Vegetation ergießen sich spektakuläre Wasserfälle wie der Salto Ángel, der Salto Kukenam und die Kaskaden der Canaima-Lagune in die Tiefe. Zwischen 3000 und 5000

Arten von Blütenpflanzen und Farnen sollen hier vorkommen – viele davon endemisch. Außer Savanne gibt es hier auch undurchdringliche Bergwälder und Buschwerk. Auf den zahlreichen Tafelbergen hat sich eine ganz besondere Pioniervegetation mit verschiedenen fleischfressenden Pflanzen ausgebildet. Beeindruckend ist auch die Vielfalt der hier vorkommenden Orchideen. Rund 550 Vogelarten, darunter Kolibris und Papageien, sowie zahlreiche Säugetierarten leben hier.

Beim Dorf Canaima stürzt das Wasser des Río Carrao parallel in mehreren Kaskaden in die Lagune von Canaima herab.

ALTSTADT VON PARAMARIBO

Das historische Zentrum von Paramaribo präsentiert sich in seiner Verschmelzung von einheimischen und europäisch-niederländischen Bautraditionen als ein im kontinentalen Südamerika einzigartiges architektonisches Ensemble.

Ende des 15. Jahrhunderts entdeckten die Europäer die Küste von Guayana – die mit natürlichen Rohstoffen wie Kautschuk und Hölzern reich gesegneten Großlandschaft zwischen Orinoko und Amazonas. Im Zuge der im 16. und 17. Jahrhundert einsetzenden Kolonisierung wurde am Fluss Suriname ein niederländischer Handelsstützpunkt gegründet, aus dem Paramaribo, die Hauptstadt der seit 1975 unabhängigen Republik Suriname, hervorging. Viele Großgrundbesitzer, auf deren Plantagen Zuckerrohr und Tabak angepflanzt wurden, ließen sich hier nieder. Trotz eines Großbrands im Jahr 1821 besteht Paramaribo heute aus einer reizvollen Mischung unterschiedlichster historischer Bauten. Der lokalen Tradition entspringt die Holzbauweise vieler Gebäude in der Altstadt – so etwa auch die Kathedrale St. Peter und Paul. Ausnahmen hierzu bilden die im 19. Jahrhundert im holländischen Stil aus Backstein errichteten Regierungsgebäude, wie der Präsidentenpalast. Synagogen, Moscheen und Hindutempel sind schon äußerlich ein Indiz für Surinames multiethnische Bevölkerung.

Einer der wenigen Steinbauten ist das Gerichtsgebäude am Unabhängigkeitsplatz, vor dem das Denkmal des Nationalhelden Johan Adolf Pengel wacht.

NATURRESERVAT ZENTRALSURINAME

Das riesige Naturreservat erstreckt sich über den unberührten tropischen Regenwald des Guayana-Schildes. Es beherbergt eine enorme Zahl an Pflanzen- und Tierarten, von denen viele endemisch sind.

Die Guayana-Festlandplatte im Nordosten Südamerikas ist mit etwa zwei Milliarden Jahren eine der ältesten Erdformationen aus dem Präkambrium. Knapp 15 Millionen Hektar des Landes bedeckt heute noch ursprünglicher Regenwald – zum großen Teil unzugängliche Wildnis, in die noch kaum Menschen eingedrungen sind. Im Jahr 1998 wurden die drei wichtigsten Schutzgebiete Surinames in dem 1,6 Millionen Hektar großen Zentralsuriname-Naturreservat zusammengefasst. Zum breiten Spektrum seiner unterschiedlichen Landschaftsformationen zählen Inselberge, die den umgebenden Regenwald überragen. Eindrucksvoll ist die Pflanzenvielfalt des Schutzgebiets: Bisher wurden rund 6000 Pflanzenspezies bestimmt. Neben Regenwäldern gibt es hier auch Sumpfwälder und Savannen. Auch die Tierwelt im Reservat ist außergewöhnlich reich: Bisher wurden knapp 700 Vogelarten, fast 2000 Säugetierarten, rund 150 Reptilien- und 100 Amphibienarten sowie 500 verschiedene Fischspezies erfasst.

Im Reservat leben Krötenkopf-Schildkröte (oben), Surinamhornfrosch (links oben) und Brasilianische Tapire (links).

Brasilien

SCHUTZGEBIET ZENTRALAMAZONAS

Das größte Schutzgebiet im Regenwald des Amazonasbeckens umfasst den Jaú-Nationalpark, die Naturreservate Mamirauá und Amanã sowie die ökologische Station Anavilhanas. Das Areal zählt zu den artenreichsten Regionen der Erde.

Der riesige Regenwaldpark liegt etwa 200 Kilometer nordwestlich von Manaus. Kerngebiet ist der 2,3 Millionen Hektar große Jaú-Nationalpark, der das Einzugsgebiet des Rio Jaú bis zu dessen Mündung in den Rio Negro umfasst. Das Reservat wurde im Jahr 2000 Weltnaturerbe, 2003 folgte die Erweiterung zum Complexo de Conservação da Amazônia Central, mit einer Fläche von mehr als sechs Millionen Hektar. Der Rio Jaú bildet mit dem Rio Negro ein Schwarzwasser-Ökosystem. Der jahreszeitlich wechselnde Wasserstand der Flüsse hat dort den Igapó-Überschwemmungswald entstehen lassen. Die Schwarzwasserflüsse sind durch gelöste Huminsäuren und organische Schwebstoffe dunkel gefärbt. Bewohner dieser Gewässer sind Riesenotter, Flussmanati, Arrauschildkröte und Mohrenkaiman. Im Mamirauá-Reservat erstrecken sich dagegen große Weißwasserüberflutungsgebiete. Das Schutzgebiet beherbergt 120 Säugetierarten, darunter den Rosa und den Grauen Flussdelfin, über 450 Vogelarten und 300 Fischarten.

Großes Bild: Aufnahme des Mündung des Rio Jau (links unten) in den Rio Negro vom Space Shuttle aus. Rechts: junger Wollaffe.

ALTSTADT VON SÃO LUÍS

Das historische Zentrum der Hauptstadt des brasilianischen Bundesstaates Maranhão an der Küste Nordostbrasiliens präsentiert sich in portugiesischer Kolonialarchitektur – angepasst an die Umwelt des tropischen Südamerika.

Bereits um 1615 übernahmen die Portugiesen die Stadt, die erst wenige Jahre zuvor von den Franzosen auf der Ilha de São Luís in der Bucht von São Marcos gegründet worden war. In den rechtwinklig angelegten Straßen und Gassen der Altstadt sind die mehrstöckigen Fassaden vieler Häuser mit sogenannten Azulejos – farbigen, handgemalten Kacheln – verkleidet. Mit ihren zahlreichen Balkonen und Balustraden, oft mit schmiedeeisernen Geländern versehen, muten die Gebäude ohnehin sehr portugiesisch an. Praia Grande, großer Strand, nennen die Bewohner ihre Altstadt liebevoll. Stattliche Verwaltungs- und Regierungspaläste wie der Löwenpalast und der Palácio La Ravardière zeugen von Macht und Herrlichkeit der einstigen Kolonialherren. Auch heute noch beherbergen viele dieser Bauten Behörden, in einigen sind Museen untergebracht. 1726 errichteten die Jesuiten die prächtige Kathedrale, die 1763 in den Besitz des Erzbischofs überging. Die Karmeliterkirche (1627) und die Kirche Santo Antônio mit der Kapelle der Seefahrer (1624) sind die ältesten Gotteshäuser der Stadt.

Kolonialzeitliche Fassaden säumen die Gassen der Altstadt von São Luís. Typisch sind die mit Kacheln verzierten Häuser.

ALTSTADT VON OLINDA

Mit ihren Kirchen, Klöstern und Kolonialhäusern sowie einer Vielzahl gepflegter Gärten ist Olinda bei Recife an der nordöstlichen Atlantikküste eine der schönsten Städte Brasiliens. Ihren Aufstieg verdankte sie einst dem Zuckerrohranbau.

Olindas Altstadt, die »Perle des brasilianischen Barock«, erstreckt sich in lieblicher Lage über mehrere mit Palmen bewachsene Hügel. »O linda situação para uma vila«, rühmten die Portugiesen die »wunderschöne Lage für eine Stadt« und gründeten 1535 eine Siedlung am Meer. Zu Beginn des 17. Jahrhunderts eroberten die Niederländer die Gebiete im Nordosten Brasiliens und damit auch Olinda. Im Jahr 1654, nach der Niederlage der holländischen Kolonialtruppen bei Guararapes, beanspruchten die Portugiesen Olinda wieder für sich. Viele der durch die Holländer im 17. Jahrhundert zerstörten Gebäude wurden wieder aufgebaut und erweitert. So stammen die meisten der bis heute erhaltenen bedeutenden Bauwerke aus dem 17. und 18. Jahrhundert. Rund 20 Barockkirchen und unzählige »passos« – so werden kleine Kapellen hier genannt –, aber auch die Klöster der Benediktiner, Franziskaner und Karmeliter wie etwa São Francisco und São Bento zeugen von der Bedeutung der Stadt als religiöses Zentrum. Die im Jahr 1537 gegründete Igreja da Sé beherbergte die erste Pfarrei des Nordostens und ist seit 1676 Kathedrale des Erzbistums Olinda und Recife.

Von Palmen umrandet thront das Franziskanerkloster hoch über Olinda (links). Eine der typischen Gassen der Stadt (unten).

NATIONALPARK SERRA DA CAPIVARA

Im Nationalpark Serra da Capivara im Nordosten von Brasilien finden sich einige der ältesten Spuren der Besiedlung Amerikas. Eindrucksvolle Felszeichnungen zeugen von der Kultur der Ureinwohner.

In der Bergregion der Serra da Capivara im brasilianischen Bundesstaat Piauí wurden die frühesten Spuren menschlichen Daseins auf dem südamerikanischen Halbkontinent entdeckt. In den dortigen Höhlen haben bereits prähistorische Menschen Feuer entzündet – ein Beleg dafür, dass Südamerika schon sehr viel früher bewohnt war, als bisher angenommen wurde. Nach neuesten Grabungsfunden haben diese Ureinwohner nicht nur in Höhlen, sondern auch in offenen Siedlungen in der Savanne gelebt. Funde von Tonscherben beweisen, dass sie bereits das Töpferhandwerk beherrschten. Spektakulärster sichtbarer Ausdruck ihrer Kultur sind zahlreiche Felsmalereien, die bis zu 25 000 Jahre alt sind. Die meisten Bilder stammen jedoch aus der Zeit zwischen 10 000 und 4000 v. Chr. Sie zeigen Menschen bei alltäglichen sowie rituellen Handlungen und geben Aufschluss über Lebensweise und Vorstellungswelt dieser frühen Menschen.

Die meist roten Felsmalereien stellen vor allem Tanz- und Jagdszenen sowie Menschen beim Ausüben von Ritualen dar.

Brasilien

ALTSTADT VON SALVADOR DA BAHIA

Prächtige Renaissancefassaden und Kirchen zeugen von der großen Vergangenheit der ehemaligen brasilianischen Hauptstadt, die heute ein Zentrum afrobrasilianischer Kultur ist.

1501 legte der italienische Seefahrer Amerigo Vespucci dort an, wo knapp 50 Jahre später an der Atlantikküste Salvador da Bahia de Todos os Santos, die Stadt des »Erlösers der Allerheiligenbucht«, gegründet wurde. Von 1549 bis 1763 war Salvador da Bahia die erste Hauptstadt Brasiliens. Zur Bewirtschaftung der ausgedehnten Zucker- und Tabakplantagen wurden Schwarze von der Westküste Afrikas nach Brasilien verschleppt. 1558 fand hier einer der ersten Sklavenmärkte der Neuen Welt statt. Am Cafuá das Mercês erinnert ein Museum an den einstigen Sklavenmarkt.

Salvador besteht aus einer Unter- und einer 80 Meter darüber liegenden Oberstadt. Am Meer befanden sich

Neben den Kolonialbauten im Stadtviertel Pelourinho erhebt sich die Igreja de Nossa Senhora do Rosário dos Pretos.

das Hafen- und das Geschäftsviertel, oben thronten vor allem die Paläste und Kirchen. Schmale Gassen und steile Treppen verbinden die beiden Stadtteile auch heute noch miteinander. Seit Ende des 19. Jahrhunderts lässt sich der Höhenunterschied zwischen Ober- und Unterstadt bequem mit dem Elevador Lacerda, einem Aufzug, überwinden. Salvadors Oberstadt ist das größte geschlossene Viertel mit Renaissancebauten in Brasilien. Nicht weniger als 166 Kirchen zeugen von der ruhmreichen Vergangenheit der Metropole. Zu den bedeutendsten Bauwerken zählen die Kathedrale, die Kirche São Francisco sowie die Kirche des Karmeliterklosters. Über zwei Drittel der Einwohner sind Nachfahren schwarzer Sklaven, und so wurde die Stadt zu einem Schmelztiegel europäischer und afrikanischer Religionen.

Die im 18. Jahrhundert errichtete Barockkirche São Francisco beeindruckt durch ihre in Gold gefassten Schnitzereien.

Salvador ist eine Stadt der Kirchen: Über diesen restaurierten Häuserzeilen der Oberstadt lugen die Doppeltürme der Igreja do Santíssimo Sacramento hervor.

Eine der eindrucksvollsten Fliesenwände befindet sich im Kreuzgang des Franziskanerklosters. Sie wurde im 18. Jahrhundert nach der Vorlage einer allegorischen Stichsammlung gemalt.

Die Kathedrale von Salvador da Bahia war ursprünglich eine Kirche der Jesuiten. Noch heute weisen zahlreiche Details auf ihre Vergangenheit hin – etwa die aufwendig gearbeitete Decke der Sakristei, auf der die Porträts diverser jesuitischer Ordensbrüder zu sehen sind.

Brasilien

REGENWÄLDER DER COSTA DO DESCOBRIMENTO

Die atlantischen Regenwälder an der Costa do Descobrimento sind Teil eines der größten und am besten erhaltenen Ökosysteme ihrer Art. Zahlreiche seltene und endemische Pflanzenarten sind hier beheimatet.

Die atlantischen Regenwälder Brasiliens erstrecken sich entlang der Atlantikküste vom Bundesstaat Bahia bis nach Rio Grande do Sul. Ihre üppige Vegetation baut sich vorwiegend aus 20 bis 30 Meter hohen Bäumen auf, denen zahlreiche Orchideen und Bromelien aufsitzen. Am Boden lassen die spärlichen Lichtverhältnisse allerdings nur kargen Unterwuchs zu. Der Artenreichtum und die Evolutionsgeschichte dieser Regenwälder sind wissenschaftlich von großem Interesse. Studien in Bahia haben ergeben, dass dort 458 Baumarten auf einem Hektar wachsen. Zum nördlichen Abschnitt der Regenwälder zählen acht geschützte Reservate entlang der »Küste der Entdeckung«: die »Reservas Biológicas« Una und Sooretama, die »Reservas Particulares do Patrimônio Natural« Pau Brasil, Veracruz und Linhares sowie die Nationalparks Pau Brasil, Monte Pascoal (mit dem 536 Meter hohen gleichnamigen Berg) und Descobrimento.

Ein Teppich dichten Regenwalds mit den weltweit größten Beständen des Brasilbaumes bedeckt noch einige Abschnitte der Costa do Descobrimento.

NATIONALPARKS CHAPADA DOS VEADEIROS UND EMAS

Die Nationalparks Chapada dos Veadeiros und Emas im Bundesstaat Goiás sind Teil der Campos Cerrados, der Savannenlandschaft im Mittelwesten Brasiliens.

Der Cerrado ist mit einer Fläche von rund zwei Millionen Quadratkilometern das zweitgrößte Ökosystem Brasiliens. Trotz eher trockenen Klimas und arider Böden zeichnet es sich durch die höchste Biodiversität aller tropischen Savannen aus. Geografisch gehört der Cerrado zum Brasilianischen Bergland, und so sind weite Teile der Region von Hochplateaus geprägt, unterbrochen von Abbruchkanten und Flusstälern. Der knapp 2400 Quadratkilometer große Nationalpark Chapada dos Veadeiros erstreckt sich über die höchsten Abschnitte des Cerrado. Zahlreiche seltene Tierarten wie Wildhirsche, Affen und Königsgeier sind hier heimisch. Insgesamt wurden 45 Säugetierarten, über 300 Vogelarten sowie rund 1000 verschiedene Schmetterlingsarten erfasst. Der 1300 Quadratkilometer umfassende Nationalpark Emas wurde nach den Nandus (portugiesisch »ema«) benannt. Das offene Grasland mit Termitenhügeln ist auch Lebensraum von Riesenameisenbären.

120 Meter tief stürzt der Rio Preto, der Hauptfluss von Chapada dos Veadeiros, in einem Wasserfall herab (rechts). Zu den typischen Pflanzen des Nationalparks zählen die Eriocaulacea-Süßgräser, auch »sempre viva« genannt (oben).

BRASÍLIA

Brasília mit seinen futuristisch anmutenden Bauten entstand in den 1950er-Jahren des vergangenen Jahrhunderts aus dem Nichts. In der waldlosen weiten Savanne im Zentrum des Landes wurde nach modernsten städtebaulichen Aspekten eine neue Hauptstadt errichtet.

Die neue Hauptstadt Brasília wurde 1960 nach nur vier Jahren Planungs- und Bauzeit eingeweiht. Oscar Niemeyer und Lúcio Costa, die beiden Chefarchitekten und obersten Stadtplaner Brasiliens, wollten eine Metropole auf der Höhe der Zeit erschaffen: eine moderne, progressive, funktionelle und einheitlich gestaltete Stadt. Die Verlegung der Hauptstadt in das Landesinnere war 1891 beschlossen worden und sollte einen Impuls für die Erschließung des Binnenlandes geben. Im Grundriss zeigt Brasília die Form eines fliegenden Vogels, der sich aus einer parabelförmigen Hauptverkehrsachse und einer senkrecht dazu ver-

Unter der Decke der im Inneren schlichten kreisrunden Kathedrale hängen drei Engelsfiguren von Alfredo Ceschiatti.

laufenden Monumentalachse aufbaut. Dort reihen sich die wichtigsten Regierungsgebäude aneinander. Viele der von Oscar Niemeyer entworfenen modernen Bauten stellen architektonische Meisterwerke dar. So scheint etwa das Empfangsgebäude des Palácio do Itamaraty – Sitz des Außenministeriums – über Wasser zu schweben. Ein weiteres herausragendes Ensemble ist der Congresso Nacional. Zwischen den schalen- und kuppelförmigen Dachkonstruktionen der Plenarsäle von Parlament und Senat ragen die im Profil H-förmigen Doppelhochhäuser des Verwaltungstrakts des Nationalkongresses auf und bilden einen vertikalen Kontrapunkt. Diese Balance zwischen horizontalen und vertikalen Linien ist eines der wichtigsten Gestaltungsprinzipien Brasílias.

Das Herz der Stadt bildet der »Platz der drei Gewalten« mit den Kongressgebäuden (oben), der Skulptur »Os Candangos« von Bruno Giorgi und dem »Pantheon des Vaterlandes und der Freiheit Tancredo Neves« (Mitte). Ein weiterer Bau Oscar Niemeyers: die Catedral Metropolitana Nossa Senhora Aparecida (unten).

Brasilien

ALTSTADT VON GOIÁS

Die Altstadt von Goiás stellt ein idealtypisches Beispiel einer portugiesischen Kolonialsiedlung in Südamerika dar. Die Architektur der Bergarbeiterstadt ist den klimatischen, geografischen und kulturellen Verhältnissen bestens angepasst.

In die zentralen Gebiete Brasiliens drangen die portugiesischen Kolonialherren erst vor, nachdem sie die Küstenstreifen mit ihren Schiffen und Kanonen sicher in Besitz genommen und besiedelt hatten. Goldsucher und sogenannte Bandeirantes (»Waldläufer«) strömten im 16. Jahrhundert in das Gebiet des heutigen Bundesstaates Goiás. Im 18. Jahrhundert erreichte der Goldrausch seinen Höhepunkt. In dieser Zeit und auch noch im 19. Jahrhundert entstand das hübsche, am Ufer des Vermelho-Flusses gelegene historische Zentrum des Städtchens Goiás, das bis 1937 Hauptstadt des gleichnamigen Bundesstaates war.

Die Altstadt, bestehend aus öffentlichen und privaten Gebäuden, bildet ein harmonisches Ensemble. Die portugiesischen Siedler entwickelten hier ihren ganz eigenen Baustil, für den vorwiegend regionale Materialien – vor allem Holz – verwendet wurden. Die herausragenden Gebäude sind – neben der Santana-Kathedrale und den fast 30 Kirchen – der Gouverneurspalast, die Casa de Câmara e Cadeia, die Casa de Fundição, das Theater und die Kasernen.

Die Igreja da Boa Morte, 1779 mit hübschem Dachgiebel errichtet, beherbergt heute ein Museum für sakrale Kunst.

ALTSTADT VON OURO PRETO

Reiche Goldvorkommen lösten Ende des 17. Jahrhunderts im Städtchen Ouro Preto einen Goldrausch aus. Heute bezaubert es durch seine großartige geschlossene Barock- und Rokokoarchitektur.

Ouro Preto (»schwarzes Gold«), das zeitweise Vila Rica (»reiche Stadt«) hieß, verdankt seinen Namen den enormen Goldvorkommen der Umgebung. Der Ort bekam 1712 die Stadtrechte verliehen und hatte als Hauptstadt der Kapitanie Minas Gerais (bis 1897) großen Einfluss auf die Geschicke des Landes. Hier entstanden viele einzigartige und kostbare Barockkirchen, die Vorboten des kolonialen Rokokostils waren. Herausragendes Beispiel ist die Igreja de São Francisco de Assis. Diese und andere der insgesamt 13 pompösen Kirchenbauten wurden maßgeblich von Aleijadinho (»Krüppelchen«) gestaltet (1730 bis

1814), der eigentlich Antônio Francisco da Costa Lisboa hieß und Ouro Preto seinen architektonischen Stempel aufdrückte. Die Altstadt von Ouro Preto zeichnet sich durch ihre einfache, ursprüngliche Architektur, ihre Brücken und ihre Brunnen aus. Fast alle Barockkirchen von Ouro Preto imponieren durch ihre üppige, detailreich gestaltete Innenausstattung.

Majestätisch thront die Igreja Nossa Senhora do Carmo über der Stadt (oben). Im Innern zeugen prächtig vergoldete Schnitzarbeiten und dekorierte Decken vom einstigen Reichtum der Stadt und vom Fantasiereichtum der Baumeister (rechts).

ALTSTADT VON DIAMANTINA

Auf Gold und Diamanten basierender Wohlstand verwandelte das 200 Kilometer nördlich von Belo Horizonte in Minas Gerais gelegene Städtchen Diamantina in der Kolonialzeit in ein bedeutendes Kunst- und Handelszentrum.

Der Name Diamantina steht für eine bewegte Geschichte: Nachdem hier 1731 die ersten Diamanten entdeckt worden waren, entwickelte sich Arraial do Tijuco, wie die Siedlung zunächst hieß, zum wichtigsten Diamantenzentrum der Region. Im Gegensatz zu manch anderen Bergbaustädten stand Diamantina zwischen 1771 und 1845 unter der direkten Verwaltung des Königshauses. Mit dem Fund qualitativ hochwertiger Diamanten in Südafrika brach der Bergbau in Diamantina Anfang des 20. Jahrhunderts endgültig zusammen. Städtebaulich und architektonisch integriert sich das Städtchen, das sich an einen steilen Felsen schmiegt, perfekt in die umgebende wilde, felsige Berglandschaft. Zu den besonders auffallenden Kolonialbauten zählen die Häuser in der Rua do Burgalhau. Sehenswert sind auch die Kirchen Nossa Senhora do Carmo und São Francisco de Assis, die beide aus der zweiten Hälfte des 18. Jahrhunderts stammen, sowie die 1835 erbaute Alte Markthalle und die überdachte blaue Fußgängerbrücke Passadiço.

Einen farblichen Akzent setzen Fenster, Gebäudekanten und Dachrinnen – sie verleihen den eher schlichten Fassaden der Kirchen und Häuser von Diamantina ein heiter-beschwingtes Aussehen.

KIRCHE BOM JESUS IN CONGONHAS

Ein Höhepunkt christlicher Kunst in Lateinamerika offenbart sich im Heiligtum des Guten Herrn Jesus in Congonhas, wo der brasilianische Bildhauer Aleijadinho auf dem Vorplatz und in den Kapellen großartige Skulpturen geschaffen hat.

Unweit von Ouro Preto, in Congonhas do Campo in Minas Gerais, befindet sich der Santuário do Bom Jesus de Matosinhos, bestehend aus einer Wallfahrtskirche und sieben Kreuzwegkapellen. Hunderttausende von Pilgern versammeln sich hier alljährlich im September. Die 1772 fertiggestellte Kirche birgt eine großartige Innenausstattung im Stil des Rokoko. Glanzstücke des Santuário sind die um 1800 hinzugekommenen Figurengruppen in den etwas unterhalb der Kirche stehenden Kapellen. Diese mehrfarbigen Meisterwerke der spätbarocken, kolonialen Bildhauerei zeigen den Leidensweg Christi und stammen von Aleijadinho und seinen Schülern, ebenso die zwölf lebensgroßen Figuren der Propheten, die den Treppenaufgang zum Vorplatz der Kirche säumen. Die Skulpturen des Künstlers, der viele Jahre lang von Lepra und Skorbut gezeichnet war, lassen sich ohne Weiteres in die Tradition der großen europäischen Bildwerke einordnen.

Prächtige Tafelbilder und Deckenmalereien im Rokokostil schmücken das Innere der Kirche Bom Jesus in Congonhas.

SÜDÖSTLICHE ATLANTISCHE WÄLDER

Die Atlantischen Regenwälder in diesem Schutzgebiet Südostbrasiliens sind mit ihrem Artenreichtum Zeugen der Evolutionsgeschichte Südamerikas.

Die Atlantischen Regenwälder Brasiliens gelten als bedroht: Nur noch sieben Prozent des einstigen Bestands in Brasilien sind erhalten. Ein großer Teil dieses Restes wächst im Südosten des Landes in den Bundesstaaten Paraná und São Paulo. Ein weiterer Teil der Regenwälder an der Costa do Descobrimento im Nordosten Brasiliens genießt ebenfalls Welterbestatus. Die Atlantischen Wälder wachsen in einer äußerst reizvollen Landschaft, in der sich bewaldete Berge, reißende Flüsse, tiefe Wasserfälle und flache Sumpfgebiete abwechseln. In dem aus insgesamt 25 Schutzzonen bestehenden, knapp 5000 Quadratkilometer umfassenden Areal gedeihen viele seltene und endemische Pflanzen. Gegenüber Amazonien wurde hier eine größere pflanzliche Biodiversität festgestellt. Auch die Fauna zeichnet sich durch Vielfalt aus. So leben hier allein rund 120 Säugetierarten, darunter Jaguar, Otter und Ameisenbär. Auch die Vogelwelt ist mit rund 350 Gattungen außergewöhnlich stark vertreten.

Während die Regenwälder in den oberen Stockwerken ein dichtes Blätterwerk ausbilden, entwickelt sich am Boden wegen Lichtmangels nur spärlicher Unterwuchs.

Brasilien

PANTANAL-SCHUTZGEBIET

Das Pantanal zählt zu den weltweit größten Süßwasserfeuchtgebieten und zeichnet sich durch eine spektakuläre Artenvielfalt aus.

Das Feuchtgebiet des Pantanal erstreckt sich ganz im Südwesten Brasiliens nahe den Grenzen zu Bolivien und Paraguay. Von November bis April, während des Sommers mit seinen sturzbachartigen Regenfällen, überfluten die großen Flusssysteme des Rio Cuiabá und des Rio Paraguai eine Tiefebene von der dreifachen Größe Costa Ricas und bilden ein riesiges Wasserareal mit flachen Seen, Sümpfen und morastigem Schwemmland. Zum Weltnaturerbe zählen vier Schutzgebiete mit einer Gesamtfläche von knapp 2000 Quadratkilometern.

Die jährlichen Sintfluten funktionieren als natürliche Kontrollmechanismen – sie steuern Grund- und Frischwasseraustausch, Wasserreinigung und -ver-

Der bis zu 130 Zentimeter lange Grüne Leguan besitzt einen auffälligen Rückenkamm, der sich bis zum Schwanz zieht.

sorgung. Die durch die Überschwemmungen transportierten Sedimente und Nährstoffe lassen im trockeneren Winter, von Ende April bis Oktober, wenn sich die Flüsse wieder zurückziehen, ein saftiges Grasland entstehen. In der dampfenden Hitze unter einem meist dunstigen Himmel präsentiert sich die einzigartige Landschaft des Pantanal in diesen Monaten von ihrer besonders spektakulären Seite.

Wie an kaum einem anderen Ort der Tropen gibt es hier mit 650 Vogel-, 400 Fisch- sowie 80 Säugetierspezies eine extrem artenreiche Fauna. Weite Abschnitte der Feuchtgebiete werden von der Cerrado-Savanne eingenommen, zwischen die sich stellenweise hohe Bäume wie der Jatobá mischen. In den ausgedehnten Sumpfgebieten bilden Acuri-Palmen kleine Wälder.

Wasser ist das bestimmende Element des Pantanal – in Form flacher, mit Wasserpflanzen bestandener Seen oder Flüsse, die in weiten Schlingen die Landschaft durchfließen. An der Wasseroberfläche breitet sich die Santa-Cruz-Seerose aus.

INSELRESERVAT FERNANDO DE NORONHA/ROCAS-ATOLL

Die Inselgruppe rund 500 Kilometer nordöstlich von Recife beherbergt eine vielfältige Fauna mit Delfinen, Haien, Meeresschildkröten und Seevögeln.

Das Inselreservat Fernando de Noronha/Rocas-Atoll liegt nur wenige Grade südlich des Äquators. Hier überschneiden sich die kalten Wassermassen des Südatlantiks mit den warmen Meeresströmungen des Äquators. Die Hauptinsel Fernando de Noronha besteht aus vulkanischen Gesteinen, auf denen ein einzigartiger atlantischer Inselwald wächst. Um die Hauptinsel verteilen sich 21 weitere Inseln. Das Rocas-Atoll besteht aus Korallenriffen, die sich um die Unterwassergipfel eines submarinen Gebirges gebildet haben. Das einzige Atoll im südlichen Atlantik bietet mit seinen natürlichen Bassins und flachen Lagunen bei Ebbe ein faszinierendes Naturschauspiel. Zum Inselreservat gehört auch ein Meeresschutzgebiet, das eine außerordentlich große Biodiversität aufweist. Die Küstengewässer rund um die Inselgruppe sind sehr nährstoffreich, viele Fische nutzen das Gebiet als Laichplatz. Hier tummeln sich Thunfische, Haie und seltene Meeresschildkröten. Das Inselgebiet des südatlantischen Archipels ist zudem eine wichtige Zwischenstation für Wale.

Zahlreiche Fische machen die Gewässer des Archipels zu einem beliebten Tauchrevier.

NATIONALPARK IGUAÇU

Die Wasserfälle des Iguaçu im Dreiländereck Brasilien – Argentinien – Paraguay gehören zu den größten der Erde. Durch die Ausweisung zweier Parks – einer in Brasilien und einer in Argentinien – wurde die Region unter Schutz gestellt.

Lange bevor man die Wasserfälle sieht, hört man sie bereits – erst ein leises Gurgeln, das schnell zu einem ohrenbetäubenden Grollen und Donnern anschwillt. Auf einer Breite von etwa einem Kilometer nähert sich der von üppiger tropischer Vegetation gesäumte Fluss Iguaçu – in Argentinien heißt er Iguazú – der hufeisenförmigen Abbruchkante. Schließlich stürzen dort über eine Front von 2700 Meter Länge die schäumenden Wassermassen mit ungebändigter Gewalt in die Schlucht – ein Naturschauspiel der Superlative. Mehr als 270 einzelne Wasserfälle hat man hier gezählt. Daneben bietet der 1700 Quadratkilometer große Nationalpark auf brasilianischer Seite vielen bedrohten Tier- und Pflanzenarten einen Rückzugsraum. Im Schutz der Bäume schwirren Papageien und Steißhühner umher, während Mauersegler ihre Nester in die zerklüfteten Felsen zwischen die Wasserfälle bauen. Ozelot und Jaguar bevölkern mit Tapiren, Ameisenbären und Nabelschweinarten den Regenwald. In den unruhigen Gewässern geht der selten gewordene Riesenotter auf Fischfang.

In Schleifen nähert sich der Iguaçu der Abbruchkante, wo seine Wassermassen bis zu 80 Meter in die Tiefe stürzen. Im Sprühnebel entstehen zauberhafte Regenbögen.

JESUITEN-MISSIONEN DER GUARANÍ

Die Ruinen der von Jesuiten errichteten Mustersiedlungen im südlichen Brasilien und nördlichen Argentinien sind steinerne Zeugen eines sozialen Experiments, das im 18. Jahrhundert mit der Ausweisung der Jesuiten aus Südamerika ein plötzliches Ende fand.

Anfang des 17. Jahrhunderts errichteten die Jesuiten im heutigen Bundesstaat Paraná (Brasilien) und der Provinz Misiones (Argentinien) sowie später auch in Paraguay sogenannte »Reduktionen« – Missionsdörfer, in denen sie die Guaraní-Indianer ansiedelten. Patres und Indianer lebten und arbeiteten hier Seite an Seite, gemeinsam wurden die Felder bestellt. Durch ihre effiziente Wirtschaftsweise waren die Dorfgemeinschaften weitgehend autonom. Gleichzeitig boten die Reduktionen den Indianern Schutz vor den Übergriffen brasilianischer

Vor der Kirche der Jesuitenreduktion São Miguel das Missões in Brasilien erhebt sich ein mächtiges Jesuitenkreuz.

Sklavenhändler und der Ausbeutung durch Großgrundbesitzer. Ziel dieser sozialen Einrichtungen war und blieb jedoch die Missionierung und religiöse Umerziehung der Guaraní-Indianer. Jede Siedlung bestand aus Kirche, Pfarrhaus, Schule, Hospital, Wohnhäusern und Vorratslagern. Die Reduktionen waren streng theokratisch und paternalistisch organisiert. Deshalb verfielen die Dörfer nach der Vertreibung der Jesuiten aus Südamerika 1767/68 rasch. Die Reduktionen São Miguel das Missões in Brasilien sowie Santa Ana, Nuestra Señora de Loreto und Santa María Mayor in Argentinien sind heute nur noch als Ruinen vorhanden. Einzig San Ignacio Miní wurde wieder restauriert.

Die Kirche von São Miguel das Missões wurde von dem italienischen Jesuiten Gian Battista Primoli entworfen (rechts). Die Natur hat viele Ruinen zurückerobert, wie in der Mission Santa Ana (oben).

JESUITENMISSIONEN IN PARAGUAY

Die Ruinen der Jesuitenmissionen La Santísima Trinidad de Paraná und Jesús de Tavarangue erinnern mit ihren barocken Kirchenanlagen an die Christianisierung der indianischen Urbevölkerung in Paraguay.

Anfang des 17. Jahrhunderts begannen die Jesuiten im heutigen Brasilien und Argentinien Missionsdörfer für die Indianer zu errichten. Später wurden viele dieser »Reduktionen« ins südliche Paraguay verlegt und weitere dort gegründet, da der spanische König den Jesuiten hier feste Territorien zugewiesen hatte. Die Jesuitenreduktionen waren kleine, relativ einheitlich aufgebaute befestigte Siedlungen, in denen die Patres mit den Guaraní zusammen lebten und arbeiteten und ihnen wichtige handwerkliche und landwirtschaftliche Kenntnisse beibrachten.

Teils waren die Siedlungen, wie etwa Trinidad, richtige kleine Städte mit massiven Steinbauten im sogenannten Guaraní-Barock, in dem europäische Stilelemente mit der Formensprache der Indianer verschmolzen. Die in großer Zahl entstandenen Missionsdörfer trugen der Region die Bezeichnung »Jesuitenstaat« ein. In Trinidad de Paraná sowie in Jesús de Tavarangue sind noch Reste von Kirchen, Kollegien und Friedhöfen zu sehen.

Von allen Jesuitenreduktionen ist Trinidad de Paraná am besten erhalten.

ALTSTADT VON COLONIA DEL SACRAMENTO

Die bewegte Vergangenheit der auf einer kleinen Landzunge im Río de la Plata gelegenen Stadt spiegelt sich in ihrer Architektur wider. Im Stadtbild vermischen sich portugiesische, spanische und postkoloniale Stilelemente.

Colonia del Sacramento, 1680 von den Portugiesen gegründet, ist die älteste europäische Siedlung auf dem Gebiet des heutigen Uruguay. Ihre strategisch günstige Lage in der Bucht des Río de la Plata führte zu ständigen Territorialstreitigkeiten zwischen Spaniern und Portugiesen, zu Belagerungen und Zerstörungen der Stadt. Erst 1828, mit der Gründung der unabhängigen Republik Uruguay, endete der Streit der Kolonialmächte. Die Altstadt mit geduckten Kolonialhäusern, schmiedeeisernen Gittern, ruhigen Plätzen und viel Grün vermittelt an jeder Ecke den

Charme einer Miniaturstadt der Kolonialzeit. Im Gegensatz zu den meisten spanischen und portugiesischen Kolonialstädten ist ihr Grundriss jedoch nicht im Schachbrettmuster angelegt, sondern richtet sich nach dem Gelände aus. Die teils gut erhaltenen Bastionen San Miguel, San Pedro und Santa Rita sind heute steinerne Zeugnisse der militärischen Vergangenheit Colonias.

Die aus dem 17. Jahrhundert stammende Iglesia Matriz ist eine der ältesten Kirchen Uruguays. Nach Zerstörungen wurde sie mehrfach wiederaufgebaut.

Argentinien

QUEBRADA DE HUMAHUACA

Die Schlucht im Nordwesten Argentiniens verbindet die Anden mit dem Tiefland. Seit 10 000 Jahren ist sie eine wichtige Passage für Menschen, Güter und Ideen.

Durchflossen wird die Schlucht vom Río Grande, der sich tief in die Felswände eingeschnitten hat. Bereits um 9000 v. Chr. hinterließen die ersten Jäger und Sammler Pfade, die noch heute benutzt werden. Aus jener Zeit stammen auch Ritzzeichnungen und Wandmalereien in Felshöhlen. Von frühen Ackerbaukulturen aus der Zeit um 1000 v. Chr. bis 400 n. Chr. wurden insgesamt zwölf Siedlungen ausgegraben, 20 weitere Fundorte stammen aus der Zeit bis 900, als die Schlucht erstmals als Handelsroute genutzt wurde. In vorkolumbischer Zeit (900 bis 1450) wurden 30 befestigte Städte, sogenannte Pucarás, angelegt. Damals begann der Anbau auf Terrassen mit entsprechender Bewässerung. Von 1430 bis 1535 war die Quebrada de Humahuaca Teil des weitläufigen Straßensystems der Inka, das sich von Chile bis nach Ecuador erstreckte. Im 16. Jahrhundert eroberten die Spanier das Gebiet und errichteten eigene Dörfer, Städte und Kirchen. In der Zeit des Unabhängigkeitskampfes war das Tal wichtiges Transitgebiet für die Armee und wurde auch Schauplatz erbitterter Kämpfe. Durch die vielfältigen kulturellen Einflüsse sind in der Quebrada ganz eigene Traditionen entstanden, die sich bis heute erhalten haben.

Bei Maimará verbreitert sich die Quebrada de Humahuaca zu einem weiten Tal.

NATIONALPARK IGUAZÚ

Auch auf der argentinischen Seite der an der Grenze von Brasilien und Argentinien gelegenen Iguazú-Fälle wurde ein Nationalpark eingerichtet. Er umfasst dichten Regenwald, der die Heimat zahlreicher Tier- und Pflanzenarten ist.

An der Grenze zu Brasilien schneidet sich der Fluss Iguazú auf einer Breite von 2700 Metern durch ein mächtiges Basaltplateau. Die Wassermassen teilen sich dabei in mehr als 270 Kaskaden und Wasserfälle auf und stürzen bis zu 80 Meter in die Tiefe. Auf den roten Böden des Basaltplateaus gedeiht ein üppiger subtropischer Regenwald. In dem rund 550 Quadratkilometer großen Nationalpark wachsen neben Lianen und Epiphyten mehr als 2000 Gefäßpflanzen. Durch den dichten Regenwald streifen Tapire und Ameisenbären, Nasenbären, Ozelote, Fischotter und sogar Jaguare. Auch einige Primatenarten wie der Schwarze Brüllaffe und das Schwarze Kapuzineräffchen leben im Regenwald. Mehr als 400 Vogel- sowie mehrere Amphibien- und Reptilienarten, darunter auch der gefährdete Breitschnauzenkaiman, haben hier ihren Lebensraum. Bereits 1934 wurde die Region um die Iguazú-Wasserfälle zum Nationalpark erklärt, für dessen Schutz das gleichnamige Dorf eigens umgesiedelt wurde.

Die Einheimischen nennen die Wasserfälle Garganta del Diablo – »Teufelsrachen«. Auf breiter Front stürzen die Wassermassen in zahlreichen Kaskaden in die Tiefe. Auch auf den kleinsten Inseln des Flusses hat sich eine üppige Vegetation ausgebreitet.

NATURPARKS ISCHIGUALASTO UND TALAMPAYA

In den beiden benachbarten Naturparks im Westen Argentiniens findet sich die weltweit vollständigste Abfolge fossiler Sedimente aus der Erdperiode der Trias.

Ab den 1950er-Jahren begann man mit der paläontologischen Erforschung des halbwüstenartigen Tals Valle de la Luna, das rund 400 Kilometer nordwestlich von Córdoba nahe der chilenischen Grenze liegt. Zusammen mit dem Nationalpark Talampaya bildet der Provinzpark Ischigualasto ein zusammenhängendes Areal von ungefähr 2750 Quadratkilometer Fläche. Als sich vor 60 Millionen Jahren die Anden aus der Erdkruste heraushoben, änderten sich die Umweltbedingungen radikal. In Talampaya betätigte sich die Erosion als Bildhauerin der Natur und formte Felsblöcke, Säulen und dünne Obelisken, die über den ziegelroten Sandboden verstreut sind. Unterschiedliche Gesteinsschichten und versteinerte Wälder bilden für Geologen und Paläontologen ein offenes Buch der Natur, aus dem sich die Evolutionsgeschichte seit der Trias ablesen lässt. Neben Saurierknochen grub man fossile Reste von 55 weiteren Wirbeltiergattungen und mehr als 100 Pflanzenarten aus. Von kulturhistorischem Interesse sind außerdem zahlreiche präkolumbische Felszeichnungen.

Durch Erosion ist im Valle de la Luna eine fantastische Felslandschaft entstanden.

JESUITEN-BAUDENKMÄLER IN UND UM CÓRDOBA

Ein Straßenblock in Córdoba und mehrere Estancias in der Umgebung der Stadt zählen zu den steinernen Zeugen des Wirkens des Jesuitenordens in Südamerika.

In Córdoba, im Nordwesten Argentiniens, errichteten die Jesuiten ab dem Jahr 1599 einen Gebäudekomplex, der zu einem Zentrum ihrer Missionsarbeit in Südamerika werden sollte. Die Iglesia Compañía de Jesús bildet den Kern des Ensembles. Mit der Gründung des Colegio Máximo, in dem heute die Universität residiert, begann 1613 die Blütezeit Córdobas. Mehrere Estancias – ländliche Ansiedlungen außerhalb der Stadt – sollten ökonomische Autarkie sichern und die indigene Bevölkerung, die auf Feldern und in Werkstätten arbeiten musste, »zivilisieren« und in die christliche Gemeinschaft einbinden. Die Indianer genossen hier eine gewisse wirtschaftliche Eigenständigkeit. Die Estancias waren Teil der Reduktionen in der Jesuitenprovinz Paraguay. Die größte, die Estancia Santa Catalina, entstand 1622. Bereits 1618 war die Estancia Caroya gegründet worden. Weitere zum Welterbe zählende Estancias sind Jesús María (1618), Alta Gracia (1643) und La Candelaria (1643). Nach der Vertreibung der Jesuiten aus Südamerika 1767/68 wurden die Estancias privatisiert.

Über der Estancia Alta Gracia thront eine reich dekorierte barocke Kirche.

HALBINSEL VALDÉS

Die 3600 Quadratkilometer große Halbinsel an der mittleren Atlantikküste Argentiniens ist komplett als Weltnaturerbe ausgewiesen. Sie bietet vor allem Meeressäugern einen geschützten Lebensraum.

Die größte argentinische Halbinsel, durch den etwa 30 Kilometer langen und nur fünf bis zehn Kilometer breiten Isthmus von Ameghino mit dem Festland verbunden, ist zusammen mit den umgebenden Küstengewässern das Habitat mehrerer Arten von Meeressäugern, die hier auch jährlich ihre Jungen zur Welt bringen. Die Südlichen Glattwale oder Südkaper etwa wurden in der Vergangenheit extrem bejagt, der Bestand ging immer stärker zurück. Rund um die Península Valdés, wo sie zu Frühjahrsbeginn eintreffen und bis Dezember bleiben, haben die über 14 Meter langen und mehr als 35 Tonnen schweren Wale ein sicheres Refugium gefunden. In einer geschützten Zone am Nordkap der Halbinsel gibt es eine riesige See-Elefanten-Kolonie. Diese imposanten Tiere sind die größten Vertreter aus der Familie der Seehunde. Am Kap Punta Delgada lebt eine unter Schutz stehende Seelöwenkolonie. Auch die Feinde der Robben, die Orcas, leben hier. Daneben gibt es auf Valdés auch Magellanpinguine sowie 180 weitere Vogelarten, darunter viele Seevögel.

An einigen Stellen fällt die Küste in bis zu 100 Meter hohen Klippen zum Meer ab. An diesen schwer zugänglichen Stränden halten sich die Robbenkolonien auf.

CUEVA DE LAS MANOS AM RÍO PINTURAS

Prähistorische Felsmalereien finden sich in der »Höhle der Hände«. Sie zeugen von der kulturellen Entwicklung einer der frühesten Gesellschaften Südamerikas.

Die 24 Meter tiefe und zehn Meter hohe Höhle befindet sich auf halber Höhe in der Schlucht des Río Pinturas im Süden Argentiniens. Ihren Namen verdankt sie den schablonierten Händeabdrücken, die einen großen Teil der spektakulären Bilder ausmachen. Besonders aufschlussreich sind die dargestellten Jagdszenen. Da werden Tiere eingekreist, in einen Hinterhalt gelockt oder mit Steinen gejagt. Manche Jäger sind allein unterwegs, andere in Gruppen. Die Malereien wurden mit natürlichen mineralischen Pigmenten, wie Eisenoxid, Kaolinen und Manganoxid angefertigt. Die geschützte Lage hat die kräftigen Farben bis heute erhalten. Die Bilder stammen wohl von den Jägern und Sammlern, die diese entlegene Gegend Patagoniens lange Zeit bewohnt hatten, bis sich hier im 17. Jahrhundert die ersten europäischen Siedler niederließen. Die Felsmalereien sind vermutlich während dreier unterschiedlicher Zeitabschnitte zwischen 8000 v. Chr. und 1000 n. Chr. entstanden.

Die meisten der Felsmalereien in der Höhle am Río Pinturas bestehen aus verschiedenfarbigen Abdrücken linker Hände, die übereinander angelegt wurden.

Argentinien

NATIONAL-PARK LOS GLACIARES

Im Herzen der patagonischen Anden, unmittelbar an der Grenze zu Chile, liegt dieser rund 4500 Quadratkilometer große Nationalpark von außerordentlicher landschaftlicher Schönheit, mit spektakulären Felsmassiven, eisigen Gletschern und Seen.

Die 13 Gletscher des Parks sind Teil des Patagonischen Eisfelds, das aus 47 großen Gletschern besteht und mit seinen rund 15 000 Quadratkilometern die größte zusammenhängende Eismasse außerhalb von Arktis und Antarktis ist. Hinzu kommen 200 kleinere, nicht direkt mit dem Eisfeld verbundene Gletscher. Der bekannteste unter ihnen ist der 30 Kilometer lange und fünf Kilometer breite Perito-Moreno-Gletscher, der in den Lago Argentino kalbt. Als einer der weltweit wenigen heute noch wachsenden Gletscher schiebt er seine Zunge langsam auf eine Halbinsel zu, wobei er alle drei bis vier Jahre einen Seitenarm des Argentino-Sees abschnürt. Der Wasserspiegel steigt auf bis zu 30 Meter an. Hält die Eismauer dem enormen Druck nicht mehr stand, folgt ein eindrucksvolles Naturschauspiel: Die aufgestauten Wassermassen sprengen einen Teil der Gletscherfront und bahnen sich ihren Weg

Bis zu 60 Meter hoch ragt die Stirn des Perito-Moreno-Gletschers über dem Lago Argentino auf. Oft brechen Eisschollen ab und stürzen mit lautem Getöse in den See.

in den restlichen Teil des Sees. Ebenfalls Bestandteil der glazialen Urwelt des Parks sind der Upsala- und der Spegazzini-Gletscher. Weitere landschaftliche Höhepunkte stellen die über 3000 Meter hohen und nur schwer bezwingbaren Granitgipfel des Cerro Torre und des Monte Fitz Roy im nördlichen Teil des Nationalparks unweit des Lago Viedma dar. Die Fauna des Parks wird von den rund 100 Vogelarten dominiert, darunter Darwin-Nandus und Kondore.

Wie steinerne Nadeln ragen die Granitspitzen des 3375 Meter hohen Monte Fitz Roy, des höchsten Bergs im Nationalpark Los Glaciares, in den Himmel.

Der Perito-Moreno-Gletscher hat die
Felsen am Ufer des Sees glatt geschliffen.

Chaltén, »rauchender Berg«, nannten
die Ureinwohner den Monte Fitz Roy.

Ein atemberaubender Blick aus der Luft
auf die beiden höchsten Berge des Nationalparks: Monte Fitz Roy und Cerro Torre.

Einzigartige Impressionen ergeben sich,
wenn sich das in der Morgensonne rötlich
gefärbte, wild gezackte Massiv des Cerro
Torre im Wasser der Laguna Torre spiegelt.

Nordeuropa

Beerenberg 2277
Jan Mayen (Nor.)

12

Nördlicher Polarkreis

66°

N O R W E G I S C H E

13

Gláma

Breiðafjörður   Húnaflói

S E E

Snæfellsnes   Akureyri

I S L A N D

1765
Hofsjökull   Herðubreið
1682

64°   REYKJAVÍK
Nationalpark
Thingvellir

Seyðisfjörður

Hekla
1491   Vatnajökull

Vestmannaeyjar

Skaftafell   Hvannadalshnúkur
▲ 2119   Höfn

14   Vulkaninsel Surtsey

62°

15

A T L A N T I S C H E R

Tórshavn   Färöer (Dän.)

60°

O Z E A N

Ålesund   M

16   Fjorde Westnorwegens: Geirangerfjord ◄

Flora

Stabkirche von Ur

Shetlandinseln

58°   Fjorde Westnorwegens:
Nærøyfjord

Lerwick

Bryggen
Bergen   Hard

Orkneyinseln
Jungsteinzeitliche Monumente auf Orkney

17   Kirkwall   Haukelig

St. Kilda
Saint Kilda   Isle of Lewis
and Harris   Thurso

Stornoway   Haugesund

Äußere Hebriden   North Uist   Ullapool   Boknafjord
Stavanger

56°   South Uist   Northwest Highlands   N O R D -

Skye   Moray Firth

Egersund

VEREINIGTES
KÖNIGREICH

Rum   Inverness   Fraserburgh

Loch
Ness   Peterhead

Innere Hebriden   Ben Nevis
1343   Grampian Mountains   Aberdeen   S E E

18   Tiree   Isle of Mull

Oban

GROSSBRITANNIEN

0   50   100   Jura   Dundee
km

Zentral- und N...

Süd- und Südwesteuropa

Nordasien

Lc
15°
Ld
60°
20°
Ma
25°
Mb
30°
Mc
35°
Md
40°
Na
45°
Nb
50°
Nc
55°
Nd
Oa

SCHWEDEN

Mo i Rana
Narvik Tromsø
NORWEGEN
Hammerfest
Falun
Sundsvall Kiruna Alta
Nordkapp
Umeå Luleå Inari
Bottnischer Meerbusen
Vaasa Kemi Kirkenes
Oulu Murmansk
Turku
Åbo
Tampere **FINNLAND** Kuusamo
Kuopio
TALLINN **HELSINKI**
ESTLAND Saimaa Lappeenranta
Narva Vyborg Solowezki-Inseln
Peipus-see Ladogasee
Sankt Petersburg Kirchen von Kishi Pogost
Nowgorod Petrozawodsk
Baudenkmäler von Nowgorod und Umgebung Onegasee Arhangel'sk
Weißer See Kloster Ferapontow
Twer Rybinsker Stausee Wologda
Kreml und Roter Platz in Moskau Dreifaltigkeitskloster von Sergijew Possad
MOSKAU Sergijew Possad Weiße Monumente in Wladimir und Susdal
Nowo-dewitschi-Kloster Wladimir
Nischni Nowgorod Kirow
Saransk Joschkar-Ola
Kasan
Simbirsk Kreml von Kasan Ischewsk Perm'
Saratow Engel's Ufa Ufa Jekaterinburg
Orenburg Tscheljabinsk
Oral Magnitogorsk Kurgan
Aktöbe Orenburg
Embi Saryarka: Steppe und Seen in Nordkasachstan Petropavl
Zapadnoe Omsk
Aralsk Saryarka: Steppe und Seen in Nordkasachstan **ASTANA** Pavlodar
Aralsee Schesqasghan Ekibastuz
Baikonur Karaghandy Semey
Nukus **KASACHSTAN** Öskemen
Kyzlorda Hungersteppe Balchasch
Itchan-Kala Turkistan Balchaschsee
USBEKISTAN Syrdarja
Mausoleum von Khoja Ahmed Yasawï Shymkent
Historisches Zentrum von Buchara Taldykorgan
Turkmenabat Buchara Petroglyphen der archäologischen Grabungsstätte von Tamgaly **CHINA**
TASCHKENT
Samarkand – Schnittpunkt der Kulturen **BISCHKEK**
Amudarja Samarkand Schahrisabs Almaty
Historisches Zentrum von Schahrisabs Archäologische Stätte Sarazm **KIRGISISTAN** Issykkul

NORDP
N O R D P
Franz-Joseph-Land (Rus.)
Barentssee
Sewernaja Semlja
Nordkapp
Nowaja Semlja
Karasee
Tajmyr-Halbinsel
Byrrangagebir
Jamal-Halb-Insel Gydan-Halbinsel Ha
Ob-busen **Nordsibirisches Ti**
Putorana-1701
Putorana-Plateau gebirge
Mittelsibirisc
Urwälder von Komi
Westsibirisches Bergland
Ob' Untere Tunguska
Chanty-Mansijsk Surgut
Tiefland Nishnewartowsk Steinige Tunguska
Tjumen Jenissei **S I B I**
Tobol **R U S**
Irtysch
Jenisseisk Ust-Jlimsk
Novosibirsk Krasnojarsk Bratsk
Novokuzneck Abakan Tulun Brats Stau
Barnaul Angara
Gorno-Altajsk Östlicher Sajan
Goldene Berge des Altai Abakan Westlicher Sajan Kyzyl
gora Beluha 4506 Uvs-Nuur-Becken
Zajsan **A L T A I** Uvs nuur
köli Mongolischer Altai Felsmalereien im Mongolischen Altai Khövsgöl nuur
Khovd
Dsungarei Kulturlandschaft Orchon-Tal **M O N**

Petschora
Petschora Workuta
Uhta
Syktywkar

Nordrussisches Tiefland
Nordrussischer Landrücken
U R A L

Sary-Turgai-Senke
Saryarka
Kasachische Steppe
Tiefland von Turan
g. Jamantau 1640

Nordasien

Naher und Mittlerer Osten

Ostasien

Aralsk
Saryarka: Steppe und Seen in Nordkasachstan
ASTANA
Pavlodar
Ustjurt-plateau
Aralsee
Baikonur
Schesqasghan
Karaghandy
Ekibastuz
Barnaul
Novokuznezk
Abakan
Gorno-Altajsk
Semey
Öskemen
ALTAI
Westlicher Sajan
Östlicher Sajan
Kyzyl
vodoh
Kunja-Urgentsch
Nukus
Kyzlorda
KASACHSTAN
Hungersteppe
Balchasch
Taldykorgan
Zaisan köli
Goldene Berge des Altai
gora Beluha
4506
Uvs-Nuur-Becken
Uvs nuur
Khöv nu

Karakum
Tiefland von Turan
Itchan-Kala
USBEKISTAN
Syrdarja
Turkistan
Balchaschsee
Felsmalereien im Mongolischen Altai
Khovd
Mongolischer Altai
M O N
Gobi

TURKMENISTAN
ASHGABAD
Parther-Festungen von Nisa
Mausoleum von Khoja Ahmed Yasawiā
Shymkent
Almaty
Ürümqi
Dsungarei
Meschhed
Turkmenabat
Buchara
Historisches Zentrum von Buchara
TASCHKENT
Petroglyphen der archäologischen Grabungsstätte von Tamgaly
BISCHKEK
Borohoro Shan
Ruinen von Merw
Mary
Samarkand
Schahrisabs
Samarkand – Schnittpunkt der Kulturen
Ferganatal
Archäologische Stätte Sarazm
Osh
KIRGISISTAN
Issykkul
Korla
Turpan
-154 Turfansenke
Kuruktag

Herat
Mazar-e Sharif
Minarett und Ruinen von Jam
Historisches Zentrum von Schahrisabs
DUSCHANBE
Heiliger Berg Sulaiman-Too
TADSCHIKISTAN
T I A N
7439 Pobedy peak
S H A N
Kashi
Muztag 6973
Altun Shan
Qaidambecken
Golmud
Qilian Shan
Qinghai Hu
Xining

Kulturlandschaft und archäologische Stätten des Bamiyantals
KABUL
4595
AFGHANISTAN
Kandahar
Pamir
7707
HINDUKUSCH
7546 Muztagata
TARIMBECKEN
Takla Makan
Hotan
Höhlen von Mogao
Minghoshan
G

Quetta
Buddhistische Ruinen von Takht-i Bahi
Nanga Parbat 8126
Mount Godwin Austen (K2) 8611
Karakorum
K U N L U N
HOCHLAND VON TIBET
C H I
Huang He
Landschaftspark Jiuzhaigou

Kandahar
Faisalabad
ISLAMABAD
Ruinenstadt Taxila
Rawalpindi
Srinagar
Indus
Fort und Shalimar-Gärten in Lahore
Amritsar
Lahore
Shimla
Festung Rohtas
Ludhiana
S H A N
Landschaftspark Huanglo

PAKISTAN
Multan
Dehradun
Qutb Minar mit Monumenten in Delhi
Komplex des Roten Forts in Delhi
Grabmal des Humayun in Delhi
Delhi
NEW DELHI
Nationalparks Nanda Devi und »Tal der Blumen«
Xigaze
Lhasa
Historisches Ensemble des Potala-Palasts in Lhasa
Mount Qingcheng und Bewässerungssystem von Dujiangyan
Panda-Naturreservat in Sichuan
Gongga Shan 7556

Sukkur
Ruinenstadt Mohenjo-Daro
Wüste Thar
Jaisalmer
Jaipur
Jantar Mantar in Jaipur
Rotes Fort von Agra
Agra
Taj Mahal in Agra
Mogulstadt Fatehpur Sikri
Keoladeo-Nationalpark
Dhaulagiri 8167
Sagarmatha (Mt. Everest) 8850
Sagarmatha-Nationalpark
Mount Emeishan und Großer Buddha von Leshan

Karachi
Hyderabad
Ruinen und Totenstadt von Thatta
Jodhpur
Udaipur
Kanpur
Lumbini, der Geburtsort Buddhas
KATHMANDU
Chitwan-Nationalpark
Tal von Kathmandu
H I M A L A Y A
Mekong
Lijang
Altstadt von Lijang

Diu
Ahmedabad
Archäologischer Park Champaner-Pavagadh
Jhansi
Tempelbezirk von Khajuraho
Tirth Raj Prayag
Varanasi
Patna
Darjeeling
Gebirgsbahnen Indiens
THIMPHU
BHUTAN
Brahmaputra
7089
Schutzzonen im Nationalpark der »Drei parallel verlaufenden Flüsse« in Yunnan
Xiaguan (Dali)
Karstland in Süd-

Daman
Vadodara
Surat
Narmada
Bhopal
Indore
Buddhistische Monumente bei Sanchi
Felshöhlen von Bhimbetka
Chota Nagpur Plateau
I N D I E N
Jabalpur
Ganges
Mahabodhi-Tempel von Bodh Gaya
Ranchi
Dhanbad
Manas-Wild-schutzgebiet
Shillong
Ruinen des buddhistischen Klosters von Paharpur
Kaziranga-Nationalpark
Imphal
3822
Kunming

Chhatrapati Shivaji Terminus in Mumbai
Mumbai
Felshöhlen von Elephanta
Höhlentempel von Ellora
Felsentempel von Ajanta
Aurangabad
Nagpur
Raipur
Raurkela
Kalkutta
BANGLA-DESCH
DHAKA
Historische Moscheestadt Bagerhat
Mangrovenwälder der Sundarbans
Chittagong
Mandalay
MYANMAR
Shan Plateau
Inle Lake
Mengzi
VIE
Zentralbereich der kaiser- Zitadelle von Thang-

Pune
Sholapur
D e k k a n
Hyderabad
Godavari
M e s t g h a t s
Sundarbans-Nationalpark
Bhubaneswar
Puri
Sonnentempel von Konark
Cox's Bazar
Sittwe (Akyab)
Bagan
2704
Rangun-Yoma
Irrawaddy
NAYPYIDAW
Chiang Rai
Chiang Mai
L A O S
Luang Prabang
Luang Prabang

Panaij
Kirchen und Klöster von Goa
Tempelanlage von Pattadakal
Tempelbezirk von Hampi
Hospet
1680
Vijayawada
Krishna
Visakhapatnam
Golf von Bengalen
Sandoway
Prome
Puthein (Bassein)
Maula-myaing
Ruinen von Sukhothai
Sukhothai
Phitsanulok
Archäologische Denk-mäler von Ban Chiang
Ban Chiang
VIANGCHAN
Nati
Mekong

Mangalore
Bangalore
Nellore
Gebirgsbahnen Indiens
Chennai
Tempelbezirk von Mahabalipuram
Coimbatore
Pondicherry
THAILAND

Ostasien

09
45°

RUSSLAND

Stanowoj-bergland

Baikalsee

Baikalsee

skij

Ulan-Ude

Aginskoe

Jablonowjgebirge

Jagdaqi

Yakeshi

Blagoweschtschensk

Amur

Birobidshan

Yichun

Chabarowsk

Komsomolsk am Amur

Sachalin

1609 ▲

Tatarensund

10

ULAN-BATOR

Großer Chingan

Kleiner Chingan

Jiamusi

Naturschutzgebiet Zentral-Sikhote-Alin

Južno-Sahalinsk

o. Rasšua

o. Simušir

o. Urup

40°

EI

B

Mandschurei

Harbin

Changchun

Chanka-see

Sihote-Alin

Wladiwostok

La-Pérouse-Straße

Wakkanai

Shiretoko

o. Iturup

o. Kunašir

Kuširo

2290 ▲ Asahi dake

Sapporo

HOKKAIDO

Hakodate

Tsugaru-Straße

Aomori

PAZIFISCHER

11

Baotou

Hohot

Huang He

Datong

Yungang-Grotten

Mount Wutai

Sommerresidenz und Tempel bei Chengde

Große Mauer

Chengde

Kaiserliche Grabstätten der Ming- und der Qing-Dynastie

Kaiserpaläste in Beijing und Shenyang

Kaiserpaläste in Beijing und Shenyang

Himmelstempel mit kaiserlichem Opferaltar in Beijing

Kaiserlicher Garten (Sommerpalast) bei Beijing

Shenyang

Hauptstädte und Gräber des antiken Königreichs Koguryo

Koguryo-Grabstätten

PYONGYANG

NORDKOREA

Japanisches Meer

Ostmeer

Niigata

Sendai

Fukushima

Shirame-san

Morioka

Hiraizumi – Tempel, Gärten und archäologische Stätten des Reinen-Land-Buddhismus

Historische Dörfer von Shirakawa-go und Gokayama

Nikko

Schreine und Tempel von Nikko

Buchenwald von Shirakami-Sanchi

HONSHU

OZEAN

JAPAN

35°

Beijing (Peking)

Fundstätte des Pekingmenschen in Zhoukoudian

Dalian

SÜDKOREA

Yantai

Zibo

Qingdao

Mount Taishan

SEOUL

Palastkomplex Changdeokgung

Chongmyo-Schrein in Seoul

Festung Hwasong

Königsgräber der Choson-Dynastie

Sokkuram-Grotte und Pulguksa-Tempel

TOKIO

Fuji-san 3776 ▲

Yokohama

Nagoya

Kyoto

Buddhistische Heiligtümer von Horyu-ji

Kobe

Osaka

Baudenkmäler und Gärten der Kaiserstadt Kyoto

Baudenkmäler und Gärten der Kaiserstadt Nara

12

Taiyuan

Pingyao

Altstadt von Pingyao

Shijiazhuang

Handan

Yin Xu

Jinan

Historische Dörfer Hahoe und Yangdong

Haeinsa-Tempel und Changgyong P'anga

Daegu

Kyongju

Gwangju

Silbermine Iwami-Ginzan

Hiroshima

Adelssitz Himeji-jo

Heilige Stätten und Pilgerwege in den Kii-Bergen

Friedensdenkmal in Hiroshima

30°

chuan

Xi'an

Grabmal des ersten Kaisers von China

Zhengzhou

Grotten von Longmen

Historische Stätten von Dengfeng

Gelbes Meer

Historische Stätten von Kyongju

Dolmenstätten von Kochang, Hwasun und Kanghwa

Kitakyushu

Fukuoka

SHIKOKU

Shinto-Schrein in Itsukushima

Izu-Inseln

Huainan

Hefei

Nanjing

Suzhou

Shanghai

Taoistische Heiligtümer in den Wudang-Bergen

Kaiserliche Grabstätten der Ming- und der Qing-Dynastie

Tempel und Grab des Konfuzius in Qufu

Mount Taishan

Jeju

Vulkaninsel Jejudo und Lavatunnel

Jejudo

Nagasaki

KYUSHU

Ostchinesisches

13

Kaiserliche Grabstätten der Ming- und der Qing-Dynastie

Klassische Gärten von Suzhou

Kulturlandschaft Westsee bei Hangzhou

Hangzhou

Mount Huangshan

Meer

Zedernwald von Yakushima

Osumi-Inseln

Tokara-Inseln

Kagoshima

Ogasawara-Inseln

Ogasawara-Inseln

Wuhan

Jiujiang

Lushan-Nationalpark

Dongting Hu

Nanchang

Mount-Sanqingshan-Nationalpark

Historische Dörfer Xidi und Hongcun im südlichen Anhui

25°

Nördlicher Wendekreis

ing

Landschaftspark Wulingyuan

landschaften Südchina

landschaften

Changsha

Mount Wuyi

CHINESISCHES BERGLAND

Wuyi Shan

Ryukyu-Inseln

Satsunan-Inseln

Okinawa-Inseln

Archäologische Stätten des Königreichs der Ryukyu-Inseln

Naha

14

Karstlandschaften in Südchina

Guilin

Danxia-Landschaften

Fuzhou

Tulou-Lehmrundbauten in Fujian

Xiamen

Taichung

TAIPEH

Taiwanstraße

Sakishima-Inseln

20°

Drei-Schluchten-Damm

Jangtsekiang

Diaolou-Türme und Dörfer in Kaiping

Guangzhou

Perlfluss

Macao

Historisches Zentrum von Macao

Hongkong

Kaohsiung

TAIWAN

15

n Halong

Beihai

Zhanjiang

Hainan-Straße

Haikou

Hainan Dao

Sanya

Südchinesisches

Meer

Luzon-Straße

15°

Bangui

Philippinische Barockkirchen

Vigan

Altstadt von Vigan

Banaue

Reisterrassen in den philippinischen Kordilleren

PHILIPPINEN

LUZON

Philippinensee

0   160   320
km

16

Südasien

Qinghäi Shan

Yinchuan
Taiyuan
Pingyao
Yin Xu
Altstadt von Pingyao
Mount Taishan
Handan
Jinan
Zibo
Qingdao

Xining
Huang He
Zhengzhou
Historische Stätten von Dengfeng
Grotten von Longmen
Tempel und Grab des Konfuzius in Qufu
Huaian
Kaiserliche Grabstätten der Ming- und der Qing-Dynastie
Nanjing
Jeju
Nagasaki
Vulkaninsel Jejudo und Lavatunnel
Jejudo
KYUSHU
JAPAN
Kagoshima

Ostchinesisches Meer

Zedernwald von Yakushima

Lanzhou
Xi'an
Grabmal des ersten Kaisers von China
Taoistische Heiligtümer in den Bergen von Wudang
Kaiserliche Grabstätten der Ming- und der Qing-Dynastie
Wuhan
Jiujiang
Hefei
Suzhou
Shanghai
Klassische Gärten von Suzhou
Hangzhou
Kulturlandschaft Westsee bei Hangzhou

Landschaftspark Jiuzhaigoutal
Landschaftspark Huanglong
CHINA
Rotes Becken
Drei-Schluchten-Damm
Jangtsekiang
Dongting Hu
Mount Huangshan
Nanchang
Mount-Sangqingshan-Nationalpark
Historische Dörfer Xidi und Hongcun im südlichen Anhui

Archäologische Stätten des Königreichs der Ryukyu-Inseln
Naha

Mount Qingcheng und Bewässerungssystem von Dujiangyan
Pandanaturreservat in Sichuan
Chengdu
Chongqing
Changsha
Mount Wuyi

Mount Emeishan und Großer Buddha von Leshan
Leshan
Gongga Shan 7556
Felsbilder von Dazu
Landschaftspark Wulingyuan
Danxia-Landschaften

Schutzzonen im Nationalpark der »Drei parallel verlaufenden Flüsse« in Yunnan
Karstlandschaften in Südchina
Danxia-Landschaften

Lijiang
Altstadt von Lijiang
Guiyang
Guilin
Tulou-Lehmrundbauten in Fujian
Xiamen
Fuzhou

Nationalpark
Xiaguan (Dali)
Karstlandschaften in Südchina
Kunming
Libo
Karstlandschaften in Südchina
Guangzhou
TAIPEH
TAIWAN
Taichung
Kaohsiung
Nördlicher Wendekreis

SÜDCHINESISCHES BERGLAND
Wuyi Shan

Mekong
Salween
Nanning
Perlfluss
Diaolou-Türme und Dörfer in Kaiping
Macao
Hongkong
Historisches Zentrum von Macao

Mandalay
Beihai
Zhanjiang
Luzon-Straße
Philippinensee

MYANMAR
Shan Plateau
Inle Lake
Zentralbereich der Kaiserlichen Zitadelle von Thang Long
HANOI
Bucht von Halong
Haiphong
Hainan-Straße
Haikou

Bangui
Philippinische Barockkirchen
Vigan
Altstadt von Vigan
LUZON

NAYPYIDAW
Luang Prabang
Luang Prabang
Zitadelle der Ho-Dynastie
Golf von Tonking
Hainan Dao
Sanya

Reisterrassen in den philippinischen Kordilleren
Baguio

Chiang Rai
Chiang Mai
VIANGCHAN
Ban Chiang
Archäologische Denkmäler von Ban Chiang
LAOS
Nationalpark Phong Nha-Ke Bang
Hue
Monumente der Kaiserstadt Hue
Da Nang
Mt. Pinatubo 1600
PHILIPPINEN
Philippinische Barockkirchen
MANILA
Catanduanes
Mayon 2482

Ruinen von Sukhothai
Sukhothai
Phitsanulok
Khon Kaen
Savannakhét
Hoi An
Altstadt von Hoi An
Tempelstadt My Son
Mindoro
Visayas
Samar
Leyte

Maula-myaing
Khorat Plateau
Ubon
Ratchathani
Pakse
Tempelbezirk von Wat Phu und Kulturlandschaft Champasak
Qui Nhon
Südchinesisches
Calamian Group
Panay
Iloilo
Cebu
Cebu
Bohol
Butuan

Rangun
Golf von Martaban
THAILAND
Ruinen von Ayutthaya
Waldgebiet Dong Phayayen-Khao Yai
Tempel von Preah Vihear
Meer
Negros
Cagayan de Oro

Wildreservat Thung Yai-Huai Kha Khaeng
Ayutthaya
Siem Reap
Ruinen von Angkor
Nha Trang
Spratly-Inseln
Nationalpark Puerto Princesa Subterranean River
Puerto Princesa
Palawan
Mt. Apo 2956
Davao
General Santos

Tavoy
BANGKOK
Pattaya
Tonle Sap
KAMBODSCHA
PHNOM PENH
VIETNAM
Naturpark Tubbataha Reef
Tubbataha Reef
Zamboanga Peninsula
Zamboanga
MINDANAO

Mergui
Hua Hin
Golf von Thailand
Mekong
T.P. Ho Chi Minh (Saigon)

Mergui-Archipel
Sihanoukville (Kompong-Som)
Jolo
Sulu-Inseln

Amanen-see
Isthmus von Kra
G. Kinabalu 4095
Sandakan
Celebessee
Manado
Minahasa

Koh Samui
Surat Thani
Mui Ca Mau
Kota Kinabalu
Kinabalu Park

Phuket
MALAYSIA
BANDAR SERI BEGAWAN
BRUNEI
Miri
Nationalpark Gunung Mulu
Molukken-see
Gorontalo

Songkhla
Kota Bharu
Natuna Besar
Mulu
Soroi 3000
Teluk Tomini

Kanal
Langkawi
Malayische Halbinsel
Kuantan
Kep. Anambas
Kep. Natuna
G. Liangoran 2240
Teluk Tolo
Kep. Sula

George Town
Ipoh
Melaka und George Town – Historische Städte an der Straße von Malakka
Kuching

SUMATRA
G. Leuser 3404
Medan
KUALA LUMPUR
Melaka und George Town – Historische Städte an der Straße von Malakka
Melaka
Singkawang
KALIMANTAN
Samarinda
SULAWESI (CELEBES)
Teluk Tolo

Regenwälder von Sumatra
Tobasee
Johor Bahru
SINGAPUR
Pontianak
Balikpapan
(BORNEO)
G. Rantemario 3440
Teluk Bone
Masamba
Kendari

Simeuleu
Nias
Pekanbaru
Natunasee
Muna
Teluk Bone
Butung

Tanahmasa
Bükittinggi
INDONESIEN

Südostasien

Pb 90° Pc 95° Pd 100° Qa 105° Qb 110° Qc 115° Qd 120°

Ranchi · Dhanbad
BANGLADESCH
Kalkutta · Khulna · **DHAKA** · Historische Moscheenstadt Bagerhat
Sundarbans-Nationalpark · Mangrovenwälder der Sundarbans · Chittagong
Cox's Bazar
Sittwe (Akyab) · Mandalay · Irrawaddy · Bagan · **2704**
MYANMAR
NAYPYIDAW · Shan Plateau · Inle Lake
Sandoway · Chiang Rai · Chiang Mai
Prome · Luang Prabang · **Luang Prabang**

Guiyang
Xiaguan (Dali) · Karstlandschaften in Südchina · Karstlandschaften in Südchina · Kunming · Libo · Guilin · Tulou-Lehmrundbauten in Fujian · Wuyi Shan · Fuzhou
Mengzi · **CHINA** · Nanning · Diaolou-Türme und Dörfer in Kaiping · Guangzhou · Xiamen
Beihai · Zhanjiang · Macao · Hongkong · Kaohsiung
Historisches Zentrum von Macao
Zentralbereich der kaiserlichen Zitadelle von Thang Long
HANOI · Bucht von Halong · Haiphong · Hainan-Straße · Haikou
Annamitische Küstenkette · Zitadelle der Ho-Dynastie · **2452** · Golf von Tonking · Hainan Dao · Sanya

Golf von Bengalen

Puthein (Bassein)
Rangun
Maulamyaing
Golf von Martaban

Ruinen von Sukhothai · Archäologische Denkmäler von Ban Chiang · Ban Chiang · Nationalpark Phong Nha-Ke Bang
VIANGCHAN · Khon Kaen · Savannakhét · Monumente der Kaiserstadt Hue · Hue · Da Nang
Sukhothai · Phitsanulok · Khorat Plateau · Ubon Ratchathani · Tempelstadt My Son · Hoi An · Altstadt von Hoi An
Wildreservat Thung Yai-Huai Kha Khaeng · **THAILAND** · Ruinen von Ayutthaya · Pakse · Tempelbezirk von Wat Phu und Kulturlandschaft Champasak
Tavoy · Ayutthaya · Waldgebiet Dong Phayayen-Khao Yai · Tempel von Preah Vihear · Qui Nhon
BANGKOK · Pattaya · Siem Reap · Ruinen von Angkor · **VIETNAM**
Mergui · Hua Hin · Tonlé Sap
KAMBODSCHA · Nha Trang

Südchinesisches

North Andaman · Andamanen · Middle Andaman
South Andaman · Port Blair · Little Andaman
Andamanensee · Zehn-Grad-Kanal

Golf von Thailand
Isthmus von Kra · **PHNOM PENH** · T.P. Hồ Chí Minh (Saigon)
Sihanoukville (Kompong Som)
Koh Samui · Surat Thani · Mui Ca Mau

Meer

PHILIPPINEN

Philippinische Barockkirchen · Vigan · Altstadt von Vigan
Reisterrassen in den philippinischen Kordillere
Mt. Pinatubo · **1600**
Paracel-Inseln

Nikobaren · Little Nicobar · Great Nicobar
Großer Kanal
Phuket

Spratly-Inseln · Nationalpark Puerto Princesa Subterranean River
Palawan · Puerto Princesa · Nat. Tub.
Tubbataha Reef · **Sulusee**

Songkhla · Banda Aceh
Langkawi · Kota Bharu · **MALAYSIA**
George Town · Melaka und George Town – Historische Städte an der Straße von Malakka
Ipoh · Kota Kinabalu · **4095** · Sandakan · Taw-Taw
SUMATRA · G. Leuser · **3404** · Kinabalu Park
Tropische Regenwälder von Sumatra · Medan · Kuantan · G. Kinabalu · Tawau
Simeulue · Tobasee · **KUALA LUMPUR** · Melaka und George Town – Historische Städte an der Straße von Malakka · **BANDAR SERI BEGAWAN** · **BRUNEI** · Miri
Nias · Melaka · Nationalpark Gunung Mulu · Mulu · Celebes
Äquator · Johor Bahru
SINGAPUR · **SINGAPUR**
Pekanbaru
Tanahbala · Bukittinggi · Kuching · **KALIMANTAN** · **2240** · G. Liangpran · Tomini · Teluk Tomini
Siberut · Padang · Kep. Anambas · Singkawang · **(BORNEO)** · Samarinda
Mentawai-Inseln · G. Kerinci · **3800** · Pontianak · Balikpapan · **SULAWESI (CELEBES)** · Masamba
Tropische Regenwälder von Sumatra · Jambi · Natunasee · G. Rantemario · **3440**
Pagai Selatan · Bangka · Banjarmasin · Teluk Bone
Bengkulu · Palembang · Belitung · **GROSSE SUNDAINSELN** · Ujung Pandang (Makassar) · Kabaena
Karimataatraße · **INDONESIEN** · Selayar
Tropische Regenwälder von Sumatra · **Javasee**
Bandar Lampung · Sundastraße · **KLEINE SUNDAINS** · Flo.
Nationalpark Ujung Kulon · **JAKARTA** · Semarang · Paläontologische Stätte Sangiran · Surabaya · Bali · Lombok · Sumbawa
Bandung · Buddhistische Tempelanlage von Borobudur · Solo · Hinduistische Tempelanlage von Prambanan · G. Merapi · **3332** · Komodo · Flores
JAVA · Yogyakarta · Denpasar · Nationalpark Komodo · Sumba · Sawu

INDISCHER
OZEAN
Cocos Islands (Austr.)
Christmas Island (Austr.)
Ashmore Islands

0 160 320 km

Pc 95° Pd 100° Qa 105° Qb 110° Qc 115° Qd 120° Ra

Rb 130° Rc 135° Rd 140° Sa 145° Sb 150° Sc 155° Sd 160°

Nördlicher Wendekreis

16

Farallon de Pajaros
Maug Is.
Asuncion

Agrihan

Nördliche Marianen (USA)

Pagan

Guguan
Sarigan
Anatahan

PAZIFISCHER

10°

Philippinensee

Saipan
Tinian

Rota

OZEAN

17

Catanduanes

Agaña
Guam (USA)

M I K R O N E S I E N

PALIKIR

Samar
Leyte

Murilo Atoll
Minto Reef
Oroluk Atoll
Ponapé I.
Senyavin Islands

Nomwin Atoll
Hall Islands
Ngatik Atoll

5°

Namonuito Atoll
Fayu I.
Truk Islands
Losap Atoll

Butuan

Gaferut I.
Pikelot I.
Pulap Atoll
Kurop Atoll
Mortlock Islands

Ulithi Atoll
West Fayu I.
Puluwat Atoll
Namoluk I.

18

IDANAO
Mt. Apo
2956

Faraulep Atoll
Olimarao Atoll
Satawal I.
Pulusuk I.
Satawan Atoll

Yap Islands
Lamotrek Atoll
Nukuoro Atoll

Davao

MIKRONESIEN

Ngulu Atoll
Sorol Atoll
Woleai Atoll
Ifalik Atoll

General Santos

Eauripik Atoll

Kayangel Is.

K a r o l i n e n

0°

Palau-Inseln
Babelthuap
KOROR

Kapingamarangi Atoll

Angaur

PALAU

19

Pulo Anna

Merir

Kep. Sangihe

M E L A N

Saint Matthias Group

5°

Tobi
Helen Reef

Mussau I.

Kep. Talaud

Tabar Is.
Lihir Group

New Hanover I.
Tanga Is.

Neuirland
Feni Is.

Morotai

Admiralitäts-Inseln

Green Is.
Buka I.

Rabaul
Bougainville I.

Halmahera

Bismarck-Archipel

Bismarcksee

Choiseul
New Georgia

20

Waigeo
Biak

Manokwari

Yapen

PAPUA-NEUGUINEA

Vella Lavella

Bacan

Jayapura

Halmahera-see

Doberai Peninsula

Sepik

Neubritannien

Obi

Misool

Salomonensee

Mangole

Seramsee

Neuguinea
Central Range
Historische Agrarland-schaft von Kuk

Umboi I.
Vitiaz Strait
Huon Peninsula

10°

Sula

Wahai

Bomberai Peninsula

Puncak Jaya
4884
Maokegebirge
Mt. Hagen
4509
Mt. Wilhelm

Huon Gulf

Trobriand Is.

Woodlark I.

Ambon

Seram (Ceram)

Nationalpark Lorentz

d'Entrecasteaux Islands

Buru

Papua

Owen Stanley Ra.
3990

Fergusson I.

21

Kep. Kai

Wokam

Kep. Aru

Kp. Kai

Koiroor

Aru-Inseln

Papuagolf

PORT MORESBY

Louisiade Archipelago

andasee

Trangan

Tagula I.

Kep. Daya Barat

Yamdena

Dolak

15°

Wetar

Moa

Kep. Tanimbar

Babar

Arafura Sea

Torresstraße

Cape York

Korallensee

22

OSTTIMOR

C. Wessel

Wessel Islands

Kap York-Halbinsel

C. Melville

Récifs et Chesterfields

rsee

Melville I.

Bathurst I.
Van Diemen Gulf

Darwin

Arnhemland

Beagle Gulf

Carpentaria-golf

Cooktown

20°

Nationalpark Kakadu

Groote Eylandt

Great Barrier Reef

Linou Reefs and Cays

Joseph Bonaparte Gulf

A U S T R A L I E N

Cairns

Flinders Reef

Marion Reef

23

Australien, Neuseeland

Inseln im Südpazifik

PAZIFISCHER

OZEAN

Tb 170° Tc 175° Td 180° Ua 175° Ub 170° Uc 165° Ud

Taongi Atoll

Johnston Atoll (USA)

0 160 320
km

15

Bikar Atoll

15°

Atombombentestgebiet Bikini-Atoll
l Atoll

Rongelap Atoll

Ailinginae Atoll Rongerik Atoll Taka Atoll

Wotho Atoll Alluk Atoll

Ujae Atoll Likiep Atoll Wotje Atoll

Kwajalein Atoll Erikub Atoll Maloelap Atoll

MARSHALLINSELN

Lae Atoll Aur Atoll

16

Namu Atoll

Ailinglapalap Atoll **MAJURO**
(DALAP-ULIGA-DARRIT)

Namorik Atoll Jaluit Atoll Majuro Atoll

Kili I. Arno Atoll

Mili Atoll 10°

Ebon Atoll Knox Atoll

Kingman Reef (USA)

17

Butaritari Atoll

Apaiang Atoll Marakei Atoll

BAIRIKI Tarawa Atoll

Maiana Atoll

Palmyra Atoll (USA)

5°

YAREN Nauru

Banaba I. Abemama Atoll

Aranuka Atoll

Howland Is. (USA)

NAURU

Nonouti Atoll

Tabiteuea Atoll Beru I. Baker I. (USA)

Kingsmill Group Nikunau I.

Onotoa Atoll Tamana I.

Arorae I. Winslow Reef

KIRIBATI

18

P h o e n i x i n s e l n

Mac Kean I. Canton Atoll

Birnie Atoll Enderbury Atoll
Rawaki
(Phoenix)

Nikumaroro
(Gardner) Orona
(Hull) **Meeresschutzgebiet Phoenixinseln**

Carondelet Reef Manra
(Sydney)

Äquator 0°

Nanumea Atoll

Nanumanga Niutao

T u v a l u - I n s e l n

Nui

19

TUVALU Vaitupu

Nukufetau Atoll

VAIAKU

Funafuti Atoll 5°

Nukulaelae Atoll

Reef Islands Duff Is.

T o k e l a u - I n s e l n
(Neuseeland)

Niulakita

Nendo Sta Cruz Islands Atafu Atoll

Utupua Tikopia

Vanikolo Nukunonu Atoll

Cherry I. Fakaofo Atoll

Torres Is./
Iles Torres Fataka

Banks Is./Iles Banks Rotuma

Vanua Lava/
I. Vanua Lava

20

Maewo/
I. Aurora Swains Atoll

itu Santo/Île Santo Pentecost I./
I. Pentecôte

Ambrim/
I.Ambrym **Wallis und Futuna (Fr.)** Pukapuka Atoll Rakahanga Atoll

Epi/Île Epi Mata-Utu

SAMOA Nassau I.

Malakula/
I.Mallicolo Île Futuna Îles Wallis Savai'i I. Manihiki Atoll

NUATU **PORT-VILA** Niuafo'ou **APIA** **Amerikanisch**
Samoa (USA) 10°

Eromanga I./
I.Erromango **Kulturlandschaft Chief Roi Mata's Domain** Upolu I. Pago Pago C o o k - I n s e l n

Neukaledonien **Fidschi-Inseln** Tutuila I. Manua I. (Neuseeland)

Tana/I.Tanna Nabouwalu Vanua Levu Niuatoputapu Tafahi

Suwarrow Atoll

Ouvéa Lautoka Taveuni

Lifou Viti Levu **SUVA** Korosee Suwarrow Atoll

Maré Kadavu Lau Group

gunen vor: **FIDSCHI**

P O L Y N E S I E N 15°

kaledonien Grand
Récif Sud Île des Pins

Île Matthew Île Hunter **TONGA** Antiope Reef

Alofi

NUKU'ALOFA Niue (Neuseeland)

Südlicher Wendekreis Tongatapu Palmerston Atoll 22

Tb 170° Tc 175° Td 180° Ua 175° Ub 170° Uc 165° Ud 160° Va

Nordafrika

ATLANTISCHER

OZEAN

PORTUGAL SPANIEN

Algarve
Cabo de São Vicente
Sevilla Granada
Cádiz Málaga Cartagena
Straße von Gibraltar Cabo de Gata
Tanger Oran
Tetouan
Medina von Tétouan
Ausgrabungsstätte Volubilis
Casablanca Meknès Fès
El-Jadida Altstadt von Fès
Altstadt Mazagan von El-Jadida Altstadt von Meknès
Safi MAROKKO
Altstadt von Essaouira
Essaouira Marrakesch
Medina von Marrakesch Ksar Aït-Ben-Haddou
Agadir Ouarzazate
Tiznit

Alacant
MITTELMEER
ALGIER Kasbah (Altstadt) von Algier
Tipasa Blida Djemila
Constantine
Sétif Ruinen von Dougga/Thugga
Bergfestung Beni Hammad
Batna Timgad
Ghardaïa
Tal von M'zab
Béchar
El Ménia

Madeira Lorbeerwald »Laurisilva« von Madeira

Sardinien Tyrrhenisches Meer
Palermo
Sizilien
Nationalpark Ichkeul Medina von Tunis
Kerkouane und Nekropole
TUNIS Ruinen von Karthago
Kairouan Sousse
Medina von Medina von Sousse
Kairouan Sfax
TUNESIEN Kleine Syrte Djerba
Amphitheater von El Djem
Chott El Jerid
TRIPOLIS
Ruinen von Sabratha Al Khu
Ruinen von Leptis Magna
Tripolitanien

ITAL
Atna 3323

MAROKKO

Kanarische Inseln
La Palma
San Cristóbal de La Laguna auf Teneriffa
Teneriffa
Nationalpark Garajonay auf Gomera Gran Canaria
La Gomera Nationalpark
Hierro Teide auf Teneriffa
Lanzarote
Fuerteventura

Al-'Ayun
Tindouf

Nördlicher Wendekreis
Ad-Dakhla

Nouâdhibou
Nationalpark Banc d'Arguin

Zouérat

Ksour von Ouadane, Chinguetti, Tichitt und Oualata
Ouadane
Chinguetti
Massif de l'Adrar

Antiatlas

Saharaatlas
Großer Westlicher Erg
Großer Östlicher Erg
Ghadames
Altstadt von Ghadames
Hamada de Tinrhert

ALGERIEN
Plateau du Tademaït
Reggane
Tassili n'Ajjer Felsbilder im Tadrart Acacus
Tassili n'Ajjer Ghat Fezzan
Tahat 2918
Hoggar
Tamanrasset
Tassili du Hoggar
Ténéré du Tafassasset
Plateau du Djado

LI
Sabha
Li
A

MAURETANIEN
Tichitt
Ksour von Ouadane, Chinguetti, Tichitt und Oualata
Aoukâr Oualata

NOUAKCHOTT (NAWAKSHUT)

Vogelschutzgebiet Djoudj
Saint-Louis
Insel Saint-Louis
DAKAR
Cap Vert Insel Gorée
Saloum-Delta SENEGAL
BANJUL Steinkreise von Senegambien
GAMBIA James Island und weitere historische Stätten
Ziguinchor Gambie
BISSAU Nationalpark Niokolo-Koba
GUINEA-BISSAU
Bissagos-Inseln GUINEA

Senegal

Niger
MALI
Adrar des Ifôrhas
Timbuktu
Moscheen, Mausoleen und Friedhöfe von Timbuktu
Gao Grabmal des Askia in Gao
Niger
Mopti
Djenné mit Ausgrabungsstätten Bandiagara
Djenné Felsen von Bandiagara Land der Dogon
Ségou
BAMAKO
Dédougou OUAGADOUGOU
Nationalpark »W«
BURKINA FASO
Bobo-Dioulasso
Loropéni
Ruinen von Loropéni

Naturparks Aïr und Ténéré
Aïr ou Mts.Bagzane 2022 Azbine
Agadez
NIGER
Tahoua
Sokoto Zinder
Kano
Zaria
Kaduna
ABUJA NIGERIA Jos Plateau
Kulturlandschaft von Sukur
Mubi
Maiduguri
Tschadsee
N'D

Ténéré
Grand Erg de Bilma

CONAKRY
FREETOWN
SIERRA LEONE
Kankan
Ferkessédougou
Naturschutzgebiet Nimba-Berge
Mts.Nimba 1611
ELFENBEINKÜSTE
LIBERIA Daloa
MONROVIA Toulépleu
Buchanan
Nationalpark Taï
Harper Abidjan
Cap Palmas
Pfefferküste Elfenbeinküste

Nationalpark Comoé
Tamala
Kara
BENIN Koutammakou Land der Batammariba
TOGO
GHANA Königspaläste von Abomey
Volta-Stausee Abomey
Bauwerke der Aschanti PORTO-NOVO
Kumasi LOMÉ ACCRA
YAMOUSSOUKRO
Forts und Burgen Ghanas
Sekondi
Goldküste Sklavenküste
Bucht von Benin

Heiliger Hain der Oshun in Oshogbo
Osogbo
Ibadan
Lagos
Benin City
Enugu
Port Harcourt
Nigerdelta

Ibadan
2410
KAMERUN
Kamerunberg 4096
Douala YAOUNDÉ
Isla de Bioco
MALABO
Bata
ÄQUATORIALGUINEA
Príncipe
SÃO TOMÉ UND PRINCIPE
São Tomé
Äquator
Cap Lopez
Port-Gentil
Lambaréné
GABUN KO
Tierreservat Dja
Dja
LIBREVILLE
Kulturlandschaft Lopé-Okanda

Golf von Guinea

ATLANTISCHER

OZEAN

Kapverdische Inseln
Santo Antão
São Vicente
São Nicolau Boa Vista
Santiago
Fogo PRAIA
Cidade Velha
KAP VERDE

Nordafrika

Südliches Afrika

São Tomé und Principe
Príncipe
Bata
ÄQUATORIAL-GUINEA
KAMERUN
SÃO TOMÉ
LIBREVILLE
GABUN
KONGO
Mbandaka
Kongo-becken
Kisangani
Äquator
Kulturlandschaft Lopé-Okanda
Lambaréné
Ikela
DEMOKRATISCHE
Cap Lopez
Port-Gentil
Pagalu
Lac Mai-Ndombe
Nationalpark Salonga
Na Ka
BRAZZAVILLE
REPUBLIK KONGO
Pointe-Noire
KINSHASA
Kikwit
Kananga
Mbuji-mayi
Cabinda (Angola)
Cabinda
Matadi
Tshikapa
Kasai
Plateau du Kasai
Kolwezi
Lubu
LUANDA
ANGOLA
Hochland
Luena
Sambesi
Kat
Co
Benguela
Huambo
von Bié
Lubango
Mongu
S A
Namibe
Barotseland
Sankt Helena (Brit.)
Okavango
Livingstone
Caprivizipfel
ATLANTISCHER
Ovamboland
Etoschapfanne
Tsodilo Hills
Sambesi
V (M
Okavango delta
Natio Ruinen
Grootfontein
Maun
Makgadikgadi Salzpfanne
Twyfelfontein (/Ui-//aes)
Hereroland
Brandberg 2574
Damaraland
Ghanzi
OZEAN
WINDHUK
BOTSUANA
Südlicher Wendekreis
Walvis Bay
NAMIBIA
K A L A H A R I
GABORONE
Namaland
Fundstätten fos Hominiden in Süda
Lüderitz
Keetmannshoop
Betschuanaland
Fundstätten fossiler Hominiden in Südafrika
Taung
Jo
Vre
Kimberley
Kulturlandschaft Richtersveld
Oranjeriver
Bloemfontein
Oranjeriver
Namaqualand
Hohe Karoo
SÜDAFRIKA
D
Florenreiche der Kapregion
Große Karoo
2152
Robben Island
Kapstadt
Kleine Karoo
Port Elizabeth
Kap der Guten Hoffnung
Kap Agulhas (Nadelkap)

0   160   320
km

Mc 35° Md 40° Na 45° Nb 50° Nc 55° Nd 60° Oa

SOMALIA
● MOGADISCHU

I N D I S C H E R

O Z E A N

Äquator 0°

18

servat
Albertsee
UGANDA
Gräber der Buganda-
Könige in Kasubi
M.Elgon
4321
KENIA

Nationalpark
Ruwenzorigebirge
KAMPALA
Kisumu
5199
Mt.Kenya
Nationalpark Mount Kenya

Nationalpark
Bwindi
Victoriasee
Seen des Great Rift Valley
NAIROBI
Kismaanyo

KIGALI
Bukoba
Musoma
Altstadt von Lamu
Lamu

JANDA
Mwanza
Nationalpark
Serengeti
Malindi
Kaya-Wälder der Mijikenda an der Küste Kenias

UMBURA
Naturschutzgebiet
Ngorongoro
Eyasisee
5895
Kilimandscharo
Nationalpark
Kilimandscharo
Mombasa
Fort Jesus in Mombasa

Kigoma
Maasai
Steppe
Kondoa
Arusha
Tanga
Pemba
Stone Town auf Sansibar

T A N S A N I A
Felsmalereien von Kondoa
DODOMA
Morogoro
Sansibar
Sansibar
Daressalam

19

O Z E A N

Praslin
La Digue
Naturpark Vallée de Mai

Mahé
VICTORIA

S E Y C H E L L E N

Alphonse Group

5°

eulu
Sumbawanga
Mbeya
Iringa
Mafia

20

Kilawa Masoko
Wildreservat
Selous
Ruinen von Kilwa Kisiwani
und Songo Mnara
Lindi

Aldabra-Atoll
Aldabra Group
Grande Terre
Cosmoledo Atoll
Atoll de Providence
Farquhar Group

Atoll de Farquhar
Agalega Is.

10°

MALAWI
Muchingageberge
Cabo Delgado
Ruvuma

LILONGWE
Nationalpark
Malawi-See
Felsmalereien von Chongoni
MORONI
KOMOREN
Dzaoudzi
Mayotte (Fr.)
T.Babaomby
Antsiranana

21

Cabora Bassa-Stausee
ule
Blantyre
Nampula
Insel Mosambik
Mosambik
Pemba

ational park Mana Pools
MOSAMBIK
Mahajanga
Ambanja
2876
Maromokotro
Regenwälder von Atsinanana

Maroantsetra
Regenwälder von Atsinanana

15°

HARARE

ABWE

Quelimane

Beira

Regenwälder von Atsinanana
Toamasina
Königshügel von Ambohimanga
Tsiafajavona
2643
ANTANANARIVO

M A U R I T I U S

PORT LOUIS
Aapravasi Ghat
Mauritius
Kulturlandschaft Le Morne
I.Rodriguez

22

Masvingo
Nationaldenkmal
Groß-Simbabwe
Naturschutzgebiet
Tsingy de Bemaraha
Morondava

MADAGASKAR
Saint-Denis
Vulkanlandschaft auf La Réunion
Réunion (Fr.)

20°

ndschaft Mapungubwe
Morombe
Regenwälder von Atsinanana
Ihosy
Boby
2658

Cargados Carajos

sburg
srus
n fossiler
in Südafrika
Inhambane
Toliara

23

Xai-Xai

Südlicher Wendekreis

MAPUTO
Tôlanaro
Regenwälder von Atsinanana

MBABANE
Tanjona
Vohimena
SWASILAND

iSimangaliso Wetland Park

25°

rk Drakensberge (uKhahlamba)
Durban

24

I N D I S C H E R

30°

O Z E A N

25

Mc 35° Md 40° Na 45° Nb 50° Nc 55° Nd 60° Oa 65° Ob 70°

Alaska, Kanada, Grönland

USA, Mittelamerika

Südliches Südamerika

| Ec | 105° | Ed | 100° | Fa | 95° | Fb | 90° | Fc | 85° | Fd | 80° | Ga | 75° |

22
20°

P A Z I F I S C H E R

Islas de los Desventurados (Chile)

23

Südlicher Wendekreis

Sala y Gómez (Chile)

O Z E A N

Nationalpark Rapa Nui (Osterinsel)
◇ Rapa-Nui (Chile)
(Osterinsel)

Islas Juan-Fernández (Chile)
*Isla Robinsón Crusoe
(Isla Más a Tierra)*
I.Alejandro Selkirk

24

30°

Restinga de Sefton

25

0   160   320
km

| Ea | 115° | Eb | 110° | Ec | 105° | Ed | 100° | Fa | 95° | Fb | 90° | Fc | 85° | Fd | 80° | Ga |

15°

Kapverdische Inseln

MALI   NIGER

32
0°

Clipperton

Kokosinsel (Costa Rica)

Karibisches Meer

CARACAS
VENEZUELA

CÔTE D'IVOIRE   NIGERIA

Nationalpark Kokosinsel ◆
Naturreservat Malpelo ◆
Malpelo (Kolumbien)

KOLUMBIEN

Galapagos-Inseln (Ecuador)
Nationalpark Galapagos-Inseln ◆

ECUADOR

Äquator

33

P A Z I F I S C H E R   O Z E A N

PERU
LIMA

B R A S I L I E N

Ascension (Brit.)

ANGOLA

15°

Französisch Polynesien

BOLIVIEN   BRASILIA

Saint Helena (Brit.)

Südseeinsel Henderson Island ◆
Henderson Island (Brit.)

PARAGUAY

Südlicher Wendekreis

NAMIBIA

34

Pitcairn (Brit.)

Nationalpark Rapa Nui (Osterinsel) ◇
Rapa Nui (Chile)

A T L A N T I S C H E R   O Z E A N

30°

SANTIAGO
CHILE   ARGENTINIEN

URUGUAY
BUENOS AIRES

Tristan da Cunha (Brit.)

Gough Island (Brit.)
Gough und Inaccessible Island ◆

35

45°

Falkland-Inseln (Brit.)

36

0   1000   2000
km

Süd-Georgien (Brit.)

Kap Hoorn

| Aa | 135° | Ab | 120° | Ac | 105° | Ad | 90° | Ba | 75° | Bb | 60° | Bc | 45° | Bd | 30° | Ca | 15° | Cb | 0° | Cc | 15° | Cd |

Liste des Welterbes – Kultur- und Naturschätze unter dem Schutz der UNESCO-Konvention

Die Liste des Welterbes umfasst 936 Monumente in 153 Ländern. 725 zählen zum Kulturerbe (K), 183 zum Naturerbe (N). 28 Stätten gehören sowohl dem Kultur- als auch dem Naturerbe an. Grenzüberschreitende Welterbestätten sind besonders gekennzeichnet (GÜ) und unter jedem Land aufgeführt, zu dem sie gehören. Zusätzlich sind das Jahr der Aufnahme in die Liste sowie spätere Erweiterungen (erw.) einer Stätte angegeben. Die vom Welterbekomitee der UNESCO als stark gefährdet eingestuften Monumente sind mit einem roten Stern * versehen. Die erste Seitenzahl (fett gedruckt) bezieht sich auf den Texteintrag, die zweite Zahl auf die Kartenseite, die Kombination aus Ziffer und Buchstaben auf das Suchfeld in der Karte.

EUROPA

Island

Nationalpark Thingvellir (K, 2004)	10	484 Jk13
Vulkaninsel Surtsey (N, 2008)	10	484 Jk14

Norwegen

Struve-Bogen (K, GÜ, 2005)	124	485 Mb10–11
Felszeichnungen von Alta (K, 1985)	10	485 Mb11
Vega-Archipel (Vegaøyan) (K, 2004)	11	485 Lf13
Bergbaustadt Røros und Umgebung (K, 1980, 2010 erw.)	11	485 Lf14
Stabkirche von Urnes (K, 1979)	11	484 Ld15
Bryggen (K, 1979)	12	484 Lc15
Fjorde Westnorwegens: Geirangerfjord und Nærøyfjord (N, 2005)	14	484 Ld14/15

Schweden

Arktische Kulturlandschaft Lappland (K, N, 1996)	15	485 Lk12
Struve-Bogen (K, GÜ, 2005)	124	485 Mb12
Kirchendorf Gammelstad in Luleå (K, 1996)	15	485 Mb13
Eisenhütte Engelberg (K, 1993)	15	485 Lh16
Bergbaugebiet Großer Kupferberg in Falun (K, 2001)	16	485 Lh15
Felszeichnungen von Tanum (K, 1994)	16	485 Lf16
Königliches Sommerschloss Drottningholm (K, 1991)	16	485 Lj16
Radiostation Varberg (K, 2004)	17	487 Lg17
Wikingersiedlungen Birka und Hovgården (K, 1993)	17	485 Lj16
Marinehafen von Karlskrona (K, 1998)	17	487 Lh17
Hansestadt Visby (K, 1995)	18	487 Lk17
Agrarlandschaft von Süd-Öland (K, 2000)	19	487 Lj17
Friedhof Skogskyrkogården (K, 1994)	19	485 Lk16
Hohe Küste und Kvarkenarchipel (N, GÜ, 1993, 2006 erw.)	19	485 Lk14/Ma14

Dänemark

Eisfjord Ilulissat (N, 2004)	20	511 Hb05
Kathedrale von Roskilde (K, 1995)	21	487 Lf18
Grabhügel, Runensteine und Kirche von Jelling (K, 1994)	21	487 Le18
Schloss Kronborg bei Helsingør (K, 2000)	21	487 Lg17

Finnland

Struve-Bogen (K, GÜ, 2005)	124	485 Mb11, Mc14, Md15
Alte Kirche von Petäjävesi (K, 1994)	22	485 Mc14
Altstadt von Rauma (K, 1991)	22	485 Ma15
Hohe Küste und Kvarkenarchipel (N, GÜ, 2000, 2006 erw.)	19	485 Lk14/Ma14
Bronzezeitlicher Friedhof von Sammallahdenmäki (K, 1999)	22	485 Ma15
Festung Suomenlinna (K, 1991)	23	485 Mc15
Historische Kartonfabrik von Verla (K, 1996)	23	485 Md15

Estland

Historisches Zentrum von Tallinn (K, 1997)	23	485 Mc16
Struve-Bogen (K, GÜ, 2005)	124	485 Md16

Lettland

Historisches Zentrum von Riga (K, 1997)	24	487 Mb17
Struve-Bogen (K, GÜ, 2005)	124	487 Mc17

Litauen

Archäologische Stätte Kernave (K, 2004)	24	487 Mc18
Historisches Zentrum von Vilnius (K, 1994)	25	487 Mc18
Struve-Bogen (K, GÜ, 2005)	124	487 Mc18
Kurische Nehrung (K, GÜ, 2000)	25	487 Ma18

Vereinigtes Königreich

St. Kilda (K, N, 1986, 2004 u. 2005 erw.)	26	486 Kf17
Jungsteinzeitliche Monumente auf Orkney (K, 1999)	26	486 Kj16
New Lanark (K, 2001)	26	486 Kj18
Grenzen des Römischen Reichs (K, GÜ, 1987, 2005 u. 2008 erw.)	27	486 Kj18
Alt- und Neustadt von Edinburgh (K, 1995)	27	486 Kj18
Burg und Kathedrale von Durham (K, 1986)	28	486 Kk18
Industriedorf Saltaire (K, 2001)	28	486 Kk19
Historische Hafenstadt Liverpool (K, 2004)	28	486 Kj19
Industrielandschaft Blaenavon (K, 2000)	28	486 Kj20
Industriedenkmäler von Ironbridge Gorge (K, 1986)	29	486 Kj19
Studley Royal Park und Fountains Abbey (K, 1986)	29	486 Kk18
Schloss Blenheim (K, 1987)	29	486 Kk20
Industrielandschaft Derwent Valley (K, 2001)	29	486 Kk19
Westminster Abbey und Palace (K, 1987)	30	486 Kk20
Tower von London (K, 1988)	31	486 Kk20
Royal Botanic Gardens in Kew (K, 2003)	31	486 Kk20
Greenwich (K, 1997)	31	486 La20
Bath (K, 1987)	32	486 Kj20
Minen von Cornwall und West-Devon (K, 2006)	32	486 Kh20
Küste von Dorset und Ost-Devon (N, 2001)	32	486 Kj20
Stonehenge, Avebury und zugehörige Orte (K, 1986)	33	486 Kk20
Canterbury (K, 1988)	33	486 La20
Burgen Edwards I. in Gwynedd (K, 1986)	34	486 Kh19
Pontcysyllte-Aquädukt und Kanal (K, 2009)	34	486 Kj19
Giant's Causeway und Causeway Coast (N, 1986)	34	486 Kg18
Gough und Inaccessible Island (N, 1995, 2004 erw.)	35	516 Cb35
St. George und Festungsanlagen (K, 2000)	35	513 Gd12
Südseeinsel Henderson Island (N, 1988)	35	516 Ab34

Irland

Bend of the Boyne (K, 1993)	36	486 Kg19
Skellig Michael (K, 1996)	36	486 Ke20

Niederlande

Wattenmeer (N, GÜ, 2009)	36	486 Lc19
Dampfpumpwerk von Wouda (K, 1998)	37	486 Lc19
Polderlandschaft Schokland (K, 1995)	37	486 Lc19
Beemster-Polder (K, 1999)	37	486 Lc19
Mühlen in Kinderdijk-Elshout (K, 1997)	38	486 Lc20
Festungsgürtel von Amsterdam (K, 1996)	38	486 Lc19
Stadtviertel und Kanalsystem innerhalb der Singelgracht in Amsterdam (K, 2010)	XXVII	486 Lc19
Rietveld-Schröder-Haus in Utrecht (K, 2000)	38	486 Lc19
Historisches Zentrum und Hafen von Willemstad (K, 1997)	38	513 Gc16

Belgien

Altstadt von Brügge (K, 2000)	39	486 Lb2
Druckereimuseum Plantin-Moretus (K, 2005)	40	486 Lc2
Flämische Beginenhöfe (K, 1998)	40	486 Lb2
Jugendstilbauten von Victor Horta in Brüssel (K, 2000)	40	486 Lc20
Grand-Place von Brüssel (K, 1998)	41	486 Lc20
Palais Stoclet in Brüssel (K, 2009)	41	486 Lc20
Kathedrale Notre-Dame in Tournai (K, 2000)	42	486 Lb20
Jungsteinzeitliche Feuersteinminen bei Spiennes (K, 2000)	42	486 Lb20
Schiffshebewerke des Canal du Centre (K, 1998)	42	486 Lc20
Glockentürme in Belgien und Frankreich (K, GÜ, 1998, 2005 erw.)	43	486 Lb20

Luxemburg

Altstadt und Festungen von Luxemburg (K, 1994)	43	486 Ld21

Frankreich

Glockentürme in Belgien und Frankreich (K, GÜ, 2005)	43	486 Lb20
Seineufer von Paris (K, 1991)	44	488 Lb21
Schloss und Park von Versailles (K, 1979)	50	488 Lb21
Schloss und Park Fontainebleau (K, 1981)	51	488 Lb21
Kathedrale von Amiens (K, 1981)	52	488 Lb21
Reims (K, 1991)	52	488 Lc21
Kathedrale von Chartres (K, 1979)	53	488 La21
Kathedrale von Bourges (K, 1992)	53	488 Lb22
Tal der Loire zwischen Sully-sur-Loire und Chalonnes (K, 2000)	54	488 Kk-Lb22

Mont-Saint-Michel und die Bucht (K, 1979)	58	488 Kk21
Festungen von Vauban (K, 2008)	58	488 Kk21/Lb21/
		Lc21/Lc22/Ld21/Ld23/Kk22/Kk23/Lb24
Le Havre (K, 2005)	59	488 La21
Provins (K, 2001)	59	488 Lb21
Nancy (K, 1983)	59	489 Ld21
Abtei von Fontenay (K, 1981)	60	488 Lc22
Vézelay: Abteikirche und Stadthügel (K, 1979)	60	488 Lb22
Straßburg: Grande Île (K, 1988)	61	489 Ld21
Große Salinen von Salin-les-Bains und Königliche		
Salinen von Arc-et-Senans (K, 1982, 2009 erw.)	62	489 Lc22
Prähistorische Pfahlbauten rund um die Alpen (K, GÜ, 2011)	IV	489 Lc23
Historische Stätten in Lyon (K, 1998)	62	488 Lc23
Causses und Cevennen (K, 2011)	III	488 Lb23
Orange: Amphitheater und Triumphbogen (K, 1981)	63	488 Lc23
Pont du Gard (K, 1985)	63	488 Lc23
Arles (K, 1981)	63	488 Lc24
Avignon (K, 1995)	64	488 Lc24
Pilgerwege nach Santiago de Compostela (K, 1998)	66	488 Kk22/La22/
		Lb23/Lb24
Abteikirche von Saint-Savin-sur-Gartempe (K, 1983)	68	488 La22
Vézère-Tal: Fundorte und Höhlenmalereien (K, 1979)	68	488 La23
Bezirk Saint-Émilion (K, 1999)	68	488 Kk23
Historisches Zentrum von Bordeaux		
(»Hafen des Mondes«) (K, 2007)	69	488 Kk23
Mont Perdu (K, N, GÜ, 1997, 1999 erw.)	69	488 Kk24
Bischofsstadt Albi (K, 2010)	XXVII	488 Lb24
Canal du Midi (K, 1996)	69	488 Lb24
Carcassonne (K, 1997)	70	488 Lb24
Golf von Porto (N, 1983)	71	489 Le24
Vulkanlandschaft auf La Réunion (N, 2010)	XXVII	509 Nd23
Lagunen von Neukaledonien (N, 2008)	71	505 Ta22/Tb23
Deutschland		
Wattenmeer (N, GÜ, 2009, 2011 erw.)	III/72	486 Ld19,
		Le18, Le19
Hansestadt Lübeck (K, 1987)	72	487 Lf19
Rathaus und Roland auf dem Marktplatz in Bremen		
(K, 2004)	73	486 Le19
Altstädte von Stralsund und Wismar (K, 2002)	73	487 Lf19/Lg18
Buchenurwälder der Karpaten und alte Buchenwälder		
Deutschlands (N, GÜ, 2007, 2011 erw.)	IV, V/VI	487 Lg18,
		Lg19, Lf20
Dom und Michaeliskirche in Hildesheim (K, 1985)	74	487 Le19
Fagus-Werk in Alfeld (K, 2011)	III	487 Le20
Stiftskirche, Schloss und Altstadt von Quedlinburg (K, 1994)	74	487 Lf20
Bergwerk Rammelsberg, Altstadt von Goslar und		
Oberharzer Wasserwirtschaft (K, 1992, 2010)	74	487 Lf20
Schlösser und Parks in Potsdam und Berlin		
(K, 1990, 1992 u. 1999 erw.)	75	487 Lg19
Museumsinsel Berlin (K, 1999)	76	487 Lg19
Siedlungen der Berliner Moderne (K, 2008)	76	487 Lg19
Luthergedenkstätten in Eisleben und Wittenberg (K, 1996)	77	487 Lf19
Wartburg (K, 1999)	77	487 Lf20
Bauhausstätten in Dessau und Weimar (K, 1996)	77	487 Lf20
Gartenreich Dessau-Wörlitz (K, 2000)	78	487 Lg20
Muskauer Park (K, GÜ, 2004)	78	487 Lh20
Klassisches Weimar (K, 1998)	79	487 Lf20
Aachener Dom (K, 1978)	80	486 Ld20
Schlösser Augustusburg und Falkenlust in Brühl (K, 1984)	80	486 Ld20
Kölner Dom (K, 1996)	81	486 Ld20
Industriekomplex Zeche Zollverein in Essen (K, 2001)	81	486 Ld20
Oberes Mittelrheintal (K, 2002)	82	486 Ld20
Trier (K, 1986)	83	486 Ld21
Völklinger Hütte (K, 1994)	83	486 Ld21
Grube Messel (N, 1995)	83	486 Le21
Kloster Lorsch (K, 1991)	83	486 Le21

Dom zu Speyer (K, 1981)	84	486 Le21
Grenzen des Römischen Reichs (K, GÜ, 2005)	84	486/487
		Le20/Lf21
Klosterinsel Reichenau (K, 2000)	84	486 Le22
Prähistorische Pfahlbauten rund um die Alpen (K, GÜ, 2011)	IV	489 Le22
Klosteranlage Maulbronn (K, 1993)	84	486 Le21
Würzburger Residenz und Hofgarten (K, 1981)	85	487 Le21
Altstadt von Bamberg (K, 1993)	86	487 Lf21
Altstadt von Regensburg mit Stadtamhof (K, 2006)	87	487 Lf21
Wallfahrtskirche »Die Wies« (K, 1983)	87	487 Lf22
Schweiz		
Kloster St. Gallen (K, 1983)	88	486 Le22
Altstadt von Bern (K, 1983)	89	486 Ld22
Alpenregion Jungfrau-Aletsch-Bietschhorn (N, 2001, 2007 erw.)	90	486 Ld22
Weinterrassen des Lavaux (K, 2007)	91	486 Ld22
Burgen von Bellinzona (K, 2000)	91	486 Le22
Monte San Giorgio (N, GÜ, 2003, 2010 erw.)	91	486 Le23
La Chaux-de-Fonds und Le Locle: Stadtlandschaft		
der Uhrenindustrie (K, 2009)	92	486 Ld22
Prähistorische Pfahlbauten rund um die Alpen (K, GÜ, 2011)	IV	489 Ld22
Benediktinerinnenkloster St. Johann in Müstair (K, 1983)	92	487 Lf22
Rhätische Bahn in der Kulturlandschaft		
Albula/Bernina (K, GÜ, 2008)	93	487 Lf22
Tektonikarena Sardona (N, 2008)	93	486 Le22
Österreich		
Historisches Zentrum von Wien (K, 2001)	94	487 Lj21
Schloss Schönbrunn (K, 1996)	98	487 Lj21
Kulturlandschaft Wachau (K, 2000)	99	487 Lh21
Historisches Zentrum von Salzburg (K, 1996)	100	487 Lg22
Prähistorische Pfahlbauten rund um die Alpen (K, GÜ, 2011)	IV	489 Lg22
Kulturlandschaft Neusiedler See (K, GÜ, 2001)	102	487 Lj22
Kulturlandschaft Hallstatt-Dachstein		
und Salzkammergut (K, 1997)	102	487 Lg22
Semmering-Eisenbahn (K, 1998)	102	487 Lh22
Altstadt von Graz und Schloss Eggenberg (K, 1999, 2010)	103	487 Lh22
Polen		
Deutschordensburg Marienburg (K, 1997)	104	487 Lk19
Altstadt von Toruń (K, 1997)	104	487 Lk19
Park Mużakowski (K, GÜ, 2004)	104	487 Lh20
Jahrhunderthalle in Wrocław (K, 2006)	104	487 Lj20
Historisches Zentrum von Warschau (K, 1980)	105	487 Ma19
Altstadt von Krakau (K, 1978)	106	487 Lk20
Friedenskirchen in Jawor und Świdnica (K, 2001)	108	487 Lj20
Auschwitz-Birkenau: Deutsches NS-Konzentrations- und		
Vernichtungslager (1940–1945) (K, 1979)	108	487 Lk20
Kalvarienberg Zebrzydowska (K, 1999)	108	487 Lk21
Salzbergwerk Wieliczka (K, 1978)	109	487 Ma21
Holzkirchen im Süden von Kleinpolen (K, 2003)	109	487 Ma21
Altstadt von Zamość (K, 1992)	109	487 Mb20
Nationalpark Białowieża (Beloweschskaja Puschtscha)		
(N, GÜ, 1979, 1992 erw.)	109	487 Mb19
Tschechische Republik		
Historisches Zentrum von Prag (K, 1992)	110	487 Lh20
Kutná Hora und Sedlec (K, 1995)	112	487 Lh21
Wallfahrtskirche von Zelená Hora (K, 1994)	112	487 Lg21
Historisches Zentrum von Český Krumlov (K, 1992)	112	487 Lh21
Historisches Dorf Holašovice (K, 1998)	113	487 Lh21
Historisches Zentrum von Telč (K, 1992)	113	487 Lh21
Třebíč (K, 2003)	114	487 Lh21
Schloss Litomyšl (K, 1999)	114	487 Lj20
Dreifaltigkeitssäule in Olomouc (K, 2000)	114	487 Lj21
Haus Tugendhat in Brno (Brünn) (K, 2001)	115	487 Lj21
Schloss und Park in Kroměříž (K, 1998)	115	487 Lj21
Kulturlandschaft von Lednice-Valtice (K, 1996)	115	487 Lj21
Slowakei		
Bauerndorf Vlkolínec (K, 1993)	116	487 Lk21

Liste des Welterbes

Bergbaustadt Banská Štiavnica (K, 1993)	116	487 Lk21
Holzkirchen im slowakischen Teil der Karpaten (K, 2008)	116	487 Ma21
Levoča, Spišský Hrad und assoziierte Kulturmonumente (K, 1993, 2009 erw.)	116	487 Ma21
Buchenurwälder der Karpaten und alte Buchenwälder Deutschlands (N, GÜ, 2007, 2011 erw.)	117	487 Mb21
Historisches Zentrum von Bardejov (K, 2000)	117	487 Ma21
Aggtelek-Höhlen und Slowakischer Karst (N, GÜ, 1995, 2000 erw.)	117	487 Ma21
Ungarn		
Aggtelek-Höhlen und Slowakischer Karst (N, GÜ, 1995, 2000 erw.)	117	487 Ma21
Budapest (K, 1987, 2002 erw.)	118	487 Lk22
Kulturlandschaft Fertö/Neusiedler See (K, GÜ, 2001)	120	487 Lj22
Benediktinerabtei Pannonhalma (K, 1996)	120	487 Lj22
Hollókö und Umgebung (K, 1987)	120	487 Lk22
Kulturlandschaft Tokajer Weinregion (K, 2002)	121	487 Ma21
Nationalpark Hortobágy – die »Puszta« (K, 1999)	121	487 Ma22
Frühchristlicher Friedhof von Pécs (K, 2000)	121	487 Lk22
Weißrussland		
Beloweschskaja Puschtscha (Nationalpark Białowieża) (N, GÜ, 1979, 1992 erw.)	122	487 Mc19
Struve-Bogen (K, GÜ, 2005)	124	487 Mc19
Schloss Mir (K, 2000)	122	487 Md19
Njaswisch (K, 2005)	122	487 Md19
Ukraine		
Historisches Zentrum von Lwiw (K, 1998)	123	491 Mc21
Sophienkathedrale und Höhlenkloster von Kiew (K, 1990)	123	491 Mf20
Buchenurwälder der Karpaten und alte Buchenwälder Deutschlands (N, GÜ, 2007, 2011 erw.)	123	491 Mb21
Struve-Bogen (K, GÜ, 2005)	124	487 Md21
Czernowitz: Residenz der orthodoxen Metropoliten der Bukowina und Dalmatiens (K, 2011)	IV	491 Mc21
Moldau		
Struve-Bogen (K, GÜ, 2005)	124	491 Me21
Russland		
Kurische Nehrung (K, GÜ, 2000)	125	487 Ma18
Solowezki-Inseln (K, 1992)	125	492 Md06
Kirchen von Kishi Pogost (K, 1990)	125	492 Md06
Urwälder von Komi (N, 1995)	125	492 Nd05
St. Petersburg (K, 1990)	126	491 Mf16
Struve-Bogen (K, GÜ, 2005)	124	485 Md15
Kloster Ferapontow (K, 2000)	130	491 Mk15
Historisches Zentrum von Jaroslawl (K, 2005)	130	491 Na17
Baudenkmäler von Nowgorod und Umgebung (K, 1992)	130	491 Mf16
Kreml und Roter Platz in Moskau (K, 1990)	131	491 Mj18
Nowodewitschi-Kloster (K, 2004)	132	491 Mj18
Dreifaltigkeitskloster von Sergijew Possad (K, 1993)	132	491 Mk17
Auferstehungskirche in Kolomenskoje (K, 1994)	132	491 Mj18
Weiße Monumente in Wladimir und Susdal (K, 1992)	132	491 Na17
Kreml von Kasan (K, 2000)	133	491 Nb07
Westlicher Kaukasus (N, 1999)	133	483 Na10
Zitadelle, Altstadt und Festung von Derbent (K, 2003)	133	483 Nb10
Putorana-Plateau (N, 2010)	XXVII	492 Pd05
Goldene Berge des Altai (N, 1998)	133	492 Pb08
Uvs-Nuur-Becken (N, GÜ, 2003)	134	492 Pc08
Baikalsee (N, 1996)	134	493 Qb08
Naturschutzgebiet Zentral-Sikhote-Alin (N, 2001)	134	493 Rd09
Naturreservat Wrangelinsel (N, 2004)	135	493 Ua04
Vulkane von Kamtschatka (N, 1996, 2001 erw.)	135	493 Sd08
Spanien		
Pilgerweg nach Santiago de Compostela (K, 1993)	136	488 Kh24
Altstadt von Santiago de Compostela (K, 1985)	138	488 Kf24
Denkmäler von Oviedo und des Königreichs Asturien (K, 1985, 1998 erw.)	138	488 Kh24
Torre de Hercules (K, 2009)	138	488 Kf24
Spätrömische Befestigungsanlagen von Lugo (K, 2000)	139	488 Kg24
Las Médulas (K, 1997)	139	488 Kg24
Altsteinzeitliche Höhlenmalereien in Nordspanien (K, 1985, 2008 erw.)	139	488 Kh24
Puente Vizcaya bei Bilbao (K, 2006)	140	488 Kj24
Fundstätten in der Sierra de Atapuerca (K, 2000)	140	488 Kj24
Kathedrale von Burgos (K, 1984)	140	488 Kj24
Klöster San Millán de Yuso und de Suso (K, 1997)	140	488 Kj24
Monte Perdido in den Pyrenäen (K, N, GÜ, 1997, 1999 erw.)	141	488 La24
Romanische Kirchen im Vall de Boí (K, 2000)	141	488 La24
Zisterzienserabtei Poblet (K, 1991)	141	488 La25
Archäologisches Ensemble von Tárraco (K, 2000)	141	488 La25
Werke von Antoni Gaudí (K, 1984, 2005 erw.)	142	488 Lb25
Barcelona: Palau de la Música Catalana, Hospital de Sant Pau (K, 1997)	144	488 Lb25
Prähistorische Felsritzungen im Tal von Côa und in Siega Verde (K, GÜ, 1998, 2010 erw.)	144	488 Kg25
Altstadt von Salamanca (K, 1988)	144	488 Kh25
Altstadt von Ávila und Kirchen (K, 1985)	145	488 Kh25
Altstadt von Segovia mit Aquädukt (K, 1985)	145	488 Kh25
El Escorial (K, 1984)	145	488 Kh25
Alcalá de Henares (K, 1998)	146	488 Kj25
Mudejar-Architektur in der Region Aragón (K, 1986, 2001 erw.)	146	488 Kk25
Kulturlandschaft von Aranjuez (K, 2001)	146	488 Kj25
Altstadt von Toledo (K, 1986)	147	488 Kh26
Altstadt von Cáceres (K, 1986)	147	488 Kg26
Königliches Kloster Santa María de Guadalupe (K, 1993)	147	488 Kh26
Archäologisches Ensemble in Mérida (K, 1993)	148	488 Kg26
Vorgeschichtliche Felsmalereien im östlichen Spanien (K, 1998)	148	488 Kk25-26
Altstadt von Cuenca (K, 1996)	148	488 Kj25
Die Seidenbörse (La Lonja de la Seda) in Valencia (K, 1996)	149	488 Kk26
Palmenhain von Elche (K, 2000)	149	488 Kk26
Úbeda und Baeza (K, 2003)	149	488 Kj26
Alhambra, Generalife und Albayzín in Granada (K, 1984, 1994 erw.)	150	488 Kj27
Altstadt von Córdoba (K, 1984, 1994 erw.)	151	488 Kh27
Sevilla (K, 1987)	152	488 Kg27
Nationalpark Doñana in Andalusien (N, 1994)	154	488 Kg27
Kulturlandschaft Serra de Tramuntana (K, 2011)	VII	488 Lb26
Biologische Vielfalt und Kultur auf Ibiza (K, N, 1999)	154	488 La26
San Cristóbal de La Laguna auf Teneriffa (K, 1999)	154	506 Ka13
Nationalpark Teide auf Teneriffa (N, 2007)	155	506 Ka13
Nationalpark Garajonay auf Gomera (N, 1986)	155	506 Ka13
Andorra		
Vall del Madriu-Perafita-Claror (K, 2004)	155	488 La24
Portugal		
Historisches Zentrum von Guimarães (K, 2001)	156	488 Kf25
Historisches Zentrum von Porto (K, 1996)	156	488 Kf25
Weinregion Alto Douro (K, 2001)	156	488 Kg25
Prähistorische Felsritzungen im Tal von Côa und in Siega Verde (K, GÜ, 1998, 2010 erw.)	156	488 Kg25
Kloster Batalha (K, 1983)	157	488 Kf26
Kloster von Tomar (K, 1983)	158	488 Kf26
Kloster von Alcobaça (K, 1989)	158	488 Kf26
Kulturlandschaft Sintra (K, 1995)	158	488 Kf26
Hieronymitenkloster und Turm von Belém (K, 1983)	159	488 Kf26
Historisches Zentrum von Évora (K, 1986)	160	488 Kf26
Weinbaukultur der Azoreninsel Pico (K, 2004)	160	482 Jc11
Stadtzentrum von Angra do Heroísmo auf der Azoreninsel Terceira (K, 1983)	161	482 Jc11
Lorbeerwald »Laurisilva« von Madeira (N, 1999)	161	482 Ka12
Italien		
Rhätische Bahn in der Kulturlandschaft Albula/Bernina (K, GÜ, 2008)	162	489 Lf22

Santa Maria delle Grazie mit Leonardo da Vincis »Abendmahl« in Mailand (K, 1980)	162	489 Le23
Sacri Monti im Piemont und in der Lombardei (K, 2003)	162	489 Ld23
Residenzen des Hauses Savoyen in Turin und Umgebung (K, 1997)	162	489 Ld23
Felszeichnungen im Val Camonica (K, 1979)	163	489 Lf23
Monte San Giorgio (N, GÜ, 2003, 2010 erw.)	163	486 Le23
Modellsiedlung Crespi d'Adda (K, 1995)	163	489 Le23
Machtzentren der Langobarden (K, 2011)	IX	489 Lf23, Lg24, Lh25
Prähistorische Pfahlbauten rund um die Alpen (K, GÜ, 2011)	IV	489 Lf23
Vicenza und die Villen Palladios in Venetien (K, 1994, 1996 erw.)	163	489 Lf23
Altstadt von Verona (K, 2000)	163	489 Lf23
Dolomiten (N, 2009)	164	489 Lg22
Venedig und seine Lagune (K, 1987)	166	489 Lg23
Botanischer Garten in Padua (K, 1997)	170	489 Lf23
Archäologische Stätten und Basilika des Patriarchen von Aquileja (K, 1998)	170	489 Lg23
Mantua und Sabbioneta (K, 2008)	170	489 Lf23
Ferrara (K, 1995, 1999 erw.)	170	489 Lf23
Frühchristliche Baudenkmäler von Ravenna (K, 1996)	171	489 Lg23
Kathedrale, Torre Civica, Piazza Grande in Modena (K, 1997)	172	489 Lf23
Strade Nuove und Palazzi dei Rolli in Genua (K, 2006)	172	489 Le23
Portovenere und Cinque Terre (K, 1997)	172	489 Le23
Domplatz von Pisa (K, 1987)	173	489 Lf24
Historisches Zentrum von Florenz (K, 1982)	174	489 Lf24
Historisches Zentrum von San Gimignano (K, 1990)	176	489 Lf24
Historisches Zentrum von Siena (K, 1995)	176	489 Lf24
Val d'Orcia (K, 2004)	177	489 Lf24
Historisches Zentrum von Pienza (K, 1996)	177	489 Lf24
San Marino		
Historisches Zentrum von San Marino und Monte Titano (K, 2008)	177	489 Lg24
Italien		
Historisches Zentrum von Urbino (K, 1998)	178	489 Lg24
Basilika und Gedenkstätten des hl. Franz in Assisi (K, 2000)	178	489 Lg24
Etruskische Totenstädte von Cerveteri und Tarquinia (K, 2004)	179	489 Lf24
Historisches Zentrum von Rom (K, GÜ, 1980, 1990 erw.)	180	489 Lg25
Vatikanstadt		
Historisches Zentrum von Rom (K, GÜ, 1980, 1990 erw.)	180	489 Lg25
Vatikanstadt (K, 1984)	184	489 Lg25
Italien		
Villa d'Este in Tivoli (K, 2001)	186	489 Lg24
Hadriansvilla (K, 1999)	186	489 Lg25
Historisches Zentrum von Neapel (K, 1995)	186	489 Lh25
Pompeji, Herculaneum und Torre Annunziata (K, 1997)	187	489 Lh25
Küste von Amalfi (K, 1997)	188	489 Lh25
Caserta und San Leucio (K, 1997)	188	489 Lh25
Nationalpark Cilento und Vallo di Diano (K, 1998)	189	489 Lh25
Castel del Monte (K, 1996)	189	489 Lj25
Höhlenwohnungen Sassi di Matera (K, 1993)	189	489 Lj25
Trulli von Alberobello (K, 1996)	190	489 Lj25
Äolische Inseln (N, 2000)	190	489 Lh26
Archäologische Stätten von Agrigent (K, 1997)	191	489 Lg27
Spätbarocke Städte des Val di Noto (K, 2002)	191	489 Lh27
Villa Romana del Casale (K, 1997)	192	489 Lh27
Syrakus und Felskammergräber von Pantalica (K, 2005)	192	489 Lh27
Nuraghe von Barumini (K, 1997)	192	489 Le26
Malta		
Valletta (K, 1980)	193	489 Lh28
Megalithtempel von Malta (K, 1980, 1992 erw.)	193	489 Lh28
Hypogäum Hal Saflieni (K, 1980)	193	489 Lh28
Slowenien		
Prähistorische Pfahlbauten rund um die Alpen (K, GÜ, 2011)	IV	489 Lh23
Höhlen von Škocjan (N, 1986)	194	489 Lh23
Kroatien		
Kathedrale des hl. Jakob in Šibenik (K, 2000)	194	489 Lh24
Nationalpark Plitvicer Seen (N, 1979, 2000 erw.)	195	489 Lh23
Euphrasius-Basilika und historischer Stadtkern von Poreč (K, 1997)	195	489 Lg23
Altstadt von Trogir (K, 1997)	195	489 Lj24
Historisches Zentrum von Split (K, 1979)	196	489 Lj24
Ebene von Stari Grad (K, 2008)	196	489 Lj24
Altstadt von Dubrovnik (K, 1979, 1994 erw.)	197	489 Lk24
Bosnien-Herzegowina		
Alte Brücke und Altstadt von Mostar (K, 2005)	198	489 Lj24
Mehmed-Paša-Sokolović-Brücke in Višegrad (K, 2007)	198	489 Lk24
Serbien		
Kloster Studenica (K, 1986)	199	489 Ma24
Stari Ras und Kloster Sopoćani (K, 1979)	199	489 Ma24
Mittelalterliche Denkmäler im Kosovo * (K, 2004, 2006 erw.)	199	489 Ma24
Galerius-Palast in Gamzigrad (Romuliana) (K, 2007)	199	489 Mb24
Montenegro		
Nationalpark Durmitor (N, 1980, 2005 erw.)	200	489 Lk24
Bucht und Region von Kotor (K, 1979)	200	489 Lk24
Rumänien		
Holzkirchen von Maramureş (K, 1999)	201	490 Mb22
Dörfer und Wehrkirchen in Siebenbürgen (K, 1993, 1999 erw.)	201	490 Mc22
Festungen der Daker im Bergland von Orăştie (K, 1999)	202	490 Mb23
Historisches Zentrum von Sighişoara (K, 1999)	202	490 Mc22
Kloster Horezu (K, 1993)	202	490 Mb23
Kirchen in der Moldau (K, 1993, 2010)	203	490 Mc22
Biosphärenreservat Donaudelta (N, 1991)	204	490 Me23
Bulgarien		
Biosphärenreservat Srebarna (N, 1983)	204	490 Md23
Thrakergrab von Sweschtari (K, 1985)	204	490 Md24
Der Reiter von Madara (K, 1979)	204	490 Md24
Alstadt von Nessebar (K, 1983)	205	490 Md24
Felsenkirchen von Iwanowo (K, 1979)	206	490 Md24
Thrakergrab von Kasanlak (K, 1979)	206	490 Mc24
Kirche von Bojana (K, 1979)	206	490 Mb24
Kloster Rila (K, 1983)	207	490 Mb24
Nationalpark Pirin (N, 1983, 2010 erw.)	207	490 Mb25
Albanien		
Altstädte von Berat und Gjirokastra (K, 2005, 2008 erw.)	208	490 Ma25
Ruinenstadt Butrint (K, 1992, 1999 erw.)	208	490 Ma26
Mazedonien		
Natur- und Kulturerbe der Region von Ohrid (K, N, 1979, 1980 erw.)	209	490 Ma25
Griechenland		
Archäologische Stätte von Vergina (K, 1996)	210	490 Mb25
Frühchristliche und byzantinische Denkmäler von Thessaloniki (K, 1988)	210	490 Mb25
Berg Athos (K, N, 1988)	210	490 Mc25
Meteora-Klöster (K, N, 1988)	211	490 Ma26
Altstadt von Korfu (K, 2007)	211	490 Lk26
Archäologische Stätte von Delphi (K, 1987)	211	490 Mb26
Akropolis von Athen (K, 1987)	212	490 Mb27
Archäologische Stätten von Mykene und Tiryns (K, 1999)	214	490 Mb27
Archäologische Stätte von Epidauros (K, 1988)	214	490 Mb27
Archäologische Stätte von Olympia (K, 1989)	214	490 Ma27
Apollontempel von Bassae (K, 1986)	214	490 Ma27
Archäologische Stätte von Mystras (K, 1989)	215	490 Mb27
Delos (K, 1990)	215	490 Mc27
Klöster Daphni, Hosios Lukas und Nea Moni (K, 1990)	215	490 Mb/Md26
Pythagoreion und Heraion von Samos (K, 1992)	215	490 Md27
Altstadt von Patmos (K, 1999)	216	490 Md27
Mittelalterliche Altstadt von Rhodos (K, 1988)	216	490 Me27
Zypern		
Ruinen von Paphos (K, 1980)	217	490 Mg28
Bemalte Kirchen im Troodosgebirge (K, 1985, 2002 erw.)	217	490 Mg28

Liste des Welterbes

Archäologische Stätte von Choirokoitia (K, 1998)	**217**	490 Mg28
Türkei		
Selimiye-Moschee in Edirne (K, 2011)	**XI**	490 Md25
Historische Bereiche von Istanbul (K, 1985)	**218**	490 Me25
Altstadt von Safranbolu (K, 1994)	**222**	490 Mg25
Archäologische Stätte von Troja (K, 1998)	**222**	490 Md26
Ruinen von Hattuša (K, 1986)	**222**	483 Mc10
Große Moschee und Hospital von Divriği (K, 1985)	**222**	483 Md11
Nationalpark Göreme und Felsendenkmäler von		
Kappadokien (K, N, 1985)	**223**	483 Mc11
Antike Stadt Hierapolis-Pamukkale (K, N, 1988)	**223**	490 Me27
Ruinen von Xanthos mit dem Heiligtum der Leto		
(Letoon) (K, 1988)	**223**	490 Me27
Monumentalgrabstätte auf dem Nemrut Dağ (K, 1987)	**223**	483 Md11
Georgien		
Bergdörfer von Swanetien (K, 1996)	**224**	483 Na10
Bagrati-Kathedrale und Kloster Ghelati * (K, 1994)	**224**	483 Na10
Historische Monumente von Mzcheta * (K, 1994)	**225**	483 Na10
Armenien		
Klöster Haghpat und Sanahin (K, 1996, 2000 erw.)	**226**	483 Na10
Kathedrale und Kirchen von Etschmiadsin, archäologische		
Stätte von Swartnoz (K, 2000)	**226**	483 Na10
Kloster von Geghard im oberen Azattal (K, 2000)	**226**	483 Nb11
Aserbaidschan		
Ummauerter Teil von Baku (K, 2000)	**227**	483 Nb10
Felsbilder und Kulturlandschaft von Gobustan (K, 2007)	**227**	483 Nb10
ASIEN		
Syrien		
Antike Dörfer in Nordsyrien (K, 2011)	**XII**	494 Md11
Altstadt von Aleppo (K, 1986)	**230**	494 Md11
Crac des Chevaliers und Qal'at Salah Ad-din (K, 2006)	**230**	494 Md12
Ruinen von Palmyra (K, 1980)	**230**	494 Md12
Altstadt von Damaskus (K, 1979)	**231**	494 Md12
Altstadt von Bosra (K, 1980)	**231**	494 Md12
Libanon		
Wadi Qadisha und Wald der Libanonzedern (K, 1998)	**232**	494 Md12
Ruinen von Anjar (K, 1984)	**232**	494 Md12
Ruinen von Byblos (K, 1984)	**232**	494 Md12
Ruinen von Baalbek (K, 1984)	**233**	494 Md12
Ruinen von Tyros (K, 1984)	**233**	494 Md12
Israel		
Altstadt von Akko (K, 2001)	**234**	494 Mc12
Heilige Stätten der Baha'i in Haifa und West-Galiläa (K, 2008)	**234**	494 Mc12
Die »Weiße Stadt« von Tel Aviv (K, 2003)	**234**	494 Mc12
Biblische Siedlungen Megiddo, Hazor und Beersheba (K, 2005)	**235**	494 Mc12
Archäologische Stätte Masada (K, 2001)	**235**	494 Md12
Weihrauchstraße und Wüstenstädte im Negev (K, 2005)	**235**	494 Mc12
Jerusalem (auf Vorschlag von Jordanien)		
Altstadt und Stadtmauern von Jerusalem * (K, 1981)	**236**	494 Md12
Jordanien		
Wüstenschloss Quseir Amra (K, 1985)	**238**	494 Md12
Archäologische Stätte Um er-Rasas (Kastrom Mefa'a) (K, 2004)	**238**	494 Md12
Felsnekropole und Ruinen von Petra (K, 1985)	**239**	494 Md12
Schutzgebiet Wadi Rum (K, N, 2011)	**XIII**	494 Md13
Jemen		
Altstadt von Sanaa (K, 1988)	**240**	494 Na15
Altstadt und Stadtmauer von Schibam (K, 1982)	**240**	494 Nb15
Altstadt von Zabid * (K, 1993)	**240**	494 Na16
Sokotra-Archipel (N, 2008)	**240**	494 Nc16
Oman		
Archäologische Stätten von Bat, Al-Khutm und		
Al-Ayn (K, 1988)	**241**	494 Nd14
Aflaj – Bewässerungssystem des Oman (K, 2006)	**241**	494 Nd14
Festung Bahla (K, 1987)	**241**	494 Nd14

Land des Weihrauchs (K, 2000)	**241**	494 Nd14
Bahrain		
Archäologische Stätte Qal'at al-Bahrain (K, 2005)	**242**	494 Nc13
Vereinigte Arabische Emirate		
Abu Dhabi: Al Ain (K, 2011)	**XII**	494 Nd14
Saudi-Arabien		
Archäologische Stätte Al-Hijr (Madain Salih) (K, 2008)	**242**	494 Md13
Historischer Bereich von At-Turaif in Ad-Dir'iyah (K, 2010)	**XXVIII**	494 Nb14
Irak		
Ruinen der Partherstadt Hatra (K, 1985)	**243**	494 Na11
Assur (Qal'at Sherqat) * (K, 2003)	**243**	494 Na11
Archäologische Stadt Samarra * (K, 2007)	**243**	494 Na12
Iran		
Armenische Klosteranlagen im Iran (K, 2008)	**244**	494 Nb11
Historischer Basar in Täbris (K, 2010)	**XXVIII**	494 Nb11
Khânegâh und Grabmal des Scheich Safi al-Din		
in Ardabil (K, 2010)	**XXVIII**	494 Nb11
Archäologische Stätte Takht-e Sulaiman (K, 2003)	**244**	494 Nb11
Soltaniyeh (K, 2005)	**244**	494 Nb11
Bisotun (K, 2006)	**244**	494 Nb12
Persische Gärten (K, 2011)	**XII**	494 Nc11,
		Nc12, Nc13, Nd12
Meidan-e Imam von Isfahan (K, 1979)	**245**	494 Nc12
Ruinenstadt Tschoga Zanbil (K, 1979)	**246**	494 Nb12
Historisches Hydrauliksystem von Schuschtar (K, 2009)	**246**	494 Nb12
Persepolis (K, 1979)	**246**	494 Nc13
Pasargadae (K, 2004)	**247**	494 Nc12
Bam und seine Kulturlandschaft * (K, 2004)	**247**	494 Nd13
Kasachstan		
Saryarka: Steppe und Seen in Nordkasachstan (N, 2008)	**248**	492 Oa08/Ob08
Mausoleum von Khoja Ahmed Yasawi (K, 2003)	**248**	495 Ob10
Petroglyphen der archäologischen Grabungsstätte von		
Tamgaly (K, 2004)	**248**	495 Od10
Usbekistan		
Itchan-Kala (K, 1990)	**249**	494 Oa10
Historisches Zentrum von Schahrisabs (K, 2000)	**249**	494 Ob11
Historisches Zentrum von Buchara (K, 1993)	**249**	494 Oa11
Samarkand – Schnittpunkt der Kulturen (K, 2001)	**250**	495 Ob11
Turkmenistan		
Kunja-Urgentsch (K, 2005)	**252**	494 Nd10
Ruinen von Merw (K, 1999)	**252**	494 Oa11
Parther-Festungen von Nisa (K, 2007)	**252**	494 Nd11
Kirgisistan		
Heiliger Berg Sulamain-Too (K, 2009)	**253**	495 Oc10
Tadschikistan		
Archäologische Stätte Sarazm (K, 2009)	**XXIX**	495 Ob11
Afghanistan		
Minarett und Ruinen von Jam * (K, 2002)	**253**	494 Oa12
Kulturlandschaft und archäologische Stätten des		
Bamiyantals * (K, 2003)	**253**	495 Ob12
Pakistan		
Buddhistische Ruinen von Takht-i-Bahi (K, 1980)	**254**	495 Oc12
Festung Rohtas (K, 1997)	**254**	495 Oc12
Ruinenstadt Taxila (K, 1980)	**254**	495 Oc12
Fort und Shalimar-Gärten in Lahore * (K, 1981)	**255**	495 Oc12
Ruinenstadt Mohenjo-Daro (K, 1980)	**255**	495 Ob13
Ruinen und Totenstadt von Thatta (K, 1981)	**255**	495 Ob14
Indien		
Nationalparks Nanda Devi und »Tal der Blumen«		
(N, 1988, 2005 erw.)	**256**	498 Pa12
Komplex des Roten Forts in Delhi (K, 2007)	**256**	498 Od13
Grabmal des Humayun in Delhi (K, 1993)	**256**	498 Od13
Qutb Minar mit Monumenten in Delhi (K, 1993)	**257**	498 Od13
Jantar Mantar in Jaipur (K, 2010)	**XXIX**	498 Od13
Mogulstadt Fatehpur Sikri (K, 1986)	**257**	498 Od13
Rotes Fort von Agra (K, 1983)	**257**	498 Od13

Taj Mahal in Agra (K, 1983)	258	498 Od13
Keoladeo-Nationalpark (N, 1985)	260	498 Od13
Manas-Wildschutzgebiet (N, 1985)	260	498 Pc13
Kaziranga-Nationalpark (N, 1985)	260	499 Pc13
Sundarbans-Nationalpark (N, 1987)	260	498 Pb14
Chhatrapati Shivaji Terminus in Mumbai (K, 2004)	261	498 Oc15
Felshöhlen von Elephanta (K, 1987)	261	498 Oc15
Mahabodhi-Tempel von Bodh Gaya (K, 2002)	261	498 Pb14
Tempelbezirk von Khajuraho (K, 1986)	261	498 Od14
Buddhistische Monumente bei Sanchi (K, 1989)	262	498 Od14
Felshöhlen von Bhimbetka (K, 2003)	262	498 Od14
Archäologischer Park Champaner-Pavagadh (K, 2004)	262	498 Oc14
Felsentempel von Ajanta (K, 1983)	263	498 Od14
Höhlentempel von Ellora (K, 1983)	264	498 Od14
Tempelanlage von Pattadakal (K, 1987)	264	498 Od15
Kirchen und Klöster von Goa (K, 1986)	264	498 Oc15
Tempelbezirk von Hampi (K, 1986)	264	498 Od15
Sonnentempel von Konarak (K, 1984)	265	498 Pb15
Tempelbezirk von Mahabalipuram (K, 1984)	265	498 Pa16
Gebirgsbahnen Indiens (K, 1999, 2005 u. 2008 erw.)	265	498 Od16/Pb13
Große Tempel der Chola-Dynastie (K, 1987, 2004 erw.)	265	498 Od16
Bangladesch		
Mangrovenwälder der Sundarbans (N, 1997)	266	498 Pb13
Historische Moscheenstadt Bagerhat (K, 1985)	266	498 Pb14
Ruinen des buddhistischen Klosters von Paharpur (K, 1985)	266	498 Pb14
Sri Lanka		
Ruinenstadt Sigiriya (K, 1982)	267	498 Pa17
Heilige Stadt Anuradhapura (K, 1982)	268	498 Pa17
Goldene Tempel von Dambulla (K, 1991)	268	498 Pa17
Ruinenstadt Polonnaruwa (K, 1982)	268	498 Pa17
Heilige Stadt Kandy (K, 1988)	269	498 Pa17
Zentrales Hochland von Sri Lanka (N, 2010)	XXX	498 Pa17
Naturschutzgebiet Sinharajawald (N, 1988)	269	498 Pa17
Altstadt und Festung von Galle (K, 1988)	269	498 Pa17
Mongolei		
Uvs-Nuur-Becken (N, GÜ, 2003)	270	496 Pc08
Felsmalereien im Altai-Gebirge (K, 2011)	XII	496 Pb09
Kulturlandschaft Orchon-Tal (K, 2004)	270	496 Qa09
China		
Hauptstädte und Gräber des antiken Königreichs Koguryo (K, 2004)	271	497 Rb10
Große Mauer (K, 1987)	271	497 Qd10
Sommerresidenz und Tempel bei Chengde (K, 1994)	272	497 Qd10
Fundstätte des Pekingmenschen in Zhoukoudian (K, 1987)	272	497 Qd11
Kaiserpaläste in Beijing und Shenyang (K, 1987, 2004 erw.)	273	497 Qd10
Himmelstempel mit kaiserlichem Opferaltar in Beijing (K, 1998)	274	497 Qd11
Kaiserlicher Garten (Sommerpalast) bei Beijing (K, 1998)	274	497 Qd11
Kaiserliche Grabstätten der Ming- und der Qing-Dynastie (K, 2000, 2003 und 2004 erw.)	274	497 Qd10/Qd12
Yungang-Grotten (K, 2001)	274	497 Qc11
Wutai-Gebirge (K, 2009)	275	497 Qc11
Höhlen von Mogao (K, 1987)	275	496 Pd10
Altstadt von Pingyao (K, 1997)	275	497 Qc11
Yin Xu (K, 2006)	275	497 Qc11
Bergregion Taishan (K, N, 1987)	276	497 Qd11
Tempel und Grab des Konfuzius in Qufu (K, 1994)	277	497 Qd11
Grotten von Longmen (K, 2000)	278	497 Qc12
Historische Stätten von Dengfeng (K, 2010)	XXX	497 Qc12
Grabmal des ersten Kaisers von China (K, 1987)	278	497 Qb12
Taoistische Heiligtümer in den Wudang-Bergen (K, 1994)	278	497 Qc12
Lushan-Nationalpark (K, 1996)	278	497 Qd13
Klassische Gärten von Suzhou (K, 1997, 2000 erw.)	279	497 Ra12
Gebirgsmassiv Huangshan (K, N, 1990)	279	497 Qd12
Kulturlandschaft Westsee bei Hangzhou (K, 2011)	XV	497 Qd12
Historische Dörfer Xidi und Hongcun im südlichen Anhui (K, 2000)	279	497 Qd13
Berglandschaft Wuyi (K, N, 1999)	279	497 Qd13
Landschaftspark Wulingyuan (N, 1992)	280	497 Qc13
Felsbilder von Dazu (K, 1999)	280	496 Qb13
Landschaftspark Jiuzhaigou-Tal (N, 1992)	280	496 Qa12
Landschaftspark Huanglong (N, 1992)	281	496 Qa12
Berg Qingcheng und Bewässerungssystem von Dujiangyan (K, 2000)	281	496 Qa12
Panda-Naturreservat in Sichuan (N, 2006)	281	496 Qa12
Berg Emeishan und Großer Buddha von Leshan (K, N, 1996)	282	496 Qa13
Schutzzonen im Nationalpark der »Drei parallel verlaufenden Flüsse« in Yunnan (N, 2003)	283	496 Pd13
Altstadt von Lijiang (K, 1997)	283	496 Qa13
Historisches Ensemble des Potala-Palasts in Lhasa (K, 1994, 2000 u. 2001 erw.)	284	496 Pc13
Karstlandschaften in Südchina (N, 2007)	286	497 Qb13
Danxia-Landschaften (N, 2010)	XXXI/XXXII, XXXIII	497 Qb/Qd 13
Sanqingshan-Nationalpark (N, 2008)	286	497 Qd13
Tulou-Lehmrundbauten in Fujian (K, 2008)	287	497 Qd13
Diaolou-Türme und Dörfer in Kaiping (K, 2007)	287	497 Qc14
Historisches Zentrum von Macao (K, 2005)	287	497 Qc14
Nepal		
Tal von Kathmandu (K, 1979)	288	498 Pb13
Lumbini, der Geburtsort Buddhas (K, 1997)	289	498 Pa13
Sagarmatha-Nationalpark (N, 1979)	289	498 Pb13
Chitwan-Nationalpark (N, 1984)	289	498 Pa13
Nordkorea		
Koguryo-Grabstätten (K, 2004)	290	497 Rb11
Südkorea		
Chongmyo-Schrein in Seoul (K, 1995)	290	497 Rb11
Palastkomplex Changdeokgung (K, 1997)	290	497 Rb11
Festung Hwasong (K, 1997)	291	497 Rb11
Königsgräber der Choson-Dynastie (K, 2009)	291	497 Rb11
Haeinsa-Tempel und Changgyong P'ango (K, 1995)	292	497 Rb11
Historische Dörfer Hahoe und Yangdong (K, 2010)	XXXIII	497 Rb11
Sokkuram-Grotte und Pulguksa-Tempel (K, 1995)	293	497 Rb11
Historische Stätten von Kyongju (K, 2000)	293	497 Rb11
Dolmenstätten von Kochang, Hwasun und Kanghwa (K, 2000)	293	497 Rb11
Vulkaninsel Jejudo und Lavatunnel (N, 2007)	293	497 Rb12
Japan		
Shiretoko (N, 2005)	294	497 Sa10
Buchenwald von Shirakami-Sanchi (N, 1993)	294	497 Sa10
Hiraizumi – Tempel, Gärten und archäologische Stätten des Reinen-Land-Buddhismus (K, 2011)	XV	497 Sa11
Historische Dörfer von Shirakawa-go und Gokayama (K, 1995)	294	497 Sa11
Schreine und Tempel von Nikko (K, 1999)	295	497 Rd11
Baudenkmäler und Gärten der Kaiserstadt Kyoto (K, 1994)	296	497 Rd11
Baudenkmäler und Gärten der Kaiserstadt Nara (K, 1998)	298	497 Rd12
Heilige Stätten und Pilgerwege in den Kii-Bergen (K, 2004)	298	497 Rd12
Adelssitz Himeji-jo (K, 1993)	298	497 Rc12
Shinto-Schrein von Itsukushima (K, 1996)	299	497 Rc12
Buddhistische Heiligtümer von Horyu-ji (K, 1993)	300	497 Rd12
Friedensdenkmal in Hiroshima (K, 1996)	300	497 Rc12
Zedernwald von Yakushima (N, 1993)	300	497 Rc12
Archäologische Stätten des Königreichs der Ryukyu-Inseln (K, 2000)	301	497 Rc12
Silbermine Iwami-Ginzan (K, 2007)	301	497 Rb13
Ogasawara Inseln (K, N, 2011)	XV	497 Sa13
Thailand		
Ruinen von Sukhothai (K, 1991)	302	499 Pd15
Archäologische Denkmäler von Ban Chiang (K, 1992)	304	499 Qa15
Wildreservat Thung Yai-Huai Kha Khaeng (N, 1991)	304	499 Pd16
Ruinen von Ayutthaya (K, 1991)	305	499 Qa16
Waldgebiet Dong Phayayen-Khao Yai (N, 2005)	305	499 Qa16
Laos		
Luang Prabang (K, 1995)	306	499 Qa15

Liste des Welterbes

Tempelbezirk von Wat Phu und Kulturlandschaft Champasak (K, 2001)	306	499 Qb16
Kambodscha		
Tempel von Preah Vihear (K, 2008)	307	499 Qa16
Ruinen von Angkor (K, 1992)	308	499 Qa16
Vietnam		
Zentralbereich der kaiserlichen Zitadelle von Thang Long (N, 2010)	XXXIII	499 Qb14
Bucht von Halong (N, 1994, 2000 erw.)	310	499 Qb14
Zitadelle der Ho-Dynastie (K, GÜ, 2011)	XV	499 Qb15
Nationalpark Phong Nha-Ke Bang (N, 2003)	310	499 Qb15
Monumente der Kaiserstadt Hue (K, 1993)	311	499 Qb15
Altstadt von Hoi An (K, 1999)	311	499 Qb15
Tempelstadt My Son (K, 1999)	311	499 Qb15
Philippinen		
Altstadt von Vigan (K, 1999)	312	500 Ra15
Reisterrassen in den philippinischen Kordilleren * (K, 1995)	312	500 Ra15
Philippinische Barockkirchen (K, 1993)	312	500 Ra15
Nationalpark Puerto Princesa Subterranean River (N, 1999)	313	500 Qd16
Naturpark Tubbataha Reef (N, 1993, 2009 erw.)	313	500 Ra17
Malaysia		
Melaka und George Town – Historische Städte an der Meeresstraße von Malakka (K, 2008)	314	500 Qa17-18
Kinabalu Park (N, 2000)	314	500 Qd17
Nationalpark Gunung Mulu (N, 2000)	314	500 Qd18
Indonesien		
Tropische Regenwälder von Sumatra * (N, 2004)	315	500 Pd18/Qa20
Nationalpark Ujung Kulon (N, 1991)	316	500 Qb20
Buddhistische Tempelanlage von Borobudur (K, 1991)	316	500 Qc20
Hinduistische Tempelanlage von Prambanan (K, 1991)	316	500 Qc20
Paläontologische Stätte Sangiran (K, 1996)	317	500 Qc20
Nationalpark Komodo (N, 1991)	317	500 Qd20
Nationalpark Lorentz (N, 1999)	317	501 Rd19
AUSTRALIEN/OZEANIEN		
Australien		
Nationalpark Kakadu (K, N, 1981, 1987 u. 1992 erw.)	320	502 Rc21
Nationalpark Purnululu (N, 2003)	322	502 Rb22
Ningaloo-Küste (N, 2011)	XVI	502 Qc23
Shark Bay (N, 1991)	323	502 Qc24
Nationalpark Uluru-Kata Tjuta (K, N, 1987, 1994 erw.)	323	502 Rc24
Wet Tropics von Queensland (N, 1988)	324	502 Sb22
Gondwana-Regenwälder Australiens (N, 1986, 1994 erw.)	324	503 Sc24-25
Greater Blue Mountains (N, 2000)	324	503 Sc25
Opernhaus von Sydney (K, 2007)	325	503 Sc25
Fraser-Insel (N, 1992)	325	503 Sc24
Great Barrier Reef (N, 1981)	326	502 Sb22
Historische Strafgefangenenlager in Australien (K, 2010)	XXXIV, XXXV/XXXVI	502 Qd25/Rd25 503 Sc25/Sb27
Seengebiet von Willandra (K, N, 1981)	327	502 Sa25
Australische Fossilienstätten in Riversleigh und Naracoorte (N, 1994)	327	502 Rd22/Sa26
Königliches Ausstellungsgebäude und Carlton-Gärten in Melbourne (K, 2004)	327	502 Sb26
Lord-Howe-Inselgruppe (N, 1982)	327	503 Sd25
Tasmanische Wildnis (K, N, 1982, 1989 erw.)	328	502 Sb27
Macquarie-Insel (N, 1997)	329	502 Pa31
Inseln Heard und McDonald (N, 1997)	329	502 Na31
Papua-Neuguinea		
Historische Agrarlandschaft von Kuk (K, 2008)	330	504 Sa20
Vanuatu		
Kulturlandschaft Chief Roi Mata's Domain (K, 2008)	330	505 Tb22
Salomonen		
Korallenatoll East Rennell (N, 1998)	331	504 Ta21
Kiribati		
Meeresschutzgebiet Phoenixinseln (N, 2010)	XXXIV	505 Ub19
Marshallinseln		
Atombombentestgebiet Bikini-Atoll (K, 2010)	XXXVI, XXXVII/XXXVIII	505 Tb16
Neuseeland		
Tongariro-Nationalpark (K, N, 1990, 1993 erw.)	332	503 Td26
Te Wahipounamu – Der Südwesten Neuseelands (N, 1990)	334	503 Tb28
Subantarktische Inseln Neuseelands (N, 1998)	335	502 Pb31
AFRIKA		
Marokko		
Medina von Tétouan (K, 1997)	338	506 Kc11
Altstadt von Fès (K, 1981)	338	506 Kd12
Ausgrabungsstätte Volubilis (K, 1997)	339	506 Kc12
Altstadt von Meknès (K, 1996)	339	506 Kc12
Altstadt Mazagan von El-Jadida (K, 2004)	339	506 Kc12
Medina von Marrakesch (K, 1985)	340	506 Kc12
Altstadt von Essaouira (K, 2001)	341	506 Kc12
Ksar Aït-Ben-Haddou (K, 1987)	341	506 Kc12
Algerien		
Kasbah (Altstadt) von Algier (K, 1992)	342	506 La11
Bergfestung Beni Hammad (K, 1980)	342	506 La11
Tipasa (K, 1982)	342	506 La11
Djemila (K, 1982)	343	506 Lb11
Timgad (K, 1982)	343	506 Lb11
Tal von M'zab (K, 1982)	343	506 La12
Tassili n'Ajjer (K, N, 1982)	344	506 Lb14
Tunesien		
Ruinen von Dougga/Thugga (K, 1997)	346	506 Lb11
Nationalpark Ichkeul (N, 1980)	346	506 Lb11
Ruinen von Karthago (K, 1979)	346	506 Lc11
Medina von Tunis (K, 1979)	347	506 Lc11
Medina von Sousse (K, 1988)	348	506 Lc11
Medina von Kairouan (K, 1988)	348	506 Lc11
Kerkouane und Nekropole (K, 1985, 1986 erw.)	349	506 Lc11
Amphitheater von El Djem (K, 1979)	349	506 Lc11
Libyen		
Ruinen von Leptis Magna (K, 1982)	350	506 Lc12
Ruinen von Sabratha (K, 1982)	350	506 Lc12
Ruinen von Kyrene (K, 1982)	350	507 Ma12
Altstadt von Ghadames (K, 1986)	351	506 Lb13
Felsbilder im Tadrart Acacus (K, 1985)	351	506 Lc13
Ägypten		
Wadi Al-Hitan (N, 2005)	352	507 Mb13
Frühchristliche Ruinen von Abu Mena * (K, 1979)	352	507 Mb12
Islamisches Kairo (K, 1979)	353	507 Mc12
Memphis mit Totenstadt und Pyramiden (K, 1979)	354	507 Mc13
Theben und seine Totenstadt (K, 1979)	356	507 Mc13
Nubische Monumente: Abu Simbel bis Philae (K, 1979)	358	507 Mc14
Katharinenkloster und Umgebung (K, 2002)	358	507 Mc13
Sudan		
Djebel Barkal und Napata-Region (K, 2003)	359	507 Mc15
Archäologische Stätten der Insel von Meroe (K, 2011)	XVII	507 Mc15
Mauretanien		
Nationalpark Banc d'Arguin (N, 1989)	360	506 Ka14
Ksour von Ouadane, Chinguetti, Tichitt und Oualata (K, 1996)	360	506 Kb14/Kc15
Mali		
Moscheen, Mausoleen und Friedhöfe von Timbuktu (K, 1988)	361	506 Kd15
Grabmal des Askia in Gao (K, 2004)	361	506 Kd15
Djenné mit Ausgrabungsstätten (K, 1988)	361	506 Kd16
Felsen von Bandiagara – Land der Dogon (K, N 1989)	362	506 Kd16
Niger		
Naturparks Aïr und Ténéré * (N, 1991)	364	506 Lb15
Nationalpark »W« (N, 1996)	364	506 La16

Kap Verde		
Cidade Velha (K, 2009)	364	506 Jd16
Senegal		
Vogelschutzgebiet Djoudj (N, 1981)	365	506 Ka15
Insel Saint-Louis (K, 2000)	365	506 Ka15
Nationalpark Niokolo-Koba * (N, 1981)	365	506 Kb16
Insel Gorée (K, 1978)	366	506 Ka16
Saloum-Delta (K, 2011)	XVIII	506 Ka16
Steinkreise von Senegambien (K, GÜ, 2006)	368	506 Kb16
Gambia		
Steinkreise von Senegambien (K, GÜ, 2006)	368	506 Kb16
James Island und weitere historische Stätten (K, 2003)	368	506 Ka16
Guinea		
Naturschutzgebiet Nimba-Berge * (N, GÜ, 1981, 1982 erw.)	368	506 Kc17
Elfenbeinküste		
Naturschutzgebiet Nimba-Berge * (N, GÜ, 1981, 1982 erw.)	368	506 Kc17
Nationalpark Comoé * (N, 1983)	369	506 Kd17
Nationalpark Taï (N, 1982)	369	506 Kc17
Burkina Faso		
Ruinen von Loropéni (K, 2009)	369	506 Kd16
Ghana		
Bauwerke der Aschanti (K, 1980)	370	506 Kd17
Forts und Burgen Ghanas (K, 1979)	370	506 Kd17
Togo		
Koutammakou – Land der Batammariba (K, 2004)	371	506 La16
Benin		
Königspaläste von Abomey (K, 1985)	371	506 La17
Nigeria		
Heiliger Hain der Oshun in Oshogbo (K, 2005)	372	506 La17
Kulturlandschaft von Sukur (K, 1999)	372	506 Lc16
Kamerun		
Tierreservat Dja (N, 1987)	372	506 Lc18
Zentralafrikanische Republik		
Nationalpark Manovo-Gounda St. Floris * (N, 1988)	372	507 Ma17
Gabun		
Kulturlandschaft Lopé-Okanda (K, N, 2007)	373	508 Lc19
Demokratische Republik Kongo		
Nationalpark Garamba * (N, 1980)	374	507 Mb18
Okapi-Wildreservat * (N, 1996)	374	509 Mb18
Nationalpark Salonga * (N, 1984)	374	508 Ma19
Nationalpark Kahuzi-Biega * (N, 1980)	374	508 Mb19
Nationalpark Virunga * (N, 1979)	375	509 Mb19
Äthiopien		
Nationalpark Simien * (N, 1978)	376	507 Md16
Ruinen von Aksum (K, 1980)	376	507 Md16
Fasil Ghebbi in der Region Gondar (K, 1979)	377	507 Md16
Felsenkirchen von Lalibela (K, 1978)	378	507 Md16
Tal am Unterlauf des Flusses Awash (K, 1980)	379	507 Na16
Tal am Unterlauf des Flusses Omo (K, 1980)	379	507 Md17
Stelen von Tiya (K, 1980)	380	507 Md17
Kulturlandschaft der Konso (K, 2011)	XVIII	507 Md17
Befestigte Altstadt von Harar Jugol (K, 2006)	380	507 Na17
Uganda		
Nationalpark Bwindi (N, 1994)	381	507 Mb19
Nationalpark Ruwenzori-Gebirge (N, 1994)	381	507 Mc18
Gräber der Buganda-Könige in Kasubi (K, 2001)	381	507 Mc18
Kenia		
Kaya-Wälder der Mijikenda an der Küste Kenias (K, 2008)	382	509 Md19
Fort Jesus in Mombasa (K, 2011)	XVIII	509 Md19
Altstadt von Lamu (K, 2001)	382	509 Na19
Nationalparks Turkana-See (N, 1997, 2001 erw.)	382	507 Md18
Nationalpark Mount Kenya (N, 1997)	383	507 Md18
Seen des Great Rift Valley (N, 2011)	XIX	509 Md19
Tansania		
Nationalpark Serengeti (N, 1981)	384	509 Mc19
Naturschutzgebiet Ngorongoro (N, K, 1979, 2010 erw.)	386	509 Md19

Nationalpark Kilimandscharo (N, 1987)	386	509 Md19
Wildreservat Selous (N, 1982)	386	509 Md20
Ruinen von Kilwa Kisiwani und Songo Mnara * (K, 1981)	387	509 Md20
Stone Town auf Sansibar (K, 2000)	387	509 Md20
Felsmalereien von Kondoa (K, 2006)	387	509 Md20
Sambia		
Victoriafälle (Mosi-oa-Tunya) (N, GÜ, 1989)	388	508 Mb22
Simbabwe		
Victoriafälle (Mosi-oa-Tunya) (N, GÜ, 1989)	388	508 Mb22
Nationalpark Mana Pools (N, 1984)	389	509 Mb22
Nationaldenkmal Ruinen von Khami (K, 1986)	389	508 Mb23
Matobo Hills (K 2003)	389	509 Mb23
Nationaldenkmal Groß-Simbabwe (K, 1986)	389	509 Mc23
Malawi		
Nationalpark Malawi-See (N, 1984)	390	509 Mc21
Felsmalereien von Chongoni (K, 2006)	390	509 Mc21
Mosambik		
Insel Mosambik (K, 1991)	391	509 Na21
Botsuana		
Tsodilo Hills (K, 2001)	391	508 Ma22
Namibia		
Twyfelfontein (/Ui-//aes) (K, 2007)	391	508 Lc23
Südafrika		
Kulturlandschaft Mapungubwe (K, 2003)	392	509 Mb23
Fundstätten fossiler Hominiden in Südafrika (K, 1999, 2005 erw.)	392	508 Ma-Mb24
Vredefort Dome (N, 2005)	392	508 Mb24
Naturpark Drakensberge (ukhahlamba) (K, N, 2000)	393	509 Mb24
iSimangaliso Wetland Park (N, 1999)	393	508 Mc24
Kulturlandschaft Richtersveld (K, 2007)	394	508 Ld24
Robben Island (K, 1999)	394	508 Ld25
Florenreiche der Kapregion (N, 2004)	394	508 Ld25
Madagaskar		
Regenwälder von Atsinanana * (N, 2007)	395	509 Nb21-23
Naturschutzgebiet Tsingy de Bemaraha (N, 1990)	395	509 Na22
Königshügel von Ambohimanga (K, 2001)	395	509 Nb22
Mauritius		
Aapravasi Ghat (K, 2006)	396	509 Nd23
Kulturlandschaft Le Morne (K, 2008)	396	509 Nd23
Seychellen		
Aldabra-Atoll (N, 1982)	397	509 Nb20
Naturpark Vallée de Mai (N, 1983)	397	509 Nd19
AMERIKA		
Kanada		
Kluane/Wrangell-St. Elias/Glacier Bay/Tatshenshini-Alsek (N, GÜ, 1979, 1992 u. 1994 erw.)	400	510 Cd06
Nahanni National Park (N, 1978)	402	510 Dc06
Wood Buffalo National Park (N, 1983)	403	510 Eb07
SGang Gwaay (Anthony Island) (K, 1981)	403	510 Db08
Kanadische Rocky Mountains (N, 1984, 1990 erw.)	404	510 Ea08
Head-Smashed-in Buffalo Jump (K, 1981)	406	510 Eb09
Dinosaur Provincial Park (N, 1979)	406	510 Eb08
Nationale Historische Stätte L'Anse aux Meadows (K, 1978)	406	511 Ha08
Gros Morne National Park (N, 1987)	407	511 Ha08
Miguasha National Park (N, 1999)	408	511 Gc09
Historischer Bezirk von Québec (K, 1985)	408	511 Gb09
Rideaukanal (K, 2007)	409	513 Ga10
Fossilienklippen von Joggins (N, 2008)	409	511 Gd09
Altstadt von Lunenburg (K, 1995)	409	511 Gd10
Waterton-Glacier International Peace Park (N, GÜ, 1995)	410	510 Eb09
Vereinigte Staaten von Amerika		
Kluane/Wrangell-St. Elias/Glacier Bay/Tatshenshini-Alsek (N, GÜ, 1979, 1992 u. 1994 erw.)	400	510 Cd06
Waterton-Glacier International Peace Park (N, GÜ, 1995)	410	510 Eb09
Olympic National Park (N, 1981)	412	510 Db09

Liste des Welterbes

Yellowstone National Park (N, 1978)	412	512 Eb10
Redwood National Park (N, 1980)	413	512 Dd10
Yosemite National Park (N, 1984)	413	512 Ea11
Grand Canyon National Park (N, 1979)	414	512 Eb11
Geschichtspark der Chaco-Kultur (K, 1987)	415	512 Ec11
Mesa Verde National Park (K, 1978)	415	512 Ec11
Indianersiedlung Taos Pueblo (K, 1992)	415	512 Ec11
Carlsbad Caverns National Park (N, 1995)	415	512 Ed12
Freiheitsstatue (K, 1984)	416	513 Gb10
Unabhängigkeitshalle in Philadelphia (K, 1979)	416	513 Ga11
Prähistorische Siedlung Cahokia Mounds (K, 1982)	416	512 Fb11
Monticello und Universität von Virginia in Charlottesville (K, 1987)	417	513 Ga11
Mammoth Cave National Park (N, 1981)	417	513 Fc11
Great Smoky Mountains National Park (N, 1983)	417	513 Fd11
Everglades National Park * (N, 1979)	418	513 Fd13
Festungen von San Juan in Puerto Rico (K, 1983)	419	513 Gc15
Meeresschutzgebiet Papahānaumokuākea (N, 2010)	XXXIX	512 Aa20
Hawaii Volcanoes National Park (N, 1987)	419	512 Ab20
Mexiko		
Ruinen von Paquimé in Casas Grandes (K, 1998)	420	512 Ec12
Wal-Schutzgebiet von El Vizcaíno (N, 1993)	420	512 Eb13
Felsbilder der Sierra de San Francisco (K, 1993)	420	512 Eb13
Inseln und Schutzgebiete des Golfs von Kalifornien (N, 2005)	421	512 Eb13
Historischer Handelsweg Camino Real de Tierra Adentro (K, 2010)	XXXIX	512 Ed14
Altstadt von Zacatecas (K, 1993)	421	512 Ed14
Agavenfelder und Produktionsstätten von Tequila (K, 2006)	421	512 Ed14
Altstadt und Minen von Guanajuato (K, 1988)	422	512 Ed14
San Miguel de Allende und Heiligtum in Atotonilco (K, 2008)	422	512 Ed14
Denkmalensemble von Querétaro (K, 1996)	422	512 Ed14
Missionen der Sierra Gorda de Querétaro (K, 2003)	422	512 Fa14
Hospicio Cabañas in Guadalajara (K, 1997)	423	512 Ed14
Präkolumbische Ruinenstadt El Tajín (K, 1992)	423	512 Fa14
Altstadt von Morelia (K, 1991)	423	512 Ed15
Biosphärenreservat Mariposa Monarca (N, 2008)	423	512 Ed15
Präkolumbische Stadt Teotihuacán (K, 1987)	424	512 Fa15
Haus und Studio von Luis Barragán (K, 2004)	426	512 Fa15
Historisches Zentrum von Mexiko-Stadt und Xochimilco (K, 1987)	426	512 Fa15
Campus der Universidad Nacional Autónoma de México D.F. (K, 2007)	427	512 Fa15
Archäologische Stätte Xochicalco (K, 1999)	427	512 Fa15
Altstadt von Puebla (K, 1987)	428	512 Fa15
Klöster des 16. Jahrhunderts an den Hängen des Popocatépetl (K, 1994)	428	512 Fa15
Altstadt von Oaxaca und Monte Albán (K, 1987)	429	512 Fa15
Prähistorische Höhlen von Yagul und Mitla im Tal von Oaxaca (K, 2010)	XL	513 Fa15
Denkmalbereich von Tlacotalpan (K, 1998)	429	512 Fa15
Ruinen und Nationalpark von Palenque (K, 1987)	430	512 Fb15
Stadt und Festung von Campeche (K, 1999)	430	513 Fb15
Prähispanische Stadt Uxmal (K, 1996)	430	513 Fc14
Ruinen von Chichén Itzá (K, 1988)	431	513 Fc14
Biosphärenreservat Sian Ka'an (N, 1987)	431	513 Fc15
Mayastadt Calakmul (K, 2002)	431	513 Fc15
Belize		
Barriere-Riffsystem von Belize * (N, 1996)	432	513 Fc15
Guatemala		
Nationalpark Tikal (K, N, 1979)	432	513 Fc15
Maya-Ruinen von Quiriguá (K, 1981)	432	513 Fc15
Antigua Guatemala (K, 1979)	433	513 Fb16
Honduras		
Biosphärenreservat von Río Plátano * (N, 1982)	433	513 Fd15
Mayaruinen von Copán (K, 1980)	433	513 Fc16
El Salvador		
Ruinen von Joya de Cerén (K, 1993)	434	513 Fc16
Nicaragua		
Ruinen von León Viejo (K, 2000)	434	513 Fc16
Kathedrale von Leon (K, 2011)	XXIII	513 Fc16
Costa Rica		
Schutzgebiet Guanacaste (N, 1999, 2004 erw.)	435	513 Fc16
Nationalpark Kokosinsel (N, 1997, 2002 erw.)	435	514 Fc17
Naturschutzgebiet Talamanca und Nationalpark La Amistad (N, GÜ, 1983, 1990 erw.)	436	513 Fd17
Panama		
Naturschutzgebiet Talamanca und Nationalpark La Amistad (N, GÜ, 1983, 1990 erw.)	436	513 Fd17
Coiba-Nationalpark und seine marinen Schutzgebiete (N, 2005)	437	513 Fd17
Festungen Portobelo und San Lorenzo (K, 1980)	437	513 Ga17
Panamá Viejo und historisches Viertel von Panama-Stadt (K, 1997, 2003 erw.)	437	513 Ga17
Nationalpark Darién (N, 1981)	437	513 Ga17
Kuba		
Havanna – Altstadt und Festungen (K, 1982)	438	513 Fd14
Kulturlandschaft Tal von Viñales (K, 1999)	439	513 Fd14
Altstadt von Cienfuegos (K, 2005)	439	513 Fd14
Trinidad und Valle de Los Ingenios (K, 1988)	439	513 Ga14
Historische Altstadt von Camagüey (K, 2008)	440	513 Ga14
Festung von Santiago de Cuba (K, 1997)	440	513 Ga15
Relikte der ersten Kaffeeplantagen im Südosten Kubas (K, 2000)	441	513 Ga14
Nationalpark Desembarco del Granma (N, 1999)	441	513 Ga14
Nationalpark Alejandro de Humboldt (N, 2001)	441	513 Ga14
Dominikanische Republik		
Kolonialzeitliches Santo Domingo (K, 1990)	442	513 Gc15
Haiti		
Historischer Nationalpark von Haiti (K, 1982)	442	513 Gb15
St. Kitts und Nevis		
Nationalpark und Fort Brimstone Hill (K, 1999)	442	513 Gd15
Dominica		
Nationalpark Morne Trois Pitons (N, 1997)	443	513 Gd15
St. Lucia		
Pitons-Naturschutzgebiet (N, 2004)	443	513 Gd16
Barbados		
Bridgetown und seine Garnison (K, 2011)	XXIV	513 Ha16
Kolumbien		
Cartagena (K, 1984)	444	514 Ga16
Altstadt von Santa Cruz de Mompox (K, 1995)	445	514 Gb17
Nationalpark Los Katíos * (N, 1994)	445	514 Ga17
Kaffee-Kulturlandschaft (K, 2011)	XXIV	514 Ga18
Archäologischer Park Tierradentro (K, 1995)	445	514 Ga18
Archäologischer Park San Agustín (K, 1995)	446	514 Ga18
Naturreservat Malpelo (N, 2006)	447	514 Fd18
Ecuador		
Altstadt von Quito (K, 1978)	448	514 Ga19
Altstadt von Cuenca (K, 1999)	449	514 Ga19
Nationalpark Sangay (N, 1983)	449	514 Ga19
Nationalpark Galapagos-Inseln (N, 1978, 2001 erw.)	450	514 Fb19
Peru		
Nationalpark Río Abiseo (K, N, 1990, 1992 erw.)	452	514 Ga20
Ruinen von Chan-Chan * (K, 1986)	452	514 Ga20
Ruinen von Chavín (K, 1985)	452	514 Ga20
Nationalpark Huascarán (N, 1995)	453	514 Ga20
Heilige Stadt Caral-Supe (K, 2009)	453	514 Ga21
Altstadt von Lima (K, 1988, 1991 erw.)	454	514 Ga21
Machu Picchu (K, N, 1983)	456	514 Gb21
Cuzco (K, 1983)	457	514 Gb21
Nationalpark Manú (N, 1987)	458	514 Gb21
Linien von Nazca und Pampas de Jumana (K, 1994)	459	514 Gb21
Altstadt von Arequipa (K, 2000)	459	514 Gb22
Bolivien		
Ruinen von Tiahuanaco (K, 2000)	460	514 Gc22

Altstadt von Sucre (K, 1991)	460	514 Gc22	
Potosí (K, 1987)	460	514 Gc22	
Festung Samaipata (K, 1998)	461	514 Gd22	
Nationalpark Noel Kempff Mercado (N, 2000)	461	515 Gd21	
Jesuitenmissionen der Chiquitos (K, 1990)	461	515 Gd22	
Chile			
Salpeterwerke von Humberstone und Santa Laura (K, 2005)	462	514 Gc23	
Altstadt von Valparaíso (K, 2003)	462	517 Gb25	
Kupferminenstadt Sewell (K, 2006)	463	517 Gb25	
Holzkirchen von Chiloé (K, 2000)	463	517 Gb27	
Nationalpark Rapa Nui (Osterinsel) (K, 1995)	463	516 Ec24	
Venezuela			
Altstadt und Hafen von Coro * (K, 1993)	464	514 Gc16	
Universitätsstadt von Caracas (K, 2000)	464	514 Gc16	
Nationalpark Canaima (N, 1994)	464	515 Gd17	
Suriname			
Altstadt von Paramaribo (K, 2002)	465	515 Ha17	
Naturreservat Zentralsuriname (N, 2000)	465	515 Ha18	
Brasilien			
Schutzgebiet Zentralamazonas (N, 2000, 2003 erw.)	466	514 Gd19	
Altstadt von São Luís (K, 1997)	466	515 Hd19	
Altstadt von Olinda (K, 1982)	467	515 Jb20	
Nationalpark Serra da Capivara (K, 1991)	467	515 Hd20	
São-Francisco-Platz in São Cristóvão (K, 2010)	XL	515 Ja21	
Altstadt von Salvador da Bahia (K, 1985)	468	515 Ja21	

Regenwälder der Costa do Descobrimento (N, 1999)	470	515 Ja22	
Nationalparks Chapada dos Veadeiros und Emas (N, 2001)	470	515 Hc21/Hb22	
Brasilia (K, 1987)	471	515 Hc22	
Altstadt von Goiás (K, 2001)	472	515 Hb22	
Altstadt von Ouro Prêto (K, 1980)	472	515 Hd23	
Altstadt von Diamantina (K, 1999)	473	515 Hd22	
Kirche Bom Jesus in Congonhas (K, 1985)	473	515 Hd23	
Südöstliche Atlantische Wälder (N, 1999)	473	517 Hc23	
Pantanal-Schutzgebiet (N, 2000)	474	515 Ha22	
Inselreservat Fernando de Noronha/Rocas-Atoll (N, 2001)	475	515 Jb19	
Nationalpark Iguaçu (N, 1986)	475	517 Hb24	
Jesuitenmissionen der Guaraní (K, GÜ, 1983, 1984 erw.)	476	517 Hb24	
Paraguay			
Jesuitenmissionen in Paraguay (K, 1993)	477	517 Ha24	
Uruguay			
Altstadt von Colonia del Sacramento (K, 1995)	477	517 Ha25	
Argentinien			
Quebrada de Humahuaca (K, 2003)	478	517 Gc23	
Nationalpark Iguazú (N, 1984)	478	517 Hb24	
Naturparks Ischigualasto und Talampaya (N, 2000)	478	517 Gc24	
Jesuitenmissionen der Guaraní (K, GÜ, 1983, 1984 erw.)	476	517 Hb24	
Jesuiten-Baudenkmäler in und um Córdoba (K, 2000)	479	517 Gd25	
Halbinsel Valdés (N, 1999)	479	517 Gd27	
Cueva de las Manos am Río Pinturas (K, 1999)	479	517 Gb28	
Nationalpark Los Glaciares (N, 1981)	480	517 Gb28	

BILDNACHWEIS

BILDNACHWEIS

M/Cubolmages, S. 163 u. li.: M/Rene Truffy, S. 163 u. re.: L/Kreuels, S. 164 li.: M / Fritz Mader, S. 164/ 165: L/Krinitz, S. 165.1: H/L. Gaudenzio, S. 165.2: C/Luciano Gaudenzio/Grand Tour, S. 165.3: Look/Andreas Strauss, S. 165.3: H/Mirau, S. 166 li.: ifa/J.Arnold Images, S. 166/167: L/Le Figaro Magazine, S. 167.1: H / imagebroker / Hermann Dobler, S. 167.2: Look/Rainer Martini, S. 167.3: H/, S. Scattolin, S. 167.4: B/Ulf Boettcher, S. 168.1: M / A, S. 168.2: L/Zanettini, S. 168.3: akg-images / Cameraphoto, S. 168.4: Zielske, S. 168/169: L/ Babovic, S. 170 li. o.: C/David Lees, S. 170 li. u.: H/ Johanna Huber, S. 170 re. o.: H/Baviera Guido, S. 170 re. u.: Schapo/SIME, S. 171 o.: L/Kirchner, S. 171 u.: C /Vannini, S. 171 re.: G, S. 172 o.: B/Frieder Blickle, S. 172 M.: L/Eid, S. 172 u.: L/Galli, S. 173 li.: Ernst Wrba, Sulzbach/Taunus, S. 173 re.: G/Adrian Pope, S. 174 o. li.: akg Archiv f. Kunst und Geschichte, S. 174 o. re.: akg-images/Orsi Battaglioni, S. 174/175: L/Centenaro, S. 175.1: L/ Ogando, S. 175.2: B/Hans Madej, S. 175.3: B/Hans Madej, S. 175.4: Udo Bernhard/Langen, S. 176 o.: B/Hans Madej, S. 176 M.: ifa/Aberham, S. 176 u.: C/Marsico, S. 177 o.: Hubert Stadler, S. 177 M.: B/Dorothea Schmid, S. 177 u.: A/Huw, S. 178 o.: L/Centenaro, S. 178 M.: L/Centenaro, S. 178 u.: C/ Sygma Cevallos, S. 179 li.: Bridgemanart.com, S. 179 re.: Araldo de Luca/C, S. 180 o.: vision Photos, S. 180 li.: Premium Roda, S. 180/181: L/ Hemispheres, S. 181 o.: B/Thomas Ernsting, S. 181.1: Cajho Panorama Images, S. 181.2: L/hemis/r, mattes, S. 181.3: Premium, S. 181.4: L/Centenaro, S. 182.1: G, S. 182.2: Premium, S. 182.3: B/Alcoceba Felipe J., S. 182.4: L/Galli, S. 182/183: L/Galli, S. 184 o.: Udo bernhard/langen, S. 184/185: H/G.Simeone, S. 185 o.: akg-images, S. 185 re. o.: L/Galli, S. 185 re. M.: akg Archiv f. Kunst und Geschichte, S. 185 re. u.: L/Galli, S. 186 o.: B/Frieder Blickle, S. 186 M.: C/Atlantide Phototravel, S. 168 u.: H/Massimo Ripani, S. 187 li. o.: L/Centenaro, S. 187 li. u.: C/Jodice, S. 187 re.: B/Milan Horazek, S. 188 re.: ifa, S. 188 M.: L' Centenaro, S. 188 u.: C/Listri, S. 189 o.: L/Centenaro, S. 189 M.: L/Berthold Steinhilber, S. 189 u.: C/Vannini, S. 190 o.: Rainer Hackenberg/Koeln, S. 190 M.: L/Galli, S. 190 u.: C/Dickmann, S. 191 o.: Rainer Hackenberg/Kiln, S. 191 M.: A/Banana Pankake, S. 191 u.: L Galli, S. 192 o.: Bildagentur-online, S. 192 M.: Schapo/SIME, S. 192 u.: L/Hauser, S. 193 o.: L/Kirchner, S. 193 M.: Jochen Tack, S. 193 u.: L/Kirchner, S. 194 o.: L/Tom Bean, S. 194 o. re.: B. Krist, S. 194 u.: L/Rudy Sulgan, S. 195 o.: BA-Geduldig, S. 195 M.: Schapo/SIME, S. 196 o.: C/Jose Fuste Raga, S. 196 o.: L/Zanettini, S. 196 M.: Heuer/L, S. 196 u.: M/H. Schmied, S. 197 o.: A/AA World Travel Library, S. 197 M.: L/Zanettini, S. 197 u.: A/AA World Travel library, S. 197 re.: L/Amme Meazza, S. 198 o. li.: Visum/Peter Schickert, S. 198 o. re.: L/Glaescher, S. 198 u. li.: A/DIOMEDIA, S. 198 u. re.: p-a/dpa-Report, S. 199 li. o.: A/DIOMEDIA, S. 199 li. u.: akg-images/Erich Lessing, S. 199 re. o.: A/DIOMEDIA, S. 199 re. u.: A/DIOMEDIA, S. 200 o.: H/L. Grandadam, S. 200 u.: L/Hemispheres, S. 201 o.: C/Tiziana and Gianni Baldizzone, S. 201 M.: B/Angelika Jakob, S. 201 u.: Look/Joachim Chwaszcza, S. 202 o.: BIOS Gunther Michel , S. 202 M.: A/sifa Image Service, S.r.o., S. 202 u.: M/Jose Fuste Raga, S. 203 li.: Still Pictures/ Dana Wilson, S. 203 re.: Avenue Pictures/David Ball, S. 204 li. o.: M/imagebroker/Kurt Kracher, S. 204 li. u.: C/Stoyan Nenov/Reuters, S. 204 re. o.: transit/Tom Schulze S. 204 re. u.: akg-images/Yvan Travert, S. 205 li.: transit/Tom Schulze, S. 205 re. o.: L/Tophoven, S. 205 re. u.: FAN/R.Hackenberg, S. 206 o.: C/Sandro Vannini, S. 206 M.: akg-images/ Juergen Sorges, S. 206 u.: C/Carmen Redondo, S. 207 o.: M/age, S. 207 M. li.: Premium, S. 207 M. re.: AFP/Getty Images, S. 207 u.: blickwinkel/M. Walch, S. 208 o. li.: M/imagebroker/Egmont Strigl, S. 208 o. re.: M/imagebroker/ Egmont Strigl, S. 208 M.: M/age, S. 208 u.: A/John Henshall, S. 209 li. o.: Still Pictures/Sean Sprague, S. 209 li. u.: A/Matjaz Tancic, S. 209 re.: L/IML, S. 210 o.: A/IML Image Group Ltd., S. 210 M.: L/Galli, S. 210 u.: L/IML, S. 211 o.: L/Le Figaro Magazine, S. 211 M.: L/Berthold Steinhilber, S. 211 u.: L/Berthold Steinhilber, S. 212 o. li.: getty/After Lysippos, S. 212 o. re.: getty/De Agostini Picture Library, S. 212 li.: L/Centenaro, S. 212/213: C/Pete Saloutos, S. 214 li. o.: Look/Konrad Wothe, S. 214 li. u.: L/Berthold Steinhilber, S. 214 re. o.: C/Bettmann, S. 214 re. u.: A/Peter Oshkai, S. 215 li. o.: akg-images/Erich Lessing, S. 215 li. u.: L/Berthold Steinhilber, S. 215 re. o.: L/Berthold Steinhilber, S. 215 re. u.: L/Berthold Steinhilber, S. 216 o.: L/Terry Harris just Greece Photo, S. 216 M.: A/Jan Wlodarczyk, S. 216 u.: L/IML, S. 217 o.: L/Berthold Steinhilber, S. 217 M.: L/Hemispheres, S. 217 u.: A/Jack Sullivan, S. 218 o.: akg-images/Gilles Mermet, S. 218/219: Premium, S. 219 o.: akg-images, S. 219.1: G/Bruno Morandi, S. 219.2: M/Holt, S. 219.3: L/REA, S. 219.4: L/Tueremis, S. 220.1: A/Images&Stories, S. 220.2: B/David Noton Photography, S. 220.3: B/Klaus Bossemeyer, S. 220.4: L/Hemispheres, S. 220/221: L/Nik Wheeler, S. 222 li. o.: L/Hemispheres, S. 222 li. u.: akg-images/GÇrard Degeorge, S. 222 re. o.: M/Danita Delimont, S. 222 re. u.: C/Chris Hellier, S. 223 li. o.: B/Manfred Wirtz, S. 223 li. u.: A/ Pix/Gen, S. 223 re. o.: Okapia, S. 223 re. u.: L/Contrasto, S. 224 o.: L/RAPHO, S. 224 li.: C/Diego Lezama Orezzoli, S. 225 li.: C/Diego Lezama Orezzoli, S. 225 re. o.: C/Diego Lezama Orezzoli, S. 225 re. u.: C/Turnley, S. 226 o.: L/Moleres, S. 226 M.: L/Gurian, S. 226 u.: H/Kaos, S. 227 o.: Das Fotoarchiv/Knut Mueller, S. 227 M.: Das Fotoarchiv/Knut Mueller, S. 227 u.: A/mediacolors, S. 228 o.: A1 PIX/JTB, S. 228/229: Premium, S. 230 o.: B/Felipe J. Alcoceba, S. 230 M.: L/Kirchgessner, S. 230 u.: Premium/Orion Press, S. 231 o.: L/Galli, S. 231 M.: L/Galli, S. 231 re. u.: A/The Photolibrary Wales, S. 232 o.: B/Lutz Jaekel, S. 232 M.: M-images/Michael Obert, S. 232 u.: M-images/Michael Obert, S. 233 o.: C/Atlantide Phototravel, S. 233 M.: C/Atlantide Phototravel, S. 234 o.: M-images/Michael Obert, S. 234 o.: Look/Jan Greune, S. 234 M. H, S. 234 u.: A/Tomi Junger, S. 235 o.: C/Richard T. Nowitz, S. 235 M.: akg-images, S. 235 u.: C/Richard T. Nowitz, S. 236/237: UK. Hoffmann, S. 237.1: L/Le Figaro Magazine, S. 237.2: Neumeister, S. 237.3: Das Fotoarchiv Christoph & Friends/ Kunzig, S. 237.4: B/Fayçal Brahimi, S. 238

o.: Premium/P.Fischer, S. 238 M.: L/Hemispheres, S. 238 u.: akg- images/Erich Lessing, S. 239 li.: H/Johanna Huber, S. 239 re.: L/Hemispheres, S. 240 li. o.: A/TongN Image Stock, S. 240 li. u.: A/Michele Falzone, S. 240 re. o.: C/JAI, S. 240 re. u.: A/imagebroker/ Egmont Strigl, S. 241 li. o.: C/Bojan Brecelj, S. 241 li. u.: C/Jose Fuste Raga, S. 241 re. o.: Caro/Riedmiller, S. 241 re. u.: Caro/Riedmiller, S. 242 o.: C/Arthur ThevÇnart, S. 242 M.: G/National Geographic, S. 242 u.: A/Copyright.JTB Photo Communications, S. 243 o.: C/David Lees, S. 243 M.: M-images/SuperStock, S. 243 u.: C Saba/Shepard Sherbell, S. 244 li. o.: C/Roger Wood, S. 244 li. u.: C/Wood, S. 244 re. o.: A/Robert Harding Picture library Ltd., S. 244 re. u.: bridgemanart.com, S. 245 li. o.: C/Tibor Bogn†r, S. 245 li. u.: Bildagentur-online, S. 245 re.: C/Kazuyoshi Nomachi, S. 246 o.: C/Diego Lezama Orezzoli, S. 246 M.: M/Michael Ober, S. 246 u.: C/Christophe Boisvieux, S. 247 o.: C/Vicander, S. 247 u.: C/Kurt Stier, S. 248 o.: Biosphoto/Popinet Sylvestre & Freidel Christel, S. 248 M.: A/Bernard O'Kane, S. 248 u.: A/Jeremy Sutton-Hibbert, S. 249 o.: A/Keren Su/China Span, S. 249 M.: C/Charles & Josette Lenars, S. 249 u.: A/Jon Arnold Images, S. 250 o. li.: C/David Samuel Robbins, S. 250 o. re.: L/VU, S. 250 li.: C/Michel Setboun, S. 250/251 M/Jeff O' Brian, S. 252 o.: akg-images/GÇrard Degeorge, S. 252 M.: A/Robert Harding, S. 252 u.: C/David Samuel, S. 253 o.: C/David Trilling, S. 253 M.: A/RH Picture Library, S. 253 u.: Schapo/Robert Harding, S. 254 o.: L/Hemispheres, S. 254 M.: F1-Online, S. 254 u.: Schapo/Robert Harding, S. 255 o.: Eye Ubiquitos/Hutchison, S. 255 M.: A1 PIX/JTB, S. 255 u. akg-images/Nimatallah, S. 256 o.: Picture Press/Minden Pictures, S. 256 M.: A/Roger Cracknell, S. 256 u.: A1 PIX/JTB, S. 257 o.: C/Justin Guariglia, S. 257 M.: C/Abbie Enock Travel Ink., S. 257 u.: C/Blaine Harrington III, S. 258 o.: akg-images/Jean-Louis Nou, S. 258 li.: L/Hemispheres, S. 258/259: Premium, S. 259 o.: akg-images/Jean-Louis Nou, S. 260 li. o.: Arco Images/Jorens-Belde, S. 260 li. u.: _G/_Ann & Steve Toon, S. 260 re. o.: Okapia, S. 260 re. u.: A/Woodfall-Wild Images, S. 261 li. o.: C/Atlantide Phototravel, S. 261 li. u.: L/Hemispheres, S. 261 re. o.: C/Atlantide Phototravel, S. 261 re. u.: Wolfgang Kaehler / A, S. 262 o.: C/Atlantide Phototravel, S. 262 M.: A/Hitendra Sinkar Photography, S. 262 u.: A/Philip Bigg, S. 263 re.: A/Paul Springett, S. 263 li.: L/OnAsia, S. 264 li. o.: L/Kirchner, S. 264 li. u.: A/Neil Mc Allister, S. 265 re. o.: A/Travelib India, S. 265 re. u.: A/Deepa Dogra, S. 266 o.: Geospace/ EDC, S. 266 M.: Eye Ubiquitos/Hutchison, S. 266 u.: Majority World/Mustafiz Mamun, S. 267 li.: A/Alain Couillaud, S. 267 re.: A/Simon Reddy , S. 268 o.: L/Hemispheres, S. 268 M.: A/Peter Horree, S. 268 u.: M/age, S. 269 o.: A/Aflo Co. Ltd. , S. 269 M.: C/Clemens Emmler, S. 269 u.: L/Hemispheres, S. 269 o.: C/Wheeler, S. 270 M. li.: A1PIX/D, S. 270 M. re.: Visum/Marc Steinmetz, S. 270 u.: Arco Images/ Therin Weise, S. 271 o.: a-p/dpa-Report/Zhang fenquan, S. 271 M.: L/imaginechina, S. 271 u.: L/Malherbe, S. 272 o.: L/Eurasia/Steven Vidler, S. 272 M.: Panoramastock, S. 272 u.: C/Dean Conger, S. 272 u.: C/Redlink, S. 272 M.: A1PIX/PCH, S. 272 u.: C/Redlink, S. 272 re.: Panoramastock, S. 274 li. o.: C/Liu Liqun, S. 274 li. u.: A/View Stock, S. 274 re. o.: Panoramastock/Chu Yong, S. 274 re. u.: Panoramastock, S. 275 re. o.: C/Pierre Colombel, S. 275 re. u.: C/Liu Xiaoyang, S. 276 li.: A/Panorama Media, S. 267 re. o.: Look/Karl Johaentges, S. 276 re. u.: Look/Karl Johaentges, S. 277 li o.: F1 Online, S. 277 li. u.: A1PIX/PCH, S. 277 re A/HU Zhao, S. 278 li. o.: C/Demetrio Carrasco/JAI, S. 278 li. u.: L/REA, S. 278 re. o.: Panoramastock, S. 278 re. u.: A1PIX/PCH, S. 279 li. o.: L/Hemispheres, S. 279 li. u.: A1PIX/PCH, S. 279 re. o.: L/Hemispheres, S. 280 o.: F1 Online, S. 280 u.: Panoramastock/Ru Suichu, S. 280 u.: F1 Online, S. 281 o.: Panoramastock/Yang Tiejun, S. 280 u.: F1 Online, S. 281 u.: M/Steve Bloom Images, S. 282 li.: L/Riehle, S. 282 re. o.: Look/Karl Johaentges, S. 282 re. u.: L/Hemis, S. 183 o.: A/Dennis cox, S. 283 M.: A/Sylvia Corday Photo Library, S. 283 u.: L/Hemis, S. 284 o.: akg-images, S. 284 li.: A/Robert Fried, S. 284/285: L/Tueremis, S. 285 o.: Still Pictures/Thomas Kelly, S. 286 o.: A/Suzanne Long, S. 286 M.: C/Atlantide Phototravel, S. 286 u.: A/View Stock, S. 287 o.: C/Ryan Pyle, S. 287 u.: C/China Photos/Reuters, S. 287 u.: L/Kristensen, S. 288 li.: Bildagentur-online, S. 288 re. o.: L/Piepenburg, S. 288 re. u.: A/Travel Shot, S. 289 o.: A/Word Religious Library, S. 289 M.: G/Dan Rafia, S. 289 u.: C/Kaehler, S. 290 o.: C/Korea News Service Reuters, S. 290 M.: C/Wolfgang Kaehler, S. 290 u.: Schapo/ Schlottmann, S. 291 o.: Superbild/JTB Communication, S.Inc, S. 291 M.: Superbild/JTB Communication, S.Inc, S. 291 u.: C/Marcel Malherbe/Arcaid, S. 292 li.: A/Look, S. 292 re. C/Carmen Redondo, S. 293 li. u.: A/Pat Behnke, S. 293 li. u.: Superbild/JTB Communication, S.Inc, S. 293 re. o.: L/Sasse, S. 293 re. u.: A/TongN Image Stock, S. 294 M.: A/MIXA.Co.Ltd., S. 294 u.: A/DAJ, S. 295 o.: Superbild/JTB Communication, S.Inc, S. 295 re.: Superbild/JTB Communication, S.Inc, S. 295 re.: A/Christian Klein, S. 296 li.: A/Jon Arnold Images, S. 296 o.: A/Frantisek Staud, S. 296/297 W. Kunth, S. 297 1.: G/Peter Adams, S. 297 2.: C/Archivo Iconografico, S. 297 3.: A/Andrew Rouse, S. 297 4.: C/Archivo Iconografico, S. 298 o.: Arco-images/R. Philips, S. 298 M.: A/Golden Gate Images, S. 298 u.: H/Picture Finders, S. 299 o.: A/Nigel Hicks, S. 299 M.: A/Photo Japan, S. 299 re.: Premium, S. 300 o.: AJ.Marshall/Tribaleye Images, S. 300 M.: L/Redux, S. 300 u.: F1 Online/PBY, S. 301 o.: Superbild/ JTB Communication, S.Inc, S. 301 M.: A/MIXA.Co.Ltd., S. 301 u.: Superbild/JTB Communication, S.Inc, S. 302 li.: M/Beck, S. 302/303: C/Luca I. Tettoni, S. 303 li.: Superbild/JTB Communication, S.Inc, S. 303 u.: C. und W. Kunth (5), S. 304 li.: Wildlife/A. Schah, S. 304o.: C/Wolfgang Kaehler, S. 304 M.: Bios/Ruoso Cyril, S. 304 u.: Okapia, S. 305 o.: W. Kunth, S. 305 M.: Florian Busch, S. 305 u.: L/ Engelhorn, S. 306 o.: L/Hemispheres, S. 306 M.: A/Ron Yue, S. 306 u.: A/David South, S. 307 li.: A/Thomas Cockrem, S. 307 re.: G/TangChhin Sothy,

S. 308 o.: A/Jon Bower, S. 308 li.: Avenue Images, S. 308/309: Das Fotoarchiv/Lineair, S. 390 o.: A/David B. 390 l.: L/Kirchner, S. 390 2.: L/Hemispheres, S. 390 3.: H/Bruno Morandi, S. 390 4.: A/mediacolor's, S. 310 o.: C/Cathrine Karnow, S. 310 M.: G/National Geographic, S. 310 u.: Bios/Gunther Michel, S. 311 o.: C/Peter M. Wilson, S. 311 M.: A/Rob Cousins, S. 311 u.: Jochen Tack, S. 312 o.: Schapo/Komine, S. 312 M.: C/Michele Falzone, S. 312 u.: A/Carlotta, S. 313 o.: L/Le Figaro Magazine, S. 312 M.: A/F. Jack Jackson, S. 312 u.: Helga Lade, S. 314 o.: A/Stuart Forster, S. 314 M.: A/Atmotu Images, S. 314 u.: C/Holmes, S. 315 o.: Okapia, S. 315 u.: L/Engelhorn, S. 314 re.: C/Wayne Lawler, S. 316 o.: M/Oxford Scientific, S. 316 M.: C/Michele Falzone, S. 316 u.: A/Mark Lewis, S. 317 o.: Pascal Goetgheluck/Science Library, S. 317 M.: B/Azel, S. 317 u.: Arco Images/K. Hinze, S. 318/319 C/Conway, S. 319 o. G, S. 320 o.: L/Hemispheres, S. 320 u.: Theo Allofs, S. 320/321 C/Yann-Arthus Bertrand, S. 321 o.: Transglobe/ Schmitz, S. 322 li.: C/Theo Allofs, S. 322 o.: Don Fuchs, S. 322 u.: Don Fuchs, S. 323 o.: A/Bill Bachmann, S. 323 M.: Premium/Image State, S. 323 u.: Ifa/Picture Finders, S. 324 o.: Premium, S. 324 M.: A/Mark Nemeth A1FXY2, S. 324 u.: C/Souders, S. 325 o.: Blickwinkel/McPhoto, S. 325 M.: FAN/P.Mross, S. 325 u.: C/Yann Arthus-Bertrand, S. 326 li.: Premium, S. 326 o. Don Fuchs, S. 326 u.: Premium/ Minden, S. 327 1.: Clemens Emmler, S. 327 2.: Look/Holger Leue, S. 327 3.: A/James Osmond, S. 327 4.: Don Fuchs, S. 328 li.: C/Hans Strand, S. 328 o.: M/Nicolas Pitt, S. 328 M.: G/Wes Walker, S. 328 u.: Don Fuchs, S. 329 o.: A/David Ball, S. 329 M.: A/Bryan&Cherry Alexander Photography, S. 329 u.: Okapia, S. 330 o.: A/Jon Arnold Images Itld/Walter Bibikow, S. 330 M.: Look/Terra Vista, S. 330 u.: G/Sami Sarkis, S. 331 o.: A/Carol Buchanan, S. 331 u.: A/Carol Buchanan, S. 331 li.: Lonely Planet Images/Peter Hendrie, S. 332 o.: Panorama Stock, S. 332 li.: Premium/Minden/de Roy, S. 332/333: Corbis/Steven Vidler/Eurasia Press, S. 333 o.: Wildlife/Ryan, S. 333 1.: Clemens Emmler, S. 333 2.: L/Hemmes, S. 333 3.: L/Heeb, S. 333 4.: C/Paul A. Sauders, S. 334 o.: Christian Heeb, S. 334 M.: Clemens Emmler, S. 334 u.: Franz Marc Frei, S. 335 li.: A/Barry Bland A76N7E, S. 335 1.: A/GM Photo Images, S. 335 2.: A/Wolfgang Kaehler, S. 335 o. L/Michael Martin, S. 336/337: H/Damm, S. 338 o.: C/Yann Arthus-Bertrand, S. 338 M.: L/Reporters, S. 338 u.: H/Ripani, M: P/Gilchist, S. 413 u.: C/Coleman, S. 414 o.: A/imagebroker, S. 395 M.: Wildlife/M.Harvey, S. 395 u.: A/Jack Barker, S. 396 o.: www.aapravasighat. com, S. 396 M.: L/Hemispheres, S. 396 u.: L/Rieger Bertrand/hemi, S.fr. S. 397 o.: C/Ocean, S. 397 M.: Waterframe/di/Franco Banfi, S. 397 u.: Schapo/ Robert Harding, S. 398 o.: G/Art Wolfe, S. 398/399: C/Archivo Iconografico, S. 400 li.: Premium, S. 400/401 Premium, S. 401 1.: Arco Images/, S. 402 1.: Premium, S. 403 o.: C/Taxi/Ambrose, S. 403 M.: C/Joel W. Rogers, S. 403 u.: C/Raymond Gehman, S. 404 o.li.: C/Peter Harholt, S. 404 o.re.: C/Harry Foster, S. 404/405: L/Raach, S. 405 1.: C/David Muench, S. 405 2.: B/Wolfgang Fuchs, S. 405 3.: Premium, S. 405 4.: vario images, S. 406 o.: C/Paul A. Souders, S. 406 M.: C/Souders, S. 406 u.: C/Wolfgang Kaehler, S. 407 o.: C/Michael, S. Lewis, S. 407 u.: C/Greg Probst, S. 407 re.: C/Ron Erwin/All Canada Photos, S. 408 li.: B/Wolfgang Fuchs, S. 408 o.: C/Blair, S. 408 u.: L/Hemispheres, S. 409 o.: Caro/Ruffer, S. 409 M.: A/C. Vancoillie, S. 409 u.: C/Carl &Ann Purcell, S. 410 M.: C/Darrell Gulin, S. 411 o.: C/G. Rowell, S. 411 M.: C/Darrell Gulin, S. 411 u.: C/Joe McDonald, S. 412 o.: Premium, S. 412 M.: ifa/Harris, S. 412 u.: P/Minden/Brandenburg, S. 413 o.: Mauritius, S. 413 M.: P/Lawrence, S. 414 M.: P/Sisk, S. 414 u.: ifa/Siebig, S. 415 1.: C/Liz Hymans, S. 415 2.: C/George H. H. Huey , S. 415 3.: C/Atlantide Phototravel, S. 415 4.: Rainer Hackenberg, S. 416 o.: L/Lookatonline, S. 416 M.: C/Richard T. Nowitz, S. 416 u.: Jim Wark/Peter Arnold, S. 417 o.: C/Tim Wright, S. 417 M.: G/, S. Alvarez, S. 417 u.: C/Panoramic Images, S. 418 li.: P/Mahlke, S. 418 o.: P, S. 418 M.: L/Kristensen, S. 418 u.: P/Minden/N. Wu, S. 419 o.: P/Panoramic Images/ Frerck, S. 419 M.: G/Art Wolfe, S. 419 u.: C/D. Peebles, S. 420 o.: C/Danny Lehman, S. 420 M.: C/Kevin Schafer, S. 420 u.: C/David Muench, S. 421 o.: C/Patricio Robles Gil, S. 421 M.: C/Atlantide Phototravel, S. 421 u.: L/Heeb, S. 422 1.: L/Heeb, S. 422 2.: A/Kim Karpeles, S. 422 3.: C/Danny Lehman, S. 422 4.: A/Jon Arnold Images, S. 423 1.: Superbild, S. 423 2.: C/Danny Lehman, S. 423 3.: G/Macduff Everton, S. 423 4.: Okapia MG, S. 424 li.: Premium/H/GrÑfenhain, S. 424/425: bridgemanart.com, S. 425 o.: Das Fotoarchiv/Cornelius Maas, S. 425 M.: bridgemanart.com, S. 426 o.: A/Marek Zuk, S. 426 o.: A/John Mitchell, S. 426 M.: C/Robert Frerck, S. 426 u.: Premium/Roda, S. 427 o.: A/Robert Fried, S. 427 M.: Andia/Mattes, S. 427 u.: C/R. Cooke, S. 428 o.: Andia/Mattes, S. 428 M.: A/Marek Zuk, S. 428 u.: A/Marek Zuk, S. 429 u.: L/Heeb, S. 429 M.: Visum/Andreas Sterzing, S. 429 u.: Lonely Planet Images / Jeffrey Becom, S. 430 o.: H/F. Damm, S. 430 M.: C/Jose Fuste Raga, S. 430 u.: Ifa-Bilderteam/Panstock, S. 431 o.: A/Martyn Vickery, S. 431 M.: A/Eric Nathan, S. 431 u.: A/espixx, S. 432 o.: A/Images&Stories, S. 432 M.: M/age, S. 432 u.: Westend 61/Andreas M. Gross, S. 433 o.: L/ Tophoven, S. 433 M.: A/Arco Images, S. 433 u.: G/National Geographic, S. 434 o.: A/Danita Delimont, S. 434 M.: A/Danita Delimont, S. 434 u.:

Martin, S. 383 u.: L/Gartung, S. 383 re.: mediacolors, S. 384 o.: blickwinkel/McPhoto, S. 384/385: G/The Image Bank, S. 385 o.: A1PIX/HAG, S. 385 1.: L/ Hemispheres, S. 385 2.: M/age, S. 385 3.: G/Sean Russel, S. 385 4.: C/Hal Beral, S.de, S. 386 o.: Premium, S. 386 M.: B/Popperfoto, S. 386 u.: A/Ariadne van Zandbergen, S. 387 M.: A/Ariadne van Zandbergen, S. 387 M.: A/mediacolors, S. 387 u.: blickwinkel/McPhoto, S. 388 li.: C/Svensson, S. 388 re.: Schapo/G. Fischer, S. 389 1.: Eye Ubiquitous/Hutchson, S. 389 2.: A/Jack Barker, S. 389 3.: Arco Images/Sator, WHJ, S. 389 4.: A/Images of Africa, S. 390 o.: B/Obie Oberholzer, S. 390 M.: G/Shaen Adey, S. 390 u.: www.stonewatch.org, S. 391 o.: Okapia, S. 391 M.: C/Galen Rowell, S. 391 u.: Bildagentur Online, S. 392 o.: Bios/De La Harpe Roger, S. 392 M.: G/Richard Dolson, S. 392 u.: C/Tim Hauf/Visuals Unlimited, S. 393 o.: Bildagentur-online, S. 393 M.: C/De La Harpe Roger, S. 393 u.: M/age, S. 394 o.: C/Frans Lansing, S. 394 M.: C/Charles O'Rear, S. 394 u.: Okapia, S. 395 o.: A/imagebroker, S. 395 M.: Wildlife/M.Harvey, S. 395 u.: A/Jack Barker, S. 396 o.: www.aapravasighat. com, S. 396 M.: L/Hemispheres, S. 396 u.: L/Rieger Bertrand/hemi, S.fr. S. 397 o.: C/Ocean, S. 397 M.: Waterframe/di/Franco Banfi, S. 397 u.: Schapo/ Robert Harding, S. 398 o.: G/Art Wolfe, S. 398/399: C/Archivo Iconografico, S. 400 li.: Premium, S. 400/401 Premium, S. 401 1.: Arco Images/, S. Bednarz, S. 401 2.: Wildlife/R. Holcomb, S. 401 3.: Premium, S. 401 4.: C/Jay Dickman, S. 402 li.: Look/Hermann Erber, S. 402 o.: C/Galen Rowell, S. 402 u.: Premium, S. 403 o.: C/Taxi/Ambrose, S. 403 M.: C/Joel W. Rogers, S. 403 u.: C/Raymond Gehman, S. 404 o.li.: C/Peter Harholt, S. 404 o.re.: C/Harry Foster, S. 404/405: L/Raach, S. 405 1.: C/David Muench, S. 405 2.: B/Wolfgang Fuchs, S. 405 3.: Premium, S. 405 4.: vario images, S. 406 o.: C/Paul A. Souders, S. 406 M.: C/Souders, S. 406 u.: C/Wolfgang Kaehler, S. 407 o.: C/Michael, S. Lewis, S. 407 u.: C/Greg Probst, S. 407 re.: C/Ron Erwin/All Canada Photos, S. 408 li.: B/Wolfgang Fuchs, S. 408 o.: C/Blair, S. 408 u.: L/Hemispheres, S. 409 o.: Caro/Ruffer, S. 409 M.: A/C. Vancoillie, S. 409 u.: C/Carl &Ann Purcell, S. 410/411: C/Souders, S. 411 o.: C/G. Rowell, S. 411 M.: C/Darrell Gulin, S. 411 u.: C/Joe McDonald, S. 412 o.: Premium, S. 412 M.: ifa/Harris, S. 412 u.: P/Minden/Brandenburg, S. 413 o.: Mauritius, S. 413 M.: P/Gilchist, S. 413 u.: C/Coleman, S. 414 o.: A/ P/Lawrence, S. 414 M.: P/Sisk, S. 414 u.: ifa/Siebig, S. 415 1.: C/Liz Hymans, S. 415 2.: C/George H. H. Huey , S. 415 3.: C/Atlantide Phototravel, S. 415 4.: Rainer Hackenberg, S. 416 o.: L/Lookatonline, S. 416 M.: C/Richard T. Nowitz, S. 416 u.: Jim Wark/Peter Arnold, S. 417 o.: C/Tim Wright, S. 417 M.: G/, S. Alvarez, S. 417 u.: C/Panoramic Images, S. 418 li.: P/Mahlke, S. 418 o.: P, S. 418 M.: L/Kristensen, S. 418 u.: P/Minden/N. Wu, S. 419 o.: P/Panoramic Images/ Frerck, S. 419 M.: G/Art Wolfe, S. 419 u.: C/D. Peebles, S. 420 o.: C/Danny Lehman, S. 420 M.: C/Kevin Schafer, S. 420 u.: C/David Muench, S. 421 o.: C/Patricio Robles Gil, S. 421 M.: C/Atlantide Phototravel, S. 421 u.: L/Heeb, S. 422 1.: L/Heeb, S. 422 2.: A/Kim Karpeles, S. 422 3.: C/Danny Lehman, S. 422 4.: A/Jon Arnold Images, S. 423 1.: Superbild, S. 423 2.: C/Danny Lehman, S. 423 3.: G/Macduff Everton, S. 423 4.: Okapia MG, S. 424 li.: Premium/H/GrÑfenhain, S. 424/425: bridgemanart.com, S. 425 o.: Das Fotoarchiv/Cornelius Maas, S. 425 M.: bridgemanart.com, S. 426 o.: A/Marek Zuk, S. 426 o.: A/John Mitchell, S. 426 M.: C/Robert Frerck, S. 426 u.: Premium/Roda, S. 427 o.: A/Robert Fried, S. 427 M.: Andia/Mattes, S. 427 u.: C/R. Cooke, S. 428 o.: Andia/Mattes, S. 428 M.: A/Marek Zuk, S. 428 u.: A/Marek Zuk, S. 429 u.: L/Heeb, S. 429 M.: Visum/Andreas Sterzing, S. 429 u.: Lonely Planet Images / Jeffrey Becom, S. 430 o.: H/F. Damm, S. 430 M.: C/Jose Fuste Raga, S. 430 u.: Ifa-Bilderteam/Panstock, S. 431 o.: A/Martyn Vickery, S. 431 M.: A/Eric Nathan, S. 431 u.: A/espixx, S. 432 o.: A/Images&Stories, S. 432 M.: M/age, S. 432 u.: Westend 61/Andreas M. Gross, S. 433 o.: L/ Tophoven, S. 433 M.: A/Arco Images, S. 433 u.: G/National Geographic, S. 434 o.: A/Danita Delimont, S. 434 M.: A/Danita Delimont, S. 434 u.: A/Danita Delimont, S. 435 o.: A/Visual&Written, S. 435 M.: L/Heeb, S. 435 u.: C/Amos Nachoum, S. 436 li.: L/Hauser, S. 436 o.: A/Oyvind Martinsen, S. 436 M.: C/Michael & Patricia Fogden, S. 436 u.: H/Hackrowski, S. 437 1.: C/Darell Gulin, S. 437 2.: C/Danny Lehman, S. 437 3.: C/Grand Tour, S. 437 4.: A/Kevin Schafer, S. 438 li.: A/mediacolors, S. 438 u.: Premium/Jose Fuste Raga, S. 438 M.: C/Jeremy Horner, S. 438 u.: M/age, S. 439 o.: L/Hauser, S. 439 u.: L/Hauser, S. 439 u.: L/Hemispheres, S. 440 o.: Hackenberg-foto, S. 440 M.: Hackenberg-foto, S. 440 u.: L/Centenaro, S. 441 o.: L/Hemispheres, S. 441 M.: A/sifa Image Service s.r.o., S. 441 u.: Okapia, S. 442 o.: A1 PIX/D, S. 442 M.: Robert Harding Picture Library, S. 442 u.: A1 PIX/H, S. 443 o.: C/Tom Bean, S. 443 M.: Das Fotoarchiv Christoph & Friends/ Babic, S. 443 u.: A/Banana Pancake, S. 444 li.o.: Look/Ingrid Firmhofer, S. 444 li.u.: C/Peter M. Wilson, S. 444: M/age, S. 445 o.: A/Jeremy Horner, S. 445 M.: A/Jonathan Hewitt, S. 445 u.: C/Diego Lezama Orezzoli, S. 446 li.: C/Diego Lezama Orezzoli, S. 446: A/Jack Barker, S. 447 o.: A/WaterFramel, S. 447 M.: blickwinkel/H. Schmidbauer, S. 447 u.: A/WaterFramel, S. 447 re.: A/WaterFramel, S. 448 li.: Westend 61/Andreas M. Gross, S. 448 o.: A/Jon Arnold Images, S. 448 u.: A/Tatiana Gribanova, S. 449 o.: A/TÜT, S. 449 M.: A/Look, S. 449 u.: M-images/K.W. Gruber, S. 450/451: A/Tui De Roy, S. 451 o.: Bridgemanart.com, S. 451 1.: C/Kevin Schafer, S. 451 2.: C/Rob Howard, S. 451 3.: G/Chris Newbert, S. 451 4.: L/Harscher, S. 452 o.: A/Danita Delimont, S. 452 Bridgemanart.com, S. 452 u.: A/J. Marshall/Tribaleye Images, S. 453 o.: C/Gonzales, S. 453 M.: Schapo/de Vree, S. 453 u.: C/MARIANA BAZO/Reuters, S. 454 o.: Bridgemanart.com, S. 454/455: A/Paul Springett, S. 455 o.: A/Mireille Vautier, S. 455 1.: A/Medico Images, S. 455 2.: A/Gary Cook, S. 455 3.: A/Aflo Co.Ltd., S. 456 li.: Premium/Pan. Images, S. 456 o.: G/David Madison, S. 456 M.: G/David Madison, S. 456 u.: C/Wolfgang Kaehler, S. 457 o.: A/Jon Arnold Images, S. 457 M.: blickwinkel/, S. Schuetter, S. 457 u.: A/Beren Patterson, S. 457 re.: G/National Geographic, S. 458 li.o.: Juniors, S. 458 li.u.: Okapia/Peter Arnold, S. 458 o.: C/Frans Lanting, S. 458 u.: A/Papilio, S. 459 o.: G/Tom Till, S. 459 M.: L/Gonzales, S. 459 u.: L/Le Figaro Magazine, S. 460 u.: A/Danita Delimont, S. 460 M.: A/mediacolors, S. 460 u.: L/Hemispheres, S. 461 o.: Blickwinkel/E. Hummel, S. 461 M.: C/Pablo Corral Vega, S. 461 u.: A/Chlaus Loetscher, S. 462 o.: Schapo/de Vree, S. 462 M.: G/Steve Allen, S. 462 u.: L/Henseler, S. 463 o.: C/Ivan Alvarado/Reuters, S. 463 M.: C/Julio Donoso, S. 463 u.: L/Malherbe, S. 464 o.: L/Gonzales, S. 464 M.: C/Pablo Corral, S. 464 u.: H/R. Schmid, S. 465: A/Wilmar Photography, S. 465 M.: A/Danita Delimont, S. 465 u.: G/Nicole Duplaix, S. 465 re.: C/David A. Northcott, S. 466 o.: Juniors, S. 466 M.: C, S. 466 u.: L/Heeb, S. 467 o.: L/Hemispheres, S. 467 M.: A/Gary Cook, S. 467 u.: C/Ricardo Azoury, S. 468 o.: Schapo/Reinhard Kliem, S. 468/469: L/Heeb, S. 469 o.: L/Hemispheres, S. 469 M.: A/Gary Cook, S. 469 u.: Bildarchiv Monheim/Paul M.R. Maeyaert, S. 370 li.: A/Bjanka Kadic, S. 470 o.: C/Kevin Schafer, S. 470 u.: A/Ricardo Siqueira/Brasil Photos, S. 471 o.: A/Verde Imagen, S. 471 M.: A/Worldwide Picture Libary, S. 471 u.: Caro/Bernd Goettlicher, S. 471 u.: A/Image Source Pink, S. 472 o.: p-a/maxpp, S. 472 M.: Peter Adams, S.472 u.: L/Hemispheres, S. 473 o.: B/Michael Ende, S. 473 M.: A/Tibor Bognar, S. 473 u.: A/Octavio Campos Salles, S. 474 li.: alimdi.net/ Ingo Schulz, S. 474 o.: Okapia, S. 474 M.: Schapo/Atlantide, S. 474 u.: Okapia/Peter Arnold, S. 475 o.: A/Donald Nausbaum, S. 476 li.: A/Arco Images, S. 476 o.: A/Westend 61, S. 476 u.: A/Arco Images, S. 477 o.: A/MJ Photography, S. 477 u.: A/MJ Photography, S. 477 u.: A/Lemarco, S. 478 o.: Bildagentur Geduldig, S. 478 M.: A/Tibor Bognar, S. 478 u.: L/Heeb, S. 479 o.: L/Gonzales, S. 479 M.: L/Heeb, S. 479 u.: A/Javier Etcheverry, S. 480 li.: A/Javier Etcheverry, S. 480/ 481: A/Gareth Mc Cormack, S. 481 1.: B/ Rex Features, S. 481 2.: C/Momatiuk - Eastcott, S. 481 3.: A/Visions of America, S. 481 4.: A/James Brunker.

Genehmigte Sonderausgabe für Verlagsgruppe Weltbild GmbH, Steinerne Furt, 86167 Augsburg

Copyright © 2012 Verlag Wolfgang Kunth GmbH & Co. KG, München

Umschlaggestaltung: coverdesign uhlig, augsburg, www.coverdesign.net
Umschlagmotive: Vorderseite: VENEDIG: © sborisov – Fotolia.com; MEROE PYRAMIDEN, SUDAN: © urosr – Fotolia.com; DELPHI, GIECHENLAND: © anastasios71 – Fotolia.com; MEERESSCHILDKRÖTE: © Richard Carey – Fotolia.com; SELIMIYE MOSCHEE: © oozen – Fotolia.com; ELEFANTEN, NAMIBIA: © Johannes Gerhardus Swanepoel – Dreamstime.com; BIG BEN, LONDON: © stoka79 – Fotolia.com; WADI RUM, JORDANIEN: © frag – Fotolia.com; Rückseite: SARABURI, THAILAND: © Atikarn Matakangana – Fotolia.com; FAGUS-WERK, ALFELD: © Fagus – GreCon; ALETSCHGLETSCHER, CH: © Andreas Ryser – Fotolia.com; LÖWIN: © Eric Isselée – Fotolia.com

Printed in Slovakia

978-3-8289-4536-4

Texte: Natascha Albus, Heike Barnitzke, Catrin Barnsteiner, Gesa Bock, Arno Breckner, Monika Baumüller, Klaus Dammann, Klaus A. Dietsch, Michael Elser, Dietmar Falk, Werner Fiederer, Robert Fleischer, Petra Frese, Ute Friesen, Winfried Gerhards, Anna Göltenboth, Dr. Natalie Göltenboth, Martina Gschließer, Martina Jando, Ulrike Köppchen, Dr. Steffen Krämer, Ingrid Langschwert, Brigitte Lotz, Angela Meißner, Werner Morgenrath, Norbert Pautner, Dr. Regina Prinz, Dr. Ulrike Prinz, Dr. Jürgen Rapp, Ingrid Reuter, André Ruo, Monika Sattrasai, Dr. Susanne Scheffler-Gerken, Dr. Hans-Wilm Schütte, Ingrid Suvak, Dr. Marcus Würmli

Einkaufen im Internet:
www.weltbild.de